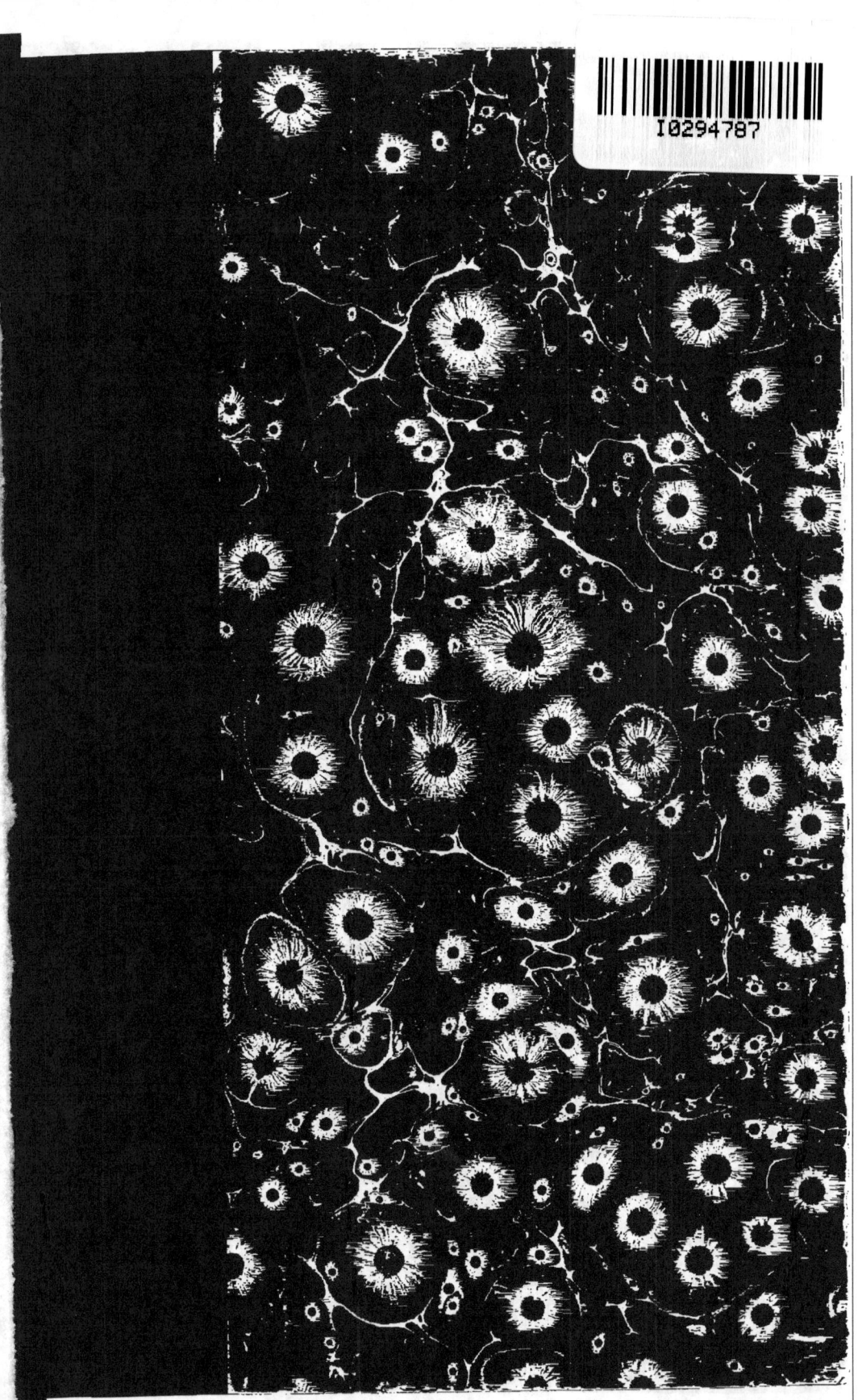

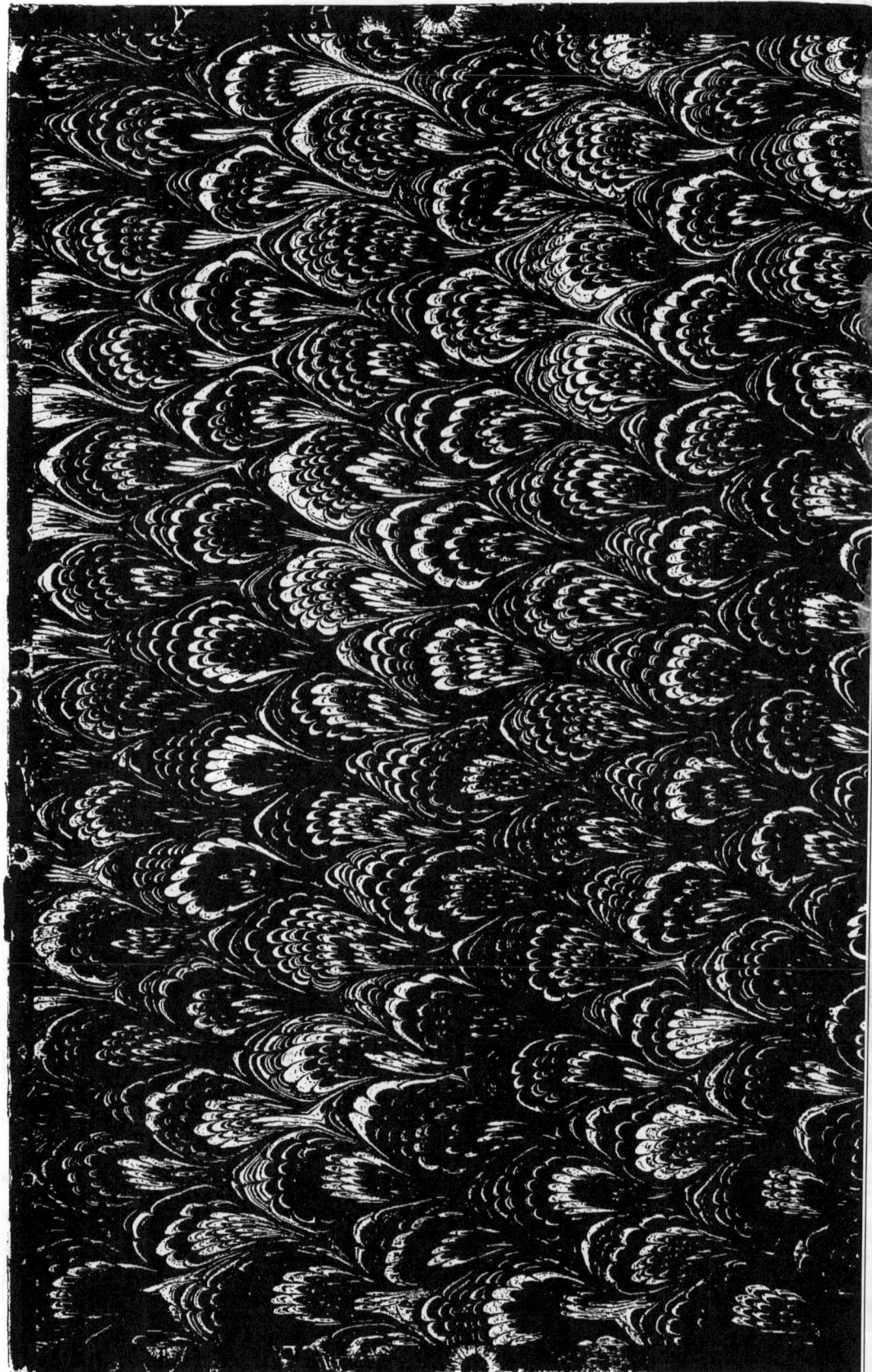

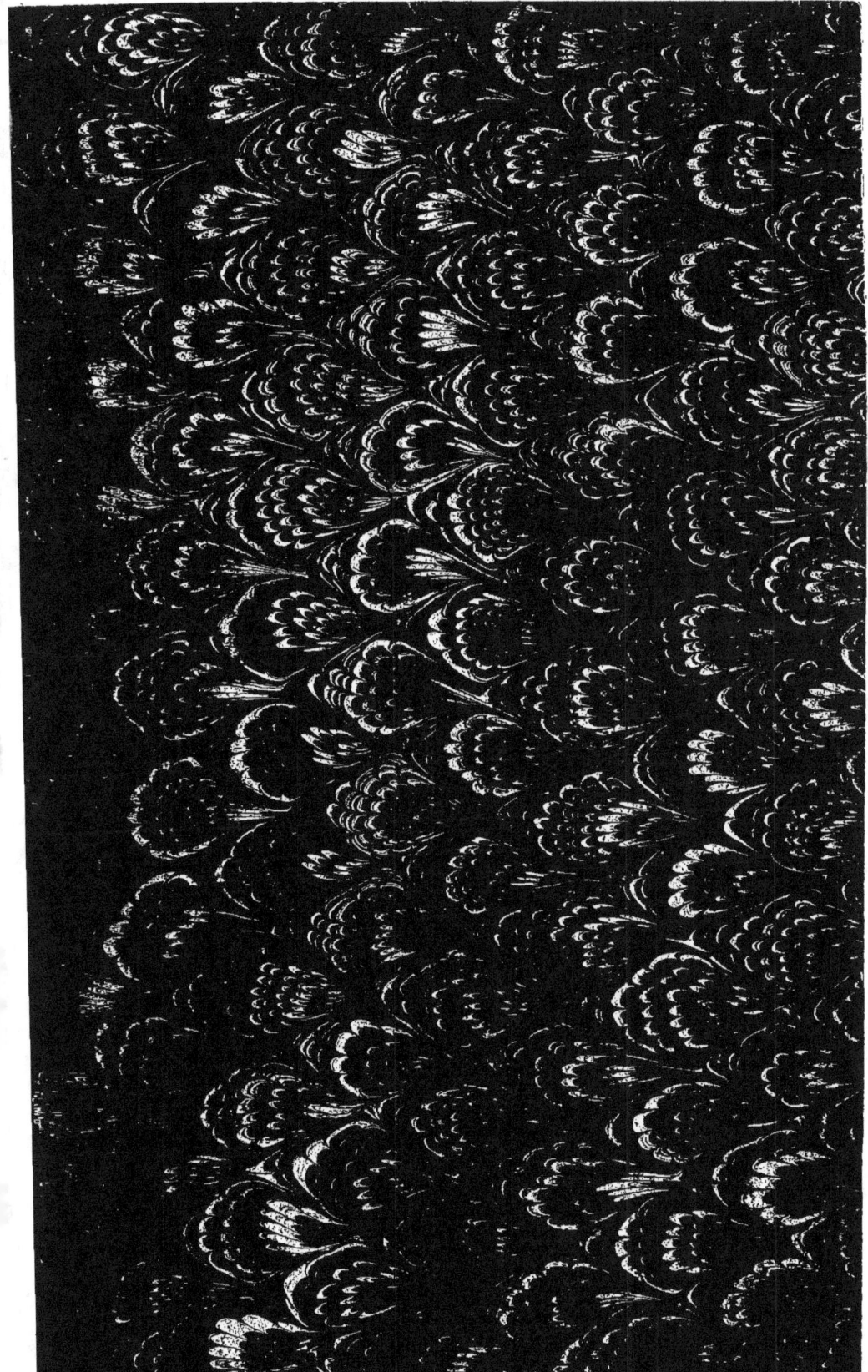

LIVRE-JOURNAL

LAZARE DUVAUX

MARCHAND-BIJOUTIER ORDINAIRE DU ROY

1748-1758

PRÉCÉDÉ D'UNE ÉTUDE
SUR LE GOUT ET SUR LE COMMERCE DES OBJETS D'ART
AU MILIEU DU XVIII SIÈCLE

ET ACCOMPAGNÉ
D'UNE TABLE ALPHABÉTIQUE DES NOMS D'ARTISTES ET D'OBJETS
MENTIONNÉS DANS LE JOURNAL ET DANS L'INTRODUCTION

TOME I

A PARIS
POUR LA SOCIÉTÉ DES BIBLIOPHILES FRANÇOIS
M DCCC LXXIII

LIVRE-JOURNAL

DE

LAZARE DUVAUX

PARIS. — TYPOGRAPHIE LAHURE
Rue de Fleurus, 9, & se trouve chez AUBRY, libraire, rue Séguier, 18

LIVRE-JOURNAL

DE

LAZARE DUVAUX

MARCHAND-BIJOUTIER ORDINAIRE DU ROY

1748-1758

PRÉCÉDÉ D'UNE ÉTUDE

SUR LE GOUT ET SUR LE COMMERCE DES OBJETS D'ART
AU MILIEU DU XVIIIe SIÈCLE

ET ACCOMPAGNÉ

D'UNE TABLE ALPHABÉTIQUE DES NOMS D'HOMMES, DE LIEUX ET D'OBJETS
MENTIONNÉS DANS LE JOURNAL ET DANS L'INTRODUCTION

TOME I

A PARIS

POUR LA SOCIÉTÉ DES BIBLIOPHILES FRANÇOIS

M DCCC LXXIII

Cette édition du *Journal de Duvaux* a été imprimée par L. Lahure, avec les caractères & par les foins de la Société des Bibliophiles françois & tirée à trois cent foixante exemplaires, dont trente in-quarto fur papier de Hollande & trente in-octavo fur papier ordinaire pour les membres de la Société, & font à vendre les trois cents autres chez Aubry, libraire, rue Séguier; & quand ce livre fut achevé d'imprimer le 30 novembre MDCCCLXXIII, étoient membres de ladite Société :

S. A. R. Monfeigneur le Duc D'AUMALE, *Préfident d'Honneur*.

I. — 1820. — M. le Comte Édouard de CHABROL, ancien Maître des requêtes au Confeil d'État, *Doyen*.

II. — 1843, 5 avril. — M. le Baron Jérôme PICHON, *Préfident*.

III. — 1845, 26 mars. — M. le Baron DU NOYER DE NOIRMONT, ancien Maître des requêtes au Confeil d'État.

IV. — 1846, 20 mai. — M. Ernest de SERMIZELLES.

V. — 1851, 28 mai. — M. de LIGNEROLLES.

VI. — 1851, 24 décembre. — M. le Comte Henry de CHAPONAY.

VII. — 1852, 14 janvier. — M. DURIEZ de VERNINAC, Secrétaire d'ambaffade.

VIII. — 1852, 14 janvier. — M. le Comte Georges de SOULTRAIT, Membre non réfidant du Comité hiftorique des Arts & Monumens.

IX. — 1852, 15 décembre. — M. le Vicomte Frédéric de JANZÉ.

X. — 1854, 11 janvier. — M. le Marquis de BÉRENGER.

XI. — 1856, 29 janvier. — M. Prosper BLANCHEMAIN.

XII. — 1856, 12 mars. — M. Paulin PARIS, Membre de l'Académie des Infcriptions.

XIII. — 1858, 24 mars. — M. Charles SCHEFER, Premier Secrétaire interprète du Gouvernement.

XIV. — 1858, 12 mai. — M. Ambroise-Firmin DIDOT, de l'Académie des Infcriptions.

XV. — 1860, 11 janvier. — M. le Comte de FRESNE, *Secrétaire.*

XVI. — 1861, 22 mai. — M. le Vicomte de BEAUCHESNE, chef de feétion aux Archives de France.

XVII. — 1861, 24 décembre. — M. le Comte Octave de BEHAGUE, *Tréforier.*

XVIII. — 1861, 24 décembre. — M. le Comte Clément de RIS.

XIX. — 1863, 28 janvier. — Mme la Comteffe Fernand de LA FERRONNAYS.

XX. — 1864, 13 janvier. — M. DE BRAY, Receveur des finances, à Paris.

XXI. — 1865, 22 février. — M. le Duc DE FITZ-JAMES.

XXII. — 1867, 24 avril. — M. le Marquis DE BIENCOURT.

XXIII. — 1868, 27 mai. — M. GUSTAVE DE VILLENEUVE, Préfet de Seine-&-Marne.

XXIV. — 1870, 11 mai. — Mme la Marquife DE NADAILLAC.

MEMBRES ADJOINTS ET ASSOCIÉS ÉTRANGERS.

I. — 1862, 26 février. — M. le Prince AUGUSTIN GALITZIN. A. E.

II. — 1870, 12 janvier. — M. CHARLES SAHRER DE SAHR. A. E.

III. — 1872, 24 janvier. — S. A. R. Monfeigneur le Duc D'AUMALE, *Préfident d'Honneur*. M. A.

IV. — 1872, 24 janvier. — M. l'Abbé BOSSUET, curé de Saint-Louis en l'Ile. M. A.

V. — 1872, 4 avril. — M. le Comte LANJUINAIS. M. A.

MEMBRE HONORAIRE.

M. GRANGIER DE LA MARINIÈRE, ancien Préfet.

iiij   LISTE DES MEMBRES ACTUELS.

MEMBRES CORRESPONDANS.

La Société des Bibliophiles belges.
La Société philobiblon de Londres.

JOURNAL DE DUVAUX.

INTRODUCTION.

Quelque nombreux que foient les documens publiés fur le dix-huitième fiècle & les objets d'art qui lui ont furvécu, fi près que nous foyons encore de ce fiècle, nous manquons de renfeignemens détaillés fur l'intérieur des maifons habitées par la nobleffe & la haute bourgeoifie pendant le règne de Louis XV, auffi bien que fur les objets de luxe employés à leur décoration. Sans doute, la partie architectonique nous eft tranfmife; malgré les ruines accumulées par nos révolutions, nous poffédons encore un grand nombre de beaux hôtels de cette époque, & nous avons des données certaines fur la manière dont l'architecte les avoit ornés. Mais la décoration que la main d'un architecte répand fur les murs des appartemens ne compofe pas tout l'ameublement d'un hôtel. C'est aussi une notable partie de cet ameublement que les mille petits meubles dont le goût, le caprice, les prédilections personnelles chargent les tables, les consoles & les coins d'un appartement. Et bien qu'un certain nombre de ces meubles nous soient parvenus isolément, nous n'en connoissons pas toujours l'usage, la destination, le mode de fabrication, le nom même. La présente publication est destinée à combler en partie cette lacune de l'histoire de l'art & à compléter les renseignemens fournis par les catalogues de ventes d'objets mobiliers.

Le document imprimé ci-après est le livre-journal d'un marchand, c'est-à-dire le registre sur lequel ce marchand inscrivoit, jour par jour, toutes ses opérations commerciales, commandes, recettes, expéditions. Le livre-journal est encore aujourd'hui une des obligations imposées par la loi au commerce. C'est un registre authentique qui fait foi en justice; c'est le procès-verbal des faits & gestes du négociant. Tout ce qui entre ou sort de chez lui y laisse des traces. Or, le marchand qui nous occupe étant à la tête du commerce de la curiosité, au milieu du dix-huitième siècle, son livre-journal nous donnera une image fidèle de ce que fut alors ce commerce au moment où il prenoit tant d'importance dans la société françoise.

Mieux encore que dans le fameux tableau peint d'après nature (1) par Watteau chez son ami Gersaint, nous y verrons ce qu'étoit la boutique d'un bijoutier. La peinture, restée célèbre par la gravure d'Aveline, n'a pu reproduire qu'un instant de la vie habituelle de cette maison du Pont-Notre-Dame, qui fut le type de toutes les boutiques de curiosités. Ici nous pouvons saisir tout l'ensemble de ce commerce, & rien ne nous échappe. Nous y voyons les rapports des amateurs avec leurs fournisseurs, les noms

---

(1) *Catalogue raisonné de diverses curiosités du cabinet de feu M. Quentin de Lorangere*, par E. F. Gersaint (Paris, 1744, in-12), p. 183.

de tous les curieux, la fpécialité de leur goût, les noms des artiftes employés par les marchands, les noms des marchands confrères de Duvaux, tour à tour fes fournifſeurs & fes cliens. Pour qui connoît & apprécie les grandes & belles collections formées au dix-huitième fiècle, il eft certainement intéreffant d'étudier leur hiftoire, & de voir comment, petit à petit, pièce à pièce, fe formoient ces merveilleux cabinets, aujourd'hui difperfés, mais d'où tant d'épaves nous font parvenues. Il ne paroît pas non plus fans intérêt de fuivre pendant dix ans, année par année, jour par jour, les variations de la décoration des appartemens, la mode dans tous fes ufages & tous fes caprices, l'engouement pour certains bijoux & certains paffe-temps, la fureur, par exemple, des navettes, du parfilage, des oignons de jacinthes. Aujourd'hui, enfin, que tout objet d'art eft juftement apprécié, & quelquefois follement convoité au prix des plus grands facrifices pécuniaires, il ne fera pas indifférent d'indiquer les prix de fabrication d'un grand nombre d'objets de curiofité & de fournir des détails d'origine fur certaines pièces devenues celèbres par leur paffage dans des ventes importantes & par la notoriété qu'elles empruntent aux collections qui les ont recueillies. Le *Journal de Duvaux* peut être fur ce point le fondement de l'hiftoire des arts induftriels pendant dix ans du règne de Louis XV, à l'époque précife où naquit en France un de ces arts qui y brillèrent le plus : la fabrication de la porcelaine, rivale, à Vincennes, de la céramique faxonne, & bientôt, à Sèvres, fupérieure à toutes les productions étrangères. Notre texte eft plein de révélations fur le prix des produits de la manufacture de Sèvres, fur leurs décors, fur la faveur qui accueillit partout cette porcelaine, fur les divers ufages auxquels elle fut appliquée, & fur les perfonnes qui, à différens titres, artiftes, marhands ou amateurs, concoururent à affurer le fuccès de cette induftrie nationale.

Mais ce n'eſt pas là tout ce qu'on doit rencontrer dans ce journal : on y puiſera de nombreuſes informations ſur la ſociété de Verſailles & de Paris, ſur la cour, ſes occupations, ſes diſtractions, ſes jeux & ſes engouemens ; on remarquera les achats du Roi, de la Reine, de la Dauphine, des princes & princeſſes, la manière dont ils ornent leurs appartemens dans leurs diverſes réſidences, les cadeaux qu'ils ſe font entre eux. Veut-on des indications ſur les goûts de tel ou tel perſonnage ? on découvre ici de piquans détails. Un exemple entre cent : le Roi aimoit, on le ſait, à préparer lui-même ſon café, & ne dédaignoit pas, de ſes mains royales, d'accommoder des mets qu'il s'amuſoit à faire goûter à ſes filles Mesdames de France, ou de confectionner de petits repas qu'il partageoit dans un « hermitage, » près de Bouron, dit le marquis d'Argenſon (1), avec Mme de Pompadour. On verra le nombre de cafetières, de lampes à eſprit-de-vin, de caves qu'il commanda à Duvaux, fourniſſeur habituel des uſtenſiles de ſa cuiſine perſonnelle, tous en or, argent ou porcelaine de choix. On verra le Roi partager la fureur de bâtir qui agitoit ſa maîtreſſe ; on obſervera ſurtout comment il meubloit ſes petits pavillons, qu'il prenoit tant de plaiſir à conſtruire & à aménager lui-même à Verrières, aux Hubis & à Saint-Hubert. Somptueuſes retraites, malgré leurs prétentions à la ſimplicité, où Louis XV s'efforçoit d'échapper à l'étiquette, d'oublier les ennuis du pouvoir, & tentoit furtivement de vivre quelques inſtans en ſimple particulier, ami du confort & des arts.

Veut-on encore des détails circonſtanciés ſur quelques actes importans de la vie des princes françois ? on les

---

(1) *Mémoires*, t. VI, p. 73. Voyez auſſi ſur les goûts culinaires du Roi : les *Mémoires ſecrets de Bachaumont*, à la date du 19 avril 1775 ; — les *Mémoires de Madame Campan*, p. 14 ; — la *Vie privée de Louis XV*, par Mouffle d'Angerville ; Londres, 1781, p. 37 & 47.

trouve confignés dans ce journal, où, certes, on ne fongeroit pas à les aller chercher. En mai 1758, le duc de Bourgogne a fept ans. Il va quitter les mains des femmes, on lui forme une maifon, & le duc de Luynes (1) dit, à la date du 2 mai : « Hier, Mgr le duc de Bourgogne fut remis entre les mains de M. de La Vauguyon (fon gouverneur).... Mgr le duc de Bourgogne prit hier poffeffion de fon appartement, &c. » Duvaux nous apprend identiquement la même chofe, fous une autre forme, en infcrivant fur fon journal la fourniture (2) qu'il fit au jeune prince, le 4 mai, des premiers uftenfiles néceffaires au ménage d'un enfant.

Il eft principalement un perfonnage fur lequel le *Livre-Journal de Duvaux* donne de nombreux renfeignemens, & dont les achats quotidiens ferviront à reconftituer la figure hiftorique. Mme de Pompadour a laiffé une trace confidérable dans les papiers de notre marchand, qui la fourniffoit de toutes chofes dans toutes fes réfidences, & qui fut comme le furintendant de fon mobilier. Nous avons, prefque jour par jour, la révélation des préoccupations de cette favorite & le journal exact de fes fréquens déplacemens. Nous contrôlons & bien fouvent nous complétons, par des documens qui ne peuvent être fufpects, les affertions de Barbier, de d'Argenfon, ou du duc de Luynes. Rien de curieux & d'inftructif comme cette comparaifon. La favorite eft-elle nommée dame d'honneur de la Reine, on la voit auffitôt acquérir des objets religieux & fe procurer chez Duvaux les infignes (3) obligés de fa dévotion toute récente. Un peu plus loin, on la voit acheter un mobilier (4) d'hôpital &

---

(1) *Mémoires*, t. XVI, p. 432.
(2) N° 3121. — Voyez auffi 3026, 3157.
(3) N°s 2392, 2409, 2435, 2623 ; n°s 2501, 2592, 3208. Cf. *Mémoires du duc de Luynes*, t. XV, p. 322 & 339.
(4) N° 2735. — Voyez les *Mémoires du duc de Luynes*, t. XV, p. 240 & 243.

de crèche. Les mémoires contemporains nous apprennent qu'à cette date elle bâtiſſoit un hôpital à Crécy en vendant ſes diamans. Quel eſt ce portrait (1) de Boucher qui voyage ſi ſouvent? C'eſt le tableau célèbre expoſé au Salon de 1757 par ſon peintre favori, qui fut obligé de pourſuivre, de réſidence en réſidence, un remuant & capricieux modèle. Les miniſtres ou les grands fonctionnaires changent-ils? vite une commande de portefeuilles pour les nouvelles Excellences (2). Un inconnu devient-il tout à coup un perſonnage politique (3)? auſſitôt il figure ſur le Livre de Duvaux & ſe fournit chez lui des mille objets du luxe impoſé à tout homme d'importance. Un courtiſan obtient-il une grande charge dans l'adminiſtration provinciale (4), ou va-t-il à l'étranger repréſenter le pays? les envois du marchand le ſuivent dans ſa nouvelle réſidence, & révèlent immédiatement ſon déplacement & ſes fonctions. Il n'eſt guère de coup d'État du règne de Mme de Pompadour dont le Livre de Duvaux ne porte l'empreinte, dont il ne ſuggère la cauſe ou ne conſtate l'effet. Tous ces cadeaux offerts à de grands ſeigneurs, à des hommes illuſtres, loin d'être faits au haſard, s'expliquent ſi on en rapproche le récit des événemens contemporains. C'eſt tantôt le prix d'un ſervice rendu, d'une complaiſance ou d'une tolérance, tantôt un gage d'amitié ou des arrhes données à un dévouement qu'on veut acheter. Bien des faits, dans le dédale des intrigues de la cour de France à cette époque, trouveront leur explication ou leur confirmation dans ces mentions laconiques que le diſcret Duvaux conſignoit en ſimple marchand ſur ſon livre de commerce. Comment

---

(1) Nos 2581, 2601.
(2) Nos 2442, 2443.
(3) No 2817.
(4) Nos 3355, 2110, 2415. — Voyez auſſi les numéros concernant les ducs de Duras & de Mirepoix.

avoir la preuve indifcutable des rapports fecrets de Mme de Pompadour avec quelques perfonnages influens qui les ont toujours niés, fi nous ne pouvions, avec ce journal, dreffer une lifte de ceux qui reçurent d'elle des témoignages d'amitié ou de déférence?

J'irai plus loin encore, & j'affirme que l'hiftoire politique extérieure du règne de Louis XV trouvera un complément de lumière dans ce journal, fi vide pour ceux qui ne feroient pas nourris des précieux mémoires & des innombrables documens de cette époque, fi plein, au contraire, d'enfeignemens pour qui fait le comprendre & l'interpréter. Qu'eft-ce donc, en effet, que ces préfens confidérables de porcelaines ou d'objets d'art faits par la cour de France aux cours étrangères, à l'Efpagne, au Danemark, à la Ruffie, à la principauté de Zerbft, à la principauté de Parme(1), finon l'hiftoire diplomatique de Louis XV? Qu'eft-ce que ces cadeaux au comte de Kaunitz-Rittberg, ambaffadeur de l'Impératrice & négociateur de l'alliance auftro-françoife; à M. de Bernftorff, l'ambaffadeur de Danemark; à Clément-Augufte de Bavière, électeur de Cologne; à une princeffe de Naples, à la princeffe de Francavilla, au duc des Deux-Ponts, à tous nos ambaffadeurs auprès de l'étranger (2)? Qu'eft-ce que ces myftérieux envois (3) à Vienne, à Drefde, à Londres, à Madrid, à Rome, à Cologne, à Soleure, à Naples, à Utreck? C'eft le fecret du règne de Mme de Pompadour; c'eft le mot de fa politique; c'eft pour elle en quelque forte, & toute proportion gardée, l'équivalent de ce qu'eft la *Correfpondance fecrète* pour la perfonne de

---

(1) N°⁵ 1346, 1986, 2118, 2391, 2442, 2807, 3068, 3284, 2806, 3087, 2663.

(2) N°⁵ 3340, 3150, 2435, 2827, 581, 3210, 1818, 1849, 1711, 2117, 2119, 3033, 2415.

(3) N°⁵ 3038, 3150, 1516, 2119, 940, 1785, 1016, 1355, 1346, 1875, 1890, 2415, 2827, 3033, 3210, 1810.

Louis XV. C'est la révélation de l'excessive activité de la Marquise, la clef de bien des événemens incompris, l'explication de son influence occulte. En un mot, ce sont les mailles & les fils invisibles de cet immense filet dans lequel Mme de Pompadour enlaça & retint pendant vingt ans le Roi, la France & l'Europe.

J'omets bien des faits qui, faute d'éclaircissemens, échappent provisoirement à l'histoire positive, mais offrent dès maintenant un aliment considérable aux hypothèses de l'historien. Cette statuette de l'Amitié (1) offerte à Berryer, le lieutenant de police, par la Marquise, ce doit être un remercîment pour quelque secret trahi, pour quelque avis prudent qui lui aura permis d'échapper à la vengeance de ses ennemis de la cour ou à l'émotion populaire. Je puis aussi mentionner ces porcelaines & ces boîtes précieuses (2) expédiées à Vienne en 1758 par cette même parvenue qui venoit de recevoir un présent, &, dit-on même, une lettre de l'impératrice d'Allemagne. Nous n'avons peut-être pas le droit de voir là un échange avec le cadeau impérial, mais on doit croire cet envoi destiné tout au moins à récompenser les puissans intermédiaires qui firent éprouver à Mme de Pompadour la plus grande joie d'une vie consacrée tout entière à l'orgueil. Quel est cet officier de marine auquel la Marquise vient de faire, sans doute, obtenir un commandement, & qui, au moment de partir pour une expédition ou pour les Indes, reçoit d'elle, à Lorient, une épée (3) transmise par Duvaux? Ne pense-t-on pas à un Suffren revenant d'une course victorieuse, ou à un Lally qui, à ce moment, préparoit une expédition dans l'Hindostan? Il n'est pas enfin jusqu'à la peinture de genre historique qui ne puisse emprunter ici de précieuses indications. Que de gracieux tableaux pour

---

(1) N° 2799. — (2) N°s 3038, 3150. — (3) N° 2158.

l'imagination la moins excitée font efquiffés par les froides mentions du *Journal!* Ne voit-on pas, pour dernier exemple, dans l'article 2885, Mme de Pompadour rentrant à fon palais du faubourg Saint-Honoré & chargeant Duvaux, qui l'accompagne, de donner un écu à la mendiante qui tend la main fur le feuil de l'hôtel d'Évreux?

Si prodigue de révélations fur les perfonnes, le texte du *Journal de Duvaux* n'eft pas moins rempli de renfeignemens fur les chofes qui compofent le matériel de la curiofité & fur les conditions impofées à fon commerce par les mœurs & par les lois françoifes. On verra fonctionner à cet égard toutes les prefcriptions légales dictées par l'économie politique d'alors fur les douanes, les octrois, le *remuage* des liquides, &c. On fuivra l'itinéraire impofé par les règlemens du commerce d'exportation aux objets qui fortoient du royaume. Par exemple, ces règlemens faifoient paffer à Lyon la plupart des envois deftinés à l'Italie. Car c'eft là qu'étoit inftallée la douane d'Italie, & c'eft là qu'il falloit déclarer (1) certains objets précieux expédiés dans la Péninfule. Cette légiflation commerciale à laquelle je fais allufion, établie par d'innombrables arrêts, déclarations & règlemens, n'eft certainement pas inconnue, mais il paroîtra peut-être curieux de vérifier fon application dans notre efpèce. On ne trouvera pas non plus fans valeur la defcription donnée par le *Livre-Journal* de tout ce que j'appelle le matériel de la curiofité. Car les hommes du dix-huitième fiècle, artiftes dans le luxe, ce qui l'excufe & l'anoblit, n'admettoient que des meubles dont l'art eût épuré la forme. Les uftenfiles, même les plus vulgaires, n'étoient admis par eux & ne

---

(1) Voir, pour la douane de Lyon, une férie d'ordonnances des rois de France fous ce titre : *Edict dv Roy François fur les draps d'or,* &c.... Valence, 1687, in-8º, & *Recueil de fentences rendües par les juges de la douane de Lyon,* &c. Valence, 1687, in-8º.

partageoient leur intimité que s'ils avoient quelque tournure. Chaque pièce de leur mobilier nous apparoîtra ainsi vingt fois décrite, avec sa destination, sa substance, sa forme, ses décors. Nous remarquerons l'emploi de divers marbres alors recherchés & de plusieurs substances rares, comme certaines espèces de nacre, sous les noms de Burgau & de Magellan; l'application de l'alliage appelé *tombacq*; l'usage de vingt sortes diverses de porcelaine. Nous saurons ce qu'étoient & à quoi nous devons attribuer les formes affectées alors par différens meubles & qualifiées de différens noms, formes *Calabre*, *Hébert*, *Rondé* ou *Pompadour*. Depuis le pot à oille jusqu'au gobelet; depuis le cornet & l'urne jusqu'à la buire & au lisbet, le nom de tous les ustensiles de table, de tous les vases d'ornement nous sera connu aussi bien que leur emploi.

J'insisterai seulement sur l'un d'entre eux. Parmi les objets énumérés dans le *Livre-Journal*, il n'en est pas qui apparoisse plus souvent que le pot-pourri, meuble alors essentiel dans tout appartement qui avoit des prétentions à l'élégance, & dont le possesseur visoit à la distinction. Le pot-pourri est un vase d'or, d'argent ou de porcelaine affectant différentes formes, le plus souvent celle d'urne ou d'encensoir; il est surmonté d'un couvercle percé de trous, « d'yeux, » comme on disoit. La curiosité moderne lui a conservé son nom & sa vogue, mais n'en fait plus qu'un emploi purement décoratif. Bien des amateurs possèdent de ces vases, qui ignorent l'usage auquel ils étoient destinés, usage dont la porcelaine & la faïence, moins perméables que la céramique antique, n'ont pas, comme l'amphore du fabuliste, conservé le souvenir. Le pot-pourri étoit chargé de répandre dans les appartemens une odeur douce & pénétrante par les aromates qu'on y jetoit & qu'on y mélangeoit avec des eaux de senteur. Inconnu dans les diverses éditions des *Secrets* d'Alexis Piémontois, même dans celles du dix-septième siècle, introuvable dans les *Secrets* d'Émery & les autres recueils de recettes antérieurs à 1700, le pot-pourri apparoît pour la première fois, croyons-nous, dans le *Parfumeur françois* (1) du sieur Barbe. C'est d'abord un simple procédé de parfumerie destiné à préparer des herbes ou des écorces pour former des sachets. Le *Parfumeur royal* de 1699, par le même sieur Barbe (2), & les *Secrets* d'Émery, édition de 1709 (3), nous donnent encore, sous le nom de pot-pourri, une autre recette toujours pour le même usage. Mais au dix-huitième siècle cette préparation, inventée pour composer des sachets, devint elle-même un parfumoir permanent, & fut employée à produire directement des odeurs. On trouve dans le *Parfumeur royal* (4) de 1761 « une recette nouvelle, supérieure à toutes les précédentes, pour faire des *cassolettes dites vulgairement des pots-pourris.* » Dès le milieu du dix-huitième siècle, le pot-pourri est l'œuvre capitale de la parfumerie & devient le symbole de ce commerce. Il figure sur les adresses gravées des parfumeurs (5), comme il encombre les tables, les cheminées, les consoles des appartemens. Les élégantes le composoient elles-mêmes, chacune étudiant le parfum spécial qu'elle croyoit convenir à sa beauté, comme elle étudioit une parure, un air de tête ou une coiffure nouvelle.

---

(1) *Le Parfumeur François*, par le sieur Barbe. Lyon, Thomas Amaulry, 1693, in-12, p. 74 & 75. — De même dans l'édition de Hollande; Amsterdam, 1696, p. 95.

(2) Paris, in-8°, p. 107 & 108.

(3) Voyez entre autres cette édition : *Nouveau Recueil de secrets & curiositez les plus rares*, &c...; *huitième édition, augmentée de plus de la moitié de merveilleux & beaux secrets galans,.... composez par le sieur d'Émery*, Amsterdam, 1709, p. 521. — Dans l'édition de 1685, à Leyde, petit in-12, il n'est pas encore question du pot-pourri.

(4) Paris, Saugrain, in-8°, p. 199.

(5) Voyez notamment les adresses gravées en bois par Papillon pour *Antoine Artaud, marchand-parfumeur à Grasse*, & pour la *Pommade au pot-pourri, faite par Jobert, rue de la Croix-des-Petits-Champs*.

Quelques recettes, réputées merveilleuses, étoient rédigées; l'odeur de tel pot-pourri faisoit école; & des formules ayant un caractère cabalistique se transmettoient dans les familles avec autant de soin que les beaux vases du Japon ou de la Chine destinés à recevoir ces parfums. Voici une de ces recettes :

« MANIERE DE FAIRE LES POTS-POURRIS (1).

1° Il faut un pot de grès qui n'ait jamais servi & une cuiller de bois toute neuve. Il faut laver l'un & l'autre avec de l'eau de fleur d'orange ou de reine de Hongrie.

2° Il faut mettre quatre ou cinq poignées de feuilles de fleur de violette, ou même le plus possible, laquelle fleur doit être épluchée comme pour faire du sirop;

3° De la marjolaine d'hiver, la moitié moins, parce qu'il en faut mettre encore de celle qui vient dans le mois d'aoust;

4° Du thym en fleurs, la moitié moins que la marjolaine;

5° Du romarin, feuilles & fleurs entieres;

6° Beaucoup de myrthe des deux especes, surtout du petit;

7° Un tiers de fleurs d'aspic;

8° Un tiers de fleurs de lavande;

9° Un quart de fleurs de baume;

10° Deux tiers de basilic : un tiers de celui de la grande espece & un tiers de la petite;

11° Quantité d'œillets simples cramoisis;

12° Trois bonnes poignées de fleurs de mélilot;

13° Un tiers de roses simples rouges;

---

(1) Cette recette a été composée vers 1750 par Mme Menjaud, femme d'un ancien chirurgien du cardinal Fleury, intendant des finances d'une des filles de Louis XV. Mme Menjaud étoit l'aïeule du peintre A. T. Menjaud. Je dois la connoissance & la communication de ce curieux document à l'obligeance de l'un des descendans de Mme Menjaud, M. Ch. Vatel. Un pot-pourri, composé suivant cette formule, existe encore & est en la possession de M. Léon de la Sicotière, député de l'Orne, autre descendant de Mme Menjaud. On trouvera une autre recette, mais beaucoup moins raffinée, dans le *Parfumeur royal de* 1761, p. 199.

14° Des roses muscades sans mesure ; le tout bien épluché ;

15° De la sauge, du laurier-franc, de l'hysope, une bonne poignée de chacun ;

16° De la fleur d'orange sans mesure & sans éplucher ; le tout bien assaisonné de gros sel. A chaque chose que l'on met dans le pot, y joindre une bonne poignée de sel, faute de quoi, il se corromperoit ;

17° Il faut soigneusement ôter tous les petits cotons des herbes & les queues des fleurs, ne mettant que les feuilles ;

18° Il faut y mettre quantité de clous de girofle, un peu concassés ou en poudre ;

19° Un bon bâton de canelle en morceaux bien menus ;

20° Un peu de poudre de cèdre & de celle de calembour ;

21° De la poudre d'iris de Florence avec de celle qui est par morceaux, que l'on concasse le plus qu'on peut ;

22° Une demi-once de poudre de Cypre ;

23° Un bon quarteron d'estorax ; parce que c'est ce qui soutient l'odeur du pot-pourri. Il faut le rompre par petits morceaux ;

24° Un bon demi-quarteron de benjoin bien concassé ;

25° Quantité de pelure de citron bien mince, en sorte qu'il n'y ait que le jaune, rompue par petits morceaux ;

La pelure de cinq ou six bigarrades ;

26° Un peu de poivre blanc & un peu de poivre long concassé ;

27° Six muscades ;

Tout ce qui est par quart, tiers ou moitié se doit mesurer sur la quantité de violette. Quand les herbes sont sèches, il faut y mettre, selon les années, plus ou moins d'eau de senteur ; beaucoup moins de fleur d'orange, & de myrthe un peu moins ;

28° Un peu d'eau de roses, un demi-septier d'eau de reine de Hongrie ;

29° Il faut fermer ledit pot avec trois ou quatre doubles de papier, le tout bien ficelé ; le remuer tous les jours avec la cuiller de bois ; ne se servir jamais ni de fer ni des doigts pour le remuer. Il faut le remuer chaque fois qu'on y ajoute quelque chose, afin que le tout s'incorpore. Il faut l'expofer au foleil du midi, le mois d'août; l'ôter quand il pleut & pendant la nuit. Lorfqu'on voit qu'il fe pourrit bien, on peut ne le remuer que tous les deux ou trois jours. On doit obferver d'y mettre de l'eau de fleur d'orange & de myrthe quand il fèche trop. Il faut mettre un morceau de fer à l'anfe du pot pour le préferver du tonnerre. A la Saint-Martin, il eft en état d'être mis dans la faïence, parce que le grès le confomme trop.

Voilà bien des obfervations, mais on n'y peut réuffir fans les garder bien exactement.

Maniere de l'empotter.

Si le pot a befoin d'être lavé, il faut le faire avec de l'eau de fleur d'orange, le frottant avec du coton; jetter le tout & bien laiffer fécher le pot, y mettre des grains de mufc, frotter le dedans du pot avec un peu d'effence de clou, beaucoup d'effence de cédra, de bergamotte & d'ambre gris, puis empotter avec la cuiller de bois. Il ne faut pas le preffer, parce qu'il faut qu'il y ait du jus fuffifamment, moyennant les eaux qu'on y ajoute, qui font feulement de fleur d'orange & de myrthe; couvrir le pot de gros fel & jeter le refte des effences fur le coton qui aura fervi à frotter le pot.

De temps en temps, lorfqu'on voit qu'il fèche trop, y mettre des eaux de fleur d'orange & de myrthe, des pelures de citron, & tous les étés y mettre quantité de fleurs d'orange fans éplucher, des rofes, mufcades, œillets fimples cramoifis, & y ajouter toujours autant de poignées de gros fel que d'ingrédiens.

Maniere de l'entretenir.

Il faut faire les mêmes obfervations que pour le compofer; verfer l'ancien pot-pourri dans le même pot de grès, n'y mettre aucune herbe, mais de la violette, de la fleur de thym, de romarin, de mélilot, des œillets cramoifis, des rofes mufcades, des rofes fimples rouges; un peu de toutes les efpeces de poudre; un peu d'eau de rofes & d'eau de reine de Hongrie; de la pelure de citron & de bigarrade; beaucoup d'eau de myrthe & plus d'eau de fleur d'orange; beaucoup de gros fel en le commençant & à chaque chofe qu'on y met; du benjoin, &

plus d'eftorax. L'empotter de la même forte qu'un nouveau. Avoir foin de l'entretenir comme il eft marqué ci-deffus.

Il faut employer du coton pour frotter le pot-pourri d'effence & le laiffer dans le pot; il n'y fera aucun dommage. »

On me pardonnera, j'efpère, cette longue citation. Les amateurs de pots-pourris pourront déformais rendre ces vafes à leur deftination primitive, &, au plaifir de vivre entourés d'objets appartenant à l'époque qui nous occupe, ils joindront le plaifir de refpirer l'atmofphère de cette époque & de s'imprégner de fon parfum. C'eft là, fi j'ofe le dire, de l'*odeur locale*.

On le voit : la boutique de Duvaux eft une forte de théâtre fur lequel s'agite le monde des amateurs au milieu de tout ce qui conftitue le commerce de la curiofité. Son journal nous permet de recompofer avec certitude le perfonnel des arts pendant dix ans du règne de Louis XV. C'eft ce que je vais effayer d'indiquer, en parlant fucceffivement, dans trois chapitres différens, des amateurs, des marchands & des artiftes.

I

AMATEURS.

Louis XV faifoit acquérir pour lui des objets d'art ou des meubles précieux dans les ventes publiques en les pouffant comme un fimple amateur. En effet, on lit parfois le nom du Roi en marge des exemplaires annotés des catalogues de vente. Il paroît en outre avoir joui d'une forte de droit de préemption avant que les meubles, qui faifoient l'objet des ventes, fuffent mis aux enchères. Car les notes de quelques catalogues fignalent aussi des pièces retirées comme acquises par le Roi. Il achetoit chez Duvaux, « pour sa personne, » sans affectation de résidence, ou à destination de ses châteaux de Versailles, Marly, la Muette, Choisy, Fontainebleau & Compiègne, fort souvent lui-même (1), quelquefois par l'intermédiaire de différentes personnes. Dans ce cas, ses agens varioient suivant que l'objet acheté étoit affecté à tel ou tel palais & dépendoit de tel ou tel service : c'étoient le duc d'Aumont, premier gentilhomme de la Chambre ; M. de Champcenetz, premier valet de chambre, gouverneur de Meudon & Bellevue ; M. Filleul, garde-meuble de Choisy, & sa femme, & M. Beccarie. Mme de Pompadour, qui conseilla bien des achats à Louis XV, se chargea d'en conclure quelques-uns pour lui. Le Roi, sur ses ordres directs, faisoit aussi acquérir des objets par ses valets de chambre Lebel & Guimard. Mais il commande & paroît seul choisir quand il s'agit du mobilier de ces *pavillons*, qu'il aimoit à se faire construire, & dans lesquels tout étoit disposé suivant ses goûts, aux Hubis (2), à Verrières (3) & à Saint-Hubert (4). Duvaux meubla surtout, de ce qui concernoit son commerce, le pavillon de Saint-Hubert, rendez-vous de chasse, élevé dans la forêt de Rambouillet & terminé en 1758. Le Roi commande &

---

(1) Certainement Louis XV, qui ne venoit que très-rarement à Paris, n'alla jamais acheter dans la boutique de la rue Saint-Honoré ; mais il résulte des mentions du *Livre-Journal* que le Roi commandoit directement au marchand ce qu'il désiroit, ou choisissoit lui-même les objets qui lui convenoient parmi ceux que Duvaux lui présentoit. Les intermédiaires sont toujours nommés quand le Roi n'achète pas directement, & fréquemment personne n'apparoît entre Duvaux & Louis XV.

(2) *Mémoires de construction des Hubis*, 1749, 1750, 1751 ; Arch. nat. O¹2254, f° 98.

(3) *Mémoires de construction du pavillon de Verrières vers* 1752 ; Arch. nat. O¹2253, f° 330, recto.

(4) *Mémoires de construction du château de Saint-Hubert ;* Arch. nat. O¹2256, f° 343, recto & verso.

choisit aussi lui-même les cadeaux qu'il fait à sa famille, à la Reine, à la Dauphine, à l'Infante, duchesse de Parme, à son gendre, l'Infant don Philippe, & à ses autres filles Mesdames de France. Nous savons par le duc de Luynes qu'il venoit souvent à Sèvres visiter la fabrique de porcelaine (1) & surveiller l'exécution d'un service (2) destiné à Frédéric V de Danemark. Les achats du Roi, qui paroît avoir fort apprécié la porcelaine françoise, allèrent toujours en augmentant de 1748 à 1758. Il demandoit particulièrement à Duvaux des caves, des cafetières, des nécessaires, quelques pièces d'argenterie légère & portative, & les divers ustensiles qui servoient, dans ses chasses, à ses repas pris en plein air.

La reine Marie Leczinska, qui ne disposoit que d'une pension tout à fait insuffisante, ne faisoit qu'un petit nombre d'achats & de peu d'importance en général. Elle payoit avec difficulté & par à-comptes fort régulièrement ordonnés. Le présent acquis pour elle chez Duvaux prouve qu'elle ne reçut pas seulement du Roi des cadeaux destinés primitivement à la mère de Mme de Pompadour, comme pourroit le faire croire le duc de

---

(1) *Mémoires*, t. XVI, p. 77.

(2) Signalé une première fois en passant dans les *Mémoires du duc de Luynes*, t. XVI, p. 92, voici ce que le duc dit de ce service (même tome, p. 328), au milieu d'une curieuse description de la manufacture : « Le Roi vient de faire un présent d'un service de porcelaine au roi de Danemark. Ce service a été fait à Vincennes & à Sèvres. C'est ce qu'on appelle présentement de la porcelaine de France. La marque est deux LL entrelacées en triangle. Ce service est extrêmement complet. La porcelaine est vert & or. Cette couleur verte, & la bleue que quelques-uns trouvent plus belle encore, augmente prodigieusement le prix. Il y a huit douzaines d'assiettes qui coûtent 60 livres pièce. Le reste à proportion. »

Ce présent vraiment royal de Louis XV à Frédéric V, décrit dans l'article 3068 du *Livre-Journal*, arriva à bon port en Danemark; car on lit dans la *Gazette de France* du 17 juin 1758 : « De Coppenhague, le 26 mai 1758. Le 22 de ce mois, le président Ogier, ambassadeur de France, présenta au Roi, de la part de Sa Majesté Très-Chrétienne, un magnifique service de Sèvres, le premier qui ait été fait de couleur verte, enrichi d'or & de cartouches de miniatures. »

Luynes (1). La Reine cependant s'occupoit avec une grande intelligence de la décoration de ses appartemens. Les artistes appelés à les orner de peintures étoient obligés de lui présenter les esquisses de leurs tableaux & les virent quelquefois modifiées, très-heureusement & avec un tact exquis, par sa critique (2). Elle-même peignoit ou, tout au moins, essaya de peindre (3).

---

(1) Voyez le n° 2304 & les *Mémoires du duc de Luynes*, t. VII, p. 202.

(2) Voyez plusieurs lettres de Lenormant de Tournehem au sujet des peintures ordonnées à J. B. M. Pierre pour la Reine, des lettres de Vandières à Coypel, sur les peintures de Vien (Arch. nat. O¹ 1917), & notamment celle-ci :

"A Versailles, 1ᵉʳ mars 1753.

" M. Portail a présenté, Monsieur, à la Reine en mon absence les deux esquisses du sieur Vien, que je vous envoye cy-incluses avec les observations que S. M. y a faittes pour que le sieur Vien s'y conforme. La Reine a trouvé que la composition des deux tableaux est un peu trop serrée, notamment celui qui représente l'arrivée de saint François-Xavier à la Chine. S. M. désire qu'on apperçoive dans le fond du tableau une petite partie d'horizon qui indique que le vaisseau vient de loin. Le saint ne doit pas avoir de manteau. Il lui faut mettre un surplis par dessus sa robe. Quelques auteurs luy ont mis une étole : la chose est arbitraire. Néanmoins il seroit bon de voir la vie de ce saint.

" Sa Majesté a aussi observé qu'il est désagréable de voir la principale figure du tableau sans pieds. Elle imagine qu'il conviendroit mieux de la représenter descendue ou descendant de vaisseau, élevant les yeux & les mains vers le ciel en action de grâces d'être arrivé à bon port pour l'exécution de ses desseins. Les principales figures sur le premier plan du devant du tableau seront d'une grandeur convenable en leur donnant 18 à 20 pouces de proportion.

" A l'égard du tableau de saint Thomas, il ne s'agit que de laisser un espace entre le bras du saint & le groupe du fond, afin d'y appercevoir du paysage.

" Il faut aussi observer de donner à ces deux sujets toute la vaguesse & toute la fraîcheur possible, le lieu de leur destination étant, comme il a été observé dans la première notte, très-mal éclairé & sur un lambris blanc. Recommandés, je vous prie, au sieur Vien de faire le plus exactement qu'il pourra & avec le plus de diligence possible ces deux tableaux dans le goût que Sa Majesté les désire. Je suis, &c.... VANDIÈRES. "

(Arch. nat. O¹ 1917.)

Voyez aussi les *Mémoires du duc de Luynes*, t. X, p. 40.

(3) On lit dans l'*État des papiers & effets qui se sont trouvez sous les*

Malgré les inftigations de fa femme, le Dauphin femble s'être médiocrement occupé des objets de curiofité (1); mais la feconde Dauphine, Marie-Jofèphe de Saxe, qui aimoit le luxe intérieur des appartemens & qui figure dans les grandes ventes (2) de l'époque, avoit du goût pour les pièces de porcelaine & pour les fleurs de Vincennes dans les différens ufages admis par la mode du temps. On voit que, à Drefde, elle avoit appris à eftimer la céramique. Elle achetoit peu elle-même, mais toujours par l'intermédiaire de la duchefle de Brancas, fa dame d'honneur, de M. de Boifgiroux, premier valet de chambre du Dauphin en furvivance de Binet, de Mme de Boifgiroux & de Mme Dufour, fa première femme de chambre. Par l'entremife de l'intendant des Menus, le duc de Bourgogne, fils du Dauphin, prit chez Duvaux les premiers meubles de fa maifon perfonnelle quand, à fept ans, il fortit des mains des femmes. Madame Première, mariée à l'Infant don Philippe, reçut plus de cadeaux qu'elle ne fit d'acquifitions pendant fon court féjour en France (3). Mefdames Adélaïde, Victoire, Sophie & Louife fe faifoient fournir par Duvaux la boëte à parfiler, uftenfile alors indifpenfable à toute femme de bonne compagnie, & quelques menus objets d'ameublement ou de toilette. Elles recevoient, ainfi que la Reine, des bijoux

---

fcellés de la fucceffion de feu M. Coypel, premier peintre du Roi, concernant l'Académie & les Arts : « .... Plus un mémoire de M. Coypel pour des couleurs fournies à la Reine, montant à fomme de 30ᵗᵗ 12ˢ. » (Arch. nat. O¹ 1914.)

François a gravé, d'après une peinture de la Reine, une eftampe repréfentant une femme en bufte, la tête couverte d'un voile. Cette pièce porte deux écuffons aux armes de France & de Pologne, la lettre fuivante : *Dédié à la Reine. — Peint par Sa Majefté, d'après le tableau de M. Vien*, &c., &c. 1759.

(1) Il vint cependant vifiter la manufacture de Sèvres, pouffé fans doute par fa femme. (*Mémoires du duc de Luynes*, t. XVI, p. 77.)

(2) *Catalogue Coypel* annoté, paffim. *Catalogue Tallard* annoté, n° 117.

(3) Cf. les *Mémoires du duc de Luynes*, t. X, p. 6.

choisis par Louis XV parmi ceux que lui préfentoit Duvaux (1).

Le duc Louis-Philippe d'Orléans (duc de Chartres jufqu'en 1752), poffeffeur d'une fi belle galerie (2), paroît

---

(1) La boëte que Madame Adélaïde donna fi imprudemment à un garde du Roi en 1752, & qui fut reconnue par Louis XV pour un cadeau qu'il avoit fait à fa fille, venoit probablement de chez Duvaux (n° 682 ou 1001 du *Livre-Journal*). Cf. les *Mémoires du marquis d'Argenfon*, t. VII, p. 143.

(2) Cette merveilleufe galerie, déjà amoindrie par les mutilations que lui fit fubir le fils du Régent & par la vente des tableaux flamands, faite en juin 1727 (*Catalogue des tableaux flamands* [à vendre] *du cabinet de feu S. A. R. Mgr le duc d'Orléans*, Paris, 1727, in-8°), devoit quitter à jamais la France avant la fin du fiécle. En 1792, Philippe-Égalité, fils du duc qui nous intéreffe, la vendit tout entière avec une incroyable légéreté & à fon grand détriment. Les tableaux des écoles italienne & françoife furent acquis au prix de 750,000 livres par un banquier de Bruxelles, nommé Walkuers, qui, peu de jours après, les revendoit 900,000ᵗᵗ à M. de Laborde de Méréville. Cet amateur éclairé, voulant les conferver à la France, fit immédiatement commencer la conftruction d'une galerie deftinée à les recevoir dans fon hôtel de la rue d'Artois. Chaffé & ruiné par la Révolution, il fut obligé de vendre au duc de Bridge Water, à lord Carlefle & à lord Gower, cette collection qu'il étoit parvenu à faire paffer en Angleterre. Ces trois feigneurs anglois la payèrent 41,000 livres fterl. Moins amateurs que fpéculateurs, ils en firent une expofition publique qui leur rapporta beaucoup, & pendant le cours de laquelle ils vendirent un grand nombre de tableaux, après s'être réfervé les plus beaux (*A Catalogue of the Orleans italian pictures which will be exhibited for sale by private contract.... at Mr Bryan's gallery....* London, décembre 1798, in-8°). Les tableaux des écoles flamande, hollandoife & allemande furent également vendus en 1792. Un autre Anglois, M. Slade, affocié à plufieurs de fes compatriotes, les acheta 350,000 livres & les emporta avec beaucoup de difficultés en Angleterre où il les expofa d'abord chez lui, puis publiquement à Londres (*The Orleans Gallery now exhibiting at the great rooms late the royal Academy....* [Londres], avril 1793, in-4°). Cette collection fut enfuite répartie, aux prix les plus élevés, entre les principaux amateurs d'Angleterre. On trouve dans le *Tréfor de la curiofité* (t. II, p. 147 & fuivantes) une bonne notice d'Ad. Thibaudeau fur la galerie d'Orléans. Cf. auffi *Memoirs of painting with a chronological hiftory of the importation of pictures.... into England fince the french Revolution*, by W. Buchanan. London, 1824, 2 vol. in-8.

Heureufement il nous en refte un fouvenir dans la defcription des tableaux du Palais-Royal par Dubois de Saint-Gelais (Paris, 1727,

avoir témoigné aux arts induſtriels un intérêt égal à celui qu'il portoit aux arts libéraux. On ſait quel modèle de goût offroient à ce moment les ameublemens du Palais-Royal & du château de Saint-Cloud & le ſalon recherché qu'y ouvroit le duc à une ſociété d'élite qu'on appeloit « la cour du Palais-Royal. » Nous citerons enfin, parmi les royaux acquéreurs, Louiſe-Henriette de Bourbon-Conti, ducheſſe d'Orléans; Louiſe-Anne de Bourbon-Condé (Mlle de Charolois); Louis-Joſeph de Bourbon, prince de Condé; Charlotte-Godefride-Éliſabeth de Rohan-Soubiſe, princeſſe de Condé; Louiſe-Adélaïde de Bourbon-Conti (Mlle de La Roche-ſur-Yon); Éliſabeth-Alexandrine de Bourbon-Condé (Mlle de Sens); Marie-Victoire-Sophie de Noailles, comteſſe de Toulouſe, & ſon fils Louis-Jean-Marie de Bourbon, duc de Penthièvre.

Il n'y avoit pas alors en Europe une cour qui ne poſſédât ou qui ne cherchât à attirer des artiſtes françois. Patte (1) a ſignalé ce règne abſolu & excluſif des arts de la France pendant la première moitié du dix-huitième ſiècle. Nos objets de modes & de curioſité n'avoient pas moins de ſuccès auprès de l'étranger. Auſſi pluſieurs princes-ſouverains figurent-ils ſur le regiſtre du marchand, ſoit comme acquéreurs, ſoit comme deſtinataires

---

in-12). Couché, en outre, graveur du cabinet du duc d'Orléans, avoit commencé en 1785 à faire reproduire cette galerie par la gravure. Les deux ventes conſenties par le duc d'Orléans n'arrêtèrent pas l'éditeur, qui, à l'avance, avoit fait prendre tous ſes deſſins. Ralenties par la Révolution, les livraiſons de la collection gravée ſe ſuccédèrent irrégulièrement, mais ſans interruption, juſqu'en 1806, époque où Couché s'aſſocia deux libraires, Laporte & Bouquet. La *Galerie du Palais-Royal, gravée d'après les tableaux des différentes écoles qui la compoſent*, &c..., dont le premier volume date de 1786, fut terminée en 1808, & forme trois volumes in-folio contenant trois cent cinquante-cinq eſtampes. — Voir auſſi les *Almanachs des Beaux-Arts d'Hébert* & ſon *Dictionnaire pittoreſque & hiſtorique*.

(1) *Monumens élevés en France à la gloire de Louis XV, précédés d'un tableau du progrès des arts & des ſciences*, p. 6 & 7. — Voyez auſſi *les Artiſtes françois à l'étranger*, par L. Duſſieux. Paris, 1856, in-8°.

d'objets offerts par la maifon de France. Le duc des Deux-Ponts, Chrétien II, hôte bien fréquent de Paris, qui entendoit la collection & qui laiffera un cabinet de tableaux (1) vendu à fon décès par l'expert Remy, en 1778, acquéroit des curiofités chez Duvaux, foit directement, foit par l'intermédiaire ou fous le pfeudonyme du comte de Sponheim. L'Infant don Philippe de Parme, mari de Madame Première, fe fourniffoit également rue Saint-Honoré; M. de Beringhem, premier écuyer, étoit fon intermédiaire & lui faifoit expédier à Parme des objets d'un luxe françois que fa femme, en devenant fouveraine, n'avoit vraifemblablement pas défappris. Le prince de Monaco & le comte de Valentinois, grands amateurs dont la préfence eft fignalée à toutes les ventes publiques, achetoient également chez lui (2). Duvaux fut chargé de fabriquer ou au moins de compofer & d'affembler des préfens deftinés, par Louis XV & par Mme de Pompadour, à Frédéric V de Danemark, prince dont l'efprit étoit ouvert à l'influence des arts de la France, & dont la figure a été confervée à l'hiftoire par une main

---

(1) *Catalogue de tableaux originaux des grands maîtres des trois écoles qui ornoient un des palais de feu Son Alteffe Monfeigneur Chriftient, duc des Deux-Ponts*, par Pierre Remy. — Vente à Paris, 6 avril 1778. — Paris, 1778, in-8°. — Voyez auffi les *Mémoires & Journal de J. G. Wille*, t. 1er, p. 181 & paffim.

(2) Le goût des arts étoit héréditaire dans cette famille. Voici ce que le duc de Luynes difoit d'un de fes membres qui mourut le 23 avril 1751 : « M. le duc de Valentinois [père du prince de Monaco] eft à l'extrémité, d'un ou de plufieurs abcès dans les entrailles. Il a une trèsbelle maifon dans le faubourg Saint-Germain.... Cette maifon eft remplie de meubles magnifiques, de tableaux des plus grands maîtres, & de porcelaines de toutes efpèces. Le P. d'Héricourt, Théatin, fameux prédicateur auquel M. de Valentinois a remis le foin de fa confcience, lui a repréfenté, avec raifon, que plufieurs de fes tableaux, quoique d'un grand prix, n'étoient pas foutenables dans la maifon d'un chrétien, par l'indécence & l'immodeftie des figures; &, en conféquence, les tableaux ont été déchirés. » (*Mémoires du duc de Luynes*, t. XI, p. 85.) Il y eut en 1802, à l'hôtel de Monaco, rue de Varennes, une vente de *tableaux, bronzes, marbres*, &c.... dont il exifte un catalogue.

françoife, celle du fculpteur Saly; à Clément-Augufte de Bavière, archevêque de Cologne (1), curieux dont les collections, vendues d'abord à Bonn, furent en partie revendues à Paris en 1764; enfin à Charlotte-Willelmine-Sophie de Heffe-Caffel, princeffe de Zerbft, & à une princeffe de Naples, Marie-Jofèphe ou Marie-Louife, fille de l'Infant don Carlos.

On trouveroit encore dans quelques autres collections royales de l'Europe des objets fortis des mains de Duvaux. C'eft dans fa maifon que furent acquis en grande partie les préfens offerts (2) par Louis XV, en 1756, à Élifabeth de Ruffie & apportés à Saint-Pétersbourg, dans une ambaffade extraordinaire, par le marquis de l'Hôpital. Par lui furent encore expédiées quelques pièces à de grands perfonnages à Vienne (3); peut-être arrivèrent-elles jufqu'au palais de Marie-Thérèfe d'Autriche. Les cours de Suède & de Wurtemberg fe fervirent, croyons-nous, de leurs ambaffadeurs (4) pour fe faire envoyer quelques objets curieux qui les tentoient. Mais à notre grand

---

(1) Ce prélat, de race royale, — il étoit frère de l'empereur Charles VI, — avoit probablement été initié aux raffinemens du goût françois par l'abbé Aunillon, homme du monde, d'un efprit charmant, qui fut miniftre plénipotentiaire de France à Cologne, de 1745 à 1747, & qui a laiffé de curieux mémoires. Voyez fur fa collection : 1° *Catalogue des peintures, des diamans, des porcelaines & des horloges provenant de la fucceffion de S. A. S. Electorale de Cologne, de très-glorieufe mémoire, qu'on a l'intention de vendre publiquement à Bonn*, le 14 mai 1764, in-4°. 2° *Catalogue de tableaux, paftels, miniatures, enfans, buftes, médaillons & compofitions en marbre, bronze, porcelaines & autres curiofités, la plus grande partie venant de la vente de feu S. A. Electorale de Cologne qui s'eft faite à Bonn sur le Rhin*. Paris, 10 décembre 1764, in-8°.

(2) N° 2806 & la note. La Ruffie commençoit alors à former fes belles collections. Bientôt elle achètera des cabinets entiers, comme le cabinet Crozat. — Voyez le *Catalogue des eftampes, &c..., & autres objets curieux d'un cabinet de feu M. Crozat, baron de Thiers*, par Remy. Paris, 1772, Avertiffement, p. IV.

(3) N°s 3038 & 3150.

(4) Voyez les achats faits par le baron de Scheffer, par le baron de Thun, & par M. Laurent.

étonnement nous voyons, fur le *Livre-Journal*, briller par fon abfence le plus fanatique admirateur du génie artifte & littéraire de France, Frédéric II de Pruffe, qui, malgré fa proverbiale parcimonie, acquéroit partout des objets d'art avec paffion & faifoit, dans certains cas, concurrence à Louis XV. Les brocanteurs qui offroient à la Direction des bâtimens du Roi quelque tableau ou quelque ftatue à vendre, ne manquoient pas, fi on repouffoit leurs prétentions exagérées, de dire qu'ils en trouveroient un plus haut prix auprès du roi de Pruffe, & menaçoient d'expédier à Berlin l'objet propofé (1). Potfdam, Charlottenbourg & Sans-Souci font remplis d'œuvres françoifes. Frédéric n'attendoit pas, du refte, qu'on vînt lui faire des offres d'acquifitions : il avoit à Paris un agent chargé de pourfuivre pour lui les meubles curieux, même au milieu des enchères les plus vives. C'étoit M. Mettra (2), qui fut échevin de Paris en 1755. Le comte d'Épinville payoit encore pour lui 21,060 livres, en vente publique (3), la fameufe Léda du Corrége mutilée par le duc d'Orléans. Le roi de Pruffe achetoit égale-

---

(1) Voyez ci-après ce qu'on dira à propos du marchand Colins. Ce brocanteur terminoit ainfi une lettre qu'il écrivoit pour propofer au Roi un tableau de Rubens : « Il feroit défagréable de voir que, le Roi n'ayant dans fes églifes aucun tableau de ce grand maitre, celui-cy paffât à l'étranger; le roy de Pruffe ayant déjà fait faire quelques démarches pour en faire l'emplète, auxquelles on n'a point répondu dans l'efpérance qu'il conviendroit à Sa Majefté. »

(2) Demeurant rue Quinquampoix, hôtel de Beaufort. Voyez : le *Catalogue des tableaux et des portraits en émail du cabinet de feu M. Pafquier, député du commerce de Rouen*, vendu le 10 mars 1755, rue de Richelieu. Paris, Barrois, 1755, in-8°, dans un exemplaire annoté, n°s 2, 10, 12, 13, 14, 23. — L'exemplaire annoté du *Catalogue de Tallard* au Cabinet des eftampes de la Bibliothèque nationale, articles 61, 104, 139, 140, 143, 152, 170; — & le *Tréfor de la curiofité*, vente Pafquier, t. 1er, p. 74 & 75.

(3) Note manufcrite tirée d'un exemplaire du *Catalogue Pafquier* ayant appartenu à Mariette.

ment de Bouret, 12,000 liv., l'Io (1) du même maître, décapitée par la même main. Auguste III, électeur de Saxe & roi de Pologne, reçut de fa fille, la feconde Dauphine, ou acquit par fon entremife, d'affez nombreux objets d'art, comme le conftatent les mémoires du temps & les notes de quelques catalogues de ventes. C'eft pour lui qu'on adjugeoit à Remy un Murillo & un Wouvermans de la vente Pafquier (2), c'eft pour lui que pouffoit Slodtz (3) à la vente du banquier & joaillier Charles Godefroy; c'eft très-vraifemblablement pour lui qu'achetoit avec tant d'ardeur l'envoyé de Pologne, comte de Gerfdorff, à la vente Potier (4). Toutes ces acquifitions étoient, dans ma penfée, deftinées à compléter le cabinet de Drefde. Quant à l'autre roi de Pologne, Staniflas, le père de la Reine, fon goût pour les arts françois, fous toutes leurs formes, eft trop connu pour que j'aie à rappeler les merveilles dont il enrichit Nancy.

Le comte d'Argenfon, miniftre de la guerre; l'Abbé comte de Bernis, miniftre des affaires étrangères; Berryer, lieutenant de police, puis miniftre de la marine; le garde des fceaux Machault; le premier écuyer marquis de Beringhem (5); le marquis de Puyfieulx, miniftre de

---

(1) *Ibid.* Voyez auffi, au fujet des idées de Fréderic II en matière d'art, la *Revue univerfelle des Arts*, t. III, p. 351-357.

(2) *Catalogue Pafquier* annoté, n°s 3 & 4..

(3) En 1748. N°s 24, 26, &c., du *Catalogue Godefroy* annoté.

(4) *Catalogue Potier* de 1757, annoté par Helle, n°s 171, 176, 177, 178, 183, 184, 185, 187, 199, 216, 258, 267, 338, 343, 357, 362, 395, 408, 410, 419, 431, 432, 434, 441, 442, 443, 445, 468, 472, 485, 518, 538, 541, 550, 552, 567, 594, 596, 624, 628, 631, 633, 634, 635, 638, 641, 642, 645, 651, 675, 676, 687, 688.

(5) Pour connoître le cabinet de ce curieux, confultez le *Catalogue raifonné des tableaux, figures & groupes de bronze, laques porcelaines diftinguées de différentes fortes, pendules de goût, luftres de criftal de roche; meubles, bijoux & autres effets curieux*, vendus après le décès de M. de Beringhen, premier écuyer du Roi, par P[ierre] R[emy], le 2 juillet 1770, rue Saint-Nicaife. Paris, 1770, in-12.

la marine; Rouillé, miniftre de la marine, puis des affaires étrangères; le duc de Choifeul (1), alors comte de Stainville, fucceffivement ambaffadeur à Rome, à Vienne, & enfin miniftre des affaires étrangères, auffi célèbre dans la curiofité que dans la politique : c'eft-à-dire prefque tous les miniftres & les grands fonctionnaires de l'État étoient curieux & avoient donné à Duvaux leur clientèle. Il fourniffoit les maréchaux de Belle-Ifle, d'Eftrées, de La Fare, de Luxembourg, de Mirepoix, de Richelieu, de Soubife & la maréchale de Lautrec. Nos ambaffadeurs reftoient à l'étranger fes cliens, ou bien, au moment du départ, lui demandoient fes plus fraîches inventions pour les emporter en cadeaux de bienvenue. C'étoient Roland Puchot, comte des Alleurs, à Conftantinople, mort en 1751, & un de fes fucceffeurs, le chevalier de Vergennes; le maréchal duc de Duras (2), à Ma-

---

(1) Les collections de ce célèbre amateur, revendues après fa difgrâce en plufieurs fois, nous font connues par les documens fuivans :

1° *Recueil d'eftampes gravées d'après les tableaux du cabinet de Monfeigneur le duc de Choifeul, par les foins du fieur Bafan*, 1771, petit in-f°. Sur l'exemplaire de ce catalogue poffédé par le Cabinet des eftampes on lit cette note manufcrite : « Il fut retiré, lors de la difgrâce de Mgr le duc de Choifeul, dix-huit tableaux, les plus précieux de fon cabinet, qu'il vient de vendre de la main à la main 85,000 francs, en novembre 1775. Les cent quarante-fept tableaux qui compofoient le cabinet ont été vendus 444,011^{tt},1^s. Ce prix ajouté à la fomme de 85,000^{tt} qu'ont rapportée les dix-huit tableaux rares fait la fomme de 529,011^{tt},1^s. Le tout lui avoit coûté, par le fieur Boileau, 19,000^{tt}. »

2° *Catalogue des tableaux qui compofent le cabinet de Mgr le duc de Choifeul, dont la vente fe fera le lundi 6 avril 1772, en fon hôtel, rue de Richelieu*, par J. F. Boileau. Paris, 1772, in-12.

3° *Notice des objets curieux dépendant de la fucceffion de feu M. le duc de Choifeul.* « Ils confiftent en tableaux originaux de J. P. Pannini, Mignard, Ant. Watteau, &c..., en une fuperbe collection d'eftampes en volumes & en feuilles; figures de bronze & de marbre; porcelaines, bifcuit de Séve & riches vafes coloriés, anciens laques du Japon & autres; belles pendules, dorures & nombre d'objets curieux dont la vente fe fera le lundi 18 décembre 1786, rue Grange-Batelière. » Paris, chez A. J. Paillet, 1786.

(2) Sur cette collection, voyez : *Catalogue des buftes & vafes de mar-*

drid, & à Paris, après fa difgrâce; le marquis de l'Hôpital en Ruffie; l'évêque de Laon à Rome & fon prédéceffeur le duc de Nivernois; le duc de Mirepoix à Londres; le préfident Ogier à Copenhague; M. de Chavigny à Venife & en Suiffe; le marquis de Bonnac en Hollande. Nous retrouvons auffi en province, dans leurs intendances, quelques grands adminiftrateurs fidèles à leurs goûts parifiens : Bertrand-René Pallu à Lyon, Ch.-Blaife Méliand à Soiffons, M. de Brou à Rouen.

La nobleffe partageoit toutes les habitudes de la famille royale au fujet du luxe des appartemens & des arts qui embelliffent nos demeures. Les tables, qui termineront ce volume, montreront le grand nombre de gentilshommes qui achetoient des objets d'ameublement. Nous citerons feulement quelques-uns des plus grands noms : le duc d'Agenois, devenu duc d'Aiguillon; la ducheffe d'Antin; le duc & la ducheffe de Beauvilliers; la ducheffe de Biron; le marquis de Biffy; le comte de Biffy; Charles-Godefroy de La Tour d'Auvergne, duc de Bouillon, & fon fils le prince de Turenne, indiqué comme acquéreur dans les notes de plufieurs catalogues de ventes; la ducheffe de Briffac; le duc & la ducheffe de Broglie; Mme de Caftelmoron, l'amie du préfident Hénault & la rivale de Mme du Deffand; le marquis & la marquife de Caftries; le marquis de Chabannes; la ducheffe de Chaulnes; le gouverneur de Paris duc de Chevreufe, « grand amateur d'un goût exquis (1), » & la ducheffe de Chevreufe; Angran de Fonfpertuis, intendant des menus, fils d'un

---

bre, *porcelaines de la Chine & du Japon, &c...; meubles très-précieux en laque du Japon, &c..., & autres effets curieux qui compofoient le cabinet de feu M. le maréchal duc de Duras*, par Ph. Fr. Julliot fils & Fr. Delalande. Vente le 23 décembre 1789. Paris, 1789, in-8°.

(1) *Catalogue Tallard*, annoté par Helle, n° 710. Collection fignalée dans l'*Almanach des Beaux-Arts pour l'année* 1762 (Paris, Hériffant, in-24), p. 213, & dans le *Dictionnaire pittorefque & hiftorique ou Defcription d'architecture, peintures, &c.... des établiffemens & monumens de Paris*, par

collectionneur célèbre dont Gersaint fit la vente en 1747 ; Maximilien-Antoine-Armand de Béthune, prince d'Henrichemont, neveu de l'amateur (1) distingué qui, mourant en 1761 sans enfans mâles, lui laissera le titre de duc de Sully ; Diane-Adélaïde de Mailly, duchesse de Lauraguais ; le duc de Luynes, l'auteur des *Mémoires*, & la duchesse de Luynes ; la princesse de Marsan ; le comte de Maurepas ; le duc de Mazarin ; la duchesse de Monbazon ; le duc de Montmorency, fils du maréchal de Luxembourg ; le duc & la duchesse de Mortemart ; le marquis de Puységur ; les prince & duc de Rohan, les princesse & duchesse de Rohan ; le marquis de Rosmadec ; M. & Mme de Sonning, propriétaires du bel hôtel de la rue Richelieu, décrit & dessiné par Blondel, & d'une charmante maison à Passy, rendez-vous des La Fare & des Chaulieu ; le marquis de Thibouville, zélé collectionneur ; les ducs de Villars & de Villeroy ; Mme de Pompadour & le groupe de ses intimes : la comtesse d'Estrades, la maréchale de Mirepoix, Mme de Lutzelbourg, « sa grand'femme, » le marquis & la marquise de Gontaut ; enfin, la plupart des personnages qui, possédant ces charmants hôtels élevés avec tant d'art par les habiles architectes de l'époque, augmentoient tous les jours l'élégance & la richesse de leurs merveilleux appartemens où venoient souper, danser, jouer la comédie ou écouter des vers, tout ce qui, à Paris, portoit un nom connu, notamment les gracieuses

---

M. *Hébert, amateur* (Paris, 1766, in-12), t. 1er, p. 135, 136, 137. C'est le premier noyau de l'illustre collection de Luynes.

(1) *Catalogue d'une très-belle collection de bronzes & autres curiosités égyptiennes, étrusques, indiennes & chinoises; figures, bustes & bas-reliefs de bronze, d'albâtre & de marbre antiques & modernes; pierres gravées montées en bagues; monnoies & médailles d'or, d'argent & de bronze; desseins, estampes, coquilles & autres objets qui ont rapport à l'histoire naturelle; ouvrages de lacqs, habillemens indiens & chinois, armes anciennes, tant des pays étrangers que de France; livres d'histoire naturelle, d'antiquités, &c.... du cabinet de feu M. le duc de Sully*, par les Srs Helle & Remy. Paris, 1762, in-12.

maîtreſſes des ſalons les plus fréquentés du temps : la duchesse de Boufflers, devenue duchesse de Luxembourg, modèle de bon ton dans ſes ameublemens de Paris & de Montmorency, hôteſſe illuſtre de Jean-Jacques ; la duchesse de La Vallière ; la comteſſe de Forcalquier ; la princeſſe de Robecq ; la comteſſe de Brionne ; la marquiſe du Châtelet, l'*Émilie* de Voltaire ; la duchesse de Villeroy ; la comteſſe de Rochefort Marie-Thérèſe de Brancas ; Mme de Villemur (1), la première protectrice de Laujon.

La notoriété de leurs achats dans les ventes publiques me force encore de nommer quelques nobles amateurs : le marquis d'Aubigny ; M. de Billy, écuyer (2), ancien commiſſaire des guerres & ancien premier valet de garderobe du Roi ; M. de Bandeville (3) ; M. Gabriel de Boiſjourdain (4), ancien écuyer de main du Roi, lieutenant

---

(1) M. le baron Jérôme Pichon me ſignale une curieuſe particularité ſur cette dame. Elle s'appeloit d'abord Mme Fillon, & étoit la femme d'un préſident de l'élection d'Alençon, depuis fermier général. Mais à la ſuite d'une ſcène ſcandaleuſe, dans laquelle des jeunes gens affectèrent de la prendre pour la Fillion, entremetteuſe célèbre, M. & Mme Fillon changèrent de nom & ſe firent appeler de Villemur. Voir les *Mélanges de M. de B[ois] Jourdain*, t. Ier, p. 432, & les *Œuvres* de Laujon. Paris, 1811, in-8°, t. Ier, p. xxi.

(2) Voyez, pour connoître ſa collection, le *Catalogue des tableaux, deſſins, eſtampes, figures, meubles précieux, porcelaines, bijoux & autres objets curieux*, vendus par A. J. Paillet, le 16 novembre 1784, à l'hôtel de Bullion, rue Plâtrière. Paris, 1784, in-8°.

(3) Ce M. de Bandeville, qui achète aſſez ſouvent dans les ventes, devoit avoir quelque lien de parenté avec un grand amateur de cette époque, la préſidente de Bandeville. *Catalogue des tableaux des peintres célèbres, &c., de deſſeins & d'eſtampes..., de figures, de buſtes & vaſes de bronze, de marbre, terre cuite, &c., laques, pierres gravées antiques, de porcelaines anciennes & modernes, & autres objets provenant du cabinet de feu Mme la préſidente de Bandeville*. Vente, lundi 3 décembre, par Pierre Remy. Paris, 1787, in-8°. Ce cabinet eſt indiqué comme compoſé ſpécialement de curioſités naturelles dans l'*Almanach des Beaux-Arts de 1762*, p. 200, & le *Dictionnaire pittoreſque & hiſtorique d'Hébert*, t. Ier, p. 134.

(4) M. du Boisjourdain, dont Remy fit la vente en 1765, avoit raſ-

de la ville de Toul; Claude-Charles de Bourlamaque (1), seigneur du Vivier, ancien capitaine de cavalerie; M. de Calvières (2), qui sera, comme associé libre, puis hono-

---

semblé en livres, manuscrits, tableaux, estampes, médailles & bronzes tout ce qui avoit quelque rapport à l'histoire. Il acquéroit, à la vente du chanoine Fleury, force curiosités naturelles. Sa femme, Marie-Félicité de Bellay, aimoit surtout ce genre de collection, & avoit pris ce goût en accompagnant son mari chez les marchands. Voici ce qu'en dit l'abbé Aunillon dans une lettre que me communique M. le baron Jérôme Pichon : « Mme de Boisjourdain.... fait honneur au nom qu'elle a reçu en naissant. Mariée très-jeune, & parvenue à peine dans l'âge des plaisirs avec ces charmes si capables d'en nourrir & d'en inspirer le goût, elle a su préférer l'étude de la nature à ses penchans. Le cabinet d'histoire naturelle le plus complet, le plus riche, le plus orné qui soit à Paris & peut-être ailleurs, est l'ouvrage de cette dame. Il fait aujourd'hui l'éloge de ses connoissances & de bon goût. Une collection immense de tout ce qu'il y a de plus précieux & de plus rare dans les trois règnes animal, végétal & minéral lui attire tous les jours les correspondances les plus honorables, la société la plus savante, & la fatigante nécessité de satisfaire la curiosité des gens illustres en ce genre de tout état & de toute nation.... » On trouve une courte notice sur ce cabinet d'histoire naturelle dans l'*Almanach des Beaux-Arts pour 1762*, p. 201, & dans le *Dictionnaire pittoresque & historique d'Hébert*, tome Ier, pages 83 & 84. Le *Catalogue des curiosités* de Mme de Boisjourdain a été publié par Remy. Paris, Didot, 1766, in-12; vente le 12 mai. Le même expert vendit le même jour les tableaux de cette collection. *Catalogue des tableaux du cabinet de M. Le**** [Mme du Bois Jourdain]. Paris, in-8°.

Il a paru, en 1807, sous le titre de *Mélanges historiques, satyriques & anecdotiques de B[ois]jourdain* (3 vol. in-8°), un recueil bien connu d'anecdotes & de pièces de vers généralement scandaleuses qu'un amateur avoit pu recueillir dans sa bibliothèque, & dont la rédaction n'appartient pas à M. de Boisjourdain.

(1) Voyez, pour connoître la collection de cet amateur, le *Catalogue raisonné du cabinet des objets curieux de feu M. de Bourlamaque, ancien capitaine de cavalerie...*, par M. Pierre Remy.... A Paris, 1770, in-12. Recherchant les pièces de choix, M. de Bourlamaque achetoit en bloc des lots entiers d'estampes & en revendoit les épreuves défectueuses. On lit au Cabinet des estampes, dans un exemplaire du *Catalogue de desseins, estampes & coquilles*, à Paris, chez M. Aug. Lottin, libraire, 1759, in-8°, une note manuscrite ainsi conçue : « M. de Bourlemac avoit mis [dans cette vente] les épluchures des Rembrandt & autres qu'il avoit achetés. »

(2) *Catalogue d'une précieuse collection de tableaux, médailles, pierres gravées montées en bagues, bijoux, dessins, estampes.... livres & autres objets de curiosité, la plus grande partie venant de l'étranger* [de M. le marquis

raire-amateur, membre de l'Académie de peinture; le chevalier de Damery (1), officier aux gardes; M. d'Ennery (2), « fi connu, » dit Mariette, « par fa fameufe collection de médailles, la plus complète & la mieux choifie qu'il y ait peut-être au monde, » poffeffeur de nombreux émaux de Petitot confervés aujourd'hui au mufée du Louvre; le chevalier Duquenet; le marquis de Gouvernet (3), grand amateur de deffins; M. de Jonville, gentilhomme ordinaire du Roi; Mlles de La Boiffière (4); le chevalier de Lufignan; le prince de Montauban; M. de Mortain (5); M. de Paulmy; le marquis de Polignac; M. de Rothelin, parent de l'abbé de ce nom, l'amateur de livres, médailles & pierres gravées; le duc de Saint-Aignan (6); le comte de Salvert, officier aux

de Calvières], *dont la vente fe fera le 5 mai 1779, à l'hôtel d'Aligre*. Paris, Joullain, 1779, in-8° de 92 pages. Le Cabinet des eftampes poffède un exemplaire de ce catalogue couvert de croquis par G. de Saint-Aubin.

(1) Voyez le *Catalogue d'une collection d'eftampes de choix, provenant du cabinet de M. B**** (Damery). Vente le 12 juillet 1774, par F. C. Jouillain fils. Paris, 1774, in-12 de 29 pages. — Voyez auffi le *Journal de Wille*, t. 1er, p. 134.

(2) Cabinet décrit dans le *Dictionnaire pittorefque & hiftorique d'Hébert*, tome Ier, p. 113, & dans le *Catalogue des tableaux des trois écoles; antiquités égyptiennes, grecques, romaines & indiennes, en bafalte, granit, bronze, or & argent; figures & buftes de bronze & de marbre de Paros; pierres gravées en creux & en relief, montées en bagues & cachets, &c..., du cabinet de feu M. d'Ennery, écuyer*, par les fieurs Remy & Miliotti. Vente le 11 décembre 1786; Paris, 1786, in-8°.

(3) Voyez le *Catalogue de deffeins de maîtres très-renommés, tels que: Raphaël, Michel-Ange, Jules Romain, le Corrège...; tableaux des diverfes écoles...; de miniatures..., après le décès de M. le marquis de Gouvernet*, par Pierre Remy. Paris, 1775, in-12.

(4) « Elles font deux fœurs, » dit Helle dans le *Catalogue Tallard* annoté, « qui font curieufes, & dont la collection n'eft formée que de petits tableaux. »

(5) Voyez le *Catalogue de tableaux de maîtres des trois écoles d'un cabinet d'amateur* [M. de Mortain] vendus hôtel d'Aligre, par Pierre Remy, le 5 février 1776. Paris, 1776, in-8°.

(6) *Catalogue d'une belle collection de tableaux originaux, figures, buftes de marbre & de bronze, d'anciennes porcelaines de la Chine & du Japon, laques, pierres gravées & autres, médailles, eftampes & objets curieux qui*

gardes; M. de Selle (1); Charles de Valois (2), & le comte de Watteville (3).

Il est impossible d'exposer dans leurs détails les faits qui résultent des acquisitions de tant de personnes différentes. Nous nous arrêterons seulement sur quelques-uns des amateurs qui, à ce moment, comme arbitres du goût, avoient une importance particulière, & dont les achats peuvent donner une idée de l'ensemble des rapports de marchand à acquéreur. Fils du comte d'Argenson, ministre de la guerre, neveu de l'auteur des *Mémoires*, possesseur d'une immense fortune, grand ami des arts (4) & du luxe, le marquis de Voyer d'Argenson semble avoir cherché, tout en satisfaisant ses goûts, à se créer, par ces goûts mêmes, une situation éminente à la cour de Louis XV. Nul

---

composent le cabinet de feu M. le duc de Saint-Aignan. Vente, le 17 juin 1776, en son hôtel, rue Saint-Avoye, par J. B. P. Lebrun. Paris, 1776, in-8°. Il existe, dans la bibliothèque de M. G. Duplessis, un exemplaire de ce Catalogue rempli de croquis par Gabriel de Saint-Aubin. Ce cabinet est signalé dans l'*Almanach des Beaux-Arts pour* 1762, & dans le *Dict. pitt. & hist. d'Hébert.*

(1) *Catalogue des effets curieux du cabinet de feu M. de Selle, trésorier général de la marine, composé de tableaux de différens maîtres des trois écoles; de figures & groupes de bronze d'un grand mérite; d'ouvrages de Boule le père & du sieur Cressent;* de porcelaines anciennes des plus rares, lacqs anciens, bijoux, pierreries, pièces de mécanique & de physique, pendules à secondes, desseins, estampes, plantes de corail, coquilles, &c., par Pierre Remy. Paris, 1761, in-8°.

(2) *Catalogue raisonné d'une précieuse collection d'estampes de feu Charles de Valois, par Fr. L. Regnault,* Paris, 1801, in-8°, précédé d'une notice sur Charles de Valois, fils d'Adrien de Valois, né à Paris en 1709, neveu d'Henri & d'Adrien de Valois historiographes de France, mort le 20 décembre 1799.

(3) *Catalogue des tableaux originaux de Paul Bril, &c.; vases de marbre, de lapis & d'agate; porcelaines du Japon, d'ancien la Chine, laques, pendules, meubles, feux de bronze doré, bijoux d'or & bagues,* après le décès de M. le comte de Watteville, par P. Remy & P. Delaunay. Vente à l'hôtel du comte, rue de La Rochefoucault, faubourg Montmartre, le 12 juillet 1779. Paris, 1779, in-8°.

(4) Helle en parle ainsi : « M. de Voyer d'Argenson, maréchal de camp, qui a un très-beau cabinet de tableaux & bon connoisseur. » (*Catal. Tallard* annoté, n° 113.)

doute qu'il ne fût devenu directeur général des bâtimens du Roi, c'est-à-dire souverain administrateur des arts en France, si cette grosse fonction n'avoit été envahie par le frère de la maîtresse du Roi, qui, nommé par faveur, sut s'y maintenir par sa sagesse & son mérite. Le marquis d'Argenson a dévoilé dans ses *Mémoires* ce secret désir. Mais si le riche marquis ne parvint pas à exercer sur les arts un patronage officiel, il eut du moins le plaisir de donner le ton à la société de Versailles & de l'éblouir par des prodigalités jusqu'alors assez rares. Sa maison d'Asnières, dont la dépense scandalisa si fort son rigide & vertueux oncle, étoit le type des villas & des *folies* de cette époque. Nous connoissons par notre journal quelques détails de son ameublement. Le marquis achetoit surtout chez Duvaux de la porcelaine Céladon garnie de pieds & de montures de bronze doré. Plus souvent, possesseur de pièces de choix, il chargeoit Duvaux de les monter. Celui-ci le mit en rapport avec le célèbre modeleur Duplessis, qui, attaché à la manufacture de Sèvres, a donné son nom à une forme de vases & d'assiettes. Le marquis de Voyer d'Argenson paroît avoir particulièrement employé, pour l'ornement de sa maison, le talent de ce sculpteur.

Quelque nombreux que soient les documens que j'apporte à la biographie définitive de Mme de Pompadour, je ne veux pas compléter ici son histoire politique. J'ai indiqué plus haut le profit qu'un historien judicieux & patient pourra tirer du *Livre-Journal* au point de vue de la politique générale du règne de Louis XV. Mais, restant dans les limites de mon sujet, j'insisterai sur le côté artiste de cette femme, trop louée peut-être & trop décriée à la fois. Car c'est en elle que s'est incontestablement incarnée une période considérable de l'art du dix-huitième siècle, & on doit la regarder comme un des types les plus complets de l'amateur de ce temps. Le premier acheteur que j'ai cherché en trouvant le journal de Duvaux, c'eſt elle; & je n'ai pas été ſurpris de la voir figurer comme le principal client du bijoutier. Elle étoit, en effet, fatalement amenée par ſes goûts à connoître & employer tous les marchands qui concouroient, avec quelque ſuccès, à orner à ce moment les demeures ou les perſonnes. Après avoir commandé l'exécution de ſes châteaux aux premiers architectes de France; quand Laſſurance lui livroit Bellevue & lui rendoit Crécy métamorphoſé; quand Gabriel, Soufflot, Blondel ou quelque autre membre de l'Académie d'architecture avoient prodigué les reſſources de leur talent pour embellir ſes appartemens dans ſes nombreuſes réſidences, tout ne lui ſembloit pas terminé. Il reſtoit un dernier ameublement dont elle ſe réſerva toujours la direction. Duvaux, ſur ſes ordres, fourniſſoit de pendules, de potiches, de garnitures de tables & de cheminées, de luſtres & de feux ſes appartemens de Verſailles, de Marly, de Fontainebleau & de Compiègne, ſon hôtel de Verſailles, ſes ermitages de Verſailles (1), de Fontainebleau (2), de Compiègne (3), ſes châteaux de Bellevue, de Brimborion,

---

(1) « Brevet de don d'un terrein en faveur de la Dame Marquiſe de Pompadour. Aujourd'huy, 1ᵉʳ février 1749, le Roy étant à Verſailles, ayant fait don à la Dame Marquiſe de Pompadour d'un terrein ſitué ſur le terroir de Verſailles, lieu dit la Porcherie & le Quinconge, Sa Majeſté a déclaré & déclare, veut & entend que ladite Dame Marquiſe de Pompadour jouiſſe ſa vie durant dudit terrein contenant 10 arpens 58 perches, ſçavoir : 9 arpens 58 perches dépendant du domaine, & 80 perches, de la dépendance des Bâtimens; ledit terrein tenant d'un côté, au nord, aux anciens murs de clôture du parc; d'autre côté au Quinconge; d'un bout, au levant, aux murs du parc, & d'autre bout à une partie du même Quinconge, &c. » (Arch. nat. O¹ 92, fᵒ 38, verſo.)

(2) Conſtruite en 1749, cette habitation étoit ſituée à la ſortie de Fontainebleau, près de la Croix-Saint-Jacques, ſur la route de Nemours. On en trouvera une très-complète deſcription dans les *Mémoires du duc de Luynes*, t. X, p. 6, 8 & ſuivantes.

(3) « Brevet de don d'un terrein ſcis dans la plaine de Compiègne, vis-à-vis & près la porte Chapelle, en faveur de la Dame de Pompadour. Aujourd'huy, 31 juillet 1755, le Roy étant à Compiègne, voulant donner à la Dame de Pompadour une nouvelle marque de ſa bienveil-

de Crécy, de Saint-Ouen & de Champs, l'hôtel d'Évreux, la partie de l'hôtel des Ambassadeurs extraordinaires (1), que le Roi lui abandonnoit, & son apparte-

---

lance, Sa Majesté lui a accordé & fait don d'un terrein scis dans la plaine de Compiègne, vis-à-vis & près la porte Chapelle, tenant de toute part au Roy, contenant 16 arpens 60 perches, ou environ, de terrein mesuré à raison de 100 perches pour arpent, sçavoir : 10 arpens 19 perches $\frac{1}{2}$ que contiennent le jardin déjà construit par ladite Dame de Pompadour, & la ceinture en bas, au pourtour, de 24 pieds de largeur & 6 arpens 41 perches $\frac{1}{8}$, en différentes portions de terre, au pourtour dudit jardin, &c. » (Arch. nat. O¹ 99, f⁰ 210, verso.)

« Le petit pavillon [à Compiègne] est fait, » dit le duc de Luynes, à la date du 6 juillet (*Mémoires*, tome XIV, p. 199). « Il est bâti à l'italienne, avec des ornemens au-dessus ; il est de la même forme & distribué comme celui de Fontainebleau. » — « Le pavillon de Madame de Pompadour est bâti dans la plaine, du côté de la rivière, joignant presque le petit village qui est en face des fenêtres du Roi. »

(1) L'hôtel des Ambassadeurs extraordinaires étoit situé rue Neuve-des-Petits-Champs. C'étoit l'ancien hôtel bâti par Levau pour de Lionne, & acquis en 1703 par Pontchartrain. Après avoir été destiné aux ambassadeurs extraordinaires, il abrita divers services du ministère des finances. Le Cabinet des estampes de la Bibliothèque nationale possède d'assez nombreux dessins de cet hôtel & de ses aménagemens.

Voici l'acte par lequel Louis XV donna cet appartement à Mme de Pompadour : « Aujourd'hui, 8 août 1751, le Roy étant à Compiègne, voulant donner à la Dame Marquise de Pompadour une nouvelle marque de sa bienveillance, Sa Majesté luy a accordé & fait don du grand appartement avec ses dépendances & celuy de l'aile droite en retour jusque sur la rue, au premier étage de l'hostel des Ambassadeurs à Paris, rue Neuve-des-Petits-Champs, pour, par ladite Dame Marquise de Pompadour, en jouir pendant sa vie ; le tout conformément au plan qui en a été dressé & déposé au greffe des Bâtimens de Sa Majesté, à condition par ladite Dame de ne le pouvoir louer ny céder à personne, sous quelque prétexte que ce soit, & en outre d'abandonner ledit logement & le laisser entièrement libre toutes les fois & quantes il surviendra des ambassadeurs extraordinaires, cet hostel leur étant destiné & à toute leur suite ; mande Sa Majesté au sieur Le Normant de Tournehem, directeur général de ses bâtimens, de faire jouir ladite Dame de Pompadour du contenu au présent brevet, &c. » (Arch. nat. O¹ 95, f⁰ 225.)

Trois ans après, Mme de Pompadour se démit volontairement du droit qu'elle avoit à cet appartement en faveur du marquis de Gontaut. (Arch. nat. O¹ 1064; 10 janvier 1754.) Le 12 septembre de la même année, le Roi ordonna qu'il n'y auroit de brevetés à l'hôtel des Ambassadeurs que les possesseurs actuels de quatre appartemens : le marquis de Gontaut, le comte & la comtesse de l'Hôpital de Sainte-Mesme, la comtesse d'Estrades,

ment de retraite aux Capucines de la place Vendôme (1). On peut étudier dans les objets acquis le goût de l'amateur. Elle avoit horreur du banal, du commun, des meubles de pacotille faits fur un type connu & répandu. Les montures que Duvaux exécutoit ou livroit pour fes pièces de porcelaine étoient fouvent fondues fur modèle demandé exprès aux meilleurs fculpteurs. Elle commandoit jufqu'au deffin d'une cuiller, d'une boëte ou de quelque pièce d'argenterie (2). Ses mobiliers, dans la partie qui concerne le commerce de Duvaux, ne furent qu'exceptionnellement exécutés en bloc. Elle acquéroit plutôt meuble par meuble, attendant fouvent les occafions. Elle préféroit vifiblement, aux objets modernes qu'on lui fabriquoit, les vieux laques de la Chine ou du Japon, les incruftations & les bronzes de Boulle, les luftres anciens de criftal de roche. Il eft inconteftable que Mme de Pompadour aimoit ce que nous appelons aujourd'hui le bric-à-brac.

Il appartient à ceux qui dirigent les arts d'une nation, comme c'étoit la miffion de l'ariftocratie au dix-huitième fiècle, de développer avant tout les élémens du travail contemporain, d'alimenter l'art du préfent & de préparer l'art de l'avenir. Inveftie plus ou moins légitimement de cette direction des arts, Mme de Pompadour comprit la grande refponfabilité que lui impofoit cette fituation vis-

& M. & Mme Gueffier, qui en étoient les concierges. (Arch. nat. O¹ 1064; 12 feptembre 1754.) En 1756, le Roi ordonna de tranfporter l'hôtel des Ambaffadeurs de l'hôtel de Pontchartrain au Palais de Bourbon & décida que l'hôtel lors actuel des Ambaffadeurs extraordinaires feroit affecté au Contrôle général. (Arch. nat. O¹ 1064; 28 mai 1756.)

(1) Le 2 avril 1756, le marquis de Marigny envoie au fieur Perrier « un bon du Roy par lequel Sa Majefté accorde à Mme de Pompadour la jouiffance pendant fa vie d'un corps de logis dans la cour conventuelle des Capucines donnant fur la rue, coté A fur le plan joint audit bon, & la pièce d'un des bas-côtés de l'églife, coté B, fur le même plan, pour communiquer à fa chapelle, avec la pièce cy-deffus pour tribune. » (Arch. nat. O¹ 1064.)

(2) Nos 1417, 1499, 1628, 1810, 2216, 2225, &c.

à-vis du travail national, & elle anoblit les jouissances que lui donnoient les arts & le luxe, en y mêlant la préoccupation d'un devoir à remplir envers la France par une judicieuse répartition des encouragemens. Inutile de rappeler que soixante-neuf planches ont été gravées par elle, ou du moins assez touchées par sa main pour porter son nom. En protégeant puissamment Vincennes ; en fondant Sèvres ; en répandant partout par ses cadeaux le succès de cette porcelaine qu'elle faisoit nommer avec orgueil « la porcelaine de France ; » en acquérant des matières premières (1), qu'elle faisoit ouvrer à sa guise par les plus habiles ouvriers ; en restaurant l'art de la glyptique ; en créant un style nouveau, elle a prouvé qu'elle savoit diriger les métiers & les industries qui vivoient autour d'elle. Mais, ce devoir accompli, elle n'hésitoit pas à acheter des meubles de hasard. C'est elle qui introduisit, ou plutôt, qui vulgarisa dans la société élégante la recherche des beaux objets d'origine ancienne ou des produits les plus exquis des arts orientaux : passion qui animoit seuls jusque-là les collectionneurs nommés *curieux*. Sans prétention à la collection proprement dite, sans le pédantisme involontaire des gens à cabinet, sans posséder même (excepté pour les livres & les pierres gravées) de séries complètes d'objets rares, elle se meubla, de préférence à tout, en pièces de choix anciennes (2),

---

(1) Mme de Pompadour fournissoit à ses ébénistes certains bois qu'elle aimoit & qu'elle avoit acquis en grume. (Art. 564, 600, 656 du *Journal*.) Elle avoit aussi acquis d'avance une certaine quantité de papiers d'Angleterre & les fournissoit aux ouvriers au fur & à mesure de ses besoins. (Art. 1778, 1855, 2804, 3016, 3051, 3164.) Elle encourageoit également la fabrication nouvelle du papier dit de Paris. (Art. 889 & 1569.)

(2) Il existe un catalogue de quelques meubles de curiosité vendus, après le décès de Mme de Pompadour, le 28 avril 1766 : *Catalogue des tableaux originaux de différens maîtres, miniatures, desseins & estampes sous verre de feue Madame la marquise de Pompadour*.... Paris, 1766, in-12. Mais ce catalogue a relativement peu d'importance & ne sauroit donner une idée du mobilier de la marquise, parce que son frère & unique hé-

&, fi elle n'inventa pas l'ameublement hiftorique ou ethnographique, elle le mit certainement à la mode. Elle communiqua même, dans une certaine mefure, ce goût au Roi, & partagea avec lui quelques-unes de fes bonnes occafions. Louis XIV n'auroit pas admis dans fon intimité un meuble qui n'eût pas été exclufivement compofé pour fon ufage & qui ne fût en quelque forte le tribut des artiftes qu'il protégeoit. Louis XV, partageant les inftincts moins élevés de fa maîtreffe, ne rougit pas quelquefois d'ouvrir Verfailles à un mobilier de hafard.

La vie intime de la marquife, auffi bien que fa vie publique, fe retrouve tout entière dans le *Livre-Journal*. Elle nous y apparoît entourée de tous fes amis, au nom de qui elle acquiert ou à qui elle donne, environnée des ferviteurs (1) qui l'affiftent dans fes achats, au milieu même des animaux qu'elle affectionnoit particulièrement, & qu'elle légua en mourant à Buffon. C'eft à Duvaux qu'elle commandoit les cages élégantes de fes perroquets & les colliers d'or de fes chiens Inès & Mimi. Les rapports de Duvaux & de Mme de Pompadour furent empreints d'une véritable intimité. Conftamment en communication avec elle, ainfi que le prouve la multitude des objets qu'il lui procuroit, il devint chez elle l'introducteur (2) des artiftes & en quelque forte le directeur du mobilier. Il fortit fouvent, à cet effet, des limites

---

ritier, le marquis de Marigny, conferva les objets les plus précieux de la fucceffion. On les retrouve en partie dans les catalogues auxquels donna lieu la vente du cabinet de Marigny.

(1) Ce font : Collin, fon intendant, qui faifoit auffi le curieux. — On retrouve de très-beaux objets qui lui ont appartenu dans un catalogue dont voici le titre : *Catalogue des tableaux des trois écoles, quelques morceaux à gouache & deffins de bons maîtres; belle pendule de Le Paute, &c...*, *du cabinet de M. B****. A Paris, chez Paillet, 1786. — Gourbillon, fon valet de chambre; Mme du Hauffet & Mlle Couraget, fes femmes de chambre; M. & Mme Douy, concierges de Bellevue; Mme Duhalde, femme du concierge de Crécy; & Mme Gueffier, femme du concierge de l'hôtel des Ambaffadeurs extraordinaires.

(2) N° 919.

étroites de fon commerce en faifant porter, par exemple,
& difpofer dans les châteaux de Mme de Pompadour les
tableaux prêtés (1), pour leur décoration, par le Cabinet
du Roi. La Marquife pouffoit la confiance dans le goût
de Duvaux jufqu'à lui abandonner quelquefois le foin de
fa toilette, & à recevoir de lui les rubans de fa coiffure (2),
les boucles de fes corfages (3), certaines effences &
certains parfums (4), & les brodeufes (5) qu'il avoit
choifies.

Mme de Pompadour a laiffé fon nom à une époque de
l'art, mais une erreur affez commune eft de qualifier de
ftyle Pompadour le ftyle du mobilier le plus extravagant
& le plus contourné du dix-huitième fiècle. Rien n'eft
plus injufte & rien n'eft moins vrai. Mme de Pompadour,
au contraire, donna l'impulfion à un ftyle nouveau, qui
tranchoit par fa fimplicité fur l'ancien. Sans jamais avoir
vu l'Italie, elle avoit un goût fincère pour l'antiquité.
Elle croyoit copier l'antique avec les pierres gravées de
Guay, à travers les deffins de Bouchardon, & prefque
tous les artiftes qu'elle protégeoit étoient imbus d'idées
antiques. C'étoient Cochin, auteur d'un livre fur Herculanum; Soufflot, qui commençoit le Panthéon; Gabriel,
qui méditoit le Petit-Trianon & le Garde-Meuble & bâ-
tiffoit l'École Militaire. Elle avoit envoyé fon frère étudier l'antique d'après les fouilles récentes des environs
de Naples. Le ftyle de Meiffonnier eft déjà paffé de
mode; on en eft à Dandré-Bardon, l'antiquaire, & en
pleine croifade de Caylus en faveur de l'antiquité. Ces
vérités trouvent une démonftration évidente dans la
defcription des objets vendus par Duvaux & dans leur

---

(1) N° 1417.
(2) Rubans achetés au magafin de la Perle, n°s 1016, 1942, 2157.
(3) N°s 2398, 2827.
(4) Eau de Portugal, n° 2166, & huile de Vénus, n° 1750.
(5) N° 1457.

ornementation reproduite par le *Livre-Journal*. On voit que Mme de Pompadour a inauguré le goût qu'on a depuis appelé ſtyle Louis XVI, parce que c'eſt ſous ce prince que ce ſtyle a pris tout ſon développement. Les contemporains nommoient ce goût nouveau « le ſtyle à la Reine; » mais du vivant même de la favorite, quelques meubles reçurent ce ſurnom : « à la Pompadour (1). »

Il y a encore dans cette claſſe de nombreux acquéreurs qui offrent un intérêt particulier & qui méritent une mention tout à fait ſpéciale à cauſe des collections importantes qu'ils ont formées. Ce ſera une des utilités du *Livre-Journal* de faire connoître l'origine & les viciſſitudes de plus d'une pièce célèbre. Les plus grands curieux s'approviſionnoient chez Duvaux. C'étoient :

Louis-Marie-Auguſtin duc d'Aumont, pair de France, premier gentilhomme ordinaire de la Chambre, le plus grand connoiſſeur en porcelaine de ſon temps, qui a laiſſé dans la curioſité un nom plus fameux que dans la politique. Son hôtel (2) de la place Louis XV, l'un des plus beaux de Paris, en fut le mieux meublé. Sa vente, faite par Julliot fils & Paillet, eut lieu à Paris le 12 décembre 1782;

Blondel d'Azincourt, « garde des pierreries de la Couronne, fils de M. Blondel de Gagny, curieux en deſſins & coquillages avec beaucoup de goût (3). » Pierre Remy vendit en avril 1770 les tableaux, deſſins, marbres,

---

(1) Article 432 du *Livre-Journal*.

(2) Il y eut pluſieurs hôtels d'Aumont. A l'époque qui nous occupe, le duc habitoit rue de Beaune, près le Pont-Royal. Il y avoit encore un autre hôtel de ce nom rue de Jouy, près la rue Saint-Antoine. (Voyez l'*Almanach des Beaux-Arts pour l'année* 1762, p. 195.)

(3) Diſoit Helle, n° 106 du *Catalogue Tallard* annoté par lui. Voyez auſſi l'*Almanach des Beaux-Arts pour l'année* 1762, p. 200, & le *Dictionn. pitt. & hiſt. d'Hébert*, t. 1er, p. 81. Blondel d'Azincourt a gravé quelques pièces en manière de crayon.

bronzes, terres cuites, émaux, pierres gravées, meubles & porcelaines provenant de ce cabinet;

Le marquis de Bonnac, qui, recherchant d'ailleurs toutes les chofes rares, cultivoit plus fpécialement l'hiftoire naturelle (1);

Le comte de Caylus, amateur paffionné, graveur pittorefque & archéologue bien connu, encore plus épris des objets anciens, légués par lui au Roi, que de meubles à la mode;

Le duc de Choifeul-Praflin, alors comte de Choifeul & qui fera bientôt miniftre des affaires étrangères après avoir été ambaffadeur à Vienne, curieux de tableaux dont la galerie célèbre fut en grande partie livrée aux enchères par fon petit-fils le 18 février 1793. Les collections de tout genre de cet important amateur font décrites dans le *Catalogue des tableaux précieux des écoles d'Italie, de Flandre, de Hollande & de France, figures & buftes de marbre*, &c...; le tout provenant du cabinet de feu M. Choifeul-Praflin, par A. J. Paillet. Paris, 1792; in-8°. On en retrouve encore les derniers débris, à la vente du fénateur de Choifeul-Praflin, dans le *Catalogue de tableaux précieux des écoles d'Italie, de Flandre, de Hollande & de France, buftes en marbre, gouaches, deffins en feuilles, riches meubles de marqueterie par Boulle, & en vieux laque; montres & pendules curieufes, pièces d'optique & d'aftronomie, bijoux divers, &c.*, compofant le cabinet de feu M. de Choifeul-Praflin, par A. J. Paillet; vente le 9 mai 1808. Paris, in-8°;

Le marquis de Chabanois, collecteur de tableaux & d'eftampes que vendit l'expert Joullain en 1776 (2);

Le chevalier d'Hénin, écuyer de Mme de Pompadour,

---

(1) *Catalogue raifonné d'une collection confidérable de coquilles rares & choifies de M. le* *** [marquis de Bonnac] par les fieurs Helle & Remy, Paris, 1757, in-12.

(2) *Catalogue d'une collection de tableaux très-recommandables & de quel-*

qui a laissé un cabinet dont Helle & Glomy firent la vente le 9 mai 1763;

Jean de Jullienne, dont la vente sur catalogue eut lieu en 1767. C'étoit le type le plus parfait du collectionneur intelligent. Son intimité avec Watteau, le culte qu'il voua à la mémoire de son ami, enlevé trop jeune aux arts, la persévérance qu'il mit à faire connoître ce peintre, l'ont rendu célèbre & sympathique à son tour. Membre honoraire de l'Académie de peinture & directeur d'une manufacture de draps établie aux Gobelins, il payoit Duvaux en dividendes de cette manufacture (1);

Louis-César de La Baume-Leblanc, duc de La Vallière. Cet illustre amateur de livres recherchoit aussi tout ce qui sert à embellir un palais. Duvaux ornoit son hôtel de Paris & son château de Montrouge, charmante retraite où le duc se plaisoit à recevoir l'élite de la société parisienne, & à discuter avec les gens de lettres & les bibliophiles. Mort en 1780, la vente de sa collection d'objets rares fut faite par Paillet en 1781;

La Live de Jully, introducteur des ambassadeurs, membre honoraire de l'Académie de peinture, graveur-amateur, ami de tous les artistes de son temps comme M. de Jullienne & Caylus. Il forma un cabinet de tableaux, de marbres, de terres cuites, de dessins & d'estampes, que P. Remy vendit rue de Mesnars, au coin de la rue Riche-

---

ques estampes encadrées provenant de l'hôtel de Saint-Pouange [marquis de Chabanois]. — Vente le 16 mars 1776. — Paris, 1776, in-12.

L'hôtel de Saint-Pouange, rue Neuve-des-Petits-Champs, est signalé & décrit dans l'*Almanach des Beaux-Arts pour l'année* 1762, p. 191.

(1) Voyez sur ce cabinet l'*Almanach des Beaux-Arts pour l'année* 1762, p. 208, & le *Dictionn. pitt. & histor. d'Hébert*, t. Ier, p. 117. Mme de Jullienne laissa aussi un cabinet dont voici le catalogue : *Catalogue d'une belle collection de tableaux originaux des trois écoles; dessins, estampes, marbres, bronzes, porcelaines, bijoux, meubles & autres objets de curiosité provenant du cabinet de feue Mme de Julienne, dont la vente se fera le 5 novembre 1778, rue Saint-Honoré, hôtel d'Aligre*, par J. B. P. Lebrun; Florentin, huissier-priseur. Paris, 1778, in-8°.

lieu, en mars 1770. Voici comment Helle l'apprécioit en 1756 (1) : « Amateur plein de goût, ne donne l'exclusion à aucune école. Il rassemble les différens maîtres de l'Europe qui se sont distingués en peinture & en sculpture. Il est aisé de remarquer dans sa collection que l'école françoise ne le cède guère à celle d'Italie & de Flandre. » Il en existe un catalogue (2) ;

Le comte du Luc, fils du protecteur de J. B. Rousseau, qui forma une collection de tableaux, de bronzes, de marbres & de porcelaines que les experts Julliot & Joullain fils dispersèrent en 1777;

La duchesse de Mazarin, dont le cabinet fut vendu en 1781. Remarquée alors pour ses fastueux salons fréquentés par la noblesse, elle est restée depuis fameuse par le catalogue de sa collection, une des plus belles qu'on ait formées sur la céramique ;

Abel-François Poisson, successivement marquis de Vandières, de Marigny & de Ménars, directeur général des Bâtimens. Nous aurons l'occasion, à propos des artistes, de revenir sur ce personnage & d'étudier les résultats féconds de son intelligente administration. Nous ne le signalons ici que pour ses collections, sur lesquelles les renseignemens abondent. Outre le beau catalogue de 1781, orné d'un frontispice par Cochin & précédé d'une petite introduction par le même auteur, qui y a relaté des faits très-intéressans de la vie de Marigny, on possède encore sur son mobilier les documens suivans : 1° *Notice de meubles précieux & d'effets rares propres à orner palais, châteaux & hôtels, provenant en partie de la succession de Mme la marquise de Pompadour après le décès de M. le marquis de Ménars son*

---

(1) *Catalogue Tallard* annoté.
(2) *Catalogue historique du cabinet de peinture & sculpture françoises*, de M. de La Live, introducteur des ambassadeurs, honoraire de l'Académie royale de peinture. Paris, 1764, in-4°. Ce cabinet est en outre décrit dans l'*Almanach des Beaux-Arts pour l'année* 1762, p. 188, & dans le *Dictionn. pitt. & hist. d'Hébert*, t. Ier, p. 117.

frère, consistant en superbes statues, bustes, vases de marbre blanc, granit, feux & bras en bronze doré, exécutés sur les dessins des plus habiles artistes, magnifique pendule par Lepaute, de sept pieds de haut, enfermée dans une boite avec glaces, dont la vente sera faite le mercredi 4 mai 1785 & jours suivans, depuis 10 heures du matin jusqu'à 2 heures, au pavillon de Bercy, au bord de la rivière, dans le château nommé Le Pâté. Paris, Basan & Julliot fils, experts, M° Florentin, huissier-priseur, 1785 ; in-8°. Le seul exemplaire que je connoisse de ce catalogue est dans la bibliothèque de M. le baron Pichon. — 2° *Note des statues & bustes de marbre qui se trouvent dans les jardins du château de Ménars provenant de la succession de M. de Marigny, marquis de Ménars, &c., lesquelles se vendront à l'amiable sur le lieu.* Basan, expert. Paris, 1785 ; in-8°. Fig. grav. ;

Le duc de Tallard, gouverneur de la Franche-Comté. Il avoit une collection de tableaux, marbres, bronzes, dessins, &c., que Duvaux contribua à former & dont il racheta nombre de pièces quand, après la mort du duc, les experts Remy & Glomy firent sa vente, le 22 mars 1756. Cette vente est l'une des plus importantes du dix-huitième siècle. Son catalogue est très-estimé, & le sera plus encore quand on saura qu'il a été, sinon rédigé, du moins revu & corrigé par Mariette. Le Cabinet des estampes de la Bibliothèque nationale possède un précieux exemplaire de ce catalogue rempli de notes par le marchand Helle. J'en extrais quelques-unes :

 " C'est M. le marquis de Sassenage, écuyer de Mme la Dauphine, qui a été l'héritier de M. le duc de Tallard, par sa femme qui étoit nièce de ce seigneur, & Mme la princesse de Montauban, qui a partagé dans le mobilier à cause de feu Mme la duchesse de Tallard, dont elle étoit cousine-germaine & héritière. M. de La Loursay [M. Lalourcé, dit l'avant-propos imprimé], avocat au Parlement, a été nommé dans les dernières volontés de M. le duc de Tallard exécuteur testamentaire, lequel, pour ne rien laisser à désirer sur la correction & perfection de ce catalogue, fait

par MM. Remy & Glomy, a engagé M. Mariette de le relire pour corriger ce qu'il jugeroit à propos ; ce qu'il a fait en réformant quelques endroits, tant dans les tableaux que dans les desseins & les morceaux de sculpture, & en donnant quelque explication sur les tableaux dont il avoit connoissance. M. Silvestre y avoit aussi donné ses avis avant qu'on le fasse imprimer. Tout cela a beaucoup contribué, joint aux grands soins que se sont donnés ces messieurs, à faire un catalogue très-intéressant. Aussi l'édition n'a pu suffire pour la vente par le grand débit qui s'en est fait ; il tiendra toujours place dans tous les cabinets comme un des plus curieux. C'est M. Guignard, huissier-priseur, qui a fait la vente de ce fameux cabinet, lequel s'en est acquitté avec tout le zèle, l'intelligence & la probité que le public lui connoît. » . . . .
« La collection particulière de desseins qui est distinguée des autres dans le catalogue, venoit originairement du cabinet de (en blanc), & avoit été achettée, par M. le duc de Tallard, de M. Auberti, avocat de Rome. Cet habile Italien, qui connoissoit l'ardeur avec laquelle ce seigneur vouloit former son cabinet de desseins, avoit si bien sçu lui persuader que le choix qu'il avoit apporté d'Italie étoit un composé de ce qu'il y avoit de plus précieux desseins des plus grands maîtres, qu'il étoit parvenu à les lui vendre au moyen d'une rente viagère de 5,600tt, remboursable pour la somme de 75,000tt. Il y a apparence que l'on payera longtemps cette rente viagère, car celui sur lequel elle est constituée n'a que trente-deux ans. Cependant cette collection, dont la plus grande partie est composée d'études peu intéressantes pour les amateurs & d'un certain nombre de compositions, dont trop peu furent décidées parfaitement de grands maîtres, n'a pu être vendue qu'environ 7,000tt. Cet Italien avoit fait son possible pour tâcher de vendre sa collection à Lyon, & avoit même proposé à M. de Soubry, trésorier de France, demeurant en cette ville, de lui donner à rente viagère pour la somme de 3,000tt ; ce qu'il n'a point voulu accepter, par bonheur pour lui, en ayant fait une bien meilleure affaire à Paris, qui est l'endroit de tout le monde où il y a le plus de ressources pour les personnes d'industrie. Il avoit essayé ensuite d'en faire une vente publique par M. Remy, mais, comme cela ne montoit point au grand prix qu'il en vouloit, il la fit cesser, & a cherché

à en tirer meilleur parti ; auffi a-t-il réuffi parfaitement. Ce qui prouve que cette collection n'étoit pas à beaucoup près de la valleur que le vendeur y avoit mife, c'eft qu'en général tout s'eft bien vendu chés M. le duc de Tallard, & que même plufieurs objets en différens genres ont été portés beaucoup plus haut qu'ils ne lui coûtoient, & particulièrement dans les tableaux & dans les deffeins, puifque plufieurs de ces deffeins que MM. Remy & Helle luy ont vendus, venant de leur voyage de Flandre & de Hollande, ont dépaffé leurs prix d'acquifition : furtout un deffein de Benedette Caftillonne, coloré & fort agréable, qui ne lui avoit coûté que 96^{lt}, a été rachetté par le fieur Helle 301^{lt}; un autre du Guide, qui font de petits enfans qui jouent, gravés par La Belle, lequel ne coûtoit à M. le duc que 100^{lt}, a été vendu 180 à M. Silveftre. Ces deux exemples fuffifent pour faire connoître que tout s'eft bien vendu, & que le duc de Tallard avoit acheté la collection de deffeins de l'Italien bien au delà de fa valleur. »

Louis-Antoine Crozat, baron de Thiers, lieutenant général, neveu de l'illuftre Pierre Crozat, & héritier d'une grande partie de fes belles collections (1). Les

---

(1) Voir fur ce cabinet, le plus célèbre du dix-huitième fiècle, & fur fon premier auteur : *Defcription fommaire des deffeins des grands maîtres d'Italie, des Pays-Bas & de France du cabinet de feu M. Crozat,* par P. J. Mariette. Paris, 1841, in-8°. — *Defcription fommaire des pierres gravées du cabinet de feu M. Crozat,* par P. J. Mariette. Paris, 1741, in-8°. — *Catalogue des tableaux & fculptures, tant en bronze qu'en marbre, du cabinet de feu M. le préfident de Tugny & de celui de M. Crozat.* Vente en juin 1751 à l'hôtel du préfident, place Vendôme. Paris, 1751, in-8°. — *Defcription fommaire des ftatues, figures, buftes, vafes & autres morceaux de fculptures, tant en marbre qu'en bronze,* &c..., *dont la vente fe fera le 14 décembre 1750...,* à *l'hôtel du marquis Duchâtel*. Paris, 1750, in-8°. — On lit, fur un des exemplaires de ce catalogue, la note fuivante :

« Mrs de Croizat étoient deux frères, dont le cadet a été nommé par dérifion *le Pauvre*. Il étoit garçon & avoit formé un très-beau cabinet. Ce font les enfans de fon frère aîné qui ont hérité de tous fes biens, à l'exception de ce qu'il a laiffé aux pauvres. Son frère a eu quatre enfans, fçavoir : Mlle Crozat, mariée au comte d'Évreux, morte fans enfans, M. le marquis Du Chatel, M. le préfident de Tugny & M. le baron de Thiers, qui eft le feul qui refte de fes trois fils. M. Crozat le cadet

peintures possédées par cet amateur ont été décrites dans le *Catalogue des tableaux du cabinet de M. Crozat, baron de Thiers* [par Lacurne de Sainte-Palaye] (Paris, Debure, 1755, in-8° de 96 pages), &, passant après sa mort en Russie, sont allées former le premier noyau du musée de l'Ermitage. Les autres curiosités, estampes, vases, bronzes, n'avoient pas été comprises dans le marché conclu par Catherine II, & furent vendues par Remy en 1772 ;

Daniel-Charles Trudaine, conseiller d'État, honoraire de l'Académie des sciences, ou Trudaine de Montigny son fils, qui avoit les mêmes charges & qualités & étoit possesseur des tableaux, dessins, estampes, terres cuites, marbres, bronzes & bijoux, vendus en décembre 1777 en sa maison, rue des Vieilles-Haudriettes, par F. C. Joullain fils ;

Le comte de Vaudreuil, qui sera plus tard grand fauconnier de France & deviendra l'intime de Trianon, amateur de tableaux, dispersés par sa vente en 1784 ;

C'étoit enfin Claude-Alexandre de Villeneuve, comte de Vence, lieutenant général, commandant à la Rochelle, recherchant les tableaux, les dessins, les estampes & les effets curieux. Cette collection, dont les peintures furent décrites du vivant de leur possesseur dans le *Catalogue des tableaux du cabinet de le comte de Vence* (Paris, veuve Quillau, 1759, in-8° de 40 pages, avec un portrait du comte gravé par Watelet), fut vendue à sa mort, le 11 février 1761, après avoir été cataloguée par Remy.

Quelques gens de robe, membres du Parlement de

---

est mort le premier & a laissé ses biens au premier enfant mâle de la famille, dont le sort a décidé pour le fils de M. Duchatel, lequel étant mort, ses biens sont tombés à M. de Tugny, comme aîné, & le cabinet à M. de Thiers. M. Crozat, le curieux, a laissé par ses dernières volontés aux pauvres tout le produit que pourroient faire ses dessins, planches & pierres gravées. » — Voyez sur le cabinet du baron de Thiers l'*Almanach des Beaux-Arts pour l'année* 1762, p. 172, & le *Dictionnaire pittoresque & historique d'Hébert*, t. Ier, p. 86.

Paris, malgré la gravité & la févérité de leurs habitudes, partagèrent l'engouement général & facrifièrent à la mode. Ce font les préfidens de Cotte, Dupuis, de Lamoignon, de Naffigny, Portail, Roujault; la préfidente Gilbert. Le préfident Hénault (1), ci-devant préfident de la première chambre des enquêtes, furintendant de la maifon de la Reine, de l'Académie françoife & de celle des Infcriptions, auteur bien connu, étoit un client plus habituel. Le premier préfident Mathieu-François Molé s'adreffoit auffi à Duvaux pour l'ameublement de fon hôtel de Paris & pour celui de fon château de Champlatreux. Poffeffeur de l'hôtel de Lauzun, le préfident Ogier, qui préféroit la diplomatie à la magiftrature, avoit, ainfi que la préfidente, un goût marqué pour les objets de luxe, & femble l'avoir propagé en Danemark, où il repréfentoit le Roi. Il introduifit dans ce pays la mode de la porcelaine de Sèvres. Jean-Achille Bellanger, qui s'effaya avec un certain fuccès dans la gravure (2) & mourut doyen des fubftituts du procureur du Roi, en laiffant un cabinet de tableaux, eftampes, porcelaines, hiftoire naturelle, &c. (3), commençoit alors fa collection. Un ancien confeiller au Parlement, Jean-Baptifte-François de Montullé (4), parent de M. de Jullienne (5), fuivoit l'exemple illuftre qu'il avoit trouvé dans fa famille, fréquentoit les ventes pour y acheter & fe formoit une réputation d'amateur qui le fera entrer à l'Académie de peinture comme affocié libre en 1764. Je dois encore une mention toute fpéciale à un fougueux amateur du Parlement, le confeiller Sevin, à la vente duquel Mme de

---

(1) Il avoit une petite collection d'eftampes : *Indice des eftampes de M. le.préfident Hénault;* vente le 11 juin 1771, in-8° de 6 pages.

(2) Le Cabinet des eftampes poffède 16 pièces dues à la pointe fpirituelle de cet amateur.

(3) *Catalogue* par J. Folliot & F. de Lalande, février 1790.

(4) Il a gravé deux ou trois pièces.

(5) Voyez le n° 393 du *Catalogue Tallard* annoté par Helle, au Cabinet des eftampes.

Pompadour acquit des eſtampes, venant du graveur Duchange, que Duvaux fit encadrer pour elle par Oëbenne. Voici la curieuſe note manuſcrite que le marchand Helle a laiſſée ſur un exemplaire du catalogue anonyme du cabinet Sevin (1).

« La collection des coquilles venoit de M. Sevin, conſeiller au Parlement, grand amateur, qui l'avoit raſſemblée avec tous les ſoins, le goût & la connoiſſance que l'on luy connoît. Il a vendu cette collection à M. Babault, joallier & curieux, la ſomme de quatre mille cinq cens livres, lequel a engagé M. Gerſaint de ſe mettre de moitié avec luy, d'en faire un catalogue & enſuite la vente ; ce qui a été fait avec tout le ſuccès poſſible. Il a été vendu à la main premièrement à M. Paignon-Dijonval quatre boëtes de coquilles doubles ſeulement la ſomme de 2,400 livres & la totalité deſdites coquilles a été de près de 15,000 livres. Au bout de quelques années, M. Sevin eſt tombé en démence & a été interdit ; les parens ont profité de cette circonſtance pour faire vendre ſon cabinet, qui étoit compoſé de pierres de couleur de la première beauté, des agathes herboriſées admirables, de vaſes de jaſpes, criſtaux de roche & autres, dont un vaſe très-beau de criſtal de roche, tant par ſa netteté que par ſa forme, ſa grandeur & groſſeur, ayant environ quinze pouces de hauteur ſur huit pouces de diamètre dans ſa plus grande largeur. Il avoit coûté à M. Sevin 8,000 livres. Il fut vendu anciennement au garde-meuble du Roy comme objet inutile ; il fut donné à Henri III par le roy d'Eſpagne comme une pièce unique. Perſonne n'a payé la curioſité comme M. Sevin. La grande connoiſſance & la délicateſſe qu'il avoit pour des morceaux parfaits luy a fait faire ce que l'on peut nommer des eſpèces d'extravagances. Quand un marchand luy portoit quelque choſe de précieux, & qu'il trouvoit que le prix qu'il vouloit lui vendre n'étoit pas aſſez haut ſuivant ſon idée, il l'augmentoit en reprochant au marchand qu'il ne

---

(1) *Catalogue d'une collection de coquilles conſidérable dans le nombre & des plus précieuſes dans le choix...*, par E. F. Gerſaint. Paris, Prault & J. Barrois, 1749, in-8° de x & 59 pages, au Cabinet des eſtampes.

connoiſſoit pas aſſez la valeur de ſa marchandiſe. L'on peut aſſurer icy que tous les effets précieux de cette vente ont été donnés pour rien, n'y ayant point eu de catalogue qui déſignât toutes ces belles choſes & qui pût mettre l'étranger à portée de les connoître. »

L'Égliſe fournit à nos liſtes ſon contingent d'amateurs. On y remarque Charles de Saint-Albin, archevêque de Cambray; le cardinal Paul de Luynes, archevêque de Sens; Jean-François-Joſeph de Rochechouart, évêque de Laon, ambaſſadeur de France à Rome; François-André du Tilly, évêque d'Orange, & Armand de Roquelaure, évêque de Senlis; les abbés Aniſſon, de Malherbe, de Breteuil, de Caumartin, de Voigny, le curé de Saint-Germain [l'Auxerrois]. Parmi les membres du clergé ſéculier, les notes des catalogues ſignalent encore l'évêque de Verdun, M. de Nicolaï, les abbés Aubry, curé de Saint-Louis-en-l'Iſle, poſſeſſeur d'une belle collection d'ornithologie, Bernard, amateur de tableaux, Grimod qui pouſſe pour M. de La Reynière, ſon parent, Boucher (1), Ruelle, &c.; enfin l'abbé Demée, dont les collections formeront, en 1772, un beau catalogue de tableaux précieux & de bonnes eſtampes, vendus par Joullain. N'oublions pas non plus l'aimable auteur de *Manon Leſcaut*, l'abbé Prévoſt, qui choiſit avec goût à la vente Paſquier (2) un petit tableau de Paul Véronèſe. Mais le clergé régulier ne s'intéreſſe qu'aux coquilles, aux livres, aux eſtampes & aux médailles. Il eſt repréſenté dans toutes les ventes importantes (3) par des Bénédictins, des Auguſtins, des

---

(1) On trouve quelques renſeignemens ſur l'abbé Boucher en tête du catalogue de ſes livres : *Catalogue des livres de la bibliothèque de feu M. l'abbé Boucher, doyen des conſeillers-clercs du Parlement de Paris, chantre de Saint-Honoré.* Paris, 1777, in-8°.

(2) N° 38, payé 660tt.

(3) Voyez, dans le *Catalogue Tallard* annoté, le Feuillant du n° 735 & le Bénédictin des n°s 790 & 846. Dans le *Catalogue Fleury* annoté : le Père Pierre, auguſtin, p. 41, 5e diviſion, p. 48, *id.*, & le Feuillant qui

Feuillans, des Frères de Saint-Lazare, des Pères de Saint-Victor, & par le P. Euftache, bibliothécaire fans doute de quelque établiffement religieux.

Dans la fociété du dix-huitième fiècle, la place occupée par les gens de finances eft énorme. Depuis les *Almanachs royaux*, qui conftatent leur accès aux premières charges de l'État, depuis les romans légers & les œuvres badines qu'ils compofèrent, jufqu'aux éditions de luxe qu'ils firent imprimer, tous les livres du temps prouvent leur importance. De toutes les jouiffances dont cette claffe fe montra avide, les plaifirs que procurent les arts furent celles qu'elle recherche avec le plus d'ardeur. Ne nous étonnons donc pas du grand nombre de financiers qui figurent dans nos liftes d'acquéreurs, & profitons des indications de leurs achats pour connoître leurs habitudes de luxe à Paris & dans leurs « petites maifons, » dans ces délicieufes réfidences, dont ils avoient entouré Paris, en lui bâtiffant des faubourgs de villas. Nous pourrons pénétrer avec Duvaux, à la ville & à la campagne, chez les contrôleurs généraux Boulogne & Moreau de Séchelles; chez le receveur général Richard; chez les tréforiers Bertin, de Boulogne, Fabus, de La Boiffière & Périchon; chez les fermiers généraux de Boifemont, de Boulogne de Preninville, Étienne-Michel Bouret, le conftructeur du fameux pavillon de Croix-Fontaine, Bouret d'Érigny, Bouret de Villaumont & Bouret de Valroche, Briffart, Camufet, de Caze, Dangé, Fontaine de Cramayel, de Laborde, de La Live d'Épinay, Lallemand de

---

achète des bordures à la même vente. Dans le *Catalogue Potier* annoté : le Frère de Saint-Lazare des n°s 25 & 92; le Père Bénédictin des n°s 176, 348 *bis*, 360, 379, 577. Dans le *Catalogue de Fonfpertuis* annoté : le Père Euftache, n°s 164, 579, & le Frère des n°s 570, 578, 584, 585, 607. (Le Père Euftache figure, plus tard encore, fur le *Catalogue Sully* annoté ; il y achète des antiques, n°s 64 & 126.) Dans le *Catalogue de deffeins des trois écoles*, par Helle & Remy; Paris, 1762, in-8°, annoté par Helle : le Père Victorien.

Betz, Le Riche de La Popelinière, de Saint-Amand, de Sainte-Amaranthe, de Verdun (1) & Legendre de Villemorien; chez les payeurs de rentes Bonnet & de Latour; chez le correcteur de comptes Brochant, émule d'un notaire qui a laissé un nom dans la curiosité; enfin chez les banquiers Desbrières (2) & chez cet autre banquier de la rue du Sentier, Harent de Presle (3), propriétaire d'une belle collection de tableaux des trois écoles & de précieux ouvrages de Boulle. Constans acquéreurs chez tous les marchands, ils se montrent amateurs encore plus passionnés dans les inventaires, c'est-à-dire aux ventes après décès des collectionneurs fameux. Tels sont aussi Jean-François Denis, trésorier général des bâtimens du Roi, qui pousse quelquefois pour Mme de Pompadour (4); le trésorier de France de La Lande, autrefois secrétaire de Paris-Duvernay, grand amateur de livres (5); le payeur de rentes Radix de Sainte-Foix (6); le maître des comptes Pisani (7); l'auditeur des comptes Roux (8), & M. de Soubry (9), trésorier des finances à Lyon, amateur de dessins très-avisé, qui évita le piége que lui tendit le

---

(1) M. de Verdun étoit un des principaux actionnaires de la manufacture de Sèvres.

(2) En 1777, Joullain vendit une collection d'estampes provenant d'un « De Brière, banquier de la cour de Rome. » Il en existe un catalogue : *Notice d'articles principaux appartenans à une collection intéressante d'estampes encadrées & en feuilles & de quelques dessins & planches gravées.* [M. Debrières, banquier de la cour de Rome & autres....] Vente le 15 décembre 1777. Paris, 1777, in-8°.

(3) *Catalogue Tallard* annoté par Helle, n° 85 *bis*, & *Almanach des Artistes* de 1777, p. 180.

(4) N° 21 du *Catalogue Tallard* annoté.

(5) N° 138 du *Catalogue Tallard* annoté.

(6) *Ibid., passim.* J. B. P. Lebrun fera en 1811 une vente, après décès, de tableaux flamands, hollandois & françois provenant d'une collection Radix de Sainte-Foix.

(7) *Catalogue Tallard, passim.*

(8) N° 300 du même catalogue.

(9) *Ibid., passim.* — Voyez la note qui s'y trouve après le n° 695.

marchand italien Auberti avant d'y faire tomber le duc de Tallard; le banquier anglois Silwin (1).

Mais je veux grouper à part les plus illuftres des financiers dont nous lifions les noms fur le *Livre-Journal*; ils nous font d'ailleurs avantageufement connus par les catalogues de leurs collections. Savalette de Buchelay, gentilhomme ordinaire du Roi & l'un des fermiers généraux de Sa Majefté, recherchoit les minéraux, les criftallifations, les cailloux, les jafpes, les figures, les vafes de terre cuite, les porcelaines & les livres. Sa vente, fur catalogue, fut faite par Pierre Remy le 25 juin 1764. Blondel de Gagny, tréforier général de la caiffe des amortiffemens, avoit, nous dit Helle (2), « un très-beau cabinet où l'on voit régner un goût exquis par l'affemblage de tous les morceaux choifis qui le compofent. » Ce cabinet confiftoit en tableaux, miniatures, gouaches, marbres, bronzes & meubles, &c., que P. Remy a énumérés dans un catalogue & qu'il vendit en 1776. Gaignat (3), ancien fecrétaire du Roi & receveur des confignations, étoit grand bibliophile, mais, autant que les livres, il aimoit les tableaux, les bronzes, les curiofités que Pierre Remy catalogua & vendit en 1768. Il n'eft forte de facrifices & de dépenfes que ne fît le fermier général Grimod de La Reynière, émule de La Popelinière, pour fe créer une collection de riches objets mobiliers en divers genres (4). La fplendide décoration de fes appartemens

---

(1) *Catalogue de deffeins des trois écoles*, par les fieurs Helle & Glomy; Paris, 1762, in-8°, dans l'exemplaire annoté du Cabinet des eftampes.

(2) *Catalogue Tallard* annoté, n° 15. Voyez fur ce cabinet : l'*Almanach des Beaux-Arts pour l'année* 1762, p. 185 & fuivantes, & le *Dictionnaire pittorefque & hiftorique d'Hébert*, t. I*er*, p. 36 & fuivantes.

(3) Voyez l'*Almanach des Beaux-Arts pour l'année* 1762, p. 170, & le *Dictionnaire pittorefque & hiftorique d'Hébert*, t. I*er*, p. 113 & fuivantes.

(4) Le cabinet de Grimod de La Reynière a donné lieu aux catalogues fuivans : 1° *Catalogue des tableaux formant le cabinet de M. de La Reynière*, &c..., par J. B. P. Lebrun. Paris, 1792, in-8°.

2° *Supplément du Catalogue du citoyen La Reynière compofé de ta-*

& le luxe de ſes réceptions attiroient dans ſon hôtel, à la grande joie de Mme de La Reynière (née de Jarente), les gentilshommes les plus dédaigneux pour les financiers. L'*Almanach des Artiſtes* de 1777 nous fait connoître une des transformations ſubies par les ſalons de ce curieux reſpectueuſement aſſervi aux caprices de la mode & jaloux de ſe trouver toujours à la tête des élégans. La réputation d'homme de goût que s'étoit acquiſe M. de Meulan, receveur général des finances, & dont il nous a laiſſé des preuves dans ſa collection de tableaux, vendue en 1778, avoit franchi la frontière, & d'illuſtres étrangers lui confioient le choix de leurs acquiſitions. Il n'eſt pas beſoin, après Diderot, de faire l'éloge de Randon de Boiſſet, d'abord fermier général, puis receveur général des finances. Le catalogue du cabinet de cet ardent ami des arts & des livres, rédigé en 1777 par P. Remy & C. Julliot, eſt peut-être le plus cité de tous ceux du dix-huitième ſiècle. Le fermier général Rouſſel ſeroit beaucoup plus connu & occuperoit dans l'hiſtoire de la curioſité la place qu'il mérite, ſi le titre du catalogue de ſon cabinet portoit ſon nom au lieu d'une ſimple initiale. C'eſt à lui qu'appartenoit cette collection d'eſtampes, de tableaux, de bronzes, de porcelaines, &c. vendue par Glomy & Buldet dans ſon hôtel, rue Neuve-

---

bleaux des écoles d'Italie, de Flandre, de France, de terres-cuites, groupes & figures de bronze, de vaſes & colonnes de granit, ſerpentin & autres matières, de porcelaine d'ancien Japon, de la Chine & de France, de riches meubles du célèbre Boule, &c..., par le citoyen Lebrun. Avril 1793, in-8º.

3º *Catalogue des tableaux, paſtels, gouaches, deſſins, eſtampes en feuilles, figures & buſtes de marbre, vaſes, tables & colonnes en granit, &c..., du cabinet de feu M. Grimod de La Reynière, dont la vente, après ſon décès, ſera faite en ſa maiſon rue des Champs-Elyſées, nº 8, le lundi 21 août 1777 & jours ſuivans.* Paris, Prault, 1797, in-8º.

4º *Notice des eſtampes en feuilles du cabinet de feu le citoyen Grimod de La Reynière.* Prault [1797], in-8º.

5º *Notice des principaux articles de la bibliothèque de feu M. Grimod de La Reynière.* Paris, 1797, in-8º.

Conseil; Paignon-Dijonval (1); Pasquier de La Haye (2), député du commerce de Rouen; Peilhon (3), secrétaire du Roi; Sorbet (4), chirurgien des mousquetaires gris, composent en ce moment leurs cabinets, soit de lambeaux arrachés aux collections qui se dispersent, soit de judicieuses acquisitions faites chez les marchands, & particulièrement chez Duvaux. N'oublions pas d'autres membres intelligens de cette classe moyenne : les intéressés de Vincennes & de Sèvres & divers actionnaires de ces manufactures, entre autres MM. Bouillard, Calabre, Schonen. Citons en dernier lieu l'avocat au Parlement Potier, déjà célèbre par l'anecdote souvent répétée de la gravure qu'il commanda à Sébastien Leclerc afin de posséder seul une pièce rare (5). Par un caprice bizarre à cette époque, mais depuis bien fréquent chez les amateurs, Potier voulut assister vivant à la vente de son cabinet. En 1755, Helle, avec qui il s'étoit entendu, publia un *Catalogue raisonné des tableaux originaux d'un* ANCIEN CURIEUX *des bons maîtres d'Italie, de Flandres & des plus grands maîtres de France, qui se vendront au plus offrant & dernier enché-*

---

autres objets de curiosité provenant du cabinet de M. Nourry, conseiller au grand Conseil. Paris, 1785, in-8º.

(1) *Catalogue Tallard* annoté par Helle, nº 122. *Cabinet de M. Paignon-Dijonval* (mort en 1792), publié par les soins de M. Morel de Vindé, son petit-fils. Paris, 1810, in-4º.

(2) *Catalogue des tableaux, portraits en émail, bronzes, terres-cuites du cabinet de feu M. Pasquier, député du commerce de Rouen.* Vente le 10 mars 1755, rue de Richelieu, au coin de la rue Villedo. Paris, 1755, in-8º.

(3) *Catalogue raisonné des tableaux du cabinet de feu M. Peilhon, secrétaire du Roi...*, par Pierre Remy. Vente le 16 mai 1763. Paris, 1763, in-12. Peilhon étoit trésorier général des Bâtimens. Il fit en 1763 une épouvantable faillite, &, après avoir disposé indûment des fonds publics qui lui étoient confiés, il se trouva débiteur envers la caisse des Bâtimens d'une somme de près de 400,000^{ll}. Sa famille remboursa le déficit.

(4) *Catalogue de tableaux des trois écoles, desseins, estampes du cabinet de M. M**** [Sorbet, chirurgien des mousquetaires gris]. Vente le 1er avril 1776. Paris, 1776, in-8º.

(5) *Catalogue Potier*, avant-propos, p. IV & V.

d'estampes & s'y rencontrent avec Desfriches, le célèbre amateur d'Orléans, & avec Hugues-Adrien Joly, le garde du Cabinet des estampes royales. Cressent, ancien ébéniste du Régent, retiré du commerce, recherche les tableaux & les beaux meubles, autant par goût naturel que par un reste de l'esprit de négoce (1). L'ancien greffier au criminel Desbernard fils (2); le receveur de la ville de Paris Boucot; le maître des comptes Pisani, occupent une place considérable dans les listes d'adjudication des huissiers-priseurs. Brochant (3), secrétaire du Roi; Cousicot (4); Davila (5); Nourry (6), futur conseiller au grand

---

(1) *Catalogue des différens effets curieux du sieur Cressent, ébéniste des palais de feu S. A. R. le duc d'Orléans. Cette vente, dans laquelle il ne sera rien retiré, se fera le 15 janvier 1749 & jours suivans..., chez le sieur Cressent, rue Notre-Dame-des-Victoires, au coin de la rue Joquelet.* Paris, 1748, in-8°.

Il est à croire que cette première vente n'eut pas lieu ou que Cressent y racheta presque tout, car, huit ans après, il fit une seconde vente où reparaissent les mêmes objets : *Catalogue des différens effets curieux du sieur Cressent, ébéniste des palais de feu S. A. R. Mgr le duc d'Orléans.... Lesdits effets seront exposés.... chez ledit sieur Cressent, rue Notre-Dame-des-Victoires, au coin de la rue Joquelet. La vente commencera le 15 mars 1757,* Paris, 1756, in-8°. Ces deux catalogues, grotesquement rédigés par Cressent lui-même, sont très-importans pour l'ébénisterie, les bronzes & les meubles.

(2) *Catalogue Tallard* annoté par Helle, n° 3.

(3) " Qui a, dit Helle, n° 231 du *Catalogue Tallard* annoté, une collection choisie de desseins & d'estampes, avec quelques bons tableaux & de très-belles coquilles. " — Voyez le *Catalogue des estampes, desseins, tableaux, coquilles, agathes, jaspes, cailloux, marbres, &c..., qui composent le cabinet de feu M. Brochant, écuyer, conseiller-secrétaire du Roi, &c..., notaire honoraire au Châtelet, &c..., ancien administrateur de l'Hôtel-Dieu,* par J. B. Glomy. Paris, 1774, in-8°. M. Brochant demeuroit Isle-Saint-Louis, quai Dauphin, au coin de la rue Poulletier.

(4) *Catalogue de desseins & estampes des plus grands maîtres des différentes écoles* [de M. Concicaut]..., par Pierre Remy. Vente le 27 février 1758. Paris, 1758, in-12.

(5) Voyez l'*Almanach des Beaux-Arts pour l'année 1762,* p. 201, & le *Dictionnaire pittoresque & historique d'Hébert,* t. Ier, p. 110.

(6) *Catalogue d'une belle collection de tableaux, esquises* (sic) *à l'huile, dessins & estampes, pastels, gouaches, bustes de marbre, bronzes, meubles &*

même avant de quitter fa boutique, choififfoit dans les ventes les plus belles peintures & les meilleures eftampes, qui feront un jour l'ornement de fon inventaire (1). Il n'eft pas de concurrent, fi riche ni fi titré qu'il foit, qui faffe lâcher prife à Bonnemet (2), ancien négociant, quand ce difficile amateur convoite un objet digne d'entrer dans fes collections exclufivement compofées de pièces irréprochables, meubles, livres & porcelaines. Il en exifte un beau catalogue (3): le notaire Boullard; Chevalier, commis à la douane; le naturalifte & bibliophile Dezallier-d'Argenville (4); le libraire Debure; l'apothicaire Geoffroy; Bailly, garde du corps des marchands-apothicaires, officier & doyen des confuls de Paris (5); Malenfant, ancien valet de chambre du Roi, fréquentent les ventes

---

le recommanda à Favart, trouvoit des fables fort bien mifes en couplets. (*Mémoires de Favart*, t. III, p. 74.)

(1) La vente de Nau eft citée comme une des plus importantes du dix-huitième fiècle dans l'avant-propos du *Catalogue Paignon-Dijonval*, p. VI.

(2) « Bonnemet, ci-devant dans le commerce, très-curieux furtout en porcelaines. » Note manufcrite de Helle, n° 1007 du *Catalogue Tallard*. On retrouve fon nom parmi les acquéreurs de prefque tous les catalogues annotés.

(3) *Catalogue des porcelaines de différentes fortes montées d'ornement & d'ufage, figures & grouppes de bronze, vafes de porphyre, meubles de Boule & autres dorés d'or moulu, pendules de divers goûts, belles ébénifteries, bijoux & autres effets de curiofité; après le décès de M. Bonnemet, ancien négociant*, difpofé par Poirier, marchand. Vente le 4 décembre 1771, rue de Richelieu, vis-à-vis le café de Foy. Paris, 1771, in-12.

(4) Voyez le *Catalogue des tableaux, eftampes, coquilles & autres curiofités de Dezallier-Dargenville*, par P. Remy. Paris, 1766, in-8°; l'*Almanach des Beaux-Arts pour l'année 1762*, p. 198, & le *Dictionnaire pittorefque & hiftorique d'Hébert*, t. Ier, p. 110.

(5) On trouve quelques renfeignemens fur cet amateur bourgeois en tête du *Catalogue raifonné des différens effets curieux qui compofent le cabinet de feu M. Bailly..., compofé de morceaux choifis d'hiftoire naturelle, de médailles..., porcelaines, tableaux & autres curiofités*, par les fieurs Helle & Glomy. Paris, 1766, in-12. — Voyez auffi le *Catalogue d'une collection de deffeins & eftampes des meilleurs maîtres..., & de quelques tableaux pour fervir de continuation à celui de feu M. Bailly*, par les fieurs Helle & Glomy. Paris, 1767, in-12.

des-Petits-Champs (1), le 13 mars 1769. Duvaux, comme pour tous fes confrères les financiers, avoit concouru à la former. Rouffel avoit été un des premiers actionnaires de la compagnie organifée pour créer la manufacture de Vincennes.

La bourgeoifie ne jouoit comparativement qu'un rôle affez effacé dans la curiofité. Elle n'avoit pas encore trop quitté fes habitudes modeftes & fes traditions de parcimonieufe fimplicité. Cependant elle étoit acceffible aux goûts artiftes & littéraires de l'époque, & toute prête à fe laiffer entraîner à leur exagération. Car nous fommes au fiècle où toutes les claffes fe mêlent, où l'on fait de la philofophie jufque dans les offices, où l'on écrit dans les antichambres, où l'on rime fur les comptoirs, où l'on collectionne dans les plus humbles boutiques. L'égalité de tous devant le luxe s'étoit fingulièrement établie depuis le temps de Law & du grand bouleverfement des fortunes. Auffi comptons-nous parmi les amateurs : le directeur de l'Imprimerie royale, Aniffon-DuPerron; des notaires, comme Brochant; des avocats, comme le célèbre Du Vaudier; des agens publics ou fourniffeurs royaux; quelques parens de Duvaux; des fecrétaires du Roi de toutes fortes, titulaires de ces charges honorifiques, appelées par les contemporains des « favonnettes à vilains ; » enfin nombre de marchands retirés & d'amateurs plébéiens qui, pour être de roture, n'en ont pas moins cultivé la curiofité avec beaucoup de diftinction. Plufieurs collections bourgeoifes fort importantes fe formoient en ce moment. Nau, marchand bonnetier, homme de lettres & « amateur (2) »

---

(1) Rouffel habitoit auffi le château de la Celle qu'il avoit acheté de Mme de Pompadour en 1750 (*Journal & Mémoires de Collé*, édition Bonhomme, t. Ier, p. 175.)

(2) Note manufcrite de Helle, nº 166 du *Catalogue Tallard*. Cet intelligent commerçant cultivoit également les lettres, & compofa notamment un opéra-comique intitulé : *Efope au village*, où Peltelier, qui

riffeur, dans une falle des Grands-Auguftins, au commencement du mois de décembre 1755. L'ancien curieux, c'étoit Potier. Helle nous l'apprend dans une note manufcrite (1) :

« M. Potier, qui ne cherchoit qu'à s'amufer de la curiofité, a fait faire cette vente par occafion de celle de M. Langlois, qui fe faifoit aux Auguftins. Son idée étoit d'avoir d'autres curiofités de cet argent pour varier. Il avoit fixé des prix aux principaux tableaux, dont tous prefque ont été retirés à caufe qu'il les avoit mis trop haut. Les mêmes tableaux ont été vendus, après fa mort, moins qu'ils n'avoient monté à cette vente, ce qui fait voir qu'il y a beaucoup de caprice dans les inventaires & parmi les curieux. »

Potier fe trouva mal d'avoir joué l'amateur décédé. Non-feulement il ne trouva pas à fe défaire de fon cabinet au prix qu'il l'eftimoit, & que peut-être il lui avoit coûté, mais deux ans après, en 1757, la mort vint ironiquement l'enlever à fes collections & en impofer cette fois une vente bien réelle (2).

En dépit de leurs foibles reffources pécuniaires, qui les empêchoient de lutter de luxe avec la nobleffe & la finance, mais irréfiftiblement pouffés par leurs inftincts, les artiftes fe montrent parmi les acquéreurs d'objets curieux. Nous les retrouverons plus tard dans le chapitre que nous leur confacrerons; dès maintenant il nous faut fignaler : Charles Coypel (3), premier peintre du Roi,

---

(1) *Catalogue Potier*, dans l'exemplaire du Cabinet des eftampes.

(2) *Catalogue raifonné des tableaux, deffeins & eftampes des plus grands qui compofent le cabinet de feu M. Potier, avocat au Parlement, par les fieurs Helle & Glomy*. Paris, 1757. Potier habitoit rue Gilles-Cœur. Il laiffoit auffi des livres : *Catalogue des livres de feu M. Potier, ancien avocat au Parlement*. Paris, 1757, in-8°.

(3) *Catalogue des tableaux, &c., du cabinet de feu M. Coypel*. Paris, 1753, in-8°. On retrouveroit encore quelques objets poffédés précédemment par Charles Coypel dans le *Catalogue de tableaux, deffins, eftampes, bronzes & autres objets de curiofité provenant de la fucceffion de feu M. Coypel, écuyer*. Vente en juin 1777. Joullain, expert. Paris, in-8°.

directeur de l'Académie de peinture, homme de cour & auteur dramatique, qui a laissé un beau cabinet vendu après sa mort, en 1753, & où Duvaux acheta quelques objets; François Boucher, le peintre des Grâces, qui, lui aussi, deviendra premier peintre & laissera une importante collection, vendue en 1771, mais dont ses contemporains exagéroient la valeur en l'estimant 100,000 écus (1); l'orfévre Ducrolay de la place Dauphine, &c. Des artistes formant un groupe assez nombreux se partageoient, sous le feu des plus vives enchères, les meilleurs morceaux du cabinet de leur camarade Coypel, ou s'attaquoient même aux collections de Fonspertuis, Godefroy, Cottin, Gersaint, Crozat, de Tallard, de Tugny, Pasquier, Potier (2). C'étoient les peintres Aved, Charlier (3), Cazes, Le Lorrain (4), Liotard, Nattier (5), le miniaturiste Peeters (6), Porcien, Silvestre (7), Valade & Van

---

(1) *Mémoires de Favart*, t. II, p. 247.

(2) Voyez les catalogues de ces diverses ventes dans des exemplaires annotés.

(3) Sur cette collection, voir : *Cabinet intéressant contenant quatre-vingt-dix tableaux en miniature de différentes formes & grandeurs*. On pourra le voir chez M. Charlier, peintre en miniature du Roi, rue Thérèse, &c.... Paris, 1778, in-8°.

(4) Le Lorrain, appelé en Russie par Catherine II, se défit en 1768 de son cabinet. — Voyez le *Catalogue d'une collection de tableaux & de desseins des meilleurs maîtres de France, d'Italie & de Flandres*. Paris, 1768, in-8°.

(5) *Catalogue des desseins, tableaux, estampes, bronzes, porcelaines & livres du cabinet de M**** [Nattier]. Vente en un appartement au-dessus de la principale porte de l'enclos du Temple, le 27 juin 1763. Paris, Prault fils, 1763, in-8°; 233 numéros.

(6) *Catalogue des tableaux de grands maîtres des trois écoles, après le décès de Mme de Peters*. Vente rue de Cléry, n° 96, le 5 novembre 1787. Paris, Lebrun & Remy, 1787, in-12. H. A. Joly a effacé sur un exemplaire de ce catalogue : « *Après le décès de Madame de,* » & y a substitué à la main les mots : *Provenant du cabinet de M. de.... Peters*.

(7) Charles-Nicolas, Louis ou Jacques-Augustin? Tous les trois probablement. Il y eut en 1810 une vente d'objets d'art dans la famille Silvestre où l'on se transmettoit de père en fils le titre de maître à dessiner des enfans de France & la belle collection commencée au dix-

Loo (1); les sculpteurs Slodtz (2) & Verbreck; les graveurs Audran (3), Chereau, Drevet (4), Lempereur (5), de Marcenay (6), Surugue (7) & Wille (8); les architectes Blondel & de Wailly (9); le graveur en médailles suédois Erbien (10).

septième siècle par Israël Silvestre. (*Catalogue raisonné d'objets d'art du cabinet de feu M. de Silvestre*, par F. L. Regnault-Delalande. Paris, 1810, in-8°.)

(1) Carle & Louis-Michel; ils ont laissé tous deux des cabinets: *Catalogue des tableaux, desseins, estampes qui seront vendus après le décès de Carlo Vanloo, chevalier de Saint-Michel, premier peintre du Roi...,* par Fr. Basan. Vente le 12 septembre 1765. Paris, 1765, in-8°. *Catalogue des tableaux de feu M. Louis-Michel Vanloo, écuyer...,* par F. Basan. Paris, novembre 1772, in-8°.

(2) *Catalogue des tableaux, desseins & estampes qui seront vendus après le décès de Michel-Ange Slodtz, sculpteur du Roi...,* par Fr. Basan.... Paris, 1765, in-8°.

(3) *Catalogue de planches gravées, tableaux, desseins... & autres objets de curiosité de feu M. Benoist Audran, graveur,* par F. C. Joullain fils. Paris, 1772, in-12. Un autre membre de cette célèbre famille a laissé également une collection: *Catalogue de planches gravées, desseins, estampes & tableaux,* après le décès de M. Michel Audran, entrepreneur des tapisseries à la manufacture des Gobelins, par Pierre Remy. Paris, 1771, in-12.

(4) Il y a un catalogue des objets laissés par Claude Drevet, graveur du Roi; Joullain expert. *Catalogue de quelques tableaux & desseins, d'une belle collection d'estampes.... provenant de la succession de feu M. Claude Drevet, graveur du Roi....* Vente le 18 mars [15 avril] 1782. Paris, 1782, in-8°.

(5) Voyez le *Catalogue d'une riche collection de tableaux, de peintures à gouache & au pastel, de desseins précieux, d'estampes.... du cabinet de M**** [Lempereur, ancien joaillier & ancien échevin]. Vente le 24 mai 1773. Paris, 1773, in-8°.

(6) Voyez la *Notice de tableaux, dessins, estampes & planches gravées, après le décès de M. de Marcenay de Guy, peintre, graveur, &c....* Sans date [26 juin 1811], in-8°.

(7) *Catalogue d'estampes des plus grands maîtres italiens, flamands & françois du cabinet de feu M. Louis de Surugue père, graveur du Roi...,* par Fr. Basan, graveur. Vente le 20 novembre 1769. Paris, 1769, in-8°.

(8) Voyez *passim* les *Mémoires de Wille.* On y trouve de nombreux renseignemens sur les achats du graveur, sur les ventes d'objets d'art & sur les amateurs.

(9) *Catalogue de tableaux des trois écoles, desseins, gouaches, estampes, figures, bustes, vases de marbre, bronzes & autres objets curieux appartenant à M. de Wailly, architecte du Roi, &c...,* par Boileau. Paris, 1788, in-8°.

(10) *Catalogue Coypel* annoté, exemplaire du Cabinet des estampes, nos 26, 29, 33, 36, 42, 43, 81, 90, 154, 178, 201, 204.

Quant aux gens de lettres, aucun ne figure chez Duvaux, fi ce n'eft l'abbé Jacques Pernetti, biographe & bibliographe lyonnais, & le chevalier d'Arc, bâtard du comte de Touloufe, homme de plaifir en même temps qu'écrivain. L'abbé Leblanc, il eft vrai, hiftoriographe des Bâtimens du Roi, fe montroit affidûment à toutes les ventes publiques, mais c'étoit pour y vivre certainement aux dépens des marchands & des acquéreurs, & pour y faire fon ftage avant de fe faufiler à l'Académie de peinture comme amateur. Fondateur d'une race qui depuis a pullulé, celle des critiques d'art, l'abbé Leblanc eft l'un des premiers hommes de lettres qui fe foient faits confeillers & commiffionnaires des riches amateurs. On ne fait jamais s'il achète pour lui-même. A la vente du duc de Tallard, il pouffe pour Gaignat. Cependant ce louche entremetteur & cet infigne intrigant (1), fans aucune fortune perfonnelle, parvint, en pratiquant fon métier de critique & en acquérant pour les autres, à fe former pour lui-même une collection fort belle, furtout en porcelaines (2). Je ne range pas dans cette claffe le critique Baillet, qui apparoît fur les marges des catalogues & qui achète notamment chez Coypel. Il étoit riche, baron de Saint-Julien, avoit un fecrétaire, formoit & revendoit des collections (3), & laiffera un catalogue de vente. Je n'y

---

(1) Voyez *Portraits intimes du dix-huitième fiècle*, par E. & J. de Goncourt, t. Ier, p. 57.

(2) Voyez le *Catalogue d'une belle collection de tableaux des trois écoles, bronzes, marbres, porcelaines anciennes, beaux meubles de Boule, feux & bras de bronze doré*, &c..., qui compofent le cabinet de M. l'abbé Le Blanc, hiftoriographe des bâtimens du Roi. Vente le 14 février 1781, rue Plâtrière, à l'hôtel de Bullion, par J. B. P. Lebrun. Paris, 1781, in-8°.

(3) Dans le *Catalogue de deffeins, eftampes & coquilles*, &c..., à Paris, 1759, in-8°, exemplaire du Cabinet des eftampes, on lit les notes manufcrites qui fuivent : « La plus grande partie des deffeins & eftampes de cette vente venoient de M. Baillet, baron de Saint-Jullien, &c.... » « Compte de la vente que j'ay faitte avec M. Remy des effets de M. le

mets pas non plus l'opulent baron d'Holbach, plus financier qu'homme de lettres (1). Les vrais gens de lettres, fi on en excepte Voltaire & fon ennemi Fréron qui aura fon catalogue (2) comme Louis Racine (3) & Crébillon fils (4), étoient prefque tous trop pauvres pour fonger à acquérir des meubles de pur luxe, & la curiofité ne les intéreffoit pas encore directement, quoiqu'elle commençât à occuper une certaine place dans la littérature. C'eft en vain que nous avions efpéré de trouver des détails fur Duvaux dans la *Correfpondance littéraire de Grimm*, les *Lettres de Diderot*, les *Mémoires de Collé*, les *Mémoires de Favart*, les *Mémoires de Marmontel*, auffi muets fur lui que les *Mémoires de d'Argenfon*, que les *Mémoires du duc de Luynes* & que le *Journal de Barbier*.

baron de Saint-Jullien, &c.... — Nous avons vendu pour le compte de M. le baron pour 1994ᵗᵇ 14ˢ de deffeins & eftampes.... — Eftimation des deffeins & eftampes qui me reftent de la vente de M. le baron de Saint-Jullien.... „ A fa mort, Baillet poffédoit un important cabinet. Voici le titre de fon catalogue : *Catalogue d'une belle collection de tableaux, deffeins, eftampes, &c..., miniatures, émaux par Petitot, figures de terre-cuite, d'ivoire, de marbre & de bronze, vafes & colonnes de porphyre, agathes & autres matières précieufes, pierres gravées antiques montées en bagues & autres bagues de pierres fines, boëtes d'or, riches meubles de Boule, de lacques & autres objets de curiofité, venant du cabinet de M. le baron de **** [Saint-Julien], par L. F. Saubert. Vente indiquée pour février 1785. Paris, 1785. Le *Tréfor de la curiofité* lui attribue un autre catalogue de 1784.

(1) *Catalogue de tableaux des trois écoles, eftampes en volumes.... formant le cabinet de M. le baron d'Holbach, des Académies de Pétersbourg, de Manheim & de Berlin....* Paris, mars 1789, in-8°.

(2) *Notice des principales eftampes provenant du cabinet de feu M. Fréron, membre de plufieurs Académies.* Vente le 7 novembre 1776, dans une falle des Révérends Pères Auguftins. Paris, 1776, in-8°.

(3) *Catalogue détaillé par numéro des eftampes qui fe vendront à la fuite des livres de feu M. R*[acine], fans lieu ni date [1755], in-8°. Louis Racine avoit été infpecteur général des fermes, & maître particulier des eaux & forêts du Valois. Il fe retira à Paris en 1750 & fe défit de fa collection d'eftampes après la mort de fon fils, qui périt dans le tremblement de terre de Lisbonne.

(4) *Catalogue de tableaux, deffeins & eftampes provenant du cabinet de feu M. Joliot de Crébillon, cenfeur royal.* Vente le 3 juin 1777, en fa maifon, rue du Chantre. Paris, chez Joullain, 1777, in-8°.

Marmontel cependant, commis des Bâtimens du Roi sous Marigny, devoit bien connoître notre marchand, & avoit certainement discuté la valeur des objets que Duvaux fournissoit pour le salon de Mme Geoffrin & peut-être même pour la chambre qu'il habitoit chez elle. En tout cas, la clientèle constante de Mme Geoffrin indique que la boutique de Duvaux & ses meubles curieux étoient hautement appréciés des gens de lettres & des artistes parisiens. Car les pièces dont il décoroit le salon de cette femme célèbre avoient à obtenir les suffrages de la petite coterie d'hommes distingués qui s'y réunissoit.

L'homme à la mode Jelyotte, chanteur à l'Opéra, & Tribou, le maître de chant de Mme de Pompadour, nous prouvent, en venant chez notre marchand, qu'on estimoit aussi bien au théâtre que dans le monde littéraire l'élégance du mobilier. D'ailleurs l'actrice la plus applaudie en ce moment, Hippolyte Clairon, collectionnoit (1). Nous constatons enfin que, jusqu'aux derniers degrés de l'échelle sociale, la réputation d'habileté de Duvaux & le goût de la curiosité s'étoient répandus en lisant dans le registre commercial les noms de deux personnes de condition suspecte. L'une est Marie-Antoinette Crépin, dite Lanoix, danseuse de la Comédie-Françoise, demeurant rue & paroisse Saint-André-des-Arts, courtisane citée par le *Journal des Inspecteurs de M. de Sartines*, &, si nous en croyons les rapports de police, scandaleusement protégée par M. Séguier. C'étoit un acquéreur capricieux & aux habitudes de maquignonnage. L'autre est la marchande de mode que nous fait connoître Rousseau dans ses *Con-*

---

(1) *Catalogue des ouvrages de l'art du cabinet de Mlle C[lairon], tels que armes & habillemens étrangers, ouvrages en argent, nacre & ivoire, pagodes de terre des Indes, porcelaines, instrumens de physique, bijoux d'or, tableaux de grands maîtres & estampes, qui seront vendus rue du Bacq, près le Pont-Royal, dans le mois de mars* 1773. Paris, 1773, in-12 de soixante-deux pages.

feſſions (1), la Duchapt. Elle acquéroit divers objets propres à orner cette boutique du paſſage de l'Opéra, où Jean-Jacques n'oſa jamais pénétrer, mais qui recevoit de jeunes viſiteurs & fourniſſoit les femmes légères. « Otez cette palatine, » dit Thémidore (2) à Laurette, « elle doit vous gêner ; cette garniture de robe eſt bien gaie. Il faut avouer que la Duchap a un grand goût pour ces riens-là. » On groſſiroit facilement cette dernière claſſe d'amateurs en relevant dans les nouvelles à la main & le *Journal des Inſpecteurs de police* les folles dépenſes que les filles célèbres faiſoient alors pour leurs mobiliers.

Au dix-huitième ſiècle, comme de nos jours, Paris étoit le rendez-vous d'un grand nombre d'étrangers de diſtinction qui partageoient tous les goûts des Pariſiens. Duvaux eut la clientèle des principaux perſonnages des diverſes colonies étrangères, à Paris ou dans leur patrie quand ils y retournoient. On rencontroit dans ſes magaſins des Anglois, des Eſpagnols, des Allemands, des Suédois & des Ruſſes : mylord Baltimore ; mylord Bolingbroke (3) ; mylord Hervey ; les Janſſen, dont l'un, le chevalier Janſſen, étoit propriétaire du beau jardin anglois de Chaillot ; la ducheſſe de Bejar ; la princeſſe de Trivulci ; Mme de Ximenès, femme de l'auteur ſifflé d'*Epicharis* & d'*Amalazonte*; la marquiſe de Lède, dame de l'Infante, que d'Argenſon accuſe d'avoir empoiſonné M. de Maulévrier, & à qui il a laiſſé la réputation de la plus méchante femme de ſon ſiècle ; le baron de Bernſtorff,

---

(1) Livre VII.
(2) *Thémidore*. La Haye, 1748, t. Ier, p. 24.
(3) Je ne puis affirmer que c'eſt là le célèbre Henri Saint-Jean, lord & vicomte de Bolingbroke, né en 1672. D'après quelques biographies, ce perſonnage ſeroit mort en 1751, &, comme après cette date un vicomte de Bolingbroke achète encore chez Duvaux, il faut ſuppoſer qu'il y eut parmi ſes cliens deux Bolingbroke, dont le premier ſeulement ſeroit Henri Saint-Jean, ou un ſeul Bolingbroke, qui alors ne ſeroit pas le célèbre homme d'État, hôte aimé & vénéré de la France pendant de longues années.

envoyé extraordinaire du roi de Danemark; le comte Charles de Cobenzl, gouverneur des Pays-Bas autrichiens, homme d'État bien connu pour les grâces de son esprit, le charme de sa société & son amour des arts, fondateur de l'Académie des sciences de Bruxelles dont on a célébré cette année le jubilé centenaire; le comte Vinceslas de Kaunitz-Rittberg, ambassadeur de l'Empereur près de Louis XV, l'habile auteur de l'alliance austro-françoise de 1756; le baron Korff; le comte de Moltke, gentilhomme danois, de la branche de cette famille qui est restée danoise & dont un membre représente actuellement le Danemark à Paris; le baron de Scheffer, ministre plénipotentiaire du roi de Suède; & le baron de Thun, ministre plénipotentiaire du duc de Wurtemberg. Mentionnons encore, quoique en dehors de la clientèle de Duvaux, un amateur convaincu de tableaux & de dessins, le fameux *baron russien*, de la vente de Tallard (1), ce Stroganoff, qui a publié un inventaire des peintures de son cabinet sous ce titre : *Catalogue raisonné des tableaux qui composent la collection du comte A. de Stroganoff.* Saint-Pétersbourg, 1800, in-8°. Il a mis en tête un *Avertissement* trop curieux & trop inconnu pour que je ne le reproduise pas. « J'ai écrit, » y dit-il, « ce catalogue pour moi, pour me rendre compte des richesses que je rassemble depuis plus de quarante ans, des sensations que leur possession me fait éprouver. Je l'ai écrit encore pour les vrais amateurs qui le sont par passion, chez lesquels cette passion est en quelque sorte née avec leurs premières idées, & s'est développée de plus en plus à mesure qu'ils ont eu le sentiment du beau; qui ont, en

---

(1) Exemplaire du Cabinet des estampes de la Bibliothèque nationale, n°s 205, 206, 207, 212, 213, 214, 221, 222, 223, 235, 257, 348, 353, 356, 357, 359, 374, 382, 386, 387, 388.—Voyez aussi à la vente Fleury, dans le catalogue de cette collection qui est au Cabinet des estampes, les pages 42, 44, 46, 49, 50, 53, le portefeuille 10, art. 42, &c...

un mot, un amour sincère pour les arts, & qui tâchent d'acquérir les connoissances indispensables pour bien jouir des productions des talens & les apprécier judicieusement. Je ne l'ai point écrit pour ces âmes froides auxquelles les arts & leurs productions sont au fond très-indifférens, quoiqu'elles paroissent s'y intéresser; des enthousiastes hors de mesure, la plupart comédiens de sentimens; des dissertateurs diffus & vagues, pleins de bonne opinion d'eux-mêmes, qui soutiennent les sentimens qu'ils ont adoptés souvent par hasard ou en les empruntant d'autrui. Je ne l'ai point écrit pour les amateurs par politique, qui par calcul usurpent ce titre & même celui de connoisseurs; possesseurs de collections, ils s'en occupent vivement lorsqu'ils les font admirer & les oublient lorsqu'ils sont seuls avec elles. Semblables en cela à ces époux mal assortis qu'on voit affecter en compagnie l'intérêt le plus édifiant, & qui tête à tête s'abandonnent à l'ennui qu'ils se causent & à l'indifférence qui les glace. Délivre-nous, grand Dieu, de ces amateurs sans amour, de ces connoisseurs sans connoissances! car ceux-là plus que tous autres contribuent à la corruption du goût & nuisent au progrès des arts. » Que l'ardente passion de cet amateur est bien dépeinte dans cette naïve boutade! Comme l'accent sincère & presque sauvage de sa profession de foi nous rend sympathiques le rigorisme même & le puritanisme de ses convictions de curieux! N'omettons pas non plus ce « conseiller des finances du roi de Pologne, *Heinken* (1), » qui n'est autre que le baron de Heinecken, l'auteur de l'*Idée générale d'une collection complète d'estampes*, l'illustre créateur du cabinet d'estampes de Dresde sous Auguste III; le chevalier Menabuoni, «maître pour la langue italienne, » qui avoit un cabinet (2) & se

---

(1) *Catalogue Tallard* annoté, n° 79.
(2) Ce cabinet est décrit dans l'*Almanach des Beaux-Arts pour* 1762,

chargeoit des commiffions de quelques amateurs; le peintre & célèbre marchand hollandois Gérard Hoët, « fin connoiffeur, » dont la vente formera un fuperbe catalogue (la Haye, 1760); Roëpel, capitaine réformé des États de Hollande; le comte de Zelinski; un Anglois, le docteur Bragge, acquéreur des ventes Pafquier & Tallard; & ces autres Anglois (1) de la vente Tallard, dont j'ignore malheureufement les noms. On voit déjà l'Angleterre faire, fur le marché de Paris, une redoutable concurrence à tous les curieux françois & étrangers (2).

II

MARCHANDS.

Lazare Duvaux naquit vers 1703 (3). Il exerça fon commerce d'abord fur la paroiffe Saint-Germain l'Auxerrois, rue de la Monnoie, puis rue Saint-Honoré, fur la paroiffe Saint-Euftache. Ce quartier, fort élégant à cette époque, étoit le centre du commerce de la curiofité à

---

p. 194 & 195, & dans le *Dictionnaire pittorefque & hiftorique d'Hébert*, p. 84 & 85. — Cf. *Catalogue Tallard* annoté, n° 14.

(1) *Catalogue Tallard* annoté. Remy achète « pour l'Angleterre » les n°s 8, 40, 51, 125, 141, 156, 332, 1032.

(2) Voyez le *Catalogue Potier* annoté par Helle : Sont achetés par Remy « pour l'Angleterre » les n°s 1, 2, 3, 4, 10, 20, 22, 32, 36, 51, 89, 96 *bis*, 103, 104, 108, 119, 141, 160, 212, 232, 235, 291, 312, 365, 380, 386 & 607. Ces acquéreurs anglois devoient être des perfonnes de diftinction venues en France à la fuite du Prétendant. Cette hypothèfe eft fuggérée par la note de l'article 243. — Voyez auffi les achats faits par M. Ciquaife (?), peintre anglois en émail, & par le fieur Lavigne, marchand quincaillier anglois, à la feconde vente Cottin. (Exemplaire annoté du catalogue, au Cabinet des eftampes).

(3) Puifqu'il mourut, comme nous l'établiffons (page 380, en note), le 24 novembre 1758, « âgé d'environ 55 ans. »

Paris. Dans les rues Saint-Honoré, du Roule, de la Monnoie, de l'Arbre-Sec & dans les rues adjacentes s'étoient groupés d'importans marchands d'objets d'art, de faïences & de porcelaine. C'eſt là que les élégantes venoient viſiter le magaſin du *Chagrin de Turquie;* c'est là qu'habitoient les Hébert, les Bazin, les Bailly, les Lebrun, les Vigier, les Dulac, les Poirier, les Lhéritier. C'eſt rue de la Monnoie que fut établi le dépôt royal des porcelaines de Sèvres. Nous ne ſavons pas préciſément à quelle époque Duvaux commença à travailler & à pratiquer ſa profeſſion. Les deux volumes de ſon *Livre-Journal* cotés B & C, qui nous ſont ſeuls parvenus, n'embraſſent que dix années, de 1748 à 1758. Mais il exerçoit certainement ſon métier avant cette époque, car il eſt qualifié de marchand en 1743 dans l'acte de baptême (1) de ſon fils &, ſur un de ſes livres d'*Extraits*, on voit des ſommes dues remonter juſqu'en 1740. C'eſt de cette date que devoit partir le regiſtre A, aujourd'hui perdu. En 1747, il fourniſſoit déjà la cour. Il y eut cette année une acquiſition conſidérable de bijoux faite par le Roi à l'occaſion du mariage du Dauphin. Sur la liſte des achats & parmi les factures conſervées dans les comptes des Menus-Plaiſirs, on remarque Duvaux au milieu des marchands qui contribuèrent à former la corbeille de la ſeconde Dauphine. On y lit :
« Au ſieur Devos (2), marchand-orfévre, la ſomme de

---

(1) *Extrait du regiſtre des actes de baptême de la paroiſſe Saint-Germain-l'Auxerrois à Paris pour l'année mil ſept cent quarante-trois.*

Le onze octobre audit an fut baptiſé Jean-François, fils de Lazare Duvaux, marchand-mercier, & de Françoiſe-Nicole Boutron, ſa femme, rue de la Monnoye. Le parrein, Edme-Laurent Boutron, l'un des douze marchands de vins du Roy ; la marreine, Marie-Jeanne Legras, femme de Thomas-Joachim Hébert, auſſy marchand-mercier, & ont ſigné au regiſtre.

(2) Il faut certainement reconnoître ici notre Duvaux. *Devos* ou *Devaux* eſt une des variantes les plus fréquentes données à l'orthographe de ſon nom dans les documens contemporains. D'ailleurs je n'ai trouvé

dix-neuf cent vingt-quatre livres pour deux boëtes d'or qu'il a fournies pour la corbeille de Mme la Dauphine. »

Ce titre de « marchand-orfévre » eſt préciſément celui qu'à la même époque Pierre Germain s'attribuoit dans ſes *Élémens d'orfévrerie* (Paris, 1748). Les documens contemporains qualifient indifféremment Duvaux de mercier (1), de bijoutier (2), de joaillier (3) & d'orfévre (4). D'après Savary, voici en quoi conſiſtoient ces profeſſions au dix-huitième ſiècle : « Mercerie ſe dit du corps des merciers.... Quoique le corps de la mercerie ne tienne que le troiſième rang parmi les ſix corps des marchands, il eſt cependant regardé comme le plus important d'autant qu'il renferme & comprend pour ainſi dire tout le commerce des autres cinq corps. Auſſi ce corps eſt-il ſi conſidérable & d'une ſi prodigieuſe étendue que les marchands, qui le compoſent, ſe ſont diviſés en un grand nombre de claſſes différentes dont voici les principales.... « 13° (C'eſt la claſſe dans laquelle rentre le mieux la ſpécialité de Duvaux), ceux qui vendent des tableaux, des eſtampes, des candélabres, des bras, des girandoles de cuivre doré & de bronze, des luſtres de criſtal, des figures de bronze, de marbre, de bois & d'autre matière; des pendules, horloges & montres; des cabinets, coffres, armoires, tables, tablettes, guéridons de bois de rapport & doré, des tables de marbre, & autres marchandiſes & curioſités propres pour l'ornement des appartemens. » — « La bijouterie, c'eſt le commerce de toutes ſortes de petites curioſités qui ſervent à orner les perſonnes ou les

---

nulle part dans les comptes des Bâtimens du Roi un marchand-orfévre s'appelant inconteſtablement *Devos*, &, en 1748, comme le conſtate le *Livre-Journal*, on voit Duvaux fournir le Roi & la Dauphine. (Arch. nat. O¹ 2985.)

(1) Acte de baptême du fils de Duvaux & acte de décès de Duvaux.
(2) Note de Helle dans l'exemplaire du *Catalogue Tallard* poſſédé par le Cabinet des eſtampes; acte de tutelle du fils de Duvaux.
(3) Brevet du Roi comme orfévre-joaillier.
(4) *Ibid.* & État de dépenſe pour la corbeille de la Dauphine.

appartemens; bijoutier, c'eſt celui qui fait commerce de toutes ſortes de bijoux & de curioſités; à Paris, ce ſont les merciers & les orfévres, en qualité de marchands-jouailliers, qui font ce commerce. — Jouaillerie eſt un terme de négoce qui ſignifie en général toutes ſortes de marchandiſes, de pierreries taillées ou non taillées, comme diamans, rubis, grenats, ſaphirs, émeraudes, topazes, améthyſtes, &c. On y comprend auſſi les perles, les turquoiſes, les opales, les agathes, les criſtaux, l'ambre jaune, le corail, le lapis, &c., même toutes ſortes de bijoux & joyaux d'or, d'argent & d'autre matière précieuſe. Il faut qu'un marchand ait beaucoup de capacité & d'argent pour entreprendre le négoce de la jouaillerie. Le jouaillier eſt le marchand qui fait négoce de jouaillerie. Les merciers & les orfévres de Paris ſont appelés par leurs ſtatuts marchands jouailliers, parce que les uns & les autres, à l'excluſion de tous, ont la faculté de faire le trafic de marchandiſes de jouaillerie, avec cette différence néanmoins que les merciers ne peuvent tailler, monter, ni mettre en œuvre aucune pierre précieuſe, ni joyaux, cela étant réſervé aux ſeuls orfévres qui ſont les artiſans de ces ſortes de choſes, quoiqu'ils aient auſſi le pouvoir de les acheter & de les vendre. » — « ... Orfévrerie ſe dit du négoce qui ſe fait des ouvrages d'or & d'argent fabriqués par les orfévres. En ce ſens on dit : Ce marchand ne fait aucun commerce de jouaillerie, il ſe renferme dans le trafic de l'orfévrerie. L'orfévre eſt un artiſan & un marchand tout enſemble qui fabrique, qui vend & qui achète toute ſorte de vaiſſelle & d'ouvrages d'or & d'argent.... Les orfévres ſont auſſi appelés jouailliers, parce qu'il leur eſt permis de faire négoce de joyaux, de perles & de pierres précieuſes, même de les monter & mettre en œuvre.... Il eſt défendu à tous marchands & artiſans autres que les orfévres & leurs veuves de faire aucun commerce d'orfévrerie du poinçon de Paris; il eſt cependant permis aux marchands merciers de la même ville de vendre de la vaiſſelle & autres pièces d'orfévrerie venant d'Allemagne & autres pays étrangers, &c.... »

Le commerce qu'exerçoit Duvaux répondoit bien à ces quatre définitions. Il vendoit tous les objets énumérés dans la treizième claſſe de la mercerie ; il trafiquoit comme les bijoutiers de toutes les curioſités qui ſervent à orner les perſonnes ou les appartemens ; il faiſoit négoce de pierres & de bijoux comme les joailliers ; il fabriquoit ou faiſoit fabriquer des pièces de vaiſſelle d'or ou d'argent, montoit & mettoit en œuvre les joyaux, perles & pierres précieuſes comme les orfévres(1). Mais il ne pratiqua que par occaſion ce commerce d'objets d'art en tout genre qui répond à la quadruple qualification qui lui eſt donnée. De ſon métier il étoit fondeur, ciſeleur, monteur en cuivre, bijoutier & orfévre dans le ſens moderne du mot, quoiqu'il n'ait jamais eu de marque ni de poinçon(2). Il fabriquoit des bras, des girandoles, des luſtres de bronze garnis de criſtaux, des feux, des grilles pour pla-

---

(1) L'article 2899 du *Livre-Journal* ne paroît pas laiſſer de doute à cet égard.

(2) M. le baron Jérôme Pichon m'apprend qu'il n'a pas trouvé le poinçon de Duvaux dans les feuilles où ſont décrits les poinçons d'orfévres que la Cour des Monnoies recevoit & faiſoit inſculper à ſon greffe. On ne peut cependant douter que Duvaux n'ait pratiqué l'orfévrerie en liſant les articles du *Journal* qui décrivent les pièces d'argenterie fournies ou réparées par lui. Voyez les n°s 2060, 2159, 2161, 2823, 3054, 3065, 3072, 3140, 3150, 3324, ſurtout 2159. Il obtint, comme on le verra plus loin, le brevet d'orfévre-joaillier du Roi. D'ailleurs s'il n'avoit été orfévre, il lui eût été impoſſible de vendre aucun objet d'orfévrerie, même fabriqué par un orfévre ayant poinçon. Il étoit défendu, comme l'atteſte Savary (*Dictionnaire univerſel du Commerce*, édition de 1741, t. III, col. 639), à tous les marchands & artiſans autres que les orfévres & leurs veuves, de faire aucun commerce d'orfévrerie du poinçon de Paris. Les priviléges attachés au titre d'orfévre-joaillier du Roi & à celui de marchand ſuivant la cour diſpenſèrent ſans doute Duvaux de prendre ſon brevet de maîtriſe parmi les orfévres & l'affranchirent vraiſemblablement de l'obligation d'avoir poinçon. Voyez la note de la page LXXVII.

cer devant les cheminées, des lanternes de glaces, des terrasses ou des pieds de cuivre pour les statuettes de bronze, pour des pièces rares de laque, de terre cuite, de terre des Indes, de pierre de lard, pour les pagodes & autres chinoiseries (1). Il montoit les diamans, composoit des bagues, des bracelets, des tabatières, des bonbonnières, des boîtes à mouches ou à parfiler, dans lesquelles il employoit l'or, l'argent, l'ivoire, le laque, le vernis Martin, le burgau, le magellan ou la nacre, l'écaille, où il enchâssoit des miniatures, des pierres précieuses ou des pierres gravées. Les dames les plus élégantes de la cour lui commandoient leurs tablettes (2) d'ivoire ou de nacre, leurs crayons d'or, leurs cachets & l'enveloppe de leur almanach avec perte & gain. Pour les plus grands seigneurs il ciseloit des pommeaux de canne, ou montoit des bâtons de commandement pour les maréchaux. Il faisoit de la vaisselle d'or & d'argent, & l'exécutoit ou la faisoit exécuter sur les dessins des plus célèbres modeleurs de l'époque. Telles pièces d'argenterie qu'il décrit dans son journal révèlent de véritables œuvres de sculpture. Quelle est sa part de travail dans cette admirable pièce décrite sous le n° 2087? L'a-t-il ciselée lui-même? l'a-t-il seulement fondue, puis confiée à quelque éminent artiste? Je ne saurois préciser. Pour la salière du n° 2225, je ne puis lui en attribuer l'exécution; il a un

---

(1) Je ne veux pas affirmer que Duvaux ait fabriqué tous les objets qu'il a vendus. Le contraire est bien certain, puisqu'il vendoit des pièces de curiosité anciennes & étrangères, & qu'il nomme fréquemment les auteurs des objets fournis. Mais il résulte d'une manière évidente de la lecture de plusieurs articles du *Journal* que Duvaux fit *lui-même*, ou fit faire chez lui, un grand nombre d'objets rentrant dans la spécialité des modernes fondeurs en cuivre & des bijoutiers actuels.

(2) Les tablettes formoient alors un meuble important. Offrir des tablettes sorties de la boutique à la mode étoit le plus joli cadeau à faire en ce moment à une dame. Voyez, comme exemple, les tablettes que la duchesse de Choiseul veut donner à Mme de Pompadour. (*Mémoires de Favart*, t. III, p. 118, décembre 1760.)

concurrent redoutable dans le ciseleur Auguste, en l'honneur duquel cette œuvre est justement revendiquée. On lit, en effet, dans le *Catalogue des tableaux des trois écoles, quelques morceaux à gouache & desseins de bons maîtres; belle pendule de Lepaute &c.... du cabinet de M. B****, Paris, chez Paillet, avril 1786, in-8° :

« N° 148. Modèles, par Étienne Falconet, pour salière & poivrière. La salière est représentée par un matelot assis sur un rocher tenant une huître; la poivrière par un jeune garçon qui tient un sac sur lequel est représenté du poivre en grains; chacun a 5 pouces de hauteur. Ils sont posés sur socles & sous cages de verre. Ils viennent de la vente de M. Collin, intendant de feu Mme la marquise de Pompadour, pour qui ils avoient été modelés pour être exécutés en salière d'or par M. Auguste, orfévre du Roi. »

Pour quelques autres pièces très-importantes, j'hésite encore à lui en attribuer trop formellement l'exécution tout entière, sans autres preuves que les termes un peu vagues du *Livre-Journal*. Mais, en tout cas, il fabriquoit & restauroit des cafetières, ainsi que divers objets contenus dans les nécessaires (1); à juger par le nombre

---

(1) Le nécessaire étoit un des meubles à la mode le plus fréquemment fournis par Duvaux. J'emprunte à deux catalogues des descriptions de cet objet pour compléter celles qu'on trouvera dans le *Livre-Journal*.

« Un nécessaire de dame garni d'une écuelle avec son couvercle & son assiette, d'un gobelet, d'une paire de flambeaux avec bobèches, d'un couvert avec son couteau d'argent d'Allemagne doré, d'une lampe de nuit d'argent de Paris doré, d'un marabout, d'un réchaux à esprit-devin, d'une boëte à double thé d'argent de Paris, d'une théyère, d'un sucrier, de deux tasses & de deux soucoupes de porcelaine de Saxe, de deux pots à pommade, de six assiettes de porcelaine de Chine, de deux flacons & de son écritoire & coffre de bois de noyer garni de moire blanche. » (N° 27 du *Catalogue d'effets précieux de la vente de M****. Paris, 31 août 1767, in-8°.)

« Un nécessaire contenant vingt pièces en argent, chocolatierre, moulin, boëte & cuillière à café, &c..., sept tasses & cinq soucoupes, théyère, sucrier, pot à tabac en porcelaine du Japon garni de cercles en argent; le tout dans un coffre plaqué en bois de palissandre, & porté sur un

d'uftenfiles en argent qu'il lui commanda, Louis XV, qui avoit des orfévres comme Ballin, Roëttiers & Befnier, ne dédaignoit pas fon travail.

A ce moment où la paffion de la céramique fe répandit avec une incroyable fureur, Duvaux paroît s'être créé, dans fon négoce, une fpécialité en affociant dans un grand nombre d'objets le cuivre doré & la porcelaine. Il s'occupoit, avec une prédilection marquée, de garnir & de monter en bronze de belles pièces du Japon, de la Chine, de Saxe ou de Vincennes. Il poffédoit furtout l'art de placer un mouvement de pendule, commandé aux meilleurs horlogers, dans des morceaux de Saxe ou de la Chine; il fabriquoit ainfi des horloges où le cuivre & la porcelaine s'allioient par d'heureufes combinaifons et marioient leurs tons harmonieux. Mais, comme dans les milieux très-artiftes, on n'en refta pas là & l'on arriva rapidement aux raffinemens. Ce goût défordonné fit épanouir toute une flore de porcelaine. Des parterres entiers, avec toutes leurs variétés de plantes, fortirent des fours de Vincennes & vinrent s'animer dans les mains d'habiles ouvriers qui forgèrent une végétation de bronze pour ces fleurs d'émail. Duvaux prit une part active à ce mouvement de la mode qui confiftoit à femer des bouquets de porcelaine fur les luftres, les bras, les girandoles & à les introduire dans toutes les parties de l'ameublement. A voir les perfonnages qui lui faifoient monter des fleurs de Vincennes, & en examinant la defcription des pièces qu'il livroit, on peut affirmer que Duvaux étoit un des premiers parmi ceux qui fabriquoient ces branchages dorés d'or moulu ou *vernis au naturel*, ces plantes de cannetille, ces bouquets factices qui, pendant quelque temps, donnèrent aux appartemens l'afpect de jardins

---

pied de même genre. » (N° 49 de la *Notice de tableaux, deffeins, eftampes, figures & bas-reliefs en bronze*, &c.... *du cabinet de M****, *ancien banquier*. Paris, chez A. J. Paillet, 1786, in-8°.)

ou de ferres. Pour que l'illufion fût complète, rien ne manquoit à ces bouquets, pas même le parfum qu'on favoit leur communiquer artificiellement.

Duvaux, très-eftimé (1) déjà dans le monde fpécial des amateurs, ne donna pas en vain à la cour pendant plufieurs années de nombreufes preuves d'intelligence & de goût par l'ameublement du pavillon des Hubis, par celui du pavillon de Verrières & par les fournitures journalières qu'il faifoit à Verfailles, à Choify, à Compiègne & à Fontainebleau. Ses rapports directs avec le Roi finirent par attirer fur lui l'attention & la bienveillance de Louis XV. Fourniffant en fait le Roi depuis longtemps, il n'avoit pas cependant le brevet de bijoutier royal. Le 18 juillet 1755 feulement, Duvaux remplaça Claude Rouffel dans la charge d'orfévre-jouaillier du Roi. Voici fon brevet :

« Aujourd'hui 8 juillet 1755, le Roi étant à Compiègne, bien informé de la capacité du fieur Duvaux (2), orfévre-jouaillier du Roy, Sa Majefté l'a retenu & retient en l'état & charge de fon orfévre-jouaillier vaccante par le décès de Claude Rouffel pour, par ledit Duvaux, jouir des priviléges, franchifes & autres avantages attribués à ladite charge, & ce tant qu'il plaira à Sa Majefté. »

Ce n'étoit pas un vain titre à cette époque que le droit de fe dire & qualifier artifte ou marchand du Roi. D'im-

---

(1) Voyez l'opinion de Helle dans le *Catalogue Tallard* annoté, n° 12.

(2) Arch. nat. O¹, 99, f° 201. Le texte porte *Davaux*, mais les regiftres auxquels nous empruntons ce document font des copies incomplètes & fouvent très-fautives, où les noms propres fe trouvent fréquemment altérés. Il eft certain qu'il n'y eut ni joaillier ni marchand attitré du Roi portant le nom de *Davaux;* je puis l'affirmer après avoir dépouillé toutes les factures originales des fourniffeurs de la cour pendant dix ans. Tandis que, dans une note payée par le Roi à la veuve de Duvaux, en 1758, pour fournitures faites au duc de Bourgogne (Arch. nat. O¹ 3002), Duvau (*fic*) eft qualifié de « marchand ordinaire du Roi. » Ce titre fe retrouve dans fon acte de décès. Il n'y a donc pas à héfiter, il faut reftituer & lire : Duvaux.

portans priviléges y étoient attachés. On peut voir fur les regiſtres des bâtimens du Roi avec quelle ardeur tous les artiſtes en renom briguèrent les brevets de peintre, de ſculpteur ou d'orfévre royal, faveur toujours juſtifiée par le talent & ſtrictement limitée à un petit nombre de titulaires. Probablement vers la même époque, Duvaux obtint la charge de marchand ſuivant la cour (1). Je n'ai pu rencontrer ſon brevet; mais dès 1756 une note manuſcrite de Helle, conſervée dans l'exemplaire du *Catalogue Tallard* que poſſède le Cabinet des eſtampes de la Bibliothèque nationale, qualifie Duvaux de « *fameux bijoutier, marchand ſuivant la cour.* »

Duvaux, longtemps obſcur, fut ſi peu de temps en évidence que voilà la ſeule appréciation qui nous ſoit fournie ſur lui par ſes contemporains, ou du moins que nous ayons ſu rencontrer. Heureuſement, elle n'eſt pas ſans valeur. Arrêtons-nous pour la diſcuter. J'ai déjà cité bien ſouvent l'opinion de Helle ſur les amateurs; j'aurai, plus loin, l'occaſion de parler de ce marchand & de montrer le parti qu'on pourra tirer de ſes précieuſes notes pour écrire l'hiſtoire de la curioſité, mais, dès maintenant, je dois dire que l'on peut avoir confiance en ſon témoignage & accepter ſon appréciation ſur Duvaux comme émanant d'un homme abſolument compétent pour la formuler. Helle étoit alors un des experts de Paris les plus recommandables. Il aſſiſtoit à toutes les ventes de France & de l'étranger, où il repréſentoit d'importans amateurs. Il en faiſoit quelques-unes à Paris; il étoit par conſéquent en rapports continuels avec tous les curieux, tous les

---

(1) « Il y a dans Paris, » dit l'*Almanach des Corps de marchands & Communautés du Royaume* (Paris, Duchefne, 1753, in-24, p. 172), « vingt-ſix marchands merciers, groſſiers-jouailliers, privilégiés, ſuivant la cour, qui ne font pas partie du corps des merciers, quoiqu'en droit de faire le même commerce par leurs lettres de privilége en parchemin qui leur font délivrées par le prévòt de l'hôtel du Roy & grand prévôt de France. »

marchands & tous les artiftes. Il connoiffoit donc parfaitement Duvaux. Il eft donc certain par fon atteftation que Duvaux jouiffoit d'une grande réputation parmi les marchands & les curieux. Mais je veux encore, des termes précis de ce témoignage, tirer une autre conféquence : Duvaux n'étoit pas un fimple revendeur d'objets d'art. Helle, en effet, ne le traite pas comme un confrère en expertifes; il n'en parle pas avec le fansgêne dont il uferoit envers un marchand de fes amis; il lui donne du *Monfieur* dans l'article du *Catalogue Tallard* annoté. C'eft peu de chofe ; mais voilà ce qui complète la preuve : la note porte *bijoutier*, & non pas *marchand de bijoux* ou d'autres menues curiofités. Or, cette qualification de bijoutier, Helle ne la prodigue à perfonne, ni à Remy, ni à Gérard Hoët, ni à Lebrun, ni à Glomy; ni à Colins, ni à Boileau, ni à Bafan, ni à Mariette. Tandis qu'il appelle « joailliers » les fabricans de bijoux, Babault & Bureau, il confacre à tous les célèbres revendeurs d'objets d'art que je viens de nommer les expreffions de « marchands de tableaux & d'autres curiofités », de « négocians en tableaux, eftampes ou autres curiofités. » Cependant tous étoient bien marchands-merciers de la treizième claffe, comme Duvaux, &, à la rigueur, l'épithète de *bijoutier* auroit pu parfaitement leur convenir. Mais il femble que Helle n'a pas voulu appliquer ce terme à des marchands qui ne faifoient exclufivement que revendre des produits qu'ils ne fabriquoient pas. Enfin je remarque que le qualificatif de *fameux* eft le plus fort de tous ceux employés par Helle dans l'appréciation des différens marchands qui ont figuré à la vente Tallard, où affiftoit au complet le ban & l'arrière-ban de la curiofité françoife. Et comme alors Remy, Glomy, Julliot, Lebrun, Helle lui-même & plufieurs autres étoient inconteftablement, en tant que marchands, tout auffi fameux que Duvaux, j'en conclus que Helle rangeoit Duvaux non pas dans la claffe des fimples marchands, mais bien dans celle des fabricans d'objets mobiliers, revendeurs par occasion seulement d'objets d'art. Je crois donc trouver ici la confirmation de ce que j'ai précédemment avancé quand j'ai attribué à Duvaux, — deux fois qualifié officiellement d'orfévre, — l'exécution d'un grand nombre de pièces vendues par lui.

Ce point établi, je puis essayer de montrer quelle a été la progression de la fortune de Duvaux & sa lente ascension à la réputation & à cette position honorable qu'il s'étoit conquise à la fin de sa vie. Sur ses débuts, nous sommes réduits aux hypothèses par suite de la perte du premier volume de son *Livre-Journal* qui devoit être coté A. (Les volumes qui nous sont parvenus & qui sont publiés ci-après sont cotés B & C.) C'est très-probablement un humble ouvrier qui tout d'abord s'attarde dans les difficultés de la maîtrise &, longtemps sans doute, sert comme compagnon avant d'arriver à s'établir. A trente-sept ans (il étoit né vers 1703), en 1740 environ (nous savons par deux volumes d'*Extraits* que le premier volume du *Journal* remontoit au moins jusque-là), au moment peut-être de son mariage (son fils naissoit en 1743), Duvaux parvient à réunir un capital suffisant pour exercer un métier qui, outre l'habileté, nous a dit Savary, exige de nombreuses avances de fonds. Il débute modestement. Un seul volume, le registre A disparu, contenoit les opérations faites par sa maison au moins depuis 1740 jusqu'en 1748, tandis que six années rempliront le registre B & que quatre années suffiront à remplir le registre C (1). La clientèle de la cour développe tout d'un coup son commerce vers 1747, au moment du second mariage du Dauphin (2). Dès 1749, Duvaux, déjà goûté à Versailles, est mis en rapport avec la marquise de Pom-

---

(1) Les registres B & C ont tous deux les mêmes dimensions. Il y a lieu de croire que le registre A leur étoit de tous points semblable.
(2) État de bijoux pour la corbeille de la Dauphine. Arch. nat. O' 2985.

padour par M. de Cury, l'intendant des Menus, cet aimable épicurien dont Marmontel nous a conservé dans ses mémoires la figure originale, & dont l'hôtel à Paris & la maison de Chennevières offroient des modèles de somptueuse décoration. L'intendant, en effet, & la favorite achètent quelquefois l'un pour l'autre (1). C'étoit le moment où Mme de Pompadour se livroit à sa manie de bâtir & de meubler partout des châteaux & des hôtels. Comme on l'a remarqué ci-dessus, Duvaux la satisfit si bien, qu'il gagna rapidement sa confiance & devint pour une part considérable le fournisseur de tous ses mobiliers.

A partir de l'époque où commence le journal publié, nous marchons sur un terrain solide & nous voyons la prospérité du commerce de Duvaux augmenter chaque jour. Avantageusement connu comme il l'étoit à Versailles & à Paris, breveté par le Roi &, ce qui lui valoit mieux encore, par la maîtresse de Louis XV, il fut chargé de meubler de nombreux palais & châteaux; il se trouva l'intermédiaire entre ses cliens & les plus grands artistes (2), & il étendit son commerce à toutes les branches de la curiosité. Peu à peu la pratique constante de son métier & la fréquentation de nombreux amateurs avoient développé chez Duvaux l'appréciation exacte des belles choses. D'ouvrier & de marchand, il étoit devenu à son tour connoisseur & curieux. Voilà pourquoi nous le voyons rechercher & poursuivre partout les objets d'art anciens & modernes, les meubles de Boulle, les bronzes, les tableaux, les cristaux & surtout les porcelaines. Les plus grands amateurs que nous ayons précédemment nommés le chargeoient d'acquérir pour eux &

---

(1) Nos 154 & 440 du *Livre-Journal*. C'est le premier achat de Mme de Pompadour.

(2) Boucher. Voyez les nos 919, 1138, 1763, 2494, 2601. — Duplessis. Voyez les nos 601, 1124, 1493, 1713, 1738, 1810. — Auguste, Ducrolay, Gallien, Aubert, Charlier, Guénon, Oëbenne, &c. Voyez à la table les noms d'artistes

s'en remettoient à fon goût & à fa probité. Il achetoit fouvent pour lui-même &, dans ce cas, fpéculoit fur les objets acquis ainfi. Il figure, en effet, pour des fommes importantes dans toutes les ventes célèbres, & notamment aux ventes Laroque, Angran de Fonfpertuis, Coypel, Tallard, &c…. Je citerai feulement comme exemple les acquifitions que fit Duvaux en 1756 à la vente du duc de Tallard, fon ancien client. C'eft le moment où fon commerce avoit le plus d'extenfion.

Tableaux : N° 12, payé 500 livres; — n° 25, payé 6004 livres, revendu à M. de La Reynière; — n° 66, payé 21 livres.

Bronzes et marbres : N° 932, payé 1500 livres 2 fous; — n° 939, payé 1002 livres (réduction de la ftatue équeftre de Louis XIV par Girardon; c'eft peut-être celle qui avoit figuré au Livret du falon de 1704); — n° 952, payé 600 livres 15 fous pour le prince de Turenne; — n° 953, payé 270 livres pour le baron de Thiers; — une partie du n° 967, payée 599 livres; — n° 975, payé 800 livres pour le prince de Turenne.

Porcelaines, lustres, meubles : N° 984, payé 363 livres; — n° 985, payé 403 livres; — n° 1005, payé 120 livres 1 fol; — n° 1015, payé 770 livres 1 fol; — n° 1018, payé 178 livres 1 fol; — n° 1028, payé 800 livres 1 fol; — une partie du n° 1032, payée 140 livres 1 fol; — n° 1044, payé 480 livres; — n° 1054, payé 380 livres pour le duc de Bouillon; — n° 1059, payé 561 livres; — n° 1061, payé 178 livres 1 fol; — n° 1062, payé 262 livres 1 fol pour le prince de Turenne; — n° 1064, payé 240 livres pour le duc de Bouillon; — n° 1070, payé 96 livres; — n° 1071, payé 161 livres 1 fol; — n° 1072, payé 750 livres 2 fous; — n° 1073, payé 751 livres 1 fol; — n° 1074, payé 700 livres; — n° 1100, payé 74 livres (1).

Duvaux a laiffé dans fon journal des traces certaines de fon opiniâtre travail & de fon activité. Ce livre eft

---

(1) *Catalogue Tallard* annoté, exemplaire du Cabinet des eftampes.

presque tout entier de sa main, & révèle partout son action directe, son intervention personnelle dans toutes les opérations de sa maison. Il se transportoit dans toutes les résidences qu'il étoit chargé d'orner, y prenoit ses mesures, y installoit ses ouvriers & fort souvent y disposoit lui-même ses ouvrages. Car il joignoit au mérite de composer de belles pièces, le talent de les placer dans la position qui leur étoit la plus favorable. Il avoit acquis cette habileté en classant les nombreux objets d'art & les collections de ses cliens. Le soin dont le chargea Mme de Pompadour de disposer & d'arranger ses mobiliers dans la plupart de ses résidences ne laisse point de doute sur le bon goût de Duvaux à cet égard.

La rédaction du *Livre-Journal* montre surabondamment que Duvaux n'étoit pas homme de lettres & qu'il n'exerçoit pas scientifiquement le commerce de la curiosité. Mais ce seroit une erreur de croire qu'il ait été complétement illettré. Son orthographe, aussi défectueuse que son style, est cependant au moins égale à celle de tous les artistes de son temps. L'instruction qu'il avoit reçue ou plutôt qu'il s'étoit péniblement acquise, si sommaire qu'elle fût, étoit certainement supérieure aux habitudes littéraires du plus grand nombre de ses confrères, telles que nous les montrent les documens émanés de leur plume & conservés dans les archives du garde-meuble du Roi. Ce n'étoit pas, il faut l'avouer, un Gersaint ou un Mariette, ni même un Basan, un de ces marchands exceptionnels en qui, grâce aux livres qu'ils ont laissés, nous reconnoissons les plus fins critiques & les meilleurs historiens de l'art. C'étoit un ouvrier patient & modeste, s'élevant par la pratique assidue & attentive de son travail aussi haut qu'un homme de son métier, dépourvu d'une grande culture intellectuelle, pût arriver.

Duvaux cependant, parvenu à une certaine notabilité commerciale, affranchi par son aisance de l'exercice trop absorbant de son métier, uni par les liens de la famille ou par ceux de l'amitié aux plus honorables & aux plus habiles praticiens de sa corporation, éclairé par la fréquentation d'illustres amateurs, instruit par la comparaison des innombrables objets qui étoient passés par ses mains, alloit peut-être devenir un de ces connoisseurs judicieux comme le dix-huitième siècle nous en a légué plusieurs sous l'humble nom de marchands & à travers la littérature ingrate des catalogues, quand il mourut subitement à l'âge de cinquante-cinq ans. Le 21 novembre 1758, il tenoit encore le livre que nous publions. Le 23 novembre, il étoit mort, & le 24 on l'inhumoit dans l'église Saint-Eustache (1). Il laissoit de sa femme Françoise-Nicolle Boutron un fils âgé de quinze ans, Jean-François Duvaux. L'acte de tutelle de Jean-François qualifie Lazare Duvaux de « marchand, bourgeois de Paris & marchand-bijoutier ordinaire du Roy » (2). L'orphelin de l'orfévre royal ne fut pas abandonné par la cour. Elle témoigna, au contraire, de l'estime qu'elle avoit pour le père par l'intérêt qu'elle prit à la fortune du fils. Jean-François Duvaux fut fait écuyer, devint capitaine de cavalerie, officier de la maison du Roi, & fut attaché comme maître d'hôtel à la personne du comte d'Artois (3). Jean-François mourut en 1795, à cinquante-cinq ans comme son père, le 24 fructidor de l'an IV. Son

---

(1) Voyez la note de la page 380 du *Livre-Journal*.
(2) Arch. nat., Y 4798.
(3) Ces qualités sont données à Jean-François Duvaux dans l'acte de baptême de l'un de ses enfans. — Le dimanche 16 mars mil sept cent quatre-vingt-six a été ondoyé de l'expresse permission de Mgr l'archevêque de Paris, en date du 16 de ce mois, signée Robinault de Bois-Baffet, vicaire général, un enfant du sexe féminin, fille de messire Jean-François Duvaux, écuyer, maître d'hôtel de Mgr le comte d'Artois, capitaine de cavalerie, & de demoiselle Augustine-Louise-Sophie Sibire, son épouse, demeurant rue d'Orléans, né d'hier 25 dudit mois; lequel enfant Mgr le comte & Mme la comtesse d'Artois ont promis de tenir sur les saints fonts du baptême. — Signé Delaleu & Duvaux. (Extrait du registre des actes de naissance de la paroisse Saint-Eustache de l'an 1786, f° 57.)

fils Auguſtin-Charles, né le 29 juillet 1793, conſerva intacts, à travers les temps troublés de la République & de l'Empire, les ſentimens de fidélité & d'attachement que ſa famille avoit voués à la dynaſtie royale. De 1815 à 1830, il la ſervit comme garde du corps des rois Louis XVIII & Charles X. La révolution de 1830 le rendit à la vie privée. Il mourut en 1843, & avec lui s'éteignit le nom de l'orfévre de Louis XV.

La plupart des confrères de Duvaux, marchands-orfévres, joailliers, bijoutiers & fondeurs, étoient en même temps ſes cliens & ſe fourniſſoient chez lui, ſoit d'objets fabriqués par lui, ſoit de pièces exécutées ſur ſes ordres par d'habiles artiſtes ou par les fabriques nationales de porcelaine, ſoit de meubles heureuſement choiſis dans les ventes. Quelquefois auſſi, ſuivant la compétence de chacun, Duvaux s'adreſſoit à eux pour certains travaux ſpéciaux. Il nous eſt dès lors facile de connoître les principaux membres du commerce de la curioſité & de la bijouterie. A côté de lui étoient établis dans la rue Saint-Honoré le faïencier Bailly; Poirier, à l'enſeigne de la Couronne d'or; Dulacq, le fameux marchand de mouches, dont la vente, contenant des tableaux, gouaches, deſſins, eſtampes, terres cuites, marbres, bronzes, porcelaines, fut faite par Paillet en 1778. L'un de ſes voiſins de la rue du Roule, Bazin ou Vigier, eſt avantageuſement déſigné dans un paſſage d'*Angola* (1): c'eſt probablement Bazin qui, en 1748, étoit déjà bien connu. « Le ſieur Bazin, dit l'*Eſprit du Commerce* (2), rue du Roule, a ſoin de faire venir des criſtaux & porcelaines des pays étrangers, garnis en or, argent, cuivre doré d'or moulu, &c.... » Boileau, qui demeuroit quai de la Mégiſſerie, étoit ainſi

---

(1) *Angola, hiſtoire indienne, ouvrage ſans vraiſemblance*, Agra (Paris), 1746, première partie, p. 9.
(2) Page 53.

apprécié par Helle (1) : « Peintre & marchand de tableaux qui les rétablit fort bien. » Il compofoit d'importans cabinets, faifoit des expertifes, rédigeoit quelques catalogues de collections vendues après décès, & laiffa à fa mort affez de deffins pour qu'on en pût former une vente (2). A la fin du fiècle, c'étoit un des experts les plus en vogue. Il avoit le titre de peintre de Son Alteffe le duc d'Orléans. Regnault-Delalande nous a appris la laborieufe & honorable carrière de Buldet dans la notice qui précède le catalogue (3) de fon fonds. « Denis-Charles Buldet, y dit-il, né de parens peu doués des faveurs de la fortune, fuivit très-jeune la carrière des arts; la vue des ouvrages des grands maîtres lui fit défirer la poffeffion des chefs-d'œuvre qui en font la gloire. Ses moyens, peu d'accord avec fes goûts, le déterminèrent à entrer dans le commerce. L'efpoir de fatisfaire fon amour pour les productions dont il étoit l'admirateur lui fit abandonner la fculpture pour fe livrer à l'étude néceffaire à la connoiffance des eftampes. L'aptitude & l'affiduité qui le dirigèrent dans cette nouvelle carrière furent couronnées des plus heureux fuccès. Ses liaifons avec plufieurs artiftes perfectionnèrent des connoiffances qu'il devoit plus à fon goût naturel & à un travail affidu qu'à la culture des arts dont à peine il avoit franchi les premiers élémens. La confiance que les curieux accordoient à fes lumières étoit jointe à l'eftime qu'infpiroit la manière franche & loyale avec laquelle il traitoit avec

---

(1) N° 128 du *Catalogue Tallard* annoté.
(2) *Catalogue d'une collection de deffeins des trois écoles, tant montés qu'en feuilles..., le tout provenant du cabinet de M**** (Boileau), 4 mars 1782. Paris, in-8°. Il y avoit auffi un huiffier-prifeur qui s'appeloit Boileau. Il fe pourroit que ce catalogue concernât ce dernier.
(3) *Catalogue de tableaux, deffeins, eftampes, livres à figures & vignettes, planches gravées, compofant la collection de feu le citoyen Buldet, ancien marchand d'eftampes, &c...*, par F. L. Regnault, an VI (décembre 1797, in-8°).

eux. Jouiffant des avantages que donne une réputation méritée, pouvant prétendre aux faveurs de la fortune, la foibleffe de fa fanté le détermina à quitter en partie le commerce, préférant aux richeffes des moyens qu'un travail, peut-être au-deffus de fes forces phyfiques, lui avoit fi légalement acquis. Sa perte enlève à la fociété un vertueux citoyen & laiffe à l'amitié un modèle difficile à fuivre. »

François-Louis Colins, de Bruxelles, peintre & marchand de tableaux, étoit inftallé quai de la Mégifferie. « C'eft un brocanteur très-renommé & connu de ce qu'il y a de plus diftingué parmi les curieux, » difoit un de fes compatriotes dans le *Mercure* de janvier (1) 1756, à propos de la reftauration qu'il avoit faite de l'Io du Corrége mutilée par le fils du Régent. Mais, en ce temps-là, les experts aimoient à fe donner de l'importance. Colins ne trouva pas le compliment fuffifant, & le correfpondant belge du *Mercure* fe trouva mal d'avoir parlé auffi irrévérencieufement du grand artifte. Il s'attira une verte réponfe dans le numéro d'avril (2) fuivant, où Colins fe fit faire par un folliculaire habile une énorme réclame qu'il figna, & dans laquelle il accabloit fon adverfaire des traits de l'ironie la plus quinteffenciée. Pour que rien ne manquât à fa gloire, il fit encore inférer dans le même *Mercure* une épître en vers, de trois pages, compofée en fon honneur par un chevalier de Saint-Germain, qui le plaçoit tout fimplement fur le même plan que le Corrége. Ce brocanteur, car nous maintenons & pour caufe le mot du clairvoyant contemporain, repréfentoit le Roi aux ventes publiques & y achetoit pour lui. Il avoit également la confiance du marquis de Voyer & de Gaignat, & parcouroit la Belgique & la Hollande, mines

---

(1) *Lettre écrite de Bruxelles, fur les moyens de tranfporter les tableaux & de les réparer*, 2ᵉ partie, p. 174.
(2) 2ᵉ partie, p. 170.

inépuisables que l'on exploitoit alors avec succès pour y chercher des peintures & des objets d'art. Il avoit entrepris, de concert avec la veuve de Godefroy, la réparation des tableaux du Roi, & restauroit les Rubens de la galerie du Luxembourg (1), attaqués par des « gris. » Cet industriel, qu'il faut distinguer de son fils, peintre également, avoit d'ailleurs acquis dans son commerce une fort grande expérience & une connoissance tellement consommée de la manière des anciens peintres, qu'il étoit arrivé à faire de cette qualité un danger pour les amateurs qui l'employoient. « On connoît, dit Gersaint dans le *Catalogue de Fonspertuis*, page 194, la supériorité de M. Colins dans cet art d'agrandir un tableau qui exige beaucoup de soins & qui ordinairement est accompagné de grandes difficultés; surtout quand on veut le conduire ainsi que lui à un tel point de perfection que les yeux les plus fins ne puissent y rien apercevoir d'un pinceau étranger. » Mariette (2) fait l'éloge de son habileté comme opérateur & de son savoir comme connoisseur, surtout pour la peinture flamande. « Colins, dit encore naïvement un de ses confrères dans les notes

---

(1) Procès-verbal à l'effet d'examiner les tableaux qui demandent à être restaurés, & décider si l'opération proposée par la veuve Godefroy & le sieur Colins, peintres, pour enlever les gris desdits tableaux sans les déplacer, peut, indépendamment de la réussite de ladite opération, ne leur apporter & causer par la suite aucun dommage; signé de Louis de Silvestre, Carle Vanloo, Boucher, Pierre, Lepicié.

« La restauration des tableaux du Luxembourg se fait toujours avec succès, » dit Lepicié dans une lettre au directeur général des bâtimens le 12 octobre 1754. « La veuve Godefroy en a réparé quatre qui font revivre la gloire de Rubens, savoir : la *Naissance de Louis XIII*; la *Félicité de la Régence*, la *Fuite de la Reine du château de Blois* & *la Paix confirmée dans le ciel*. J'espère que vous en serez content. Il n'y a plus que quelques endroits à repeindre que le sieur Colins va rétablir. » (Arch. nat. O¹ 1925.) — Voyez aussi : Arch. nat. O¹ 2252, f° 322, f° 337 recto; O¹ 2253, f° 325 verso; O¹ 2254, f° 327 recto, f° 357 verso; O¹ 2255, f° 359 verso, f° 379 recto; O¹ 2256, f° 375 verso; O¹ 2257, f° 399; O¹ 2258, f° 350 recto.

(2) *Abecedario*, t. Ier, p. 386.

manuscrites d'un catalogue (1), est un grand connoisseur qui imite tous les maîtres parfaitement. » Éloges terribles d'un bien funeste talent! En tout cas, je suis certain qu'il n'hésitoit pas à porter une main sacrilége sur l'œuvre d'un grand maître (2).

Voici à peu près l'histoire de la dame Godefroy : Originaire d'Anvers, elle vint avec son mari, vers 1727 ou 1728, se fixer à Paris. Peintres tous deux, ils pratiquoient surtout la restauration des peintures altérées & exploitoient un secret pour le rentoilage des tableaux. Ils faisoient de brillantes affaires, quand Godefroy fut tué par un Hollandois Oukstout, son rival dans la restauration des tableaux. Ferdinand-Joseph Godefroy voulut plus tard venger son père & se trouva compromis pour avoir tiré l'épée contre l'assassin. Louis XV, qui s'intéressoit à cette famille, fit arranger l'affaire & envoya, avec le brevet de pensionnaire, le jeune peintre Godefroy à l'Académie de France à Rome (3). Le grand art ne lui réussit pas, car il revint plus tard à l'industrie pa-

---

(1) *Catalogue Tallard* annoté par Helle, au Cabinet des estampes de la Bibliothèque nationale.

(2) Voici dans quels termes il fit proposer au Roi le Christ de Rubens, aujourd'hui au Louvre, n° 431 du *Catalogue des écoles allemande, flamande & hollandoise :* « Le sieur Colins, qui a l'honneur de travailler aux tableaux du Roy, fit, il y a trois ans, à Anvers, l'acquisition d'un des plus beaux tableaux d'autel de Rubens qui fût connu dans le pays. Il a l'honneur de le proposer pour le maître-autel de la paroisse de Saint-Louis à Versailles. Ce tableau lui a coûté 8700 livres aux yeux de toute la ville d'Anvers.... Une chose encore qui doit décider, c'est que le sujet est le même que celui qu'on vouloit faire exécuter qui étoit un saint Louis au pied de la croix. Le hasard fait que le saint Jean est vêtu d'une draperie rouge, & qu'il a beaucoup du caractère de tête que l'on donne ordinairement à saint Louis, avec cette différence, si l'on ose le dire, que celuy-cy est beaucoup plus noble. *Il n'y a qu'une couronne à ajouter au pied de la croix & quelques fleurs de lys à jeter sur la draperie.* » Il menace à la fin de vendre son tableau au roi de Prusse. (Arch. nat. O¹ 1926.) Cf. Arch. nat. O¹ 2251, f° 350 recto.

(3) *Gazette des Beaux-Arts*, 2ᵉ période, t. 1ᵉʳ, p. 39. — Voyez aussi O¹ 2253, f° 315 verso; O¹ 2256, fᵒˢ 244 recto, 246 verso.

ternelle. Après avoir perdu fon mari, qui étoit ce joaillier Godefroy dont la vente eut lieu en 1748, cette femme partagea avec Colins le titre & les émolumens de reſtaurateur des tableaux du Cabinet, & continua à peindre, à reſtaurer & à brocanter. Ducrolay, l'orfévre de la place Dauphine, étoit grand amateur des ouvrages de Duvaux (1). Thomas-Joachim Hébert, rue Saint-Honoré, vis-à-vis le Grand-Conſeil, avoit à ce moment une fort grande réputation. Il donnoit ſon nom à une forme de vaſe. On diſoit à Sèvres : la forme Hébert, comme la forme Calabre, la forme Rondé ou la forme du Roi. En 1747, il fourniſſoit, pour des ſommes conſidérables (2), des bijoux à la cour. Hébert achetoit ſouvent chez Duvaux. « Je n'oſe, » dit Thémidore, « regarder la porte d'Hébert; il me vend toujours mille choſes malgré moi. Il en ruine bien d'autres en bagatelles. Il fait en France ce que les François font en Amérique : il donne des colifichets pour des lingots d'or (3). » Marie-Jeanne Legras, femme de Thomas Hébert, fut marraine du fils de Duvaux.

Pierre-André Jacquemin montoit les pierres de la Couronne, entre autres le rubis *la Côte de Bretagne* (4). Il obtint le 7 janvier 1753 le brevet de ſurvivance de la place de joaillier du Roi occupée par Rondé (5). Il en reçut le titre le 27 mai 1757 (6), & le même jour fut

---

(1) Voyez auſſi ſur cet orfévre : Arch. nat. O¹ 2988.
(2) Arch. nat. O¹ 2985.
(3) *Thémidore*, la Haye, 1748, in-8º, t. Iᵉʳ, p. 15.
(4) « 5 novembre 1749. — J'ay, en exécution de l'arreſt du Conſeil royal du 20 octobre dernier, ſigné en commandement Phélypeaux, délivré au ſieur Jacquemin, jouaillier du Roy, ſur ſon récépiſſé au pied dudit arreſt, pour l'uſage qui lui feroit ordonné par Sa Majeſté, l'un des trois rubis dépoſés céans le 3 may 1670, dénommé un rubis balay cabochon, appelé la Côte de Bretagne, pezant 246 karats 3/4, lequel eſt percé en trois endroits, faiſant le nº 3 du chapitre des Pierreries & Vaſes d'or enrichis de pierreries de l'inventaire général des meubles de la Couronne. (Arch. nat. O¹ 3314, fº 146 verſo.)
(5) Arch. nat. O¹ 97, fº 7, O¹ 2988, O¹ 2996.
(6) Arch. nat. O¹ 92, fº 13 recto.

gratifié de la survivance du logement de Rondé au Louvre (1). Il laissera en mourant une belle collection (2). Les deux La Fresnaye ou Delafresnaye étoient chacun à la tête d'une maison importante : Léonor La Frenaye, à l'enseigne de la Croix d'or, au Palais, & Pierre La Frenaye, à l'enseigne du Dauphin. Il y eut en 1782 une vente de La Fresnaye. La Hoguette, marchand-bijoutier qui fabriquoit des chandeliers & des girandoles (3), achetoit beaucoup dans les ventes publiques. On doit considérer comme une marchande, ou tout au moins comme faisant l'office de courtier, la veuve Lambert, qui représentoit mylord Bolingbroke & mylord Hervey. Quelque lien de parenté l'unissoit peut-être à un chevalier Lambert, gentilhomme problématique, qui se faisoit expédier à l'étranger les objets acquis chez Duvaux, passoit pour un banquier anglois & poursuivoit toutes sortes d'objets avec passion, notamment à la vente Randon de Boisset. « M. le chevalier Lambert, banquier, dit l'*Almanach des Artistes* de 1777 (4), possède une belle collection de tableaux, parmi lesquels sont des Berghem, des Van Ostade, des Wouvermans & autres de l'école des Pays-Bas; parmi ceux de la nôtre, on voit deux grands & superbes Vernet. » Il reste de cette collection le catalogue suivant : *Catalogue de tableaux capitaux & d'objets rares & curieux, de plusieurs beaux dessins, de belles figures de bronze, lacques du Japon, porcelaines colorées, truité-fin, céladon du Japon, violet & bleu céleste de la Chine, bleu & blanc du Japon..., de meubles de marquetterie du célèbre*

---

(1) Arch. nat. O¹ 1064. Trav. du Roi du 2 mars 1757.

(2) *Catalogue d'une riche collection de coquilles, madrépores, minéraux, agathes, pierres précieuses, bijoux, tableaux, desseins & estampes montés, bronzes, terres-cuites, porcelaines & autres objets curieux*, provenant de la succession de feu M. Jacqmin, jouaillier du Roi & de la Couronne. Paris, 1773, in-12.

(3) Arch. nat. O¹ 2983, O¹ 3314.

(4) Page 182. Ce Lambert ressemble aux marchands anglois dont il est question dans *Angola* (2ᵉ partie, p. 98).

Boule, & autres objets rares & précieux ; le tout provenant des cabinets de M. le chevalier Lambert, &c..., par J. B. Le Brun, dont la vente se fera en notre grande salle (1), rue de Cléry, n° 96. Paris, 1787, in-8°. Parmi les nombreux marchands qui portèrent le nom de Lebrun, il en est un, Pierre Lebrun, qui se fit surtout remarquer à cette époque par sa riche clientèle & ses fréquens achats aux ventes importantes ; c'est fort probablement celui qu'on rencontre comme acquéreur sur le *Livre-Journal*, & alors ce doit être le père de J. B. Lebrun, le futur mari de Mlle Vigée. Pierre Lebrun demeuroit d'abord rue Saint-Honoré, au Roi des Indes, entre la rue des Poulies & l'Oratoire (2), puis rue de l'Arbre-Sec, vis-à-vis la rue Bailleul. Sa mort donna lieu à un volumineux catalogue (3). Je citerai au moins collectivement les noms des frères Bentabole, de Cony, de Fayolle, de Fontaine, de Hautefage, d'Herbault (4), des frères Louis & Charles Lhéritier, rue de la Monnoie, à l'enseigne de la Tête noire ; de la demoiselle Loison, de Machard, & de Mme Rondet, marchande-bijoutière, employée par la cour (5).

Pour être plus complet, je dois encore ajouter à cette liste des marchands cliens de Duvaux les noms des bijoutiers qui, concurremment avec eux, fournissoient ordinairement la cour. Ils s'appeloient Alin ; Ballin ; Balmont ;

---

(1) C'est la première vente faite dans la nouvelle salle construite par J. B. Lebrun, & dont on trouve une vue dans une estampe de Choffard.
(2) Voyez le titre du *Catalogue Largillière*, 1765, in-8.
(3) *Catalogue des tableaux, dessins, estampes, bronzes, terres cuites, marbres, porcelaines de différentes sortes, meubles curieux, de Boule, & autres curiosités qui composent le fonds de feu Pierre Le Brun, peintre de l'Académie de Saint-Luc, dont la vente se fera en sa maison, rue de l'Arbre-Sec, vis-à-vis la rue Bailleul, le lundi 18 novembre 1771.* Paris, veuve Le Brun, 1771, in-8.
(4) Arch. nat. O¹ 2985, O¹ 3003.
(5) Voyez aussi Arch. nat. O¹ 3316, f° 134 verso. Est-ce la femme du célèbre orfévre Rondé ?

Philippe Caffiéri, le frère du sculpteur, qui habitoit rue des Canettes & dont la vente après décès formera un beau Catalogue (1); Besnier, beau-père de Roëttiers; Chedeville-le-Cadet; Debèche; Delafons; Desbordes; la dame Garand, marchande-bijoutière sur le pont Notre-Dame, à l'enseigne de l'Observatoire; Georges; François-Thomas Germain, « sculpteur-orfévre » & marchand, qui reçut le 1er mars 1748 le brevet d'un logement aux galeries du Louvre (2) & dont on rencontre fréquemment le nom sur le journal du garde-meuble de la couronne (3), car il faisoit à ce moment des cafetières pour le Roi, de l'argenterie pour les Enfans de France & détruisoit, de concert avec Roëttiers ou Ballin, des ouvrages d'or admirablement travaillés (4); Girost; Guillaumot, fabricant de feux, grilles & chandeliers; Jacob; C. F. Julliot (5), le marchand expert, bien connu par ses catalogues; Lafond; Jean-Denis Lempereur père, graveur, joaillier, grand amateur qui avoit, dit le *Catalogue Tallard*

---

(1) *Catalogue d'une belle collection de tableaux, sculptures, desseins, estampes.... livres d'estampes & autres objets de curiosité*, provenant du cabinet de M*** [Caffiéri], dont la vente se fera rue Saint-Honoré, à l'hôtel d'Aligre, le 10 octobre 1775. Charriot, huissier, commissaire-priseur, & Joullain, marchand. Paris, 1775, in-12 de 55 & 4 pages de vacations.

(2) Arch. nat. O¹ 92, f° 102 verso. Cf. Blondel, *Architecture françoise*, t. IV, p. 21.

(3) Arch. nat. O¹ 3314, O¹ 3315, O¹ 3316.

(4) Arch. nat. O¹ 3315, f° 54 verso; O¹ 3316, f° 159 verso.

(5) Il existe un catalogue de vente du fonds de Julliot : *Catalogue des marbres, bronzes, agathes, porcelaines anciennes, modernes, nouvelles, du Japon & de la Chine, d'effets d'anciens laques, meubles de Boule & d'autres genres, lustres en crystal de roche & de bronze doré, trumeaux de glaces, feux, bras, girandoles, flambeaux de bronze doré & quelques tableaux composant le magasin de Julliot, marchand, rue Saint-Honoré, attenant à celle du Four, dont la vente après décès de la dame épouse du sieur Julliot se fera le jeudi 20 novembre 1777.... en la grand'chambre de l'hôtel d'Aligre.* Paris, chez C. F. Julliot, marchand, rue Saint-Honoré, près celle du Four, 1777, in-12. Voyez sur Julliot fils une note de M. Davillier dans sa réimpression du *Catalogue d'Aumont*, p. 11.

annoté, « un très-beau cabinet (1) de deſſins & joignoit à ſon amour de la collection un goût exquis & une grande connoiſſance (2); » Lévêque, joaillier ordinaire des Menus, qui fournit, moyennant 51,000ᵗˢ, vingt luſtres & quarante-huit girandoles pour la grande galerie de Verſailles (3); la veuve Ravechet, dont le mari, auteur de pièces remarquables, étoit proclamé « un artiſte diſtingué » par Gerſaint, dans le catalogue de La Roque; Minel, fabricant de grilles & de feux (4); Sageret; Sprote; & Vallayer, bijoutier aux Gobelins juſqu'en 1754, &, à partir de cette époque, inſtallé rue du Roule, près la rue Saint-Honoré, à l'enſeigne du Soleil d'or. Ce dernier eſt le père d'une célèbre femme artiſte, Mme Vallayer-Coſter. De tous ces orfévres, le plus remarquable, Jacques Roëttiers, reſté juſtement fameux, fondoit en juin 1749 de la vaiſſelle pour faire un néceſſaire deſtiné à Madame Infante (5). Il fournit à la même princeſſe, le 30 décembre 1749, un ſervice aux armes de France & d'Eſpagne, nouveau préſent de Louis XV à ſa fille. Le 6 janvier 1751, le Roi lui donna la ſurvivance du logement occupé aux galeries du Louvre par Beſnier, ſon orfévre ordinaire, dont il étoit gendre (6). Avec l'aſſiſtance de

---

(1) On connoît ſa collection par ce document : *Catalogue d'une riche collection de tableaux, de peintures à gouazze & au paſtel, de deſſeins précieux.... d'eſtampes choiſies.... le tout des trois écoles, du cabinet de M****. [Lempereur, ancien jouaillier & ancien échevin], *dont la vente ſe fera le lundi 24 mai 1773.... rue Vivienne, près celle des Filles-Saint-Thomas*. Paris, 1773, in-8º. — Voyez auſſi le *Dictionnaire hiſtorique & pittoreſque* d'Hébert. Le talent, le favoir & le goût étoient héréditaires dans cette famille. Jean-Baptiſte-Denis Lempereur, fils du précédent artiſte, a également gravé, & a laiſſé de précieuſes notes conſervées en trois volumes in-fº au Cabinet des eſtampes de la Bibliothèque nationale.

(2) Voyez encore ſur ce cabinet l'*Almanach des Beaux-Arts ou Deſcription d'architecture, peinture.... & dates des établiſſemens de Paris* pour l'année 1762. Paris, Hériſſant, in-24, p. 168.

(3) Arch. nat. O¹ 2985. — (4) Arch. nat. O¹ 3315.

(5) Arch. nat. O¹ 3314.

(6) Arch. nat. O¹ 95, fº 5 verſo, O¹ 2988, O¹ 2994, O¹ 2996, O¹ 2998.

Germain, il exécuta le 3 mars 1751 une fonte confidérable, dans laquelle difparurent bien des objets d'art inconfidérément jetés au creufet. Le 27 feptembre 1752, il livra encore au Roi de la vaiffelle après avoir, dans ce but, fondu des jetons d'or (1). Ces fontes déplorables étoient extrêmement fréquentes & on peut affirmer que les orfévres de Louis XV ont détruit prefque autant d'objets qu'ils en produifirent. Voici du refte à titre d'exemple le navrant procès-verbal de la fonte de 1751 (2).

« Du 3 mars 1751. — J'ay, en exécution des ordres du Roy portés dans la lettre écrite le 23 janvier à M. de Fontanieu par M. le comte de Saint-Florentin, miniftre & fecrétaire d'État, fait détruire & fondre par les fieurs Roëttiers & Germain, orfévres ordinaires du Roy, dans l'atelier fervant de fonderie, conftruit près le garde-meuble, les pièces d'argenterie & vaiffelle cy-après mentionnées, hors de fervice & d'ufage, pour en être les matières employées de la manière que Sa Majefté jugera à propos de l'ordonner. Sçavoir : ... (Nous tranfcrivons feulement les principaux articles.)

Quatre figures repréfentant les quatre fleuves de la place de Navonne, pefant, fçavoir :	Marcs.	Onces.	Gros.
L'une	19	4	4
L'autre	18	1	,,
L'autre	16	2	,,
L'autre	15	5	,,
Une figure de Mars qui embraffe fon genoüil, pezant	21	5	4
Une figure de Neptune	24	7	,,
Une figure d'un Maure tenant un dauphin, pezant	10	3	4
Une figure repréfentant la Juftice	11	7	6

---

(1) Arch. nat. O¹ 3314, O¹ 3315, O¹ 3316. Cf. *Gazette des Beaux-Arts*, t. XI, p. 129. Je ne puis énumérer tous les travaux de Roëttiers. On le trouve, comme Germain, prefque à chaque page du *Journal du Garde-Meuble*.

(2) *Journal du Garde-Meuble du Roi*. Arch. nat. O¹ 3315, f⁰ 54 verfo. Le total de la fonte étoit de 2528 marcs, 1 once, 7 gros.

	Marcs.	Onces.	Gros.
Une figure représentant la Force.....	14	5	,,
Une figure représentant Pallas......	10	,,	,,
Une figure d'Hercule qui porte sur ses épaules le sanglier de la forest d'Érimante, pezant..............	15	7	4
Une figure de Samson..........	14	4	,,
Un groupe de deux figures représentant l'Enlèvement de Proserpine, pezant..	48	6	,,
Deux groupes de chacun trois figures représentant l'Enlèvement des Sabines, pezant : l'un..............	28	4	,,
L'autre..................	24	,,	,,
Un autre groupe pareil aux précédens, pezant..................	29	3	,,
Un autre groupe pareil aux précédens, pezant..................	27	5	,,
Un groupe d'Hercule, pezant net....	36	3	,,
Un groupe d'Hercule qui assomme l'hydre.	15	5	,,
Un groupe de Samson qui tue deux Philistins avec une mâchoire d'âne....	8	6	4
Quatre corbeilles de fil d'argent à jour, pezant ensemble.............	39	1	6

Je n'ai plus qu'à citer les experts à la mode & quelques-uns des nombreux marchands qui se pressoient à toutes les ventes. Nommons d'abord Gersaint (1) &

---

(1) Voyez le *Catalogue des livres, tableaux, estampes & desseins de feu M. Gersaint*. Paris, Barrois, 1750, in-8° de 151 pages, & *Tableaux, estampes & desseins* qui se trouvent dans le fonds de feu M. Gersaint. Paris, 1750, in-8° de 14 pages. Ces deux pièces, reliées ensemble au Cabinet des estampes, sont accompagnées d'un catalogue manuscrit de livres prohibés ou qu'on n'avoit pas osé annoncer publiquement à cause de leurs titres, & de la note suivante :

« Mme Gersaint, après le décès de son époux, arrivé le 14 mars 1750, a engagé les sieurs Helle & Glomy de faire un catalogue des tableaux, desseins & estampes qui n'avoient pu être vendus du vivant de M. Gersaint, n'ayant pas eu le temps d'en faire luy-même la vente par un catalogue ou autrement. Cette vente a été faite au mois de may 1750. Mme Gersaint, n'ayant pas eu dessein de quitter le commerce si tôt, a fait vendre ensuitte des tableaux, desseins & estampes, nombre de curiosités usées par la vue des curieux & par le trop grand prix qu'on vouloit les vendre. Elle avoit

P. J. Mariette (1), sans qu'il soit besoin d'insister sur les plus célèbres & les plus étudiés des experts & des amateurs; puis Araignon (2), marchand de tableaux; Babault, « joaillier, bon amateur (3), » ami de Duvaux, & qui quelquefois poussoit pour lui; Basan, « graveur facile & ardent commerçant (4); » le joaillier Bureau (5); Chereau; Delaporte, marchand de tableaux (6); Danderel, joaillier (7); Fabre, marchand d'estampes (8); Glomy, « ci-devant dans le commerce, s'exerçant dans la curiosité avec

---

fait entendre aux amateurs & aux marchands qu'elle vouloit quitter le commerce, & cela pour tirer meilleur parti de ses effets, ne se réservant que certaines bonnes choses, tant en porcelaines, lacques, pagodes, coquilles & autres curiosités intéressantes. Elle a même fait racheter à sa vente plusieurs effets précieux qu'elle n'y avoit mis que pour l'orner & faire croire qu'elle se retiroit & vendoit son fonds. Mme Gersaint a tenu le même commerce de son époux pendant plusieurs années; mais voyant qu'il diminuoit, tant pour la partie de l'histoire naturelle que pour d'autres curiosités, plusieurs personnes ayant fait des voyages en Hollande & rapporté nombre de pièces curieuses particulièrement sur l'histoire naturelle, cela l'a déterminée entièrement à se retirer & vendre généralement tout son fonds, tant pour se procurer un bien-être que pour établir sa famille. » — Sur Gersaint, voyez la lettre de Thibaudeau en tête du *Trésor de la Curiosité*.

(1) Sur Mariette, voyez le tome Ier *des plus célèbres amateurs françois* par M. Dumesnil.

(2) Voyez le *Catalogue d'une grande collection de tableaux des meilleurs maîtres d'Italie, de Flandres & de France*, par Gersaint. Paris, 1749, in-8º de 21 pages. Exemplaire du Cabinet des estampes, annoté par Helle.

(3) Nº 252 du *Catalogue Tallard* annoté. — Voyez le *Catalogue raisonné des fossiles, coquilles.... desseins*, &c., qui composent le cabinet de feu M. Babault. Paris, 1763, in-12.

(4) Nº 262 du *Catalogue Tallard* annoté.

(5) Nº 1130, *ibid*.

(6) Voyez le *Catalogue de tableaux vendus en 1749 par Gersaint*, nºs 102, 103 & 104 dans l'exemplaire du Cabinet des estampes.

(7) Nº 1114 du *Catalogue Tallard* annoté.

(8) Nº 255. — Voyez le *Catalogue des desseins, estampes & planches gravées, trouvés au décès de M. Fabre, marchand d'estampes*, par F. Basan. Paris, 1771, in-12. Fabre avoit formé une très-belle collection des portraits gravés d'après Hyacinthe Rigaud.

goût (1), " auteur de plufieurs catalogues ; Gouin (2), joaillier ; Joullain, quai de la Mégifferie, " graveur, marchand d'eftampes, bon connoiffeur (3) ; " Hecquet, " graveur, cy-devant marchand de thèfes (4) ; Huquier, " graveur, marchand de deffeins & d'eftampes, parfait connoiffeur en ces deux parties, & né avec l'amour de l'art & du talent (5) ; " Leblant, joaillier (6) ; Macé, joaillier (7) ; Mercier, marchand de tableaux & d'eftampes (8) ; Pierre, joaillier (9) ; Pelletier (10) ; Pierre Remy, le plus occupé des experts du dix-huitième fiècle ; " peintre & négociant en tableaux & autres curiofités, bon connoiffeur (11) ; " enfin le marchand d'eftampes d'Amfterdam Pierre Yver (12).

La *Chronique fcandaleufe* a fait à l'un de ces marchands une honteufe célébrité, en recueillant fon oraifon funèbre plaifamment écrite dans la nouvelle à la main que voici : " La *curiofité* (c'eft fous ce nom que l'on défigne la claffe des amateurs & des marchands des productions curieufes de la nature & de l'art) a perdu, il y a quelque

---

(1) N° 100 du *Catalogue Tallard*.
(2) *Catalogue de deffeins des trois écoles*, par les fieurs Helle & Remy, annoté à la main par Helle. Paris, 1762, in-8°. Exemplaire du Cabinet des eftampes.
(3) N° 99 du *Catalogue Tallard* annoté.
(4) N° 149 du *Catalogue Tallard* annoté.
(5) N° 288, *ibid*. — Voyez auffi le *Catalogue de tableaux à l'huile, à gouaffe & au paftel ; peintures de la Chine, enluminures ; deffeins.... eftampes... ; boëtes de la Chine, couleurs, &c.... de feu M. Huquier, graveur*, par F. C. Joullain fils. Paris, 1772, in-12.
(6) *Catalogue de la vente Fleury* annoté. On retrouvera quelques bijoux lui ayant appartenu dans le catalogue de la vente de fon fils faite, en 1778, par Joullain.
(7) N° 1113 du *Catalogue Fleury* annoté.
(8) Voyez les ventes Potier. Il y a eu, en 1772, une vente Mercier dont Joullain fit le catalogue. Elle étoit compofée de tableaux.
(9) Voyez la vente Fleury dans un catalogue annoté.
(10) *Ibid.*, p. 40.
(11) *Catalogue Tallard* annoté, n° 1.
(12) *Catalogue Potier* de 1757 annoté, n° 504.

tems, un des plus célèbres *brocanteurs* qu'elle ait eus au nombre de ses membres. Or, tous se mêlent de *brocantage ;* il n'est guère d'*homme à collection* qui ne vende & ne *troque,* soit par inconstance dans ses goûts, soit pour multiplier ses jouissances, soit par amour du gain, soit pour se dédommager sur quelque dupe plus novice du déplaisir de l'avoir été soi-même; mais je ne veux vous parler que du feu marchand de tableaux Le Doux (1). Malgré une réputation de finesse bien méritée qui, depuis longtemps, écartoit de lui les amateurs, il a laissé une fortune considérable. Se voyant délaissé, il n'est point de ruses que son imagination fertile ne lui ait suggérées pour convertir en rouleaux de louis *les croûtes à lazzi* (c'est le mot) qu'il achetoit au plus vil prix dans des ventes obscures. On raconte entre autres de lui ce trait plaisant : « Le prince D*** [de Conty] avoit la manie des tableaux &, suivant l'usage, se croyoit un très-habile connoisseur. Toute la curiosité étoit bien venue chez lui à de certaines heures & lui faisoit assidûment la cour; Le Doux seul étoit consigné à la porte; son nom même étoit un objet de terreur pour Son Altesse, à qui l'on répétoit chaque jour qu'elle ne pourroit éviter de tomber dans les filets de Le Doux s'il obtenoit le moindre accès près d'elle. Le Doux jura que cette proie ne lui échapperoit pas. Voici comment il s'y prit : Un matin, vêtu dans le plus grand deuil, il se présente sous un nom supposé à l'hôtel du prince D***. Il est introduit, & se jette à ses pieds en versant des larmes abondantes : — Monseigneur, j'étois né avec la fortune & je suis réduit à la misère la plus profonde si Votre Altesse ne daigne me prendre en pitié. — Qu'est-ce donc? que puis-je faire? — Monseigneur, je viens de perdre mon père! C'étoit bien le plus honnête des hommes; mais il avoit la manie des

---

(1) Il apparoît au n° 973 du *Catalogue Tallard* annoté.

tableaux. Il me laiffe des chefs-d'œuvre, dit-on, mais il y a mis toute fa fortune.... Je ne m'y connois pas. Avec cette riche collection, il ne me refte point de reffources pour vivre. — Mais il faut les vendre. — Et à qui, Monfeigneur? On dit que ces brocanteurs font autant de fripons & des fcélérats qui ne me donneront pas la centième partie de ce que toutes ces belles chofes ont coûté. Il y a un nommé Le Doux qui me pourchaffe; c'eft, dit-on, le feul qui ait de l'argent. Il m'offre fi peu! — Oh! méfiez-vous de ce Le Doux : c'eft un drôle qui veut avoir votre fucceffion pour rien; écoutez, je veux voir moi-même vos tableaux; vous m'intéreffez. — Ah! Monfeigneur, vous ne voudrez pas abufer de mon ignorance, vous êtes trop grand pour ne pas prendre à une jufte valeur ces effets qui forment toute mon exiftence.... Je venois précifément fupplier Votre Alteffe.... — Mes chevaux! Nous allons enfemble voir ces tableaux. C'étoit précifément ce que vouloit mon Le Doux. Il avoit loué un appartement dans un quartier éloigné & y avoit difpofé avec art fes *croûtes à lazzi*, renfermées dans de belles bordures. Le prince arrive avec le brocanteur. La douleur de celui-ci femble fe réveiller à la vue des folies de fon père, qui a converti une fortune fi confidérable en effets fi inutiles. Du coin de l'œil il obfervoit le prince; il lit dans fes regards fatisfaits le fuccès de fon ftratagème. — Eh bien! Monfeigneur? — Combien voulez-vous avoir de cette collection? — Oh! Monfeigneur, je m'en rapporte à Votre Alteffe, à fes lumières, à fa juftice. — Combien Le Doux vous en a-t-il offert? — Cet Arabe, ce juif, ce fripon vouloit avoir tout cela pour 40,000 livres, & mon père y a mis plus de 100,000 écus. — Votre père s'eft laiffé tromper. Si vous voulez 3,000 louis de la totalité, c'eft une affaire faite.... Voilà Le Doux qui fanglote, qui fe roule par terre, & qui bientôt fait décrocher les tableaux. On les porte à l'hôtel, il touche la fomme & difparoît. Les amateurs arrivent chez le prince; il leur fait voir fon acquifition. — Eh! voilà les tableaux de Le Doux! Tout cela vaut le prix des bordures. Le prince D*** jette d'abord feu & flammes, veut plaider; il fe rappelle qu'il a lui-même fixé la fomme qu'il a fi mal employée. Il voit s'évanouir fa réputation de connoiffeur; il finit par cacher les croûtes à tous les yeux, recommandant le fecret à ceux à qui il s'étoit trop preffé d'apprendre qu'il avoit été dupe. »

De pareils coquins n'étoient heureufement pas feuls à exercer en ce moment ce commerce. D'origine allemande, Pierre-Charles-Alexandre Helle naquit à Paris. Il étoit neveu de Robert-Alexandre d'Hermand, ancien colonel d'infanterie, ingénieur des camps & armées du Roi, qui, dit Helle dans une notice autobiographique (1), lui auroit fait donner de l'éducation & l'auroit deftiné à la carrière militaire. Abandonné enfuite par fon oncle, Helle, qui fe prétend écuyer, donna pour vivre des leçons de géographie, fcience qu'il auroit apprife de M. d'Anville. En 1734, il fit campagne & affifta en qualité d'ingénieur volontaire au fiége de Philipsbourg. Mais, faute de reffources pécuniaires, il ne put continuer le métier des armes, revint à Paris, fe fit marchand de deffeins, d'eftampes & d'objets curieux, claffa & organifa des collections, & voyagea plufieurs fois en Hollande pour y aller acquérir des curiofités & affifter aux ventes importantes. En 1744, il avoit déjà acquis affez de notoriété dans fon commerce pour être connu de Gerfaint & confulté par lui. « J'ai fait ufage, » dit Gerfaint dans fon *Catalogue Quentin de Lorangère* (2), « de quelques notes que M. Helle, qui s'eft fait une étude

---

(1) Ms. à la fuite des *Catalogues des livres & des eftampes de feu M. d'Hermand*. Paris, 1739, au Cabinet des eftampes. Cette notice a été publiée par M. G. Dupleffis dans les *Mémoires de Wille*, t. 1er, p. 51. — Voyez auffi une note de Wille, *ibid*.

(2) *Avertiffement*, p. v.

particulière de ce maître (Callot), m'a bien voulu communiquer, & qu'il avoit tiré fur plufieurs œuvres qui lui ont paffé ici dans les mains, & fur ceux qu'il a vus en Lorraine. » A partir de 1750, il publia feul, & plus fouvent avec la collaboration tantôt de Remy, tantôt de Glomy, une férie de catalogues dont voici l'énumération :

1° *Catalogue des tableaux, eftampes & deffeins après le décès de M. Gerfaint par Helle & Glomy*, 1750. — 2° *Catalogue de l'œuvre de Rambrandt par feu Gerfaint, mis au jour avec des augmentations par Helle & Glomy*, 1751. — 3° *Catalogue de diverfes curiofités & portraits en émail du cabinet de M. Cottin, par Helle & Glomy*, 1752. — 4° *Catalogue de tableaux appartenant à M. Potier (dont la vente a été faite de fon vivant, par Helle)*, 1755. — 5° *Catalogue des tableaux, deffeins & eftampes de M. Potier, avocat au Parlement, par Helle & Glomy*, 1757. — 6° *Catalogue d'eftampes du cabinet du Roi & autres de M. Logerot, par Helle*, 1757. — 7° *Catalogue de la vente de coquilles du cabinet de M. le m[arquis] de B[onnac], par Helle & Remy*, 1757 *(fix cent foixante-dix numéros & un errata)*. — 8° *Catalogue de la feconde vente de portraits de Petitot, par M. Cottin (imprimé à l'infçu d'Helle, fous fon nom)*, 1758. — 9° *Catalogue de la vente des deffeins & eftampes de M. le baron de Saint-Jullien, par Helle & Remy*, 1759. — 10° *Catalogue du cabinet du duc de Sully, par Helle & Remy (aidés des avis de l'abbé Grimod)*, 1762. — 11° *Catalogue d'eftampes & deffeins de plufieurs cabinets, par Helle & Remy*, 1762. — 12° *Catalogue de la vente de M. Manglard, peintre, par Helle & Remy*, 1762. — 13° *Catalogue d'un cabinet d'hiftoire naturelle envoyé de Hollande, par Helle & Remy*, 1763. — 14° *Catalogues des diverfes curiofités de M. Hénin, maître des comptes, par Helle & Remy*, 1763. — 15° *Catalogue d'hiftoire naturelle du cabinet de M. G***, jouaillier, par Helle*, 1763. — 16° *Catalogue du cabinet d'hiftoire naturelle & autres curiofités de M. Bailly, par Helle & Glomy*, 1766. — 17° *Catalogue d'une collection de deffeins & eftampes.... pour fervir*

de continuation à celui de feu M. Bailly, par Helle &
Glomy, 1767.

Plus expert que marchand, car il ne tint jamais boutique, Helle, nous dit Wille (1), étoit bon connoisseur & arrangeoit ordinairement les cabinets d'estampes & de dessins des curieux. Il publioit encore en janvier 1767 un catalogue avec Glomy. Ce fut son dernier travail, car il mourut quelques jours après, & fut enterré le 20 de ce mois. Célibataire, il laissoit tout son bien à Paignon-Dijonval. Voici le souvenir que lui consacre son associé dans le *Catalogue de Bailly de la Tour :* « …. Ces émaux viennent d'une vente assez considérable en ce genre que nous fîmes autrefois feu M. Helle & moi. A ce nom, me permettra-t-on de marquer ma juste douleur de la perte que j'ai faite…. Je sçai qu'en général le public ne s'intéresse que très-foiblement à la mort de simples particuliers qui n'ont pas joué de ces rôles brillans qui attirent les regards de tout le monde, mais j'espère que les cœurs sensibles ne désapprouveront pas mes regrets. Ils sont d'autant plus justes que la reconnoissance me les dicte. Feu M. Helle, qui aimoit à obliger tout le monde, m'avoit en particulier rendu des services que je n'oublierai jamais : quoique pendant un tems il semblât avoir porté d'un autre côté le partage de ces travaux, il ne m'avoit jamais oublié & venoit tout récemment de former avec moi une nouvelle société…. » Un fait honore particulièrement Helle : c'est l'amitié que Wille lui témoigna toute sa vie, depuis leur rencontre dans le coche de Strasbourg en 1736, & les regrets que cet illustre graveur, si honnête homme, a exprimés dans ses mémoires au sujet de la mort du marchand (2). Il étoit, nous apprend la même source, lié avec tous les artistes de son temps. Ce

---

(1) *Journal de Wille*, t. Ier, p. 342.
(2) Tome Ier, p. 51.

qui m'a fait infifter fur la biographie de ce marchand, c'eft qu'il a laiffé des documens très-intéreffans pour l'hiftoire de la curiofité, & qu'il occupera un jour une place confidérable dans cette hiftoire comme l'auteur d'une des principales fources d'informations. Sur les gardes des catalogues rédigés par lui, fur les marges des catalogues des ventes auxquelles il affiftoit, ainfi que fur des feuillets de papier blanc qu'il fixoit à la fuite des catalogues interfoliés de fa bibliothèque perfonnelle, Helle a écrit des notes & tranfcrit des comptes qui font aujourd'hui, en grande partie du moins, au département des eftampes de la Bibliothèque nationale. Non-feulement il y donne le prix de chaque objet, mais il apprécie tous les curieux, fignale leur fpécialité, nous apprend la provenance des pièces principales, le mécanifme des ventes publiques, les rufes de quelques filous, & jufqu'au fecret des révifions. Ces notes ne font ni fignées ni toujours autographes dans les exemplaires que j'ai confultés; prefque partout Helle y parle indirectement de lui-même, mais il eft certain qu'elles émanent de lui, car il y relate des faits que lui feul, comme acteur principal, pouvoit connoître (1).

---

(1) Le Cabinet des eftampes poffède, annotés par Helle, les catalogues des ventes d'Hermand, Angran de Fonfpertuis, Charles Godefroy, anonyme par Gerfaint du 26 mars 1749, Sevin, Gerfaint après fon décès, de Tugny, Pierre Snyers (Anvers), Cottin (les deux ventes, 1752 & 1758), Coypel, Jacques de Wit (Amfterdam), *l'incomparable & complète collection des eftampes de Rambrandt* (la Haye, 1755), Fleury, Tallard, Potier (les deux ventes, 1755 & 1757), Sybrand Feitama (Amfterdam), Jean de Bary, anonyme de décembre 1759, Gérard Hoët (la Haye), de Vence, de Selle, Sully, Manglard, anonyme du 13 décembre 1762, Hennin, J. B. de Troy, prince de Rubempré. M. le baron J. Pichon poffède les catalogues fuivans, avec des notes qui doivent provenir de Helle : *Catalogue des eftampes, cartes géographiques, &c. de Mgr le maréchal duc d'Eftrées*. Paris, Jacques Guérin, 1711, in-8°. — *Catalogues de tableaux du cabinet de feu Mgr le prince de Carignan, premier prince du fang de Sardaigne*. Paris, chez de Poilly, graveur & marchand d'eftampes de feu S. A. S. Mgr le prince de Carignan, rue Saint-Jacques, à Saint-Benoît, 1743, in-8°. — *Catalogue des deffeins, eftampes & autres curiofités provenant*

Elle a fon utilité cette longue énumération des bijoutiers, joailliers & orfévres qui travailloient, & des marchands qui exerçoient leur commerce de 1748 à 1758. On fait avec quelle ardeur font aujourd'hui recherchés les catalogues de ventes du dernier fiècle, furtout quand ils portent des notes manufcrites indiquant les prix d'adjudication & les noms d'acquéreurs. Or, tous ces noms des cliens de Duvaux, orfévres, bijoutiers & notables marchands, qu'ils foient auteurs ou acquéreurs, fe trouvent fouvent tracés en marge de certains catalogues, quelquefois à côté de l'image de l'objet vendu, comme dans les précieux exemplaires annotés & illuftrés par Gabriel de Saint-Aubin. Tous ces marchands, même les plus obfcurs, font de vieilles connoiffances pour les amateurs qui feuillettent avec difcernement ces inventaires de la curiofité fous Louis XV & pourfuivent de vente en vente, en remontant à leur point d'origine, les objets d'art parvenus jufqu'à nous. Le perfonnel de ce commerce, à un moment où l'art n'étoit pas encore bien féparé du métier, mérite auffi certainement d'être connu. Une foule d'objets, parmi les plus recherchés & parmi ceux qui figurent le plus juftement dans nos collections, n'ont pas d'autres auteurs. Ce font eux qui ont modelé, fondu & cifelé tant de charmans bijoux à une époque où l'on en faifoit fort grand ufage. Je citerai, dans les limites de temps comprifes par mon fujet, quelques exemples de cette immenfe production. En 1747, le Dauphin, après avoir perdu fa première femme, fe remarioit le 9 février à Marie-Jofèphe de Saxe. Il falloit, à fon arrivée, traiter royalement une jeune femme élevée dans

---

du cabinet de M. Cléret, 1763, in-8°. Les catalogues qu'on rencontre interfoliés avec des notes très-étendues font généralement antérieurs à la mort de Helle. Cependant fa collection de catalogues fut irrégulièrement continuée, & fes annotations furent imitées quelquefois poftérieurement à 1767, date de fon décès.

le raffinement de luxe d'une cour très-éclairée & très-artiste, une princesse sur laquelle la famille royale alloit porter toutes ses affections, & qu'on vouloit à la fois éblouir & s'attacher. Rien ne fut ménagé pour lui composer une corbeille merveilleuse (1), &, parmi les richesses qu'on y entassa, les bijoux tinrent une des premières places. On s'adressa à tout ce que Paris renfermoit d'habiles artisans, de bijoutiers en renom. La collection de leurs quittances a été conservée & existe actuellement aux Archives nationales (2). Elle nous offre certainement l'image fidèle de l'ensemble du commerce de la bijouterie contemporaine & elle contient de curieux renseignemens sur l'histoire de l'orfévrerie françoise. On dépensa en bijoux une somme totale de 138,934 livres. Duvaux & presque tous les marchands nommés ci-dessus furent appelés à remplir ces écrins auxquels ils ne durent apporter que les produits les plus exquis de leur travail. Hébert fournit pour 52,467 livres de bijoux; Balmont pour 12,579^{tt}; Girost pour 5,716^{tt}; Fayolle pour 5,836^{tt}; Lévêque pour 2,400^{tt}; Debêche pour 2,200^{tt}. Ce commerce trouvoit encore un continuel aliment dans les habitudes de générosité de la famille royale. Au jour de l'an, ou à certaines époques de l'année, le Roi, la Reine, les Princes & Princesses distribuoient régulièrement aux principaux personnages de la cour un grand nombre de portraits en miniatures. Ces portraits étoient commandés aux meilleurs artistes & livrés ensuite aux bijoutiers les plus remarqués pour être montés en tabatières, en boîtes de toutes sortes, en bracelets, en bagues ou en broches. C'est ainsi qu'apparoissent dans les

---

(1) On frappa, pour une valeur de 143,749 livres, des médailles d'or & d'argent destinées à perpétuer le souvenir de la cérémonie du mariage du Dauphin.

(2) Arch. nat. O^1 2985.

comptes royaux des *États* (1) *des bijoux ordonnés par la cour*, contenant dans diverses colonnes la désignation des bijoux, les noms des peintres, le prix des portraits, les noms des marchands auteurs de la monture, les noms des personnes à qui les cadeaux ont été donnés & le prix des bijoux. Les peintres ordinairement employés étoient alors Liotard, Duvijon, Lebrun, Penel, Charlier, Drouais, Vincent, Aubry. Quant aux marchands chargés d'enchâsser les miniatures, nous les avons déjà nommés, ce sont toujours les mêmes: ceux qui composoient l'état-major de la bijouterie, pour user du mot du duc de Choiseul, qui proclamoit Basan *le maréchal de Saxe de la curiosité* (2).

Ces marchands, outre leurs enseignes dont Watteau nous a laissé un spécimen remarquable, avoient encore des adresses, c'est-à-dire qu'ils faisoient graver des planches de cuivre indiquant leur demeure, le symbole sous lequel ils avoient établi boutique, énumérant les différens objets qu'ils offroient aux acquéreurs & figurant les principaux attributs de leur commerce. Comme ils commandoient fort souvent ces adresses aux plus habiles dessinateurs & aux meilleurs graveurs de leurs contemporains, on composeroit une jolie collection en rapprochant les gracieux cartouches qui contiennent leurs noms, leurs demeures, & les ingénieux symboles qui personnifioient leur industrie. Depuis Ch.-Nic. Cochin fils, qui se fit connoître avec l'adresse de Strass, jusqu'à Choffard & à Prud'hon, bien des artistes ne dédaignèrent pas de composer l'étiquette d'un marchand (3). Gersaint, l'éminent

---

(1) Arch. nat. O^1 2985, O^1 2986, O^1 2987, O^1 2988, O^1 2991, O^1 2992, O^1 2997.

(2) *Abrégé de la vie de P. Fr. Basan*, p. vii, en tête du *Catalogue raisonné d'un choix précieux de dessins, estampes & tableaux qui composoient le cabinet de feu Pierre-François Basan, graveur & ancien marchand d'estampes.* Paris, an VI, in-8°.

(3) On trouvera l'énumération d'un certain nombre d'adresses de mar-

curieux, qui eut la bonne fortune de compter parmi ſes amis les premiers artiſtes de ſon temps, obtint ſon adreſſe du crayon de Boucher, comme il tenoit ſon enſeigne du pinceau de Watteau. Elle eſt reſtée tout à fait inconnue juſqu'ici. Un Chinois ou un Japonois, la tête & les épaules couvertes d'une épaiſſe fourrure qu'il ſoulève, & tenant une pagode à la main, eſt aſſis ſur un cabinet de vernis de la Chine. Il ſemble contempler, au-deſſous de lui, divers objets diſpoſés au pied d'une conſole ſur laquelle eſt poſé le cabinet de la Chine. Ce ſont les principaux meubles vendus par les marchands de curioſité, entre autres des tableaux, un coq de porcelaine, une bouilloire des Indes, des éventails, des mouchettes, des rouleaux d'eſtampes, un cabaret, des coquillages, des pièces de minéralogie, une guitare, &c.... Voici le texte de cette adreſſe : « A LA PAGODE, Gerſaint, marchand jouaillier ſur le pont Notre-Dame, vend toute ſorte de clainquaillerie nouvelle & de goût, bijoux, glaces, tableaux de cabinet, pagodes, vernis & porcelaines du Japon, coquillages & autres morceaux d'hiſtoire naturelle, cailloux, agathes, & généralement toutes marchandiſes curieuſes & étrangères, à Paris, 1740 (1). » Cette eſtampe, dont l'unique épreuve connue eſt conſervée à la Bibliothèque nationale, a été reproduite au quart de la grandeur d'exécution pour ſervir de frontiſpice au *Livre-Journal* de Duvaux. Elle porte cette mention : « Deſſiné par Bouché (*ſic*); » les lettres CS, appoſées dans le bas à droite, me paroiſſent être la ſignature du comte de Caylus (*Caylus ſculpſit*), & nous montrent le célèbre archéologue gravant de ſes mains de gentilhomme l'adreſſe du marchand Gerſaint, ſon ami.

---

chands dans *les Saint-Aubin* par E. & J. de Goncourt. Paris, 1859, in-4º, p. 7 & ſuivantes. On la compléteroit en y joignant celle des adreſſes gravées en bois par Papillon.

(1) La date de cette pièce, ainſi que ſon caractère, empêchent d'héſi-

Le rapprochement de ces trois hommes de conditions si différentes (1), l'amitié qui les unit n'eft ni un accident fortuit, ni un fait ifolé produit par la fimilitude de goûts tout perfonnels & par des fympathies exclufivement individuelles. On en pourroit citer d'autres exemples bien connus dans ce marchand (2), créateur de la collection du miniftre Choifeul, courtifan & ami de l'exilé de Chantelou, & dans cet autre marchand (3) refté fi juftement célèbre, organifateur du cabinet du prince Eugène à Vienne & du cabinet d'eftampes de l'empereur d'Allemagne. Ils prouvent tous le progrès accompli depuis le fiècle précédent par le commerce de la curiofité, la place que ce commerce tient dans les préoccupations du monde élégant, & le rang que lui ont conquis les Gerfaint, les Mariette, les Bafan & quelques hommes de cette obfcure phalange des bijoutiers, parmi lefquels Duvaux mérite de figurer avec honneur. Si quelques-uns n'ont pas fu s'élever au-deffus des procédés matériels d'un métier pratiqué fans intelligence, plufieurs d'entre ces marchands vivent dans l'intimité des favans, travaillent en collaboration avec les artiftes & deviennent de précieux auxiliaires pour les architectes dans la décoration des appartemens, & pour les amateurs dans la compofition de leurs cabinets ou dans leurs achats de pure oftentation.

En dehors des collections proprement dites, la littéra-

---

ter dans fon attribution. Elle ne peut pas avoir été deffinée par cet autre Boucher, artifte induftriel qui fit tant de modèles de meubles vers la fin du règne de Louis XVI. François Boucher avoit déjà deffiné pour Gerfaint un frontifpice de catalogue repréfentant des curiofités naturelles que grava Cl. Duflos. On trouve ce frontifpice en tête du *Catalogue d'une collection confidérable de curiofités de différens genres*, vendue le 2 décembre 1737, par Gerfaint. Paris, 1737, in-12.

(1) Ce fait, tout nouveau, a été fort bien expliqué & d'une façon charmante par Gerfaint dans le *Catalogue de Quentin de Lorangère*, p. 2 & 3. On y trouve une évidente allufion à fa propre fituation.

(2) Bafan.

(3) Mariette.

ture du temps nous révèle l'importance que prirent alors mille petits meubles très-avidement recherchés par une société polie, un peu maniérée même, & qui devinrent les témoignages affichés des instincts artistes de leur possesseur. Le marquis de la préface d'*Angola* (1) dit, par exemple, à la comtesse : « Parbleu, vous avez là une garniture de cheminée superbe ; ces cabinets de la Chine sont charmans. Est-ce de la rue du Roule? Pour moi, je suis fou de cet homme-là. Tout ce qu'il vend est d'une cherté & d'un rare ! — Mais oui, dit la comtesse, cela est assez bien choisi. — Comment, dit le marquis, il y a un goût divin dans tout cela ! Voilà des magots de la tournure la plus frappante, entre autres celui-ci. Il ressemble, comme deux gouttes d'eau, à votre benêt de mari, &c.... » Un peu plus loin, les mêmes tendances se reproduisent dans une description d'intérieur : « Un lit de repos en niche de damas, couleur de rose & argent, paroissoit comme un autel consacré à la volupté ; un grand paravent immense l'entouroit, le reste de l'ameublement y répondoit parfaitement ; des consoles & des coins de jaspe, des cabinets de la Chine chargés de porcelaines les plus rares, la cheminée garnie de magots à gros ventre de la tournure la plus neuve & la plus boufone, des écrans de découpures, &c.... » Le jeune conseiller, dans *Thémidore* (2), courant à une partie fine, n'ose pas regarder la porte d'Hébert, de peur de se laisser fasciner par les séduisantes bagatelles qu'il expose. Au retour d'une autre partie il ne peut s'empêcher de passer, avec son ami le président, « chez la belle bijoutière de la rue Saint-Honoré, » d'où, après avoir examiné, critiqué, contrôlé, marchandé mille choses différentes, ils sortent sans en emporter une seule (3). Il

---

(1) *Angola*, éd. cit., première partie, p. 96 & 97. Voyez aussi *ibid.*, 2ᵉ partie, p. 78 & 79.
(2) *Thémidore*, la Haye, 1748, t. Iᵉʳ, p. 15.
(3) *Thémidore*, t. II, p. 24.

étoit donc du bel air pour les jeunes gens de se montrer chez les bijoutiers, comme d'aller régler sa montre au méridien du Palais-Royal & de se donner rendez-vous dans cette promenade publique sous l'arbre de Cracovie ou sur le banc de Mantoue pour y causer avec les nouvellistes (1). L'auteur du *Grelot* (2), conduisant son héros dans un pays étranger & fantastique où il doit briller & séduire, lui fait tout d'abord passer une journée à courir chez les bijoutiers. C'est la première & principale occupation du jeune prince Aloës sur les conseils de son mentor qui lui évite « de commettre les plus plates inconvenances & ne lui laisse pas négliger les plus petites minuties. » Aloës « achète ainsi une douzaine de flacons, autant d'étuis, de montres en bague, &c.; » & se trouve alors « muni de ce qui lui convenoit pour briller également dans tous les cercles. » Les mœurs n'ont pas changé depuis le temps où Voltaire écrivoit ces vers de son *Mondain* :

> « Or maintenant voulez-vous, mes amis,
> Savoir un peu, dans vos jours tant maudits,
> Soit à Paris, soit à Londre ou dans Rome,
> Quel est le train des jours d'un honnête homme?
> Entrez chez lui : La foule des beaux arts,
> Enfans du goût, se montre à vos regards;
> De mille mains l'éclatante industrie
> De ces dehors orna la symétrie;
> L'heureux pinceau, le superbe dessin
> Du doux Corrége & du savant Poussin
> Sont encadrés dans l'or d'une bordure.
> C'est Bouchardon qui fit cette figure,
> Et cet argent fut poli par Germain;
> Des Gobelins l'aiguille & la teinture
> Dans ces tapis surpassent la peinture.
> Tous ces objets sont vingt fois répétés
> Dans des trumeaux tout brillans de clartés, &c.... »

Le sévère censeur de son siècle, l'auteur de *l'Ami des*

---

(1) *Thémidore*, t. Ier, p. 95.
(2) *Le Grelot ou les &c.*, ouvrage *dédié à moi*, 1762, in-8°, p. 19 & 20.

Hommes, le marquis de Mirabeau en flagellant les travers de fes contemporains nous a laiffé une vive peinture des progrès du luxe à cette époque. « Ce magiftrat (1), qui époufe une fille de la cour, fe défallie (fi l'on veut appeler cela fe méfallier) auffi défavantageufement que fon voifin qui devient gendre d'un financier.... D'autre part, le voifin enfinancé a reçu un petit bijou qui n'a plus rien de l'accent picard ou gafcon de monfieur fon père. Le couvent & les maîtres y ont mis bon ordre. Elle eft pleine de talens, accoutumée aux flatteries des valets & farcie de ces hauts axiomes de générofité, qu'il ne faut porter fes robes qu'une faifon, que des deffeins nouveaux, tout donner à fes femmes, avoir un garçon perruquier pour fes gens afin qu'ils foient en état de paroître dans l'appartement, un plumet, des rênes & des harnois de couleur, des chevaux neufs, du vernis de Martin & ce qui s'enfuit. La belle-mère, qui avoit compté que 400,000^{tt} font 20,000^{tt} de rente, qu'une femme doit coûter dans une maifon réglée 6000^{tt} par an, & que les 14 autres feroient accumulées pour l'établiffement des enfans à venir qu'elle voit déjà par douzaines autour de fon fauteuil, laiffe patiemment paffer les jours d'engouement de noces, hoche la tête quand on parle de fpectacles, de bal, de l'Opéra, &c., mais efpère que cela finira. Tout fe fuccède cependant; elle prend mal fon temps, hafarde fes axiomes, & l'on bâille. Tandis que l'imprudente maman va réfléchir après coup, & confidère charitablement avec quelques amies qu'elle a fait une fottife par telle & telle raifon, on démeuble dans le bas : les lampes économes qui éclairoient fon antichambre font place à des bras dorés, les porcelaines, les vernis l'éblouiffent de toutes parts; la cuifinière vigilante eft remplacée par un chef qui fe réferve trois jours

---

(1) *L'Ami des Hommes*, édition de 1755, t. Ier, p. 244.

par femaine & qui, les quatre autres, fait travailler fon aide; les valets fidèles du vieux temps fuient en pleurant tant de dégâts; bientôt leur maîtreffe les fuit & va dans un appartement étranger déplorer les vices du temps. »

En effet, dans la conftruction & l'aménagement des demeures, il s'eft fait une véritable révolution. Depuis de Cotte & Boffrand, l'architecture civile a été complétement renouvelée en France. Si, aux feizième & dix-feptième fiècles, plus libre dans fes allures & foumife à moins d'exigences, elle s'étoit élevée plus haut en produifant d'admirables palais, jamais, tout en refpectant les règles de l'art & les lois du beau, elle n'avoit conftruit des demeures auffi commodes & auffi bien appropriées aux befoins & aux ufages d'un peuple. Jamais le goût n'avoit été plus loin dans la décoration des intérieurs. J'en attefte les livres, les précieux deffins & les beaux monumens que nous ont laiffés les Oppenort, les Meiffonnier, les Babel, les François Blondel, les Gabriel, les Laffurance, les Antoine, les Deneufforges. Patte nous donne un tableau charmant, parfaitement exact, de ce qu'étoit l'architecture à ce moment du dix-huitième fiècle. Mais ce changement n'étoit pas du goût de tout le monde. Voilà comment l'appriécioit l'irritable marquis de Mirabeau, &, faifant la charge de fon époque, comment il nous révèle les préoccupations des efprits en les groffiffant: « A-t-on un palais? Il faut y trouver appartement d'hiver, appartement d'été, appartement de bains, entrefols, cabinets, garde-robes, boudoirs, cabinets de livres, garde-robes de propreté, communications, efcaliers dérobés, &c. Il faut des jours à tout cela, & l'architecte déforienté, obligé d'opter entre le public & le particulier qui le paye, abandonne Vitruve, & prend Dédale pour fon maître. Il livre au décorateur fa cage contournée, celui-ci cherche des angles & des crochets, dérobe la cheminée, cache les portes, niche le lit, proportionne les panneaux; le vernis & les glaces font le refte. S'il fe trouve dans l'antique mobilier quelque beau morceau de peinture & de fculpture, il ne peut aller aux places, & il faut qu'il regagne le garde-meuble (1). » Le goût du jour dans l'ameublement ne trouve pas le févère marquis moins inexorable : « .... L'homme choqué du luxe de fon égal n'a point de repos qu'il n'ait en quelque forte pris fa revanche. Cependant comme tout le monde n'eft pas abfolument fol, l'efprit vient dans plufieurs au fecours de la bourfe. De là les recherches futiles & répétées de ce que l'on appelle goût; de là les malfaçons partout pour épargner la matière &, mettant tout à l'extérieur, pour faire valoir par le tour ce qui n'a nulle valeur au fond. L'épargne fur l'efpace eft devenue commodité; fur la profondeur, élégance; fur la matière, délicateffe; & tout en eft venu au point qu'un jeune chat, enfermé par malheur dans l'appartement d'un grand feigneur, peut en fon abfence avoir détruit tout le mobilier, de façon que non-feulement les ornemens, mais les lits, les tables, les chaifes ayent befoin d'être renouvellés (2). »

Quoi qu'il en foit, & en dépit de ces critiques, grands feigneurs, financiers & gens de lettres prifoient les plus beaux produits des arts induftriels prefque à l'égal des objets d'art proprement dits. Les uns préférant Beauvais aux Gobelins ou à la Savonnerie, tel ou tel fabricant à tel autre, on difcutoit dans les falons « fur le degré de perfection où les manufactures font arrivées en France (3) » avec autant d'ardeur que fur les queftions philofophiques. Une femme à la mode auroit cru ne pas mériter fa réputation fi les bijoutiers ne venoient faire antichambre

---

(1) *L'Ami des Hommes*, édition de 1759, chapitre du *Luxe*, p. 331 & 332.
(2) *L'Ami des Hommes*, édition citée, t. II, p. 276 & 277.
(3) *Mémoires de Mme d'Épinay*, 1818, t. II, p. 57.

à son lever (1) pour lui apporter leurs plus nouveaux colifichets & lui offrir leurs plus séduisans « hasards. » Ces bijoutiers se présentoient le matin, à l'heure de la toilette, irréprochablement vêtus de noir & portant sous le bras une cassette d'où ils tiroient, avec un art infini & un intarissable bagou, leur irrésistible marchandise. La porte des élegantes ne leur étoit jamais fermée. Le diable ou, dit l'historiette, quelqu'un qui vouloit lui ressembler emprunta un jour leur apparence & leurs allures pour pénétrer auprès de la comtesse d'Évreux; le portrait du tentateur, travesti en marchand, nous est resté dans une grivoise anecdote des *Mélanges de Boisjourdain* (2). La recherche habile, le choix heureux de mille futilités, la collection de certaines séries d'objets étoient devenus un indice de bonne compagnie; un jargon spécial avoit été inventé & étoit affecté à l'usage de cette manie. La mode s'en mêloit; le ridicule en naquit, & bientôt Marmontel écrivit *le Connoisseur*, un de ses plus charmans *Contes moraux*, tandis que les jésuites faisoient représenter par leurs élèves la comédie de *l'Antiquaire*. En 1764 on jouera aux François *l'Amateur*, comédie en un acte & en vers de M. Barthe. Un homme versé dans les arts revient d'Italie avec la manie des antiques. Un de ses amis se propose de lui faire épouser sa fille, qu'il n'a pas vue depuis longtemps. Il fait sculpter la statue de la jeune personne; lui fait donner tous les caractères propres à en attester la vétusté. L'amateur en devient fou, & est fâché qu'on ne trouve plus de figures pareilles. Quand il est bien épris, on amène la jeune fille, & il l'épouse (3). Le travers à la mode étoit bien décidé-

---

(1) *Mémoires de Mme d'Épinay*, t. Ier, p. 356 & 357.
(2) *Mélanges historiques, satiriques & anecdotiques de M. de Boisjourdain*. Paris, 1807, in-8°, t. II, p. 316.
(3) *Mémoires secrets de Bachaumont*, édition Ravenel, 1830, t. Ier, p. 265.

ment la prétention à la critique des arts & au mécenat, la possession d'objets introuvables. Peut-être reconnoîtra-t-on quelques figures connues, quelques cliens de Duvaux dans les personnages bafoués de ces satires, dans le prétentieux homme de goût Fintac, dans l'archéologue de l'Exergue, dans l'antiquaire mystifié, dans l'amateur qui croit épouser une statue grecque. On trouve là, en tout cas, les preuves certaines du grand mouvement d'opinion qui agitoit alors la société presque entière, les traces de cette noble passion pour tous les monumens de l'art qui se révéloit par ses ridicules & se trahissoit par ses excès. Ce mouvement, les hommes relativement supérieurs qui exerçoient à ce moment la curiosité ont concouru à le faire naître. Cette passion qu'ils partagent, ils vont, en renchérissant jusqu'à nos jours, se mettre à l'exploiter.

Moins marchands qu'artistes, mais absolument confondus avec les marchands, sont les fondeurs, les modeleurs, les ciseleurs & les émailleurs. C'est, en effet, un véritable artiste que ce Gallien à qui Duvaux demanda une grille; son titre modeste de « maître fondeur » ne l'a pas fait assez remarquer. Ses contemporains cependant apprécioient fort bien son mérite. Il modela & exécuta pour le Roi différentes horloges de grand apparat & destinées à décorer certains appartemens publics des palais de la Couronne. C'est à lui que les intendans des Menus commandèrent de dessiner, fondre & ciseler la superbe pendule de la cheminée du cabinet du Conseil à Versailles lors de la réfection de ce salon en 1756. Elle représentoit « la France gouvernée par la Sagesse & couronnée par la Victoire, qui accorde sa protection aux Arts. » Elle fut payée 6500 livres à son auteur (1). L'admiration qu'excita cette œuvre est constatée par le duc de Luynes dans

---

(1) Arch. nat. O¹ 2996, O¹ 2998.

ses *Mémoires* (1). D'importans fondeurs & ciseleurs partageoient avec Gallien la clientèle de la cour. Auguste, bien connu aujourd'hui qu'on recueille avidement les ouvrages de nos charmans bronziers du dix-huitième siècle, à la fois orfévre, ciseleur & doreur, étoit employé à décorer le château de Choisy (2). Duvaux savoit apprécier & utiliser son talent (3). Pendant toute notre période, le ciseleur & fondeur Caffieri (4) travaille aux Tuileries, au Luxembourg, à l'hôtel des Ambassadeurs, à la Muette, à Choisy, à Saint-Hubert. Desprez (5) fait pour le Roi, notamment en 1755, divers ouvrages de bronze & de ciselure. Gobert dore & cisèle à Versailles (6), à Choisy (7), aux Tuileries, au Luxembourg, à la Muette, à l'hôtel des Ambassadeurs extraordinaires & à Saint-Hubert (8). Leblanc, fondeur & ciseleur, orne les Tuileries (9), les mêmes palais (10) que Gobert, surtout Choisy (11), & travaille à Compiègne (12). Les fondeurs Lucas & Martin sont occupés pour Fontainebleau en 1749 (13). Les Varin père & fils, fondeurs & ciseleurs, touchent, en janvier 1751, 4761 livres

---

(1) Tome XV, page 313.
(2) Arch. nat. O¹ 2256, f° 243 recto.
(3) Voyez le n° 2087 du *Journal* & la page LXXIV de l'Introduction.
(4) Arch. nat. O¹ 2252, f°s 29 & 179; O¹ 2253, f° 173; O¹ 2255, f° 195; O¹ 2256, f° 185 recto. — Voyez aussi O¹ 2258, f° 201 recto, & f° 257 recto; O¹ 2258, f° 103 recto. C'est très-probablement le marchand déjà cité.
(5) Arch. nat. O¹ 2255, f° 195.
(6) Arch. nat. O¹ 2248, f° 29 recto; O¹ 2249; O¹ 2253, f° 34; O¹ 2254, f° 30 recto; O¹ 2255, f° 32; O¹ 2258, f° 36 recto.
(7) Arch. nat. O¹ 2255, f° 238; O¹ 2258, f° 257 recto.
(8) Arch. nat. O¹ 2252, f°s 29 & 179; O¹ 2258, f° 103 recto, f° 201 recto.
(9) Arch. nat. O¹ 2248, f° 29 recto; O¹ 2254, f° 30 recto; O¹ 2256, f° 32.
(10) Arch. nat. O¹ 2252, f°s 29 & 179; O¹ 2257, f° 33 recto & 117 recto; O¹ 2258, f° 103 recto.
(11) Arch. nat. O¹ 2255, f° 238; O¹ 2258, f° 257 recto.
(12) Arch. nat. O¹ 2256, f° 302 recto.
(13) Arch. nat. O¹ 2249, f° 267; O¹ 2254, f° 33 recto.

15 fous pour des « ouvrages de bronze en bas-relief, vafes, figures & autres qu'ils ont faits à Verfailles en 1747 & 1748 (1). »

C'étoit auffi un artifte que ce Louis-François Aubert, dont Duvaux eftimoit le travail, & qui fut autorifé par brevet « à fe dire & qualifier peintre en émail du Roy (2). » Il fabriquoit des « émaux de relief, » des portraits en émail, & tenoit un rang honorable dans un art auquel les encouragemens de la cour ne manquèrent pas. En 1753, Louis XV déclaroit Jean-Adam Mathieu (3) « fon peintre orfévre en émail, » & l'avoit déjà logé au Louvre dans la galerie des Artiftes. Dès 1748, l'*Efprit du commerce* le fignaloit, ainfi que M. Raux, émailleur ordinaire du Roi, rue Saint-Martin, près celle des Petits-Champs, qui « a toutes fortes de marchandifes d'émail, & fait grande confommation pour les étrennes. » Quand Mathieu mourut, il fut, le 10 octobre 1753, remplacé dans fon appartement des galeries du Louvre par un émailleur de talent protégé par le Roi, André Rouquet (4), à qui l'Académie de peinture ouvrit fes portes l'année fuivante, bien qu'il fût proteftant (5).

Les horlogers Jean-Baptifte Baillon, Gudin, Joly, Étienne Lenoir, Julien Leroy, Moify fignoient les montres que Duvaux fe chargeoit de transformer en bijoux pour fes cliens, ou conftruifoient les mouvemens

---

(1) Arch. nat. O¹ 2248, f° 32 verfo.
(2) Arch. nat. O¹ 95, f° 23 verfo. Il faut, je crois, diftinguer cet Aubert d'un autre Aubert qui étoit joaillier, & qui laiffa un *Catalogue de tableaux précieux, deffins, gouaches, eftampes*, &c.... rédigé par A. Paillet. Paris, 1786. — Voyez fur ces Aubert une note de M. Davillier dans fa réimpreffion du *Catalogue d'Aumont*, p. 174.
(3) Arch. nat. O¹ 1064, 18 avril 1753. Le brevet eft daté du 24 mai 1753. Arch. nat. O¹ 96, f° 151 recto.
(4) Arch. nat. O¹ 1064, 10 octobre 1753; O¹ 98, f° 210 verfo. Le brevet eft daté du 21 juillet 1754. — Voyez auffi, *ibid.* O¹ 2996, trois portraits du Roi & deux du Dauphin faits par Rouquet.
(5) *Revue univerfelle des Arts*, t. III, p. 405.

qu'il favoit introduire dans de magnifiques pièces de porcelaine & revêtir d'une élégante enveloppe de bronze, avec branchages de laiton, berceaux, figures & fleurs de Vincennes. Les noms de Baillon (1), horloger & premier valet de chambre de la dauphine Marie-Antoinette, d'Étienne Lenoir & de Moify font bien connus des collectionneurs de montres. Quant à Julien Leroy, c'étoit un mécanicien confommé, que fes contemporains qualifioient d'illuftre. Il a laiffé de bons écrits fur fon art, & la mode s'étoit engouée de lui au moment qui nous occupe (2). Pour compléter le tableau qu'offroit alors le commerce de l'horlogerie, il convient d'ajouter les autres praticiens employés par la cour. Avril étoit chargé des horloges de Fontainebleau (3). Balthazar Martinot & Caron, père de Beaumarchais, fourniffoient des pendules au garde-meuble (4). Chevalier avoit obtenu par brevet le droit de fe qualifier horloger du Roi, titre que portoit également Leloutre (5). Lefaucheur étoit valet de chambre-horloger du Roi (6). Un des mécaniciens les plus diftingués de cette époque, Jean-Baptifte Lepaute, né en 1727, conftruifoit, à vingt-deux ans, & pofoit en 1749 à la Muette une horloge horizontale qui lui fut payée 3000^{lt} (7). Il fabriqua la même année celle du Luxembourg, & reçut

---

(1) Baillon étoit un curieux. Il exifte une *Notice des tableaux, bronzes, porcelaines & autres différens effets de curiofité qui compofoient le cabinet de feu M. Baillon, écuyer, premier valet de chambre de Mme la Dauphine & fon horloger, dont la vente fe fera en fa maifon rue Dauphine*. Paris, 1772, in-8°.

(2) Un élégant, dans *Thémidore* (p. 9), trouvant fa montre en retard fur le méridien du Palais-Royal, « promet que Julien Leroy ne travaillera plus pour lui. »

(3) Arch. nat. O' 2249, f° 271 verfo; O' 2254, f° 252 recto; O' 2256; O' 2258, f° 297 recto.

(4) Arch. nat. O' 3315, f°s 36 & 37; O' 3316.

(5) Arch. nat. O' 3002.

(6) Arch. nat. O' 3002.

(7) Arch. nat. O' 2249, f° 239.

pour fon établiffement 2235 livres (1). Cet ouvrage d'art, encore eftimé de nos jours, étoit naguère l'horloge du Palais-Royal. Il a été anéanti dans l'incendie allumé par la Commune. Logé d'abord au Luxemboug (2), affimilé enfuite aux plus grands artiftes, Lepaute fut inftallé en 1757 au-deffus du guichet des galeries du Louvre dans l'ancien appartement de Jacques Roëttiers (3). Horloger du Roi, il annonçoit une nouvelle pendule de fon invention dans le *Mercure* d'octobre 1752 (4). Il a laiffé dans ce recueil d'importantes études fur la mécanique & l'horlogerie (5). Lory conftruifoit ou réparoit les horloges des châteaux de Saint-Germain (6), des Gobelins, de la Savonnerie, des Capucines, de l'hôtel des Ambaffadeurs extraordinaires (7), de la Sainte-Chapelle de Vincennes (8), de Meudon (9), de Marly (10). Thuilier & Richard régloient le cardran public de la Samaritaine (11).

Pour Duvaux, un des meilleurs relieurs de fon temps, c'étoit Pierre-Antoine Laferté, reçu maître en 1734, juré de fa corporation en 1753, habitant rue des Carmes (12), connu par les reliures de la bibliothèque Lavallière & médiocrement eftimé des amateurs d'aujourd'hui. Non-feulement il s'adreffoit à lui en maintes

---

(1) Arch. nat. O¹ 2249, f° 238 verfo ; O¹ 2256, f° 198 recto.
(2) Arch. nat. O¹ 2257, f° 266 verfo.
(3) Arch. nat. O¹ 1064, 2 janvier 1757.
(4) Page 129.
(5) Septembre 1753, p. 153 ; octobre 1753, p. 133 ; avril 1754, p. 123 ; juin 1754, p. 165 ; août 1755, p. 189.
(6) Arch. nat. O¹ 2250, f° 123 ; O¹ 2258, f° 168 verfo.
(7) Arch. nat. O¹ 2254, f° 190 ; O¹ 2255, f° 205 verfo ; O¹ 2257, f° 216.
(8) Arch. nat. *Ibid.*
(9) Arch. nat. O¹ 2255, f° 175 verfo.
(10) Arch. nat. O¹ 2258, f° 141.
(11) Arch. nat. O¹ 2249, O¹ 2254, f° 190.
(12) *Almanach du corps des marchands & communautés du Royaume.* Paris, Duchefne, 1753, in-24, p. 229.

occasions pour satisfaire les commandes de ses cliens, mais c'est encore à cet artisan qu'il confia le soin de relier des portefeuilles destinés à de hauts personnages & de faire agréer à divers ministres, grâce au tour galant de son travail, d'assez modestes cadeaux de Mme de Pompadour. Voici quelques-uns des confrères de Laferté qui travailloient pour la cour. Anguerrand, reçu maître en 1726 & habitant rue d'Écosse, avoit le titre de relieur de S. M., & relioit en ce moment nombre d'exemplaires du catalogue récemment paru des tableaux du Roi (1). Baillet fabriquoit les dos de livres postiches de la bibliothèque simulée de Mme Adélaïde (2). C'est à Louis Chenu, maître relieur, qu'étoit dévolu le soin de revêtir de gracieuses enveloppes les « livres de paroles des opéras & ballets représentés à Versailles devant Leurs Majestés; » besogne ardue lorsqu'on songe à quelles mains délicates ces volumes étoient destinés! Fournier, qui étoit en même temps libraire (3), travailloit, ainsi que Vente (4), pour les Menus-Plaisirs. Pasdeloup (5) relioit les livres de luxe du Roi. Deux volumes du *Sacre de Louis XV* aux armes de France, grande dorure, lui étoient payés 72 livres pièce.

Sans qu'on eût cessé à Paris d'encourager l'art essentiellement françois de la tapisserie, la mode faisoit alors de jour en jour un emploi plus considérable des papiers de tenture si dédaignés pendant longtemps (6). Du-

---

(1) Arch. nat. O¹ 2255, f° 331 recto.
(2) Arch. nat. O¹ 2254, f° 40 verso & f° 41 recto.
(3) Arch. nat. O¹ 2254, f° 323 verso; O¹ 2994.
(4) Arch. nat. O¹ 2994; O¹ 2298.
(5) Arch. nat. O¹ 2985.
(6) Les tentures de tapisserie des Gobelins & de Beauvais étoient cependant fort loin d'être abandonnées (*Journal du Garde-Meuble du Roi*, *passim*, & notamment Arch. nat. O¹ 3315, f° 153 recto). On y voit quels étoient les sujets & les *suites* à la mode : l'histoire de Don Quichotte, les Mois de l'année, &c. Il en étoit de même des tentures ou *tapisseries* de cuir doré & gaufré. On lit *ibidem* dans un mémoire : « Quatre pièces de

vaux (1) difpofoit dans les plus beaux hôtels de nombreux panneaux, châffis, deffus de portes & paravens en papier des Indes, en papier de la Chine & en *papier tiffu*. Papillon nous a donné une définition de ce produit chinois fort prifé à fon époque. « Ils ont à la Chine, dit-il dans fon *Traité de la Gravure en bois* (2), une efpèce de papier fort fingulier en ce qu'il paroît, à manier & à l'œil, comme fi c'étoit une étoffe tricotée. On ne fçait pas encore pofitivement comme il fe fait, & s'il fe fabriqueroit comme fe fait la toile qu'il imite parfaitement. Les couleurs étant imprimées ou peintes deffus légèrement, il paroît encore plus toile que quand il n'y a rien deffus. » Mais ce goût nouveau ne fe bornoit pas à l'ufage des papiers orientaux. Il avoit fait naître & développé en Occident, & notamment en France, une induftrie importante. Les principaux centres de fabrication étoient l'Allemagne, l'Angleterre & Paris. « Les papiers dorés & argentés à fleurs & à ornemens, dont l'époque de l'invention n'eft pas ancienne, dit Papillon, fe font à Francfort, à Worms, & autres villes d'Allemagne. Leurs planches font de cuivre jaune & à taille d'épargne, comme celles de bois; elles font chauffées à un certain degré de chaleur pour pouvoir faire prendre les feuilles de métal fur le papier, le paf-

---

tapifferie de cuir doré, fond or & vert à rainceaux, contenant 10 aunes de cours fur 10 pieds de haut. — Trois pièces de tapifferie de cuir doré fond d'argent & vert à rainceaux d'or, contenant enfemble 8 aunes de cours fur 2 aunes & demie de haut. » &c., &c.

(1) On lit dans le *Journal du Garde-Meuble* (Arch. nat. O¹ 3315, f° 29 verfo): «Du 15 octobre 1750. — Délivré au fieur Duvaux, marchand bijoutier, les feuilles de papier de la Chine ci-après : Pour faire un paravent pour fervir à Choify. Trois feuilles marquées de la lettre A. — Trois feuilles marquées de la lettre B. — Trois feuilles marquées de la lettre C. — Trois feuilles marquées de la lettre E. — Trois feuilles marquées de la lettre F. — Trois feuilles marquées de la lettre G. — Trois feuilles marquées de la lettre T. Des quelles vingt-une feuilles le fieur Duvaux a donné fon reçu ledit jour. » Comparez le n° 648 du *Livre-Journal*.

(2) Tome II, page 372.

fant fous un cylindre ou preffe en taille-douce (1). „
« Dans les papiers d'Angleterre maintenant fi en vogue,
dit-il encore (2), de damas velouté & cifelé, & qu'on
appelle tontiffes, par pièces de neuf aunes de longueur, les fonds font d'abord couchés tout unis, avec
la broffe ou par maffe, par des couleurs épaiffes & pâ-
teufes, plufieurs planches de bois y impriment, par-deffus
& avec des couleurs de mêmes qualités, des deffins co-
lorés : les uns comme des efpèces de camayeux ; les autres
à fleurs, damas, ornemens, &c., avec couleurs différentes, le tout à détrempe & fans luftre, comme feroient
des décorations de théâtre.... Ces papiers font fi fujets à
fe détremper, qu'à peine peut-on les coller & les mettre
en place fans qu'il s'en enlève, & s'attache aux doigts la
plus grande partie, &c. „ Mme de Pompadour, comme
nous l'avons démontré ci-deffus, avoit beaucoup de goût
pour ces papiers qu'elle poffédoit en grande quantité (3).
Les documens abondent fur l'induftrie du papier peint
en France. « Cette efpèce de tapifferie, dit l'*Encyclopédie*,
n'avoit longtemps fervi qu'aux gens de la campagne &
au petit peuple de Paris, pour orner & pour ainfi dire
tapiffer quelques endroits de leurs cabanes & de leurs
boutiques. Mais fur la fin du dix-feptième fiècle, on les
a pouffées à un point de perfection & d'agrément, qu'outre les grands envois qui s'en font pour les pays étrangers & pour les principales villes du royaume, il n'eft
point de maifon à Paris, pour magnifique qu'elle foit, qui
n'ait quelque endroit qui n'en foit tapiffé & affez agréablement orné.... L'on ne dit point ici quels font les fujets repréfentés fur ces légères tapifferies, cela dépend
du goût & du génie du peintre, mais il femble que les

---

(1) *Traité de la Gravure en bois*, t. Ier, p. 536.
(2) *Ibid.*, p. 535.
(3) Les amateurs, à l'imitation du Garde-Meuble de la Couronne, avoient des provifions de papiers de tenture.

grotesques & les compartimens mêlés de fleurs, de fruits, d'animaux & de quelques petits personnages ont jusqu'ici mieux réussi que les paysages & les espèces de hautes-lisses qu'on y a quelquefois voulu peindre. » On trouvera *passim* dans l'œuvre indigeste de Papillon sur la gravure en bois tous les élémens nécessaires pour reconstituer l'histoire de la fabrication en France du papier peint. Je ne puis entreprendre ici ce travail; je rappelerai seulement que Papillon en fait remonter l'origine au règne de François Ier (1), & qu'il en attribue la réinvention ou plutôt le perfectionnement à son père Jean Papillon en 1688 (2). Papillon signale bien encore l'existence des papiers à rentrées de plusieurs planches (3) de Jacques Chauveau. Mais, en ce moment, les papiers d'Angleterre visoient à remplacer tous les autres. Ils étoient parfaitement copiés en France. « Depuis peu, ajoute le même auteur (4), le sieur Jean-Gabriel Huquier & compagnie, fils de M. Huquier, marchand & graveur d'estampes, vient d'établir aux environs de Paris une manufacture de papiers peints imitant ceux d'Angleterre. » Aubert, dit une adresse gravée par Choffard en 1756, « marchand & graveur, rue Saint-Jacques, près la fontaine Saint-Séverin, à l'enseigne du Papillon, donne avis qu'il a trouvé la véritable façon de fabriquer les papiers veloutés ou papiers d'Angleterre en façon de damas & velours d'U-

---

(1) On lit d'ailleurs dans l'*Almanach du corps des marchands & des communautés du Royaume*, Paris, Duchesne, 1753, in-24, p. 280 : PAPETIERS COLLEURS DE FEUILLES. Cette communauté n'est pas ancienne, elle n'a des statuts & des jurés que depuis le règne de Henri IV, qui leur accorda des lettres patentes du mois d'avril 1599, registrées en la chambre du procureur du Roi au Châtelet. Ces statuts furent réformés, & les nouveaux, contenus en vingt articles, confirmés en 1659 par des lettres de Louis XIV, données à Toulouse au mois de décembre & enregistrées au Parlement le 26 janvier de l'année suivante.
(2) Tome Ier, page 309.
(3) Tome Ier, pages 337 & 535.
(4) Tome Ier, page 535.

trecht, en une ou plusieurs couleurs, propres pour tapisseries, écrans à pieds & devants d'autels, à Paris. »

Pour orner l'intérieur des maisons, l'architecture empruntoit encore à la menuiserie la plupart de ses moyens. Si l'usage des papiers-tentures commençoit à remplacer la belle décoration de la boiserie sculptée, des peintures murales & des tapisseries ; si les moulures rapportées (1) tendoient à se substituer au travail direct du ciseau, les bois étrangers à nos essences nationales, le placage aux ais massifs & ouvragés, le travail du bois n'en restoit pas moins chez nous toujours en honneur. Il s'étoit transformé &, se mobilisant, avoit quitté la muraille pour s'appliquer à des objets portatifs. Que de petits meubles de bois naturel ou recouverts de tons limpides & clairs, chargés des plus gracieux ornemens de bronze, vinrent alors s'accumuler contre les parois des appartemens ! Écrans, paravens, encoignures, commodes, armoires de toutes sortes, tables & guéridons, tout cela étoit fourni, sinon toujours fabriqué par Duvaux. Un habile ouvrier, Jean Guesnon (2), employé par lui, étoit mené à Crécy pour l'aider à décorer le château de Mme de Pompadour. L'ébéniste Oëbenne, élève de Boulle (3), qualifié de « fameux » par le *Catalogue Gaignat*, fouilloit artistement les cadres élégans dans lesquels étoient placées par Duvaux les estampes à la mode. Il avoit alors pour émules les sculpteurs en bois Cayeux, praticien renommé & amateur d'objets d'art (4); Guibert, beau-frère de Joseph Vernet, qui

---

(1) Voyez le n° 646 du *Livre-Journal*.
(2) Voyez aussi O¹ 2258, f° 192 recto & verso, f° 250 verso.
(3) Si j'en crois un *Catalogue des tableaux des trois écoles ; quelques morceaux à gouache & desseins des bons maîtres*, &c., du cabinet de M. B. Paris, Paillet, 1786, in-8° (n° 153).
(4) Arch. nat. O¹ 2255, f° 335 recto; O¹ 2256, f°ˢ 243 verso, 347 recto 348 recto.—*Catalogue de desseins des trois écoles*, par Helle & Remy, 1762. Exemplaire annoté du Cabinet des estampes. — Cayeux a laissé aussi un catalogue : *Catalogue raisonné des tableaux, bronzes, terres-cuites, figures & bustes de plâtre, desseins en feuilles & sous verre, estampes de toutes les*

encadroit ſes marines (1); Mauriſſant (2); le mouleur Robert (3), & les fourniſſeurs habituels des cadres des tableaux du Roi Robinot (4), Liot (5), Beaumont (6), Francaſtel (7), le maître découpeur Nicolet (8) & Poulet, ancien directeur & garde de l'académie de Saint-Luc, auteur de bordures remarquables entourant des portraits du Dauphin (9). Oëbenne étoit en outre marqueteur & tabletier, & luttoit avec les autres fourniſſeurs royaux Aufrère (10), Bouvet (11), Coulon, dont voici l'adreſſe : « *Au fort bureau de l'Iſle*, rue Plâtrière, Coulon, maître & marchand ébéniſte, fait, vend & tient magaſin de toutes ſortes d'ouvrages d'ébéniſterie & menuiſerie, comme ſecrétaires de toutes façons & à deſſus de marbre, commodes, bureaux de travail garnis de leur bronze doré ou en couleur, garde-robes, bibliothèques, encoignures, tables à écrans & à ſtores, tables à l'angloiſe, tables à la Bourgogne, tables ambulantes, tables en pupitres, tableagies, à Paris, 1751 (12); » Gaudreau (13); Jabodot (14); Jombert (15); Mijeon (16), l'ébéniſte alors bien connu du faubourg Saint-Antoine, hautement goûté

écoles, *livres d'eſtampes, bijoux qui compoſent le cabinet de feu M. Cayeux, ſculpteur, ancien officier de l'Académie de Saint-Luc*, par Pierre Remy, Paris, 1769, in-12.

(1) Arch. nat. O¹ 2256, fᵒˢ 343, 347, 348 ; & *Archives de l'art françois*, t. Iᵉʳ, p. 304-6, & t. II, p. 201.
(2) Arch. nat. O¹ 2254, fᵒ 326 recto; O¹ 2256, fᵒ 350 recto; O¹ 2252, fᵒ 322 recto; O¹ 2258, fᵒ 354 verſo.
(3) Arch. nat. O¹ 2249, fᵒ 332 verſo.
(4) Arch. nat. O¹ 2296; O¹ 2297; O¹ 3002.
(5) Arch. nat. O¹ 2296; O¹ 2997; O¹ 2252, fᵒ 316 verſo; O¹ 2256, fᵒ 349 verſo.
(6) Arch. nat. O¹ 2258, fᵒ 351 recto.
(7) Arch. nat. O¹ 2997. — (8) Arch. nat. O¹ 2995.
(9) Arch. nat. O¹ 2995; O¹ 2997.
(10) Arch. nat. O¹ 3314. — (11) Arch. nat. O¹ 2996.
(12) Arch. nat. O¹ 2994. — (13) Arch. nat. O¹ 3314.
(14) Arch. nat. O¹ 3002.
(15) Arch. nat. O¹ 2255, fᵒ 231 recto; O¹ 2256, fᵒ 236 recto & verſo.
(16) Arch. nat. O¹ 3314; O¹ 3315.

par Mme de Pompadour, qui lui faifoit 1000 écus de penfion; Olivier (1); Pleney (2), menuifier de la chambre du Roi; Arnoult (3), qui avoit compofé le « buffet mouvant » des petits appartemens de Verfailles, & Sulpice (4), auteur de cette fameufe « table mouvante (5) » de Choify, qui, à l'aide d'une trappe & par un ingénieux mécanifme, préfentoit à l'infatiable appétit de Louis XV, fans déplacement & fans les ennuis du fervice, un fouper tout dreffé d'avance. Le talent de ces ouvriers étoit fecondé par d'induftrieux tapiffiers : Deshayes (6), Gamard (7), Lequeuftre (8), Sallior (9), qui employoient

---

(1) Arch. nat. O¹ 3000; O¹ 3314.

(2) Arch. nat. O¹ 2988.

(3) Arch. nat. O¹ 2255, f⁰ 46 recto.

(4) Arch. nat. O¹ 2256, f⁰ 251 recto. Année 1756.

(5) Voyez, fur cette table mouvante, outre les mémoires du temps : O¹ 2258, f⁰ 251 recto, f⁰ 263 verfo, f⁰ 264 verfo, & l'*Hiftoire de la vie privée des Français*, par Legrand d'Auffy, revue par J. B. B. Roquefort, Paris, 1815, p. 343 & fuivantes. Le roi Staniflas avoit à Lunéville une de ces tables volantes. Louis XV en avoit une autre à Trianon encore plus compliquée. Loriot, d'après Legrand d'Auffy, en étoit l'inventeur.

(6) De Verfailles, n⁰ 177 du *Catalogue Tallard* annoté.

(7) Arch. nat. O¹3316, f⁰ˢ 144 recto & verfo.

(8) Arch. nat. O¹3316.

(9) On trouve dans le *Journal du Garde-Meuble* (Arch. nat. O¹ 3315, f⁰ 62 & *paffim*) plufieurs mémoires très-détaillés de ce marchand qui donnent une idée complète du travail des tapiffiers à cette époque & des étoffes employées par eux. En voici quelques extraits :

« Du 1ᵉʳ avril 1751, Livré pour fervir au château de Marly : *Pièce des buffets, entrefol du Roy* : Six chaifes à dos couvertes de moquette rouge clouée de clous dorés, les bois unis. — *Salle à manger* : Quatre rideaux de fenêtres en deux parties chacun, chaque partie de deux lez de gros de Tours cramoify fur 7 pieds 11 pouces de haut. — *Grand cabinet de Mme Henriette de France, au premier étage* : Six fauteuils & huit chaifes couverts de damas jaune cloué de clous argentés, les doffiers ceintrés, les bras des fauteuils reculés & à manchettes; deux rideaux de fenêtres en deux parties chacun, chaque partie de deux lez de large de gros de Tours jaune fur 14 pieds de haut, &c· — *Pour fervir à Mmes Victoire, Sophie & Louife de France & à leurs dames d'honneur* : Un lit à colonnes & à pentes de damas de Tours cramoify avec des découpures de fatin blanc à compartimens & des feuilles d'ornemens de relief de cannelé cramoify lizerées de cordonnets crale damas, les étoffes de soie ou de laine, les tissus les plus riches & les plus simples, les brocards & les indiennes à compléter leurs petits chefs-d'œuvre d'ébénisterie.

---

moisy & blanc & profilées de soye, composé de trois pentes de dehors, quatre pentes de dedans festonnées, impérialle, grand dossier, dossier chantourné, courtepointe, quatre rideaux, faisant ensemble dix-huit lez sur 10 pieds de haut, bordés de galon de soye cramoisy & blanc à crêtes; quatre mains pour les attaches; trois soubassemens, deux fourreaux de pilliers & quatre pommes...; deux fauteuils & huit plians couverts de même damas, ornés des mêmes découpures, les plians garnis de franges de soye cramoisy & blanc, les bois unis & à moulures. — *Pour servir aux cinq princesses :* Cinq fauteuils de toilette, dont deux couverts de maroquin jaune pour Mesdames aînées, & trois couverts de maroquin rouge pour Mesdames cadettes. — *Cabinet attenant Mme de Pompadour :* Un fauteuil de canne à carreau de damas cramoisy, les bras aussy de damas cramoisy. — *Second étage*, nos 17 & 19, *à Mme de Pompadour :* Deux lits à colonnes à pentes de siamoise de Rouen rayée bleu & blanc, à bouquets, composés chacun de trois pentes de dehors, fond, quatre pentes de dedans, grand dossier, dossier chantourné, courtepointe, deux bonnes-grâces, deux grands rideaux de six lez chacun, quatre attaches & deux fourreaux de pilliers. Les bois de lits de 4 pieds de large, 6 pieds de long, les colonnes de 6 pieds 10 pouces de haut, &c. Deux fauteuils de paille à carreaux de même siamoise; huit chaises à la Reyne couvertes de même siamoise. — *Pour servir dans le cabinet de M. de Tencin :* Quatre fauteuils & huit chaises à dos couverts de velours d'Utreck cramoisy, gaufré, cloué de clous dorés, les bois unis. — *Bâtiment neuf.* No 12 : Un lit à colonnes & à pentes de moire rayée cramoisy & blanc, composé de quatre pentes de dehors, fond, quatre pentes de dedans, deux chantournées, deux rideaux, faisant ensemble dix lez, quatre attaches, quatre fourreaux de pilliers, trois soubassemens à quatre pommes. Un lit en niche de la même moire cramoisy & blanc, &c.... No 11 : Un lit à colonnes & à deux chevets de vieux damas bleu, composé de trois pentes de dehors, quatre pentes de dedans festonnées, fond, deux dossiers chantournés, courtepointe, quatre rideaux faisant ensemble vingt-deux lez, quatre fourreaux de pilliers, quatre attaches, trois soubassemens & quatre pommes, &c....

AUTRE MÉMOIRE. Du 12 novembre 1751, *Livré par le sieur Sallior, tapissier, pour servir au château de Madrid :* Une tenture de tapisserie en six pièces de satinade cramoisy unie. ayant une bordure haut & bas de satin rayé incarnat & cramoisy à fleurs, contenant 10 aunes 1/2 de cours sur 2 aunes de haut, doublée de toile. Un lit en baldaquin desdits satins rayé & uny composé du baldaquin & ses quatre petites pentes, trois grandes pentes, deux grands rideaux faisant ensemble douze lez sur 3 aunes 1/4 de haut, deux chantournés, courtepointe & trois soubassemens. Le bois

Le changement opéré dans les ouvrages de menuiserie où l'on cherche avant tout le brillant & le poli, l'ufage de plus en plus grand des bois étrangers & des merveilleux laques de la Chine firent bientôt du verniffeur l'auxiliaire forcé de l'ébénifte. La France, c'étoit la conviction de ceux qui dirigeoient alors les arts, devoit chercher à lutter dans toutes les branches du travail avec tous les produits des manufactures étrangères & s'affranchir du honteux tribut qu'elle payoit aux autres nations. Cette penfée nous valut Vincennes & Sèvres. La cour donc, jaloufe déjà des beaux produits céramiques de la Saxe & de l'Orient, envioit également le fuccès des vernis de la Chine, & réfolut de doter la France d'un nouvel art induftriel. La curiofité recueille avidement aujourd'hui les témoignages de l'habileté des artifans qui facilitèrent cette entreprife. La famille des Martin, fur laquelle le *Livre-Journal* donne quelques renfeignemens, acquéroit chez Duvaux divers objets, ou étoit par lui employée à la confection de certains meubles. Elle avoit, avant 1748, vu déclarer établiffement national fa fabrique de vernis. L'*Efprit du commerce* (1) nous apprend que « la manufacture *royale* de MM. Martin (2), pour les beaux vernis de la Chine, eft fituée faubourg Saint-Martin, faubourg Saint-Denis & une autre rue Saint-Magloire. » Un arrêt du confeil du 18 février 1744 avoit permis « au fieur Simon-Étienne Martin le cadet, exclufivement à tous autres, à l'exception de Guillaume Martin, de fabriquer pendant vingt ans toutes fortes d'ouvrages en relief & dans le goût du

---

du lit à châffis fanglé & roulettes deffous, de 4 pieds de large & 6 pieds de long, garny d'un fommier de crin & toile de Flandres, deux matelas de laine & futaine, un lit & un traverfin de plume & coutil, un traverfin de duvet & bazin, &c., &c.... » (Arch. nat. O¹ 3315, f° 97 verfo.)

(1) Page 41.
(2) Cf. Jal, *Dictionnaire de biographie & d'hiftoire*. M. Jal n'a parlé que de Robert Martin.

Japon ou de la Chine. » Mme de Pompadour eſtimoit leurs produits, & eut ſouvent, par l'entremiſe de Duvaux, recours à leur talent. La Dauphine paroît ſurtout avoir goûté le travail du vernis Martin & l'heureux effet qu'on en peut tirer pour la décoration des intérieurs. Un des Martin, Robert je penſe, fut, de 1749 à 1756, employé dans ſes appartemens de Verſailles à des travaux conſidérables. En 1949 il touche 6,459 livres, 5 ſols, 2 deniers pour ouvrages exécutés par lui dans le cabinet de la Dauphine (1). En 1756 il y travaille encore, & ſes vernis lui ſont payés plus de 9,000 livres (2). Le 28 janvier de la même année, le Roi lui ordonna de peindre le cabinet de Mme Victoire (3).

Il eſt certain que les vernis fabriqués par les Martin ont vivement préoccupé toute leur époque. On répète ſouvent ces vers de Voltaire dans *les Tu & les Vous* :

« .... Et ces cabinets où Martin
   A ſurpaſſé l'art de la Chine.... »

Et ces autres vers du *Premier diſcours de l'inégalité des conditions* :

« .... Et tandis que Damis, courant de belle en belle
   Sous des lambris dorés & vernis par Martin.... »

Ardemment recherchés par la mode, les ouvrages des Martin étoient vivement attaqués par les cenſeurs des mœurs, qui rendirent ces induſtriels reſponſables de toutes les extravagances que l'amour du luxe fit naître alors. On cite toujours leurs vernis quand il s'agit de flétrir des prodigalités. C'étoit la bête noire du marquis de Mirabeau. « On dit communément, » s'écrie-t-il dans une de ſes véhémentes ſorties, « qu'un gentilhomme dans ſa terre

---

(1) Arch. nat. O¹ 2249, fº 25.
(2) Arch. nat. O¹ 2256, fº 26 recto.
(3) Arch. nat. O¹ 1064, 28 janvier 1756.— Voyez auſſi O¹ 2258, fº 30 recto.

vit mieux avec 10,000 de rente qu'il ne le feroit à Paris avec 40,000. Qu'appelle-t-on dans ce cas vivre mieux ? Ce n'eſt pas épargner plus aiſément de quoi changer tous les ſix mois de tabatières émaillées, avoir des voitures vernies par les Martin, &c.... (1). Nous nous connoiſſons en voitures, en vernis, en tabatières, en porcelaines, &c.... (2) Tout le monde donc a cherché à ſe modeler ſur ſes acceſſoires. L'homme dont les meubles & les bijoux ſont guillochés, doit l'être auſſi par le corps & par l'eſprit. L'homme aux vernis gris de lin & couleur de roſe porte ſa livrée en ſa robe de chambre, en ſa façon de ſe mettre, ” &c.... (3). L'auteur du *Grelot* (4) donne encore à ſon héros « des vis-à-vis, des berlingots & des phaëtons vernis par Martin. »

Je ne ſaurois clore cette liſte, déjà bien longue, ſans ſignaler au moins collectivement le groupe d'ouvriers & d'artiſtes que nos rois avoient formé aux Gobelins, dans cette *Manufacture des meubles de la Couronne*, d'où ſont continuellement ſorties, pendant plus d'un ſiècle, les œuvres les plus exquiſes. Un édit de Louis XIV, de l'année 1667, portoit « que le ſurintendant des Bâtimens & le directeur ſous lui tiendroient la manufacture remplie de bons peintres, maîtres tapiſſiers de haute liſſe, orfévres, fondeurs, graveurs, lapidaires, menuiſiers en ébène & en bois, teinturiers & autres bons ouvriers en toutes ſortes d'arts & de métiers. » La fondation du grand Roi étoit activement entretenue ſous Louis XV pendant les années que nous étudions. Un grand nombre d'artiſtes & d'ouvriers, parmi ceux que nous avons eu l'occaſion de remarquer, avoient leur domicile aux Gobelins, y travailloient ou y avoient fait leur apprentiſſage. Je conſacre

---

(1) *L'Ami des Hommes*, édition de 1759, t. Ier, p. 184.
(2) *Idem*, t. Ier, p. 194.
(3) *Idem*, t. II, p. 285.
(4) *Le Grelot ou les &c.*, &c., 1762, in-8°, p. 29.

aussi en terminant une mention collective aux ouvriers des manufactures de porcelaines de Vincennes, de Sèvres, de Saint-Cloud, de Chantilly, du faubourg Saint-Antoine. Grâce à un engouement excessif de la mode, les produits de la céramique ont été de nos jours si minutieusement inventoriés que je ne pourrois ajouter aucun nom inédit à ceux des fabricans déjà connus par les monographies dont ces manufactures & leur personnel ont été l'objet. Mais la table indiquera tout ce que le *Livre-Journal* apporte de nouveau à l'étude des pièces elles-mêmes, au classement de leurs décors, à la chronologie de leurs formes, à la connoissance des couleurs & des applications successives de la porcelaine de France. Des lacunes inévitables qui existent dans les collections les plus complètes se trouvent comblées, bien des faits incertains établis, l'origine de Sèvres & ses premiers travaux singulièrement éclairés. C'est un chapitre entier de l'histoire de la porcelaine bien curieux à écrire, mais qui, pour être traité utilement, demande des développemens que je ne peux lui donner ici.

En revanche on ne trouvera pas ici déplacés quelques renseignemens précis sur les ventes publiques où, comme dans la boutique des marchands, commencèrent, grandirent & se dispersèrent les collections que nous avons si souvent citées. C'est le complément indispensable du tableau que nous avons esquissé. Les ventes n'avoient pas encore un domicile fixe, ainsi qu'elles en auront un plus tard à l'hôtel de Bullion. Gersaint, mort en 1750, les faisoit souvent chez lui sur le pont Notre-Dame; mais après lui ce quartier est un peu abandonné par le commerce de la curiosité. Les collections des très-riches amateurs se vendoient après leur décès dans leurs hôtels. Quand la vente étoit composée d'objets réunis par des marchands obscurs & mal logés ou par des amateurs vivans qui ne vouloient pas se désigner ouvertement, on louoit un local dans quelque grand établissement public, par exemple, une salle des Grands-Augustins (1). A l'imitation de Gersaint, les principaux experts aimoient à vendre chez eux les collections dont ils avoient fait l'expertise. Remy vendoit chez lui dans une salle spéciale, rue Poupée, la seconde porte cochère à gauche, en entrant par la rue Hautefeuille; puis peu à peu les ventes se rapprochent du siége principal du commerce de la curiosité, c'est-à-dire de la rue Saint-Honoré, & vers la fin de notre période, elles tendent à se centraliser à l'hôtel d'Aligre (2), ou à l'hôtel des Américains (3). Mais ce ne sera que passagèrement.

Les ventes s'effectuoient par le ministère d'huissiers-

---

(1) *Catalogue d'une grande collection de tableaux des meilleurs maîtres d'Italie, de Flandres & de France, qui doivent être vendus dans les salles du grand couvent des Augustins, le 26 mars 1749*. Paris, 1749. — On lit dans l'exemplaire du Cabinet des estampes la note manuscrite suivante : « Ce catalogue est le dernier que M. Gersaint ait mis au jour. Il ne contient que des tableaux, tant de ceux qu'il avoit achetés en Hollande que d'autres appartenant à M. Lempereur & M. Araignon. Depuis le nº 1er jusqu'au nº 61 sont contenus les tableaux de M. Lempereur; depuis le nº 62 jusques & compris le nº 87, ils étoient à M. Gersaint; depuis le nº 88 jusqu'au nº 101 inclus, ils appartenoient à M. Araignon, & depuis le nº 102 jusques & compris le nº 104, ils étoient à M. Delaporte. M. Gersaint n'a fait depuis cette vente qu'un voyage en Hollande, d'où il a rapporté de très-belles choses en différens genres de curiosités qu'il n'a pu vendre lui-même, ayant été surpris par une maladie qui a causé sa mort le 14 mars 1750. »

(2) Voyez le *Catalogue des portraits de personnes illustres dont plusieurs sont en émail....* par M. Helle. « La vente s'en fera en détail.... le mardi 26 septembre 1758.... *rue Saint-Honoré, vis-à-vis la croix du Trahoir*. » C'est à côté que se trouvoit l'hôtel d'Aligre, où s'installeront de nombreuses ventes dès que le grand conseil n'y tiendra plus ses séances. A l'hôtel d'Aligre se vendra, en 1764, une grande partie des collections de l'électeur de Cologne. Un catalogue de vente de tableaux, de desseins, &c.... du mardi 19 juin 1764, indique comme lieu de vente « la grande salle du premier étage de l'hôtel d'Aligre, ci-devant le grand conseil. »

(3) Le 21 mars 1763, d'après un *Catalogue anonyme de tableaux, estampes, desseins*, &c..., une vente se fit rue Saint-Honoré, à l'hôtel des Américains, entre l'Oratoire & la rue des Poulies, au fond de la cour, au second étage. Le lundi 14 janvier 1765, d'après l'indication du cata-

priseurs rempliſſant les fonctions de nos commiſſaires-priseurs actuels & ayant déjà une bourſe commune. Les experts qui fixoient la miſe à prix & qui avoient rédigé les catalogues y aſſiſtoient. Ils obtenoient de preſque tous les amateurs ou de leurs héritiers l'autoriſation de gliſſer dans les catalogues des objets qui leur appartenoient en propre, ou dont quelque confrère ou quelque amateur vouloit ſe défaire (1). Quelquefois, mais rarement, le public en étoit inſtruit (2). Ils ne ſe faiſoient pas faute de s'entendre entre eux & avec des marchands pour ſoutenir le prix de certains objets ou décourager les amateurs qui vouloient ſe paſſer de leur courtage. Preſque tous devoient pratiquer la *réviſion*, comme le révèle naï-

---

logue, les tableaux, eſtampes & deſſeins provenant du cabinet de Largillière furent vendus, rue Saint-Honoré, au Roi des Indes, entre la rue des Poulies & l'Oratoire. La maiſon déſignée par l'enſeigne du Roi des Indes n'étoit pas différente de celle qu'on appeloit hôtel des Américains. Ceci réſulte de la lecture du titre d'un *Catalogue de tableaux, eſtampes, deſſeins, &c.... de* 1765, dont la vente ſe fait « rue Saint-Honoré, au Roi des Indes ou hôtel des Américains près l'Oratoire, » & qui « ſe diſtribue à Paris chez Lebrun, peintre, au même endroit où ſe fera ladite vente. »

(1) Voici une note du *Catalogue de Fonſpertuis*, annoté par Helle (au Cabinet des eſtampes) : « Toutes les curioſités contenues dans ce catalogue n'étoient pas de la ſucceſſion de M. Angran de Fonſpertuis, les héritiers ayant permis à M. Gerſaint d'y ajouter ce qu'il jugeroit à propos. Auſſi a-t-il profité de cette permiſſion en y mettant des deſſeins, eſtampes & coquilles qui appartenoient pour la plus grande partie à M. Devins. » On multiplieroit facilement les exemples.

(2) Dans le *Catalogue* [*Sevin*], par exemple, les eſtampes qu'on vendit conjointement avec les coquilles ne venoient point de la collection Sevin. Gerſaint, dans un *avis* qui ſuit l'Avertiſſement, expoſe qu'elles appartiennent à « M. Du Change, célèbre graveur, membre de l'Académie royale de peinture, ſculpture & gravure, qui, par des raiſons de ſanté, a réſolu de ſe défaire de ſon fonds d'eſtampes. » Cette vente, qui a échappé à M. Charles Blanc dans le *Tréſor de la curioſité*, a conſiſté en différentes eſtampes, gravées par Duchange, pièces ſéparées du *Cabinet du Roi*, hiſtoire du règne de Louis XIV par médailles, morceaux de divers maîtres : Smith, Leclerc, Callot, La Belle & quelques ſuites de la galerie du Luxembourg, d'après Rubens, en épreuves de choix.

i 3

vement Helle dans les notes du catalogue Tallard (1). Les ventes recevoient une publicité, souvent affez étendue, par la voie des affiches & par la diftribution & la vente des catalogues dont quelques-uns furent tirés à mille exemplaires (2). Les ventes commençoient vers deux ou trois heures de l'après-midi & étoient, comme aujourd'hui, divifées en vacations habilement compofées d'objets de diverfes natures. Voici du refte un exemple des opérations néceffitées par les ventes, des frais qu'elles entraînoient & une énumération des différentes perfonnes dont elles exigeoient le concours.

ÉTAT DE DIFFÉRENS FRAIS POUR LA VENTE (3).

Mémoires des débourfés de vente.

" Ce mémoire a été donné par M. Dhogue, huiffier-prifeur, qui a fait la dite vente.

---

(1) *Catalogue Tallard* annoté, nos 215, 256, 286, 360, 392, 402, 403, 414, 436, 441, 479, 489, 521, 522, 532, 536, 635, 703, 856. Pour l'opération frauduleufe de la révifion, voyez la *Confeffion publique du Brocanteur* dans le *Cabinet de l'Amateur* de M. Piot, années 1861-1862, p. 173.

(2) Dans l'exemplaire du *Catalogue [Cottin]*, par Helle & Glomy. Paris, de Lormel, 1752 (de 88 pages & 7 pour les vacations), au Cabinet des eftampes, on lit la note manufcrite fuivante : « Ce qui a fait auffi un grand bien à cette vente, c'eft qu'elle a été annoncée au mieux, M. Cottin, banquier, à qui appartenoient les effets, n'ayant épargné ny fes peines ny fes foins pour y parvenir. Il avoit même fait imprimer 1000 exemplaires de fon catalogue. »

(3) Ce curieux état, qui nous fait connoître tout le mécanifme des ventes publiques, a été dreffé par Helle, affocié à Remy pour la vente dont il y eft queftion. Il eft tranfcrit à la fin d'un catalogue qui fe trouve au Cabinet des eftampes, & dont voici le titre : *Catalogue de deffeins, eftampes & coquilles. La vente de coquilles fe fera les lundi* 10, *mardi* 11 *& mercredi* 12 *décembre* 1759 *à trois heures de relevée; celle des deffeins & eftampes commencera le jeudi* 13 *décembre à trois heures de relevée,... rue Poupée, la feconde porte cochère à gauche en entrant par la rue Hautefeuille.* A Paris, chez Auguftin-Martin Lottin, 1759, in-12.

MARCHANDS.

	Livres.	Sous.	Deniers.
Déboursé pour la requête & permission à fin de vente.	3	4	"
Pour l'imposition & apposition de trois cents affiches de vente, déboursé	16	"	"
Pour les commissaires aux ventes, à 3 deniers pour livre du montant de la vente, suivant quittance mise au pied du procès-verbal.	54	"	3
A celui qui a écrit la ditte vente & aidé à faire le relevé des débets, à 1^{lt} 10^s par vacation, les neuf font.	13	10	"
Au crieur pour avoir répété les enchères & averti les marchands, même somme de.	13	10	"
Pour les neuf vacations de la vente, de 7^{lt} chacune, dont 6 se portent en bourse commune, suivant la délibération du 30 juin 1758, déboursé.	54	"	"
Pour la requête à la bourse commune de quatre cents soixante-trois articles de vente, à raison de 3^{lt} 12^s pour la moitié de grosse du procès-verbal, suivant la déclaration du Roi du 18 juin 1758, déboursé.	83	6	9
Pour le déboursé du contrôle du procès-verbal.	4	14	6
Pour le déboursé du papier	3	6	6
Total.	246	2	"

	Livres.	Sous.	Deniers
Pour les peines, soins & honoraires de l'huissier commissaire-priseur, tant à ladite vente que pour y parvenir, relevés journaliers des débets & révision de compte, papier, commission, faux-frais.	60	"	"
Total des frais & déboursés	306	2	"

CXXXVI INTRODUCTION.

Mémoire du montant du Catalogue.

| | Livres. | Sous. | Deniers. |

Doit M. Remy (1) à Lottin, imprimeur, du 17 novembre 1759 : composition, papier & impression de son *Catalogue d'estampes, desseins, coquilles, &c.*, format in-12, caractère petit-romain, tiré à trois cents, papier carré fin Limoges, ledit catalogue faisant deux feuilles in-12 & une demi-feuille petit in-8°, à raison de 28^{lt} 10^s les deux feuilles in-12 . . . . 57^{lt} „
Deux demi-feuilles in-8°. . . 9 10^s } 66 10 „

Brochure & rognure de cent cinquante en papier marbré à 1 sol . . 7^{lt}10^{s}0^d
Brochure & rognure de cent cinquante en papier blanc à 9 deniers. 5 17 6
Reliure en carton de deux, avec papier blanc intercallé à 12 sous. . . . . 1 4 „ } 14 18 6
Brochure de deux, avec papier blanc intercallé entre chaque feuille, à 6^s . . . . . . „ 12 „

Voyages chez le relieur . . . . „ 11 6

Total. . . . . 82 „ „

Il a été vendu pour 9^{lt} 4^s de catalogues, dont M. Lottin a tenu compte.

---

(1) Dans le compte des sommes dues à l'imprimeur, Remy figure seul ; mais il avoit un associé pour l'ensemble de cette opération commerciale. Cet associé a écrit l'*État des frais* publié ici & les observations qui l'accompagnent. La comparaison du texte de la page suivante avec la liste que Helle a donnée des ventes faites par lui (en tête des deux catalogues de Bailly l'apothicaire, en 1766 & 1767, n°s 10 dans le premier et 12 dans le second) prouve jusqu'à l'évidence que ledit Helle, associé de Remy dans la vente en question, est bien l'auteur des notes manuscrites reproduites par nous.

Compte de la vente que j'ay faitte avec M. Remy des effets de M. le baron de Saint-Julien, ainsi que de ceux de M. Bafan (1).

	Livres.	Sous.	Deniers.
Nous avons vendu pour le compte de M. le baron, deffeins & eftampes, pour	1994	14	,,
Il y a de frais de faits, y compris les 2 fols pour livre de nos honoraires.	395	15	,,
Refte net.	1598	19	,,

Ainfi nous avons à nous deux pour nos peines & foins la fomme de 199^{lt} 8^s, dont la moitié fait celle de 99^{lt} 14^s.

	Livres.	Sous.	Deniers.
Il a été vendu pour le compte de M. Bafan pour	519	14	,,
Il y a de frais faits, y comptant le fol pour livre, pour nos peines & foins.	88	7	8
Refte net.	431	6	4

(1) Pour le public, cette vente étoit anonyme. Les experts difoient dans un pompeux avertiffement qui précédoit le catalogue : « La collection que nous annonçons eft compofée de plufieurs articles de deffeins de différens bons maîtres & d'une grande quantité d'eftampes des écoles d'Italie, de France, &c..., &c.... Elle fe diftingue encore par une fuite auffi nombreufe que remarquable des eftampes les plus capitales de Smith, &c.... Cette collection provient, pour la plus grande partie, de mylord Sommers, un des amis & le protecteur déclaré de Smith, lequel les tenoit de fa main, &c.... » Mais voici la vérité :

« La plus grande partie des deffeins & eftampes de cette vente venoient de M. Baillet, baron de Saint-Jullien. « M. Bafan y avoit cinquante-deux articles, M. Remy trente-huit, M. de Bourlemac (lifez : Bourlamaque) deux, & M. Helle cinq. M. de Bourlemac avoit mis les épluchures des Rembrandt & autres qu'il avoit acheptés. M. Helle en avoit fait de même un rebut de tout ce qui ne luy convenoit pas. » A l'égard des coquilles, elles appartenoient prefque toutes à M. Remy, à l'exception de fept articles qui étoient à M. Roëpel.

« Il n'y avoit en général rien de bien recommandable dans cette vente, à l'exception cependant de quelques articles intéreffans que M. Remy avoit mis pour orner la ditte vente ; auffi fe font-ils affez bien vendus. » (Note manufcrite de Helle à la fin du catalogue.)

INTRODUCTION.

Nous avons eu en tout, pour nos peines & soins & honoraires, la somme de 26^{lt}, dont la moitié fait celle de 13^{lt}.

	Livres.	Sous.	Deniers.
J'ay eu, pour mes peines & soins sçavoir, de M. le baron........	99	14	,,
De M. Basan.............	13	,,	,,
Total......	112	14	,,

	Livres.	Sous.	Deniers.
Pour les frais que nous sommes tenus de payer à nous deux M. Remy & moi, qui sont faits chez lui, tant pour bougies, lampions, feu, salle pour vendre, voyage des crocheteurs, donné à la portière & à la domestique 3 livres à chacune, & autres petits frais, pour le tout...	31	9	,,
Dont la moitié fait...........	15	14	6
Ainsi des 112^{lt} 14^s que j'ai eus pour mes honoraires il faut rabattre 15^{lt} 14^s 6^d pour les petits frais faits entre M. Remy & moy =.............	96	19	6

Il me revient cette dernière somme, tout frais déduit, de net pour mes honoraires. ,,

AUTRE ÉTAT DE FRAIS.

« *Frais de M. Gole, huissier-priseur* (1).

Sçavoir :

	Livres.	Sous.	Deniers.
Pour avis au bureau..........	2	,,	,,
Pour dix vacations à 7^{lt}.......	70	,,	,,
Total......	72	,,	,,

---

(1) Ce compte a été copié par Helle à la fin du *Catalogue des desseins des trois écoles, d'un grand nombre de belles estampes en feuilles,* &c..., par les sieurs Helle & Remy. Paris, 13 décembre 1762, in-12. Cette vente rapporta à chacun des deux experts une somme nette de 96^{lt} 9^s 11^d. Pour l'attribution des notes à Helle, voyez dans les deux catalogues de l'apothicaire Bailly (1766 & 1767), la liste des ventes faites par le marchand.

MARCHANDS.

	Livres.	Sous.	Deniers.
Report......	72	”	”
Pour les commissaires aux ventes, 3 deniers pour livre des 6494ᵗ 18ˢ, à quoi s'est monté le total de la vente, cy..............	81	3	6
Afficheur...............	4	10	”
Affiches................	12	”	”
Controlle...............	5	”	”
Papier.................	1	19	”
Crieur, à raison de 30 sols par séance.	15	”	”
Expédition...............	261	9	7
Requête................	3	4	”
Total (1)....	456	6	1

Frais particuliers de la vente.

Sçavoir :

	Livres.	Sous.	Deniers.
Une voye de bois..........	22	10	”
Pour sept livres & demie de bougie..	18	15	”
Dix terrines de lampions à huit sols, cy.................	4	”	”
Quatre livres un quart de chandelles.	2	2	”
Neuf chopines de vin données au crieur...............	2	5	”
Pour l'impression & brochure du catalogue...............	67	17	”
Pour vingt-six chaises, dont douze à seize sols & le restant à quatorze...	19	8	”
Pour le loyer de la salle de M. Remy chez luy..............	25	”	”
Total......	161	”	”

La physionomie de ces ventes nous a été transmise par un spirituel crayon contemporain. Baudouin dessina & Huquier fils grava vers 1756 la fine représentation d'un

---

(1) " *Nota.* Il y a une erreur de compte de M. Remy, avec celui de l'officier, de 9ᵗ 8ˢ qui se trouve chez M. Remy ; mais comme le procès-verbal fait foy, c'est pourquoy il n'y a point de rappel. " (Note de Helle.)

inventaire pour fervir de frontifpice au catalogue de Tallard. Dans un appartement affez étroit, affis fur une chaife devant une table, un amateur confidère attentivement un deffin ou une eftampe qu'il a tirée d'un portefeuille qui eft à fes pieds. Un chien épagneul eft auprès de lui; en face fe trouvent l'huiffier-prifeur, armé de lunettes, une plume à la main, &, derrière le fauteuil où il eft affis, le crieur public la bouche démefurément ouverte; divers perfonnages, parmi lefquels un commiffionnaire avec fes crochets, circulent dans le fond & autour des figures principales. On peut auffi, je crois, prendre une idée de ce qu'étoient les expofitions qui précédoient les ventes dans un joli croquis deffiné par Cochin le fils & gravé par Cochin le père (1). Autour d'une table placée devant une fenêtre, cinq amateurs font réunis & examinent des eftampes ou des deffins qu'un expert femble leur montrer. Dans le fond, quatre autres curieux dont un abbé, groupés deux à deux, regardent des tableaux. Deux pièces d'Auguftin de Saint-Aubin, gravées en 1757, offrent, à mon avis, le même fpectacle : 1° Dans une grande & haute galerie comme il pouvoit s'en trouver à l'hôtel d'Aligre, trois amateurs font arrêtés à gauche devant un tableau pofé fur un chevalet & caufent entre eux. A droite une dame vue de dos regarde une eftampe; devant la fenêtre de droite, on voit *le jeune homme qui fe tire une épine du pied*. 2° Dans un vafte cabinet d'hiftoire naturelle, au plafond duquel font fufpendus des crocodiles & d'énormes poiffons, un Indien debout, en coftume national, coiffé d'un bonnet pointu, & chargé de fes armes, préfente un objet à deux dames affifes à droite devant une table. Au premier plan de petits génies jouent avec des curiofités minérales. Au fond un homme montre

---

(1) C'eft le n° 110 du *Catalogue de l'œuvre de Ch. N. Cochin fils*, par Jombert. On voit cette eftampe en tête des catalogues de Quentin de Lorangère, d'Angran de Fonfpertuis & de Gerfaint après fon décès.

les vitrines du cabinet à deux personnes assises qui le regardent. L'Indien, dont la présence est ici fort inexplicable, doit faire allusion au *Roi des Indes* qui étoit représenté sur la maison de la rue Saint-Honoré où les marchands élisoient souvent domicile pour leurs ventes. Ce pourroit être encore le *Curieux des Indes* de l'enseigne de Julliot.

La Hollande, par ses instincts commerciaux & son goût précoce pour la collection, semble *à priori* avoir dû être la patrie originelle & la législatrice des ventes mobilières publiques (1). Mais les Anglois, avec leur esprit pratique, furent les premiers qui donnèrent à ces ventes leur forme & leurs règles à peu près définitives.

---

(1) A la suite du *Catalogue de l'Incomparable, &c.*, *collection des estampes de Rambrandt recueillie par Amadé de Burgy*, La Haye, 12 juin 1755 (exemplaire du Cabinet des estampes), Helle a consigné de curieuses observations manuscrites qu'il avoit faites dans ses voyages en Hollande sur le commerce des objets d'art. « Messieurs les Hollandois, qui ne négligent rien de ce qui peut contribuer à faire fleurir leur commerce, à les enrichir, n'ont pas mis en oubli le cas exquis que l'on fait icy du Rembrandt. L'amour naturel qu'ils ont pour ce maître, joint aux recherches empressées des amateurs, les ont très-aisément déterminés à y mettre de grands prix, de sorte qu'il n'est plus guère possible d'en avoir de chés eux, à moins que d'accéder à la haute valeur où ils ont porté presque toutes les pièces de ce grand peintre. Il n'y a pas de pays où il se fasse plus fréquemment de ventes qu'en Hollande, les amateurs étant pour la plupart très-changeans par plusieurs motifs, celuy de varier de curiosités & celuy de gagner sur les effets qu'ils ont ramassés, voyant qu'ils sont devenus en faveur & qu'ils y peuvent faire du profit. Car en général ils aiment mieux de l'argent que toute autre chose, étant naturellement nés avec l'envie de commercer & d'économiser, afin de faire prospérer leurs biens. Aussi ne se soutiennent-ils que par cette façon d'agir; leur pays n'étant pas assés fertile pour les faire subsister, ils se trouvent par là comme forcés d'avoir recours à l'industrie & au commerce, qui en général est l'âme d'un état. Ce que cette nation & celle d'Angleterre nous font bien voir. Comme ils n'ont point de fonds de terre, c'est pourquoi ils réduisent toutes leurs richesses en mobilier & argent, ramassant de tout pour faire prospérer leurs fonds; lesquels ils font valoir aussi en les déposant entre les mains de MM. des États généraux, qui en payent un interest. Et ils sont maîtres de retirer cette somme déposée quand bon leur semble. L'œuvre de M. de Burgi n'a pas été portée à de grands prix pour

Bien avant que Paris poſſédât des ſalles ſpécialement appropriées à leur diſtination & conſtruites exprès pour les ventes, Londres, ſans être en Europe le principal marché de la curioſité, étoit la ville où les curieux pouvoient le plus commodément ſatisfaire leurs goûts. On me permettra à ce ſujet d'exhumer d'un livre oublié (1) le piquant tableau des ventes publiques en Angleterre, tracé par un mordant artiſte de l'ancienne académie. Je ne franchis pas en cela les bornes étroites que je me ſuis poſées, puiſque l'inſtitution angloiſe contemporaine du *Livre-Journal* eſt le type ſur lequel s'eſt évidemment formé le ſyſtème moderne de nos ventes mobilières.

« Il ſe fait à Londres très-fréquemment, d'une façon ſingulière, des ventes de tableaux & de curioſités qui ſont une eſpèce de marché pour les productions des arts. On voit encore, dans cette occaſion, un exemple de la méthode que les Anglois introduiſent dans toutes ſortes d'affaires, & ſurtout du ſoin extrême qu'ils apportent à mettre l'acheteur à ſon aiſe. On a bâti à Londres, depuis vingt ou trente ans, pluſieurs ſalles deſtinées à vendre des tableaux. Ces ſalles ſont hautes, ſpacieuſes & iſolées,

---

la plupart des pièces dans la vente publique qu'il en a fait faire, parce que tous les marchands s'étoient unis enſemble pour reviſer, mais les morceaux qu'ils ont eus parmi eux ont monté beaucoup : ce qui leur a fait une bonne répartition ; car ils partagent le bénéfice également entre eux. M. de Burgi a fait tout ce qu'il a pu pour vendre ſon œuvre à la main, & l'a même propoſé au ſieur Helle pendant qu'il étoit en Hollande ; mais comme il en demandoit de très-grands prix, c'eſt pourquoy il n'a pu s'en défaire de cette manière. Ce qui l'a déterminé à en faire une vente, laquelle ne luy a pas tant produit que les offres qu'on luy en faiſoit. »

« .... Le ſieur Helle a enchéri cette eſtampe (le Bourgmeſtre Six) à la fameuſe vente de G. Tonneman, où il étoit pour lors, juſqu'à trois cens ſeize florins ſans l'*opgelt*, qui eſt un droit d'un ſol par florin en ſus de l'acquiſition, pour l'Amirauté, ſur tous les articles qui ſe vendent. Les frais en général montent très-haut, comptant en tout plus de quinze pour cent. »

(1) *L'état des arts en Angleterre*, par M. Rouquet. Paris, 1755, in-12, p. 186 à 194.

afin que tous leurs côtés puiſſent être également éclairés par un vitrage qui en fait le tour ſans interruption, mais qui ne deſcend pas aſſez bas pour empêcher que leurs parois, à une certaine hauteur, ne ſoient dans l'occaſion tout couverts de tableaux.

« Un particulier, brocanteur ou autre, qui en a raſſemblé une quantité ſuffiſante pour en faire une vente publique, s'arrange avec le propriétaire d'une de ces ſalles; celui-ci eſt à la fois priſeur & crieur. Il reçoit les tableaux, il les fait placer dans la ſalle, ſuivant leur excellence & leur prix, chacun avec ſon numéro; il en fait imprimer un catalogue, où chaque tableau ſe trouve dans l'ordre de ce numéro avec le nom vrai ou ſuppoſé de quelque grand maître. Le ſujet y eſt auſſi indiqué. Ils ſont diſtribués gratis. Quoique les conditions de ces ventes ſoient connues de tout le monde, elles ſont néanmoins toujours répétées au commencement de ces catalogues, afin que, devenant par là de convention réciproque & entendue, elles conſtatent, ſans litige, les droits du vendeur & de celui qui achète : une de ces conditions fixe la ſomme de l'enchère ; au-deſſous de cette ſomme, elle n'eſt pas admiſe. Si l'article en vente eſt crié entre trois & ſix livres, on n'eſt pas reçu à enchérir moins de trois ſols ; au-deſſous de douze francs, l'enchère doit être de ſix ſols. Cette règle eſt obſervée dans la même proportion du ſol pour livre, juſqu'à ce que l'article ſoit porté à cent louis, où elle finit, quelle que puiſſe être la ſomme où il ſeroit porté au delà. Ces conditions raiſonnables ſont faites pour ne pas prolonger inutilement le temps de la vente & pour éviter la puérilité ridicule & peu commerçante, qui ſe pratique ailleurs, d'enchérir d'un ſol un article qu'on crie à douze mille francs.

« Quand une vente eſt affichée, la ſalle où elle doit ſe faire & où ſont avantageuſement étalés les tableaux eſt ouverte pendant deux ou trois jours conſécutifs, tout le monde peut y entrer, excepté la vile populace. Un officier de police, revêtu des marques de ſa charge, en garde la porte. Le public à Londres ſe fait un amuſement de cet étalage à peu près comme à Paris de celui du Sallon, lorſque les ouvrages des artiſtes de l'Académie y ſont expoſés. Quand le jour & l'heure de vendre, qui eſt midi, ſont arrivés, la ſalle ſe trouve remplie de perſonnes de différens sexes & de différens états. On prend place sur des bancs disposés pour faire face à une petite tribune isolée, élevée d'environ quatre pieds, qui est placée à une des extrémités de la salle. Le crieur y monte avec gravité, il salue l'assemblée, & se prépare un peu, en orateur, à faire son office avec toutes les grâces & toute l'éloquence dont il est capable. Il prend son catalogue, il fait présenter le premier article, il l'annonce & le crie; il tient dans une main un petit marteau d'ivoire, dont il frappera un coup sur sa tribune quand il voudra déclarer à l'assemblée que l'article en vente est adjugé.

" Rien n'est si amusant que ces sortes de ventes : le nombre des assistans, les différentes passions dont on les voit occupés, les tableaux, le crieur même & la tribune, tout contribue à la variété du spectacle. Là, on voit le brocanteur infidèle faire acheter en secret ce qu'il décrie ouvertement, ou bien, pour tendre un piége dangereux, feindre d'acheter avec avidité un tableau qui lui appartient. Là, les uns sont tentés d'acheter & d'autres se repentent de l'avoir fait. Là, tel paye un article cinquante louis par pique & par gloire dont il n'auroit pas donné vingt-cinq, s'il n'avoit craint la honte de céder en présence d'une assemblée nombreuse qui avoit les yeux sur lui. Là, on voit pâlir une femme de condition qui est sur le point de se voir enlever une méchante pagode dont elle n'a pas besoin & dont elle ne voudroit pas dans une autre occasion.

" Le nombre d'articles marqués sur le catalogue pour la vente de chaque séance est environ de soixante-dix. L'ordre & la régularité qui règnent dans ces ventes fait qu'on peut juger, étant absent, à une demi-heure près, du temps où sera mis à l'enchère tel ou tel article; ce qui produit une agréable facilité pour les personnes dont le temps est précieux. Ces sortes de ventes ont rendu le goût des tableaux très-général à Londres ; elles l'excitent & le forment; on y apprend un peu à connoître les différentes écoles & les différens maîtres. Au reste, c'est une espèce de jeu où les joueurs habiles dans ce genre mettent subtilement en usage tous les moyens imaginables de faire des dupes, & ils réussissent. "

Rien n'a vieilli dans cette vive peinture. Plus d'un trait

de la satire porteroit encore, plus d'un détail de la description auroit pu s'appliquer chez nous dès 1750, & tout l'ensemble s'appliqueroit parfaitement en France aujourd'hui.

III

ARTISTES.

Des artistes de tout genre, peintres, sculpteurs, graveurs, architectes, figurent dans le *Livre-Journal* de Duvaux à côté des personnages qui, par leurs fonctions à Versailles, étoient chargés de les occuper & de les diriger. Il est donc indispensable, pour éclairer le texte publié ci-après, de faire un tableau de ce qu'étoit de 1748 à 1758 l'administration des arts, & de montrer ce qu'a été, pendant dix ans, l'art officiel à la cour de France.

Par le fait des institutions politiques, le Roi avoit sur les Arts, comme en tout, la direction la plus absolue. Ce n'étoit pas, pour Louis XV, le moindre des attributs de son pouvoir & ce n'étoit pas la prérogative royale qu'il aimoit le moins à exercer. Il s'intéressoit à tout ce qui se faisoit dans l'administration des Bâtimens; on retrouve sa main, comme celle de Louis XIV, sur les comptes de sa maison. « On travaille actuellement à Marly, » dit le duc de Luynes (*Mémoires*, t. VII, p. 224), « à faire un entresol au-dessus de la chambre du Roi. Le plan pour cet ouvrage a été arrêté par le Roi, & même crayonné de sa main sur les plans qui lui ont été remis. » Le journal de son travail avec Marigny, conservé aux Archives nationales, prouve d'ailleurs que les plus humbles détails de cette administration ne lui répugnoient pas (1).

Si toutes les décisions avoient besoin de la ratification du Roi par l'appofition du mot *bon* mis à la marge des propofitions & des projets, l'initiative appartenoit, dans la plupart des cas, au directeur des Bâtimens du Roi, véritable furintendant des arts, moins le titre. Quand commença le crédit de Mme de Pompadour, Orry étoit contrôleur général des finances & directeur des Bâtimens du Roi. C'étoit un homme intègre & laborieux, élevé à l'école du cardinal Fleury, mais dont les idées d'économie ne pouvoient s'accommoder avec les goûts de dépenfe que la nouvelle maîtreffe apportoit à la cour. Il fut renvoyé. Le contrôle général fut donné à Machault d'Arnouville, qui fe montra le plus habile financier du dix-huitième fiècle, & la direction des Bâtimens, en attendant que le jeune Abel Poiffon, devenu marquis de Vandières, eût atteint l'âge compétent pour l'exercer, fut confiée au vieux fermier général qui avoit entouré de foins l'enfance de la favorite & qui paffoit pour fon père, à Charles-François-Paul Lenormant de Tournehem. C'est à la fin de décembre 1745 (2) que Tournehem fut nommé directeur des Bâtimens du Roi; & le 14 janvier 1746 la furvivance de cette place fut officiellement confiée à M. de Vandières (3). D'Argenfon, mal intentionné pour tout le monde depuis qu'il n'eft plus à la cour, dit bien : « Tournehem, qui a l'intendance des Bâtimens, n'a ni goût, ni économie. On dépenfe des fommes immenfes (4). » Il l'attaque encore ailleurs (5). Il eft ce-

---

(1) Voyez les logemens & les penfions accordés fur le *bon* feul du Roi & les ftipulations qu'il fit faire en faveur de Tocqué lors de fon voyage en Ruffie.

(2) *Mémoires du duc de Luynes*, t. VII, p. 151.

(3) *Mémoires du duc de Luynes*, t. VII, p. 200.

(4) *Mémoires du marquis d'Argenfon*, édition Rath., t. V, p. 70 & 80.

(5) *Mémoires du marquis d'Argenfon*, t. V, p. 162 & 238.

pendant conftant que pendant toute l'année 1746 Lenormant montra un véritable zèle & une grande activité dans fes nouvelles fonctions (1). Dès 1746 il entreprit de réorganifer fur une vafte échelle toute l'adminiftration des Beaux-Arts. Oubliant rapidement l'origine de fon pouvoir, il avoit horreur de la faveur & vouloit que toutes les récompenfes fuffent diftribuées par le jugement d'un concours, fous le contrôle du public. Il adreffa en conféquence au Roi le mémoire fuivant :

« Il fe préfente tous les jours des peintres qui demandent à être employés & à travailler pour le Roi. Mais cette envie de travailler n'excite pas parmi les peintres l'émulation fi capable de faire refleurir cet art, qui paroît être tombé nonfeulement en France, mais même dans les pays où il fe trouvoit autrefois des gens qui excelloient dans ce genre. Sa Majefté peut à peu de frais encourager le talent des peintres & les engager à s'y appliquer plus qu'ils ne le font préfentement. Pour cela on fe propofe d'ordonner à chacun des officiers qui compofent l'Académie de peinture & qui prétendent à l'honneur de fervir le Roi de faire voir, dans l'expofition qui fe fera en 1747, un morceau de leur main qui pourroit avoir fix pieds de longueur fur quatre de hauteur; on les laifferoit libres de choifir le fujet qu'ils croiront le plus favorable pour faire briller leur génie. Le Roi prendroit leurs tableaux, qui ne monteroient pas à plus de douze ou quinze, & ce feroit sur *l'examen de leurs mérites divers & fur l'approbation qu'ils auront reçue du public que le directeur général régleroit le choix des peintres qu'il emploieroit dans la fuite pour le fervice de Sa Majefté*. Une autre année on feroit même expérience fur un nombre de peintres qui ne feroit pas pris du corps de l'Académie, & ainfi d'année en année. Cela encourageroit les peintres en leur donnant de l'émulation, & la France deviendroit l'école des plus excellens peintres (2). »

Le projet fut approuvé par le Roi & les tableaux com-

---

(1) *Mémoires du duc de Luynes*, t. VII, p. 224, 271, 303.
(2) Arch. nat. O¹ 1922, p. 156.

mandés aux officiers de l'Académie furent exposés au Salon de 1747(1). Les journaux & les gens de lettres félicitèrent vivement le directeur de sa mesure & les artistes de leurs œuvres (2). Préoccupé de ne pas faire intervenir l'administration en matière si délicate & de ne pas récompenser autre chose que le mérite même des œuvres en

---

(1) Lenormant avoit écrit au directeur de l'Académie :
« A Versailles, le 17 janvier 1747.
« Le Roi ayant agréé, Monsieur, le projet que je lui ai proposé pour mettre plus dans son jour le mérite & les talens de son Académie de peinture & encourager les sujets qui la composent, je vous envoie les noms des dix officiers de ladite Académie que j'ai choisis pour travailler cette année. Les fonds que j'ai destinés ne me permettant pas d'en admettre un plus grand nombre, je compte employer les autres pour les ouvrages que j'ai à ordonner dans les nouveaux appartemens du château de Versailles, & l'année prochaine je nommerai dix nouveaux compositeurs, étant juste que tous les bons sujets profitent des bontés de Sa Majesté. Je vous prie d'avertir que je ne donne que la mesure fixe de six pieds de long sur quatre pieds de haut pour les tableaux, & que je laisse entièrement aux choix des compositeurs le sujet de leur tableau. L'intention du Roy étant que chacun travaille dans le genre de peinture pour lequel il se sent le plus de génie & d'inclination. Je me flatte, Monsieur, que ces dix tableaux seront finis à tems pour faire un des principaux ornemens de l'exposition prochaine au Salon du Louvre. Je suis, M., &c.... LENORMANT. » (Arch. nat. O^1 1914.)

Les concurrens étoient en dernier lieu au nombre de onze. Leurs tableaux furent exposés dans la galerie d'Apollon, les uns à côté des autres, & dans cet ordre : 1° *Alexandre buvant le breuvage préparé par son médecin Philippe*, par Restout. — 2° *Silène, nourricier & compagnon de Bacchus*, par Vanloo. — 3° *Mutius Scevola se brûlant le poignet*, par Dumont-le-Romain. — 4° *Enlèvement d'Europe*, par Boucher. — 5° *Une fête de Bacchus*, par Natoire. — 6° *Armide prête à se frapper*, par Pierre. — 7° *Diogène brisant son écuelle comme inutile*, par Jeaurat. — 8° *Pyrrhus, fils d'Éacide, est amené à la cour de Gaucias, roi d'Esclavonie, dont il embrasse les genoux*, par Collin de Vermont. — 9° *Moyse sauvé des eaux*, par Leclerc des Gobelins. Les vieux peintres Galloche & Cazes n'avoient pas pu terminer à temps leurs tableaux pour l'exposition.

(2) *Mercure de France*, octobre, p. 121-127. *Lettre sur l'Exposition des ouvrages de peinture & de sculpture.... de l'année 1747* [par l'abbé Leblanc], 180 pages. — *Dialogue de M. Coypel, premier peintre du Roi, sur l'Exposition dans le salon du Louvre en 1747*, s. d., in-12 de 16 pages. — *Épître au Roi sur quelques tableaux exposés au Louvre pour le concours proposé par M. de Tournehem*, en vers de huit pieds, 7 pages in-12.

dehors des mille influences & des mille intrigues de la cour, Lenormant ne voulut pas user du droit qu'il s'étoit réservé de distribuer les prix promis pour le concours. Il écrivit en conséquence à Coypel le 29 septembre 1747 :

« Je me suis proposé d'accorder des prix, &, comme je suis persuadé que personne ne peut être meilleur juge que celles mêmes qui ont concouru, c'est aussi à elles que je laisse le soin de juger. Les prix sont au nombre de six, consistant chacun en une bourse de cent jetons & une médaille d'or. Je compte qu'ils feront leur nomination par scrutin, & en même temps je souhaite que celui qui donnera le nom pour chacun des prix ne mette pas le sien. Au moyen de quoi les onze concurrens nommeront par leur scrutin ceux qu'ils croiront les plus dignes (1). »

Les artistes, de leur côté, sans renoncer au droit nouveau qu'on leur accordoit, donnèrent aussi une preuve de bon goût. Sur l'exposé qui fut fait à l'Académie par le premier peintre, Dumont-le-Romain, Boucher & Natoire prièrent que, sans aller au scrutin, on partageât également les six prix.

Voici en même temps quelle avoit été sa première réforme. Orry, à la fin de sa gestion, faisoit exposer tous les deux ans (2) les œuvres des peintres & des sculpteurs de l'Académie. Lenormant de Tournehem voulut organiser un salon annuel (3), & motivoit ainsi sa décision :

« La peinture est composée de tant de parties qu'il est presque impossible qu'un seul homme les rassemble toutes ; en s'attachant à acquérir les unes, les autres lui échapperont sans qu'il s'en aperçoive, si, toujours vis-à-vis de ses propres productions, il n'est jamais secouru par de sincères avis. Il est donc à souhaiter que les peintres fassent preuve

---

(1) Arch. nat. O¹ 1917 ; O¹ 1922, f° 119. Cette sorte de jury avoit été proposée par l'abbé Leblanc dans la *Lettre sur l'Exposition de 1747*.
(2) Salons de 1743 & de 1745.
(3) Salons de 1746, 1747, 1748, 1750, 1751.

d'une affez grande intelligence pour fe confulter fouvent & fe communiquer réciproquement leurs lumières. Mais comme il eft rare que les gens de même profeffion foient parfaitement unis, le moyen le plus fûr pour les engager au moins à fe donner tacitement des confeils, c'eft de les obliger à réunir leurs meilleurs ouvrages dans le même lieu. Si un peintre, qui veut fe faire une réputation durable, fçait fe juger de bonne foi en voyant fes tableaux à côté de ceux de fes dignes rivaux, il fait indubitablement que, s'il fe trouve dans les fiens quelques beautés qu'il ne voit pas dans les autres, il s'en rencontre auffi dans les autres dont les fiens font dépourvus & auxquelles l'amour-propre piqué veut qu'il s'efforce d'atteindre promptement. Difcontinuer les expofitions des tableaux, ce feroit laiffer raffroidir cette importante émulation.

« Mais, dit-on, il eft impoffible que dans le cours d'une année les peintres faffent affez d'ouvrages pour garnir le vafte falon du Louvre. A cela l'on croit pouvoir répondre que cette grande quantité n'eft pas même défirable; elle ne fert qu'à éblouir : on veut tout voir & on ne voit rien. L'on croit (1).... & l'on juge. D'ailleurs cette multitude de tableaux eft plus capable de donner une idée baffe de la peinture que d'en relever le prix. Une partie du public fe figure que depuis que, dans cet art, on produit tant de chofes en fi peu de temps, l'efprit a peu de part à de telles productions, & l'on met le peintre au rang des mécaniciens. Il fuffiroit, pour l'honneur de l'école françoife que la [déco]ration du falon fe réduisît tous les ans à cinquante tableaux.

« Si l'on ne fait des expofitions que de deux années en deux années, ne devra-t-il pas arriver que d'habiles gens dans ce long intervalle auront livré des ouvrages faits pour le païs étranger & pour nombre d'endroits d'où l'on fera dans l'impoffibilité de les déplacer? Ce feroit fans doute une mortification pour les auteurs de n'avoir pu offrir ces morceaux aux regards des connoiffeurs.

« Le public fe plaint que dans les expofitions il ne

---

(1) Un mot ici a été coupé par le relieur.

voit prefque plus que des portraits. Qu'il s'en prenne à lui-même & non pas aux peintres; s'il leur faifoit naître plus d'occafions de peindre des tableaux d'hiftoire, le falon lui offriroit cette variété qu'il défire (1). »

Un des principaux objets pour lefquels le Roi exerçoit le pinceau des académiciens étoit la repréfentation des princes de la famille royale. Mais, fuivant les influences que l'artifte parvenoit à mettre en jeu, fuivant les protections qu'il favoit invoquer, ces portraits étoient inégalement payés : quelques-uns beaucoup trop ; d'autres pas affez. Lenormant, voulant encore bannir la faveur des commandes royales, réputa tous les académiciens, par le fait feul de leur titre, auffi habiles les uns que les autres & dignes tous, par conféquent, de la même rémunération; il arrêta un tarif pour les portraits que le Roi commandoit : Les plus grands & les plus riches devoient être payés 4,000 livres; jufqu'aux genoux, 2,500; en bufte, 1,500 (2). Il étendit bientôt ce fyftème aux autres commandes du Roi, & écrivit le 1er juin 1747 la lettre fuivante à Coypel, qui, comme premier peintre & directeur, lui fervoit d'intermédiaire avec l'Académie.

« Dans la feule vue de mettre le Roi en état d'occuper plus fouvent ceux qui fe diftinguent dans fon Académie de peinture & de fculpture, j'ai cru, Monfieur, devoir donner un règlement pour le prix des portraits. Il ne me paroît pas moins important d'en ufer de même pour les tableaux deftinés à être exécutez en tapifferie dans la manufacture des Gobelins. Desjà l'Académie peut être informée que déformais MM. les académiciens choifis pour travailler à ces grands ouvrages donneront à la fois les originaux en petit & les grandes copies de leur main ou revues par eux, de forte qu'ils puiffent les avouer. La grande copie ou le fecond original fervira de modèle aux tapiffiers en fous-ordre, & le petit tableau fait en pre-

---

(1) Arch. nat. O¹ 1922, année 1746, p. 156.
(2) *Lettre à Coypel du 13 mai 1747.* Arch. nat. O¹ 1917.

mier sera sous les yeux du tapissier en chef préposé pour conduire les autres; par ce moyen il aura toujours présent le tout ensemble du morceau qu'il fait exécuter. »
Le directeur divise tous les tableaux en trois catégories : « Tous les tableaux, depuis 22 pieds de long jusqu'à 18, seront compris dans la grande mesure; en conséquence, je compte donner pour le petit original & la grande copie faite ou revue par le maître, la somme de 6,000ᵗ. La moyenne mesure sera de 12 pieds jusqu'à 9. Les 2 tableaux seront payés 4,000ᵗ. Tous les châssis seront fournis par le Roy. »

Mais en homme qui vouloit profondément restaurer l'administration des Arts, Tournehem avoit compris qu'il falloit toucher à la fois au sommet & à la base de toute l'institution, à l'Académie & à l'école. L'Académie de peinture & sculpture, par l'esprit libéral qui avoit présidé à sa fondation, sans limite dans le nombre de ses membres, étoit ouverte à toutes sortes de talens, & l'on sait combien les contemporains sont mauvais juges pour s'apprécier entre eux. Il en étoit résulté que des hommes, que de brillans débuts ou la faveur du public avoient portés aux honneurs académiques & imposés en quelque sorte au choix de la compagnie, n'avoient pas continué à fournir des preuves du talent qu'on leur attribuoit, & compromettoient par leurs productions la bonne renommée du corps enseignant. Le Roi, par l'exposition annuelle récemment organisée de toutes les œuvres des académiciens, auroit concouru à vulgariser de mauvais exemples. Tournehem évita ce danger en instituant un jury composé des artistes les plus éprouvés, des officiers de l'Académie, comme on disoit, c'est-à-dire de ceux à qui leurs confrères avoient décerné des grades & des dignités. Il les chargea de veiller à l'honneur de l'Académie & d'écarter des expositions tout ce qui pourroit la faire déchoir dans l'esprit du public dont la critique commençoit à s'éveiller. Il écrivit à Coypel :

« Le 17 du mois d'aouſt [1747], tous les tableaux que les membres de l'Académie voudront expoſer feront tranſportés dans la galerie d'Apollon, ſans qu'on en puiſſe ajouter d'autres ſans ma permiſſion. Ils feront rangés de manière qu'on ſoit à portée de les bien voir.

« On convoquera pour le lendemain une aſſemblée particulière compoſée premièrement du directeur, des quatre recteurs & des deux adjoins à recteur. L'Académie nommera encore à la pluralité des voix un ancien profeſſeur, ſix profeſſeurs, trois adjoins à profeſſeurs & deux conſeillers pour qu'ils ſe trouvent auſſi à ladite aſſemblée. Les officiers réunis examineront ſcrupuleuſement & ſans paſſion leſdits tableaux préſentés pour orner le ſalon &, par la voye du ſcrutin, ſupprimeront ceux qui ne leur paroîtront pas dignes d'être mis ſous les yeux du public. Ceux à qui ce règlement paroîtroit trop ſévère n'entendroient pas leurs propres intérêts. Ce qui peut arriver de plus cruel à un artiſte, c'eſt de recevoir l'improbation générale. D'ailleurs, comme ils feront avertis de bonne heure de ce qu'ils peuvent redouter, c'eſt à eux à s'aider des conſeils de leurs véritables amis pour ne pas ſe hazarder légèrement. Je crois même, par cet arrangement, leur témoigner à quel point je cherche à les ménager. Car enfin il leur ſera moins rude d'eſſuyer l'examen de leurs confrères que de voir par mon ordre déplacer leurs ouvrages; & c'eſt ce que je ne pourrois me diſpenſer de faire ſans manquer aux devoirs que m'impoſe ma place, ſi malheureuſement je voyois des choſes capables de dégrader une Académie que je chéris & qui eſt honorée de la protection de Sa Majeſté.

« Je ſuis, M..., &c.

« LENORMANT. »

Voilà l'origine du jury tant diſcuté de nos jours. Cette déciſion ſouleva immédiatement, on le penſe, de nombreuſes proteſtations. Tournehem eut l'habileté de les faire taire & le courage d'appliquer le règlement à tout le monde, ſans aucune exception. Tocqué, qui avoit peint le portrait de la feue dauphine Marie-Thérèſe d'Eſpagne & qui déſiroit le voir figurer au Salon de 1748, auroit bien voulu échapper à l'examen du nouveau jury.

Il croyoit que le sujet de son tableau & l'honneur d'avoir été choisi pour le peindre le mettroient au-dessus de la règle. Le directeur général écrivit au premier peintre : « Je crois le tableau bien, mais il ne doit pas être exempt de l'examen, & tous les peintres de l'Académie s'y sont soumis. Ainsi je prie M. Coypel de faire là-dessus ce qui est nécessaire. 7 août 1748 (1). »

Toutes les occasions étoient saisies par Lenormant de Tournehem pour prouver à l'Académie sa sollicitude & ses bonnes dispositions. Il assistoit quelquefois aux conférences de cette compagnie, notamment le 1er juillet 1747 (2). Cette même année, quand mourut Orry qui étoit protecteur de l'Académie, on vint offrir ce titre à Lenormant. Il le refusa pour lui-même & sut le faire accepter du Roi. Tout le monde gagna à ce qu'il n'y eût plus d'intermédiaire entre les faveurs accordées par le Roi & les artistes qui les recevoient.

Ces encouragemens, cette surveillance & cette rigueur devoient nécessairement maintenir le niveau du talent académique & même le faire remonter. Il s'agissoit aussi de préparer les générations nouvelles &, en fortifiant les études des jeunes artistes, de faire « refleurir, » comme avoit dit Lépicié à Tournehem dans une allocution publique (3), « le temps de Colbert. » Pour atteindre ce but, le directeur général créa un enseignement supérieur des Beaux-Arts. Avant d'envoyer à l'Académie de France à Rome, les élèves peintres & sculpteurs qui avoient remporté le grand prix, le directeur, inspiré par Coypel, imagina de constituer une sorte de séminaire où, pendant trois ans, les jeunes sujets seroient préparés sous un habile maître à profiter d'un long séjour en Italie. Cette école, située près de l'Académie de pein-

---

(1) Arch. nat. O^1 1922, p. 40.
(2) Arch. nat. O^1 1922, p. 161.
(3) Arch. nat. O^1 1922, p. 161.

ture, s'ouvrit au Louvre le 1ᵉʳ janvier 1749. Elle se composoit d'un directeur, Dumont-le-Romain d'abord, puis Carle Vanloo; d'un professeur d'histoire, Lépicié, & de six élèves qu'un concours avoit désignés parmi les plus méritans d'entre tous les jeunes artistes. C'étoient les peintres Gabriel-François Doyen, élève de Carle Vanloo; Jean-Baptiste Hutin, élève de Boucher; Charles-François-Pierre de La Traverse, autre élève de Boucher; Philbert-Benoît de La Rue, élève de Parrocel. Les sculpteurs : Edme Dumont, élève de Bouchardon, & Augustin Pajou, élève de Lemoine. Nul élève de l'Académie ne put à l'avenir aspirer à devenir *protégé* par le Roi s'il n'avoit obtenu le grand prix de peinture & de sculpture, & cette récompense fut assurée à tous les grands prix comme un droit.

L'école de dessin qui étoit ouverte depuis la fondation de l'Académie, continuoit à offrir à tout venant les moyens d'étudier la peinture & la sculpture. Elle est trop connue pour qu'il soit nécessaire de rappeler les détails de son organisation. Voici un document contemporain qui nous donne une image assez piquante de la vie intérieure de cette école :

« Les élèves de l'Académie royale de peinture & sculpture représentent à M. de Tournehem qu'il se commet des injustices journellement dans ladite Académie.... Il semble que MM. les professeurs prennent à tâche d'anéantir le bel ordre qui s'y est toujours observé, & notamment sous M. de Boulogne (1).

« *Faits*.

« Feu M. Coustou, le concierge son parent & le secrétaire, ainsi que plusieurs autres, sont les autheurs de toutes les cabales qui s'y font pour frauder les élèves des

---

(1) Louis de Boullongne, peintre & graveur, né en 1654, mort en 1733, premier peintre du Roi depuis 1725. La pièce est aux Arch. nat. O' 1922, p. 138.

médailles qui se distribuent à ceux qui les méritent. MM. Caze, Lemoine, Christophe (1) & Galloche ont la complaisance de faire tout ce que l'on veut, non-seulement pour les médailles, mais encore pour juger des places : ce qui fait que M. Coypel ne s'y trouve jamais, pour éviter toute dispute. M. Favannes ne mène avec lui, à la vérité, qu'un élève lorsqu'il pose le modèle qui, en donnant le coup de pouce, diminue le temps de l'étude. M. Restout, pour sa commodité, posoit le modèle conformément aux figures dont il a besoin pour ses tableaux, outre qu'il donne congé au modèle quand il fait un peu froid ; ce qui ne s'est jamais pratiqué. Le concierge profite en cette occasion de l'huile & du charbon qui ne se consomment point. M. Dumont-le-Romain, s'étant aperçu du coup de pouce que l'on donnoit à l'horloge, a fait dans son mois poser le modèle sur sa montre ; mais, comme il est le premier professeur & qu'il va être adjoint à recteur, il craint aussi de déplaire au secrétaire & à la cabale ; il a souffert, contre son ordinaire, par l'entremise du concierge gagné par présens, que l'on distribue le dernier quartier des médailles à gens qui étoient bien éloignés de les mériter : tels que le neveu de M. Carle Vanloo & Jeaurat. Cela n'est pas surprenant, par le défaut d'attention du concierge qui, très-souvent, signe des feuilles en blanc sans savoir ce qui est derrière : ce qui facilite ceux qui veulent tromper, en se faisant aider par leurs maîtres ; ce qui ôte toute l'émulation des élèves. M. Carle Vanloo ayant déclaré qu'il ne vouloit point faire d'élèves, les autres, à son exemple, ont fait de même : ce qui est contre l'intention du Roi. MM. Natoire & Pierre sont les seuls qui font des élèves ; mais le premier fait tort aux élèves. MM. Collin de Vermont & Jeaurat sont de ceux qui se prêtent à faire gagner des médailles injustement. M. Oudry ne se trouve jamais au jugement des médailles & ne veut pas non plus faire d'élèves. MM. Adam, Lemoine, Bouchardon & Coustou font gagner injustement aux sculpteurs. Enfin M. Pigalle, dans son mois d'adjoint, a laissé le modèle & les élèves faire danser des pantins, ainsi que le concierge.

---

(1) Joseph Christophe, élève de Bon Boullongne, né à Verdun en 1662, mort à Paris le 29 mars 1748.

« Ces élèves demandent que M. le directeur général envoye ce mémoire à l'Académie la veille de la Saint-Jean à six heures du soir, quand ils seront tous assemblés, afin qu'ils en aient connoissance. » (22 juin 1747.)

L'école de l'Académie étoit fréquentée en ce moment par cent douze élèves. On leur fit désavouer cette pièce quelques jours après.

L'école que Bachelier devoit fonder n'existoit pas encore. Mais l'école des Gobelins, née sous Louis XIV des besoins d'une manufacture qui réclame des ouvriers habiles & instruits, supprimée ensuite & rétablie par Orry, cette école, qui subsiste encore aujourd'hui, n'étoit pas oubliée par le directeur. Les peintres Châtelain, Antoine Boizot & Sébastien Leclerc, y étoient attachés comme maîtres & rémunérés médiocrement par le Roi, parce qu'ils cumuloient d'autres fonctions avec cette place(1). Leclerc avoit le titre de « professeur de la *nouvelle* école établie aux Gobelins, » ce qui semble indiquer une réorganisation de ce petit établissement. L'enseignement n'y étoit pas seulement gratuit; les aptitudes pour les arts étoient soigneusement encouragées. Par exemple, « le sieur Richetain, élève peintre de la manufacture des Gobelins sous le sieur Boizot, peintre d'icelle, » recevoit « une gratification pour l'aider à subsister, en considération des dispositions qu'il a pour l'art (2). » Ce Jean-Baptiste Richetain étoit un pauvre enfant né sourd-muet, âgé alors de neuf à dix ans, à qui le Roi donna, en 1753, un maître de dessin & une pension alimentaire de 300 livres jusqu'à

---

(1) Aux sieurs Châtelain, peintre, & Leclerc, dessinateur, ayant le soin d'instruire les élèves de ladite manufacture des Gobelins : 300tt, sçavoir 200tt pour le sieur Châtelain & 100tt pour le sieur Leclerc. Arch. nat. O¹ 2250, fº 208 recto. — Voyez aussi *ibid.* O¹ 2253, fº 194 verso, & O¹ 2258, fº 224 verso. Leclerc avoit en outre 1000tt de gages &, en 1756, une pension de six cents livres. Boizot avoit 2000tt pour « tirer les traits des tableaux que S. M. fait exécuter en tapisserie. » O¹ 2257, fº 230 recto.

(2) Arch. nat. O¹ 2253, fº 316 recto; O¹ 2258, fº 374 verso.

l'âge de vingt-trois ans (1). Il devint en 1757 élève de Vanloo (2).

Une école d'architecture avoit été fondée & florissoit en ce moment sous le patronage de l'Académie d'architecture. Elle encourageoit par des subventions des élèves qui devoient marquer, comme Louis, le futur architecte du théâtre de Bordeaux (3).

L'Académie de France à Rome étoit aussi l'objet de la sollicitude de l'administrateur des Bâtimens royaux. Elle étoit prospère sous la direction de De Troy &, après 1751, sous celle de Natoire. Lenormant ne vouloit pas non plus qu'on y entrât autrement que par le concours du grand prix & avant un stage de trois ans accompli dans l'école spéciale signalée plus haut. Pour la maintenir sur un bon pied, la direction générale n'épargnoit aucun sacrifice d'argent. Tous les trois mois François-Marie Cioïa, banquier à Paris, faisoit passer au palais Mancini (4) un quartier des fonds alloués pour son entretien, soit 2,000 écus romains (5); ce qui portoit la dépense annuelle de l'école de Rome à 8,000 écus romains ou 44,000 francs. Suivant l'ancien règlement, les élèves adressoient tous les ans au directeur général un spécimen de leur travail. Marigny, plus tard, poussé par Lépicié (6), se montra plus sévère. Il exigea l'envoi de pein-

---

(1) Arch. nat. O¹ 1064, 10 octobre 1753.
(2) Arch. nat. O¹ 2257, f⁰ 389 verso.
(3) Arch. nat. O¹ 2256, f⁰ˢ 359, 360.
(4) L'Académie de France à Rome étoit installée vers cette époque au palais Mancini. Par état du 2 juin 1758, on payoit au marquis de Mancini la somme de 10,000 livres pour ses intérêts pendant l'année 1757 de 200,000ᵗᵗ, prix principal de la vente par lui faite au Roi du palais Mancini à Rome, pour y établir son académie de peinture, sculpture & architecture. (Arch. nat. O¹ 2257, f⁰ 405.)
(5) O¹ 2249, f⁰ 317; O¹ 2253, f⁰ 294; O¹ 2257, f⁰ 349; O¹ 2258, f⁰ 334.
(6) Le 4 juin 1754, Lepicié écrivit à Vandières : « Monsieur, suivant vos ordres, j'ai fait voir à MM. de Silvestre & Vanloo les quatorze des-

tures & de deſſins tous les ſix mois. Une commiſſion nommée par lui dans le ſein de l'Académie prononçoit un jugement ſur les œuvres, & cette appréciation étoit tranſmiſe aux élèves de l'Académie par le directeur général. Sous l'influence de Cochin (1), on ſe relâcha un peu de cette ſévérité, & l'on ſe contenta d'un envoi annuel. On donnoit aux élèves qui partoient pour Rome un viatique de 300 livres (2).

Les rapports de Lenormant avec les artiſtes ſeroient curieux à étudier en détail. Les procédés dont il uſoit envers eux furent empreints de la plus exquiſe courtoiſie, toujours paternels, & quelquefois vraiment touchans. « Je ſors du travail du Roi, écrivoit-il à un artiſte le 27 janvier 1750, & *je ne paſſerois pas bien la nuit* ſi je ne vous mandois pas que le Roi a accordé ce que vous demandiez. » — « Vos confrères ſont-ils contens de ma foible diſtribution, diſoit-il dans une autre lettre à Coypel. J'enrage de la faire ſi modique pour eux. Mais qu'ils me laiſſent faire. » — « Soyez ſûr que je n'oublieray pas vos chers confrères, » écrivoit-il encore à Coypel le 18 juillet 1749, « & vous connoîtrez que mon impuiſſance fera tout ce qu'elle pourra pour que l'on voye que vous me les avez

---

ſeins des penſionnaires de Rome.... Je ne ſçais ſi je me trompe, Monſieur, mais je penſerois qu'il ſeroit à propos que vous ordonnaſſiez à ces mêmes élèves de vous envoyer chacun tous les ſix mois une académie peinte ſur une toile de trois pieds avec une tête de caractère, peinte auſſi & forte comme nature, en y ajoutant deux ou trois deſſins d'après les grands maîtres. » (Arch. nat. O¹ 1922, p. 41.) Marigny ordonna à Natoire de faire exécuter cette déciſion. (Arch. nat. O¹ 1922, p. 39 & 47.)

(1) Cochin conſulté répondit : « Il ne paroît point néceſſaire d'exiger des élèves qu'ils envoient de leurs ouvrages tous les ſix mois. L'inquiétude inſéparable d'ouvrages qui doivent ſubir un examen, qui peut les troubler & les expoſer à recommencer pluſieurs fois, revenant trop fréquemment retarderoit le cours des études vers leſquelles leurs inclinations & le goût naturel les portent. C'eſt aſſez qu'ils envoient tous les ans, & même des morceaux peu conſidérables. » Marigny écrivit dans ce ſens à Natoire, le 15 novembre 1759. (Arch. nat. O¹ 1923.)

(2) Arch. nat. O¹ 2258, f° 371 recto & verſo.

recommandés & que l'amitié que vous avez pour eux ne laiffe pas d'influer beaucoup fur ma volonté. Vous pouvez cependant les affurer que je les aime tous, & qu'ils font bien malheureux de n'avoir pas à leur tête quelqu'un de plus capable. Mais heureufement vous me tenez lieu de capacité, & je vois avec plaifir par vos yeux. » Je ne veux pas abufer des citations; il me fuffira d'affirmer après ces preuves que les lettres autographes & intimes de Lenormant de Tournehem fourmillent de traits charmans de bonne humeur, de fincère modeftie, de bonhomie naïve & refpirent un ardent amour de la caufe des artiftes (1).

Sincèrement ennemi de la courtifanerie, Tournehem avoit placé le concours à l'entrée de toutes les carrières qui dépendoient de lui; il dérogea cependant une fois à fes habitudes & commit une faute grave, capable de compromettre l'œuvre de régénération qu'il avoit entreprife; c'eft la feule qu'on puiffe relever pendant tout le temps qu'il occupa fa place. Je dois m'y arrêter, parce qu'elle n'a été fignalée par perfonne, & qu'elle forme un épifode confidérable dans l'hiftoire de l'ancienne Académie de peinture & fculpture. Seul dans fon grand hôtel de la rue Croix-des-Petits-Champs, animé autrefois & déferté aujourd'hui par Antoinette Poiffon depuis qu'elle eft féparée de fon neveu Lenormant d'Étiolles & qu'elle s'appelle la marquife de Pompadour, Tournehem s'ennuie. Il eft devenu un très-grand perfonnage, & il feroit néceffaire qu'une jeune femme fît avec grâce les honneurs de la table & du palais du directeur général des Bâtimens. Lenormant de Tournehem fe fouvient alors qu'il a une autre nièce, Charlotte-Victoire Lenormant. Le duc de Luynes (2) nous dit tout cela en deux lignes : « Du 23 janvier 1747. —

---

(1) Un grand nombre de lettres autographes de Lenormant font confervées aux Archives nationales dans le carton O¹ 1917.
(2) *Mémoires*, t. VIII, p. 90.

Mme de Pompadour amena hier ici, chez Mme de Luynes, Mme de Bachi, sa belle-sœur : elle est sœur de M. d'Étiolles. Son mari est homme de condition de Provence ou du Languedoc. Il fut présenté il y a quelques jours. Pour elle, elle sera présentée demain ; elle demeurera avec M. de Tournehem à la surintendance & fera les honneurs de sa maison. » Une fois installé à la *surintendance* comme mari de la nièce du directeur des Bâtimens, l'inepte (1) Bafchi se persuada facilement qu'il étoit un grand connoisseur, ainsi qu'il s'étoit cru un grand diplomate (2), & se jugea digne d'entrer à l'Académie en qualité d'amateur. Malheureusement il n'y avoit pas en ce moment de place vacante (3). Mais ce n'étoit pas une raison capable de décourager un intrigant qui comprenoit que l'auteur de son crédit, déjà âgé, pouvoit mourir avant qu'une vacance se soit produite. Il trouva un merveilleux expédient pour profiter immédiatement de tous ses avantages. Il fit créer non pas seulement une place, mais une classe nouvelle d'académiciens, qu'on intitula la classe des *associés libres*. Puis on chercha un homme respectable (4) pour en faire un complice inconscient de cette faveur, & quand on l'eut rencontré on l'adjoignit d'office au candidat ministériel. En entrant à l'Académie avec une personne modeste & estimée, Bafchi détournoit l'attention des gens qui

---

(1) *Mémoires du marquis d'Argenson*, t. V, p. 237.

(2) Chargé des affaires de France à Munich, puis ambassadeur en Portugal & conseiller d'État d'épée.

(3) Les places de conseiller-amateur étoient fixées au nombre de six par l'article 14 du règlement de 1663. L'adjonction de huit nouveaux amateurs, sous le nom d'*associés libres*, porta à quatorze le nombre des personnes qui, sans aucune notion pratique, avoient le droit de juger les prix & d'exercer par conséquent sur l'art une influence souvent dangereuse.

(4) Henri Van Hultz, né à Delft en Hollande le 24 décembre 1684, amené en France par Helvétius le père en 1708. L'Académie trouva dans cet érudit un de ses plus patiens & de ses plus consciencieux historiens.— Voyez *Mémoires inédits sur la vie & les ouvrages des membres de l'Académie royale de peinture & sculpture*, t. Ier, p. xxxiv & xxxv.

n'y entendoient pas malice & laiſſoit croire qu'on pouvoit être aſſocié libre ſans appartenir à la famille du directeur des Bâtimens. Enfin, l'intrigue bien nouée, on envoya le complaiſant Coypel, vrai compère de toute cette comédie, ſignifier, dans quelques phraſes amphigouriques, le déſir, c'eſt-à-dire l'ordre du directeur général. La pauvre Académie, qui devoit tant d'ailleurs à Lenormant de Tournehem, lui pardonna cette foibleſſe. Elle s'exécuta de ſon mieux & avec eſprit. Voici comment :

« Aujourd'hui, ſamedi 26 août [1747], l'Académie s'étant aſſemblée à l'ordinaire, M. Coypel, écuyer, premier peintre du Roy, directeur & recteur, a dit que M. de Tournehem, toujours attentif à tout ce qui pouvoit tendre à l'utilité de la Compagnie & à lui donner, s'il étoit poſſible, encore plus d'éclat qu'elle n'en avoit dans ſes années les plus heureuſes, croïoit que, pour y parvenir & ſans rien innover aux ſtatuts, il ſeroit à propos de joindre au nombre de MM. les amateurs huit aſſociez libres qui n'auroient que le droit de ſéance & ne parviendroient à la voix délibérative que lorſque MM. les amateurs viendroient à manquer; que ce concours de gens de mérite, vraiment zélés pour le progrès des arts que l'Académie cultive, contribueroit à les faire fleurir & à leur donner ce point de dignité qui fait la récompenſe la plus flatteuſe des célèbres artiſtes. La Compagnie, après avoir délibéré, a accepté unanimement la propoſition de M. de Tournehem, & elle a députe en même temps M. le profeſſeur en exercice & le ſecrétaire pour en faire part à M. le comte de Baſchy & à M. Hultz qui ont été propoſez par M. le directeur général pour remplir deux de ces huit places. A l'égard de ceux qui déſireront à l'avenir être admis dans les ſix reſtantes, ils ſeront obligez de faire les viſites & les démarches convenables, ainſi qu'il eſt d'uſage dans les autres Académies (1). »

---

(1) Arch. nat. O'1922, p. 163.

Cette dernière phrafe du procès-verbal fut la feule proteftation de l'Académie contre cette violente intrufion. Ce fut la feule vengeance qu'elle en tira. Les nouvelles places créées par la délibération du 26 août ne reftèrent pas longtemps fans être follicitées. Mme de Tencin, même avant le vote, difoit dans un mémoire que « M. Watelet, *amateur des talens*, fouhaiteroit, fous les aufpices de M. de Tournehem, s'unir plus étroitement à l'un de ceux qu'il protége, & afpire à l'une des places nouvelles qu'il a deffein de créer dans l'Académie de peinture (1). » Ce mémoire (étrange patronage!) étoit recommandé par M. Poiffon père. Mais le futur Mécène, alors timide candidat, n'y regardoit pas de fi près. Bien d'autres *virtuofes*, comme on difoit alors, guettoient déjà à la porte de l'Académie le moment de s'y gliffer. Dans les féances fuivantes on nomma, le 2 feptembre, le marquis de Calvières & Nicolas Fréret (2); le 30 du même

---

(1) Arch. nat. O¹ 1922, p. 147.
(2) Fréret, fecrétaire de l'Académie des infcriptions, avoit déjà reçu en mai 1747, fur la propofition de Lenormant, *une expectative* à une place de confeiller honoraire, avec droit de féance & voix délibérative (Arch. nat. O¹ 1917). Il entreprit auffitôt une hiftoire du coftume, & on lui adjoignit un artifte nommé Carême pour en exécuter les deffins. C'eft la première manifeftation de la penfée qui donna depuis naiffance au livre de Dandré-Bardon fur le coftume. Le 27 mai 1747, Fréret, précédemment nommé, vint fiéger & remercia. « Enfuite M. Coypel, dit le procès-verbal de la féance, a propofé à l'affemblée un projet de M. Fréret dont M. de Tournehem veut fuivre & faciliter l'exécution. Ce projet eft de faire le coftume ou recherche de tout ce qui le concerne relativement à la peinture & à la fculpture. Ce travail, auffi néceffaire qu'honorable à la Compagnie, a été approuvé généralement, & elle a nommé, fuivant l'intention de M. de Tournehem, le fieur Carefme pour en faire les deffins, avec le titre de deffinateur attaché à l'Académie pour cette partie. M. Fréret a ajouté que, pour répondre à l'attente de la Compagnie, il donneroit fur cette matière tous les éclairciffemens dont on pourroit avoir befoin, charmé que fes connoiffances devinffent à cette occafion le bien propre de l'Académie. » (Arch. nat. O¹ 1914.)

L'inventaire des papiers de Coypel, rédigé après la mort du premier peintre en 1752, fignale « un projet de dictionnaire pour les recherches du coftume. » (Arch. nat. O¹ 1914.)

mois : l'abbé de Lowendal, le chevalier de Valory & Watelet. Le huitième fauteuil fut donné à l'architecte-payfagifte Jean-Charles Garnier d'Ifle le 31 mai 1748.

De tous les hommes qui ont dirigé les arts en France depuis Colbert, aucun n'a montré autant d'activité que Lenormant de Tournehem, aucun n'a laiffé dans d'utiles inftitutions autant de preuves de fon intelligence & de fon dévouement aux intérêts qui lui étoient confiés (1). Et cependant il n'a adminiftré les Bâtimens que pendant fix ans! Le filence qu'on a fait autour de fa mémoire n'eft pas jufte.

Quand Lenormant de Tournehem mourut, le 19 novembre 1751, la direction des Bâtimens paffa fans fecouffe dans les mains d'Abel-François Poiffon, marquis de Vandières, puis de Marigny, qui en avoit la furvivance depuis près de fix ans & qui arrivoit d'Italie, où il étoit allé fe former le goût. Les principes qui avoient guidé Lenormant de Tournehem furent ceux qui réglèrent la conduite de Marigny de 1751 à 1773. Malgré fon apparente nonchalance, il s'occupa beaucoup de fon fervice, comme l'atteftent fa correfpondance & les papiers de fon adminiftration (2). Il portoit auffi le plus vif intérêt à l'Académie de peinture, à l'École des Élèves protégés, à l'École de Rome, aux académies & aux écoles qui fe fondoient en province. Tant que les finances de plus en plus obérées de Louis XV le lui permirent, Marigny donna une vigoureufe impulfion aux arts. Comme

---

(1) Je fuis complétement en défaccord avec l'appréciation que Collé nous a laiffée fur M. de Tournehem dans fon *Journal* (édition de M. Hon. Bonhomme, t. 1er, p. 375) : « Il étoit prodigieufement bête, » nous dit ce chroniqueur des couliffes, fans doute parce qu'il ne comprenoit pas le génie de Collé & ne protégeoit pas fuffifamment le genre poiffard. Cela veut tout fimplement dire que Collé ne reçut rien de M. de Tournehem & n'en fut pas même remarqué.

(2) Tous les mémoires remis à Marigny étoient lus & annotés en marge par lui-même. Il en étoit de même des lettres qu'on lui adreffoit.

Lenormant, ce parvenu détestoit la faveur & l'intrigue. Quoique Marigny ne soit pas apprécié & n'ait pas encore été étudié comme il le mérite, je ne saurois ici, sans dépasser les bornes de mon sujet, retracer sa biographie complète. Je parlerai seulement des principaux actes de sa direction qui sont contemporains du *Livre-Journal*.

Dans la hiérarchie de l'administration des Bâtimens du Roi, le directeur général avoit sous ses ordres « un premier peintre, » qui étoit chargé du « détail de tout ce qui regarde les arts. » C'étoit au premier peintre que le directeur général renvoyoit presque toutes les affaires pour avoir son avis, exprimé dans un rapport si la chose en valoit la peine. C'étoit par le premier peintre que s'instruisoient toutes les enquêtes ordonnées par le Roi ou le directeur des Bâtimens. C'est par lui qu'étoient faites toutes les communications à l'Académie. Charles-Antoine Coypel avoit été nommé premier peintre en 1747 & resta dans ses fonctions jusqu'à sa mort en 1752. Il a sa part d'honneur dans les utiles réformes & la bonne administration de Lenormant de Tournehem. Il ne fut pas immédiatement remplacé. Marigny, sans nommer de premier peintre, chargea Lépicié d'en remplir les fonctions ; il les exerça jusqu'en 1754, année où il mourut. Ce soin passa alors, le 23 avril 1755, à Cochin, qui s'occupa du détail des arts (1) jusqu'en 1770, époque où Pierre, devenu premier peintre à son tour, réunit au titre nu les fonctions que n'avoient exercées ni le premier peintre Carle Vanloo, ni le premier peintre François Boucher, ses deux prédécesseurs. Consultés en toutes choses par le directeur des Bâtimens, Lépicié & Cochin eurent sur l'art une grande influence. Leurs fonctions rapportoient 1,600 livres. Les premiers secrétaires qui expédioient toutes les affaires étoient, sous Lenormant, le sieur Gil-

---

(1) Arch. nat. O¹ 2258, fos 351, 352, 404 recto ; O¹ 1064, à la date du 23 avril 1755.

let, qu'il faut diſtinguer de ſon homonyme le ſculpteur de l'Académie, &, ſous Marigny, les ſieurs Perrier & Sarrau de Vahiny, l'un « premier commis » & l'autre « chef du bureau des affaires (1) de diſcuſſion des Bâtimens. » Ces noms reviennent continuellement dans la correſpondance des artiſtes & le dernier a été partout écorché dans les textes publiés (2).

Compoſée de ces hommes qui avoient inconteſtablement du mérite, la direction des Bâtimens du Roi prit d'utiles & excellentes meſures. Dès l'avénement de Lenormant, pouſſée par les réclamations de Lafont de Saint-Yenne (3), elle ordonna le recenſement des tréſors de l'art accumulés par la maiſon de France dans tous les palais & châteaux de la Couronne. Bernard Lépicié, ſecrétaire de l'Académie de peinture, dreſſoit en 1748 le catalogue des tableaux du Roi (4). Ce précieux document fut imprimé en 1752 par Aniſſon-Duperron, directeur de l'Imprimerie royale. Deux cents exemplaires du premier volume lui furent payés 1,200 livres (5). Pour orner ce beau livre, on s'étoit adreſſé au deſſinateur à la mode, au jeune artiſte qui revenoit d'Italie avec le nouveau directeur des Bâtimens, & qui reçut une ſomme de 452 livres pour deſſiner les têtes de pages, lettres ornées & culs-de-lampe du premier volume (6). Après la mort de Lépicié, le même Cochin fut en outre

---

(1) Arch. nat. O¹ 2258, f⁰ 398 recto.
(2) Dans toute la correſpondance de Natoire, publiée par les *Archives de l'art françois*, t. III, il faut lire *Vahiny*, au lieu de *Vaines* ou *Vainci*. Il faut de même reſtituer ce nom (Valſiny) dans l'édition Rathery des *Mémoires du marquis d'Argenſon*. D'Argenſon accuſe Vahiny d'être un voleur (t. III, p. 103).
(3) *Réflexions ſur quelques cauſes de l'état préſent de la peinture en France*. La Haye, 1747, in-12.
(4) Arch. nat. O¹ 2248, f⁰ˢ 319 & 320 verſo.
(5) Arch. nat. O¹ 2252, f⁰ 317 verſo.
(6) Arch. nat. O¹ 2252, f⁰ˢ 317 verſo & 319 verſo.

chargé de rédiger le texte & continua le catalogue (1). Deux cents exemplaires du second volume furent payés 1,500 livres à Anisson-Duperron (2).

Ce n'étoit pas assez de révéler au public les chefs-d'œuvre que possédoit le Roi, il falloit encore, pensa la direction, les lui montrer. Jacques Bailly, le garde des tableaux du cabinet royal, fut chargé de transporter les plus beaux ouvrages au Luxembourg, & d'y organiser l'exposition (3) publique & gratuite qui commença le 14 septembre 1750. La rigueur du froid ne ralentira pas pendant l'hiver la curiosité du public dont on vouloit faciliter les études. La galerie des tableaux exposés étoit chauffée aux frais du Roi (4). Voici dans quelles mains étoient alors les collections royales : Depuis quatre-vingts ans les Bailly, de père en fils, gardoient les tableaux du Roi. C'est le garde Jacques Bailly qui eut l'honneur de les montrer le premier à la France & d'en faire désormais un musée national. Il étoit logé aux galeries du Louvre (5), & en 1754 le Roi donna à son fils Jean-Silvain la survivance de sa charge & de son logement (6). Foncemagne étoit garde des Antiques du

---

(1) Arch. nat. O¹ 1064, 23 avril 1755, & O¹ 2258, f⁰ 403 verso.

(2) Arch. nat. O¹ 2258, f⁰ 356 recto.

(3) *Catalogue des tableaux du cabinet du Roy au Luxembourg.* Paris, 1750, in-8°. — *Lettres sur les tableaux tirés du cabinet du Roy & exposés au Luxembourg depuis le 14 octobre 1750.* Paris, Prault, 1751, in-8° de 56 pages. — *Lettre de M. le chevalier de Tincourt à Mme la marquise de *** sur les tableaux & desseins du cabinet du Roy exposés au Luxembourg.* Paris, Mérigot, 1751, in-8° de 104 pages.

(4) Arch. nat. O¹ 2254, f⁰ 175 recto; O¹ 2255, f⁰ 204 recto; O¹ 2256, f⁰ 196 recto; O¹ 2257, f⁰ 215 verso.

(5) Arch. nat. O¹ 2257, f⁰ˢ 215 verso & 216 verso.

(6) Arch. nat. O¹ 1064, le 20 mai 1754. Le brevet est du 4 août 1754, O¹ 98, f⁰ 241 verso. Voici des renseignemens précis sur les gardes héréditaires des tableaux du cabinet du Roi : « *A M. le comte d'Angiviller, directeur général des Bâtimens, &c. — Exposé des services & de l'ancienneté de Jean-Silvain Bailly, garde des tableaux de la Couronne.* Jacques Bailly fut reçu à l'Académie de peinture en 1663. Il est entré aux galleries du Louvre

Louvre. Sur sa démission, en 1753, Bougainville fut

en 1697, dans le même logement occupé aujourd'hui par son arriére-petit-fils. Il mourut en 1693, & son fils Nicolas Bailly eut son logement aux galleries. En 1699, le Roi donna au même Nicolas Bailly la garde des tableaux du Roi qui sont dans toutes les maisons royales, garde-meubles & autres lieux appartenans à Sa Majesté (ce sont les termes du brevet), à la charge de visiter souvent lesdits tableaux, de donner avis de ceux qui pourront se gâter & de ce qui sera mal entretenu, sur quoi M. le directeur général donnera ses ordres. Aucuns desdits tableaux ne doivent être ni déplacés ni copiés sans ordre exprès. En 1709 & 1710, Nicolas Bailly parcourut toutes les maisons roïales & tous les lieux où étoient déposés les tableaux du Roi. Il en dressa des inventaires particuliers dont les minutes sont déposées au bureau de la surintendance des Bâtimens. En 1722, il dressa un inventaire général des tableaux du Roi, dont on lui remit une copie authentique. A la tête de cet inventaire est un nouveau brevet de M. le duc d'Antin, alors surintendant des Bâtimens. Il y est dit que le sieur Bailly donnera soigneusement avis au sieur Stiémart, chargé du nettoiement des tableaux du Roi, de ceux qui pourroient se gâter; qu'il tiendra un regître-journal par devers lui, dont il donnera de temps à autre, au bureau de la surintendance, des feuilles signées de lui des changemens, déplacemens & autres occurrences qui seront arrivées, concernant lesdits tableaux, comme aussi des nouveaux qui auront été faits pour Sa Majesté.

" En 1730, Jacques Bailly mon père, fils du précédent, fut revêtu de la place de garde des tableaux qui sont dans les maisons roïales, garde-meubles & autres lieux appartenans à Sa Majesté, avec les mêmes instructions & les mêmes devoirs qui sont détaillés dans les brevets précédens. Ce ne fut qu'en 1754 que, le Roi m'aïant accordé la survivance de mon père, M. le directeur général jugea à propos de détacher de mes soins les tableaux qui sont à Versailles. Voici comment s'exprime le brevet qui me fut alors donné : " Sa Majesté aïant agréé, par son bon du " 8 mai 1754, le sieur Jean-Silvain Bailly pour, en survivance de son " père, avoir & exercer la place de garde des tableaux qui sont dans les " maisons roïales, garde-meubles & autres endroits appartenans à Sa Ma-" jesté, même de ceux qu'elle auroit prêtés, à l'exception de ceux à la " garde du sieur Portail à Versailles.... " Le même brevet m'enjoint, à mon avénement en ladite place, de faire un récolement exact & fidèle des tableaux portés dans l'inventaire qui en a été donné à mon père.

" Mes gages, qui sont de 1,500^{lt}, sont païés par une ordonnace sur le trésor roïal; 1,500^{lt} aujourd'hui ne valent pas ce qu'ils valoient en 1699. C'est dans cette considération que, lorsqu'en 1750 on fit l'établissement du cabinet des tableaux du Roi au Luxembourg, ouvert au public deux fois par semaine, M. de Tournehem, directeur général, accorda à mon père 1,000^{lt} par an sur les Bâtimens, à la charge d'entretenir un homme chargé d'ouvrir ledit cabinet & d'avoir soin des tableaux. M. Coypel en nommé (1). Tous deux étoient membres de l'Académie des inscriptions. Ils avoient 400^{tt} de gages (2). L'éternel Coypel, qu'on retrouve partout & qui cumule tant de places, étoit garde des deffins du Roi fous le titre, plus digne de fon pédantifme, de *directeur des tableaux & deffeins de Sa Majesté*. Cette charge lui valoit 1,000^{tt} par an jufqu'à fa mort, en 1752. Après Coypel, Cochin fut nommé garde des deffins, mais cette fonction ne comportoit plus que 400^{tt} d'appointemens par an (3). Jacques-André Portail, l'habile artifte dont Verfailles & le Louvre poffèdent de charmans ouvrages, étoit « deffinateur du Roi, ayant la garde des plans & deffeins des maifons royales (4), » avec un traitement de 1,800^{tt}. Il confervoit en outre les tableaux de Verfailles quand, à partir de 1754, on eut féparé cette garde particulière de la garde générale des tableaux du Roi. Il étoit auffi chargé d'organifer dans le falon carré du Louvre l'expofition des œuvres des peintres, fculpteurs & graveurs académiciens. Il inftalloit aux frais de la Couronne les Salons (5) de 1748, 1750, 1751, 1753 (6), 1757, 1759, foin qui lui incomba jufqu'à fa mort, en 1759, & fut confié enfuite à Chardin. Il avoit en même temps l'entretien &

---

avoit connoiffance. M. de Tournehem & M. Coypel moururent la même année, & quand mon père fut pour toucher à la caiffe il ne fe trouva fur l'état que pour 400^{tt}. Ainfi il n'a pas joui de cette grâce. Voilà la caufe de la modicité de mes appointemens fur l'état des Bâtimens que M. le directeur général a remarquée. Je n'ai fur ledit état que ces 400^{tt}, le remboursement des avances que je fais pour le cabinet des tableaux & l'entretien des bronzes de Verfailles & de Marly, dont je rends compte dans un mémoire à part, &c., &c.... » (Arch. nat. O^1 1914.)

(1) Arch. nat. O^1 1064, 10 octobre 1753.
(2) Arch. nat. O^1 2252, f° 339 verfo ; O^1 2257, f° 404 ; O^1 2258, f° 403.
(3) Arch. nat. O^1 2252, f° 341 recto.
(4) Arch. nat. O^1 2248 ; O^1 2249, f° 332 verfo.
(5) Arch. nat. O^1 2250, f° 324 verfo.
(6) Le Salon de 1755 fut organifé par Chardin à caufe d'un accident arrivé à Portail.

le nettoiement des tableaux qui étoient dans les appartemens de Verſailles de Trianon & de la Ménagerie. Cet emploi lui valoit 1,500ᵗ (1).

L'examen des nombreux tableaux du Roi révéloit l'état de dégradation où les avoit laiſſé tomber l'inſouciance des adminiſtrations précédentes. La direction des Bâtimens avoit des reſtaurateurs attitrés aux gages de 200 livres par an. C'étoient Colins & la veuve Godefroy (2), les marchands que nous connoiſſons déjà. Le directeur aux applaudiſſemens de la preſſe (3) recouroit, avec toutes ſortes de précautions & en exigeant toutes les garanties déſirables, aux procédés nouvellement introduits par Picault pour le rentoilage par tranſport (4). On doit à l'adminiſtration de cette époque la conſervation des plus beaux morceaux de peinture du muſée du Louvre, entre autres le Saint Michel de Raphaël & la Charité d'André del Sarte. On vouloit auſſi augmenter autant que poſſible la durée de ces feuilles fragiles ſur leſquelles les maîtres ont rapidement crayonné leurs penſées, & le cabinet du Roi, ſi riche en deſſins, cherchoit un moyen d'en empêcher la détérioration. Loriot, profeſſeur à l'Académie d'architecture, eſprit extrêmement inventif,

---

(1) Arch. nat. O¹ 2254, fº 56.

(2) Arch. nat. O¹ 2252, fᵒˢ 322 & 337 recto; O¹ 2253, fº 315 verſo, fº 325 verſo; O¹ 2254, fᵒˢ 327 recto & 357 verſo; O¹ 2255, fº 359 verſo, fº 379 recto; O¹ 2256, fº 344 recto, fᵒˢ 346 verſo & 375 verſo; O¹ 2257, fº 399 recto; O¹ 2258, fº 398 recto.

La veuve Godefroy reſtaure ſeule des tableaux chez les Religieuſes capucines de Paris. (Arch. nat. O¹ 2256, fᵒˢ 344 recto & 346 verſo.) Elle rentoile pour 500 livres le tableau portant aujourd'hui le nº 610 du *Catalogue des tableaux flamands du Louvre*. (O¹ 2253, fº 315 verſo.)

(3) *Mercure de France*, août 1752, p. 137.

(4) Arch. nat. O¹ 2248, fº 29 recto; O¹ 2249, fᵒˢ 332 & 333; O¹ 2225, fᵒˢ 29, 316 verſo, 320 recto, 333, 597 verſo; O¹ 2253, fº 351 verſo; O¹ 2254, fᵒˢ 30 recto, 374 verſo; O¹ 2255, fᵒˢ 32 recto & 379 recto; O¹ 2256, fᵒˢ 32 recto & 387 recto; O¹ 2257, fᵒˢ 303 verſo & 414 verſo; O¹ 2258, fº 414 recto; O¹ 1926. — Voyez auſſi la *Gazette des Beaux-Arts*, 2ᵉ ſérie, t. II, p. 372-376.

découvrit un procédé qui fixoit le crayon & le paſtel. Le Roi, en 1756, lui donna, ſur la recommandation de Cochin (1), une penſion annuelle de 1,000ᵗ pour ſon ſecret (2).

Si complète que fût la moiſſon prélevée par les prédéceſſeurs de Louis XV ſur les produits les plus exquis des arts en Europe, le directeur des collections royales continuoit à enrichir le cabinet de nos ſouverains. L'expert Colins achetoit à Paris & à l'étranger pour le Roi (3). C'eſt ainſi qu'en 1749 un nouveau Rubens étoit ajouté aux nombreux tableaux de ce maître que nous poſſédions déjà. C'eſt le Chriſt, catalogué aujourd'hui ſous le n° 431 de l'école flamande, qui, payé en Flandre 8,700ᵗ, fut revendu 12,000 livres (4). En 1751, Natoire vendit au Roi pour 2,400ᵗ un tableau de Jordaens (5). Le 6 janvier 1755, le Roi fit acheter par M. de Marigny un prétendu portrait de Charles VIII, attribué alors au Pérugin, qui fut payé à M. de Cohade, officier d'invalides, commandant la garde du château du Louvre, une ſomme de 3,000 écus (6). C'eſt le portrait de Charles d'Amboiſe, catalogué aujourd'hui ſous le n° 404 de l'école italienne & attribué actuellement à Andréa Solari. Colins vend encore au Roi, moyennant 2,400ᵗ, un tableau attribué à Netſcher (7), repréſentant « une dame à ſa toilette, ôtant ſes bagues, & à qui un page donne à

---

(1) Voyez une lettre de Cochin à Marigny, *Gazette des Beaux-Arts*, XXIV, p. 255.
(2) Arch. nat. O¹ 2256, f° 388 recto ; O¹ 2258, f° 415 verſo.
(3) Arch. nat. O¹ 2249, f° 334 recto ; O¹ 2351, fᵒˢ 341 verſo & 350 recto.
(4) Arch. nat. O¹ 2251, f° 350 recto ; O¹ 2249, f° 334 recto. Il échappa, comme on l'a vu plus haut, p. LXXXVIII, aux repeints que lui préparoit Colins. Il fut crevé depuis.
(5) Arch. nat. O¹ 1914.
(6) Arch. nat. O¹ 1064, 6 janvier 1755 & 23 août 1758.
(7) Arch. nat. O¹ 1914.

laver (1). » Quatre tableaux de chevalet reproduifant des fujets d'hiftoire grecque & romaine (2), peints par Noël Coypel, furent achetés de Charles Coypel, le 26 mars 1751, pour une fomme de 1,603ᵗˢ 5ˢ.

Les chefs-d'œuvre qu'on ne pouvoit acquérir étoient copiés par ordre de la cour. C'étoit la principale occupation des élèves de l'Académie de France à Rome. La demoifelle Baffeporte, « peintre en miniature au Jardin des Plantes du Roi, » reçut 8,000 livres en 1754 pour foixante-cinq deffins qu'elle poffédoit d'après le Corrége (3). La préoccupation conftante des adminiftrateurs étoit de ne pas laiffer fortir de la France les richeffes artiftes qu'elle contenoit. Cette penfée eft traduite à propos de ces deffins dans la phrafe fuivante du rapport de Cochin : « Il femble qu'une raifon de les acquérir feroit celle d'empêcher qu'ils ne paffent entre les mains des étrangers. Il eft très-vraifemblable qu'ils feroient un très-grand bruit & que bientôt on les donneroit aux connoiffeurs pour les cartons originaux du Corrége, & comme une chofe très-importante que les François auroient négligé de conferver chez eux par leur indifférence pour les belles chofes d'Italie. » Les bonnes occafions des ventes publiques étant habilement faifies, deux précieux deffins de Raphaël furent, par ordre du Roi & à l'inftigation de Cochin (4), achetés en 1753 à la vente de Coypel (5), fur l'eftimation de Lépicié. A la follicita-

---

(1) Arch. nat. O¹ 2251, f° 341 verfo.
(2) Arch. nat. O¹ 1914.
(3) Arch. nat. O¹ 2254, f° 328; O¹ 1064, 20 mai 1754. — Voir furtout, à propos de ces deffins, une longue lettre de Cochin à Vandières du 10 mars 1764. Arch. nat. O¹ 1922. Mlle Baffeporte, peintre en miniature inftallée au Jardin des Plantes du Roi, peignoit fpécialement les fleurs. On trouve un volume de fes deffins au Cabinet des eftampes de la Bibliothèque nationale.
(4) Arch. nat. O¹ 1064, 12 feptembre 1753.
(5) Arch. nat. O¹ 2253, f° 318 verfo.
Ces deffins figurent fur le catalogue de la vente de C. Coypel. Ils furent

ion du même Cochin, le Roi ordonna, le 3 juin 1756, d'acheter jufqu'à concurrence de 600 livres, d'un particulier de Paris, dix-huit deffins de Daniel de Volterre (1). Ces deffins provenoient de la vente du duc de Tallard, où ils portoient le n° 472, & avoient été payés par Remy 465 livres (2). Un bufte ancien de François Ier, trouvé dans le magafin de Fontainebleau, fut, par ordre royal du 4 feptembre 1756, jeté en bronze & tiré à deux exemplaires, dont l'un étoit deftiné à Marigny. Cette dépenfe monta, pour la fonte, à 1040 livres (3).

Une autre adminiftration, qui relevoit directement du Roi & qui touchoit aux arts par de nombreux côtés, aparoît à chaque page du *Livre-Journal* : ce font les Menus-Plaifirs. Les dépenfes des Menus fe divifoient en quatre claffes : l'*Argenterie*, les *Menus*, les *Plaifirs* & les *Affaires de la chambre du Roi*. Les dépenfes de l'*Argenterie* confiftoient dans les cérémonies d'églife, fêtes folennelles, facres, baptêmes, mariages, pompes funèbres, deuils, *Te Deum*, proceffions, &c. Par celles des *Menus*, on entendoit les différens renouvellemens de la chambre & de la garde-robe du Roi & de Mefdames : en coffres, lits, pavillons, dais, caffettes, frais de voyage, fournitures faites par les valets de chambre, les bijoux, les portraits & autres préfens donnés par le Roi & la famille royale. Sous la dénomination de *Plaifirs* étoient comprifes les dépenfes des fpectacles, fêtes, feux d'artifice, bals, &c. Enfin, les dépenfes nommées *Affaires de la chambre du Roi* confiftoient dans le renouvellement des linges & dentelles du Roi, des toilettes, robes de cham-

---

payés 3,000 livres.—Voyez fur ces deffins : l'*Abecedario de Mariette*, t. II, p. 36; une note manufcrite fur les gardes de l'exemplaire du *Catalogue Coypel* poffédé par le Cabinet des eftampes, & l'Introduction à la *Notice des deffins expofés au Louvre*, par M. Reifet, p. XXXIV.

(1) Arch. nat. O¹ 1064, 3 juin 1756.
(2) *Catalogue Tallard* annoté.
(3) Arch. nat. O¹ 1064.

bre, meubles de la chambre & de la garde-robe, les pendules du cabinet, l'entretien & renouvellement des meubles de campagne, &c. A la tête de cette administration se trouvoient les quatre premiers gentilshommes de la chambre, servant alternativement une année chacun. Au-dessous d'eux, six intendans étoient chargés du détail des affaires. C'étoient, pour notre période : MM. Pierre-Étienne Lenoir de Cindré, de La Touche, Louis-Charles-Michel de Bonneval, de Cury, de Fonspertuis, Blondel de Gagny (1), de La Ferté, & d'Azincourt, survivancier.

La cour, on peut le dire, étoit le point d'où tout partoit & où tout aboutissoit dans les arts. La direction des Bâtimens presque seule (car les amateurs l'imitoient timidement) soutenoit les artistes par des encouragemens de diverses natures : commandes, acquisitions, pensions, secours, logemens au Louvre. Le Roi, jaloux des talens qu'il faisoit éclore, vouloit que les artistes protégés se consacrassent exclusivement à orner ses palais, & il exerçoit même un pouvoir sur la personne de ceux qui appartenoient à son académie ou qui sortoient de ses écoles avec quelque attache royale. Ces artistes n'avoient pas le droit de quitter la France sans congé accordé par le Roi lui-même & délivré par le directeur général des Bâtimens (2). Aved fut forcé de demander, en 1751, la permission d'aller en Hollande faire le portrait du prince d'Orange (3). Saly fut obligé d'obtenir un congé en bonne forme pour aller en 1743 sculpter à Copenhague

---

(1) Remplace de Cury en 1754.

(2) En voici un modèle : « Nous, Fr. P. Lenormant, de Tournehem, &c., avons donné & donnons congé au sieur Charles Hutin, sculpteur ordinaire du Roi & de l'Académie royale de peinture & sculpture pour s'en aller auprès du roi de Pologne, électeur de Saxe, remplir la qualité de premier dessinateur & sculpteur de S. M. Électorale, à condition de revenir en France au premier ordre du Roi, que nous lui en donnerons, &c.... » (Arch. nat. O¹ 1922, 1750, p. 32.)

(3) Arch. nat. O¹ 1917. Lettre de Tournehem du 18 juillet.

la statue équestre du roi de Danemark (1). Ce fut de même avec mille difficultés & mille précautions que Louis XV prêta, pour dix-huit mois seulement, Tocqué à la cour de Russie.

Avant tout la peinture d'histoire étoit puissamment encouragée par des commandes. Outre les tableaux qu'elle exécutoit pour les palais & châteaux royaux, elle étoit chargée de fournir de nombreux modèles à la manufacture de tapisseries des Gobelins. Ce fait explique le succès dont elle jouissoit dans une société qui ne savoit plus lui offrir de vastes espaces à couvrir, & les talens qu'elle nourrissoit encore; cela justifie aussi le caractère essentiellement décoratif qu'elle affectoit. François Boucher, peintre favori de la cour & qui plus tard deviendra premier peintre du Roi, recevoit au mois de février 1748, pour deux toiles (2), la première représentant *Vulcain & Vénus* & l'autre l'*Apothéose d'Énée*, 1,600^{tt}, & le 26 décembre de la même année, 600^{tt} pour *Deux Nymphes de Diane au retour de la chasse* (3). Le 28 septembre 1749, il touchoit 1,400^{tt} en payement de deux tableaux représentant, l'un *Orion porté sur un dauphin*, l'autre *Vertumne & Pomone* (4). En 1743, il concouroit à la décoration du cabinet du Conseil à Fontainebleau. Il y peignit cinq sujets : *le Soleil & les quatre Saisons*. Il reçut pour ce travail, en 1755, une somme de 4,000^{tt} (5), & fut chargé cette année de choisir & de peindre sept sujets tirés des amours des dieux, que les Gobelins devoient transformer en tapisseries pour décorer le cabinet du Conseil & celui du jeu à Compiègne. En 1757 & 1758, il peignit pour le Roi « des

---

(1) Saly partoit avec son père, sa mère, ses deux sœurs. (Arch. nat. O¹ 1926.)
(2) Arch. nat. O¹ 1914.
(3) Arch. nat. O¹ 2248, f° 321 recto; O¹ 1914.
(4) Arch. nat. O¹ 2249, f° 333; O¹ 1914.
(5) Arch. nat. O¹ 2253, f° 316 verso.

enfans & attributs relatifs & faifant fuite au fujet des *Forges de Lemnos* & les *Forges de Vulcain* (1), où Vénus fait forger des armes pour Énée." Ces deux tableaux furent payés 5,400ᵗᵗ (2). En 1753, le Roi lui avoit donné au Louvre l'atelier (3) de l'ancien premier peintre Coypel. Le 2 janvier 1757, Louis XV lui fit rembourfer 4,000ᵗᵗ fur les 9,000ᵗᵗ qu'il avoit dépenfées en « ajuftemens » dans fon logement des galeries du Louvre (4). Boucher, en 1755, remplaça Oudry comme infpecteur de la manufacture des Gobelins (5). Il reçut, en 1757, une gratification extraordinaire de 2,000ᵗᵗ « en confidération des foins qu'il a pris & des vifites qu'il a faites à cette manufacture. » Il jouiffoit en outre d'une penfion de 600ᵗᵗ jufqu'en 1752 & de 1,200ᵗᵗ à partir de 1753 (6). — La veuve de Bon Boulogne, premier peintre du Roi avant Ch. Coypel, avoit une penfion de 600ᵗᵗ (7). — Collin de Vermont peignoit en 1748 pour l'oratoire de Madame, à Fontainebleau, un tableau repréfentant l'*Éducation de la Vierge par fainte Anne & faint Joachim*, payé 800ᵗᵗ (8). Il fit en 1752 quatre tableaux tirés des Métamorphofes, payés 2,400ᵗᵗ (9). En 1755, il exécuta, fur la recommandation de Lépicié (10), pour la paroiffe Saint-Louis de Verfailles, une *Préfentation de la Vierge* qui lui valut 4,500 livres (11). Il jouiffoit depuis 1752 de 500 livres de pen-

---

(1) Le tableau des Forges de Vulcain fut expofé au Salon de 1757, nº 11. Il faut le diftinguer de celui qui eft aujourd'hui au Louvre. Ce dernier étant daté, d'après M. Villot, de l'année 1732.

(2) Arch. nat. O¹ 2258, fᵒˢ 352 verfo & 253 recto.

(3) Arch. nat. O¹ 1064; O¹ 1922, année 1752, p. 6.

(4) Arch. nat. O¹ 1064. « Dans lequel ce célèbre artifte s'eft pratiqué un fort beau logement contenant une infinité de curiofités. » (Blondel, *Archit. franç.*, tome IV, p. 36.)

(5) Arch. nat. O¹ 2257, fᵒ 390.

(6) Arch. nat. O¹ 2248; O¹ 2253, fᵒ 352 recto; O¹ 2258, fᵒ 417 recto.

(7) Arch. nat. O¹ 2248.

(8) Arch. nat. O¹ 2248, fᵒ 322 verfo; O¹ 1914.

(9) Arch. nat. O¹ 1914. — (10) Arch. nat. O¹ 1922, 3 avril 1754, p. 28.

(11) Arch. nat. O¹ 2258, fᵒ 355 verfo.

fion (1). — Le vieux Pierre-Jacques Cazes, peintre ordinaire du Roi, chancelier de l'Académie de peinture, touchoit une penfion (2) de 600ᵗᵗ jufqu'à fa mort, arrivée le 25 juin 1754. — Charles-Antoine Coypel, écuyer, chevalier de Saint-Michel & premier peintre du Roi, recevoit en janvier 1748 1,200ᵗᵗ pour une *Annonciation* & une *Sainte Euftachie*, & 1,200 autres livres pour une *Sainte Landrade* & une *Sainte Priame* (3). Il peignit cette année pour le Roi trois tableaux payés 5,500ᵗᵗ. Les deux premiers, dont un grand & un petit, repréfentoient *Pfyché*; le troifième, *Athalide évanouie* (4). En 1749, il livra de nouveaux tableaux deftinés à être exécutés en tapifferies pour la reine de Pologne (5). En 1751, il fit dix tableaux: *Saint Louis*, pour la chapelle de Trianon; *Deux Enfans* peints fur glace (6) dans l'appartement de Mme de Pompadour; un fujet de *Don Quichotte repréfentant l'inftant où il eft fervi par les filles de l'hôtellerie*; *Cléopâtre* (en grand & en petit); *la Mort de faint François Xavier*; *Alcide* (en grand & en petit); *Athalide* (en grand); *Vénus*, en paftel; *Uranie*, en paftel; *une Bergère*, à la gouache; le tout payé 20,600ᵗᵗ à fa fucceffion (7). Au commencement de 1752, il peignoit encore pour Louis XV: *La France recevant le duc de Bourgogne*; *Le Grand Seigneur prenant le café au milieu de fes favorites*; *Madame Henriette vétue en religieufe dans un défert*. Ces trois dernières œuvres valurent 3,825 livres à

---

(1) Arch. nat. O¹ 1922, 1752, p. 6; O¹ 2258, f⁰ 417 recto.
(2) Arch. nat. O¹ 2249, f⁰ 377; O¹ 2253, f⁰ 352 recto; O¹ 2254, f⁰ 377 verfo; O¹ 1926.
(3) Arch. nat. O¹ 1914.
(4) Arch. nat. O¹ 1914; O¹ 2248.
(5) Arch. nat. O¹ 2249, f⁰ 332 & f⁰ 336 verfo.
(6) On les retrouve dans le catalogue de la vente du marquis de Menars en 1781, n⁰ 32.
(7) Arch. nat. O¹ 2252, f⁰ 323; O¹ 1914. Le Saint Louis & le Don Quichotte, eftimés chacun 2,500ᵗᵗ; Cléopâtre & Saint François Xavier, 6,600ᵗᵗ; les cinq derniers, 8,000ᵗᵗ. — Sur le Don Quichotte, voyez *Mémoires de Luynes*, t. XII, p. 153.

ſes héritiers (1). Titulaire d'une penſion de 1,000ᵗ (2), garde des deſſins du cabinet du Roi, directeur de l'Académie, il conſerva ces différentes places juſqu'au 14 juin 1752, jour où il mourut, âgé de cinquante-huit ans. — Antiquaire, poëte, homme de lettres, le tout à un infime degré, Dandré-Bardon étoit en outre à la mode (3) comme peintre. Le Roi le nomma, en 1755, profeſſeur (4) d'hiſtoire & de géographie de l'École royale des élèves protégés. — Jean-François De Troy, qui dirigeoit en ce moment l'École de Rome, livroit au Roi, en 1749, ſept tableaux de l'hiſtoire de Jaſon (5) qui lui furent payés 16,000 livres. Il avoit, en 1748, une penſion (6) de 600ᵗ qui fut portée à 1,000ᵗ en 1749, & dont il jouit juſqu'à ſa mort en 1751. — Dumont le Romain fit en 1748, pour le ſalon du château de la Muette, quatre tableaux (7), dont *le Sommeil* & *l'Aurore*, payés 2,400 livres. Le Roi l'avoit gratifié de 600 livres de penſion (8). — Honoré Fragonard, dont le talent a été développé dans l'École des élèves protégés & dans l'Académie de France à Rome, reçut, arrivant pauvre d'Italie en 1757, un léger ſecours qui lui permettoit d'attendre le ſuccès (9). — Noël Hallé peignit en 1754, pour le Roi, deux deſſus de porte repréſentant, l'un *Apollon & la Sibylle de Cumes* & l'autre *Jupiter & Califto*. Ces ouvrages lui valurent 1,200 livres (10). — Louis Galloche, peintre ordinaire du

---

(1) Arch. nat. O¹ 2252, f° 323.
(2) Arch. nat. O¹ 2248, &c.
(3) Le ſeul baromètre que Duvaux ait fourni étoit du deſſin de ce pédant artiſte.
(4) Arch. nat. O¹ 1064, 23 avril 1755.
(5) Arch. nat. O¹ 2256, f° 350 verſo; O¹ 1914.
(6) Arch. nat. O¹ 2248; O¹ 2249, f° 377; O¹ 2250, f° 392; O¹ 2251, f° 369.
(7) Arch. nat. O¹ 2249, f° 337 verſo; O¹ 1914.
(8) Arch. nat. O¹ 2248; O¹ 1914; O¹ 2258, f° 417 recto.
(9) 300 livres. Arch. nat. O¹ 2256, f° 360 verſo.
(10) O¹ 2258, f° 355 recto.

Roi, étoit logé au Louvre, dans l'appartement de Boulle, depuis le décès de celui-ci (1). Il recevoit, en 1748, une pension de 600ᵗᵗ, portée à 800ᵗᵗ en 1749 & à 1,000ᵗᵗ en 1750 (2). En juillet 1750, il reçut 1,000 livres pour deux paysages : *le Printemps* & *l'Été* (3). — Charles-Joseph Natoire touchoit, en 1748, 600 livres comme payement d'un tableau (4) destiné à l'appartement du Roi à Fontainebleau, & le 29 septembre de la même année, une autre somme de 6,000ᵗᵗ pour un portrait en pied du Dauphin (5). Il reçut 3,000 livres en 1750, pour quatre tableaux, dont deux tirés de *Télémaque* & deux des *Églogues de Fontenelle* (6). En 1751, Louis XV acquit de lui, moyennant 2,400ᵗᵗ, un tableau représentant *le Seigneur qui chasse les Vendeurs du temple* (7). De 1755 à 1757, il peignit (8) pour le Roi & exposa aux Salons : l'*Entrevue de Cléopâtre & de Marc-Antoine* (9) & le *Repas de Cléopâtre donné à Marc-Antoine* (10). Ces deux toiles furent payées 8,000ᵗᵗ (11). Il étoit directeur de l'École de Rome à partir de 1751 & titulaire d'une pension de 600ᵗᵗ (12). — En 1748, J.-B.-M. Pierre peignoit pour 600 livres une pastorale (13) dans la salle à manger du Roi à Fontainebleau. Il fit la même année deux tableaux (14) repré-

---

(1) Arch. nat. O¹ 1064, 12 septembre 1754.
(2) Arch. nat. O¹ 2248; O¹ 2249, fº 377; O¹ 2250, fº 392; O¹ 2258, fº 417 recto; O¹ 1926.
(3) Arch. nat. O¹ 1914.
(4) Arch. nat. O¹ 2248.
(5) Arch. nat. O¹ 1914. Il est aujourd'hui à Versailles, nº 3791 du Catalogue de 1860.
(6) Arch. nat. O¹ 1914. Il fit encore un tableau allégorique payé 2000ᵗᵗ & *une pastorale* payée 600ᵗᵗ.
(7) Arch. nat. O¹ 2251, fº 242 recto.
(8) Arch. nat. O¹ 2257, fº 358, verso.
(9) Livret du Salon de 1757, nº 13.
(10) Livret du Salon de 1755, nº 23.
(11) Arch. nat. O¹ 2257, fº 358 verso.
(12) Arch. nat. O¹ 2248; O¹ 2258, fº 417 recto.
(13) Arch. nat. O¹ 2248, fº 324.
(14) Arch. nat. O¹ 2248; O¹ 1914.

fentant, l'un *Junon & Vénus* & l'autre *Jupiter & Junon*, payés 1,600 livres. En 1749, il contribua à décorer à Fontainebleau le cabinet de la Reine par fix tableaux (1) payés 1,800tt, & plus tard la falle du Confeil par dix autres tableaux (2) payés 3,000tt. En 1754, il orna d'un *Port de mer* & d'un *Moulin* la chambre de la Reine à Verfailles. Il y raccommoda & y agrandit d'autres peintures (3). En 1757 & 1758, il peignit, pour être exécutés en tapifferie, trois tableaux (4) : l'un l'*Enlèvement d'Europe;* les deux autres, des *Enfans & attributs relatifs & faifant fuite à ce fujet.* — En 1748, Jean Reftout peignoit, pour l'appartement de la Dauphine à Verfailles, deux tableaux (5) de l'hiftoire de Pfyché qui lui furent payés 1,400 livres, & pour le Roi, en 1751, moyennant 3,500tt, *Didon qui montre à Énée les bâtimens de Carthage* (6). Il expofoit au Salon de 1755 (7) & livroit à la Direction des Bâtimens, en 1757, la compofition fuivante : *Jéfus-Chrift lavant les pieds de faint Pierre,* qui étoit deftinée à être reproduite en tapifferie par la manufacture des Gobelins (8), & fut payée 6,000 livres (9). Le 25 juillet 1756, le Roi ayant accepté le don que les dames religieufes Capucines de la place Vendôme lui avoient fait du ta-

---

(1) Arch. nat. O¹ 2253, f⁰ 318 verfo. Ces tableaux, dont quatre repréfentoient *les Quatre Saifons* & un cinquième *une Veillée de village*, avoient été faits en 1749 pour décorer le cabinet de la Reine à Verfailles. Marie Leczinska, trouvant les figures qu'ils contenoient trop fortes pour un petit cabinet, les fit enlever, tranfporter à Fontainebleau & remplacer par cinq tableaux d'Oudry repréfentant les Cinq Sens (*Mémoires du duc de Luynes*, t. X, p. 40). — Voyez auffi fur les tableaux commandés à Pierre pour la Reine : Arch. nat. O¹ 1917; O¹ 1914.
(2) Arch. nat. O¹ 2253, f⁰ 317 recto.
(3) Arch. nat. O¹ 2254, f⁰ 328 recto.
(4) Arch. nat. O¹ 2258, f⁰ 353.
(5) Arch. nat. O¹ 2248, f⁰ 324; O¹ 1914.
(6) Arch. nat. O¹ 1914.
(7) Livret du Salon, n⁰ 10.
(8) Arch. nat. O¹ 2255, f⁰ 335 recto.
(9) Arch. nat. O¹ 2258, f⁰ 355 verfo.

bleau de Jouvenet, placé au-dessus de leur maître-autel & représentant une descente de croix, ordonna à Restout de faire une copie de ce tableau qui fut substituée à l'original (1). Ce travail lui valut 2,000 livres. Restout reçut du Roi plusieurs ateliers. En 1753, quand Boucher obtint l'atelier de Coypel, Restout prit celui de Boucher à la Bibliothèque du Roi. Le 19 juillet 1754, le Roi lui donna aux galeries du Louvre le logement que laissoit vacant la mort de Boulle, mais il préféra rester à la Bibliothèque du Roi, « à cause du beau jour dont il y jouit. » Il ne vint habiter les galeries du Louvre qu'en recevant, le 2 janvier 1757, le logement vacant par la mort de Langlois (2). Il tenoit du Roi une pension de 600 livres (3). — A son retour de Dresde, où il exerçoit les fonctions de premier peintre du Roi de Pologne, Louis Silvestre fut, le 7 juin 1748, nommé directeur de l'Académie de peinture en sa qualité du plus ancien des professeurs; il avoit soixante-quatorze ans. En 1755, le Roi lui donna aux galeries du Louvre le logement qu'en mourant Oudry laissoit vacant, ainsi que la pension de 600tt dont jouissoit ce dernier (4). Louis XV lui faisoit également, à partir de 1757, une pension annuelle de 3,000 livres en considération de ses services & en raison de la détresse où il se trouvoit (5): car l'invasion de Frédéric II en Saxe, où il possédoit beaucoup de biens, l'avoit ruiné. Cet artiste peignit pour le Roi *Auguste sur les marches du temple de Janus, venant d'en fermer les portes*. Livré en 1757 & exposé au Salon de cette année, ce tableau fut payé en 1760 une somme de 2,000 livres, dont les héritiers du peintre reçurent une partie; on n'acheva en effet

---

(1) Arch. nat. O¹ 1064.
(2) Arch. nat. O¹ 1922, 1752, p. 6; O¹ 1064, aux deux dates.
(3) Arch. nat. O¹ 2248; O¹ 2258, f⁰ 417 recto.
(4) Arch. nat. O¹ 1064, 10 juin 1755.
(5) Arch. nat. O¹ 2258, f⁰ 371 recto; O¹ 1064, 2 janvier 1757.

de la folder qu'après fa mort (1), arrivée le 11 avril 1760. — Neveu de Louis, Nicolas-Charles Silvestre peignit en 1751 deux petits payfages pour 1,600^{tt} (2). Il étoit maître à deffiner des Enfans de France. — Valade exécuta pour les Gobelins des bordures de tapifferies & deux fujets tirés de *Don Quichotte*. Il reçut pour ce travail, en 1752 & 1753, 2,500^{tt} & 740^{tt} (3). — Carle Vanloo, en 1751, repréfenta le Roi vêtu d'une cuiraffe & du manteau royal. Ce portrait lui fut payé 7,000^{tt} en 1752 (4). Il toucha encore cette année 2,700^{tt} pour deux portraits du Roi (fans doute deux copies) & une *Veftale* (5). Il peignit en 1752 un tableau (6) repréfentant *Sainte Clotilde*, deftiné à la chapelle du grand commun du château de Choify & payé 2,500 livres. En 1753, il exécuta, pour le cabinet du Confeil au château de Fontainebleau, diverfes allégories peintes en camayeu : *la Vérité, l'Hiftoire, la Guerre, la Paix, la Renommée, la Valeur, l'Air, la Terre, le Feu & l'Eau* (7). En 1757, il peignit, moyennant 3,600 livres, & expofa au Salon (8) de cette année un tableau (9) d'*Amimone & Neptune*, deftiné à être exécuté en tapifferie par la manufacture des Gobelins. En 1758, il fit pour le Roi quatre tableaux : 1° des *Enfans & attributs relatifs, & formant fuite au fujet d'Amimone*, payés 1,800^{tt} & deftinés au même ufage que le tableau principal ; 2° *la Peinture* ; 3° *la Sculpture* (ces deux tableaux payés chacun 500 livres); 4° *Saint Hubert à genoux & furpris à l'apparition d'une croix qu'un cerf porte dans fes bois*, payé 2,000 livres. Depuis 1749, il étoit gouverneur

---

(1) Arch. nat. O¹ 2258, f° 356 recto.
(2) Arch. nat. O¹ 1914.
(3) Arch. nat. O¹ 2251; O¹ 2252, f° 319 verfo.
(4) Arch. nat. O¹ 1914. C'eft le n° 3751 du mufée de Verfailles.
(5) Arch. nat. O¹ 1914.
(6) Arch. nat. O¹ 2252, f° 319 verfo.
(7) Arch. nat. O¹ 2253, f° 316 verfo.
(8) Livret du Salon de 1757, n° 5.
(9) Arch. nat. O¹ 2257, f°s 358 verfo & 359 recto.

de l'École royale des élèves protégés. Il fut fait écuyer, chevalier de l'ordre de Saint-Michel, & deviendra premier peintre du Roi en 1762. Il avoit une pension de 600 livres, portée à 1,000 en 1749(1). —J.-M. Vien, élève de l'Académie, pensionnaire de l'École de Rome, revenoit à Paris en 1749, & reçut au Louvre, en 1753, le logement de Restout (2). Il exécuta pour la cour, de 1753 à 1758, cinq tableaux qui lui furent payés en tout 8,200 livres(3). C'étoient : en 1753, *Saint Thomas, apôtre, prêchant les Indiens* & *Saint François Xavier qui débarque à la Chine* (pour le cabinet de la Reine à Versailles), les deux toiles payées 1,200^{tt}; en 1757, *Proserpine ornant la statue de Cérès sa mère* (4); en 1758, deux tableaux d'*Enfans avec attributs relatifs au sujet de l'Enlèvement de Proserpine*. Ces trois derniers étoient destinés à être reproduits en tapisseries. — Charles Parrocel, le 25 mai 1747, demandoit qu'on lui prêtât pour peindre les conquêtes du Roi : 1° l'habit qu'avoit le Roi à la bataille de Fontenoy, son chapeau garni & ses gants; 2° l'habit de M. le Dauphin, sa veste & son chapeau(5). Il peignit, de 1748 à 1752, pour la galerie du château de Choisy : les *Victoires des Campagnes du Roi*, les *Batailles de Fontenoy* & *de Lawfeldt*, les *Siéges de Fribourg* & *de Tournay*. Il mourut en 1752, ne laissant que des études & des ébauches des autres conquêtes du Roi, deux portraits commencés de Louis XV & l'esquisse de la *Marche*

---

(1) Arch. nat. O¹2248; O¹2249, f° 377; O¹2258, f° 417 recto; O¹1926; O¹1922, 1752, p. 3.

(2) Arch. nat. O¹1064.

(3) Arch. nat. O¹2253, f°s 314 recto & 316 recto; O¹2258, f° 356 verso. Ajoutez : en 1752, un tableau de la *Visitation* pour l'église de Crécy. O¹1918.

(4) Exposé au Salon de 1757, n° 29.

(5) Arch. nat. O¹1922, f°s 130 & 131. L'habit du Roi étoit d'un ton gris blanc chamarré d'un large galon d'or en brandebourg; la veste de même couleur; la culotte écarlate; le chapeau bordé d'or avec un plumet. — L'habit du Dauphin étoit écarlate avec une large broderie en or; le chapeau brodé en or avec un plumet blanc & une cocarde blanche.

de *l'Ambaſſadeur turc en* 1721 *arrivant au château des Tuileries par le pont tournant* (1). Le tout fut payé 13,000ᵗ à ſes héritiers (2). Il avoit une penſion de ſix cents livres (3). Le Roi, après la mort de Charles Parrocel, choiſit pour peindre ſes batailles, Ph.-B. de La Rue, élève de ce dernier & de l'École des élèves protégés. Il le chargea, en 1752, de continuer la ſuite des *Campagnes & Victoires royales* avant qu'il fût allé à Rome paſſer les années réglementaires à l'Académie de France. Le 2 août 1753, il lui fit faire un atelier dans une partie de la ſalle des Gardes au Luxembourg (4), & l'indemniſa de ſuite des « dépenſes que les études qu'il va faire lui occaſionneront, tant au Manége à Verſailles que pour y prendre tous les habits & autres deſſins relatifs à un jour d'action (5). »

La peinture murale n'étoit pas encore tout à fait abandonnée en France. Les Brunetti père & fils, qui décoroient en ce moment quelques palais, peignoient à freſque dans le nouvel hôtel des Ambaſſadeurs extraordinaires (6) en 1749 & 1750. Leurs travaux furent payés 12,000 livres, mais ils en attendirent dix ans le parfait payement (7). L'un des Brunetti prit part à la décoration du ballet des *Fêtes de l'Hymen & de l'Amour*, repréſenté à Verſailles devant le Roi à l'occaſion du mariage du Dauphin. Il reçut 1152 livres 2 ſous 6 deniers pour peindre quatre figures de marbre ſur les châſſis d'un décor (8).

---

(1) Aujourd'hui au muſée de Verſailles, n° 177 du Catalogue de 1860.
(2) Arch. nat. O¹ 2249, f° 337 verſo; O¹ 2256, f° 349 recto.
(3) Arch. nat. O¹ 2248; O¹ 2252, f° 362 recto.
(4) Arch. nat. O¹ 1064 à la date.
(5) Arch. nat. O¹ 2253, f° 312 verſo.
(6) C'étoit l'hôtel de Pontchartrain, rue Neuve-des-Petits-Champs, affecté depuis peu au logement des Ambaſſadeurs, après l'échange fait avec le duc de Nivernois qui alla habiter l'ancien hôtel des Ambaſſadeurs extraordinaires, aujourd'hui rue de Tournon, n° 10.
(7) Arch. nat. O¹ 2250, f° 330 verſo, & O¹ 2258, f° 357 verſo.
(8) Arch. nat. O¹ 2985.

Les spectacles avoient été remis à la mode par Mme de Pompadour. D'importantes sommes étoient consacrées à construire des salles de théâtre dans les palais royaux & à monter des pièces de comédie & des ballets. Sous la direction des intendans des Menus-Plaisirs, le théâtre de la cour occupoit de nombreux artistes. Vernansal, peintre d'histoire, peignit pour les spectacles du Roi, des figures, des enfans, des fontaines, des trophées, des plafonds & un tableau représentant la *Naissance de Bacchus*. Cette commande lui valut une somme de 1,079 livres (1). — Nicolas Delobel, autre peintre d'histoire, peignit en décor, moyennant 628 livres, *Bacchus aux pieds d'Ariane*, l'*Histoire de Bacchus*, des fontaines, des groupes d'enfans, des naïades, des cariatides & des trophées représentant les conquêtes du Roi (2). — Bocquet, l'artiste habile qui a laissé tant de spirituels croquis, dessinoit les costumes des théâtres du Roi (3). — Dutilleul, peintre de fleurs, exécuta pour 1,521 livres les fleurs & guirlandes des décorations de l'*Année galante*, de *Persée*, des *Festes de l'Hymen & de l'Amour* (4). — Dutour, autre peintre de fleurs, reçut 552 livres pour le décor de l'*Automne* qu'il avoit brossé dans l'*Année galante* (5). — Le paysagiste Bonnard, moyennant un payement de 1508 livres, exécutoit une

---

(1) Arch. nat. O¹ 2985.
(2) Arch. nat. O¹ 2985.
(3) Mémoire de peinture des habits de théâtre faits par Bocquet, peintre & dessinateur pour les Menus-Plaisirs du Roy pendant le voyage de Fontainebleau en 1752. — Mémoire des ouvrages de peinture & dessein faits par ordre de M. de Curis, intendant des Menus-Plaisirs & controlleur de la chambre & argenterie, par Boquet, dessinateur & peintre, ensemble l'état des journées employées pour la conduitte des ouvrages faits au magazin du Louvre en l'année 1752. (Arch. nat. O¹ 14092.) Bocquet dessine également tous les costumes de théâtre en 1753. (*Ibid.* O¹ 2995.)
(4) Arch. nat. O¹ 2985.
(5) Arch. nat. *Ibid.*

décoration représentant l'*Hiver*, un rideau avec un ciel, un autre rideau représentant l'*Antre de Gorgone*, un troisième rideau représentant un ciel avec des nuées, & douze châssis moitié arbres & moitié rochers (1). Il concourut aussi à l'exécution des ballets (2) de Fontainebleau en 1751. — Un bon élève de Boucher, Juliart, auteur de charmans paysages remplis de figures spirituellement touchés, trouvoit alors auprès de Tournehem un appui & des secours (3).

En ce moment, un seul peintre de genre étoit officiellement encouragé par la cour, c'étoit J.-B.-S. Chardin. En 1753, le Roi lui donna une pension de 500 livres (4). Le 19 mai 1757, cet artiste obtint sur sa demande le logement vacant aux galeries du Louvre par le décès du

---

(1) Arch. nat. O¹ 2985.

(2) Arch. nat. O¹ 2988.

(3) Il adressoit, le 19 mai 1749, la supplique suivante au directeur des Bâtimens :

" Jacques-Nicolas Julliar, élève de l'Académie royale de peinture & de sculpture depuis son enfance & depuis dix ans de M. Boucher, professeur de ladite Académie, après s'être exercé dans l'étude de l'histoire, s'est attaché par une étude plus particulière au talent du paysage, & ce par le conseil de M. Boucher, qui luy a représenté que l'on manquoit de peintres de paysage en France, surtout pour les ouvrages du Roy, soit de tapisseries, de décorations ou autres. Pour faire de plus grands progrès, il désireroit aller chercher à Rome de quoy les augmenter, & acquérir cette grande manière & ces richesses de forme & de composition dont l'Italie a toujours été regardée comme la source; il souhaiteroit profiter du départ des pensionnaires du Roy pour faire ce voyage avec eux; il suplie M. de Tournehem de vouloir bien le favoriser dans cette entreprise, & de luy accorder dans l'Académie de Rome un azile tel qu'il en a esté accordé en différens temps à plusieurs à sujets à talens particuliers & en dernier au sieur Guai, graveur en pierre, & au sieur Roëttiers fils, graveur en médailles. Ledit sieur Julliart représente aussy que ce logement dans l'Académie a souvent été accompagné de quelques autres secours dont il auroit besoin. Il suplie M. de Tournehem d'avoir égard à sa demande & de lui accorder cette faveur. " En marge, Lenormant écrivit : " A M. Gillet : écrire en conséquence à M. De Troy & me faire signer la lettre. " (Arch. nat. O¹ 1922, p. 80.)

(4) Arch. nat. O¹ 1064; O¹ 2258, f° 417 recto.

sieur Marteau (1). Le Roi lui acheta en 1750, moyennant 1,500 livres, un tableau (2) représentant *une Dame assise dans un fauteuil jouant d'une serinette auprès d'un serin*. Ce tableau étoit probablement destiné à Mme de Pompadour. Il a depuis passé dans les mains de son frère le marquis de Marigny, car il fut gravé par Laurent Cars comme appartenant à son cabinet, & figure à sa vente sous le n° 29 (3). Après avoir fait partie de la collection d'Houdetot, il reparut en dernier lieu, fort détérioré, sous le n° 93 de la vente de Morny (4). Un seul peintre de genre, ai-je dit, fut encouragé par la cour pendant la période qui m'occupe. Il ne dépendit pas de Marigny que Greuze le fût aussi. Il écrivoit en effet à Natoire le 28 novembre 1756 : « J'aprends, Monsieur, avec bien du plaisir que le sieur de Greuse s'applique entièrement à cultiver ses talens pour la peinture, & j'ai vu à Paris des tableaux qu'il a envoyés de Rome dont j'ai été si content que, sachant que ses facultés du côté de la fortune sont entièrement bornées, j'ai résolu de lui procurer les occasions de se soutenir par son travail &, par cette raison, de se perfectionner dans son art. Voyez, je vous prie, à détacher du logement qu'occupoit à l'Académie feu Mme de Veugles (5) une chambre qu'il pût habiter, & dans laquelle il eût le jour nécessaire à son travail, & donnez-la-lui : il épargnera son loyer dont la dépense, quelque mince qu'elle puisse être, sera un petit soulagement pour lui. Vous trouverez cy-incluse, coupée en ovale, une mesure que vous aurez agréable de lui remettre, afin qu'il fasse deux tableaux de la même

---

(1) Arch. nat. O' 1064. Le brevet est du 27 mai 1757. Arch. nat. O' 101, f° 177 recto.
(2) Arch. nat. O' 2241, f° 346 verso.
(3) Payé 600 livres par le comte de Tolozan.
(4) Payé 7,100 francs à cette dernière vente.
(5) C'étoit la veuve de l'ancien directeur de l'Académie de France à Rome Nicolas Wlenghels.

grandeur de cet ovale. Je lui laiffe la liberté de fon génie pour choifir le fujet qu'il voudra. Ces deux tableaux font deftinés à être placés dans *l'apartement de Mme de Pompadour* au château de Verfailles. Exhortez-le à y donner toute fon application. Ils feront vus de toute la cour, & il pourroit en naître de gros avantages pour lui s'ils étoient trouvés bons. Recommandez-lui de ma part auffi ces deux tableaux & affurez-le que je faifirai avec plaifir les occafions de fon avancement lorfqu'elles fe préfenteront. Je fuis, &c.... — Répondez-moi au plus tôt, & informez-moi du prix que vous eftimez ces deux tableaux ovales. Je vous en ferai tenir le montant pour que vous le remettiez à ce jeune homme (1). " Greuze paroît avoir reçu cette bonne nouvelle fans grand enthoufiafme. Voici la réponfe que Natoire fit à Marigny le 22 décembre 1756 : « Monfieur, j'ai receu l'honneur de votre dernière lettre du 28 novembre au fujet de M. Greuze & fur les bontés que vous voulez bien avoir pour lui. Je lui en ai fait part en lui lifant ces articles dont il m'a paru être fenfible. Cependant, après avoir bien réfléchi, il me prie de vous dire, Monfieur, que la fanté ne lui permettant pas de faire un long féjour à Rome, il s'étoit déterminé à en partir dans deux mois environ, & que, fi vous voulez bien lui continuer les mêmes bontés, dès qu'il feroit arrivé il travailleroit à les motiver en faifant les deux morceaux que vous lui demandés. C'eft un garçon qui travaille difficilement & avec peine, &, avec beaucoup de talens qu'il a, il eft facile à fe former mille impreffions qui l'empêchent d'être tranquille. Je fuis, &c. " « NATOIRE (2). " Le directeur des Bâtimens ne fe découragea pas dans fa bienveillance. Les deux tableaux finirent par être exécutés. C'étoient deux figures à mi-corps d'un jeune garçon & d'une jeune fille. On

---

(1) Arch. nat. O¹ 1923, p. 46 & 47.
(2) Arch. nat. *Ibid., ibid.*

les retrouve à la vente de Marigny fous le n° 43 ; ils venoient de chez Mme de Pompadour.

La famille royale offroit de nombreux modèles aux peintres de portraits & exerçoit fans relâche le talent des artiftes fi diftingués que nous poffédions alors dans cette branche de la peinture. Drouais fils, peintre ordinaire du Roi, fit & livra en 1757, au commencement d'avril, pour le Dauphin, les *portraits du duc de Berry & du comte de Provence, tous deux dans le même tableau* (1), *jouans avec un chien*. Expofé au Salon de 1757 fous le n° 105, cet ouvrage fut payé 3,000 livres. Il peignit auffi des portraits en miniature (2). — Frey, peintre au paftel, reçut 832 livres en 1754 pour fon payement d'un portrait de Madame Louife (3). Deux copies de ce portrait lui valurent 672 livres en 1755 (4). — Maurice Quentin de La Tour, en 1749 & 1750, peignit deux fois le Roi, deux fois la Reine, trois fois le Dauphin & une fois feu la première Dauphine. Ces huit portraits lui furent payés 12,000 livres. Un portrait feul de la feconde Dauphine lui valut 2,400 livres. Il fit également en 1749, pour le Roi & moyennant 4,500 livres, trois portraits : le premier du duc d'Ayen, le fecond du comte de Saffenage, le troifième du chevalier de Montaigu (5). Le 7 avril 1750, le Roi lui donna au Louvre le logement du fieur Hermand, ingénieur de Sa Majefté, &, le 22 octobre 1752, lui accorda une penfion de cent piftoles (6). C'eft en 1752 qu'il commence le célèbre paftel (7) de Mme de Pompadour, aujourd'hui au mufée du Louvre. Une cu-

---

(1) Arch. nat. O¹ 3001.
(2) Arch. nat. O¹ 2988.
(3) Arch. nat. O¹ 2254, f° 327 recto.
(4) Arch. nat. O¹ 2256, f° 352 recto.
(5) Arch. nat. O¹ 1914; O¹ 2249, f° 336 verfo.
(6) Arch. nat. O¹ 1064, aux dates citées; O¹ 94, f° 70; O¹ 2258, f° 417 recto; O¹ 1091, p. 199.
(7) Il fut expofé au Salon de 1755 fous le n° 58.

rieufe correfpondance l'a précédé. En voici quelques fragmens qui confirment ce que l'on fait du caractère quinteux de Latour & de l'affabilité de Marigny dans fes rapports avec les artiftes :

« A Verfailles, 26 février 1752.

« Ma fœur voudroit fçavoir, Monfieur, dans quel tems vous comptés faire fon portrait. Je me fuis chargé de vous en écrire ; vous me ferés plaifir de me le mander par votre réponfe, que j'attendrai demain & que je pourrai recevoir de bonne heure fi vous voulés bien me la faire tenir par la voye des voitures de Verfailles. Je fuis, Monfieur, &c.... »

« *M. de La Tour, peintre de l'Académie, aux galeries du Louvre.*

« A Compiègne, ce 24 juillet 1752. — Lorfque je receus votre lettre du 11 de ce mois, Monfieur, je la communiquai à ma fœur, à qui il fut auffi impoffible qu'à moy d'en interpréter le fens du poft-fcriptum. Elle me dit de vous écrire pour favoir déterminément fi vous vouliés venir ou non, & je l'euffe déjà fait fi je n'en avois trouvé l'interprétation défirée dans la lettre que vous avez écrite à M. Gabriel. Quoy, Monfieur, vous luy faittes part du chagrin que vous avés des accidens arrivés en conféquence aux deux portraits de ma fœur, & vous ajouttés que j'en fuis la caufe innocente ! Pour innocente, cela eft très-certain, mais expliquez-moy, je vous prie, en quoy j'ay pu en être la caufe ? Je comptois, je vous l'avoue, un peu plus fur votre amitié, & je me flattois que vous auriés recours à moy pour faire ceffer des chagrins que j'aurois pu occafionner ; vous me deviés, Monfieur, cette marque de confiance. Je me pique d'être jufte & fenfible. Vous êtes l'un & l'autre. Je laiffe à votre cœur le foin de vous faire fentir combien je dois être bleffé d'un pareil reproche de la part de quelqu'un à qui je n'ay ceffé de témoigner amitié.

« Ayés agréable, Monsieur, de m'écrire quels sont les griefs que vous pouvés avoir & quels sont les moyens que vous désirés que j'employe pour y remédier; vous devés compter sur tout le cas que je fais de vos talens & sur le plaisir que j'auray de vous le prouver en vous faisant justice. Ma sœur peut-elle compter d'être peinte par vous ? Elle est impatiente de voir finir son portrait. Faittes honneur aux sentimens dont vous faittes profession en venant au plus tôt terminer ce portrait pour la satisfaction de ma sœur, à qui vous devés de la reconnoissance & pour celle de son frère, à qui vous deviés plus d'amitié. Je suis, Monsieur, &c....

« J'attends votre réponse (1). »

Jean-Marc Nattier peignoit en 1746 Mme de Pompadour sous la figure de Diane &, en 1762, reçut des Bâtimens du Roi 2,500 livres pour cette peinture (2). Il recevoit en 1747 4,000 livres pour un portrait du Dauphin en cuirasse à la bataille de Fontenoy & deux copies de ce portrait (3). En 1748, il fit un portrait de la Reine (4) & deux copies du même portrait moyennant 4,900 livres. Il touchoit 5,100 livres en 1750 pour prix de trois portraits (5) de Mesdames de France à Fontevrault commencés en septembre 1747. En 1752, il peignit encore pour 4,800tt Mesdames de France sous la figure des Quatre Élémens (6), & la Dauphine pour 2,500tt (7). Un tableau de *Madame Henriette de France en habit de cour jouant de la basse de viole* lui valut 6,000 li-

---

(1) Les deux lettres sont en brouillon aux Arch. nat. O' 1925.
(2) Arch. nat. O' 2248; O' 1914.
(3) Arch. nat. O' 2248, f° 322 verso.
(4) Arch. nat. O' 2248.
(5) Arch. nat. O' 2248; O' 1914. Quelques-uns de ces portraits doivent être à Versailles aujourd'hui.
(6) Un des portraits de cette suite existe actuellement au musée de Versailles sous le n° 4457 du Catalogue de 1860.
(7) Arch. nat. O' 1914. Ce tableau est aujourd'hui à Versailles, n° 3796 du Catalogue.

vres en 1754 (1). Il acheva en 1755 un portrait du duc de Bourgogne eſtimé 2,000 livres, ainſi qu'une copie du même tableau évaluée à 900ᵗᵗ. En 1758, il livra le 3 octobre, pour faire pendant au portrait de Madame Henriette, le *Portrait de Madame Adélaïde en habit de cour & tenant un papier de muſique*, payé 5,000 livres (2). — Portien, élève de Coypel, repréſenta en janvier 1748 la Reine en habit de religieuſe pénitente. Son tableau, qui fut payé 300 livres, étoit deſtiné à orner l'appartement de Mme la ducheſſe de Villars. Il fut agréé à l'Académie ſur la prière de Marigny en ſeptembre 1752 (3). — Louis Tocqué peignit en 1748 & expoſa au Salon de cette année un portrait poſthume de la première Dauphine, feu l'Infante l'Eſpagne, qui lui fut payé 4,000 livres & qui eſt aujourd'hui au muſée de Verſailles (4). Il reçut en outre une gratification de 2,000 livres en conſidération des ſoins, frais de voyage & autres dépenſes entraînées par ce portrait (5). En 1751, il livra

---

(1) Arch. nat. O¹ 2256, f° 349 verſo. A Verſailles aujourd'hui n° 3800 ou n° 4454.

(2) Arch. nat. O¹ 2258, f° 354 verſo. Il demandoit 6,000ᵗᵗ (*Ibid.* O¹ 1913; O¹ 1928) de ce tableau qui ſe trouve aujourd'hui à Verſailles n° 3802 ou 4456 du Catalogue. En 1750, Nattier peignit pour Don Philippe de Parme le portrait de Mme Infante (*Mémoires du duc de Luynes*, t. X, p. 21). Il avoit fait en outre des portraits qui lui avoient été commandés directement par Louis XV, le Dauphin & Meſdames, & qui durent être payés ſur la caſſette de la famille royale. (Arch. nat. O¹ 1914.)

(3) Arch. nat. O¹ 2248, f° 327; O¹ 1914.
Voici la lettre que Marigny écrivit au directeur de l'Académie pour remercier de la faveur qu'on avoit faite à ſon protégé : « 22 ſeptembre 1752. — La grâce que la Compagnie a bien voulu faire, Monſieur, au ſieur Portien, à ma recommandation, de le ſouſtraire à la maîtriſe de Saint-Luc, m'engage à luy en faire mon remerciement; mais aſſurés la, en même temps, que j'ay été ravi de la clauſe *ſans tirer à conſéquence* qu'elle y a joint & que j'applaudirai toujours à la plus ſcrupuleuſe ſévérité dont elle uſera dans les réceptions, &c. »

(4) N° 3795 du Catalogue de 1860.

(5) Arch. nat. O¹ 2248, f° 322 & *paſſim;* O¹ 1914.

un portrait de M. Lenormant de Tournehem (1). Le 12 septembre 1754, il reçut du Roi une pension (2) de 600 livres. En 1756, il fit, moyennant 2,000 livres, le portrait (3) du marquis de Marigny, destiné à l'Académie de peinture & sculpture. Sa réputation étoit dès lors européenne. Élisabeth de Russie, qui désiroit se faire peindre par Tocqué, demanda, par l'intermédiaire de M. de Woronzow, vice-chancelier de Russie, l'autorisation de faire venir ce peintre à sa cour. Dans son travail du 19 mars 1756 avec le directeur des Bâtimens, le Roi permit à Tocqué, peintre de l'Académie royale, de passer à la cour de Saint-Pétersbourg dix-huit mois seulement pour y aller faire le portrait de l'impératrice de Russie. Il est curieux de voir le Roi & le directeur général intervenir dans l'intérêt de l'artiste & stipuler pour lui. Au bon du Roi qui permettoit à Tocqué de s'éloigner se trouvoient annexés : « 1° un projet de lettre de Tocqué au directeur général sur la demande que lui avoit faite dudit Tocqué M. de Woronzow, ladite lettre contenant son état actuel & ses conditions; 2° la lettre de M. de Woronzow écrite au marquis de Marigny en date du 14 janvier 1755 à ce sujet; 3° une autre lettre de M. de Woronzow en date du 3 février 1756 à M. Marmontel pour l'exécution des clauses & conditions convenues pour ce voyage (4). » — Guillaume Voiriot, académicien en 1759, peignoit en 1752 deux portraits, l'un du Dauphin & l'autre de Madame Première (5).

---

(1) Arch. nat. O¹ 2251, f° 347. Ce portrait est aujourd'hui à Versailles, n° 3774. Il a été gravé par Dupuis.
(2) Arch. nat. O¹ 1064. — Le bon du Roi étoit du 7 septembre, O¹ 1922, 1754, p. 52; O¹ 2258, f° 417 recto.
(3) Arch. nat. O¹ 2256, f° 342 recto. C'est probablement le portrait qui est au musée de Versailles sous le n° 3776 & qui est connu par la gravure de Wille.
(4) Arch. nat. O¹ 1064, 19 mars 1756.
(5) Arch. nat. O¹ 2252, f° 317 verso.

Les portraitiftes les plus occupés par la cour étoient les miniaturiftes, à caufe des nombreux bijoux dans lefquels on introduifoit des portraits : Jacques Charlier, qui obtint en 1753 le brevet de peintre en miniature du Roi (1), livroit en 1748 un portrait du Roi payé 300 livres (2), & en 1749 quatre portraits de Madame Infante (3). Il peignoit la même année, moyennant 300 livres, un autre portrait de Louis XV en bufte, grandeur de bague (4). Il fit en 1750 quatre portraits du Roi (5) pour 1,200 livres; en 1752, deux portraits de M. de Tournehem (6) pour 460 livres; en 1754, quatre portraits (7) de différentes perfonnes pour 1,200 livres. — Aubry faifoit des portraits (8) de la famille royale en 1749, 1750 & 1751. — Jean-Étienne Liotard qui arrivoit d'Orient étoit en ce moment le miniaturifte le plus à la mode (9). Le duc de Luynes, dans fes *Mémoires*, nous

---

(1) Arch. nat. O¹ 97, f° 309 recto.
(2) Arch. nat. O¹ 2248, f° 322; O¹ 1914.
(3) Arch. nat. O¹ 2986; O¹ 2987.
(4) Arch. nat. O¹ 2249, f° 339 recto.
(5) Arch. nat. O¹ 2249, f° 337 verso.
(6) Arch. nat. O¹ 2252, f° 316; O¹ 1914.
(7) Arch. nat. O¹ 2258, f° 357 recto.
(8) Arch. nat. O¹ 3000.
(9) Arch. nat. O¹ 2991; O¹ 2992. Je tire d'un livre rare (*le Palais-Royal*, à Hambourg, 1806, in-12, t. II, p. 51) de curieux détails fur la perfonne & les habitudes de ce bizarre artifte : « Il étoit venu depuis peu en France un peintre de portraits affez célèbre, que l'on nommoit Liotard. Il avoit habité longtemps les Échelles, & il étoit vêtu à l'afiatique; fa longue barbe, fon turban, & furtout la réfolution qu'il avoit prife de ne point aller chez qui que ce fût pour peindre, le rendirent plus célèbre que fon talent ne le méritoit. La duchefle (d'Orléans, Louife-Henriette de Bourbon-Conti), car tout Paris vouloit être peint par l'Arménien, fe fit conduire chez lui....

« La féance de la duchefle n'étoit pas encore commencée, car Liotard fuivoit exactement l'ordre du moment où l'on arrivoit chez lui. Une fermière générale avoit précédé la princeffe. Malgré qu'elle eût eu l'excès de modeftie, fi rare dans la finance, d'offrir fa place à l'Alteffe, Liotard n'avoit point voulu y confentir, &, tout en affurant cette dernière de fes profonds refpects, il lui dit qu'il ne pouvoit quitter ce qu'il fai-

apprend comment Louis XV connut & apprécia le talent de Liotard en voyant chez la Dauphine des portraits exécutés par cet artiste génevois (1). En 1749, il peint Mme l'Infante Isabelle. Il faisoit en 1751 deux portraits pour bracelets de Mme Sophie, un portrait du Roi pour boîte, &c.; en tout onze portraits (2). Autre mémoire de peintures livré par le même artiste en 1752. — Vincent (3) & Duvigeon (4) reproduisoient aussi fréquemment dans leurs miniatures les personnes royales. — Lebrun, qui prenoit le titre de peintre en miniature du Roi, fut constamment employé par la cour. On trouve dans les papiers des Bâtimens royaux la série fort longue des mémoires qui lui furent payés pour ses peintures (5). Il avoit un fils qui peignoit également en miniature.

Les portraits de la famille royale étoient si souvent demandés & donnés par le Roi à tant de personnes que les artistes précédemment nommés ne pouvoient parvenir à en produire une quantité suffisante. On avoit en outre recours à une légion de copistes. Il faut dire un mot des auteurs de ces innombrables copies qui circulent actuellement dans le commerce. Bien des tableaux perdront peut-être devant nos indications des attributions illustres,

---

foit, que son imagination étoit à l'unisson du joli minois de Mme de*** dont les traits, tout agréables qu'ils étoient, ne pouvoient se trouver d'accord avec ceux de S. A. S., type de la parfaite beauté. Ce galimatias oriental avoit fait rire Henriette, qui avoit été loin d'insister, &c. »

(1) *Mémoires*, t. X, p. 21, 26 octobre 1749.
(2) Arch. nat. O¹ 3003.
(3) Arch. nat. O¹ 2988.
(4) Arch. nat. O¹ 2988.
(5) Au sieur Lebrun, peintre du Roy en miniature, la somme de 2,753 livres pour tous les portraits qu'il a faits pour Mgr le Dauphin. (Arch. nat. O¹ 2985.)

Au sieur Lebrun, peintre du Roy, la somme de 9,043 livres pour tous les portraits en miniature qu'il a faits pour Mme Adélaïde. (Arch. nat. O¹ 2985.)

Au sieur Lebrun, peintre du Roy, 600 livres pour deux portraits de migniature de feue Mme la Dauphine, dont l'un pour M. le chevalier de

mais, en revanche, en acquerront de certaines. Jean-Philippe de la Roche reçut 750 livres en 1752 pour cinq portraits de la Reine, de la Dauphine, de Mesdames Adélaïde, Victoire & Louise (1). Il faisoit en 1753 & 1754 des copies de portraits du Roi (2). En 1755, il toucha 1,450 livres en payement d'un portrait de Louis XV & de trois autres, représentant Mesdames Adélaïde & Louise (3). Il peignoit la même année deux tableaux pour l'oratoire de Mme de Pompadour au château de Versailles qui lui furent payés 600^{lt} (4). Une copie du portrait du Roi, d'après Vanloo, exécutée en 1758, lui rapporta 1,000 livres (5). — J.-M. Frédou recevoit, en 1758, 1,000 livres pour son payement d'une autre copie du même original (6). Élève de Portail, il n'étoit pas d'ailleurs exclusivement adonné à la peinture de portraits, car il peignit une perspective dans le petit jardin de la Dauphine à Versailles, & ce travail, avec un autre portrait du Roi, lui valut 1,300 livres (7). — Hellart co-

---

Muy, qu'il a faits en conséquence des ordres de M. le premier gentilhomme de la chambre. (Arch. nat. O^1 2985.)

Lebrun figure pour la somme de 15,300 livres sur l'état des portraits en miniature faits pour la famille royale. (Arch. nat. O^1 2986; O^1 2987.)

En 1751, série de portraits peints par Lebrun. (Arch. nat. O^1 2988.)

Mémoire des portraits en mignature faits par Lebrun pour le service de la famille royale en 1752. (Arch. nat. O^1 2991; O^1 2992.)

Mémoire des portraits faits par MM. Lebrun père & fils, & livrés à M. de Cury pendant l'année 1753. (Arch. nat. O^1 2994.)

Liste des portraits faits en 1754 par Lebrun, livrés à Mgr le duc d'Aumont. (Arch. nat. O^1 2996.)

Mémoire des portraits [de la famile royale] faits par Lebrun & livrés à M. de Fonspertuis en 1755. (Arch. nat. O^1 2997.)

Mémoire de peintures en miniatures de Lebrun, 1757. (Arch. nat. O^1 3001.)

(1) Arch. nat. O^1 2252, f° 317 verso.
(2) Arch. nat. O^1 2253, f° 300 recto, & O^1 2254, f° 320.
(3) Arch. nat. O^1 2255, f° 339 verso.
(4) Arch. nat. O^1 2256, f° 344.
(5) Arch. nat. O^1 2256, f° 242 verso; O^1 2258, f° 359 recto.
(6) Arch. nat. O^1 2258, f° 359.
(7) Arch. nat. O^1 2257, f° 357 verso.

pia continuellement pendant nos dix années les portraits de la famille royale (1). Il toucha, en 1756 notamment, 2,600 livres pour deux portraits du Roi & un tableau de Saint Louis (2). Molinet reproduifoit la figure du Roi d'après Vanloo, Latour & Liotard (3). Son talent, s'il en avoit, étoit bien peu rémunéré; car, en 1757, deux portraits, l'un du prince Ferdinand de Parme & l'autre de la princeffe fa fœur, ne lui furent payés que 144 livres (4). — La demoifelle Anne-Baptifte Nivelon, demeurant rue de Satory, à Verfailles, copioit encore le portrait du Roi d'après Vanloo. On regardoit cette peinture qui lui valut 1,000 livres (5) comme la meilleure copie d'après l'original tant de fois reproduit. — Prévoft, exclufivement occupé à multiplier les effigies de la famille royale, eut auffi 1,000 livres en 1758 pour une copie du même portrait (6). C'étoit le prix fixé pour toutes les reproductions du tableau de Vanloo.

Comme les peintres d'hiftoire, les payfagiftes & les artiftes qui fe confacroient à repréfenter les animaux ou la nature morte étoient puiffamment encouragés. Le marquis de Vandières pendant fon voyage à Rome en 1751, appréciant la valeur de Jofeph Vernet, lui avoit commandé des tableaux & avoit défiré l'attirer à Paris. Sur la demande du directeur général, le Roi décida dans fon travail du 25 feptembre 1753 que Vernet feroit fixé en France (7) aux conditions d'un mémoire remis par le peintre. L'ordre de venir en France lui fut expédié le

---

(1) Arch. nat. O¹ 2249, f° 334 verfo; O¹ 2251, f° 347 verfo; O¹ 2252, f° 319 recto; O¹ 2253, f° 300 recto; O¹ 2254, f° 320; O¹ 2255, f° 330.
(2) Arch. nat. O¹ 2256, f° 346.
(3) Arch. nat. O¹ 2255, f° 330 recto.
(4) Arch. nat. O¹ 2257, f° 357 verfo.
(5) Arch. nat. O¹ 2996. Exécutée en 1754 & deftinée à Saint-Cyr.
(6) Arch. nat. O¹ 2249, f° 335; O¹ 2252, f° 319 recto; O¹ 2253, f° 300 recto; O¹ 2254, f° 320; O¹ 2255, f° 380 recto.
(7) Arch. nat. O¹ 1064.

10 octobre 1753. A la mort d'Oudry, le Roi lui donna l'atelier dont celui-ci jouiſſoit aux Tuileries (1). Il commença immédiatement la ſérie de ſes tableaux des ports de France (2). De 1753 à 1755, il peignit l'*Intérieur du Port de Marſeille*, l'*Entrée de ce Port*, *le Port neuf de Toulon*, *la Pêche du Thon*. Ces quatre tableaux lui furent payés 24,000 livres, ſoit 6,000 chacun (3). Il continua par les *Ports d'Antibes* & *de Cette* (4). — Il eſt curieux de voir pendant nos dix ans le développement du talent de Jean-Jacques Bachelier & les progrès de ſa fortune. Le 17 juillet 1749, élève peintre de l'Académie, il reçoit du Roi 200^{lt}, « par gratification, en conſidération de ſes grandes diſpoſitions & du beſoin qu'il a d'être aidé (5). » — « Il a, diſoit Coypel en le recommandant au directeur général, de très-grandes diſpoſitions pour peindre les fleurs. Ce talent eſt aſſez rare aujourd'hui, & la famille dudit Bachelier, loin de pouvoir l'aider, eſt totalement à ſa charge. » Dès 1748 d'après Alexandre Brongniart (6), dès 1750 d'après MM. Jacquemart & Leblant (7), il eſt chargé de diriger dans la manufacture de porcelaine de France « toutes les parties d'art. » En 1752 il eſt agréé par l'Académie. En 1754 il eſt logé au Louvre, & le 17 mars le Roi prend lui-même ſoin de faire réparer le logement qu'il y occupe (8). Le Roi le fait travailler en 1755, 1756, 1757 & 1758 (9). Il peint pluſieurs tableaux d'animaux pour le château de Choiſy (10). Il reçoit enfin, ſur les comptes de 1758, 9,000 livres pour treize tableaux faits pour le

---

(1) Arch. nat. O^1 1064, 8 août 1755.
(2) Arch. nat. O^1 2254, f° 321 verſo.
(3) Arch. nat. O^1 2255, f° 330 verſo.
(4) Arch. nat. O^1 2258, f° 352.
(5) Arch. nat. O^1 2248; O^1 1926.
(6) *Traité des Arts céramiques*, tome II, p. 499.
(7) *Hiſtoire de la Porcelaine*, 1862, in-folio, p. 501.
(8) Arch. nat. O^1 1064.
(9) Arch. nat. O^1 2258, f° 350 recto.
(10) Arch. nat. O^1 2258, f° 356 recto.

service du Roi en 1757 & 1758, représentant les quatre premiers des *Vases de porcelaine de France*; le cinquième, *un Lion combattu par des Dogues*; le sixème, *un Ours arrêté par des Chiens*; les septième, huitième & neuvième, *une Tête bizarre de Daim* déposée au cabinet du Jardin du Roi; les dixième, onzième & douzième, *des Chiens*, & le treizième, *une Perdrix singulière* (1). — Claude-François Desportes, fils du célèbre artiste de ce nom, agrandit en 1748 deux tableaux du château de la Muette, peints par son père, & toucha des Bâtimens 3,000 livres (2) pour ce travail. — Jean-Baptiste Oudry, qui décoroit la Muette, y peignit de 1746 à 1748, pour 7,000 livres, *un Loup assailli par quatre Chiens*, & *une Laie avec ses Marcassins attaquée par des Dogues* (3). Exposé au Salon de 1746, le *Loup assailli par quatre Chiens* me paroît être le tableau catalogué aujourd'hui sous le n° 387 de l'école françoise du Louvre, bien que le livret du Salon de 1746 signale ce tableau comme destiné à Choisy. Il fut copié en 1754 par Noleau, moyennant 600 livres (4). Les ouvrages d'Oudry exécutés en 1748 pour le Roi (quinze tableaux) furent réglés à 12,926 livres (5). Il avoit peint en 1747, pour la somme de 1,800^{lt}, six tableaux des fables de La Fontaine; en 1751, moyennant 4,000^{lt}, un paysage orné de six figures & placé chez le Dauphin (6). En 1752, il peignit quatre dessus de porte représentant des paysages avec des figures & animaux pour l'appartement de Madame Adélaïde au château de Versailles & un ta-

---

(1) Arch. nat. O¹ 2258, f° 352 verso. Bachelier nous a laissé un précieux ouvrage sur la manufacture de Sèvres : *Mémoire historique de l'origine & des progrès de la manufacture nationale de Porcelaine de France*, &c., 1799, in-12.
(2) Arch. nat. O¹ 2248; O¹ 1914.
(3) Arch. nat. O¹ 2248, f° 333; O¹ 1914.
(4) Arch. nat. O¹ 2253, f° 314. Noleau étoit gendre d'Oudry.
(5) Arch. nat. O¹ 2249, f° 7; f° 339 verso.
(6) Arch. nat. O¹ 1914.

bleau reproduifant une tête de cerf qu'il porta à Compiègne & préfenta lui-même au Roi (1). Après fa mort, arrivée en 1755, ces tableaux furent payés 2,824 livres à fes héritiers, qui reçurent encore une gratification attribuée à fon travail de 1754 (2). Oudry avoit un atelier au château des Tuileries. Il étoit infpecteur des travaux des Gobelins & directeur de la manufacture de Beauvais. — Reysbrack fit en 1748 des tableaux pour la Ménagerie du château de Verfailles (3) & des deffus de porte pour le Roi (4). En 1751 il peint *la Chaffe du Daim* & *la Chaffe du Loup*, dépofées au cabinet des tableaux du Roi (5). Il travailloit auffi pour les Menus-Plaifirs, le théâtre de la Cour, & les ballets de Fontainebleau (6). — Un ornemanifte du nom de Teffier peignoit pour la Cour les fleurs & les fruits. Il reçut « 2,264 livres pour fon payement des ouvrages de peinture en fleurs & fruits qu'il fit en 1752 pour exécuter en un tapis de trente pieds en carré, à la manufacture de la Savonnerie (7). » Ce tapis étoit deftiné à la Dauphine. Il compofa également des bordures de tapifferies pour la mère de cette princeffe, la reine de Pologne (8). La même Dauphine Marie-Jofèphe de Saxe, dont nous avons déjà fignalé le bon goût, demandoit en 1751 le deffin d'un autre tapis & de deux portières à l'illuftre deffinateur de vignettes, Hubert Bourguignon, dit Gravelot (9). — Jean-Marc Ladey, autre peintre de fleurs, étoit attaché à la manufacture des Gobelins aux appointemens de 300 livres (10). — Coqueret reçut,

---

(1) Arch. nat. O¹ 2256, f⁰ 350 verfo.
(2) Arch. nat. O¹ 2254, f⁰ 337 recto.
(3) Arch. nat. O¹ 2248, f⁰ 319 recto; O¹ 1914.
(4) Arch. nat. O¹ 2248, f⁰ 321.
(5) Arch. nat. O¹ 2251, f⁰ 242 verfo.
(6) Arch. nat. O¹ 2988.
(7) Arch. nat. O¹ 2252, f⁰ 323 verfo.
(8) Arch. nat. O¹ 1914.
(9) Arch. nat. O¹ 2254, f⁰ 320.
(10) Arch. nat. O¹ 2255, f⁰ 335 recto; O¹ 2256, f⁰ 387 recto.

en 1754, 400 livres pour un tableau de fleurs & de fruits (1). Mais il ne cultivoit pas exclusivement la peinture de la nature morte. Deux portraits, l'un du Dauphin, l'autre de la Dauphine, lui valurent 900ᵗᵗ en 1757 (2). — L'ornemaniste le plus occupé étoit Alexis Peyrot, à qui les Bâtimens de 1748 à 1752 payèrent pour ornemens & arabesques une somme de 15,343 livres (3). Il avoit le brevet de *dessinatuer & de garde-meuble de la Couronne* (4).

La sculpture avoit aussi sa part de travaux, d'honneurs & d'encouragemens. Pourvu d'une pension royale de 500ᵗᵗ, Laurent-Sigisbert Adam l'aîné sculptoit pour Louis XV, qui les donna plus tard au roi de Prusse (5), deux groupes de marbre en un seul bloc composés de deux nymphes avec leurs attributs représentant la Chasse & la Pêche (6), estimés 52,000 livres en 1750, & il exécutoit pour les jardins de Choisy une figure de l'Abondance (7), livrée en 1758 & payée 10,000 livres à ses héritiers en 1760; car il étoit mort le 13 mai 1759. Il avoit au Louvre un logement & un atelier qu'indique Blondel (8). Titulaire également d'une pension de 500 livres, Nicolas-Sébastien Adam le jeune recevoit 4,000ᵗᵗ pour un vase en marbre blanc (9) avec les attributs de la Saison de l'Automne, fait en 1745. — Edme Bouchardon, pendant notre période, touchoit une pension de 1,000ᵗᵗ & travailla de 1748 à 1750 à sa célèbre statue de

---

(1) Arch. nat. O¹ 2254, f⁰ 320.
(2) Arch. nat. O¹ 2257, f⁰ 357.
(3) Arch. nat. O¹ 1914.
(4) Arch. nat. O¹ 93, f⁰ 11.
(5) Arch. nat. O¹ 2249, f⁰ 333.
(6) Arch. nat. O¹ 2258, f⁰ 354 recto; O¹ 2252, f⁰ˢ 321 verso & 323 recto; O¹ 2253, f⁰ 318 verso.
(7) Le plâtre de cette figure fut exposé au Salon de 1753 sous le n⁰ 38.
(8) *Architecture françoise*, t. IV, p. 31.
(9) Arch. nat. O¹ 2256, f⁰ 348 verso.

l'Amour (1), qui fut payée 21,000ᵗ. Il exécuta en 1750 une ſtatue de l'Amitié (2). A partir de 1755, le Roi lui faiſoit remettre annuellement une ſomme de 2,400 livres pour lui tenir lieu du logement qu'on lui avoit préparé au Louvre avant qu'on le rappelât de Rome (3). Il finit par être logé aux galeries (4). Bouchardon attendit juſqu'en 1760 le complet payement des modèles de terre faits par lui pour le tombeau du cardinal Fleury qu'on devoit exécuter dans l'égliſe Saint-Louis du Louvre (5). Ce projet ne fut jamais réaliſé. Ces ouvrages, qui lui furent payés 4,000 livres, avoient été exécutés vers 1744 & expoſés aux Salons de 1743 & 1745. Il ne reçut qu'en 1762 le payement de 1,500ᵗ pour un modèle en terre datant de 1733 & repréſentant Louis XIV (6). — Guillaume Couſtou fils, penſionnaire de 600ᵗ, étoit employé à l'embelliſſement de toutes les maiſons royales : à Bellevue (7) en 1751, à Compiègne (8) en 1754, à Choiſy (9) en 1755, au Louvre (10) en 1756 & 1757 pour l'établiſſement du grand Conſeil & de la Prévôté de l'Hôtel. En 1758 il prit part, avec d'autres ſculpteurs, à la décoration du château de Saint-Hubert (11). — Frère du marchand ciſeleur qui paroît dans le journal de Duvaux,

---

(1) Arch. nat. O¹ 2248; O¹ 2249; O¹ 2250; O¹ 1914. C'eſt l'Amour qui forme des flèches de la maſſue d'Hercule, conſervé au Louvre ſous le nº 272 du Muſée de la ſculpture moderne.
(2) Arch. nat. O¹ 2250.
(3) Arch. nat. O¹ 1064, 30 ſeptembre 1755 ; O¹ 2254, fº 347 recto ; O¹ 2256, fº 389 recto.
(4) Blondel, *Architecture françoiſe*, t. IV, p. 32.
(5) Arch. nat. O¹ 2256, fº 352 recto. — *Archives de l'Art françois*, t. V, p. 62.
(6) Arch. nat. O¹ 2258, fº 359 verſo.
(7) Arch. nat. O¹ 2251, fº 347.
(8) Arch. nat. O¹ 2254, fº 275.
(9) Arch. nat. O¹ 2255, fº 235 recto.
(10) Arch. nat. O¹ 2256, fº 183; O¹ 2257, fº 206; O¹ 2258, fº 199 recto.
(11) Arch. nat. O¹ 2258, fº 104 recto.

Jean-Jacques Caffieri remportoit le grand prix de sculpture en 1748, & à ce titre étoit envoyé à l'École de Rome; il fe faifoit agréer à l'Académie en 1759. — Dupleſſis, alors très à la mode & au talent duquel Duvaux recouroit fréquemment, étoit attaché à la manufacture de Sèvres. — Étienne-Maurice Falconet, de 1748 à 1753, exécutoit un groupe (1) en marbre de moyenne nature repréſentant *la France qui embraſſe le buſte de Louis XV*. Ce morceau lui fut payé 9,050^{tt}. L'eſquiſſe en fut expofée au Salon de 1747 (n° 119) & le modèle en plâtre parut au Salon de 1748 (n° 92). Mais après avoir commencé cette ſtatue en marbre, l'artiſte s'en dégoûta & l'abandonna. Elle fut repriſe & terminée en 1765 par Edme Dumont (2). Le 8 août 1755, le Roi accorda une penſion (3) de 600^{tt} à Falconet, qui, par une lettre du 5 mai de la même année, après la mort de Lemoine, lui avoit demandé la penſion de 1,000 livres que touchoit le défunt. Il concourut en 1758 à la décoration du ſalon (4) du château de Saint-Hubert. Il avoit au Louvre un atelier que déſigne Blondel (5). — Claude Francin étoit logé au Louvre (6) & jouiſſoit d'une penſion de 500 livres (7). — En 1753, le ſculpteur Foreſt travailloit au château de Compiègne (8). — Laurent Guiard, avant d'entrer à l'École des Élèves protégés & d'aller à Rome en ſa qualité de premier prix de ſculpture de 1749, recevoit en 1748 une gratification de 200 livres en conſidération de ſes grandes diſpoſi-

---

(1) Arch. nat. O¹ 2258, f° 359 verſo ; O¹ 2252, f° 318 verſo.
(2) O¹ 1916.
(3) Arch. nat. O¹ 1064. — *La Vie & les Œuvres de J. B. Pigalle*, par P. Tarbé, p. 70.
(4) Arch. nat. O¹ 2258, f° 104 recto.
(5) *Architecture françoiſe*, t. IV, p. 31.
(6) Blondel, *ibid.*, t. IV, p. 30.
(7) O¹ 2248 ; O¹ 2249, f° 378 ; O¹ 2250, f° 393 ; O¹ 2251, f° 370 ; O¹ 2252, f° 363 recto ; O¹ 2253, f° 353 ; O¹ 2254, f° 377 ; O¹ 2255 ; f° 380 ; O¹ 2256, f° 392 recto.
(8) Arch. nat. O¹ 2254, f° 275.

tions (1). — Jusqu'à sa mort, en 1755, le vieux sculpteur Jean-Louis Lemoine touchoit 1,000 de pension (2).— Jean-Baptiste Lemoine fils recevoit une pension de 500 livres. Il avoit fait en 1747 deux bustes en marbre (3) du Roi, payés 5,600ᵗ. En 1752 il fit pour 600 livres un médaillon du Roi destiné à la ville d'Amiens (4). — Le sculpteur Levasseur, logé au Louvre (5) & occupé surtout à des moulages, travailloit à Choisy (6) en 1755. — Le sculpteur en bois Lointier restauroit en 1751, dans Notre-Dame de Paris, la vieille statue (7) équestre de Philippe le Bel. — Le célèbre ornemaniste Juste-Aurèle Meissonnier étoit jusqu'en 1750, date de sa mort, dessinateur de la chambre du Roi (8).— Le sculpteur Pineau travailloit (9) à la Muette en 1748. — Jean-Baptiste Pigalle touchoit pendant notre période une pension (10) royale de 500 livres. En 1748 il fit pour le Roi deux figures de marbre, *Vénus* & *Mercure* (11), & un vase qui en 1749 lui furent payés 24,000ᵗ. Ces deux figures sont les fameuses statues données, comme celles d'Adam, par Louis XV à Frédéric II de Prusse. Le 7 avril 1750 le Roi le logea au Louvre (12) dans l'appartement qu'occupoit auparavant Latour. Il avoit en outre un atelier au rez-de-chaussée. Il terminoit cette année

---

(1) Arch. nat. O¹ 2248.
(2) Arch. nat. O¹ 2254, f° 377 verso.
(3) Arch. nat. O¹ 2256, f° 349 verso.
(4) Arch. nat. O¹ 1924.
(5) Blondel, *Architecture françoise*, t. IV, p. 31. Lépicié, dans une lettre du 22 octobre 1754, le recommandoit comme un excellent praticien. (Arch. nat. O¹ 1917.)
(6) Arch. nat. O¹ 2255, f° 235 recto ; O¹ 2258, f° 255 ; O¹ 2249, f° 239.
(7) Arch. nat. O¹ 2988.
(8) Arch. nat. O¹ 94, p. 213.
(9) Arch. nat. O¹ 2248.
(10) Arch. nat. O¹ 2248.
(11) Arch. nat. O¹ 2249, f° 333 ; O¹ 1914.
(12) Arch. nat. O¹ 94, f° 69. Blondel, *Architecture françoise*, t. IV, p. 21 & 31.

une statue de *l'Amour* (1), qui lui fut payée 21,000ᵗ, & exécutoit un buste (2) de Mme de Pompadour, estimé 2,000ᵗ. Il livroit encore au Roi une figure de marbre représentant *l'Amitié* (3), payée 10,000ᵗ en 1760. En 1753 il travailloit au groupe en marbre de l'*Éducation de l'Amour* (4), dont il avoit exposé le plâtre au Salon de 1751. Il sculpta & exposa au Salon de 1753 un *Christ* (5) en marbre destiné au Dauphin. Le Roi lui fit payer 3,000ᵗ pour ce travail en 1756 (6). Il entreprit à ce moment le plus grand ouvrage de sa vie. Le 19 mars 1753 le Roi décidoit que Pigalle sculpteroit le tombeau du maréchal de Saxe (7) suivant l'esquisse que Lépicié lui avoit transmise avec une lettre du 14 février. Pigalle s'engageoit par une soumission signée au bas du devis d'exécuter en quatre ans le plan agréé par le Roi moyennant 85,200ᵗ, dont il demandoit, la première année, 15,000; la seconde, 25,000; la troisième, 20,000, & à la perfection de l'ouvrage, 25,000ᵗ. A propos de cette sculpture, une curieuse lettre nous est restée pour montrer la part intelligente que prit Marigny à l'un des plus beaux travaux d'art du dix-huitième siècle :

« *M. Lepicié*.

« A Versailles, Le 19 mars 1753. Le Roi a approuvé, Monsieur, l'un des plans du sieur Pigalle pour le tombeau de M. le maréchal de Saxe, & c'est celuy ou le heros paroît descendre au tombeau que la mort ouvre à ses pieds. Vous pouvés luy annoncer qu'il n'a qu'a se

---

(1) Arch. nat. O¹ 2250, f⁰ 330 recto.
(2) Arch. nat. O¹ 2256, f⁰ 350 recto; O¹ 1926. — *Mémoires & Journal de J. G. Wille.* Paris, 1757, t. II, p. 402.
(3) Arch. nat. O¹ 2256, f⁰ 350 recto; O¹ 2250, f⁰ 321; O¹ 1926.
(4) Arch. nat. O¹ 2253, f⁰ 311 recto. — Salon de 1751, n⁰ 37.
(5) Arch. nat. O¹ 2256, f⁰ 350 recto. — Salon de 1753, n⁰ 43.
(6) Arch. nat. O¹ 1064, 2 février 1756.
(7) Arch. nat. O¹ 1064. Voyez au sujet du mausolée du maréchal la correspondance de Grimm à la date du 15 septembre 1756.

preparer à l'exécution dont je le charge aux conditions portées dans sa soumission. Comme il n'y a spécifié que le marbre blanc, vous aurés agréable de lui demander le détail des autres marbres dont il a besoin pour cet ouvrage, avec leur quantité & leur qualité, & de m'en envoyer l'etat & le cube de chaque espece. Le sieur Pigalle ayant la liberté de perfectionner son dessein, il seroit à propos d'examiner avec luy si dans l'esquisse l'action du heros descendant au tombeau est assez marquée, & si la position de la tête ne seroit pas plus expressive pour la situation du monument si, au lieu d'etre tourné vers le lion & le léopard, il envisageoit la mort avec la même fierté. Je suis, Monsieur, &c. VANDIERES. "

De la main de Vandières :

" D'ailleurs, dans la pensée de placer le héros regardant la mort avec fierté & montrant de son baton les victoires qu'il a remportées, on pourroit mettre sur la premiere marche, sur laquelle il porte, ces deux mots latins : *Cedo invictus*. "

Sept ans plus tard le Directeur ajouta de sa main :

" Je pense comme ceux qui blament l'expression *Tartara subit...*, le mausolée devant etre placé dans une église. J'aimerois les paroles de Josué : *En ego hodie ingredior*, &c.... Mais nos descendans admireront la leçon en demandant qui est-ce qui la donne. Lorsque je presentai au Roy l'esquisse de ce monument, M. de Marmontel me proposa de faire inscrire sur la marche où le maréchal pose le pied pour descendre dans la tombe : *Cedo invictus*. Ce mot *cedo* me paroit bien analogue à l'expression de la sculpture, & *invictus*, qui sied si bien au marechal de Saxe, contraste très bien avec le *cedo*. On pourroit alors écrire sur ce pied d'estal l'epitaphe : *Memoriæ sempiternæ*. Cette epitaphe dit le fait qui a donné lieu au monument & *cedo invictus* l'explique. Je prie M. de Montucla (1) de consulter à ce sujet plusieurs gens de lettres. M[ARIGNY].

" 2 juin 1770 (2). "

---

(1) M. de Montucla étoit alors premier commis des Bâtimens.
(2) Arch. nat. O¹ 1918.

Le tombeau du maréchal de Saxe ne fut terminé à Strasbourg que sous Louis XVI. — De 1749 à 1758 Rousseau, qui comme premier sculpteur de Philippe V a laissé de nombreuses œuvres en Espagne, travailloit à Versailles, à Marly, à Trianon & à la Ménagerie (1). — Michel-Ange Slodtz avoit 600 livres (2) de pension à partir de 1755. — Saly, récemment sorti de l'École de Rome & parti en 1753 pour Copenhague, recevoit en 1755 une pension de 600 livres (3). — Sébastien-Antoine Slodtz, dessinateur ordinaire des Menus, devint, après la mort de Meissonnier, dessinateur de la chambre & cabinet du Roi. Lui & son frère Dominique, logés au Louvre, étoient les principaux exécuteurs des cérémonies publiques, des fêtes de la Cour, de la décoration des divers théâtres royaux, des pompes funèbres (4). « Aux sieurs Slodtz frères, disent les comptes des Bâtimens du Roi, la somme de 3,000 livres pour les desseins, plants & compositions des différentes décorations qu'ils ont faites pour l'exécution des opéra & ballets représentez à l'occasion du mariage de Mgr le Dauphin sur le grand théâtre de Versailles, ensemble les desseins en grand de toutes les parties du détail des ornemens d'architecture & autres. Ce qui a occasionné au sieur Slodtz l'aîné un séjour de quatre mois à Versailles à la conduite desdits atteliers & la célérité des travaux, y compris les peines & soins dudit Dominique Slodtz. Aux sieurs Slodtz frères la somme de 2,400^{tt} pour fournir les desseins des feux d'artifice, salle de théâtre & tous les autres desseins servant aux divertissemens & spectacles de Sa Majesté.... pendant la présente année.

---

(1) Arch. nat. O¹ 2248, f⁰ 29 recto ; O¹ 2249, f⁰ˢ 28 & 135 ; O¹ 2254, f⁰ˢ 29 recto & 54 verso ; O¹ 2258, f⁰ˢ 33 recto & 59 verso.
(2) O¹ 2255, f⁰ 380 recto ; O¹ 2256, f⁰ 392 recto.
(3) O¹ 1064, 10 juin 1755.
(4) O¹ 94, p. 213, 1750.

INTRODUCTION.

Aux sieurs Slodtz frères, dessinateurs & sculpteurs du Roy, la somme de onze mille neuf cent 28 livres deux sols pour tous les ouvrages de sculpture en carton qu'ils ont faits pour les décorations des deux salles de spectacle construites dans le manége couvert de la grande écurie à Versailles, &c. (1). » — Louis-Claude Vassé tenoit du Roi une pension de 500^{lt} (2). Il avoit terminé & posoit en 1752, au grand autel de Notre-Dame de Paris, un bas-relief en bronze (3) : *Jésus-Christ soutenu & mis dans le tombeau par trois de ses disciples*, payé 8,421 livres. En 1756 il exécutoit ou, plus probablement, réparoit après la fonte deux bustes en bronze de François Ier, payés 2,400^{lt} (4). Dès 1753 il faisoit un groupe en marbre : *Vénus montrant à l'Amour à tirer de l'arc* (5). Il prit part à des travaux de la terrasse des Tuileries (6). Vassé étoit logé au Louvre (7). — Jacques Verbreck, d'Anvers, livroit au Roi en 1753 deux vases de marbre blanc (8) représentant le Printemps, destinés aux jardins du château de Choisy, & payés 8,000^{lt}. De 1754 à 1758 il travailloit au château de Fontainebleau (9), au château de Compiègne (10) & à l'hôtel des Ambassadeurs extraordinaires (11) à Paris. En 1757 il travailla au châ-

---

(1) Arch. nat. O' 2985.
(2) Arch. nat. O' 2248.
(3) Arch. nat. O' 2252, f° 322; O' 2250, 321.
(4) Arch. nat. O' 2256, f° 344 recto. Voyez plus haut, p. CLXXIII.
(5) Arch. nat. O' 2252, f° 323 verso.
(6) Arch. nat. O' 2258, f°s 349 verso, 350 verso, 199 recto; O' 2249, f° 229.
(7) Blondel, *Architecture françoise*, t. IV, p. 30.
(8) Arch. nat. O' 2258, f°s 355 & 357 recto. C'est probablement ce Verbreck qui dessina en 1736 les boiseries du cabinet du Roi à Fontainebleau. M. le baron J. Pichon possède un devis de ces travaux avec des croquis de cet artiste.
(9) Arch. nat. O' 2254, f° 252; O' 2258, f° 286 recto.
(10) Arch. nat. O' 2258, f° 310.
(11) Arch. nat. O' 2256, f° 183. Voyez aussi O' 2258, f°s 33 recto, 199 recto, 350 verso.

teau de Saint-Hubert (1). — Jean-Joseph Vinache reçut 200tt de pension jusqu'au 1er décembre 1754, jour de son décès (2). Il avoit un atelier au Louvre (3). De 1746 à 1753 il avoit fait pour le Roi un groupe en marbre de *Deux Enfans & une Chèvre* (4). La mort l'empêcha de terminer un groupe de deux enfans de proportion naturelle, dont le plâtre fut exposé au Salon de 1747 (n° 100), & une figure de l'*Aurore* en marbre, de six pieds de haut. Le tout fut payé à ses héritiers 19,900 livres, & les œuvres commencées furent achevées en 1757 par Nicolas-François Gillet, moyennant 5,000 livres (5). En 1753 il avoit réparé des groupes d'enfans de Sarrazin (6).

Les deux plus célèbres graveurs en pierres fines, Jacques Guay (ou Leguay, comme on disoit quelquefois) & Barrier, étoient logés aux galeries du Louvre (7). Ils étoient tous deux en rapports avec Duvaux, qui fournissoit le premier & employoit le talent du second.

La gravure d'estampes, si florissante alors en France, soutenue qu'elle étoit par de nombreux & intelligens éditeurs, ne manquoit pas non plus d'encouragemens royaux. Le 26 janvier 1752, Nicolas de Larmessin remplaçoit Philippe Simonneau, décédé, dans l'état & charge de l'un des graveurs du Roi (8). A sa mort, il étoit remplacé à son tour, le 24 juin 1755, par son gendre le sieur de Franqueville (9). Un autre graveur du Roi, le vieux Jean Audran, continuoit aux Gobelins les traditions de son oncle Gérard & y recevoit une pension annuelle de

(1) Arch. nat. O¹ 2257, f° 115 recto.
(2) Arch. nat. O¹ 2254, f° 377 verso.
(3) Blondel, *Architecture françoise*, t. IV, p. 31.
(4) Arch. nat. O¹ 2256, f° 348 recto.
(5) Arch. nat. O¹ 2256, f° 348 recto; O¹ 2257, f° 358.
(6) Arch. nat. O¹ 2253, f°s 317 & 318.
(7) Blondel, *Architecture françoise*, t. IV, p. 21. *Catalogue Laroque*, par Gersaint, p. 138.
(8) Arch. nat. O¹ 96, f° 23 recto.
(9) Arch. nat. O¹ 99, f°s 180 verso & 181 recto.

300ᵗᵗ jufqu'au jour de fa mort, le 17 juin 1756(1). Nicolas-Gabriel Dupuis (2) lui fuccéda pour cette penfion le 24 juillet 1756. Claude Drevet occupoit un logement fous la grande galerie (3). Une penfion de 600ᵗᵗ étoit attribuée par le Roi, en 1757, au graveur Jean-Charles François (4) qui venoit d'inventer la gravure en manière de crayon. Car un document indifcutable tranche en fa faveur une queftion jufqu'à ce jour indécife (5). C'eft à François & non à Gilles Demarteau qu'on doit la découverte de ce genre nouveau de gravure (6). En 1748, Bernard Lépicié (7), fecrétaire de l'Académie, étoit logé au Louvre.

---

(1) Arch. nat. O¹ 2248; 2249, fº 378 recto; 2250, fº 393; 2251, fº 370; 2252, fº 363 recto; 2253, fº 353; 2254, fᵒˢ 377 recto & verfo; 2255, fº 380 recto; 2256, fº 392 recto.

(2) Arch. nat. O¹ 1064, à la date.

(3) Blondel, *Architecture françoife*, t. IV, p. 21.

(4) Arch. nat. O¹ 1064, 10 novembre 1757.

(5) G. Dupleffis, *Hiftoire de la Gravure en France*, p. 311.

(6) " Le 26 novembre 1757, le fieur François, graveur en taille-douce, a fait préfenter à l'affemblée [de l'Académie] des eftampes qu'il a gravées dans une manière non ufitée jufqu'à préfent, & qui imite le maniement large du crayon. L'Académie a fort approuvé ce genre de gravure comme très-propre à perpétuer les deffeins des bons maîtres & à multiplier les exemples des belles manières de deffiner. Les morceaux que le fieur François a exécutés dans cette manière ayant pareillement été approuvez par la compagnie, elle a chargé le fecrétaire de lui délivrer un extrait de la préfente délibération. Signé : COCHIN. " Par une lettre du 9 décembre de la même année, adreffée à Marigny, François demanda à graver les deffins du Roi. (Arch. nat. O¹ 1923, p. 75 & 76.)

L'invention de la gravure en manière de crayon fut conteftée à François par un certain Magny. — Voir à ce fujet le procès-verbal d'une féance de l'Académie du 7 août, & l'œuvre de Cochin nº 280. L'Académie refufa d'entrer dans la difcuffion. (Arch. nat. O¹ 1926.)

(7) Arch. nat. O¹ 92, fº 293 recto. Voici fur Lépicié de précieux renfeignemens biographiques :

Mémoire préfenté à Marigny par Renée-Élifabeth Marlié, veuve Lépicié.

" M. Lépicié fut élu en 1737 fecrétaire de l'Académie, ce qui ne lui valoit que 300 livres. Sur la fin de 1747, M. Coypel obtint pour lui auprès de M. de Tournehem une penfion de 500ᵗᵗ.

" Au commencement de 1748, M. Coypel, conjointement avec l'Académie, follicita pour lui, en qualité de fecrétaire, le logement de Joffe-

Feffard fe décoroit du titre de graveur de la Bibliothèque du Roi. Les Cochin, père & fils, ennoblis (1) en 1757, confervoient par leur burin le fouvenir des cérémonies occafionnées par les mariages ou les décès de la famille royale. Charles-Nicolas, le fils, « graveur ordinaire de Sa Majefté, garde des deffeins du Cabinet du Roi, fecrétaire perpétuel de l'Académie de peinture (après Lépicié), cenfeur royal pour les livres d'art, » deffinoit & gravoit, feul ou avec fon père, les fêtes des deux mariages du Dauphin, de la naiffance du duc de Bourgogne, les pompes funèbres de la première Dauphine à Notre-Dame & à Saint-Denis, celles du roi d'Efpagne à Notre-Dame (2), les catafalques de la reine de Sardaigne & les

---

nay, mort, qui lui fut accordé, & fa penfion, dont il n'avoit encore rien touché, fut fupprimée. Dans la même année, M. de Tournehem le chargea du catalogue raifonné des tableaux du Roi & lui donna pour appointemens 2,400ᵗᵗ.

« L'année d'enfuite il le pourvut encore du profefforat de l'École royale pour l'hiftoire & la fable & la géographie, avec 2,000ᵗᵗ, fur quoi l'on en retrancha la moitié pour fa nourriture.

« Enfin, après la mort de M. Coypel, M. le marquis de Marigny le chargea des affaires concernant les arts. Il ne s'attacha dans cette place qu'à gagner fon eftime, & jamais il n'en feroit venu à des repréfentations fans un extrême befoin. Il ne le fit qu'après deux ans & demi. M. le marquis de Marigny, touché de fa fituation, fit voir les excellentes qualités de fon cœur en lui accordant 1,600ᵗᵗ d'appointemens le mois de feptembre dernier. Content de fon état, il ne penfoit plus qu'à acquitter fes dettes, lorfque la mort vint trancher fes jours avant qu'il ait pu en jouir, laiffant une femme & des enfans fans biens, 8,000ᵗᵗ de dettes, & dans l'état le plus déplorable, puifqu'il s'en manque de 11,000ᵗᵗ que la veuve ne foit remplie.

« Toutes fes places ne lui valurent que 3,700ᵗᵗ en tout, avec quoi il avoit beaucoup de peine à foutenir fa famille; furtout depuis que fes occupations lui eurent fait abandonner la gravure, ce qui fit beaucoup de tort à fon fond, qui eft peu confidérable, & dont la vente depuis ce temps ne fit que languir. »

(1) Voyez les lettres de nobleffe des Cochin, du mois de mars 1757, aux Arch. nat. O¹ 101, fᵒˢ 88 verfo & fuivans.

(2) *Les Fêtes du premier mariage du Dauphin, les Pompes funèbres de la première Dauphine & celles du roi d'Efpagne* furent expofées au Salon de 1750.

eftampes de l'hiftoire métallique du règne de Louis XV (1). Le fieur Bailleul (2) gravoit les lettres de quelques-unes de ces eftampes qu'imprimoit Thévenard (3) au Louvre, & pour lefquelles Jollivet & Larcher, marchands papetiers, fourniffoient « du grand aigle d'Hollande, du grand aigle de la manufacture de Thomas Dupuis, du grand colombier fin & du *grandes fleurs de lys.* » En 1752 s'achevoit un des monumens les plus importans de la gravure au dix-huitième fiècle & paroiffoit la *Grande Galerie de Verfailles & les deux Salons qui l'accompagnent.* Jean-Baptifte Maffé avoit paffé trente-trois ans à reproduire l'œuvre de Lebrun & l'avoit fait traduire par le burin des plus célèbres graveurs. Le Roi lui acheta 50,000^{lt} cinquante-quatre de fes deffins (4) exécutés à l'encre de Chine, acquit de lui dix-fept exemplaires (5) gravés, au prix de 9,687^{lt}, & lui accorda le 10 janvier 1754 une penfion (6) de 1,200^{lt}. Le 13 feptembre 1756, le Roi ordonna, fur la demande du chancelier, de faire graver & tirer à trente exemplaires le lit de juftice tenu le 21 août 1756 (7).

La manie de conftruire, qui poffédoit Louis XV, Mme de Pompadour & les adminiftrateurs de cette époque, devoit néceffairement mettre l'architecture en honneur. Notre période fut témoin d'un remaniement des Statuts de l'Académie d'architecture. En 1717 cette académie avoit été partagée en deux claffes : la première compofée de dix architectes, d'un profeffeur & d'un fecrétaire; la feconde de douze autres architectes.

---

(1) Les deffins de l'*Hiftoire métallique* furent expofés au Salon de 1755, n° 165.
(2) Arch. nat. O¹ 2985.
(3) Arch. nat. O¹ 2985.
(4) Arch. nat. O¹ 2250; O¹ 1914.
(5) Arch. nat. O¹ 2253, f° 314 verfo.
(6) Arch. nat. O¹ 1064; O¹ 2254, f° 374; O¹ 2256, f° 387 verfo, & O¹ 2258, f° 414 recto & verfo.
(7) Arch. nat. O¹ 1064.

Des lettres patentes de 1728 avoient porté à vingt le nombre des membres de la deuxième claſſe. Marigny, dans de nouvelles lettres patentes de juin 1756, fit décider par le Roi que le nombre des académiciens dans chacune des deux claſſes feroit le même, c'eſt-à-dire de quinze, & quatre architectes de la feconde paſſèrent dans la première. Cette grande modification avoit, en fait, été exécutée dès le mois de décembre 1755 (1). Voici com-

---

(1) *Rapport préſenté par le marquis de Marigny à Louis XV:*
« L'Academie n'a pu voter pour la place vacante par le deceds du ſieur de Laſſurance que le premier lundi d'après la Saint-Martin, ce qui fait que M. le marquis de Marigny ne demande qu'aujourd'huy à Votre Majeſté ſes ordres pour le choix d'un des trois ſujets preſentés par l'Académie. Les trois ſujets de la feconde claſſe que l'Académie préſente pour la place qu'occupoit le feu ſieur de Laſſurance dans la premiere, font : Billaudel, de Beaufire l'ainé, de Lufy. Ceux qu'elle préſente pour la place qui vaquera dans la feconde claſſe font : Hazon, Franques, Carpentier. La premiere & la feconde claſſe de l'Académie font chacune de douze ſujets, & en tout de vingt-quatre. Monſieur le marquis de Marigny ſuplie très humblement Votre Majeſté de lui permettre de lui repreſenter que ce nombre eſt devenu médiocre, vu la multitude des bons ſujets qui ſe preſentent.

« En conſéquence M. le marquis de Marigny ſupplie très humblement Votre Majeſté de vouloir bien ordonner que le nombre de vingt-quatre fera augmenté de ſix, ſavoir : trois dans la premiere claſſe & trois dans la ſeconde. Bien entendu que l'augmentation de la première claſſe fera fournie par ceux compoſant la feconde. Si Votre Majeſté daigne approuver ce projet, je propoſe le ſieur Billaudel pour remplacer le ſieur de Laſſurance dans la première claſſe, & pour les trois places d'augmentation les ſieurs Beaufire l'ainé, Lecuyer, Soufflot. Il reſte quatre places vacantes dans la feconde claſſe, leſquelles, avec les trois d'augmentation, font ſept places à nommer, pour leſquelles je propoſe à Votre Majeſté : Hazon, Potain, Carpentier, Blondel-le-Cadet, Lefranc, Franques, Brebion.

« Bon du Roi du 9 décembre 1755. » (Arch. nat. O¹ 1928, p. 24 & 25.)

« *Journal du travail du Roi avec Marigny :*
« Ledit jour 18 décembre 1755, j'ai envoyé audit ſieur Perrier un bon du Roy par lequel Sa Majeſté approuve que M. Billaudel remplace le feu ſieur de Laſſurance dans la première claſſe de l'Académie royale d'architecture & que le nombre de vingt-quatre académiciens, dans la première & la feconde claſſe, foit augmenté de ſix, ſavoir : trois dans l'une & autant dans l'autre ; toujours bien entendu que l'augmentation de la

ment les grâces royales se répartissoient sur les principaux de ces artistes (1) :

Claude-Guillot Aubry (2) devint architecte de première classe quand une place fut vacante par la démission de son confrère de Vigny. — Jean-Baptiste-Augustin Beausire aîné (3) fut nommé membre de l'Académie d'architecture de première classe en 1755. — Billaudel (4) remplaça, à la fin de 1755, Lassurance dans sa place d'architecte de première classe. Il avoit eu d'abord le contrôle de Compiègne, puis, en 1748, les contrôles réunis de Meudon & de Choisy. Le 20 décembre 1755, il reçut du Roi le contrôle de Marly (5) au moment où Soufflot passoit à celui de Paris. Cette place lui valoit 6,000 livres. Il étoit en même temps intendant & ordonnateur alternatif (6) des Bâtimens, & touchoit comme gages 5,265^{lt}, dont 600^{lt} pour son commis. — Jean-François Blondel l'aîné, architecte du Roi de première classe (7), recevoit en 1755 le contrôle de l'École mili-

---

première classe sera fournie par ceux composant la seconde. Les nouveaux sujets, pour remplir les sept places vacantes dans la seconde classe, au moyen de cet arrangement, sont les sieurs Hazon, Potain, Carpentier, Blondel cadet, Lefranc, Franques & Brébion, auquel bon est jointe une lettre de M. Gabriel à M. le directeur général, dattée de Versailles du 25 novembre. » (Arch. nat. O¹ 1064.) Cf. les *Mémoires du duc de Luynes*, t. XV, p. 246.

(1) Le très-utile *Dictionnaire des architectes françois*, que vient de faire paroître M. Adolphe Lance, me dispense de signaler tous les travaux entrepris par les architectes contemporains de Duvaux. Mais, même après cet important ouvrage, mes indications relatives aux faveurs dont ces architectes furent l'objet, aux fonctions qu'ils remplirent, aux appointemens qu'ils recevoient, conservent toute leur valeur & demeurent inédites.

(2) Arch. nat. O¹ 1064, 23 mars 1758; O¹ 102, f° 190.

(3) Arch. nat. O¹ 2257, f° 403 verso; O¹ 1923, 18 décembre 1755, p. 23.

(4) Arch. nat. O¹ 1064, 18 décembre 1755; O¹ 1923, p. 24.

(5) *Mémoires du duc de Luynes*, t. VIII, p. 484, 485. Arch. nat. O¹ 1064, 20 décembre 1755; O¹ 2258, f° 138.

(6) Arch. nat. O¹ 2257, f° 394 verso; O¹ 2258, f° 393 verso.

(7) Arch. nat. O¹ 93, f° 183.

taire (1) en remplacement d'Hazon. — Jacques-François Blondel le cadet devint architecte de deuxième claffe le 18 décembre 1755 (2). — Le vieux Germain Boffrand, qui ne travailloit plus, toucha une penfion (3) de 1,000^{tt} par an jufqu'au 18 mars 1754, jour de fa mort. — Maximilien Brébion, architecte de deuxième claffe depuis le 18 décembre 1755, étoit infpecteur du château du Louvre, des Tuileries, des châteaux d'eau de la Samaritaine & de la Bibliothèque royale. Il avoit 1,200^{tt} d'appointemens (4). Après la mort de Laffurance il obtint le logement que celui-ci occupoit rue du Chantre (5). — Antoine-M. Carpentier fut nommé architecte de deuxième claffe (6) le 18 décembre 1755. — Jules-Robert De Cotte, intendant & ordonnateur alternatif (7) des Bâtimens, avoit comme gages de fa charge (8) 4,500 livres. On y joignit, à partir de 1757, une penfion (9) de 2,000^{tt}. — François Franques étoit architecte de deuxième claffe depuis la grande promotion de 1755 (10). — Jacques-Ange Gabriel, premier architecte, directeur de l'Académie d'architecture (11) aux appointemens de 2,400 livres & infpecteur général des Bâtimens, recevoit annuellement 12,000 livres pour cette fonction (12). Il touchoit comme contrôleur général triennal des Bâtimens 4,125 livres de

---

(1) Arch. nat. O¹ 1064, 20 décembre 1755.
(2) Arch. nat. O¹ 1064; O¹ 1923, 1755, p. 23.
(3) Arch. nat. O¹ 2254, f° 361 verfo.
(4) Arch. nat. O¹ 2258, f° 222.
(5) Arch. nat. O¹ 1064, 30 feptembre 1755.
(6) Arch. nat. O¹ 1923, 1755, p. 23.
(7) Arch. nat. O¹ 2258, f° 222.
(8) Arch. nat. O¹ 2257, f°⁵ 394 verfo & 395 recto; O¹ 2258, f° 393 verfo.
(9) Arch. nat. O¹ 2257, f° 412 recto.
(10) Arch. nat. O¹ 1923, p. 25.
(11) Arch. nat. O¹ 2258, f° 402.
(12) Arch. nat. O¹ 2252, f° 333 verfo; O¹ 2256, f° 371 verfo; O¹ 2257, f°⁵ 355 verfo & 394 verfo; O¹ 2258, f° 393 verfo.

gages (1), & comme directeur de l'Académie d'architecture (2) 2,400 livres, plus une gratification extraordinaire de 1,500 livres pour travaux à Choify en 1748 & nouveaux ouvrages ordonnés dans les maifons royales(3). En 1752, 7,000 livres lui furent allouées pour frais de bureaux d'arpenteurs & de deffinateurs extraordinaires (4). Un de fes fils étoit « deffinateur du Roi au bureau du premier architecte, » avec des appointemens de 200 livres(5). —Michel-Barthélemy Hazon, architecte de deuxième claffe en 1755 (6), étoit intendant & ordonnateur ancien des Bâtimens aux gages de 4,500 livres (7). Il devint contrôleur de Choify en 1755, à la place de Billaudel, après avoir eu le contrôle des travaux de l'École militaire (8). —Jean Cailleteaux de Laffurance dirigeoit pour le compte du Roi en 1746, 1747 & 1748 les travaux du château de Crécy (9). Il recevoit en 1749 un brevet d'architecte de première claffe(10). Il fut, la même année, logé au Louvre, près la rue du Chantre (11). En 1755 il touchoit, comme contrôleur des Bâtimens du château de Marly, 6,000 livres par an (12). Sa penfion de premier architecte ancien de l'Académie étoit de 1,000 livres. Il la demanda & en fut gratifié à la mort de Boffrand (13), mais mourut le 9 feptembre 1755 (14), fans en jouir. — Pierre-

---

(1) Arch. nat. O¹ 2252, f⁰ 333; O¹ 2257, f⁰ 395 recto; O¹ 2258, f⁰ 394 recto.
(2) Arch. nat. O¹ 2248, f⁰ 241; O¹ 2257, f⁰ 403.
(3) Arch. nat. O¹ 2248; O¹ 2252, f⁰ 327 verfo.
(4) Arch. nat. O¹ 2252, f⁰ 336 verfo.
(5) Arch. nat. O¹ 2258, f⁰ 398.
(6) Arch. nat. O¹ 1923, 1755, p. 23.
(7) Arch. nat. O¹ 2257, f⁰ 394 verfo; O¹ 2258, f⁰ 393.
(8) Arch. nat. O¹ 1064, 20 décembre 1755, & O¹ 1923, 1755, p. 23.
(9) Arch. nat. O¹ 2248, f⁰ 319 recto.
(10) Arch. nat. O¹ 93, f⁰ 121.
(11) Arch. nat. *Ibid*.
(12) Arch. nat. O¹ 2255, f⁰ 122 recto.
(13) Arch. nat. O¹ 1922, 1754, p. 37.
(14) Arch. nat. O¹ 2255, f⁰ 363 verfo.

Philippe Cailleteaux de Lassurance, son frère, contrôleur des châteaux de Saint-Germain-en-Laye, aux appointemens de 3,000 livres (1), obtint, après la mort de Jean de Lassurance, une pension de 2,000 livres (2). — Nicolas Lecamus, secrétaire perpétuel de l'Académie d'architecture, recevoit 1,200^{tt} d'honoraires comme professeur de mathématiques de la même académie (3). — Charles Lécuyer devint architecte de première classe en 1755; après la mort de Garnier d'Isle, il recevoit 2,000 liv. d'appointemens (4). — Depuis la promotion de 1755, Lefranc étoit architecte de deuxième classe (5). — Loriot passa de la seconde dans la première classe des architectes le 23 mars 1758, en remplacement de Mollet (6). Il étoit professeur à l'Académie d'architecture, dessinateur du Roi & « chargé d'exécuter pour l'Académie des dessins, projets & autres ouvrages qui la concerne. » Il avoit un traitement de 1,000^{tt} pour ses appointemens & pour les menus frais qu'il fait à l'occasion desdits ouvrages (7). — De Luzy, architecte de deuxième classe, devint en 1756 architecte de première classe, à la mort de Garnier d'Isle, remplacé lui-même par de Moranzel (8), qui, nous apprend le duc de Luynes (9), s'appeloit, de son vrai nom, de Verneuil. — Jacques Hardouin Mansard étoit successivement architecte de deuxième, puis de première

---

(1) Arch. nat. O¹2252, f° 328; O¹ 2257, f° 172; O¹ 2258, f° 166 recto.
(2) Arch. nat. O¹1064, 30 septembre 1755; O¹2256, f° 389 recto; O¹2238, f° 412 verso.
(3) Arch. nat. O¹ 2258, f° 402.
(4) Arch. nat. O¹1064, 20 décembre 1755; O¹1923, 1755, p. 23; O¹2257, f° 394 verso; O¹2258, f° 393 verso.
(5) Arch. nat. O¹ 1923, 1755, p. 25.
(6) Arch. nat. O¹ 102, f° 189; O¹1064, 14 mars 1758; O¹1923, p. 4.
(7) Arch. nat. O¹92, f° 187 recto; O¹2258, f° 358 verso & 402.
(8) Arch. nat. O¹ 1064, 2 février 1756; O¹1923, p. 29.
(9) *Mémoires*, t. X, p. 14.

claffe (1). — Nicolas-Marie Potain fut nommé architecte de deuxième claffe (2) en 1755; Perronnet l'ingénieur, en 1758, en même temps que Pierre-Noël Rouffet (3). — Jacques-Germain Soufflot, à fon retour du voyage d'Italie qu'il avoit fait avec Marigny, fut comblé de faveurs. Architecte de deuxième claffe (4), il obtint d'abord le contrôle de Marly; puis en 1755 il paffa en première claffe (5), &, le 20 décembre, quand le contrôle de Paris fut vacant, il le reçut du Roi en échange de celui de Marly. Cette nouvelle place lui valoit 6,000 livres (6). En 1756 il fit agréer par le Roi fes projets pour la place Royale de Reims, fes plans de Sainte-Geneviève furent approuvés, & il travailloit à la facriftie de Notre-Dame de Paris (7). En 1757 il reçut des lettres de nobleffe (8). Marigny n'ordonnoit rien en architecture fans le confulter. — Michel Tannevot, académicien depuis 1717, étoit ancien infpecteur du château de Verfailles avec une retraite de 1,000^{lt} (9). — Le vieil art françois des jardins continuoit à fleurir, fpécialement cultivé par quelques architectes. La Brière, infpecteur de Fontainebleau (10), étoit en 1757 « deffinateur des plans, parcs & jardins des maifons royales (11). » Ce titre eft également celui de Jean-Charles Garnier d'Ifle (12), architecte ordinaire du Roi en 1755 à la place de Laffurance (13), ancien contrôleur

---

(1) Arch. nat. O¹ 102, f⁰ 190; O¹ 1064, 23 mars 1758.
(2) Arch. nat. O¹ 1923, 1755, p. 23.
(3) Arch. nat. O¹ 1064, 23 mars 1758; O¹ 102, f⁰ 188.
(4) Arch. nat. O¹ 93, f⁰ 319.
(5) Arch. nat. O¹ 1923, 1755, p. 23.
(6) Arch. nat. O¹ 1064, 20 décembre 1755; O¹ 2257, f⁰ 227; O¹ 2258, f⁰ 222 recto.
(7) Arch. nat. O¹ 1064, 26 août 1756.
(8) Arch. nat. O¹ 101, f⁰ 93 recto.
(9) Arch. nat. O¹ 2258, f⁰ 412 recto.
(10) Arch. nat. O¹ 1064, 2 février 1758.
(11) Arch. nat. O¹ 102, f⁰ 84; O¹ 2258, f⁰ 394.
(12) Arch. nat. O¹ 2252, f⁰ 339 recto.
(13) Arch. nat. O¹ 1923.

général triennal des Bâtimens(1). Après la mort de celui-ci, « le 30 janvier 1756, le Roi, bien informé de la capacité que le fieur Hubert Pluyette, infpecteur de fes Bâtimens au département de Paris, a acquife dans les deffeins des compartimens, parterres & autres ouvrages fervans à l'embelliffement des parcs & jardins des maifons royales, lui fait don de la charge de *deffinateur des plans, parcs & jardins des maifons royales* (2). » Pluyette étoit architecte de deuxième claffe à l'Académie d'architecture & contrôleur des dehors du château de Verfailles (3) aux appointemens de 6,000^{tt}. Louis Mollet, architecte de première claffe en 1755 (4), contrôleur général des Bâtimens avec 4,135 livres de gages, étoit auffi deffinateur des jardins & parterres des maifons royales (5) aux appointemens de 500 livres par an, quand il mourut, le 29 décembre 1757. C'eft à lui que La Brière fuccéda pour cette place. Tous les membres de l'Académie d'architecture, outre leurs appointemens & leurs penfions, touchoient des droits de préfence aux conférences de l'Académie, où des jetons, délivrés par le directeur de la Monnoie des médailles, leur étoient diftribués (6).

Le célèbre ornemanifte & deffinateur d'architecture Babel étoit en rapports avec Duvaux.

---

(1) Arch. nat. O¹ 1064, 30 feptembre 1755; O¹ 2257, f°s 185 & 395 recto; O¹ 2258, f°s 179 recto & 394 recto.

(2) Arch. nat. O¹ 100, f° 30 verfo; O¹ 1064, 20 décembre 1755, O¹ 2258, f° 394 verfo. Le brevet eft du 30 janvier 1756 & la décifion royale du 20 décembre 1755.

(3) Arch. nat. O¹ 1064; O¹ 2257, f° 367 verfo; O¹ 2258, f° 82 recto.

(4) Arch. nat. O¹ 1923, p. 57.

(5) Arch. nat. O¹ 2257, f° 396; O¹ 1923.

(6) Arch. nat. O¹ 2248 à O¹ 2258. Pendant la période que nous avons étudiée, les autres membres de l'Académie étoient par ordre d'ancienneté : Jean-Sylvain Cartaud, Jean-Marie Chevotet, Godot, Beaufire le jeune, de l'Épée, Hupeau, premier ingénieur des ponts & chauffées, & Leroy.

Me voici parvenu au terme de la carrière que je m'étois impofé de parcourir. Le lecteur trouvera dans ce qui précède des élémens d'information pour reconftituer, avec certitude & d'après des documens la plupart inédits, le monde fpécial dans lequel vivoient Duvaux, fes confrères & fes cliens. Quelques mots en terminant fur le manufcrit du *Livre-Journal* & la manière dont il a été publié. Ce document fe compofoit originairement de trois volumes in-folio d'égales dimenfions, reliés en parchemin blanc & cotés A, B, C. Le volume A a été perdu. Les volumes B & C font reproduits ci-après. Ils étoient dans un état déplorable quand on les a découverts : car, expofés depuis longtemps à l'humidité, ils fe trouvoient moifis & rongés en plufieurs endroits fur les tranches. Cet accident a fait difparoître la fin de quelques lignes & les indications de prix qu'elles renfermoient; des paffages entiers font reftés illifibles. Imprimé *in extenfo*, le texte eût formé plus de deux forts volumes. Pour ne pas groffir inutilement cette publication, on a retranché ce qui étoit complétement infignifiant & la mention des reçus, en confervant feulement ceux du Roi, de la Reine, des princes & princeffes, de Mme de Pompadour & tous les reçus qui renfermoient quelques particularités fur l'achat, l'acquéreur ou le mode de payement. La reproduction par trop textuelle du manufcrit avec fon orthographe, ou plutôt avec fon abfence d'orthographe, étoit impoffible à caufe des fautes continuelles qui en auroient rendu la lecture infupportable. On a donc corrigé, dans nombre de cas, cette orthographe, furtout celle des noms propres, en adoptant, autant que poffible, la manière d'écrire des contemporains. On regrette même de n'avoir pas appliqué ce fyftème avec plus de rigueur.

Il refte à l'auteur de ce travail une dette de reconnoiffance à acquitter. Non-feulement M. le baron Jérôme Pichon lui a libéralement ouvert fa magnifique bibliothèque, mais il lui a permis encore de mettre largement à contribution fon favoir fi varié & fi étendu. J'aurois rempli mes notes de fon nom, fi je l'avois nommé toutes les fois que je lui empruntois la connoiffance d'un livre rare, d'un piquant détail, d'une curieufe anecdote. Je le prie d'agréer l'expreffion de ma profonde gratitude. Je dois beaucoup auffi aux bons avis de M. le comte Clément de Ris & de M. Paulin Paris; le premier m'a obligeamment communiqué les intéreffans portraits publiés par lui fur *les Amateurs d'autrefois*, le fecond a bien voulu lire mon manufcrit & me faire part de fes judicieufes obfervations. Je remercie enfin la Société des Bibliophiles françois, d'abord de m'avoir confié cette publication, de l'avoir ornée de deux jolies eftampes, puis, quand elle eut été interrompue par les événemens des dernières années, de m'avoir accordé le délai néceffaire pour l'achever avec tout le développement dont je la croyois fufceptible.

Avril 1872.

Louis COURAJOD.

NOTES SUPPLÉMENTAIRES

SUR LES

CABINETS DES CURIEUX DE PARIS

AU MILIEU

DU DIX-HUITIÈME SIÈCLE

NOTES SUPPLÉMENTAIRES.

Il fembloit qu'après les détails donnés dans l'Introduction qui précède fur les amateurs du dix-huitième fiècle, il ne reftoit plus rien à dire fur cet intéreffant fujet. Mais la lecture de l'*Almanach des Beaux-Arts* pour 1762, du *Dictionnaire pittorefque* d'Hébert (1766), & furtout celle des ouvrages de d'Argenville fur l'hiftoire naturelle, où l'on ne s'attend pas à rencontrer des defcriptions fi amples & on pourroit dire fi vivantes des cabinets des curieux, a infpiré à M. Courajod le défir d'ajouter ces defcriptions au *Journal de Duvaux*.

La Société des Bibliophiles françois s'eft prêtée avec d'autant plus d'empreffement aux défirs de M. Courajod qu'elle efpère que cet ouvrage va devenir une efpèce de Manuel du curieux, & diminuera un peu la pauvreté des documens qui nous reftent fur les arts ufuels & ceux qui s'y font diftingués.

Nous avons malheureufement perdu cette *Hiftoire très ample des peintres fculpteurs, orfèvres, menuifiers, brodeurs, &c.*, que l'abbé de Marolles avoit compofée dès 1673 (1), & pour une époque beaucoup plus récente & très-rapprochée de Duvaux, les *Mémoires*, du chevalier de la Roque, *pour fervir à l'hiftoire des hommes illuftres dans les arts & dans quelques autres profeffions*. Cet aimable ama-

---

(1) Si cet ouvrage ne fe compofoit que de fêches nomenclatures en vers, comme celles qui fe trouvent dans fon *Paris*, la perte en eft moins regrettable. Voir la Préface de la 2ᵉ édition, donnée par M. Dupleffis, du *Livre des graveurs* (de Marolles).

teur, homme du goût le plus exquis, ami de Watteau, avoit composé cet ouvrage ou du moins réuni quantité de matériaux pour l'écrire dès 1729. Il devoit traiter de la peinture, de la sculpture, l'architecture, la charpenterie, la menuiserie, la serrurerie, la fonderie, l'orfévrerie, la ciselure (1), la musique, la danse, les décorations, & contenir un catalogue raisonné des ouvrages des artistes qui s'étoient distingués dans ces divers arts ou métiers & les noms des graveurs qui les avoient mis en estampes (2).

Quelles lumières auroient jetées ces deux ouvrages sur les arts usuels! Le *Journal de Duvaux*, si bien édité, si bien illustré & *nourri* qu'il soit par M. Courajod, n'en compensera pas la perte, mais ce sera au moins une consolation pour nous autres qui, dans ces temps d'inquiétudes & de douleurs, nous réfugions dans l'étude & dans l'amour de cet heureux passé de notre pays.

M. Courajod n'a pas négligé de donner les adresses des curieux toutes les fois qu'il a pu les connoître. Si un jour on rend aux rues de Paris leurs noms véritables, si on met un jour un terme à cette mystification insolente qui consiste à mettre, en quelque sorte, Paris à la porte de chez lui, le lecteur de Duvaux pourra reconstruire dans sa pensée le *Paris-Curieux* du dix-huitième siècle, & ces vieux hôtels, jadis si pleins de belles choses, reprendront dans son souvenir l'éclat dont ils ont autrefois brillé.

Bon J. PICHON
(Mai 1873. En l'absence de M. Courajod).

---

(1) Qu'on me permette au sujet de cet art une observation que je soumets aux *curieux*. Les bronzes signés d'un C couronné sont attribués a Caffieri. N'est-ce pas bien plutôt *Cressent* qui en est l'auteur?

(2) *Mercure* de janvier 1729, p. 23.

ADAM. M. Adam l'aîné expofe aux yeux du public, dans fa maifon, rue Baffe-du-Rempart, derrière les Capucines, n° 13, une collection confidérable d'antiquités grecques & romaines, dont le recueil a été gravé. Il y a foixante-huit morceaux exécutés en marbre de Paros & de Saligno, qui ont été trouvés à Rome dans le Palais de Néron, au mont Palatin, & dans les ruines du Palais de Marius, qui avoient été achetés par le cardinal de Polignac durant fon ambaffade à Rome, & qui ont été acquis de fes héritiers par M. Adam, qui y a joint plufieurs autres morceaux antiques que dix ans de féjour dans cette dernière ville lui ont procurés. (*Almanach des Beaux-Arts de* 1762, p. 190. Cf. *Tableau de Paris*, 1759, p. 227.)

ADANSON. M. Adanfon, de l'Académie des Sciences, a réuni dans fon cabinet les productions des trois règnes; fon herbier furtout eft des plus nombreux. La belle fuite qu'il a formée en poiffons-coquilles, coraux madrépores, minéraux, pétrifications, & en ouvrages de l'art, foit des fauvages, foit des autres nations, annonce les connoiffances profondes de ce célèbre naturalifte. (Dargenville, *Conchyliologie*, édition de 1780, t. Ier, p. 266.)

La Conchyliologie nouvelle & portative de 1767 (p. 310) difoit: « M. Adanfon, rue du Jardin-du-Roi, près la barrière. Cet amateur, défirant laiffer à la poftérité le fruit de fes peines & de fes foins, a donné fon cabinet au Roi. Dans le nombre des pièces rares qui le compofent, on remarque une collection choifie & fuivie de tout ce que le Bengale produit de plus précieux dans tous les genres de l'hiftoire naturelle.

ANGIVILLER. Le cabinet de M. le comte d'Angiviller renferme une fuperbe fuite de mines d'or & autres minéraux avec des criftallifations de tout efpèce. (Dargenville, *Conchyliologie*, 1780, t. Ier, p. 252, 253.)

AGINCOURT (M. D'), fermier général, à l'hôtel des Fermes, rue Saint-Thomas-du-Louvre, poffède une belle collection de deffins italiens, flamands & françois, &, parmi ces derniers, de très-beaux par M. Boucher. (*Almanach des Artiftes de* 1777, p. 185.)

Jean-Baptiste-Louis-Georges Seroux d'Agincourt, auteur du savant ouvrage intitulé : *l'Histoire de l'Art par les Monumens*. M. Dumesnil a fait de lui une intéressante notice dans le tome III de ses *Amateurs françois*. Paris, 1858, in-8°.

ARCAMBAL. M. le marquis d'Arcambal possède un cabinet riche principalement en coquilles & en minéraux. (Dargenville, *Conchyliologie*, édition de 1780, t. Ier, p. 263.)

ARGENSON (le comte d'). Il faut entrer dans l'hôtel de M. le comte d'Argenson, ministre de la guerre, qui a aussi une très-belle bibliothèque, pour voir chez M. le marquis de Paulmy, son fils, un cabinet formé depuis très-peu de temps, & qui surpassera bientôt les plus anciens par le choix excellent des tableaux des maîtres en toutes sortes de genres. (*Mémorial de Paris*, 1749, t. Ier, p. 215 & 216.)

AUBERT. Le cabinet de M. Aubert, de l'Académie de Saint-Luc, contient une superbe collection de différentes branches de l'histoire naturelle & principalement de coquilles. (Dargenville, *Conchyliologie*, édition de 1780, t. Ier, p. 256.)

Il y a dans le *Mercure de France* une intéressante lettre sur les trois frères Aubert.

AUBRY (l'abbé). M. Aubry, curé de Saint-Louis dans l'Ile, ancien vicaire de Saint-Eustache, a formé depuis longtemps un cabinet d'histoire naturelle qui devient considérable par la quantité des animaux fort rares conservés parfaitement à sec dans leur peau & plumage, perchés & dressés sur leurs pieds. Il n'y a de postiche que leurs yeux, qui sont d'émail. Ils sont placés dans des armoires bien fermées de vitrages mastiqués. Les insectes sont en assez grand nombre. Les coquilles se multiplient infiniment par les soins de ce naturaliste aussi habile que curieux, & par le plaisir que beaucoup d'amateurs se sont fait d'enrichir sa belle collection. (Dargenville, *la Conchyliologie*, édition de 1780, p. 226. Cf. également le *Tableau de Paris*, 1759, p. 226; *Almanach des Beaux-Arts pour 1762*, p. 207, & le *Dictionnaire pittoresque & historique* d'Hébert, de 1766, t. Ier, p. 35-36.)

Si on ne trouve plus aujourd'hui au presbytère de Saint-Louis en l'Ile de cabinet d'histoire naturelle, on y peut voir la très-belle & excellente bibliothèque de M. l'abbé Bossuet, curé actuel. Entre autres beaux & curieux livres on remarque une des collections les plus complètes qui existent sur l'histoire ecclésiastique & civile de Paris.

Augustins (les). Les Augustins de la place des Victoires ont au bout de leur belle bibliothèque un cabinet de médailles rares, avec plusieurs figures antiques. Ils y ont joint une collection de coquillages, de productions maritimes, de pétrifications, &c.... Ces différens morceaux, entremêlés de bons tableaux d'Italie & de Flandre, par la variété des objets & par leur disposition, méritent d'être vus. (Dargenville, *la Conchyliologie*, édition de 1780, p. 229-230. Cf. l'*Almanach des Artistes de* 1776, p. 199.)

Bailly du Coudray..., rue Sainte-Croix-de-la-Bretonnerie, cabinet cité par *la Conchyliologie nouvelle & portative de* 1767, p. 311.

Ce doit être le même que Bailly, ancien garde des marchands apothicaires-épiciers, doyen des consuls de Paris, quoiqu'il soit mort avant décembre 1766. Il demeuroit rue Sainte-Croix-de-la-Bretonnerie, la troisième porte après la rue de l'Homme-Armé, en entrant par la rue Sainte-Avoye (du Temple aujourd'hui).

Bandeville. Mme la présidente de Bandeville, quai des Théatins, a un cabinet très-curieux en histoire naturelle, principalement en oiseaux, & encore plus particulièrement en coquilles, dont la collection est des plus complètes & des mieux choisies; on y voit les coquilles les plus rares, comme la Scalata, la Pourpre, qu'on appelle le Radix à ramages noirs & autres semblables, dont la description seroit trop considérable. (*Almanach des Beaux-Arts de* 1762, p. 200, & *Dictionnaire pittoresque & historique*, t. Ier, p. 134. Cf. *Tableau de Paris*, 1759, p. 221; l'*Almanach des Artistes de* 1776, p. 201, & celui de 1777, p. 177.)

On trouve dans cette collection, dit Dargenville, une très-belle suite d'oiseaux étrangers & de France, parmi lesquels il y en a de très-rares; une autre suite d'insectes préfente les beaux papillons de Surinam, le porte-lanterne, celui de la Guadeloupe, la tête-de-mort, le grand paon, les mantes, les blattes, les fauterelles, fcarabées, fcolopendres, les cerfs-volans taureaux, les mouches de Cayenne, les cigales, les tarentules, tant de France que des pays étrangers.

La collection des coquilles, qui eft d'une parfaite confervation, offre prefque toutes les rares, quelques-unes même uniques.

Les agathes, les jafpes, les dendrites, les porphyres, les marbres, les caillous d'Orient, les bois pétrifiés, & tout ce qui concerne l'hiftoire naturelle, y trouvent leur place. Rien ne mérite plus l'attention des amateurs. (Dargenville, *la Conchyliologie*, édition de 1757, p. 117-118.)

BEAUDOUIN (M. le comte DE), brigadier des armées du Roi, capitaine aux gardes françoifes, fur les boulevards du Temple, poffède une belle collection de tableaux de toutes les écoles. Elle n'eft pas des plus nombreufes, mais elle eft bien choifie. On y voit de très-beaux Rembrandt, plufieurs Rubens, plufieurs Van de Velde, & autres de cette école. Plufieurs portraits du Titien, un fuperbe & très-grand tableau du Baffan, un Salvator Rofa, & autres de l'école italienne. Parmi ceux de notre école, on y voit des Bourdon, des Claude Lorrain, &c. Auprès d'un de ces derniers eft une marine de M. Vernet, qui, quoiqu'elle ait à fa droite une belle marine de Salvator Rofa, femble gagner de fraîcheur & d'éclat en fi bonne compagnie. (*Almanach des Artiftes de* 1777, p. 177. Cf. l'*Almanach des Artiftes de* 1776, p. 201.)

BEAUJON (M. DE), en fon hôtel, rue du Roule, eft poffeffeur d'une belle collection de tableaux des écoles hollandoife & françoife. (*Almanach des Artiftes de* 1777, p. 181.)

Rue du Roule fignifie ici le faubourg Saint-Honoré. Beaujon demeuroit à l'hôtel d'Evreux; depuis l'Elyfée. Il l'avoit acquis en 1773. (Thierry.)

BELLANGER (M.), un des directeurs de la ferme du tabac, jouit d'un beau recueil de teftacées, &c.... (Dargenville, *Conchyliologie*, édition de 1780, t. Ier, p. 256.)

Bergeret (M.) possède une collection de dessins françois & quelques tableaux estimés. (*Almanach des Artistes de* 1777, p. 185.)

Bernard de Rieux. Le cabinet de feu M. le président Bernard de Rieux n'est point encore, suivant son projet, réuni dans une galerie. Un grand modèle doré, très-bien réparé, de la statue équestre de Louis XIV exécutée en grand dans une des villes de France, est monté sur un beau piédestal de marbre, accompagné de plusieurs figures, & placé au bout du cabinet où se trouve un bureau : de grands candélabres de bronze doré, ornés de groupes d'enfans, se voient dans les encoignures de la même pièce. On passe de là dans une bibliothèque nombreuse & composée de livres rares : on y voit une pendule extrêmement curieuse, avec des ouvrages de mécanique & d'horlogerie, entre autres une cycloïde. Dans un autre endroit se distinguoit un amas d'armes anciennes & d'habillemens étrangers. Ce qui regarde l'histoire naturelle consiste dans un parterre de coquilles renfermées dans un grand bureau qui occupe tout le milieu d'un cabinet. On y voit, dans d'autres armoires, l'histoire du corail, considéré & suivi dans tous ses états; celles des plantes coralloïdes & du cristal, &c.... (Dargenville, *la Conchyliologie*, édition de 1742, p. 201-202, & édition de 1780, t. Ier, p. 231.)

Le président Bernard de Rieux, fils de Samuel Bernard & frère de M. Bernard de Boulainvilliers, avoit une très-grande & très-belle bibliothèque, dont le catalogue parut en 1747.

Besenval (M. le comte de), grand'croix de l'ordre de Saint-Louis, lieutenant général des armées du Roi, inspecteur général des Suisses & Grisons, lieutenant-colonel des gardes suisses, rue de Grenelle, faubourg Saint-Germain, près la barrière, possède un riche cabinet de tableaux des trois écoles. (*Almanach des Artistes de* 1777, p. 180.)

Billy (M. de), cour du Louvre, possède une collection de tableaux des écoles d'Italie. (*Almanach des Artistes de* 1777, p. 181.)

Blondel d'Azaincourt. Cabinet rue Notre-Dame-de-Nazareth, près le Temple, quartier du Marais. M. Blondel d'Azaincourt, qui en eſt propriétaire, a formé ce cabinet, qui eſt très-intéreſſant par la variété & le choix des objets qui le compoſent. Il mérite toute l'attention des amateurs & des curieux. Ce cabinet eſt dans un genre différent de celui de M. Blondel de Gagny ſon père; ce qui contribue d'autant mieux à rendre leurs collections plus précieuſes & plus étendues. C'eſt par cette raiſon que cet amateur s'eſt attaché de préférence à quelques beaux tableaux modernes, à de belles eſquiſſes & à une très-grande quantité de deſſins, au nombre deſquels on en doit ſurtout remarquer près de cinq cents de Boucher. On trouve auſſi dans ce cabinet cent ſoixante pierres gravées en camée, tant égyptiennes qu'étruſques, grecques & romaines, dont preſque toutes viennent des princes de Palavicini, & ont été ſubſtituées pendant des temps infinis dans cette illuſtre maiſon. M. Narciſſe de Thoret en fit l'acquiſition en 1699. C'eſt aux connoiſſeurs qu'il eſt réſervé d'en ſentir toute l'importance & le mérite. Le temps les a reſpectées, parce que la vraie beauté n'eſt pas ſoumiſe à ſon inconſtance. Des bronzes bien choiſis, des porcelaines anciennes également montées; du lacq de la plus grande fineſſe & une multitude infinie d'objets ſéduiſans pour les yeux, laiſſent auſſi dans l'imagination une ſenſation qui prouve inconteſtablement qu'il faut que l'agrément ſoit d'accord avec l'art, & que la perfection conſiſte dans leur réunion. C'eſt dans la nature même que l'on peut chercher & que l'on découvre certainement ce principe. Il eſt facile de s'en convaincre ſans ſortir de ce cabinet, qui renferme des choſes auſſi rares que curieuſes, qui ſont une ſuite de minéraux, de criſtalliſations, d'agates, de pierres précieuſes, de madrépores, de coraux & de coquilles, dont la parfaite conſervation, la beauté des formes & la richeſſe des couleurs ſont fort au-deſſus de nos idées, &c. (*Dictionnaire pittoreſque & hiſtorique* d'Hébert, 1766, t. Ier, p. 81-83.) Ce cabinet étoit déjà cité par l'*Almanach des Beaux-Arts de* 1762 (p. 200), mais ſans deſcription.

Le beau cabinet de M. Blondel d'Azaincourt, chevalier de l'ordre de Saint-Louis, lieutenant-colonel d'infanterie, eſt raſſemblé avec tout le goût poſſible, par les morceaux précieux qui ſe voient dans les différentes claſſes de coquilles, rangées principalement ſur une table placée au milieu de la ſalle deſtinée à l'hiſtoire naturelle; cette table eſt blanche & richement ornée en dorure, ſa forme eſt octogone; elle s'élève en pyramide & tourne ſur un pivot; elle eſt entourée & couverte de glaces (ſuit la deſcription minutieuſe de ces coquilles). Les autres ſalles contiennent une belle ſuite de ſoixante-dix pierres camées ou gravées, tant grecques que romaines; un baguier de pierres fines, avec pluſieurs vaſes de topaze & de jaſpe; des verres de criſtal de roche, un autre taillé dans un morceau d'ambre. Cet amateur, dont le goût n'eſt point borné, également connoiſſeur & curieux en tableaux, deſſins & eſtampes des grands maîtres, nous fait voir qu'il ne le cède pas en cela à M. Blondel de Gagny, ſon père, ſi connu par le beau choix & la précieuſe collection qu'il poſſède de tableaux des plus célèbres peintres. (Dargenville, *la Conchyliologie*, édition de 1780, t. Ier, p. 247. Cf. l'*Almanach des Artiſtes de* 1776, p. 200.)

BLONDEL DE GAGNY. (Cet amateur occupa ſucceſſivement deux hôtels différens.) Le cabinet de M. Blondel de Gagny à la place Royale, doit être regardé comme un des premiers & des plus parfaits de cette ville à tous égards. C'eſt là où les curieux admireront les Téniers, les Vauwremans, les Wenix, les Rimbrans, les Gerard Dow, les Berghems du premier ordre. Ils y verront auſſi des tableaux des écoles d'Italie, mais en petite quantité; les bronzes les plus rares & les mieux réparés; les porcelaines anciennes & modernes, & ſurtout de Saxe, les mieux choiſies, & dont l'agrément & le goût de leurs montures ſemblent diſputer de prix avec les pièces qu'elles accompagnent; les cabinets & les tables du célèbre Boùle; une pendule dont l'invention eſt auſſi riche qu'ingénieuſe. Toutes ces beautés, rangées dans un ordre ſavant & nullement confus, produiſent un effet ſi ſurprenant que le ſpectateur en eſt ſaiſi, & ne quitte point ſans peine cet endroit, l'aſile de tant de beautés, ſans déſirer de le revoir, & encore plus le maître de tant de chefs-d'œuvre, dont la préſence & les façons engageantes ajoutent infiniment à leur prix. (*Mémorial de Paris*, 1749, p. 210.)

Le cabinet de M. Blondel de Gagny, place de Louis-le-Grand, communément dite de Vendôme, est un des premiers & des plus curieux de Paris, tant pour le nombre & le choix des peintures, sculptures & dessins que pour d'autres ouvrages extrêmement beaux comme cabinets & autres pièces d'ébénisterie du fameux Boule, pendules, lustres à huit branches de cristal de roche & une très-grande quantité de bronzes, porcelaines anciennes des plus parfaites, & presque toutes du genre qu'on appelle première sorte, dont les montures & les ornemens semblent disputer de prix avec les pièces qu'elles accompagnent.

Sculptures sur l'escalier. Deux bustes de marbre blanc de Nicolas Coustou, représentant, l'un Neptune & l'autre Thétis, sur leurs gaînes de marbre, & deux médaillons sur les portes par le même. Deux autres bustes de marbre sur leurs gaînes par Le Lorrain, représentant, l'un Ganimède & l'autre Flore.

Première antichambre à gauche de l'escalier. Tableaux : un grand tableau représentant le Point du Jour par Poussin, d'après un plafond du Guide au palais de Rospigliosi à Rome. Deux tableaux représentant des instrumens, l'un par Boyer, l'autre par Jeaurat. Un tableau d'architecture par Meunier. Deux tableaux ovales par Conca, peintre italien, élève de Solimène. Deux vues de Venise par Canaletti. Deux tableaux : l'un à gouache par l'Allemand, représentant le Panthéon de Rome ; l'autre à l'huile par Gasparo Van Vittel, représentant la vue de Grotta-Ferata à Rome. Une Dame vénitienne de l'école du Titien. Un Corps de garde par Téniers. Une vue de Ponte-Rotto & Ponte-Quatro-Capi à Rome par Gasparo Van Vittel. Un tableau d'architecture par Lemaire-Poussin. Une marine par La Croix. Une copie de l'Abreuvoir de Wouverman, faite par Van Falens. Vénus sur des nuages par Lancret. Un Jeune Garçon qui joue avec un Polichinelle par Bêle. Une vue de Paris par Raguenet. Un paysage par Juliard. Une esquisse d'une perspective exécutée par Le Maire, peintre françois, dans une maison, rue d'Anjou, faubourg Saint-Honoré, qui appartenoit à M. de Gagny.

Sculpture en bronze & marbre. Sur une table de buffet un bronze par Le Lorrain, représentant Andromède attachée au rocher. Aux deux côtés de ce buffet deux vases de marbre blanc & noir d'Italie, avec ornemens de cuivre doré sur deux gaînes de granit, avec base & chapiteaux de griotte d'Italie. Sur une armoire basse, avec un dessus de marbre de compartimens, ouvrage de Florence, un bronze antique, buste de femme.

Première pièce sur la place. Tableaux : sur la cheminée Adam & Ève par Santerre, grand tableau qu'on peut regarder comme un des chefs-d'œuvre de l'école françoise. Sur le panneau opposé à la cheminée un tableau capital de Rembrandt, représentant une vieille femme qui dit la bonne aventure à une jeune personne. Au-dessous un très-beau paysage par Paul Bril. Au-dessous, au milieu, la Curée du Cerf par Wouverman. Sur les deux panneaux, au-dessus de deux armoires de lacq en relief, avec figures & fruits de pierre de larre, une vue de la Cascade de Tivoli par Paul Bril, & un Hiver par Vanude, les figures par D. Téniers. Sur les deux panneaux opposés aux côtés du tableau d'Adam, deux paysages par Courtois. Au-dessus, sur celui de côté des fenêtres, une Tempête par Vernet; sur l'autre un Port de Mer par Lacroix. Sur le panneau gagnant le fond de la pièce, du même côté, une vue de Rome par Gasparo. Au-dessus une autre vue de Rome, réprésentant le Campo-Vacino, par Courtois. Au-dessus une Flore, pastel de Boucher. Sur le panneau opposé une autre vue de Rome par Gasparo; au-dessus un paysage par Adam Elzeimer; au-dessus une Jeune Fille jouant de la harpe, pastel. Sur les deux dessus de porte deux tableaux d'architecture & de ruines par Machi. Aux deux côtés d'un grand miroir avec bordures & ornemens de cuivre doré de Boule, deux petits tableaux de Corneille Poëlimbourg; au-dessus deux pastels, portraits de femmes, par Nattier. Sur la porte, au-dessus d'une armoire de marqueterie de Boule, une vue de Monte-Cavallo à Rome par Gasparo Van Vittel; au-dessus un Berger avec des Moutons par Carle Dujardin. Sur l'autre porte, en face de celle qui va à l'appartement, une vue de la place de Saint-Pierre à Rome par Gasparo Van Vittel; au-dessus un paysage avec animaux par Van Romain. Le dessus de porte un tableau d'architecture par Servandoni. Celui opposé un paysage par Briard. Sur le trumeau de glace le portrait en pastel de Mme de Boislandry par Vivien.

Sur un pilaſtre en retour proche la fenêtre deux payſages par Crépin; au-deſſus un bouquet de fleurs par Portail; au-deſſus, une Vénus, deſſin demi-paſtel par Boucher.

Bronzes, marbres, porcelaines, &c. Sur la cheminée, au milieu un bronze repréſentant Déjanire enlevée par le Centaure, entre deux urnes à pans d'ancienne porcelaine première ſorte. Aux deux extrémités deux autres bronzes repréſentant, l'un Hercule & l'autre Hébé. Entre les fenêtres Hercule enfant étouffant les ſerpens, en marbre blanc, par Girardon, monté ſur un pied de bois ſculpté, doré & peint en marbre, entre deux guéridons de marqueterie portant des girandoles de cuivre doré par Boule. Aux deux côtés de la cheminée deux buſtes repréſentant un nègre & une négreſſe ſur des gaînes de marbre de granit avec baſes & chapiteaux de griotte d'Italie. Dans le fond de cette pièce quatre vaſes ſur quatre pareilles gaînes dont deux de marbre rouge antique & deux autres d'albâtre. Sur le milieu d'une très-belle table de Lumakel de cinq pieds quatre pouces de long ſur deux pieds dix pouces de large & vingt lignes d'épaiſſeur, polie deſſus & deſſous, un vaſe de marbre vert d'Egypte, monté avec pied & ornemens de cuivre doré, entre deux lisbets d'ancienne porcelaine bleue & blanche à dragons montés, *idem*. Aux deux extrémités deux groupes de bronze repréſentant, l'un l'Enlèvement de Proſerpine & l'autre l'Enlèvement des Sabines parfaitement réparés. Sous cette table un grand vaſe de porphyre monté avec ornemens de cuivre doré, par Auguſte, entre deux pots à oille du Japon. Aux deux coins de cette même table deux lapins d'anciennes porcelaine montés ſur des pieds de marbre vert d'Egypte avec des ornemens dorés. De l'autre côté de la gaîne qui porte un des vaſes de marbre rouge, un lisbet de porcelaine du Japon. Sur une armoire très-riche de marqueterie de Boule un bronze très-fin, au milieu, repréſentant le Laocoon & ſes enfans dévorés par les ſerpens, entre deux jattes à pans d'ancienne porcelaine, dans leſquelles ſont des bouteilles, *idem*. Aux deux extrémités deux enfans de bronze, l'un par François Flamand, l'autre par Le Lorrain. A côté un cabaret à pied de vernis de Martin, garni de ſix gobelets, huit ſoucoupes, ſucrier & théière de porcelaine de France. Sous ce cabaret une urne de porcelaine ancienne de la Chine, montée. Sur une table de marqueterie de Boule, avec un deſſus de marbre d'albâtre en face de la cheminée, un vaſe de granit vert monté ſur ſon pied avec ornemens de cuivre doré, au milieu de deux ſeaux d'ancienne porcelaine Céladon gaufrée, garnis & doublés de cuivre doré. Sous cette table un vaſe de porcelaine d'ancien la Chine, monté. Aux deux côtés de cette même table deux grands vaſes de porcelaine de la Chine. Sur les deux armoires de lacq quatre bronzes, dont deux de Michel Anguier, repréſentant des Bacchantes, & les deux autres Apollon & un Faune. Deux urnes d'ancienne porcelaine première ſorte, & quatre bouteilles d'ancienne porcelaine griſe. Toutes ces pièces montées avec ornemens de cuivre doré. Sur une commode d'ébéniſterie de Boule un bronze de Michel Anguier, repréſentant Amphitrite. Deux vaſes de marbre vert d'Egypte, avec pieds & ornemens de cuivre doré, ayant pour ſupports des génies des Arts, & deux poiſſons d'ancienne porcelaine montés en girandoles à trois branches. Sous cette commode une urne d'ancienne porcelaine entre deux pots à oille du Japon. Le poële de cuivre avec muſles de lion, flammes & ſalamandre par Gallien. Quatre bras à deux branches & à grandes roſettes par Boule. Deux conſoles de bois d'ébène garnies de maſques & ornemens de cuivre doré par Boule, ſur leſquelles ſont deux cigognes de porcelaine. Deux autres conſoles de bois ſculpté & doré portant deux urnes de porcelaine d'ancien la Chine, montées avec ornemens de cuivre doré. Sur une petite table de bois roſe à deſſus de marbre une théière de terre des Indes garnie d'un pied & ornemens de cuivre doré. Sous cette table un morceau en forme de ſucrier d'ancienne porcelaine bleue & blanche. Le luſtre de criſtal de Bohême à huit branches. Une ſervante de bois des Indes par Boule.

Seconde pièce ſur la place meublée en damas cramoiſi. Tableaux : A côté, en entrant à droite au rang d'en bas, un payſage par Corneille Poëlimbourg. Au-deſſus un Joueur de vielle par D. Téniers. Le Château de Rozindal en Hollande, près la ville d'Utrecht, par Vander Heyden ; les figures par Van de Velde. Un payſage par Paul Bril ; les figures par Annibal Carrache, connues ſous le nom de

Latone, de Mme de Verrue. Au-dessus une Jeune Femme qui se nettoie les dents sortant de table & se mettant à son ouvrage par Netscher. L'Enfant prodigue par D. Téniers de son meilleur temps. Il y a pour tradition presque certaine que ce peintre y a peint sa famille. Un paysage par Paul Bril, faisant pendant à la Latone. Une Servante qui tient un perroquet qu'elle vient d'ôter de sa cage par Gérard Dow. On croit que c'est le portrait de sa fille. La ville de Delft en Hollande par Vander Heyden. Des baigneuses par Corneille Poëlimbourg. Au-dessus un Cureur de puits par D. Téniers. Au rang d'en haut une Jeune Bohémienne qui tient des fleurs dans son tablier par Murillo. Un grand tableau de Pierre de Cortone, représentant Herminie, qui a pris les armes de Clorinde & qui, après s'être égarée dans une forêt où elle a passé la nuit en cherchant Tancrède, arrive accablée de lassitude & de douleur à la cabane d'un vieux berger qu'elle trouve occupé avec sa famille à faire des paniers de jonc. On lui ôte ses armes & ces bonnes gens cherchent à la consoler. Ce vieillard lui fait connoître les avantages de la vie champêtre & le bonheur dont ils jouissent. Herminie envie leur sort, & sensible aux secours qu'ils lui procurent, se détermine à rester avec eux. Cette situation, qui est prise dans la Jérusalem délivrée, du Tasse, est très-bien exprimée dans ce tableau. La Coupeuse de choux, de Santerre. Dans le fond de cette pièce, en suivant le côté droit, au rang d'en bas, un paysage par Bartholomée, les figures par Bamboche. Au-dessus, le Jugement de Pàris, par Nattier l'aîné. Une marine par Asselin. Les Champs-Élysées, de Watteau. Un paysage par Wouwermans. Le Marché aux herbes d'Amsterdam, tableau capital de Gabriel Metzu. Un paysage par Adrien Van de Velde. Un autre du même. Une chasse de Berchem. Un tableau très-fin de Wouwermans, connu sous le nom de la Petite Chasse de Wouwermans. Au-dessus un Festin des Dieux, par Rothenamer. Rang d'en haut, au milieu, une Famille de Centaure, par Boulogne l'aîné. D'un côté une marine, par Claude Lorrain; le sujet est Helenus qui montre à Enée la route qu'il doit tenir pour arriver en Italie. De l'autre côté un paysage, par Berchem, représentant les environs de la ville de Nice. En retour du côté de la cheminée, en suivant le rang d'en bas, l'Occupation selon les âges, par Watteau. Une Sainte Marguerite, par le chevalier Van der Verff, qui est, à ce qu'on assure, le portrait de sa fille. Des Joueurs de tric-trac, par Van Ostade. Au-dessus un grand paysage de Berchem qui représente le château de Binthem & ses environs, en Hollande, où ce peintre est mort; ce qui fait présumer que c'est le dernier tableau de ce peintre. Sur le panneau à côté de la cheminée, au-dessus d'une pendule à cartel faite par Cressent, les Trois Déesses, par le Guide. Au-dessous de la pendule, un très-beau paysage par Bartholomée Breemberg. Au-dessous, le portrait d'un jeune homme, par Gerard Dow, entre deux tableaux très-fins de Breugel de Velours. Dans le retour proche la porte d'entrée en bas, un paysage très-fin par Patel. Au-dessus un tableau de Lancret, gravé par Tardieu, sous le nom de Berger indécis. Au-dessus Danaë par Boulogne l'aîné. Au-dessus Ariadne & Bacchus, esquisse de La Fosse. Les deux dessus de porte sont deux tableaux d'architecture par Guisolfi, maître de Bibiena.

Bronzes, marbres, porcelaines, &c. Le lustre de cristal de roche est remarquable par la couleur du cristal & sa netteté. Sur les deux commodes de marqueterie avec ornemens de cuivre doré faites par Boule, quatre figures de femmes antiques en bronze & deux vases très-beaux de porphyre, montés par Vassou, entre quatre bouteilles carrées d'ancienne porcelaine première sorte. Dans le double rang deux chats & quatre crabes d'ancienne porcelaine bleu céleste, entre huit mortiers & huit drageoirs de même porcelaine première sorte. Sous ces commodes deux vases de marbre brèche-violette entre quatre pots à oille de porcelaine du Japon avec des pieds de marbre. Entre ces deux commodes un grand vase de porphyre monté avec ornemens de cuivre doré sur un petit pied de marbre vert antique & sur une gaîne de marqueterie, de Boule. Aux deux côtés deux pots-pourris d'ancienne porcelaine jaune clair. Sur les deux encoignures d'ancien laque avec dessus d'albâtre d'Orient, deux grandes urnes de bronze de belles formes & parfaitement réparées; quatre jattes avec leurs assiettes d'ancienne porcelaine première sorte. Sur une table à console de marqueterie de Boule, à côté de la cheminée, une urne funéraire égyptienne de marbre très-fin & très-rare, montée à l'antique, entre deux nacelles d'ancienne porcelaine bleu célefte & deux oifeaux, morceaux d'ancienne porcelaine très-finguliers & uniques. En double rang un petit pot-pourri & deux grenades avec leurs foucoupes d'ancienne porcelaine. Sous la table deux lapins d'ancienne porcelaine, montés fur deux pieds de marbre à compartimens, oifeaux & animaux, ouvrage de Florence. Sur la cheminée, au milieu, un vafe fingulier d'ancienne porcelaine violette, entre deux bouteilles, deux perroquets de porcelaine bleu célefte & deux foufflets d'ancienne porcelaine première forte : toutes ces pièces font montées avec ornemens de cuivre doré. Dans l'encoignure, fur un grand pilaftre de marqueterie de Boule, un vafe fait en Italie, de différens marbres. Sur une grande table d'albâtre polie deffus & deffous, un morceau compofé avec une nacelle de porcelaine ancienne bleu célefte pareille aux précédentes, & deux lions de même porcelaine; ce morceau, fait par Vaffou & remarquable par l'élégance de fa monture, eft entre deux urnes à pans d'ancienne porcelaine première forte & deux bouteilles carrées d'ancienne porcelaine Céladon, montées, *idem*, par Vaffou. Aux deux côtés de ce morceau, deux autres de la plus parfaite porcelaine première forte, montés en caffolettes. Sur la même table en double rang, un cabaret à main d'ancien laque garni de fix gobelets & fix foucoupes à pans de la plus belle & la plus ancienne porcelaine, ainfi que le fucrier à mouchoir & la théière. Une boîte à thé de porcelaine grife entre quatre mortiers & leurs foucoupes d'ancienne porcelaine première forte. Sous cette table, deux grands morceaux en cloches & une grande bouteille d'ancien Japon. Sur un coffre d'écaille fait en Angleterre, garni de lames de cuivre avec un pied de bois fculpté & doré, un morceau à tiroir d'ancien laque entre deux boîtes à thé de cuivre émaillé. Sous ce coffre une urne à pans d'ancienne porcelaine première forte. Un feu formé par deux chevaux de cuivre doré, par Couftou l'aîné, montés fur des pieds, *idem* : ce font les modèles qu'il a faits pour les deux chevaux qui font à la tête de l'abreuvoir de Marly. Une paire de bras à trois branches dans le goût antique. A côté une petite table en vide-poche de laque avec un deffus de porcelaine de France. Sur une tablette de ladite table un pot-pourri d'ancien laque. Deffous une urne d'ancienne porcelaine. Une grande bouteille de porcelaine Céladon gaufrée, montée avec ornemens de cuivre doré fur un pied de marbre africain monté, *idem;* ce morceau, qui eft très-confidérable, a été exécuté par Vaffou pour la bouteille & Saint-Germain pour les bronzes du pied. Six urnes à pans, dont quatre d'ancienne porcelaine, les deux autres de Saxe imitant l'ancienne, fur des confoles de bois fculpté & doré.

Troifième pièce fur la place, meublée en damas vert. Tableaux : Sur le côté à droite en entrant, au rang d'en bas, le premier, un payfage, par Bartholomée; le deuxième, un autre par Wouwermans, repréfentant des voyageurs à la porte d'un cabaret; le troifième, un payfage par Van Oftade : ce tableau eft fingulier en ce que le payfage n'étoit pas le genre de ce peintre; le quatrième, la Porte de Cologne, par Vander Heyden, les figures par Van de Velde; le cinquième, un payfage de Bartholomée, connu fous le nom de la Fontaine; le fixième de Wouwermans, repréfentant un cheval de manége monté par un écuyer; le feptième de Corneille Poëlimbourg. Au milieu du rang au-deffus, une parade de charlatans, par Carle Dujardin. Aux deux côtés, les Quatre Elémens en deux très-beaux tableaux de Philippe Laure. Aux deux extrémités, deux payfages de Patel. Rang au-deffus, le premier du côté de la porte, une marine par Claude Lorrain. Une Femme grecque, par un peintre dont on ignore le nom. Un payfage de Winans, les figures par Van de Velde. Au fond de cette pièce, cordon de petits tableaux formant le rang d'en bas : le premier, un payfage de Breugel de Velours; le deuxième, un autre de Bartholomée; le troifième, un autre de Wouwermans; le quatrième de Bartholomée; le cinquième de Berchem; le fixième de D. Téniers, gravé fous le titre de la Femme Jaloufe; le feptième de Berchem; le huitième de Bartholomée; le neuvième de Wouwermans; le dixième de Bartholomée; le onzième de Breugel de Velours. Ce dernier tableau & le premier qui eft à l'extrémité de ce rang paffent pour être des plus capitaux de ce maître. Au rang au-deffus, le premier fur la porte de la garde-robe, une Jeune Fille qui écrit une lettre & fa fervante qui attend derrière elle pour la porter, par Terburg. Des fleurs, par Van Huifum, fur un fond clair. Un payfage, par Berchem, appelé le Berchem fans arbres. L'Entrée d'une ville, par Van de Vulft, bourgmeftre. La Courfe de bague de Wouwermans. Des fruits par Van Huifum & fon pendant ci-deffus repréfentant des fleurs font remarquables par leur mérite. Le dernier, une Fille qui lit une lettre, par Terburg, faifant pendant à celle qui écrit à l'autre extrémité de ce rang. Rang d'en haut, le premier fur la porte de la garde-robe, la Craffeufe & fon pendant qui eft à l'autre extrémité de ce rang, tous deux par Rembrandt. Un Retour de chaffe par Wenix. Au milieu, un tableau du Pouffin repréfentant Jupiter enfant nourri par la chèvre Amalthée. Un payfage avec figures par Adrien Van de Velde. En retour jufqu'à la cheminée, en haut, un payfage & animaux par Wenix. Au-deffous, deux tableaux de Wouwermans, le premier connu fous le nom de la Charrette embourbée & le deuxième un Départ de chaffe à l'oifeau. Au-deffous, au milieu en haut, une Jeune Femme qui pèle un citron, par Skalken. Au-deffous, un tableau très-fin de Wouwermans, repréfentant un Retour de chaffe. Deux payfages, l'un de Bartholomée & l'autre de Breugel de Velours. Sur le retour de la cheminée, un tableau de Limbouchef, élève du chevalier Vander Werff, qui repréfente la reine Camée tenant la coupe avec laquelle elle va s'empoifonner, pour fe fouftraire à la violence du meurtrier de fon mari qui vouloit la forcer de l'époufer. Au-deffous, un Jeune Garçon qui charge du fumier, par Carle Dujardin. Au-deffous, deux payfages très-fins par Bartholomée. Sur le retour de la cheminée, une Nourrice à gouache, par La Hyre. Au-deffus, deux tableaux du Guide, repréfentant un Saint Jean & un Saint Jérôme fur des fonds de payfages, par Paul Bril. Au-deffus, le portrait d'une Jeune Fille, par Holbein. Sur le retour du côté des fenêtres en bas, le Triomphe de Vénus à gouache, apporté de Venife en 1710, par M. de Ferriol, ambaffadeur à la Porte. Au-deffus, la vue d'une ville par Cuyp. Au-deffus, le portrait de Mlle Rivière, danfeufe, paftel de Boucher. Une Femme couchée, peinte par le Titien. Au-deffus, le portrait en bufte d'une Jeune Fille par Boucher. Sous un baromètre de Boule, un petit tableau peint par Eglon Vander Neer, repréfentant une Jeune Fille qui tient un chien agacé par un jeune homme qui eft derrière elle. Au-deffous, un petit payfage par Paul Bril.

Bronzes, marbres, porcelaines, &c. Deux vases antiques d'albâtre, montés avec ornemens de cuivre doré, par Vassou, sur deux piédestaux de marbre africain avec ornemens. Un paravent de quatre feuilles, peint par Watteau, représentant les Quatre Saisons dans des cartels de fleurs. Sur une armoire en marqueterie de Boule en trois parties qui renferme la bibliothèque de musique, deux bronzes représentant l'un le Gladiateur mourant & l'autre Vénus à la coquille, sur des pieds de cuivre doré; au milieu, un vase de porphyre sur un petit pied de vert antique, monté par Gallien, entre deux dauphins de porcelaine Céladon, montés de même. Sur une table à console en marqueterie de Boule, pareille à celle qui est dans la pièce précédente, une pendule dont la boîte a été faite aussi par Boule, qui renferme un baromètre, les jours du mois, ceux de la lune, les phases & le mois qui y sont marqués. Cette pendule est entourée de plusieurs petits morceaux précieux d'ancienne porcelaine & de deux plantes de porcelaine bleu céleste. Sous cette table, une jatte à pans d'ancienne porcelaine première sorte. Sur une petite chiffonnière à côté, de bois rose avec ornemens de cuivre doré, deux mortiers & deux soucoupes d'ancienne porcelaine; au milieu, un soufflet de porcelaine première sorte. Sur la tablette de cette table, un petit cabaret à main d'ancien laque, composé de deux tasses à cul de seau & soucoupes avec un sucrier à mouchoir d'ancienne porcelaine. Aux deux côtés de la pendule, deux grands lisbets de porcelaine du Japon, montés avec ornemens de cuivre doré sur des pieds d'ébène garnis de même. A côté sur le parquet, deux urnes à pans d'ancienne porcelaine sur des pieds de cuivre doré. Contre la cheminée, le coin d'ébénisterie avec un dessus de marbre africain garni d'ornemens dorés, renferme plusieurs jolis morceaux d'ancienne porcelaine que l'on voit, le devant n'étant fermé que d'une glace. Sur ce coin, un vase très-précieux d'agathe parfaitement monté, entre deux pots-pourris d'ancienne porcelaine montés avec ornemens de cuivre doré, représentant des têtes de loups & cors de chasse. Deux jolies petites grenades aussi d'ancienne porcelaine. La garniture de cheminée composée de sept pièces; celle du milieu, une cigogne d'ancienne porcelaine, quatre bouteilles à huit pans de porcelaine première forte & deux vases d'ancienne porcelaine Céladon gaufrée : toutes ces pièces montées fur des pieds de marbre & garnies avec ornemens de cuivre doré d'or moulu. La garniture de la table de marbre vert d'Egypte qui est entre les fenêtres, est composée de deux urnes à pans d'ancienne porcelaine première sorte & de trois morceaux de porcelaine Céladon : ces cinq pièces montées avec ornemens de cuivre doré. En double rang, un cabaret à main de laque rouge garni de quatre tasses & leurs soucoupes, avec un sucrier à mouchoir d'ancienne porcelaine première sorte ; deux théières de porcelaine à fleurs de couleur montées en vermeil sur leurs soucoupes : ce double rang est terminé par deux mortiers & deux soucoupes à jour d'ancienne porcelaine. Sous cette table, trois morceaux d'ancienne porcelaine bleue & blanche, montés avec ornemens de cuivre doré. Aux deux côtés de cette table, deux lisbets d'ancienne porcelaine du Japon. Dans l'encoignure, à côté de la porte d'entrée, un petit coffre d'ancien laque sur son pied. Dessous, un vase de porcelaine du Japon. Un clavecin de Rukers à ravallement, peint par Gravelot, Dutour, Crépin, &c., doré & verni par Martin, avec son pied sculpté & doré. Le feu & les bras de cheminée de cuivre doré dans le goût antique. Un lustre, *idem*, à six branches. Plusieurs morceaux de la Chine, porcelaine ancienne, sur des consoles en haut de la cheminée & à côté.

Dans la garde-robe. Plusieurs dessins & estampes parmi lesquelles il y a le Pont-Neuf de La Belle, rare & très-bonne épreuve, avec un petit théâtre qui porte trois changemens.

Petite antichambre de l'appartement à coucher. Tableaux : en entrant à gauche, rang d'en bas, un paysage très-fin de Ruysdaël. Au-dessus, un tableau représentant Narcisse par Romanelli. Au milieu, une Paysanne qui donne à manger à des poulets, tableau du Féti. A côté, en bas, une marine par Backuysen. Au-dessus, Danaë par Romanelli. Au-dessus, une Femme qui fait danser une troupe d'enfans des deux sexes, par Gérard de Lairesse. Au fond de la pièce, rang d'en bas, la vue de la place de Louis XV, dans l'instant que l'on pose sa statue sur son piédestal, par Machi. Au-dessus, une vue de l'ancien Paris par

Cuip. Aux deux côtés, en haut, deux petits tableaux de Machi, représentant des ruines & un clair de lune. Au-dessus, deux vues de Naples à gouache, par Williem Baur. Sur les portes, deux paysages par Paul Bril. Au-dessous, deux autres paysages par Breugel de Velours. Les deux dessus de porte, marines par Lacroix. Autour de la glace de la cheminée, quatre petits tableaux de Vleughels représentant Apollon & les Muses. Au-dessus de cette glace, un paysage par Carré, maître de Berchem. Aux deux côtés de la fenêtre, en haut, un paysage & une marine par Lacroix. Au-dessous, du côté de la chambre à coucher, un paysage par Patel. De l'autre côté, la vue d'une place publique par Lingelbac.

Bronzes, marbres, porcelaines, &c. Deux bustes de marbre blanc représentant un faune & une dryade par Le Lorrain, sur des gaînes antiques de marbre de Sicile & de marbre blanc. La garniture de cheminée composée de trois bronzes: celui du milieu, le buste d'un faune par Sarrazin, les deux autres, deux buires par Anguier, deux pots de porcelaine de Saxe à miniature; la garniture de l'armoire basse de bois de rose à mosaïque, avec dessus de marbre bleu turquin en face de la croisée est composée, au milieu, de la Vénus accroupie, beau bronze réparé par Le Blond, entre deux morceaux de porcelaine de la Chine avec pagodes au-dessus, & deux pots-pourris de porcelaine de France. Sur une autre armoire pareille, au milieu, une Vénus couchée, bronze sculpté par Jean de Boulogne, & les deux lions qui sont à Rome au bas de l'escalier du Capitole; ces trois bronzes sont montés sur des pieds de cuivre doré. Au milieu, deux bouteilles de porcelaine Céladon montées. Sur une autre petite armoire basse de bois violet, deux jattes & deux soucoupes d'ancienne porcelaine bleue & blanche, au milieu un vase de marbre blanc en forme de tombeau, garni avec ornemens dorés. Sur une tablette de garde-robe de bois rose à mosaïque avec dessus de marbre, de l'autre côté de la croisée, au milieu, une urne de porcelaine bleu turc, entre deux bouteilles à petit goulot d'ancienne porcelaine, deux vases de Saxe aux deux extrémités.

Chambre à coucher. Tableaux: Sur les portes, deux tableaux d'architecture & ruines par Locatelli, peintre italien. Au côté, en entrant à gauche, rang d'en bas, la vue du cours d'Amſterdam par Vander Heyden. Son pendant, la vue d'un canal & d'un moulin, par Ruyſdael. Rang au-deſſus : le premier, une grotte par Luylemberg, les figures par Corneille Poëlimbourg. Son pendant, un payſage par Kerins, les figures par le même Corneille Poëlimbourg. Au milieu, une Vénus par Luneberg, peintre ſuédois. Au-deſſus, l'Enlèvement d'Europe, par Nicolas-Noël Coypel. Au fond de la pièce, en allant à la cheminée, rang d'en bas, un Homme qui tient un vuidercom, par Skalken. Deux payſages par Sacleven, repréſentant des vues du Rhin. Un Hallebardier par Skalken. Rang au-deſſus, une Fille qui boit, par Terburg. Le Bal, de Pater. Un tableau de Metzu. Au-deſſus, la vue de Châtillon, maiſon de campagne aux environs de Paris, par trois peintres qui ſont Martin des Gobelins, Nattier l'aîné & Le Blond. De l'autre côté de la cheminée, rang d'en bas : le premier, un Bacchanal par Carle de Maur; le deuxième, un payſage par Winans, les figures par Wouwermans; le troiſième, un payſage par D. Téniers, connu ſous le nom du Clocher de Téniers; le quatrième, un Homme qui tient une marotte caractériſant la Folie, par D. Téniers. Rang au-deſſus, au milieu, un tableau d'architecture par Boyer, les figures par Pater. Aux deux côtés, deux pendans par D. Téniers, dont l'un eſt connu ſous le nom de Berger qui dort, & l'autre du Berger qui cherche les puces de ſon chien. Au-deſſus, un grand tableau repréſentant une Chaſſe au cerf, par Vander Meulen. Au-deſſus d'une pendule à cartel à répétition, une Vierge & l'Enfant Jéſus, paſtiche de Watteau qui a imité Van Dyck à tromper. Au-deſſous de cette pendule, une Sainte Famille, d'après celle de Raphaël, miniature pointillée faite par Mlle Hérault. Vue du port de Dunkerque par Van Goyen. Au-deſſus de la porte qui va de la chambre à coucher au cabinet, un port de mer par Claude Le Lorrain. Sur cette porte, en haut, un tableau très-fin de D. Téniers, connu ſous le nom du Bonnet Rouge. Au-deſſous, un payſage par Rubens. Dans le retour, contre la croiſée, en bas, ſous une tablette volante garnie de porcelaines, un payſage par Le Clerc. Au-deſſus de cette tablette, une grappe de raiſins par Prévoſt. Au-deſſus, un Amour ſur des nuages, par Boulogne l'aîné. Dans l'embraſure des portes, derrière celle de la chambre à coucher, un paysage par Winans, les figures par Wouwermans. Sur celle d'une armoire, un paysage par Both & Baudoin. Au-dessus, un Bœuf sur un fond de paysage par Paul Potter. Sur celle du cabinet, un tableau du vieux Steten, représentant un Savetier & sa femme.

Bronzes, marbres, porcelaines, &c. Sur une armoire de laque en relief avec figures en pierre de lard, une garniture de cinq pièces, celle du milieu est une très-belle fontaine de porcelaine de Saxe entre deux bouteilles de porcelaine blanche très-rare d'ancien la Chine, & deux vases de marbre brocatelle; ces cinq pièces montées avec ornemens de cuivre doré. Sur un secrétaire d'ancien laque, une très-belle garniture de cinq pièces d'ancienne porcelaine première sorte, savoir : trois cassettes & deux bouteilles à petit goulot à quatre pans, de la plus grande finesse; ces cinq pièces, montées en argent, font une garniture des plus considérables de ce cabinet par la beauté de la porcelaine. Sur la cheminée, une garniture composée de sept pièces, savoir : au milieu une petite pendule, quatre bouteilles à quatre pans à petits goulots de porcelaine première sorte & deux seaux d'ancien la Chine, porcelaine singulière; ces six pièces montées avec ornemens & ayant des doubles pieds de marbre. Sur une commode de bois des Indes faite par Bernard, avec ornement de cuivre doré, une garniture de cinq pièces, savoir : un bouquet de fleurs de porcelaine de France dans un vase d'ancienne porcelaine, deux buires d'ancienne porcelaine bleu lapis, & deux urnes à pans; ces cinq pièces montées avec ornemens de cuivre doré. Sur une petite tablette volante en encoignure de bois rose, trois jolis morceaux, savoir : un sucrier de très-ancienne porcelaine à relief, un magot, *idem*, & un pot-pourri de porcelaine de mille fleurs. Sur les tables & autres tablettes, plusieurs morceaux de porcelaine tant ancienne que de France & de Saxe. Sur une chiffonnière de bois rose à mosaïque garnie d'ornemens de cuivre doré, un lion de bronze sur son pied.

Cabinet ensuite. Tableaux : Derrière la porte, un paysage par Both & Baudoin. Au-dessus de cette porte, des oiseaux morts par Hondecœter. Sur une armoire de bois des Indes, une vue du Tibre & du château Saint-Ange à Rome par Gasparo Van Vittel. Au fond de ce cabinet, deux tableaux repréſentant des perdrix pendues par les pieds, peints par Hondecœter & Wenauſt. Au-deſſous, deux payſages ovales par Gobe des Carraches. Au-deſſous, d'un côté, un payſage par Vander Meulen; de l'autre, payſage par Vander Heyden. Autour de la glace, en face de la croiſée, trois petits tableaux de La Ruë, repréſentant des marches d'armée. Un petit payſage rond par Gaufredy. Un autre rond, peint ſur de la porcelaine, par Crépin. Un payſage ovale par Claude Le Lorrain. Sous une tablette, un petit payſage par Crépin, entre deux petits tableaux de figures par Machy. Au-deſſus d'un ſerre-papier de bois violet, fait par Bernard, garni de pluſieurs morceaux d'ancienne porcelaine & de Saxe, deux petits tableaux d'Italie. Au-deſſus, un tableau par Bernard, repréſentant une cuiſine. Au-deſſus, un autre par Crauſt, repréſentant une Jeune Fille qui joue de la vielle & un Jeune Garçon de la flûte. Dans les retours, aux deux côtés de la croiſée, en haut, deux payſages à gouache par Lallemant. Au-deſſous, d'un côté, un payſage & ruines par Machy; de l'autre, un payſage de l'Amérique par Poſt. Sous les deux tablettes volantes garnies de porcelaines, deux tableaux ovales repréſentant des vues de Rome à gouache, par Gaſparo Van Vittel. Dans le retour, juſqu'à la porte, pluſieurs petits tableaux & deſſins.

Marbres, porcelaines, &c. Une armoire en bois des Indes, garnie de glaces tout autour & faite en Angleterre, dans laquelle ſont renfermés pluſieurs morceaux d'ancienne porcelaine, taſſes, ſoucoupes, jattes, pagodes, groupes de figures de France & de Saxe & une belle coquille de cuivre émaillé. Sur cette armoire eſt une garniture de cinq pièces de porcelaine, ſavoir: une grande urne au milieu à cartels, porcelaine de Saxe; deux poiſſons d'ancienne porcelaine & deux aiguières de Saxe; ces cinq pièces montées avec ornemens de cuivre doré. Une tablette à pluſieurs étages d'ancien laque faite au Japon, garnie de quantité de morceaux d'ancienne porcelaine & de morceaux d'ancien laque très-fins. La garniture de cheminée compoſée de cinq pièces, ſavoir: au milieu, un vaſe d'albâtre ſur un pied de cuivre doré; deux bouteilles à petits goulots & lézard d'ancienne porcelaine, & deux boîtes d'ancien laque rouge ſur leurs pieds de cuivre doré. Sur une petite bibliothèque de bois violet, un gradin d'ancien beau laque garni de plufieurs morceaux précieux d'ancienne porcelaine & autres. Sur une petite armoire de bois amaranthe, un pot-pourri d'ancien la Chine vert & blanc au milieu de deux bouteilles à petit goulot d'ancienne porcelaine. Un cabaret d'ancien laque à pied fculpté & doré, garni de fix taffes, fix foucoupes, théière, fucrier, boîte à thé & jatte d'ancien Saxe peint en chinois & à dentelles d'or ; la porcelaine de ce genre a toujours été réfervée pour les préfens faits par le roi de Pologne, Electeur de Saxe. Sous ce cabaret, un vafe de marbre blanc avec ornemens de cuivre doré, par Caffieri, entre deux bouteilles de porcelaine de la Chine. Sous l'armoire aux porcelaines, une urne & deux bouteilles d'ancienne porcelaine de la Chine.

APPARTEMENT DE L'AILE SUR LA COUR. *Première pièce meublée d'une tapifferie des Gobelins.* Tableaux : Les deux deffus de porte, par Martin des Gobelins, repréfentant l'un une vue de Vincennes, l'autre une vue de Saint-Germain-en-Laye. Entre les deux fenêtres, en bas, une marine par Philippe Napolitain. Au-deffus, un tableau repréfentant une Jeune Femme tenant une corbeille de fruits. Au-dessus, le portrait de Mlle Maupin, ancienne actrice de l'Opéra, par Fouché. Sur la tapifferie, Pfyché & l'Amour par Colombel. La Chafteté de Jofeph, par Carle Vanloo. Sur le petit panneau à côté de la porte, la Bouquetière & fon pendant repréfentant une Bergère, deffins demi-paftels de Boucher. Un autre, repréfentant un jardin par Houël. Un autre d'architecture par Perlin. Un petit payfage rond par Gaufredy.

Bronzes, marbres, porcelaines, &c. Sur une grande commode de marqueterie de Boule, trois bronzes : celui du milieu eft Vénus qui badine avec l'Amour ; les deux autres font des combats de lions avec un taureau & un cheval, entre deux urnes d'ancienne porcelaine à bocages. Au fecond rang, deux jattes à pans & leurs foucoupes d'ancienne porcelaine première forte. Au milieu, un beau plateau d'ancien laque, garni de deux taffes, deux foucoupes & un fucrier d'ancienne porcelaine & deux coqs, *idem*, avec des pieds de marbre. Sous cette table, trois jattes du Japon fur les deux encoignures de bois violet faites par Boule. Deux urnes à pans d'ancienne porcelaine de Saxe, imitant l'ancienne porcelaine première forte. Quatre buires de bronze par Anguier. Quatre jattes & quatre foucoupes de porcelaine de la Chine, deux autres & leurs foucoupes d'ancienne porcelaine. Sur une grande armoire baſſe de bois violet, faite par Boule, la figure de l'Air, bronze par Le Lorrain, entre deux groupes auſſi de bronze, repréſentant l'un Ariane & Bacchus, l'autre l'Education de l'Amour par Mercure en préſence de Vénus, & deux vaſes de marbre africain montés ſur des pieds de même marbre; quatre jattes avec leurs foucoupes d'ancienne porcelaine première forte. Sur une autre armoire baſſe de marqueterie avec ornemens, *idem*, par Boule; au milieu, un vaſe de marbre brèche d'Alep monté ſur un pied de cuivre doré. Deux figures de Saxe repréſentant une Femme qui tient un panier & un Homme armé à la tartare; aux deux extrémités, deux grandes bouteilles de porcelaine de la Chine gris de lin. Sur la cheminée, une garniture de cinq pièces de porcelaine, ſavoir : un vaſe de porcelaine de France; au milieu, un lion & une lionne de porcelaine de Saxe & deux figures de femme, *idem;* ces cinq pièces montées avec ornemens de cuivre doré. Sous une table de bois violet, deux grandes jattes & un vaſe en cloche de porcelaine du Japon, ſur des pieds dorés, & deux rouleaux d'ancien la Chine. Sur cette table, un cabaret de porcelaine de Saxe pour l'uſage. Aux deux côtés de la porte qui va à la deuxième pièce, deux buſtes de femmes en bronze, par Robert Le Lorrain, ſur des gaînes de bois des Indes avec des ornemens de cuivre doré par Boule. Aux deux côtés de la grande commode de Boule, au fond de la pièce, deux vaſes de marbre blanc ſur leurs gaînes de marbre, faits par Girardon. Sur une petite armoire de bois des Indes, dont les panneaux ſont des morceaux de la Chine avec figures de pierre de lard, au milieu, un vaſe de marbre noir entre deux léopards d'ancienne porcelaine. Un luſtre à ſix branches de cuivre doré & des bas de cheminée, *idem,* à deux branches, par Boule.

Seconde pièce meublée d'une tapiſſerie de Beauvais, repréſentant des fables, faites ſur les cartons d'Oudry. Tableaux : Deux payſages par Van Falinx, au-deſſus de deux petites tablettes à livres. Au-deſſous de ces tablettes, deux autres payfages par Bartholomée. Sur le panneau à côté de la cheminée, la Chanteufe de Santerre, en petit. Au-deffous, un payfage par Corneille Poëlimbourg. Sur l'un des petits panneaux à côté des croifées, deux gouaches dans le goût d'Oftade, faites par un peintre allemand qui n'a fait que très-peu de féjour en France; ces petits panneaux font garnis de deffins coloriés de Pronck, de Boucher, de Hoüel & de quelques eftampes.

Bronzes, marbres, porcelaines, &c. Trois confoles de bois doré & fculpté portant des rouleaux de porcelaine du Japon. Sur une armoire baffe de marqueterie de Boule, avec deffus de marbre africain, garnie en dedans de porcelaines anciennes que l'on aperçoit au travers des glaces qui lui fervent de panneaux, une pendule faite par le même Boule, repréfentant le char du Soleil attelé de quatre chevaux conduits par un triton, furmonté par la figure d'Apollon tenant fous fes pieds le ferpent Pithon, le tout en cuivre doré d'or moulu entre deux perroquets de porcelaine; cette garniture eft terminée par deux vafes antiques de marbre vert d'Egypte avec des pieds de vert antique garni, ainfi que les vafes, de focles & ornemens de cuivre doré. Dans les deux encoignures de cette pièce, les vafes de Médicis en bronze avec leurs couvercles fur des gaînes de marqueterie de Boule. Sur une armoire baffe, auffi de marqueterie de Boule avec deffus de marbre africain, une belle figure de marbre blanc, faite par Taffard, fur les deffins de Boucher, repréfentant une Femme au bain, entre deux vafes de marbre vert d'émeraude antique. Sur une gaîne de marqueterie de Boule, auffi avec deffus de marbre africain, une pendule dans un vafe de porcelaine de la Chine, garni avec ornemens & attributs de cuivre doré. Aux deux côtés, deux jolies bouteilles de porcelaine première forte. La garniture de cheminée, compofée des quatre plus belles jattes que l'on connoiffe en ancienne porcelaine première forte. Deux rochers & une biche de très-belle & très-ancienne porcelaine; ces trois pièces font montées fur des pieds de cuivre doré. Sur une table à confoles en bois violet avec ornemens de cuivre doré & à deffus de marbre griotte d'Italie, une garniture compofée de cinq pièces, favoir: trois morceaux de porcelaine de France bleu célefte à cartels, & deux dauphins de porcelaine des Indes sur leurs pieds de marbre avec sertissures de cuivre doré. En double rang, un cabaret de quatre tasses & soucoupes avec un sucrier à mouchoir d'ancienne porcelaine première sorte, entre deux petites jattes & leurs soucoupes d'ancienne porcelaine. Sous cette table, deux beaux lisbets d'ancienne porcelaine; au milieu, un vase imitant le porphyre; dans un coin à côté de la porte d'entrée, un secrétaire de bois d'acajou avec ornemens dorés, fait par Boule; au-dessous une urne du Japon. Au côté opposé, tenant à la porte qui va au cabinet, une table de bois rose à mosaïque, sur laquelle est un plateau à main de laque garni de quatre tasses, quatre soucoupes & un sucrier d'ancienne porcelaine en artichaut. Sous cette table, une urne du Japon. Au-dessus, une autre petite table de lit à mosaïque, *idem*, garnie d'une belle jatte & sa soucoupe montée en argent, d'ancienne porcelaine, avec une bouteille, *idem*; dedans, au milieu de deux mortiers avec leurs soucoupes de même porcelaine. Au fond de cette pièce, deux armoires basses de beau & ancien laque, avec encadremens & ornemens dorés dans le goût antique & avec dessus de marbre africain, sur lesquelles sont deux groupes de bronze, représentant l'un Vénus & Adonis, & l'autre Vertumne & Pomone, sur leurs pieds de cuivre doré, entre quatre jattes & leurs soucoupes d'ancienne porcelaine. Un feu à figures. Des bras de cheminée à trois branches. Un lustre à huit branches de cuivre doré.

Grand cabinet ensuite. Tableaux : Sur le panneau en entrant à gauche, une Pêche par D. Téniers; au-dessus, une vue de Venise par Canaletti. Sur le panneau en retour, en bas, un paysage par Bartholomée. Au-dessus, un tableau de fleurs par Prevost. Au-dessus, une autre vue de Venise par Canaletti. Sur un pareil panneau, au bout de ce cabinet, en bas, un tableau de fleurs par Prevost. Au-dessus, une vue de Venise par Canaletti. Sur le panneau en retour, un tableau de fleurs par Prevost. Au-dessus, une vue de Venise par Canaletti. Sur les deux panneaux aux deux côtés de la cheminée, en bas, deux vues de Venise par Gasparo Van Vittel. Au-dessus, deux tableaux de marine représentant, l'un une tempête par Van de Velde & l'autre un calme par Backuysen. Au-dessus, deux tableaux de D. Téniers. Sur la porte à côté, quatre petits tableaux, dont deux payſages par Crépin; au-deſſous, deux batailles par Bruydel. Au milieu, un Bain de Diane par Corneille Poëlimbourg. Au-deſſus, un payſage de Machy. Dans le retour, à côté d'une grande glace en bas, deux payſages par Crépin. Au-deſſus, deux payſages par D. Téniers. Au-deſſus, deux autres payſages par Breugel de Velours. Au-deſſus, deux tableaux peints à l'huile ſur glace, par Joufroy, repréſentant l'un Apollon & Iſſé, l'autre Achille & Déidamie.

Bronzes, marbres, porcelaines, &c. Sur une armoire de bois roſe & bois violet, un bronze repréſentant une Femme couchée, par Desjardins, fondeur du Roi. La garniture de cheminée eſt compoſée de deux coquilles montées ſur des terraſſes en ancienne porcelaine & en cuivre doré, & de deux bronzes antiques repréſentant l'un Cadmus qui combat le Dragon & l'autre Déjanire enlevée par le Centaure. Au milieu, un vaſe de marbre noir monté à l'antique. Le luſtre & les bras de cheminée formés par des morceaux d'ancienne porcelaine. Les deux beaux cabarets de M. de Fonſpertuis, connus pour ce qu'il y a de plus précieux en ce genre : le premier, compoſé de huit taſſes, huit ſoucoupes, un ſucrier avec ſa ſoucoupe, une théière & un pot au lait de porcelaine bleu céleſte dans ſa ſoucoupe, *idem;* le tout de la plus ancienne & la plus belle porcelaine, monté ſur un cabaret à pied de bois ſculpté & doré & un plateau de marbre africain; & le ſecond, compoſé de douze gobelets, douze ſoucoupes, deux ſucriers d'ancienne porcelaine première ſorte; au milieu, un pot-pourri en forme de théière d'ancienne porcelaine Céladon à fleurs, monté en or moulu, avec ſa ſoucoupe de couleur, montée ſur un pied de cuivre doré & ornemens, *idem,* le plateau de marbre griotte d'Italie ſur un pied de bois violet. Sous ce cabaret, deux pots à oille garnis en dehors en ornemens dorés d'or moulu, en argent en dedans, & une fontaine de porcelaine de la Chine. Aux deux côtés de la cheminée, deux coins de bois roſe à moſaïque avec deſſus de marbre, ſur leſquels il y a deux morceaux précieux d'ancienne porcelaine en eſpèces de pots-pourris, accompagnés de quatre oiſeaux de porcelaine bleu céleſte. Sur les deux petites tablettes pareilles au deſſus, deux petits bronzes repréſentant l'un un Guerrier & l'autre un Amour.

Sur une table de bois des Indes, de Boule, vis-à-vis la cheminée, deux vafes de porcelaine de France. Deux rochers d'ancienne porcelaine montés, *idem;* au milieu, une petite maifon chinoife de marbre blanc qui fert de baromètre & thermomètre, avec baluftrades, girouettes, fonnettes, inftrumens de mathématiques, télefcopes, &c., &c., & les petites figures de pierre de lard très-fines & d'un beau caractère. Au fecond rang, deux foucoupes en bateau, dans lefquelles font quatre taffes d'ancienne porcelaine & deux petits pots-pourris d'ancienne porcelaine montée en or moulu. Sous cette table, deux jattes cannelées d'ancienne porcelaine & un chien de porcelaine de Saxe. Aux deux côtés de cette table, deux grands rouleaux d'ancienne porcelaine de la Chine montés avec pieds & couvercles de cuivre doré. Une encoignure de marqueterie de Boule, dans laquelle font plufieurs morceaux de porcelaine que l'on aperçoit, n'étant fermée qu'avec des glaces. Sur cette encoignure, un grand vafe de porcelaine de la Chine, entre deux chimères d'ancienne porcelaine, montées fur des pieds de marbre avec fertiffures de cuivre doré. Un bureau de bois violet avec fon ferre-papier, fait par Creffent, dans lequel eft une pendule à deux aiguilles de Julien Le Roy, ornée de figures & ornemens de cuivre doré, fur lequel eft une écritoire de cuivre doré portant deux bobêches & deux pierres à papier auffi de cuivre. Sous ce bureau, une grande jatte à cloche du Japon. Sur le panneau en entrant à gauche, un fecrétaire d'ébénifterie à compartimens de plufieurs bois de couleur, avec ornemens de cuivre doré, fur lequel eft une bouteille d'ancienne porcelaine couleur ventre-de-biche, montée avec ornemens de cuivre doré fur un pied de marbre ferti en cuivre, entre deux bouteilles, *idem,* d'ancienne porcelaine bleu célefte. En double rang, deux petites taffes & foucoupes, un gobelet fur un petit plateau de laque & deux petites bouteilles d'ancienne porcelaine. Deux confoles à mafques de cuivre doré, fur lefquels font deux rouleaux de porcelaine du Japon. Six autres confoles de bois doré portant des coqs & des morceaux de porcelaine.

Petit cabinet enfuite. Tableaux : En entrant à droite, deux tableaux de fruits, peints à l'huile fur verre par Vifpré. Au milieu, un Philofophe en robe fourrée, par

D. Téniers. Au-deſſous, deux petits tableaux d'Italie. Au-deſſus, un Repas des Dieux, eſquiſſe de Colin de Vermont. Dans le retour près la garde-robe, rang d'en bas, au milieu, une Bataille de Villiembaur, entre deux petits tableaux repréſentant l'un un port de mer par le même auteur, & l'autre un payſage par Crépin. Au-deſſus, une marche d'armée par Cazanove. Au-deſſus, un payſage par Carle Dujardin, où l'on voit des gueux qui jouent aux cartes. Sur la porte de la garde-robe, un deſſin colorié par Rubens, repréſentant Ulyſſe porté endormi par les Naïades. Sur le grand côté du cabinet, au milieu en haut, un très-beau payſage par Claude Le Lorrain. Au-deſſous, la vue d'un village en Hollande & d'un château ſur le bord d'un canal, par Vander Heyden. Au-deſſous, deux petits tableaux ovales de Breugel de Velours. Au milieu, une miniature de M. Jean, émule & contemporain de Mlle Roſa Alba. Sur les petits panneaux à côté, deux payſages & ruines par Machy. Au-deſſous, deux petits tableaux ovales par Monteygne, dont l'un repréſente une tempête. Au-deſſous, deux autres, *idem*, par Peterneefs, repréſentant l'égliſe d'Anvers, vue dans deux points différens. Au-deſſous, deux petits tableaux à gouache, repréſentant des vues de Rome, par Gaſparo Van Vittel. Sur les deux panneaux, à côté en haut, deux payſages par Paulonaiſe, peintre italien. Au-deſſous, deux tableaux de fleurs par Prévoſt. Au-deſſous, d'un côté, un payſage par Croos; de l'autre, un payſage par Piterguech. Sur le panneau en retour, en haut, un payſage par Corneille Poëlimbourg. Au-deſſous, une Femme ſortant du bain, par Pater. Au-deſſous, une Bataille par Vander Meulen. Sur le petit panneau, entre la porte & la fenêtre en bas, un payſage dans lequel on voit un Satyre couché au bord d'une fontaine, par le Pouſſin. Au-deſſus, un payſage par Adam Elzeimer. Au-deſſus, une Tentation de ſaint Antoine par Beſchey. Au-deſſus, un Enfant qui tire ſon épée contre une grenouille, par Neſkier. Au-deſſous, une gouache repréſentant Saint-Jean de Latran à Rome, par Villiembaur.

Porcelaines. Sur une table de marbre d'Antin, un potpourri d'ancienne porcelaine bleu céleſte avec ornemens de cuivre doré. Sous cette table, deux morceaux de porcelaine en cloches & une urne de porcelaine du Japon, entre deux bouteilles de porcelaine verte. Sur le coin à deſſus de marbre, une petite urne de porcelaine verte ancienne d'une belle couleur & très-bien montée, entre deux bouteilles de la Chine. Devant, une taſſe à cul de ſeau & ſoucoupe d'ancienne porcelaine montée en or. Sur la tablette volante au-deſſus, pluſieurs morceaux d'ancienne porcelaine. Sur une petite table de bois violet à deſſus de marbre, une figure de la Chine jouant du tambour, un ſucrier de Saxe & ſa ſoucoupe ; au-deſſous, une urne du Japon. Sur une autre petite table, une très-belle caſſette d'ancien laque. Sur la tablette, une très-belle jatte & ſa ſoucoupe d'ancienne porcelaine, & deſſous, une urne d'ancienne porcelaine.

Garde-robe. Tableaux, deſſins & eſtampes : Une Femme couchée, paſtel par Lambert. Au-deſſus, une autre Femme à qui on va donner un remède par Lancret. Dans le fond, un deſſin de Perlin, entre deux eſtampes de Villement, qui repréſentent le Printemps & l'Automne.

Porcelaines. Sur une petite tablette de marbre, un groupe de Saxe entre deux bouteilles d'ancienne porcelaine, montées avec ornemens dorés. Sur une grande tablette à pluſieurs étages de bois des Indes, un groupe de Saxe repréſentant une Nourrice, entre deux vaſes à miniature auſſi de Saxe. Sur les tablettes, pluſieurs morceaux de différentes porcelaines, animaux, &c. Au-deſſous, deux dragons & un pot-pourri d'ancienne porcelaine. (*Dictionn. pitt. & hiſt.* d'Hébert, 1766, t. Ier, p. 36-81.) L'*Almanach des Beaux-Arts* pour 1762 avoit déjà donné (p. 185-188) une deſcription du cabinet Blondel de Gagny, mais beaucoup moins complète.

Bois-Jourdain (M. du). La collection de feu M. du Bois-Jourdain, ancien écuyer du Roi & ſon lieutenant-général au gouvernement du Toulois, méritoit qu'on s'y arrêtât un moment. Une petite galerie ornée de glaces, de ſculpture & de dorure, étoit précédée d'un veſtibule dont le plafond & les côtés paroiſſoient revêtus d'habillemens & d'armes des ſauvages, avec pluſieurs dépouilles d'animaux terreſtres, oiſeaux, poiſſons, dont pluſieurs, ainſi que les inſectes & les papillons, étoient renfermés dans des boîtes garnies de verres. En entrant dans la galerie, ſix armoires garnies de glaces ſe préſentoient en face des croisées. Dans la première, séparée en dix gradins, il y avoit les jaspes, les agathes, les porphyres, les albâtres, les cailloux d'Egypte & les marbres. Dans le bas, on voyoit des madrépores tubulaires & quelques morceaux de mines. La seconde armoire en retour, qui étoit plus grande, se trouvoit séparée en deux parties & les coquillages occupoient le haut. On y distinguoit une bécasse épineuse, une belle pinne marine à tubercules, le dévidoir ou la bistournée & l'arrosoir. Le bas de cette armoire contenoit de très-beaux madrépores des mieux conservés. On examinoit dans la troisième armoire une longue stalactite formant un arbre chargé de glands de mer & de petites coquilles, un grand madrépore où se voient des éponges, des coquilles & une espèce de tête. Le haut de cette armoire étoit décoré de branches de corail, lithophites & autres productions marines. Le principal ornement de la quatrième armoire formoit un assemblage de belles coquilles, telles que l'amiral, la selle polonaise, les pelures d'oignon, les huîtres épineuses, les crêtes de coq, le marteau, l'olive, nommée l'écriture chinoise; une branche de corail oculé où étoient adhérentes cinq huîtres épineuses couleur de rose; une dent mâchelière d'un gros poisson marin, un icthyopètre qui a sa contre-partie. Les tablettes des cinquième & sixième armoires se trouvoient garnies d'agathes, de jaspes, de cailloux d'Egypte, d'Angleterre & de France, de pierres de Florence, de dentrites, d'améthistes, de lapis, de matrices de pierres fines, mêlées de divinités égyptiennes & de petites antiques de bronze. Il régnoit dans le bas des armoires, le long de la galerie, des tiroirs où l'on mettoit les fossiles, les petits coquillages, les étoiles, les oreilles de mer, les mines, les minéraux, les cristaux & les marbres de différens pays. Les tables de marbre, placées entre les croisées, étoient couvertes de tasses & de cuvettes d'agathe, de cristal de roche, de dentrite, avec des vases & plats de faïence antiques, émaillés en Italie & à Limoges. La galerie se terminoit par un petit cabinet carré, orné dans le même goût & tapissé de petits tableaux de pierres de Florence, de pièces de rapport, de miniatures, de petits portraits. Une armoire dans le fond paroissoit couverte de vases de cristal de roche, d'agathes, de jaspes sanguins, de têtes d'animaux faites de perles & de nacre, ouvrage du fameux Robertet(1). De belles ftalactites occupoient le bas de l'armoire, avec de grands vafes de faïence colorée. Le plus curieux, c'étoit un petit Amour de marbre qui eft couché & tient fon arc; on le donne au fameux Algarde. On y voyoit auffi un petit bas-relief en ivoire repréfentant Apollon qui écorche Marfias; il eft de la dernière beauté. L'appartement d'en bas confervoit encore, dans des tiroirs, des dentrites, des agathes, des jafpes, des bijoux, des bagues & des pierres gravées. Ce cabinet étoit d'un choix parfait; on auroit pu fouhaiter feulement qu'il eût été rangé dans un ordre plus méthodique. (Dargenville. La *Conchyliologie*, éd. de 1780, p. 216 à 218.) M. du Bois-Jourdain habitoit rue Saint-Marc. Cf. encore *Alm. des Beaux-Arts* pour 1762, p. 201; le *Dictionn. pitt. & hift.* d'Hébert, t. Ier, p. 83-84, & le *Mémorial de Paris*, 1749, p. 207.

BOISLEDUC (M.), apothicaire du Roi, rue des Boucheries, faubourg Saint-Germain. Cabinet cité par la *Conchyliologie nouvelle & portative* de 1767, p. 317.

LA BOISSIÈRE. Le cabinet de tableaux de M. de La Boiflière, à la place de Vendôme, eft très-bien compofé. Les pièces où ils font expofés font grandes & magnifiquement décorées. L'école flamande s'y fait admirer par plufieurs ouvrages de fes maîtres qui font prefque fans prix. (*Mémorial de Paris*, 1749, t. Ier, p. 210.)

BOMARE DE VALMONT. M. Bomare de Valmont, dé-

---

(1) Je crois que le vrai nom eft Roberday; c'étoit un orfévre parifien du commencement du dix-feptième fiècle.

Ce cabinet de curiofités naturelles avoit été formé par Madame & non par M. du Bois-Jourdain. Ce dernier avoit recueilli un cabinet de gravures, médailles & de toutes chofes pouvant fervir à l'étude intime de l'hiftoire, qui fut vendu en 1765 & dont le catalogue n'a pas été imprimé. Le recueil intitulé *Mélanges* de M. du Bois-Jourdain a été probablement imprimé fur un de ces recueils dits Sottifiers, comme on en trouve encore beaucoup, qui faifoit partie de fa bibliothèque, & c'eft fans doute la vue ou la lecture de ce recueil qui a donné l'idée à M. Vrain-Lucas d'attribuer à un M. du Bois-Jourdain la poffeffion première de ces fameux autographes qu'il vendoit à M. Chafles. Dans une étude fur l'abbé Aunillon, je donnerai des détails curieux fur Mme du Bois-Jourdain & fa famille. (*Note communiquée par M. le baron J. Pichon.*)

monſtrateur d'hiſtoire naturelle, vieille rue du Temple, a un cabinet qui comprend les minéraux, les végétaux, les animaux & quelques productions tant de la nature que de l'art : cette collection réunit le double avantage de pouvoir amuſer les curieux inſtruits, & d'être utile aux autres. (*Alm. des Beaux-Arts*, 1762, p. 201; *Tableau de Paris*, 1759, p. 226; *Dictionn. pitt. & hiſt.* d'Hébert, p. 84.) Voy. encore Dargenville. *Conchyliologie*, 1780, p. 255.

Bonnier de la Mosson. Voici un des plus beaux cabinets qui ſe voyoient à Paris (rue Saint-Dominique, côté des numéros pairs, près l'hôtel Molé); il ſuffit de dire qu'il appartenoit à feu M. Bonnier de la Moſſon. Sept pièces de plain-pied & d'enfilade formoient un coup d'œil charmant. La première étoit un laboratoire doré & peint en marbre, avec deux fontaines placées dans des niches & pluſieurs tablettes ſur leſquelles ſe voyoient arrangés les alambics, les récipiens & les matras en criſtal d'Angleterre; rien n'étoit plus propre que les fourneaux. L'apothicairerie venoit enſuite, elle étoit compoſée de pluſieurs rangs de pots aux armes du maître; les armoires d'en bas étoient remplies d'eſprits, d'élixirs, de ſels & autres productions de la chimie. On trouvoit dans la troiſième pièce le tour garni de tous les morceaux les plus curieux; la quatrième offroit le droguier, compoſé de bocaux placés ſur des tablettes avec des portes vitrées; on y trouvoit auſſi dans des fioles quantité de fœtus, de ſerpens & autres animaux rares, avec des tiroirs par bas où étoient les minéraux, les métaux, les marcaſſites, les marbres, les agathes & autres différentes pierres. Derrière ces deux pièces on avoit pratiqué un petit corridor où ſe conſervoient pluſieurs anatomies du corps humain avec quelques parties injectées. La cinquième pièce qui ſuivoit étoit infiniment plus grande & plus élevée, & conſacrée à l'hiſtoire naturelle; l'on ne pouvoit la ranger avec plus de goût & de magnificence : cinq grandes armoires vernies, ſéparées par des montans ſculptés en ſerpentaux, formoient des portes & des cadres garnis de glaces pour expoſer ſur les tablettes les oiſeaux, les reptiles, les inſectes & ſurtout les papillons collés ſur des cartons blancs; cinq petites armoires pratiquées entre les grandes, contenant des plantes maritimes, des minéraux, des métaux & des coraux. Au-deſſous ſe trouvoient cinq ouvertures garnies pareillement de glaces, où l'on découvroit les plus belles congélatures, pétrifications, quelques gros morceaux d'agathes, &c. Toutes les armoires étoient ſurmontées de grandes plantes de mer, de cornes d'animaux & de plumages qui paroiſſoient ſortir des têtes ſculptées dans le couronnement d'en haut. C'étoit à la mécanique qu'on avoit deſtiné la ſixième chambre : de grands montans de menuiſerie, ſculptés en palmier, ſoutenoient par leurs branches pluſieurs tablettes, où ſe trouvoient rangés les machines & les modèles en bois & en carton qui concernoient l'hydraulique, l'artillerie, la navigation & l'architecture ; des inſtrumens de mathématiques & toutes les figures d'optique garniſſoient les armoires des encoignures. On y voyoit auſſi pluſieurs figures chinoiſes & des habillemens étrangers ; une belle ſphère céleſte mouvante & toute dorée en rempliſſoit le milieu ; enfin la dernière pièce comprenoit une bibliothèque contenue dans neuf grandes armoires remplies de livres des plus curieux ſur différentes matières...; une grande table ou bureau qui étoit dans le milieu ſervoit de parterre à de très-belles coquilles rangées en compartimens & autant que l'on pouvoit par genres. Cette belle enfilade étoit terminée par un appartement d'été, avec un joli cabinet boiſé & orné de tableaux ; l'enfilade du rez-de-chauſſée ſe diſtinguoit par de très-beaux meubles, de belles porcelaines, des bronzes, un buffet d'orgue & une grande boîte qui expoſoit la mécanique de l'Opéra. (Dargenville. La *Conchyliologie*, t. Ier, p. 233-234.)

BOUCHER (François). Feu M. Boucher, premier peintre du Roi, poſſédoit un beau cabinet dans divers genres d'hiſtoire naturelle, de même que dans les curioſités de l'art. Les coquillages ſurtout attiroient les regards, ſoit par la rareté de l'eſpèce, ſoit par leur grandeur, ſoit enfin par l'éclat & la variété de leurs couleurs jointes à la plus belle conſervation. Les minéraux y étoient d'un choix précieux, ainſi que les madrépores & les coraux. On remarquoit parmi ces derniers le rouge articulé qui paſſoit deux pieds de hauteur. (Dargenville. La *Conchyliologie*, éd. de 1780, t. Ier, p. 236.)

La *Conchyliologie nouvelle & portative*, p. 312-313, disoit de Boucher en 1767 :

« Cet émule d'Albane, dont le pinceau guidé par les Grâces n'offre que des images riantes, possède un cabinet curieux, aussi agréable qu'instructif. Ce peintre ingénieux a placé ses coquilles sur des tables couvertes de glaces. Elles présentent aux yeux du spectateur un parterre émaillé qui semble le disputer à la nature. A gauche en entrant, on trouve une armoire de glace richement remplie de madrépores, minéraux, cailloux, &c., qui sont de toute beauté. »

BOUILLON (Le duc DE). M. le duc de Bouillon forme une belle collection de divers genres de curiosités relatives à l'histoire naturelle ; ce cabinet est dans une maison de plaisance située à la Villette. (Dargenville. La *Conchyliologie*, éd. de 1780, t. Ier, p. 236.)

BOULLONGNE (M. DE), intendant des finances, possède un cabinet qui réunit les différentes branches de l'histoire naturelle. On y admire de très-beaux minéraux & des coquilles, parmi lesquelles il s'en trouve de fort rares dans les anciennes espèces & dans celles nouvellement découvertes. (Dargenville. La *Conchyliologie*, éd. de 1780, t. Ier, p. 251.)

BOURET. M. Bouret, fermier général, a chez lui les principaux ouvrages de Le Moine, qui sont : Adam & Eve ; Persée qui délivre Andromède ; la Baigneuse ; le Temps qui enlève la Vérité, dernier ouvrage de Le Moine ; Hercule & Omphale ; Pygmalion ; le Sacrifice d'Iphigénie ; la Constance de Scipion ; le combat de Tancrède & de Clorinde ; les Chevaliers danois qui vont chercher Renaud dans le palais d'Armide. Les morceaux suivans sont de différens auteurs : l'Adieu de Hector & Andromaque par M. Restout ; la Continence de Scipion, du même ; Coriolan fléchi par sa mère, tableau capital du Poussin ; la Reconnoissance d'Achille, du même ; Vénus & l'Amour, de l'école de Raphaël ; la Chasteté de Suzanne & Loth & ses filles, par Detroy le fils ; quatre tableaux d'animaux par Desportes.

Sculptures en marbre. Les quatre bas-reliefs exécutés à la fontaine de la rue de Grenelle, par M. Bouchardon ;

l'Amour qui ſe fait un arc, du même auteur; une Flore de M. Le Moine; Mercure & Vénus, deux pendans de M. Pigalle; l'Antinoüs, figure antique donnée par le Roi à M. Bouret; l'Amour, en bronze, de M. Sally; un Jeune Faune qui tient un chevreau, du même; Vénus & l'Amour, figure d'albâtre de Gaſpard Marſy; l'Enfant Jéſus couché ſur une croix. Dans le tympan du fronton de la façade de ſa maiſon ſur la cour, un grand bas-relief par M. Adam le cadet. (*Alm. des Beaux-Arts*, 1762, p. 192-193.)

BOURLAC (M. DE), rue des Bons-Enfans, maiſon de M. Servat, vis-à-vis de l'hôtel de Toulouſe, poſſède une riche collection d'eſtampes anciennes, ſurtout de l'école d'Italie, dont il eſt grand amateur. Il a raſſemblé une partie de l'œuvre de Marc-Antoine & s'eſt attaché à choiſir des épreuves diſtinguées. (*Almanach des Artiſtes* de 1776, p. 203-204, & de 1777, p. 185.)

BOURLAMAQUE, rue Sainte-Croix-de-la-Bretonnerie. Cabinet cité par la *Conchyliologie nouvelle & portative* de 1767, p. 313.

BOUTIN. Le cabinet de M. Boutin, receveur général des finances, eſt orné de pluſieurs coquilles rares, d'une ſuite des plus riches morceaux de mines, de criſtalliſations de toute eſpèce, de marbres, de granit, de laves & d'autres productions minérales. (Dargenville. *La Conchyliologie*, éd. de 1780, t. Ier, p. 251.)

BOYNES. M. de Boynes, miniſtre & ſecrétaire d'Etat au département de la marine, forme une collection d'hiſtoire naturelle; le choix des morceaux dont elle eſt compoſée fait juger du degré de beauté où elle ſera un jour portée. (Dargenville. *La Conchyliologie*, éd. de 1780, t. Ier, p. 253.)

CARLIN. La collection de M. Carlin fait honneur à ſon bon goût par les précieux morceaux que l'on y admire ſoit en coquilles, ſoit en autres eſpèces. (Dargenville. *Conchyliologie*, éd. de 1780, t. Ier, p. 256.)

CASE DE LA BOVE. La collection de M. Caſe de la Bove, maître des requêtes, eſt décorée de pluſieurs morceaux concernant l'hiſtoire naturelle & ſurtout de minéraux. (Dargenville. *Conchyliologie*, éd. de 1780, t. Ier, p. 257.)

CAUMARTIN. Le cabinet de M. de Caumartin est considérable par une nombreuse collection de belles coquilles tant des Indes que de l'Amérique & d'autres pays. (Dargenville. La *Conchyliologie*, éd. de 1780, t. Ier, p. 251.) M. de Caumartin habitoit rue Sainte-Avoie. (La *Conchyliologie nouvelle & portative* de 1767, p. 313.)

CAYLUS (Le comte DE). M. le comte de Caylus, à l'Orangerie, a un cabinet d'autant plus précieux qu'il fournit à cet amateur des Beaux-Arts l'occasion de ces ouvrages célèbres dont il enrichit tous les jours la littérature françoise, & par lesquels il prouve qu'il possède également la théorie & la pratique des arts qu'il honore & perfectionne tous les jours par ses leçons & par ses exemples. (*Alm. des Beaux-Arts*, 1762, p. 207.) Même notice dans le *Dictionn. pitt. & hist.* d'Hébert, p. 86, avec cette addition : « Il possède aussi nombre de miniatures de Rosa Alba. »

CHARLIER (M.), artiste, rue de Richelieu, hôtel de Vauban, possède un cabinet bien composé. On y trouve de très-beaux tableaux de toutes les écoles & d'autres objets curieux. Il invite les amateurs & les artistes à l'honorer de leurs visites. Une pareille invitation mérite des éloges & de la reconnoissance de la part de ceux qui s'intéressent aux arts. (*Almanach des Artistes* de 1776, p. 206.)

L'*Almanach de* 1777, p. 183-184, disoit : « M. Charlier, peintre du Roi, rue Saint-Honoré, vis-à-vis le petit hôtel de Noailles, possède un très-joli cabinet presque tout formé de ses propres ouvrages; cette collection mérite l'attention des curieux, surtout de ceux qui aiment la miniature. »

CHARON. La collection de M. Charon renferme des coquilles, des madrépores, des lithophites, des coraux, des minéraux & des pétrifications. (Dargenville. *Conchyliologie*, éd. de 1780, t. Ier, p. 255.)

CHAULNES (Le duc DE). Le cabinet de M. le duc de Chaulnes, pair de France, commandeur des ordres du

Roi, lieutenant général de fes armées, gouverneur & lieutenant général en la province de Picardie, préfente ce que nous avons de plus beau à Paris pour la décoration intérieure. Ce cabinet eft précédé d'un grand appartement d'où l'on paffe dans une bibliothèque qui ne laiffe rien à fouhaiter pour les livres curieux, entre autres 60 volumes fur l'hiftoire de la Chine, où l'on voit beaucoup de plantes & d'infectes peints en miniature dans le pays, avec des defcriptions concernant les arts & les manufactures des Chinois. Les eftampes y font en grand nombre avec une topographie & un recueil confidérable de cartes étrangères. On ne doit pas oublier deux volumes d'oifeaux & de fleurs peintes en miniature fur du vélin, par Robert & les meilleurs peintres en ce genre. La première pièce qui fuit préfente à l'entrée un droguier occupant les deux côtés de la croifée du fond; toute la pièce eft entourée de tablettes, garnies de madrépores, lithophites, panaches, coraux, pétrifications, congélations, montés fur des pieds. Les fpadons, les guêpiers de l'île de Cayenne, les crocodiles, lézards & les gros poiffons, font attachés fur les murs au-deffus des tablettes. En retour ce font de pareilles tablettes que les premières, garnies de minéraux, ftalactites, fluors, cailloux criftallifés, fcories du mont Véfuve, corne d'Ammon & plufieurs animaux avec leurs dépouilles, attachés pareillement fur le mur. Au fond eft une grande arcade ouverte, accompagnée fur les côtés de carquois, flèches, calumets, caffe-têtes & autres armes des fauvages, rangés avec beaucoup d'art. Les ftudioles qui règnent tout autour au bas des tablettes, à commencer par la porte d'en haut, offrent 48 tiroirs remplis de foffiles très-curieux, un *Pecter* bien confervé qui fe lève de la pierre où il eft enfeveli. On voit dans d'autres des poiffons de la mer Rouge defféchés, collés & vernis fur des papiers; une table grife de deux pieds en carré faite d'une lave du mont Véfuve, polie comme le marbre; quelques tiroirs font remplis de pattes, de becs, ongles, mâchoires, gofiers d'animaux, avec quelques peaux curieufes; d'autres du même côté renferment des mines & des pyrites de France & des pays étrangers. Ceux contre l'arcade font mélangés de différens bois de rhinocéros. Au milieu des ftudioles de l'autre face vis-à-vis font 25 boîtes de plantes curieuses, au nombre de 2000, séchées dans des papiers. On a réservé les douze derniers tiroirs pour les coquillages. On y remarque la *scalata*, de deux pouces trois lignes de haut, la plus grande qui soit à Paris; le vice-amiral, l'arrosoir, la conque de Panama & autres. Les studioles qui accompagnent la fenêtre sont remplies de beaux cailloux d'Egypte, d'un beau morceau d'agathe noir qui a la forme d'un tronc d'arbre agathifié. Le milieu de cette pièce est occupé par un grand bureau, où l'on trouve 4 tiroirs remplis de 200 morceaux de marbre bien choisi, tant de France que des pays étrangers. Les pierres fines se trouvent dans les autres tiroirs, & l'on y remarque une belle mine de rubis orientaux; 9 autres tiroirs présentent les agathes, les jaspes, les lapis, porphyres, &c. Les bois pétrifiés remplissent les derniers tiroirs. La seconde pièce est consacrée à la mécanique & à la physique, dont les modèles en bois sont exposés sur les tablettes du pourtour; celui de la colonnade du Louvre pour élever les deux fameuses pierres du fronton, s'y distingue. Les télescopes, machines pneumatiques, miroirs ardens, objectifs, lunettes à longue vue, demi-cercle, astrolabe & autres instrumens nécessaires aux expériences de physique, de l'aimant, la force du levier, la poudre à canon, les pompes, les moulins, la remonte des bateaux, ponts tournans, rien n'y manque. On y voit aussi quelques tableaux chinois & deux grandes boîtes, dont l'une représente en relief une pagode ou temple chinois; l'autre est le palais d'un vice-roi. Le bureau, qui est au milieu, est rempli de jeux chinois, de quelques boîtes d'encre de la Chine, & d'une écritoire qui a servi à l'empereur de ce pays. Des idoles & antiquités égyptiennes, avec quelques tiroirs de médailles, n'y manquent pas. Le tour & le laboratoire suivent cette pièce & sont garnis abondamment d'excellens microscopes & de tout ce qu'on peut souhaiter sur cette matière. (Dargenville. La *Conchyliologie*, Ire partie, p. 116-117, éd. de 1757; Cf. *idem*, éd. de 1780, t. Ier, p. 224, & *Almanach des Artistes* de 1776, p. 202.) Le duc de Chaulnes habitoit d'abord rue d'Enfer, près le Luxembourg (*Dictionn. pitt. & hist.* d'Hébert, t. Ier, p. 135 & 137), puis rue de Varennes.

CHAUVEAU. La collection de M. Chauveau, de l'Académie de Saint-Luc, eſt bien choiſie, ſurtout en minéraux; il s'y trouve auſſi des criſtaux & des poiſſons cruſtacés : les teſtacés y ſont très-beaux, tels que, &c.... (Dargenville. La *Conchyliologie*, éd. de 1780, t. Ier, p. 252.)

CHAVENEAU (M.), rue de Varennes, près la barrière, poſſédoit un cabinet d'hiſtoire naturelle cité par la *Conchyliologie nouvelle & portative* de 1767, p. 314.

CHEVREUSE. M. le duc de Chevreuſe, rue Saint-Dominique, faubourg Saint-Germain. Cabinet pour la peinture & les curioſités mixtes. (*Alman. des Beaux-Arts* de 1762, p. 213, & *Dictionn. pitt. & hiſt.* d'Hébert, t. Ier, p. 135, 136, 137.)

Feu M. le duc de Chevreuſe, pair de France, chevalier des ordres du Roi, lieutenant général de ſes armées & gouverneur de Paris, avoit un très-beau cabinet de précieux tableaux & de divers genres d'hiſtoire naturelle & autres eſpèces. M. le duc de Luynes, ſon fils, eſt poſſeſſeur de ces riches collections qu'il embellit tous les jours par ſon bon goût, comme héritier de M. ſon père. (Dargenville. La *Conchyliologie*, éd. de 1780, t. Ier, p. 224.)

CHOISEUL (Le marquis DE). Cabinet pour la peinture & les curioſités mixtes. (*Alm. des Beaux-Arts* de 1762, p. 213, & *Dictionn. pitt. & hiſt.* d'Hébert, t. Ier, p. 135, 137.)

CLAIRON (Mlle), rue Vivienne, poſſédoit un cabinet d'hiſtoire naturelle cité par la *Conchyliologie nouvelle & portative* de 1767, p. 314.

CLAUDET (M.), graveur, quai des Céleſtins, près du bureau des coches d'Auxerre, poſſède une collection d'eſtampes anciennes d'un beau choix & d'une beauté d'épreuves qui ne laiſſe rien à déſirer. Il a raſſemblé, avec le plus grand ſoin, preſque toute l'œuvre de Berghem; & pour mieux connoître l'eſprit de ce maître, qu'il paroît avoir pris pour modèle, il a recueilli toutes les épreuves qu'il a pu trouver avec différences. (*Alm. des Artiſtes* de 1776, p. 204.)

CLERE (M. le chevalier DE), rue Bergère, près l'hôtel des Menus-Plaiſirs, poſſède une jolie collection de tableaux flamands, hollandois & françois. (*Alm. des Artistes* de 1777, p. 183.)

CLÉRISSEAU (M.), artiste, rue des Bourdonnois, a une collection précieuse de dessins, d'après les antiquités. (*Alm. des Artistes* de 1776, p. 206.)

CLÈVES (M. DE). Cabinet pour les médailles. (*Tableau de Paris*, 1759, p. 226; *Alm. des Beaux-Arts* de 1762, p. 213, & *Dictionn. pitt. & hist.* d'Hébert, t. Ier, p. 136.)

CONDÉ. *Tableaux du palais Bourbon.* S. A. S. Mgr le prince de Condé possède une riche collection de tableaux dont la plupart viennent d'être restaurés, parmi lesquels on voit un Rubens, un Karle Du Jardin, un de Le Nain & autres, ainsi que les batailles du grand Condé. (*Alm. des Artistes* de 1777, p. 175.)

CONTI (S. A. S. Mgr le prince DE) possède une belle collection de tableaux des trois écoles & des dessins de presque tous les maîtres. Ce prince curieux y a joint un cabinet d'histoire naturelle d'un très-bon choix. (*Alm. des Artistes* de 1776, p. 200.)

Eloge de Mgr le prince de Conti. L'année [1776] qui vient d'expirer, fatale aux arts & aux artistes fameux, a vu tomber sous les coups de l'impitoyable mort plusieurs amateurs distingués. Le plus illustre par son rang, par le goût qui le dirigeoit dans ses acquisitions journalières de tableaux & dessins, & par son amour pour tous les talens agréables, est S. A. S. Mgr le prince de Conti. S'il fit autrefois admirer ses vertus guerrières, si sa droiture & son équité le rendirent cher au peuple, s'il eut toujours si fort à cœur l'amour du bien général, il ne se distingua pas moins par celui qu'il eut pour les arts. Nous laissons aux artistes qui ont éprouvé son empressement à leur être utile & l'affabilité avec laquelle il s'entretenoit avec eux, le soin de le louer dignement; nous ajouterons pourtant que son goût pour les arts fut, pour ainsi dire, général; qu'il embrassa toutes les écoles & tous les genres. Aussi ses collections de tableaux & de dessins étoient-elles des plus multipliées qu'il y eût à Paris. Puisse l'exemple d'un si grand prince créer des amateurs de son nom qui lui ressemblent & qui aident à consoler les arts de sa perte. (*Alm. des Artistes* de 1777, p. 149-150.)

Cossé (Le duc DE), gouverneur de Paris, possède une belle collection de tableaux flamands, parmi lesquels est la Kermesse de Téniers, ou la Fête de village, sujet capital, qui a appartenu autrefois à M. de La Live; le Berghem fameux de M. de Gagnat, gravé par Lebas; une grande bataille de Wouwermans : tous ces tableaux portent environ quatre pieds de large sur trois de haut; un Terburg que M. Lebas grave actuellement. Parmi ceux de l'école d'Italie, on distingue deux Paul Bril. On y voit aussi d'excellens tableaux de notre siècle, dont un Repos en Egypte, de Bourdon; deux tableaux de M. Vernet; plusieurs de MM. Pierre, Vien, &c. (*Alm. des Artistes* de 1777, p. 176.)

Cossé (MM. le marquis & le chevalier DE) ont déjà manifesté leur goût pour les arts par des acquisitions de tableaux & de desseins d'un bon choix. Les artistes se félicitent de les avoir pour amateurs. (*Alm. des Artistes* de 1777, p. 184.)

COURTANVAUX (Le marquis DE), rue Richelieu. Cabinet d'histoire naturelle cité par le *Tableau de Paris*, 1759, p. 223, & le *Dictionn. pitt. & hist.* d'Hébert, t. Ier, p. 136.

CRILLON (M. l'abbé DE), à la place Royale. Son cabinet n'est pas encore ouvert. Il sera très-beau par le soin que cet amateur prend de rassembler les morceaux riches & précieux. (La *Conchyliologie nouvelle & portative* de 1767, p. 314.)

CROISMARE (Le marquis DE). Feu M. le marquis de Croismare avoit ramassé une belle suite d'histoire naturelle, laquelle faisoit honneur à son bon goût & à ses lumières. Une seule pièce carrée, entourée de tablettes, renfermoit ce cabinet. Dans la partie contre la cheminée étoient les stalactites, les stalagmites, les lithophites, les coraux avec le bel arbre gravé dans la planche 9 de l'Oryctologie; la suivante se trouvoit ornée de madrépores, de rétipores, de mancandrites & d'autres productions marines, avec la belle corne d'Ammon cristallisée, gravée dans la même planche 9. La partie du fond faisoit voir des dépouilles d'animaux & d'oiseaux, des tatous, une mâchoire de vache marine, d'hippopotame & autres; au-deſſus il y avoit des coquilles curieuſes, telles que des huîtres épineuſes, la tuilée, la corbeille, la nacre, où eſt adhérent le vermiſſeau noir, gravé dans la même planche 9, &c. La partie vis-à-vis de la cheminée préſentoit des habillemens & armures de différens pays, avec des tiroirs d'agathes, de jaſpes, de granits, de porphyres, que l'on voyoit placés au-deſſous....Le bureau qui occupoit le milieu de la pièce comprenoit cinq mille ſoufres des plus belles pierres des principaux cabinets de l'Europe avec leurs deſcriptions. On y trouvoit auſſi les têtes des plus grands hommes en tout genre. Le droguier étoit placé dans les encoignures. Il n'y avoit pas juſqu'au plafond qui ne fût garni de quantité d'animaux, d'oiſeaux & de poiſſons, &c.... (Dargenville. La *Conchyliologie*, éd. de 1780, p. 222-223.)

DAMERY (M. DE). Si M. de Damery, chevalier de l'ordre de Saint-Louis, lieutenant-colonel d'infanterie, prouve ſon bon goût pour les beaux-arts par de précieux tableaux, deſſins & eſtampes des plus fameux artiſtes, Mme de Damery ne fait pas moins connoître le ſien par le choix qu'elle a fait de différentes productions maritimes, d'eau douce & terreſtres, &c.... (Suit la deſcription des coquilles.) (Dargenville. La *Conchyliologie*, éd. de 1780, t. Ier, p. 247-248, &c....) Le chevalier de Damery demeuroit rue Copeau, près la Pitié. (*Alm. des Artiſtes* de 1776, p. 203, & de 1777, p. 183.)

DANIEL (M.) jouit d'une collection d'hiſtoire naturelle dont les coquilles bien choiſies & parfaitement aſſorties font un des principaux ornemens. (Dargenville. *Conchyliologie*, éd. de 1780, t. Ier, p. 257.)

DARGENVILLE. M. Dargenville, vieille rue du Temple, près la rue Paſtourelle, a un cabinet d'hiſtoire naturelle, une belle collection d'eſtampes, de deſſins & de tableaux de grands maîtres. Les principaux tableaux ſont : *Peinture* : le Baptême de N. S., de Paul Véronèſe; un ſujet allégorique de l'hiſtoire de Henri IV, par Rubens; une Moiſſon par ſix Amours, du même; une Villageoiſe tenant des poulets, du Baroche; la Rêveuſe, de Santerre; le Mariage de la Vierge, Joſeph & Putiphar, ſaint Bruno diſtribuant ſon bien aux pauvres, trois morceaux de Lesueur : Loth & ses filles dans un paysage, de Rothénamer & de Breugel de Velours; la vue du temple de la sibylle Tiburtine, tableau capital de Breugel de Velours; un buste de Judith, par le Guide; deux de Wouwermans, les Bûcherons & le Colombier; cinq tableaux de Corneille Poëlemburg, dont deux passent pour être de ses plus beaux ouvrages; le premier, une Sainte Famille, avec un portique d'architecture; l'autre, des nymphes qui se baignent; l'Adieu de saint Pierre, par Sébastien Ricci; sainte Catherine martyre, petit tableau précieux de Bassan le père; Monsieur, frère unique de Louis XIV, allant à l'expédition de Saint-Omer, par Vander Meulen; une Sainte Famille, de Bourdon; une bataille, du Bourguignon; le lever de l'aurore, de Claude Le Lorrain; une grande Sainte Famille, d'André del Sarte; le portrait du peintre Tortebat, par de Piles; un paysage aux moutons, de Vander Meer de Ionghe; un *Ex voto*, petit morceau de l'Albane; la Peste dans la ville de Rome, grand tableau du Poussin, dont l'architecture est de Le Maire. M. Dargenville possède une belle collection des œuvres de Le Clerc, graveur, qui consiste en plus de trois mille cinq cents pièces, dont près de deux cent cinquante sont uniques, soit par leur rareté, soit par les différences qui s'y rencontrent. (*Alm. des Beaux-Arts*, 1762, p. 198-200.)

Cette notice est reproduite dans le *Dictionn. pitt. & hist.* d'Hébert en 1766, p. 110-112.

Cf. *Mémorial de Paris*, 1749, t. Ier, p. 213, & la *Conchyliologie*, éd. de 1757, p. 119. Dargenville étoit maître des comptes, membre des Sociétés royales des sciences de Londres & de Montpellier. Il tenoit chez lui des assemblées publiques. Voy. l'éd. de sa *Conchyliologie* de 1780. Il étoit fils du libraire Dezallier.

DAVILA. M. Davila, rue des Petits-Champs, a un cabinet où l'on voit un riche & magnifique coquillier; une grande suite de pierres précieuses & d'agathes arborisées; une collection de mines & de minéraux des plus riches & des plus savantes; plusieurs morceaux de coraux, madrépores & autres corps de cette espèce; plusieurs sortes de cervaux & de champignons, dont un est, par sa grandeur dans toutes les dimensions, au-dessus de tout ce que l'on a vu dans ce genre; une suite de cristaux de toute espèce, & le magnifique vase de cristal de roche qui a appartenu au grand Dauphin. (*Alm. des Beaux-Arts*, 1762, p. 201-202.) Cf. la notice du *Dictionn. pitt. & hist.* d'Hébert, 1766, p. 110, conçue dans des termes identiques.

M. Davila, en 1767, habitoit rue de Richelieu, vis-à-vis la fontaine. (La *Conchyliologie nouvelle & portative*, p. 311.) Cf. la *Conchyliologie* de Dargenville, éd. de 1757, p. 125-126, & le *Tableau de Paris*, p. 223-224.)

DOMINICAINS. Les Révérends Pères Dominicains de la rue Saint-Honoré augmentent le cabinet d'histoire naturelle du Père Labat. (Dargenville. *Conchyliologie*, éd. de 1780, t. Ier, p. 267.)

DUFRESNOY (M.), notaire, rue Vivienne, a formé une collection de tableaux de notre École; parmi les tableaux modernes qu'on y voit, sont des Vernet, la Dame de charité & le Gâteau des rois, de M. Greuze, &c. (*Alm. des Artistes* de 1777, p. 182-183.)

DUHAMEL DU MONCEAU. M. Duhamel du Monceau, dans l'île Saint-Louis, a un des beaux cabinets d'histoire naturelle, dont la principale partie est une belle suite de coraux, madrépores & autres corps marins de cette nature. Son cabinet de marine qui est au Louvre est composé d'un modèle de presque tous les vaisseaux, barques, brigantins, galères, galiotes à bombes, &c., avec leurs agrès. Les parties des principaux de ces vaisseaux sont séparées des coupes, pour en faire voir la construction intérieure; on y voit aussi des formes de bassins de construction & de lancement de vaisseaux; des machines pour écurer les ports, pour courber les bois, & autres qui ont rapport à la marine & à la navigation. (*Alm. des Beaux-Arts*, 1762, p. 207. Cf. *Tableau de Paris*, 1759, p. 225. *Dictionn. pitt. & hist.* d'Hébert, t. Ier, p. 112, & Dargenville, la *Conchyliologie*, éd. de 1780, p. 224-225.)

M. Duhamel habitoit quai d'Anjou, dans l'île Saint-Louis. (La *Conchyliologie nouvelle & portative* de 1767, p. 314.)

DU VAU (M.). Cabinet pour les médailles. (*Tableau de Paris*, 1759, p. 227. *Alm. des Beaux-Arts* de 1762, p. 213. *Mémorial de Paris*, t. Ier, p. 207.)

ENNERY (M. D'). Ce cabinet est enrichi d'une très-belle collection de médailles qui ont été ramassées par cet amateur, qui est un de ceux qui se connoissent le mieux à ce genre de curiosité. Il possède encore entre autres raretés la ceinture de la superstitieuse reine Catherine de Médicis, composée de douze pierres précieuses, parmi lesquelles sont des onyx grandes comme des écus de trois livres, sur lesquelles sont gravés des talismans. (*Dictionn. pitt. & hist.* d'Hébert, t. Ier, p. 113.)

Ce cabinet est seulement cité sans description dans l'*Alm. des Beaux-Arts* de 1762, p. 213, & le *Tableau de Paris*, 1759, p. 226.

M. d'Ennery demeuroit rue Neuve-des-Bons-Enfans. (*Alm. des Artistes* de 1776, p. 202.)

ESCOURS (Mme D'), à l'Arsenal. Cabinet d'histoire naturelle cité par la *Conchyliologie nouvelle & portative* de 1767, p. 315.

FAGNIER. La collection de M. Fagnier, joaillier, est assez étendue dans les diverses branches de l'histoire naturelle. Parmi les coquilles on voit, &c.... (Dargenville. *Conchyliologie*, éd. de 1780, t. Ier, p. 263.)

FAVANNE DE MONTCERVELLE. Le cabinet de MM. de Favanne de Montcervelle père & fils, continuateurs de cet ouvrage (la *Conchyliologie*), consiste surtout en coquilles, &c.... (Dargenville. *Conchyliologie*, éd. de 1780, t. Ier, p. 267-270.)

LA FERTÉ (M. DE), intendant de l'hôtel des Menus-Plaisirs, rue Bergère, possède de très-bons tableaux des Ecoles flamande & françoise. (*Alm. des Artistes* de 1777, p. 181.)

LA FOSSE (M. DE), maréchal, rue de l'Eperon. Cabinet d'histoire naturelle cité par la *Conchyliologie nouvelle & portative* de 1767, p. 315.

C'est l'auteur du *Cours d'hippiatrique*. Paris, 1772, gr. in-folio.

GAIGNAT. M. de Gaignat, secrétaire du Roi, à l'hôtel de La Ferté, rue de Richelieu, a chez lui un très-beau cabinet de tableaux des Ecoles flamande & françoife, qui font :

Peinture. La première pièce renferme cinq tableaux qui repréfentent la famille royale, de Louis XIII jufqu'à Louis XV inclufivement, avec les gouvernantes de ces princes; un fixième, peint par Gobert, eft la cérémonie du mariage (du baptême, *Dict. pitt.* d'Héb.) du Roi. Dans les autres pièces, il y a le Repos de la Sainte Famille & un gueux fur une natte cherchant fes poux, de Murillo; le pape Adrien VI, précepteur de Charles-Quint, & Charles-Quint enfant, par le Titien; fon pendant, de Van Dyck, eft le préfident Richardot, l'un des miniftres de Philippe II, avec fon fils; trois tableaux de Claude Le Lorrain, parmi lefquels on diftingue une belle vue de mer avec un foleil couchant; un morceau capital de Terburg, qui eft un Jeune Homme qui offre un verre de limonade à une jeune fille auffi jolie qu'innocente; derrière elle paroît une vieille femme dont la figure annonce la fonction & le caractère; fon pendant, qui eft de Metzu, repréfente une femme fortant de fa toilette qui fe lave les pieds dans une cuvette que lui préfente fa femme de chambre; un cavalier vient, & à l'air de la fuivante, on juge qu'il eft affez bien avec fa maîtreffe; une marchande de morue, du même auteur; une marche d'armée; cinq tableaux de Wouwermans qui font : le premier, une marche d'armée & un campement; le deuxième, la Fontaine de Vénus; le troifième, le Confeil des chaffeurs; le quatrième, la Chaffe à l'oifeau, & le cinquième, le Grand Marché aux chevaux; deux tableaux d'animaux, par Potter; quatre payfages, de Bartholomée; trois Enfans qui jouent aux offelets, du chevalier Van der Werff; fon pendant eft la Faifeufe de boudin, par Scalcken; trois tableaux de Berchem; une Charité, par Jean Miel; une Vierge & l'Enfant Jéfus, de Carle Maratte; cinq tableaux, dont un de la plus grande beauté, un autre qui repréfente les œuvres de miféricorde; Tobie qui fort de table avec fon fils pour enfevelir un mort, par le Feti; une Belle Danfe de villageois, par Van Oftade; fix morceaux de Gérard Dow, parmi lefquels on diftingue le Hachis d'oignon & trois figures entières nues; deux portraits de Rembrandt, le fien & celui de fa femme; une Nativité, du même; deux marines de Breugel de Velours; trois tableaux de Mieris; une Foire peinte par Grondonc; un petit Paul Bril extrêmement fin; deux tableaux de fleurs de Van Huyfum; la Belle Joconde, qui a appartenu à François Ier, fameux ouvrage de Léonard de Vinci; une Femme qui médite fur fa lecture, par le Cignani.

Ce cabinet eft orné de quantité de porcelaines de l'ancien Japon & de plufieurs bronzes, entre autres des groupes des Quatre Saifons, par Desjardins. (*Alm. des Beaux-Arts*, 1762, p. 170 à 172, & *Dictionn. pitt. & hift.*, t. Ier, p. 113 à 116.)

GAILLARD (M.). On voit un cabinet chez le fieur Gaillard, près le petit Châtelet, lequel eft préfentement à vendre; on en a diftribué le catalogue imprimé. Ce cabinet eft compofé, fur chaque partie de l'hiftoire naturelle, de pièces affez curieufes.... Les marbres y font en abondance, de même que les mines de différens pays, entre autres une mine de diamans; quelques dieux égyptiens avec de grandes urnes antiques; des vafes de criftal de roche & d'agathe font placés dans différens endroits du cabinet. On y trouve des armes anciennes & très-curieufes. Les ouvrages de tour, les figures de cire & de bois n'y font point oubliés. (Dargenville. *Conchyliologie*, éd. de 1742, p. 210.)

GEOFFROY. La collection de feu M. Geoffroy, de l'Académie royale des fciences & de la Société royale de Londres, s'étendoit fur toute l'hiftoire naturelle. Le cabinet au rez-de-chauffée contenoit environ dix-huit cents bocaux de criftal, remplis de ce qu'il y a de plus curieux dans les trois règnes. La fuite des terres figillées étoit des plus complètes, ainfi que celle des bezoards. Ce droguier, rangé fur des tablettes, occupoit deux faces du cabinet, avec des ferpens confervés dans des tubes de verre & placés dans les montans de la menuiferie. La troifième face offroit une bibliothèque concernant l'hiftoire naturelle & la médecine. Le plafond fe trouvoit garni de plufieurs crocodiles, de lézards écailleux, de ferpens & autres reptiles. Le bas des tablettes portoit quatre rangs de tiroirs remplis de pétrifications, de minéraux, de foffiles & de pierres figurées. Dans un autre cabinet au premier étage, compofé de plufieurs pièces, on voyoit une collection de coquilles choisies & très-bien rangées, &c.... Je ne parle point de plusieurs beaux laboratoires, munis de tout ce qui étoit nécessaire aux procédés chimiques & dignes d'un aussi grand pharmacien. (Dargenville. La *Conchyliologie*, éd. de 1780, t. Ier, p. 235.)

GILIBERT. Le cabinet de M. de Gilibert, major des Invalides, contient une collection relative aux diverses branches de l'histoire naturelle. (Dargenville. La *Conchyliologie*, éd. de 1780, t. Ier, p. 254.)

GIRONVILLE (M. DE), rue du Grand-Chantier. Cabinet d'histoire naturelle cité par la *Conchyliologie nouvelle & portative* de 1767, p. 315.)

GOUFFIER. Le cabinet de M. le marquis de Gouffier, chevalier de l'ordre de Saint-Louis, mestre de camp de cavalerie, consiste en minéraux, coquilles, madrépores, coraux, pétrifications, poissons, quadrupèdes, oiseaux, papillons, insectes, bocaux remplis de reptiles & autres animaux, &c.... (Dargenville. La *Conchyliologie*, éd. de 1780, t. Ier, p. 254.)

GOULAS. Le cabinet de M. le baron de Goulas présente différentes coquilles comme un Lepas à sommet arborisé, &c..., divers poissons, &c..., de beaux oiseaux, &c..., une suite de papillons, &c.... (Dargenville. *Conchyliologie*, éd. de 1780, t. Ier, p. 256.)

GOUTBOUT (L'abbé). Feu M. l'abbé Goutbout, vicaire de l'église de Saint-Louis-en-l'Ile, avoit amassé pendant cinquante ans une collection d'histoire naturelle qui s'étendoit sur toutes les parties. On y trouvoit des pétrifications, &c.... Il y avoit dans une petite armoire séparée une suite de pierres fines, d'agathes, de jaspes, de porphyres, d'albâtres & de marbres curieux. Cette collection étoit accompagnée d'une autre de médailles consulaires en argent. Ce cabinet a été dispersé dans le public. (Dargenville. La *Conchyliologie*, éd. de 1780, p. 225, 226.) L'abbé Goubourg (*sic*) étoit cité dans le *Tableau de Paris*, 1759, p. 226, & le *Dictionn. pitt. & hist.* d'Hébert en 1766, t. Ier, p. 136.

GOUVERNET. Quoique le cabinet de feu M. le marquis

de Gouvernet ne fût pas celui d'un connoiffeur, il renfermoit des objets très-précieux, furtout en beaux deffins de l'Ecole d'Italie. Un deffin non douteux de Raphaël, repréfentant la Magdelaine aux pieds de Jéfus-Chrift, vendu vingt louis, en eft la preuve. Il y avoit auffi quelques bons tableaux, des figures en bronze & des oifeaux peints fur vélin à gouache & en miniature par le fameux Aubriet. La vente de ce cabinet s'eft faite au commencement de novembre de l'année 1775. (*Alm. des Artiftes* de 1776, p. 211.)

GRANDMAISON. La collection de M.·de Grandmaifon confifte en mines, en criftallifations, en pétrifications & en belles coquilles. (Dargenville. La *Conchyliologie*, éd. de 1780, t. Ier, p. 251.)

GUÉTARD (M.), au Palais-Royal. C'eft le cabinet de M. le duc d'Orléans, dont il a la garde & la conduite. Il confifte pour la plus grande partie en pétrifications. (La *Conchyliologie nouvelle & portative* de 1767, p. 316.)

HALL (M.), peintre du Roi, poffède une belle collection de deffins des trois Ecoles. (*Alm. des Artiftes* de 1777, p. 185.)

HARAND DE PRESLE (M.), rue du Sentier, eft poffeffeur d'une belle collection de tableaux des trois Écoles; on y voit un Guide, deux Murillo, des Rubens, des Van Dyck, Berghem, Wouwermans, Van Huyfum, Téniers & autres; il y a joint de précieux ouvrages du fameux Boule. (*Alm. des Artiftes* de 1777, p. 180.)

Son nom eft habituellement écrit Hareng.

Marmontel a parlé plufieurs fois dans fes Mémoires de Mme Hareng, fa mère, & de lui.

HÉNIN (M.). Le cabinet de M. Hénin, maître des comptes & maître d'hôtel du Roi, eft renfermé dans une galerie précédée d'un veftibule orné d'habillemens fauvages & de quelques animaux conservés dans des fioles, avec un droguier. La galerie eft entourée d'armoires ornées de glaces, dont la première préfente des madrépores, lithophytes, criftaux de différentes couleurs, matrices de pierres fines, corail avec fon écorce adhérente à un corps fpongieux; dans la feconde armoire, ce font des efcara, *fpongia manus*, &c. Dans les feize tiroirs du bas de cette armoire, on trouve des minéraux étrangers, des foffiles, cailloux d'Egypte, agathes, jafpes fanguins, pierres fines, marbres d'Italie, bois étrangers, pierres de Florence & de rapport. Il y a neuf tablettes dans la troifième armoire qui renferment un crâne humain, &c.... Les congélations, ftalactites, ftalagmites, lythophytes, panaches de mer, fpadons, cornes de rhinocéros, des tatous, une tête de bouquetin, une autre d'une vache marine, font expofés fur une tablette régnant au pourtour. Un grand bureau de fept pieds de long, placé au milieu de la galerie, vous préfente un parterre de coquilles d'un compartiment fort agréable, dont le fond eft blanc & les cafes couvertes de fatin bleu. On y voit de belles huîtres épineufes, le bois veiné, des conques de Panama, brunettes, draps d'or, nautile papiracé, le Marteau, l'Arrofoir, un beau fcorpion, & quantité de belles coquilles bien confervées. Il y a encore des cabinets féparés pour la mécanique & le tour ; qui peut mieux convaincre de la généralité des connoiffances du maître? (Dargenville. La *Conchyliologie*, éd. de 1757, p. 118-119.)

La collection de M. Hénin fut difperfée en 1763. Voy. le *Catalogue d'effets précieux du cabinet de feu M. Hennin par Helle & Remy, dont la vente fe fera cul de fac de St Thomas du Louvre*. Paris, Didot, 1763, in-12.

HOLBACH. Le baron d'Olbac (*fic*). Cabinet d'hiftoire naturelle cité par le *Tableau de Paris*, 1759, p. 224, par le *Dictionn. pitt. & hift.* d'Hébert, t. Ier, p. 136, & par la *Conchyliologie* de Dargenville, éd. de 1780, t. Ier, p. 247. Cet amateur habitoit place Royale. (*Conchyliologie nouvelle & portative* de 1767, p. 318.)

JACMIN (M.), joaillier du Roi, quai de l'Ecole. Ce cabinet, arrangé dans tout fon avantage, eft compofé de belles pièces. La partie des pierres précieufes, qui eft très-confidérable, en fait le plus bel ornement. (La *Conchyliologie nouvelle & portative* de 1767, p. 316.)

JACOBINS de la rue Saint-Honoré. Voy. DOMINICAINS.

JÉSUITES (Les). Leur cabinet pour les antiques, fitué au Collége, eft cité par le *Tableau de Paris*, 1759, p. 226, ainfi que leur cabinet de médailles, fitué à la Maifon profeffe.

Joly de Fleury. Feu M. l'abbé Joly de Fleury, chanoine de l'Eglife de Paris, dans fes momens de loifir avoit commencé un cabinet d'hiftoire naturelle qui devenoit très-intéreffant par les belles chofes qui y entroient tous les jours. Les coquilles les plus rares s'y trouvoient, &c.... Il y avoit une collection des plus beaux marbres d'Italie & de France, une autre de papillons choifis, la plupart étrangers, avec une nombreufe bibliothèque; des recueils d'eftampes, & tout ce qui avoit rapport aux expériences de phyfique. (Dargenville. La *Conchyliologie*, éd. de 1780, t. Ier, p. 231-232.)

Jombert père (M.), rue Dauphine, libraire pour l'Artillerie & le Génie, eft poffeffeur d'une belle collection d'eftampes & deffins. On voit chez lui les œuvres de Callot, de Leclerc, de Labelle & de M. Cochin. Nous devons à fon amour pour les maîtres & à fon goût, les catalogues des œuvres de M. Cochin, un volume in-8°; de Labelle, un volume in-8°, & de Leclerc deux volumes in-8°. (*Alm. des Artiftes* de 1776, p. 207.)

Julienne (M. de). Le cabinet de M. de Julienne, dont la maifon eft à la Manufacture royale des Gobelins, au faubourg Saint-Marceau, près la barrière, eft un des premiers de Paris pour l'abondance & le choix des ouvrages des plus grands maîtres de l'Ecole d'Italie, de Flandre & de celle de France. Outre trois pièces qui en font richement décorées, il a fait conftruire une galerie depuis quelques années, ornée d'un très-bon goût, quoique fans dorure, pour y en expofer de nouveaux. Ce ne font pas feulement les tableaux qui embelliffent ces pièces, on y voit avec plaifir de très-beaux bronzes, des porcelaines extrêmement rares & agréables. Comme les connoiffances de M. de Julienne font fort étendues, il a encore ramaffé beaucoup de pierres gravées d'une fingulière beauté. L'accueil obligeant avec lequel il reçoit les étrangers, fa douceur & fa modeftie qui le caractérifent particulièrement, font un charme d'une efpèce fupérieure à celle de fes curiofités & dont les étrangers font infiniment plus touchés. (*Mém. de Paris* de 1749, Ire partie, p. 209-210.) Cf. les termes identiques de l'*Alm. des Beaux-Arts*, 1762, p. 208.

Le *Dictionn. pitt. & hift.*, t. Ier, p. 117, a reproduit la notice de l'*Almanach* de 1762, en complétant ainsi la description : « quantité d'ouvrages d'ébénisterie du fameux Boule, du siècle précédent, un nombre infini d'anciens laques, une collection considérable de coquilles & autres raretés pour servir à l'histoire naturelle & quantité d'autres curiosités dont la beauté & l'arrangement fait beaucoup d'honneur au goût du possesseur. »

Mme de Julienne aimoit aussi les arts; on a un petit catalogue de ses tableaux qui parut en 1778; il est rare.

Jussieu (M. de), rue des Bernardins. Cabinet d'histoire naturelle cité dans le *Tableau de Paris*, 1759, & dans le *Dictionn. pitt. & hist.* d'Hébert, t. Ier, p. 136.

Le cabinet de M. de Jussieu, docteur en médecine & démonstrateur royal des plantes du Jardin du Roi..., contient un grand nombre de plantes rares des pays étrangers qui composent un herbier très-considérable. Il joint à cela une suite de pétrifications, de minéraux & de fossiles, où l'on trouve des choses extrêmement curieuses renfermées dans quatre grandes armoires, dont les montans forment en dedans un droguier, sans parler d'une bibliothèque des mieux choisies concernant la médecine & l'histoire naturelle. (Dargenville. La *Conchyliologie*, éd. de 1780, p. 224.)

Labat (Le Père). Voy. Dominicains.

La Live de Jully. Le cabinet de M. de la Live de Jully, introducteur des ambassadeurs, rue de Saint-Honoré, près les Feuillans, renferme une collection de tableaux qui fait honneur à cet amateur & à la nation françoise, qui sont :

Peinture : dans le salon, une Tempête & un Soleil couchant, tous deux de M. Vernet; Suzanne avec les vieillards, Loth & ses filles, deux tableaux de Detroy fils; l'Adoration des mages & la Crèche, deux petits morceaux sur cuivre très-précieux; le Lavement des pieds, par Bertin; la Charité, par Le Moine; une Bacchanale, du Poussin; la Mort d'Abradax, de Mignard; l'Adoration des mages, de Jouvenet; Enée & Anchise, de M. Carlo Vanloo; le Martyre de saint Laurent, de Le Sueur; Dédale dans le labyrinthe attachant des ailes à Icare, par M. Vien; le Sacrifice de Gédéon, par M. Boucher; celui de Jephté, par Lebrun; une Judith & une Vierge, de Vouet; la Chanteuſe, de Santerre; le portrait de M. Delien, par lui-même; une Eſpagnolette, de Grimou; la Vierge liſant, de Raoux; un Père de famille qui lit la Bible à ſes enfans, par M. Greuze; une Vierge & l'Enfant Jéſus, de M. Pierre; l'eſquiſſe terminée de l'Apothéoſe de ſaint Louis, par La Foſſe.

La deuxième pièce : le Baptême de N. S., par Antoine Coypel; Arthémiſe au tombeau de ſon mari, par Dufrenoy; deux batailles, de Parrocel le père; la Transfiguration, par Le Moine; la Guériſon de la belle-mère de ſaint Pierre, par La Foſſe; le Contrat de mariage, de M. Carlo Vanloo; la Naiſſance d'Adonis & ſa mort, deux morceaux de M. Boucher; le Triomphe de Bacchus & celui du gladiateur, deux morceaux de M. Natoire; un bas-relief peint en bronze, d'Oudry; les portraits de M. & de Mme de la Live, par M. Toqué; Jaback, fameux curieux, par Rigaud; Mouton, joueur de luth, par Detroy le père.

Le petit cabinet : un très-beau tableau de M. Vernet dans le goût de Salvator Roſa; un Clair de lune, du même; un grand tableau de Deſportes; deux Saintes Familles, en petit, l'un de Loir, l'autre de Stella; une Chanteuſe, de Tournière; quatre morceaux de M. Chardin; une Partie de plaiſir, de Lancret.

Le cabinet flamand : la Femme & les Enfans de Rubens, peints par lui-même; ſaint Sébaſtien à qui un ange arrache les flèches, par Van Dyck; un grand portrait de femme, par Rembrandt; celui du duc d'Albe, par le même; une paſtorale, tableau capital par Berchem; une Fête de village & un Chimiſte, deux morceaux de Téniers; un grand payſage de Claude Le Lorrain; deux bambochades d'Oſtade; trois de Wouwerman, qui ſont deux écuries & une petite marche; deux tableaux de fleurs & de fruits, de Van Huyſum; une bambochade de Jean Miel; un Petit Flutteur, de Gérard Dow; deux petits morceaux de Paul Bril; un tableau de figures & d'animaux par Van Velde; un deſſus de tabatière oval de Breugel de Velours; deux Saintes Familles, en petit, l'une du Guide, l'autre du Peſareze.

Sculptures qui ſont modelées en terre cuite : l'Enlèvement d'Hélène, par Puget; les deux chevaux que Couſtou le jeune a faits pour Marly; Jules Céſar, de Couſtou l'aîné;

une Vestale, de Legros; Enée & Anchise, de Lepautre; la Vierge, de M. Bouchardon; le Milon, de M. Falconet; une Naïade, de M. Challe; le tombeau de la duchesse de Lauraguais, de M. Bouchardon; deux vases en cire, de Girardon; une Clithie, de M. Adam le cadet; une Judith, de M. de la Datte, & un Amour, en marbre, de M. Vassé. (*Alm. des Beaux-Arts*, 1762, p. 188-190.)

M. de la Live de Jully quitta la rue Saint-Honoré pour aller habiter cul-de-sac de Ménars. Voici la description de son nouvel hôtel, d'après le *Dictionn. pitt. & hist.* d'Hébert, en 1766 :

Peinture de la première pièce sur la cour : le Baptême de N. S., par Antoine Coypel. Un tableau de François Desportes, qui réunit tous les genres dans lesquels ce grand maître excelloit, qui sont les fleurs, les fruits & les animaux vivans & morts. Deux tableaux de fleurs, de Baptiste. Deux portraits peints par Toqué, l'un d'un Homme en chasseur & l'autre d'une Femme en Diane. Le portrait de Nicolas Largillière, peint par lui-même. Le portrait d'Hyacinthe Rigaud, peint par lui-même. Le portrait de Dumont-le-Romain, peint par lui-même. Un tableau de Servandoni représentant des ruines, & les figures de Boucher. Un Christ, peint en bronze, par La Porte. Le tableau de François Le Moine, représentant la Transfiguration de N. S., modèle terminé du plafond qu'il a exécuté aux Jacobins de la rue du Bac. La Vierge tenant l'enfant Jésus, tableau ovale de Noël Coypel. Un Clair de lune, par Vernet. Le portrait de Fontenelle, par Vauriau (Voiriot?). Un tableau représentant un jeune homme qui fait dire sa bonne aventure par une jeune bohémienne, peint par Charles Coypel.

Sculptures de la première pièce sur la cour : un buste en terre cuite, de Le Moine, qui est le portrait de Mme la comtesse de Feuquières, d'après nature, qui a servi d'étude à cet artiste pour le tombeau érigé aux Jacobins de la rue Saint-Honoré à la mémoire de Mignard, peintre, père de cette comtesse. Deux vases en terre cuite, par Sigisbert [Adam]. Deux têtes en terre cuite, de Michel-Ange Slodtz, l'une représentant Iphigénie & l'autre Calchas, grand prêtre.

Peinture de la deuxième pièce sur la cour : un buste de femme, par Belle. Le portrait de Greuze, peint par lui-même. Le portrait de Jabach, par Rigaud. Un tableau de Servandoni, représentant des ruines avec figures, qui sont de Le Moine. Le portrait en pastel de l'abbé l'Alouette, aumônier de Louis XIV, par Vivien. Un paysage, par Le Moine. Un tableau de Bon de Boulogne, peint sur cuivre, représentant Latone avec ses enfans demandant vengeance à Jupiter de paysans qui l'avoient insultée & qui font changés en grenouilles. Deux tableaux par Chardin, dont l'un représente l'Education, figurée par une mère qui fait réciter l'Evangile à sa fille, & l'autre l'Etude du dessin, figurée par un jeune homme qui dessine d'après la bosse. Le portrait d'une Strasbourgeoise, par Largillière. Le portrait de Mouton, fameux joueur de luth, par Detroy le père. Hercule qui fait dévorer Diomède par ses chevaux, tableau sur cuivre peint par Pierre. Deux tableaux de Boucher, représentant la naissance & la mort d'Adonis. Un tableau sur bois, peint par J.-B. Oudry, représentant un repos de chiens de chasse. Deux esquisses de Desportes, représentant des chiens qui arrêtent du gibier. Judith tenant la tête d'Holopherne, par Simon Vouët. Un Vieillard & un Enfant, tableau peint par Claude Lefèvre, qui a toute la finesse & l'effet d'un tableau de Van Dyck. Rébecca qui reçoit les bijoux que lui présente le serviteur d'Abraham, par Laurent de La Hyre. L'Intérieur de la nouvelle église de Sainte-Geneviève, par Machy, ornée de figures peintes par Deshays. Deux tableaux, par Jean-François Detroy le fils, dont l'un représente Suzanne entre les deux vieillards, & l'autre Loth entre ses deux filles.

Sculptures de la deuxième pièce sur la cour : Ulysse bandant un arc, figure en terre cuite, par Bouffeau. Un modèle en terre cuite, représentant saint Grégoire, par Pierre Le Gros. Un groupe, par La Datte, représentant le Génie des arts entouré de petits enfans qui soutiennent le médaillon du Roi. L'Enlèvement d'Anchise par Enée son fils, groupe de Pierre Le Pautre. Un groupe en terre cuite, par La Datte, représentant les bains de Diane. Une Amphitrite, en terre cuite, par Michel Anguier. Deux terres cuites, par Guillaume Coustou le jeune, représentant des chevaux fougueux arrêtés par des esclaves. Jules César, en terre cuite, par Nicolas Coustou l'aîné, modèle de celui en marbre qui est placé près du grand bassin du jardin des Tuileries. Une figure, en terre cuite, de Michel-Ange Slodtz, représentant l'Amitié appuyée sur un tronc d'arbre mort, entourée d'un cep de vigne & écrasant la Fourberie sous ses pieds.

Peinture du petit cabinet sur la cour : un petit tableau, peint par Greuze, appelé le Petit Boudeur. La Vierge & l'Enfant Jésus, petit tableau sur bois, peint par Lagrenée. Un tableau de bataille, peint par Loutherbourg. Deux petits tableaux sur bois, de J.-B. Pater, représentant des jeux d'enfans. Un petit tableau sur bois, de Baptiste Ferret, représentant une vendange au moment du soleil couchant. Un Repas champêtre, par Nicolas Lancret. Une Vierge, sur bois, peinte en encaustique, par Vien. Deux petits tableaux, peints sur bois, par Besnard, représentant des bambochades dans le goût de Téniers. Une petite bataille, par A.-F. Van der Meulen. Une Sainte Famille, sur cuivre, par Nicolas Loir. Un médaillon de Vespasien, peint par La Porte, en imitation de bas-relief. Les Pèlerins d'Emmaüs, esquisse terminée, de Restout. La Vierge & l'Enfant Jésus, sainte Anne & saint Jean, tableau sur cuivre, de Jacques Stella. Un petit tableau sur bois, de Tournières, représentant une femme qui chante & un jeune homme qui joue de la flûte. Tableau d'un bas-relief peint par Oudry, copié d'après un bas-relief de François Flamand, représentant des jeux d'enfans. Un tableau de fleurs, par Prevôt. Deux tableaux de fruits, peints par La Porte, l'un représente un panier de pêches & de petits pains, & l'autre un panier de prunes. Un tableau, peint sur bois par Philippe, duc d'Orléans, régent de France sous la minorité de Louis XV, représentant l'invention de la peinture, qui est Dibutade, fille d'un potier de terre, qui trace l'image de son amant sur l'ombre que la lumière d'une lampe marquoit contre une muraille.

Sculpture du petit cabinet sur la cour : trois esquisses en terre cuite, par Legros, représentant l'une Ariane & Bacchus, l'autre Danaë recevant la pluie d'or & la troisième une Léda.

Peinture en pastel du petit cabinet sur le jardin : le portrait en pastel du Roi, par Le Moine. Un pastel de la Rosa Alba, sur vélin, représentant l'Hiver sous la figure d'une jeune femme qui s'enveloppe d'une fourrure. Une tête de jeune fille, par Greuze, étude pour la tête de la jeune mariée du beau tableau appelé la Dottée de la noce de village, que poffède M. le marquis de Marigny. Le portrait de Watteau, par la Rofa Alba. Une tête de femme, en paftel, par la Rofa Alba.

Peinture de la première pièce fur le jardin : Moïfe montrant les tables de la loi, par Philippe de Champagne. Une Préfentation de N. S. au temple, par Bon de Boulogne. Un tableau de Greuze, repréfentant un aveugle trompé par fa femme qui lui donne la main & préfente l'autre à fon amant. Un petit tableau ovale, par Grimou, repréfentant une jolie femme, connue fous le nom de la Belle-Oreille de Grimou. Vue de la cafcade de Tivoli, grand tableau de Vernet. Le Sacrifice d'Iphigénie, par Le Moine. Une Fuite en Egypte, par Pierre. Une bataille, par Jofeph Parrocel le père. Une Vierge & l'Enfant Jéfus, par Blanchard. Le portrait de M*** jouant de la harpe, par Greuze. La Fécondité, par Le Moine, étude du grand tableau que cet artifte a fait pour le Salon de la Paix, à Verfailles. Suzanne entre les deux vieillards, par Vien. Io changée en vache, qui fe retrouve au milieu de fa famille, par Hallé le fils. Deux tableaux, par Natoire, repréfentans l'un un tabernacle & l'autre le Triomphe d'Amphitrite. Une Lifeufe, tableau ovale, par Doyen. Un Père qui explique la Bible à toute fa famille affemblée, peint par Greuze. Deux tableaux de Vernet, repréfentant l'un la fin d'un orage & l'autre la vue du port de Civita-Vecchia au moment du foleil couchant. Un payfage, par La Hyre. Un autre, par Potel, avec une architecture ornée de figures & d'animaux qui font de Boucher. Vénus & l'Amour, par P.-C. Trémolière. Une Jeune Fille qui dévide des pelotons de fil, par Greuze. Un Soleil levant, par Claude Le Lorrain. Une tête de femme, par Roflin. Une tête de Cléopâtre, par Louis de Boulongne.

Sculpture de la première pièce fur le jardin : une Naïade, par Challe. Pan & Syrinx, groupe en terre cuite, par Saly. L'Enlèvement d'Hélène, en terre cuite, par Pierre Puget. Quatre vafes en terre cuite, par La Rue, avec des enfans & ornés des attributs des Quatre Saifons. Une Vierge, par Edme Bouchardon, modèle de celle exécutée en pierre pour l'églife de Saint-Sulpice. Un fleuve, en terre cuite, par Robert Le Lorrain. Saint Jean l'Evangélifte, modèle en terre cuite, par Bouchardon, exécuté en pierre de Tonnerre pour le chœur de Saint-Sulpice par l'auteur. Le dieu Pan qui montre à jouer de la flûte à une jeune Apollon, groupe en terre cuite, par Couſtou le jeune. Des enfans jouant avec une chèvre, modèle en terre cuite bronzé, par Jacques Sarrazin, qu'il a exécuté en marbre pour Marly. Quatre petits groupes en terre cuite, par Berué (Berruyer), repréſentans les Quatre Saiſons. Une Veſtale, par Legros, modèle de celle qu'il a exécutée en marbre & placée près le grand baſſin du jardin des Tuileries. Un Faune, de Saly, modèle fait à Rome, qu'il a exécuté en marbre pour ſon morceau de réception. Un morceau en terre cuite, repréſentant le maréchal de Turenne, étant fort jeune, endormi ſur un canon, par Challe. Une Sybille, par Berué (Berruyer). Judith qui tient la tête d'Holopherne, terre cuite, par La Datte, modèle qu'il a exécuté pour ſon morceau de réception à l'Académie. Milon de Crotone renverſé & dévoré par un lion, modèle en terre cuite, par Falconet, qu'il a exécuté en marbre pour ſa réception à l'Académie. Le Berger Fauſtus détachant Œdipe de deſſus l'arbre où il étoit expoſé, groupe en terre cuite, par Challe. Un modèle de cire bronzée, de François Girardon, repréſentant une tête de femme que l'on croit être une étude pour le tombeau de M. de Louvois, qui eſt dans une chapelle de l'égliſe des Capucines de la place de Vendôme.

Peinture du grand ſalon ſur le jardin : deux tableaux par Greuze, dont l'un repréſente un jeune garçon qui s'endort ſur ſon livre & l'autre une jeune fille qui s'endort en tricotant. Deux tableaux par Hutin, repréſentant des payſannes ſaxonnes. Deux tableaux ſur cuivre, par Sébaſtien Bourdon, dont l'un repréſente l'Adoration des mages & l'autre l'Adoration des bergers. Un tableau ſur bois, par Carlo Vanloo, repréſentant la ſignature d'un contrat de mariage turc. Une Paſtorale, par Watteau. La Mort d'Abradate & de ſa femme Penthée, grand tableau de Pierre Mignard. Une Bacchanale, par Nicolas Pouſſin. Une Vierge, par Jean Raoux. Une Eſpagnolette, par Jean Grimou. L'Adoration des mages, par Jean Jouvenet. L'Enlèvement d'Anchiſe par Enée ſon fils, peint par Carlo Vanloo. Le Martyre de ſaint Laurent, par Euſtache Leſueur. Le portrait de De Lyen, peint par lui-même. Une Chanteuſe, par J.-B. Santerre. Dédale qui attache des ailes à son fils Icare, peint par Vien. Le Sacrifice de Gédéon, par Boucher. Arthémise, reine de Carie, qui, faisant recueillir les cendres de Mausole, son époux, est frappée de voir des flammes sortir de l'urne qui renfermoit ces cendres, peint par Ch.-A. du Fresnoy. Le Sacrifice de Jephté, par Charles Lebrun. Une tête de femme, par Pierre Subleyras. La Conversion de saint Paul, par La Hyre. La Guérison de la belle-mère de saint Pierre, par La Fosse. Un Vieillard, dans le goût de Rembrandt, tableau peint sur bois, par Chantereau. Une Vierge & l'Enfant Jésus, par Vouët. Les Adieux de saint Pierre & saint Paul, par Galloche. Un tableau, par Nicolas Bertin, représentant N. S. qui lave les pieds à ses apôtres. Une Blanchisseuse, de Greuze. Deux tableaux ronds, par Drouais le fils, représentant l'un un jeune écolier, connu sous le nom de Petit Polisson, & l'autre une petite fille avec un chapeau de paille. Deux tableaux, par La Grenée, représentant deux femmes romaines, dont l'une tient un livre de musique & l'autre un pigeon. L'Apothéose de saint Louis, esquisse terminée de Charles de La Fosse, qu'il a peinte dans la voûte du dôme des Invalides.

Sculpture dans le salon sur le jardin : un Enfant en maillot, petit marbre, par Tassard. Le buste en terre cuite de M. Vauban, par Antoine Coysevox. Une Belle Pleureuse, en terre cuite, par Bouchardon, modèle du tombeau qu'il a exécuté en marbre dans l'église de Saint-Sulpice, pour le tombeau de Mme la duchesse de Lauraguais. Sur la bibliothèque (1), une figure en marbre par Le Gros, représentant le satyre Marsyas. La Sibylle Erythrée, en marbre, par Caffiery. L'Amour adolescent qui rassemble les colombes de Vénus, figure en marbre, par Vassé le fils. Un Amour Enfant, en marbre, par Falconet. La Paix, figure en marbre, par Pajou, qui, d'une main, brûle tous les instrumens de guerre & de l'autre tient le dieu Plutus. La Force, statue en marbre par Pigalle, représentée sous la

---

(1) Cette bibliothèque est un des plus beaux ouvrages qu'ait faits André-Charles Boule, architecte, peintre & sculpteur en mosaïque, mort en 1732, dont le mérite est généralement connu & dont les ouvrages devroient toujours servir de modèles à ceux qui travaillent dans ce genre. (Note du *Dictionnaire* d'Hébert.)

figure d'Hercule, modèle que cet artiste a exécuté en grand pour le tombeau de M. le maréchal de Saxe à Strasbourg.

Peintures étrangères dans la pièce ensuite, appelée le Cabinet flamand : la Femme & les Enfans de Pierre-Paul Rubens, peints par lui-même. Le portrait d'une femme jusqu'aux genoux, portant une fraise, par Rembrandt Van Rhin. Les portraits de Sneydre (Snyders), fameux peintre, de sa femme & de son fils, en un tableau, par Antoine Van Dyck. Un grand paysage, avec figures & animaux, par Nicolas Berchem. Une Fête flamande, par David Téniers, où ce grand artiste s'est peint avec toute sa famille. Deux tableaux de fleurs & de fruits, par Jean Van Huysum. Deux petits paysages sur cuivre, ornés de figures, par Paul Bril. Un grand paysage, par Claude Le Lorrain. Un Chimiste dans son laboratoire & plusieurs garçons travaillant à différens ateliers, tableau sur bois, par David Téniers. Un paysage, avec figures & animaux, par Adrien Van den Velde. Deux tableaux sur bois, par Adrien Van Ostade, dont l'un représente un souffleur dans son laboratoire & l'autre une femme dans son ménage faisant manger de la soupe à son enfant. Une Danse de paysans, par Jean Miel. Un Homme qui conduit une charrette & une femme donnant à teter à son enfant, tableau peint sur bois, par Philippe Wouwerman. Une Sainte Famille, sur bois, par Guido Reni. Un Repos en Egypte, par Simon Cantarini, dit le Pezarese. Un Flûteur, petit tableau sur bois, par Gérard Dow. Une Fuite en Egypte, par Dietrich, Saxon.

Sculpture dans le cabinet flamand : la figure de la niche qui termine ce cabinet, faite par Pajou, représente la Peinture. Sous la pendule du bureau, une figure en marbre, par La Rue, représente l'Etude. (*Dictionn. pitt. & hist.*, t. Ier, p. 117-131.) Cf. le *Catalogue historique du cabinet de peinture & sculpture françoises* de M. de la Live. Paris, 1864, in-4°.

LAMBERT (M. le chevalier), banquier, possède une belle collection de tableaux, parmi lesquels sont des Berghem, des Van Ostade, des Wouwerman & autres de l'Ecole des Pays-Bas; parmi la nôtre, on voit deux grands & superbes Vernet. (*Alm. des Artistes* de 1777, p. 182.)

LASSAY (Le marquis de). Cabinet cité par le *Tableau de Paris*, 1759, p. 220.

Une partie notable des tableaux de ce beau cabinet paſſa chez le comte de la Guiche & fut vendue en 1770.

LEBLANC (M. l'abbé), rue Neuve-des-Bons-Enfans, poſſède une collection de tableaux diſtingués, parmi leſquels eſt un beau Pouſſin, repréſentant un Repos en Égypte, de trois pieds de large ſur deux & demi de haut : on en connoît l'eſtampe; deux de J.-P. Panini : ils repréſentent des ruines & monumens d'Italie de trois pieds de large ſur deux & demi de haut; les deux plus précieux tableaux qu'on connoiſſe de J. Van der Heyden, repréſentant des vues; pluſieurs de Téniers & autres; on y voit auſſi des bronzes antiques, des vaſes & des porcelaines précieuſes. (*Alm. des Artiſtes* de 1777, p. 181 & 182.)

LE JEUNEUX. M. Le Jeuneux a ſu réunir dans ſon cabinet l'art avec la nature : on y voit des coquilles, des coraux, des madrépores, des foſſiles, des criſtaux, des minéraux & des agathes; il y a auſſi des poiſſons, des oiſeaux & des quadrupèdes, avec des modèles de bâtimens, de figures chinoiſes, de vaſes & de morceaux d'orfévrerie faits par des artiſtes ingénieux; tous ces objets aſſortis les uns avec les autres, font un joli effet & prouvent le goût du poſſeſſeur, &c. (Dargenville. *Conchyliologie*, éd. de 1780, t. Ier, p. 265.) La *Conchyliologie portative* citoit en 1767, p. 316 : M. Le Jeuneux, commis des finances, à l'hôtel de Chavigny, rue d'Enfer en la Cité.

LEMPEREUR (Jean-Denis). M. Lempereur, ancien échevin, fameux joaillier, cour de Lamoignon, près le Palais, a chez lui entre autres tableaux vingt-deux des plus grands maîtres, qui ſont : Vénus à ſa toilette, Vénus & Adonis, tous deux de l'Albane; une marine, de Salvator Roſa; un tableau de fleurs & de fruits, de Van Huyſum; le Départ de la chaſſe & le Retour, tous deux de Wouwerman; des Pêcheurs & des Joueurs de boules, de Téniers; un payſage avec des barques, un autre avec un moulin, de Breugel de Velours; une Magdelaine dans une grotte & des animaux avec des ruines, tous deux de Bartholomée; une Marche d'animaux, de Benedette;

une Bataille & une Rencontre de deux armées sur un pont, tous deux très-fins, de Van der Meulen; le Bon Pasteur, de Murillo; une Femme donnant une dragée à son enfant tenu par sa nourrice, une Petite Couseuse qui regarde un papillon par la croisée, & une Cage près de laquelle est un groseillier, tous trois de Metzu; un paysage, orné de figures & d'animaux qui descendent un pont, de Berchem; une Conversation dans une place sur le bord de la mer, par le même auteur; un paysage où est une chute d'eau avec des rochers, de Paul Bril; la Gloire & l'Immortalité, Bethsabée conduisant son fils Salomon, deux esquisses de Bourdon [lisez de P. Bordone]. (*Alm. des Beaux-Arts*, 1762, p. 168.)

On trouve dans le *Dictionnaire* d'Hébert une description beaucoup plus complète de ce cabinet & tout à fait différente :

Tableaux : Une Marche d'animaux, par le Benedette Castiglione. Une Marine, par D. Téniers. Une Grande Kermesse, du même. Une Petite Kermesse, du même. Deux autres tableaux, du même, représentant l'un des joueurs de boules, l'autre la pêche d'un étang. Deux tableaux de Wouwerman, représentant un départ & un retour de chasse. Une Annonciation de la Vierge, par Solimene, de Naples. Deux tableaux de Berchem, représentant l'un le passage d'un pont & l'autre une marine. Un port de mer d'Italie, grand tableau du même maître. Un tableau de Paul Bril, représentant des rochers, avec des satyres & des animaux. Deux tableaux de Breugel de Velours. Deux tableaux de Paris Bourdon qui représentent, l'un la Gloire & l'Immortalité & l'autre Bethsabée conduisant au trône son fils Salomon. Deux tableaux de Van der Meulen représentant des batailles. Deux tableaux du Bourguignon, représentant des marches de cavalerie. Une Ecureuse, petit tableau de Gérard Dow. Deux tableaux pendans, l'un de Metzu qui représente une couseuse & l'autre de Netscher qui est une tricoteuse. Une Femme qui donne une dragée à son enfant tenu par sa nourrice, par Metzu. Le Bon Pasteur, par Murillo. La Conversion de saint Paul, par Rubens. Deux tableaux de fleurs & de fruits, par Van Huysum. Un Hiver, par Wouwerman. Un tableau de Vernet, représentant une marine avec des pêcheurs & un grand rocher. Deux tableaux de J. P. Panini, représentant des ruines avec figures. Un tableau de Vernet, représentant une cascade dans un paysage entre des rochers. Deux tableaux de Dumont le Romain, représentant Abraham qui reçoit les trois anges & l'autre Rébecca. Le Benedicite, par Rembrandt. Un petit paysage, par Wouwerman. La Réconciliation de Jacob & d'Esaü, par Rubens. Un Repos en Egypte, par Carrache. Une Chasse aux lions, par Parrocel. Saint François & sainte Catherine aux pieds de la Vierge, par le Guide. Une Sainte Face tenue par la Véronique, du Guide. Un petit paysage, de Patel. Deux tableaux de Salviouft (Salucci), avec figures de Jean Miel, représentant des vues de Venise. Un tableau de Vernet, représentant des rochers avec une percée qui laisse voir la mer & des fabriques. Deux sujets du Boyard, par Dumont le Romain. Deux tableaux de Pierre, représentant l'un un marché & l'autre un port de mer avec une vendeuse de poissons. L'Adoration des rois, par Carlo Vanloo. Deux tableaux de Lancret, représentant une noce de village. Une Adoration des rois, petit tableau d'Armand, d'Italie, représentant Midas qui touche des arbres & cailloux qui se transforment en or. (*Dict. pitt. & hist.*, t. Ier, p. 131-134.)

L'Epine (de). Le cabinet de M. de l'Epine, architecte, contient principalement des minéraux. (Dargenville. *Conchyliologie*, éd. de 1780, t. Ier, p. 255.)

M. de l'Epine habitoit rue l'Evêque. (La *Conchyliologie nouvelle & portative* de 1767, p. 315.)

Mahudel. Le cabinet de feu M. Mahudel, docteur en médecine & de l'Académie royale des belles-lettres, étoit remarquable par l'alliance *étroite* (sic) de l'histoire naturelle avec celle de l'antiquité. Elles se trouvoient soutenues par une bibliothèque nombreuse, garnie de livres singuliers sur ces matières ; ce qui vérifioit la remarque qui a été faite sur le grand nombre de médecins qui se sont attachés à la physique aussi bien qu'à l'antiquité, &c.... (Dargenville. La *Conchyliologie*, éd. de 1780, t. Ier, p. 234.)

Malesherbes (M. le président de), à la Chancellerie. Cabinet d'histoire naturelle cité dans la *Conchyliologie por-*

tative de 1767, p. 316. Cf. la *Conchyliologie* de Dargenville, éd. de 1780, t. Ier, p. 244.

MARIETTE (P. J.). M. Mariette, rue Saint-Jacques, près les Mathurins, a un cabinet pour les livres d'art, estampes & dessins des grands maîtres, dont il possède & communique les trésors en amateur qui sait en connoître tout le prix. (*Alm. des Beaux-Arts*, 1762, p. 211, & *Dictionn. pitt. & hist.*, t. Ier, p. 134.) Cf. le *Mémorial de Paris*, 1749, t. Ier, p. 213. Mariette ne laissoit voir son cabinet qu'aux amateurs capables d'en comprendre le prix. Loin de tenir à ce qu'on en parlât, il écartoit au contraire les intrigans, les faiseurs d'*almanachs* & de *dictionnaires*. Cf. le *Catal. de l'œuvre de Rembrandt* publié par Helle & Glomy, 1751, *Avert.*, p. XVIII; & le *Catal. d'Amadé de Burgy*, 1755, exempl. annoté du Cab. des Est.

MARIGNY (Le marquis DE), rue Saint-Thomas-du-Louvre. C'est aux soins de M. l'abbé Nolin que l'on doit ce beau cabinet. (La *Conchyliologie nouvelle & portative* de 1767, p. 316-317.)

MARIVETS. La collection de M. le baron de Marivets embrasse diverses branches de l'histoire naturelle, entre autres celle des minéraux. (Dargenville. *Conchyliologie*, éd. de 1780, t. Ier, p. 266.)

MAUDUY DE LA VARAINE (M.), rue des Ecouffes. Cabinet cité par la *Conchyliologie nouvelle & portative* de 1767, p. 317.

MAYET. M. l'abbé Mayet commence un recueil de diverses productions naturelles, savoir : coquilles, pétrifications & minéraux. (Dargenville. *Conchyliologie*, éd. de 1780, t. Ier, p. 255.)

MENABUONI. M. le chevalier de Menabuoni, rue des Vieux-Augustins, à l'hôtel de Limoges, possède un cabinet fort curieux de tableaux, bronzes, estampes, dessins, médailles & pierres gravées. (*Alm. des Beaux-Arts* de 1762, p. 194.)

Le *Dictionn. pitt. & hist.* d'Hébert ajoute en 1766 la description suivante : « *Peinture* : la Vierge & saint Joseph à genoux adorant l'enfant Jésus, de l'Ecole de Raphaël; la Mélancolie, par Feti; la Tentation de saint Antoine, fur cuivre, par Annibal Carrache; dans un tableau peint par Titien, la tête d'Alphonfe d'Eft entre celle du pape Jules II, qui eft à gauche, & celle de Charles-Quint qui eft à droite, avec une tête d'animal fous chaque portrait; l'Annonce aux Bergers & le Déluge, qui eft une compofition fingulière : ces deux morceaux font de Jacques Baffan. Le portrait d'un homme portant plufieurs rangs de chaînes d'or, par Le More; un Cerf couché, de grandeur naturelle, par Oudry.

« Parmi les deffins, il y a une collection confidérable de ceux d'Oudry & beaucoup d'études du même auteur; une fuite d'hommes illuftres, au nombre de cinq cents, deffinés très-proprement, d'après les portraits de la galerie du grand-duc de Florence. Il y a auffi plufieurs manufcrits ornés de miniatures, tels qu'une Bible de 1235, un Pétrarque de 1406 & un Roman de la Rofe des plus anciens.

« *Sculpture* : Deux buftes d'enfans, en marbre, l'un de Sarrazin & l'autre de l'Ecole de Michel-Ange; plufieurs petits buftes antiques, entre autres Jules Céfar, à qui Girardon a fait une draperie d'albâtre oriental, Didius Julianus & l'empereur Nerva. »

MERLE (Le comte DE), rue de Bourbon, eft poffeffeur d'une collection de tableaux bien plus précieux par le choix que par le nombre. On y voit l'Avare, de Téniers, plufieurs Wouwermans & autres. (*Alm. des Artiftes* de 1777, p. 181.)

MONACO (Le prince DE) eft poffeffeur d'un cabinet de tableaux de plufieurs maîtres, enrichi d'une collection de bronzes antiques & de marbres. (*Alm. des Artiftes* de 1776 & de 1777, p. 201 & 176.) Voy. VALENTINOIS (duc DE).

MONTECLAIR (Mme DE) poffède une collection bien choifie de différentes branches de l'hiftoire naturelle. (Dargenville. La *Conchyliologie*, t. Ier, p. 252.) Elle habitoit rue du Cherche-Midi. (*Conchyliologie portative* de 1767, p. 317.)

MONTRILLON (M. DE), butte Saint-Roch, poffède une collection de tableaux des trois Ecoles. On y trouve des Berghem, des Lairefle, des Wouwerman, des Van Huyfum & autres excellens maîtres. (*Alm. des Artiftes* de 1777, p. 181.)

Montullé (M. de). Cabinet de curiosités mixtes. (*Alm. des Beaux-Arts*, 1762, p. 213, & *Dictionn. pitt. & hist.* d'Hébert, t. Ier, p. 137.)

Mopinot. M. de Mopinot, chevalier de l'ordre de Saint-Louis, lieutenant-colonel de cavalerie, ingénieur à la suite des armées, associé honoraire de plusieurs académies, possède une collection de coquilles, madrépores, coraux, pétrifications & minéraux. (Dargenville. *Conchyliologie*, éd. de 1780, t. Ier, p. 267.)

Morand. M. Morand, docteur en médecine, est fort curieux en histoire naturelle : le beau cabinet qu'il possède en est une preuve. (Dargenville. La *Conchyliologie*, éd. de 1780, t. Ier, p. 254.) Il habitoit rue du Vieux-Colombier. (La *Conchyliologie portative* de 1767, p. 317.) Le même livre signale comme possédant un cabinet, un autre M. Moran, chirurgien-major des Invalides, rue de Grenelle.

Moreau (M. l'abbé), au séminaire de Saint-Sulpice. Beaux madrépores. (La *Conchyliologie nouvelle & portative* de 1767, p. 317.)

Moudon (M.), rue des Boulangers. Cabinet d'histoire naturelle cité par la *Conchyliologie nouvelle & portative* de 1767, p. 317.

Nanteuil. Le cabinet de M. de Nanteuil, fermier général des Messageries de Languedoc & d'Anjou, est un des plus riches & des plus beaux que l'on voit à Paris. Le nombre des variétés dans les coquilles, leur conservation, leur grandeur & la beauté des couleurs prouvent l'étendue des recherches du possesseur, dont le goût embrasse également les estampes, les dessins & les tableaux des grands maîtres des différentes écoles, &c. (Dargenville. *Conchyliologie*, éd. de 1780, t. Ier, p. 257.) M. de Nanteuil habitoit rue d'Enfer, place Saint-Michel. (La *Conchyliologie nouvelle & portative* de 1767, p. 317.)

Nolin. M. l'abbé Nolin, contrôleur général des Pépinières de France, a fait un choix sur diverses parties d'histoire naturelle, mais principalement en très-beaux madrépores, en un grand nombre de belles coquilles & en minéraux. (Dargenville. La *Conchyliologie*, éd. de 1780,

t. Ier, p. 247.) L'abbé Nolin habitoit à la barrière du Roule. (La *Conchyliologie nouvelle & portative* de 1767, p. 317.)

OGIER (Le préſident). Les différentes parties de l'hiſtoire naturelle raſſemblées dans le cabinet de M. le préſident Ogier, prouvent que cet amateur a eu principalement en vue le règne minéral. (Dargenville. *Conchyliologie*, éd. de 1780, t. Ier, p. 266.)

De 1730 environ juſqu'en 1764, le préſident Ogier a poſſédé l'hôtel du quai d'Anjou, qui appartient aujourd'hui à M. le baron J. Pichon, & ſon portrait eſt reſté, avec d'autres portraits de ſa famille, dans la boiſerie d'une très-belle pièce du rez-de-chauſſée.

ORLÉANS (Le duc d'). Pour la deſcription beaucoup trop longue & ſi ſouvent répétée des collections du Palais-Royal, voyez : le *Mémorial de Paris*, 1749; le *Tableau de Paris*, 1759; l'*Alm. des Beaux-Arts* de 1762; le *Dictionn. pitt. & hiſt.* d'Hébert, & la *Conchyliologie* de Dargenville, toutes les éditions.

PAIGNON-DIJONVAL. M. Pagnon (liſez Paignon-Dijonval). Cabinet pour la peinture & les curioſités mixtes. (*Alm. des Beaux-Arts* de 1762, p. 213, & *Dictionn. pitt. & hiſt.* d'Hébert, t. Ier, p. 135 & 137.)

Ce cabinet, que ſon propriétaire avoit commencé en 1724 à l'âge de ſeize ans, paſſa à M. le vicomte de Morel-Vindé, qui vendit la plus grande partie des deſſins & gravures qui le compoſoient, après en avoir fait imprimer un précieux catalogue in-4° en 1810.

PAJOT D'ONSENBRAY. Le cabinet (de médailles) de M. Pajot d'Ons-en-Bray, à Bercy, eſt peut-être le plus curieux qu'on voie en Europe dans ce genre. Il a tout ce qu'on peut voir de plus intéreſſant dans les mathématiques. La maiſon eſt fort agréable auſſi bien que le jardin. (*Mémorial de Paris*, 1749, t. Ier, p. 208.)

Le cabinet de feu M. Pajot d'Onſembray, honoraire de l'Académie des ſciences, avoit été donné par ſon teſtament à cette académie & devoit être tranſféré au vieux Louvre pour être un jour rendu public. Comme cet arrangement a été changé, on ne ſera pas fâché de trouver ici la deſcription de ce cabinet, tel qu'il ſe voyoit au village de Bercy, près Paris. On trouvoit au premier étage huit pièces d'enfilade, toutes entourées d'armoires vernies de différentes couleurs & garnies pour la plupart de glaces. La première pièce étoit remplie de quantité de machines pour calculer la force du vent & connoître le sillage des vaisseaux autrement que par estime. Le fameux miroir ardent de M. le duc d'Orléans se voyoit dans cette pièce; la seconde étoit destinée à la géométrie, dont toutes les figures y étoient exécutées très-proprement en cuivre. Les armoires de la troisième pièce offroient chacune une matière différente: dans l'une étoit l'optique, dans l'autre la statique, l'hydraulique, les forces mouvantes où l'art de l'horlogerie se trouvoit exécuté depuis le mouvement le plus simple jusqu'aux pendules les plus composées. On avoit consacré la quatrième pièce à l'histoire de l'aimant, avec toutes les expériences qu'on en peut faire; chaque expérience avoit sa pierre particulière, & l'on en comptoit dans ce cabinet jusqu'à quatre cents, dont la plus considérable, qui pèse environ 9 livres, emporte un poids de 96 livres. La machine pneumatique & différens microscopes, avec ce qui est nécessaire pour les expériences, occupoient les embrasures des croisées, ainsi que toutes les sphères en cuivre qui établissent les différens systèmes du monde. Les quatre autres pièces n'étoient pas encore rangées: on en destinoit deux à la mécanique; la troisième, qui formoit une galerie, étoit pour la bibliothèque; les arts & métiers remplissoient la dernière. L'histoire naturelle & le laboratoire étoient placés au-dessus de ces cabinets. Les grosses coquilles ornoient la corniche de la première pièce, dont le plafond étoit couvert de différens animaux. Chaque armoire avoit sa matière particulière: l'une contenoit le corail, l'autre les mines, dont une seule, qui est de l'or du Pérou, est de la valeur de 13,375 livres. On voyoit, dans les autres armoires, les madrépores, les lithophites & autres productions marines; les congélations & les pétrifications remplissoient une armoire, & deux autres les coquillages; d'autres les parties d'animaux & les habillemens étrangers. L'embrasure de la porte offroit deux panneaux remplis de tubes, qui contenoient des serpens & autres reptiles. Dans la seconde pièce, qui étoit le droguier, les armoires étoient peintes des deux côtés fur du taffetas & repréfentoient les oifeaux & les plantes les plus rares, & le plafond étoit garni dans le goût de la première pièce. Les fquelettes d'hommes, de femmes & de différens animaux, avec nombre de parties injectées, fe montroient dans plufieurs armoires en long. Le fameux laboratoire avec trois cheminées, fur lefquelles étoient rangés les alambics, récipiens & matras de criftal d'Angleterre, terminoit cette enfilade. Toutes les tables qui couvroient les fourneaux étoient de marbre, avec différens robinets, dont l'eau qui tomboit fur le plancher pavé de marbre, s'échappoit par un écoulement imperceptible. Le pourtour des murs préfentoit des tablettes garnies de tout ce qui eft néceffaire à la chimie. Rien n'approchoit de l'arrangement de ce beau cabinet, & MM. de l'Académie des fciences, à qui il avoit été légué, l'ont remis dans le cabinet du Roi. (Dargenville. La *Conchyliologie*, éd. de 1780, t. Ier, p. 219-220.)

PATIOT. La collection de M. Patiot, ancien commiffaire des guerres, réunit prefque tous les genres d'hiftoire naturelle. (Dargenville. *Conchyliologie*, éd. de 1780, t. Ier, p. 255.) M. Patiot habitoit rue de l'Univerfité. (La *Conchyliologie nouvelle & portative* de 1767, p. 318.)

PAULMY (Le marquis DE). La belle collection de M. le marquis de Paulmy eft confidérable, furtout par fa bibliothèque, qui eft une des mieux afforties & des plus complètes de la capitale. Les coquilles y font auffi d'un beau choix. (Dargenville. La *Conchyliologie*, éd. de 1780, t. I^{or}, p. 224.) Ce cabinet eft encore cité par la *Conchyliologie nouvelle & portative* de 1767, p. 318.

PELLERIN (M.). Cabinet pour les médailles. (*Tableau de Paris*, 1759, p. 226; *Alm. des Beaux-Arts*, 1762, p. 213, & *Dictionn. pitt. & hift.* d'Hébert, p. 136.)

M. Pellerin, rue Saint-Florentin, près la place de Louis XV, ancien premier commis de la marine, poffède un des plus riches cabinets de médailles qu'un particulier puiffe jamais former. Il a furtout une collection de médailles grecques des plus curieufes. Nous devons à fes lumières, à fon intelligence de la langue & des auteurs grecs & à fa profonde érudition, dix volumes in-4º de recherches hiftoriques & d'explication de médailles de fon cabinet. Aux connoiffances les plus étendues, M. Pellerin joint l'affabilité la plus rare. (*Alm. des Artiftes* de 1776, p. 203.) M. le baron J. Pichon poffède le meuble qui renfermoit fes médailles.

Peters (M.), célèbre artifte & peintre en miniature du Roi de Danemarck, rue du Hafard, a formé une belle collection de tableaux, deffins & eftampes anciennes, dont une très-belle œuvre de Rembrandt. (*Alm. des Artiftes* de 1776, p. 204, & de 1777, p. 184.)

Picart (M.), rue Saint-Martin. Cabinet d'hiftoire naturelle cité par la *Conchyliologie nouvelle & portative* de 1767, p. 318.)

Pigache. Le cabinet de M. Pigache, négociant, fait connoître fon amour pour l'hiftoire naturelle par une fuite de minéraux, de criftaux, d'agathes, de pierres arborifées, de pétrifications & de coquilles bien choifies, le tout accompagné d'une bibliothèque compofée de livres précieux en différens genres. (Dargenville. *Conchyliologie*, éd. de 1780, t. Ier, p. 265.)

Poissonnier. M. Poiffonnier, de l'Académie royale des fciences, eft poffeffeur de diverfes raretés naturelles. (Dargenville. *Conchyliologie*, éd. de 1780, t. Ier, p. 256.)

Poulin (M.), rue Chapon, au Marais, poffède une précieufe collection de tableaux, parmi lefquels une Sainte Famille, de Rubens; Bethzabée, de Rembrandt; une tête de femme, du même; la Double Surprife, de Gérard Dow; un beau Bartholomée; un charmant Berghem en hauteur; un petit Mieris, dont le fujet eft une femme repréfentant la Peinture: Laireffe, dans fon *Traité de peinture*, fait le plus grand éloge de ce tableau. Il y en a beaucoup d'autres de diftinction dans ce cabinet, qu'il feroit trop long de détailler dans une defcription. (*Alm. des Beaux-Arts* de 1777, p. 180.) Cf. la *Collection Poullain gravée*. Paris, 1791.

Praslin. Le cabinet de M. le duc de Praflin, en fon hôtel rue de Bourbon, eft aujourd'hui un des plus confidérables de la capitale; on va juger de l'attention qu'il mérite par quelques-uns des tableaux qu'il renferme & dont nous allons faire mention. On y voit un très-beau sujet de P. Potter; il repréfente des vaches dans une prairie. Un Départ pour la chaffe, d'Adrien Van de Velde, tableau très-capital; quatre ou cinq de Gérard Dow, dont deux de la première diftinction; un de Rembrandt, en hauteur, que M. Le Bas a gravé; un Concert, par Metzu, venant du cabinet de Choifeul : on y voit une femme qui chante & un homme jouant du violon; un très-beau Berghem, repréfentant l'Embarquement des vivres, un des plus capitaux & des plus beaux de Wouwerman qui y fait pendant & beaucoup d'autres capitaux de la même école. Parmi les tableaux de l'Ecole françoife, l'on voit une marine éclairée par un foleil couchant, tableau très-capital de Claude Lorrain. La Prière à l'Amour, par Carle Vanloo; fon grand payfage, connu par l'expofition qu'il en fit au Salon; fon petit Bacha, gravé par Beauvarlet; l'Aveugle trompé, par M. Greuze, ainfi que fon pendant, & beaucoup d'autres très-eftimés, de toutes les écoles. (*Alm. des Artiftes* de 1777, p. 176.)

PRÉCIGNY (M. DE), fermier général, rue des Jeûneurs, eft auffi poffeffeur d'une collection de tableaux. (*Alm. des Artiftes* de 1777, p. 182.) C'étoit M. Ménage de Preffigny. Voy. la gravure intitulée : *le Billet doux*.

PROUSTEAU (M.). Cabinet pour la peinture. (*Alm. des Beaux-Arts*, 1762, p. 213, & *Dictionn. pitt. & hift.* d'Hébert, t. Ier, p. 135.)

PUYSIEUX (Mme DE). Le cabinet de Mme de Puyfieux, au château de Vincennes, contient de belles coquilles & une fuite complète des foffiles de France très-bien confervés, &c.... On y voit quantité de marbres, de porphyres, d'albâtres & de jafpes, différentes pierres arboriſées, des cornalines dont quelques-unes font gravées, des agathes & des cailloux d'Egypte figurés, ceux d'Efpagne variés en couleur, du lapis; un affortiment de toutes les pierres fines taillées, des perles, des turquoifes, beaucoup de madrépores, de coraux & de plantes marines. (Dargenville. *Conchyliologie*, éd. de 1780, t. Ier, p. 266.)

RANDON DE BOISSET. *Éloge de M. de Boiffet* (tiré de l'*Alm. des Artiftes* de 1777, p. 153-156.) M. de Boiffet, receveur général des finances, naquit à Reims; il y reçut l'éducation la plus brillante. Au fortir du collége il fe deſtina au barreau, mais un examen plus réfléchi lui fit ſentir combien cette carrière étoit longue à parcourir & l'immenſité des connoiſſances que le barreau exige pour s'y diſtinguer avec honneur. Il ſuivit l'intention de ſes parens qui le deſtinoient aux affaires; il s'y diſtingua bientôt par une ſagacité peu commune. Son eſprit pénétrant & juſte lui rendit le travail extrêmement facile : il fut tel enfin que Meſſieurs les fermiers généraux, qui avoient calculé ſon génie, furent très-enchantés de l'avoir pour aſſocié. Devenu fermier général, il montra dans cette place beaucoup d'humanité; l'on vit conſtamment ſes conſeils ſuivis & couronnés par ſes ſuccès. Déterminé par des circonſtances particulières à quitter la place de fermier général, il paſſa à celle de receveur général des finances, qui, moins coactive que la première, lui donnoit plus de temps pour ſe livrer à ſon goût pour les lettres & pour les beaux-arts. M. de Boiſſet, retiré du tumulte des affaires & jouiſſant d'une fortune conſidérable, jette des regards avides ſur cette heureuſe contrée où tout conſtate encore le long règne des arts. Il médite le voyage d'Italie pour acquérir des connoiſſances nouvelles. Celles qu'il avoit dans les arts n'étoient point aſſez développées; il faut des connoiſſances plus réfléchies pour prononcer ſur les talens. Il avoit beſoin de conſeils, il eut la modeſtie d'en demander. Pour étendre ſes lumières, M. de Boiſſet imita M. le duc de Saint-Aignan; il chercha les grands artiſtes de notre école & ſe lia d'une amitié particulière avec M. Boucher; ce peintre des grâces y étoit ſans morgue, ſans dédain & ſans orgueil; il étoit bien fait pour être l'ami d'un amateur dont le commerce étoit le plus doux & le plus aimable. M. Boucher fouloit aux pieds cette jalouſie baſſe qui ne ceſſe de faire au mérite une guerre de chicane : on ſent combien il mit d'intérêt, d'affection & de plaiſir à former dans M. de Boiſſet les connoiſſances relatives à la peinture. M. de Boiſſet partit pour l'Italie en 1752; arrivé à Florence, il y acheta ſix tableaux de M. Vernet. Il eſt flatteur pour M. Vernet que la première acquiſition de M. de Boiſſet ait enrichi la France de ſix tableaux que nous ne connoiſſions pas : c'étoit multiplier ſes triomphes. Cette acquiſition lui inſpira un goût pour la peinture qui dans la ſuite n'a point eu de bornes. Il y ſacrifia des sommes considérables. M. de Boisset fit un second voyage en Italie en 1762, ce second voyage fut de quinze mois; peu de temps après son retour à Paris, il fit le voyage de Flandres avec M. Boucher; c'est alors qu'il se livra entièrement à son goût pour l'Ecole flamande : il en acheta les tableaux les plus renommés. Il dépensa des sommes immenses pour les acquérir. On trouve dans son cabinet toutes les richesses de la Flandre & de la Hollande. Il avoit rapporté d'Italie les marbres les plus rares. Il possède une grande collection des dessins de tous les maîtres, des gouaches, des figures, bustes, vases de marbre, de bronze, des effets très-précieux du célèbre Boule, des porcelaines anciennes & modernes du plus beau choix. M. de Boisset se préparoit à faire de nouvelles acquisitions, mais la mort qui l'a frappé à la fin de septembre, dans la soixante-septième année de son âge, nous l'a ravi trop tôt, &c....

RÉAUMUR. Feu M. de Réaumur, intendant de l'ordre militaire de Saint-Louis, de l'Académie royale des sciences & de celle de Londres, avoit ramassé dans une grande pièce tout ce qu'on peut souhaiter en minéraux, en métaux, en terres, en bols, en pierres & en fossiles. On y trouvoit non-seulement toutes les mines de France, mais celles des pays étrangers les plus éloignés, telles que les mines des Indes & du Pérou. Les plus remarquables sont celles du Hartz, dans le duché de Brunswick. Les minéraux paroissoient renfermés dans des bocaux rangés sur les tablettes de plusieurs armoires grillées, dont la plus grande, qui occupoit le milieu, contenoit les fossiles, de même que les studioles régnantes au pourtour des armoires. Une suite de pierres fines, entre autres de turquoises, s'y distinguoit parmi le reste. Le bureau qui étoit au milieu se trouvoit rempli d'une quantité d'insectes pris dans tous leurs états différens : ces insectes se conservent secs entre deux verres; & il y avoit encore une suite considérable d'insectes mous, comme chenilles, vers, cloportes, &c., qui sont logés dans la liqueur de plusieurs petits tubes de verres différens, de fioles & de bocaux. Cette suite se voyoit dans un cabinet, à côté de la grande pièce : elle étoit rangée sur des tablettes, avec quantité de fioles qui exposoient dans la liqueur des quadrupèdes, des reptiles & des poiſſons étrangers, ſans parler de pluſieurs animaux deſſéchés qu'on avoit rangés ſur le mur. Dans la partie à gauche, on trouvoit dans trois pièces de ſuite une collection d'oiſeaux, d'inſectes, de quadrupèdes empaillés & rangés dans des armoires vitrées où l'on voyoit encore quantité de morceaux curieux ; les nids de pluſieurs oiſeaux ſe remarquoient dans la dernière pièce : c'étoit une des plus belles collections & des plus complètes en ce genre que nous ayons eues dans l'Europe. (Dargenville. La *Conchyliologie*, éd. de 1780, p. 221-222.) Réaumur habitoit faubourg Saint-Antoine. Cf. le *Mémorial de Paris* de 1749, t. Ier, p. 211.

REMY (M.), rue des Grands-Auguſtins, eſt poſſeſſeur d'un très-riche cabinet de deſſins. Il doit à ſa douceur & à l'honnêteté la plus ſcrupuleuſe, la confiance de pluſieurs grands ſeigneurs dont il entretient les cabinets. Il fait ventes & priſées de tableaux, deſſins, eſtampes & hiſtoire naturelle. (*Alm. des Artiſtes* de 1776, p. 206.)

ROMÉ DE L'ISLE. M. de Romé de l'Iſle, de l'Académie électorale des ſciences utiles de Mayence, connu par divers bons ouvrages qu'il a publiés récemment ſur la minéralogie, s'eſt formé un cabinet relatif à cette partie de l'hiſtoire naturelle ; on y diſtingue une nombreuſe ſuite de criſtaux de toute eſpèce, qui ont ſervi de baſe à ſa criſtallographie. Cette collection, la plus belle & la plus complète en ce genre qui ſoit en France, eſt accompagnée d'une ſuite choiſie de minéraux dont ce naturaliſte vient auſſi de publier la deſcription, ce qui nous diſpenſe d'entrer dans un plus grand détail à cet égard, &c. (Dargenville. La *Conchyliologie*, éd. de 1780, t. Ier, p. 251.)

REYNIÈRE (LA). M. de La Reynière, outre une petite collection de tableaux de fameux maîtres, eſt poſſeſſeur d'un vaiſſeau en petit de 70 pièces de canon, armé & équipé de toutes pièces, qui paſſe pour un chef-d'œuvre pour les proportions & pour la perfection de la conſtruction. (*Tableau de Paris*, 1759, p. 225.)

M. de La Reynière, fermier général, rue Grange-Batelière, au delà du boulevard, poſſède de très-beaux tableaux italiens & françois ; on voit parmi ces derniers pluſieurs Lemoine, & quatre chaſſes de Deſportes ; on voit auſſi chez lui des marbres très-beaux & très-rares. (*Alm. des Artiſtes* de 1777, p. 181.)

Le ſalon de M. de La Reynière nouvellement décoré par M. Cleriſſeau. Le genre agéable & nouveau que cet artiſte a employé dans l'ordonnance de ce ſalon, le rend l'un des plus beaux & des plus diſtingués. Le ſtyle noble dans lequel il eſt traité répond très-bien à la grandeur de cette pièce qui a 38 pieds de long ſur 28 de large & de haut : auſſi le ſpectateur éprouve-t-il en y entrant une ſatisfaction qui augmente à meſure qu'il en examine les différentes parties. Leur liaiſon & leur accord entre elles produiſent un tout harmonieux qu'on eſt forcé d'admirer, & l'étonnement redouble lorſqu'on s'aperçoit que l'artiſte a été aſſujetti à un ordre déjà exécuté & à pluſieurs autres défectueuſes qu'il a été obligé de conſerver. Il a ſu tellement les changer, en ôtant les ornemens de mauvais goût qui les couvroient & en en ſubſtituant d'autres de meilleur choix, qu'il eſt impoſſible de s'apercevoir, ſans être prévenu, que cet ouvrage eſt une reſtauration.

La cheminée qu'on y voit eſt d'un marbre précieux, revêtu de bronze, dont l'application eſt très-bien entendue. Elle ſe lie parfaitement avec les quatre candélabres dorés qui ornent les angles du ſalon où ils ſont placés ſur des piédeſtaux du même marbre. Ces candélabres, dont le travail eſt très-ſoigné, ont été exécutés par M. Dupleſſis, fameux ciſeleur de Paris.

Le plafond a 8 pieds de hauteur du deſſus de la corniche, & 42 pieds de développement par ſa longueur. Il eſt entièrement de la compoſition de cet architecte & a une parfaite analogie avec le reſte de la décoration. Les quatre portes ſont traitées d'une manière fort intéreſſante ; la peinture qui en arme *(ſic)* les panneaux & le couronnement s'accorde avec celle du plafond, & les ornemens qui entourent cette pièce ſont d'une compoſition très-agréable & d'une exécution précieuſe.

L'enſemble de cette ſuperbe pièce nous prouve qu'en puiſant dans les maximes des anciens, il eſt très-facile d'y trouver un genre qui nous convienne parfaitement, quoique très-différent de celui que nous avons adopté. On eſt encore convaincu, en voyant cette production nouvelle, qu'on pourroit être plus économe de la dorure, puiſque l'artiſte n'en a fait aucun uſage pour ramener la peinture. N'étoit-il pas ridicule de l'avoir chaſſée de nos décorations intérieures, pour y ſubſtituer des bas-reliefs en ſtuc ou plus ſouvent encore leur imitation, qui devient toujours pauvre par ſon ton de couleur & d'une exécution fort difficile, eu égard aux différens jours qui les éclairent.

Les glaces, dont les effets ſont très-féduiſans lorſqu'elles ont à réfléchir & multiplier des objets intéreſſans, comme dans le ſalon de M. de La Reynière, les glaces, diſons-nous, deviennent dans nos appartemens une cauſe de ſtérilité & n'y produiſent que des vides où rien ne vient ſe peindre que la figure de ceux qui s'y mirent, ne trouvant dans la pièce aucun ſujet qui attire leur attention. Enfin ce beau ſalon, que nous citons comme un modèle à ſuivre, fait également honneur au bon goût du propriétaire & aux talens de l'architecte. Il nous prouve encore que ſi l'architecture ſe joint avec la ſculpture pour décorer l'extérieur de nos édifices, c'eſt particulièrement avec la peinture qu'elle veut embellir l'intérieur de nos habitations. (*Alm. des Artiſtes* de 1777, p. 84-86.)

Rochefoucaud (La). M. le duc de La Rochefoucault jouit d'un beau cabinet concernant les coquilles, pierres, minéraux & autres eſpèces. (Dargenville. La *Conchyliologie*, éd. de 1780, t. Ier, p. 244.)

Rouelle (M.), apothicaire-chirurgien, rue Jacob. Cabinet cité par la *Conchyliologie nouvelle & portative* de 1767, p. 318.)

Roussel (M.), fermier général, rue Plâtrière. Cabinet d'hiſtoire naturelle cité par la *Conchyliologie nouvelle & portative* de 1767, p. 318. (Un des fondateurs de Sèvres.)

Sage. La collection de M. Sage, de l'Académie des ſciences, renferme des minéraux, des pétrifications & autres objets relatifs au règne minéral. (Dargenville. *Conchyliologie*, éd. de 1780, t. Ier, p. 265.) Ce collectionneur eſt probablement celui qui eſt ainſi déſigné dans la *Conchyliologie nouvelle & portative* de 1767, p. 318) : « M. Le Sage, apothicaire-chimiſte, rue de Buffi. Joli cabinet & très-inſtructif. »

Saint-Aignan (Le duc de), quai Malaquâis. Cabinet pour la peinture & les curiosités mixtes. (*Alm. des Beaux-Arts*, 1762, p. 213, & *Dictionn. pitt. & hist.* d'Hébert, t. Ier, p. 135 & 137.)

Eloge de M. le duc de Saint-Aignan (tiré de l'*Alm. des Artistes* de 1777, p. 150-152) : « Les lettres & les arts ont perdu un protecteur éclairé, un amateur illustre, dans la personne de M. le duc de Saint-Aignan, pair de France. La vente des objets curieux qui formoient la belle collection de ce grand seigneur, a déjà fait connoître quelle étoit la solidité & la délicatesse de son goût. Nous nous bornerons ici à entrer dans quelque détail sur ce qui fit naître, développer & entretenir en lui l'amour des talens. Cette source de jouissances multipliées lui fut longtemps inconnue & cependant le germe en étoit dans son âme : mais il l'ignoroit & son ambassade d'Espagne ne pouvoit l'en instruire. Cette monarchie opulente & fière étoit encore, au commencement du siècle, aussi pauvre en artistes qu'en monumens propres à enflammer un jeune amateur, & comme Achille déguisé à Scyros ne se découvrit qu'à l'aspect des armes qu'on lui présenta, de même M. de Saint-Aignan ne connut, ne sentit la force de son penchant pour les arts que lorsqu'il fut arrivé dans ces riches contrées, où le peintre animant la toile, lui commande à son choix tantôt d'enfanter des hommes qui semblent respirer sous le pinceau, tantôt de couvrir la terre de fleurs & de fruits. C'est dans son ambassade de Rome qu'éclairé sur son goût, tout l'invitoit à s'y livrer. C'est là qu'il s'enthousiasma de l'amour du beau : c'est dans cette ville superbe, veuve d'un peuple-roi, mais reine encore du monde, qu'il osa fouiller dans les doctes ruines de l'antiquité pour agrandir ses connoissances. C'est en parcourant l'Italie qu'il acquit les précieux tableaux de Carle Maratte, le Guide, Lanfranc, Philippe Laur, le Môle & autres que nous avons vus. Il fut guidé dans ses acquisitions par des principes sûrs & par un discernement peu commun. Mais pour parvenir à connoître ces principes, à acquérir ce discernement, il avoit fallu descendre du rang où la naissance & le mérite l'avoient placé, & M. le duc de Saint-Aignan avoit été assez grand pour le faire. Il avoit recherché non-seulement les artistes françois, qui étoient pour lors à Rome, comme les Subleyras, les Michel-Ange Slodtz, les Vernet & autres, mais les Italiens même : il leur avoit demandé des conseils; il s'étoit éclairé de leurs lumières; il étoit devenu leur ami. Enfin, comblé de gloire, très-estimé à la cour, respecté à la ville, aimé partout, il a fini sa longue & tranquille carrière. Son nom gravé au temple de Mémoire apprendra à la postérité quels furent ses vertus, ses talens & nos regrets. "

Saint-Chamond (Le marquis de), rue Thévenot, possédoit un cabinet d'histoire naturelle cité par la *Conchyliologie nouvelle & portative* de 1767, p. 313.

Saint-Foix (M. de) possède dans sa maison de Neuilly une collection précieuse de tableaux distingués; on y voit un Décampement d'armée, de Wouwerman, que les connoisseurs regardent comme le plus capital & le plus argentin de ce maître; une belle Fête de village, de Téniers : l'un & l'autre de ces tableaux sont d'environ trois pieds de large sur deux & demi de haut; deux des plus beaux tableaux d'Isaac Van Ostade; un de Berghem; il y en a aussi de Paul Potter, de Van de Velde & autres maîtres des trois Ecoles. Il a joint à ces beautés la plus précieuse collection qu'on puisse voir en porcelaines anciennes & rares, & son goût a présidé à l'arrangement le plus noble & le plus satisfaisant. (*Alm. des Artistes* de 1777, p. 178.)

Saint-Germain-des-Prés. Les Bénédictins de l'abbaye de Saint-Germain-des-Prés ont une collection d'histoire naturelle qui devient considérable de jour en jour. Elle est placée dans un cabinet qui est à un des bouts, au côté gauche de la bibliothèque; des tablettes fermées de glaces règnent autour de cette salle, sur quoi sont posés des minéraux de différens pays, des cristaux, des pierres fines, &c. (Dargenville. La *Conchyliologie*, éd. de 1780, p. 228-229.) Cf. l'*Alm. des Artistes* de 1776, p. 199.

Saint-Non (M. l'abbé de), dont tout le monde connoît & rend justice aux talens, a formé une belle collection de dessins de l'Ecole françoise. Il demeure rue du Roule, faubourg Saint-Honoré. (*Alm. des Artistes de* 1777, p. 185.)

SAINT-SULPICE (MM. du féminaire). MM. du féminaire de Saint-Sulpice ont pratiqué au bout d'une falle carrée qui renferme les livres des héréfiarques, indépendans de la grande bibliothèque, deux cabinets confécutifs. Le premier, entouré d'armoires, contient des recueils confidérables d'eftampes des meilleurs maîtres. Le fecond eft pareillement entouré d'armoires fculptées & fermées de glaces, où font rangées les ftalactites, ftalagmites, &.... Les globes, les téléfcopes, la machine pneumatique & plufieurs autres inftrumens font rangés dans les pilaftres pratiqués entre les armoires, avec des fuites de médailles. C'eft M. l'abbé Moiroux, fupérieur du féminaire, qui a augmenté confidérablement ce cabinet & qui l'augmente encore tous les jours de pièces précieufes. (Dargenville. La *Conchyliologie*, éd. de 1780, p. 230.) Cf. le *Tableau de Paris*, 1759, p. 225.

SAINT-YVES (M. DE), rue du Chantre, avec plufieurs beaux tableaux & deffins, poffède une riche collection d'eftampes de choix. Il poffède auffi plufieurs œuvres complètes des anciens maîtres, parmi lefquelles on regarde comme unique en France, pour la beauté des épreuves, celle de Lucas de Leyde, où l'on trouve l'épreuve de l'Efpiègle, qui eft fi rare, & l'œuvre d'Albert Durer. (*Alm. des Artiftes* de 1777, p. 184-185.)

SAINTE-GENEVIÈVE. La Bibliothèque de Sainte-Geneviève, fi connue par fon grand vaiffeau fait en croix & par une grande quantité de manufcrits & de livres rares de plus de foixante mille volumes, fe trouve accompagnée d'un cabinet d'hiftoire naturelle dont on a autrefois publié une defcription avec nombre de planches. Aujourd'hui ce cabinet eft tout changé, étant renfermé dans un bâtiment neuf compofé de deux pièces contiguës à la Bibliothèque. La première eft carrée & garnie dans fon plafond de plufieurs animaux fufpendus; cette falle, entourée d'armoires grillées, préfente dans la première une momie entière venant d'Egypte, &.... On paffe de là dans une galerie élevée & fort bien décorée, avec une corniche dont les ornemens jouent fur un plafond blanc. Quatre grandes armoires de bois verni & fculpté revêtiffent les deux ailes, fans compter celles des deux fonds. La première en entrant offre des recueils de médailles grand, moyen & petit bronze, avec des confulaires du même métal. La feconde armoire fuivante, qui a quatre féparations, contient dans la première les poids & mefures des anciens. Les tombeaux, les cinéraires, les lampes, les lacrimatoires font expofés dans les deux féparations fuivantes. La quatrième renferme les inftrumens des facrifices. Dans la feconde armoire eft un vrai panthéon. Toutes les divinités grecques, romaines, s'y voient bien confervées, furtout celles des Egyptiens. Au fond de la galerie fe trouvent dans deux armoires les monnoies de France en or & en argent & les coins des médailles appelées Padouannes, qui font un objet unique & fingulier dans cette collection. Les médailles modernes, toutes en cuivre, occupent une partie de la feconde armoire, & celle du milieu eft remplie de médailles antiques & de monnoies de France en or, avec plufieurs tiroirs de pierres gravées & des jetons de différent métal. La grande armoire des côtés, en remontant, offre ce qu'il y a de plus curieux & de plus rare : ce font des vafes étrufques de différente forme & en grande quantité. Plufieurs morceaux d'antiquité tels que cariatides, buftes, chapiteaux, bouts de corniches & autres pièces de marbre rempliffent l'armoire au-deffus. La dernière à gauche contre la porte contient des médailles antiques & des monnoies de France. Il faut remarquer que les douze encoignures & embrafures des croifées font remplies de morceaux relatifs à la matière des armoires voifines & qu'on y voit des pièces très-curieufes. (Dargenville. La *Conchyliologie*, éd. de 1780, p. 227-228.) Cf. le *Tableau de Paris*, 1759, p. 222-223; l'*Alm. des Arts.* de 1776, p. 199; & Du Molinet.

SALVERT (Le comte DE), rue Françoife. Cabinet pour la peinture. (*Alm. des Beaux-Arts*, 1762, p. 213, & t. Ier, p. 135.)

SAVALETTE DE BUCHELAY (M.), rue Saint-Honoré, près les Feuillans. Cabinet d'hiftoire naturelle cité dans le *Tableau de Paris*, p. 224, & dans le *Dictionn. pitt. & hift.* d'Hébert, t. Ier, p. 136.

On trouvoit chez feu M. Savalette de Buchelay, fermier général, une pièce en galerie ornée de plufieurs modèles de fculpture & de mécanique, rangés fur des tablettes entre de gros morceaux d'hiftoire naturelle, &c.

Les minéraux étoient des plus complets; il y en avoit beaucoup d'étrangers, avec des fuites de pierres fines montées en épingles, &c. (Dargenville. La *Conchyliologie*, éd. de 1780, p. 223-224.)

SENNEVILLE (M. DE), fermier général, au petit hôtel de Noailles, poffède une jolie collection de tableaux des maîtres françois. (*Alm. des Artiftes* de 1777, p. 184.)

SÉRAN (M. le marquis DE), rue de Bourbon, près la rue des Saints-Pères, poffède quelques tableaux fins de l'Ecole flamande : il augmente fa collection de jour en jour. (*Alm. des Artiftes* de 1777, p. 184.)

Il y a aux Archives de Verfailles la note de plufieurs pendules & autres meubles confifqués fur les émigrés *Sérent* (vraie orthographe de ce nom qu'il ne faut pas confondre avec celui des Cléry de Sérans).

SERVAT (M.), intéreffé dans les affaires du Roi, rue des Bons-Enfans, vis à vis l'hôtel de Touloufe, forme un cabinet diftingué; il a acquis les tableaux que poffédoit autrefois M. de Ravanne, parmi lefquels on voit le Port de mer, de Berghem, de trois pieds de haut fur quatre de large; il a été gravé par Aliamet; trois beaux Wouwerman, dont une Chaffe au vol; un par Gérard Dow, repréfentant une femme qui puife de l'eau; un par Téniers; un par Claude Lorrain, de deux pieds & demi de large fur deux de haut; l'Adoration des rois, par Rembrandt, fuperbe compofition; ce tableau, l'un des plus capitaux de ce fameux maître, dans lequel on voit vingt-trois figures, eft de quatre pieds de haut fur trois de large; il a été acheté à Londres avec un grand & magnifique Berghem, repréfentant un groupe de pâtres; on voit dans le lointain le paffage d'un bac. M. Servat poffède auffi un tableau précieux de P. Potter, dans lequel on voit un taureau & deux vaches. M. Lebrun, peintre, a eu foin de le faire graver par M. Lebas; il a encore un fujet de dévotion, par Bartholomé, qu'on regarde comme le plus capital de ce maître; une tête de femme, par Rubens; un d'Adrien Van de Velde; un de Vander Heyden & autres. On efpère que cet amateur, dont on connoît le bon goût, nous dédommagera quelque jour de la perte des cabinets que nous venons de faire. On voit encore chez lui un choix très diftingué d'eftampes rares & des plus capitales des anciens maîtres; plufieurs œuvres entières, parmi lefquelles eft celle de Rembrandt prefque complète. (*Alm. des Artiftes* de 1777, p. 179.)

Sevin. Feu M. Sevin, confeiller honoraire au Parlement, s'étoit fait un choix de pierres fines de couleur, d'agathes, de dentrites, de vafes de jafpes & de criftal, de coralines, de pierres gravées & d'une collection de coquilles où fe rencontroient les plus belles & les plus rares. Extrêmement délicat dans leur confervation, il ne cherchoit dans leur arrangement que le coup d'œil. On remarquoit dans ce cabinet un Chrift flagellé, taillé dans un jafpe fanguin, dont le rouge imite les taches de fang, & une fculpture en ivoire de la dernière beauté : c'eft l'union de l'Amour & de Bacchus repréfentée par plufieurs nymphes & amours qui fe groupent autour de deux troncs d'arbres garnis de pampres & de raifins. Ce curieux joignoit à une parfaite connoiffance, *l'habileté de la main pour tailler & monter des pierres dans la dernière perfection*. (Dargenville. La *Conchyliologie*, t. Ier, p. 232.)

Sireul (M.), rue l'Evêque, butte Saint-Roch, poffède une collection de tableaux de différentes écoles. Cette collection n'eft pas nombreufe; le tableau qui le flatte le plus eft le portrait original de La Fontaine, par Largillière, c'eft un des chefs-d'œuvre de cet artifte. On voit encore chez cet amateur une nombreufe collection de deffins de M. Boucher, montés fous verre. (*Alm. des Artiftes* de 1777, p. 183.)

Strogonoff (Le comte de), rue Montmartre, vis à vis l'hôtel d'Uzès, poffède un choix de tableaux des Ecoles flamande & françoife. On y voit un Vieillard, de Rembrandt, gravé par Smith; il y a des Van Dyck, des Gérard Dow, des Van Oftade, des Terburg & autres. (*Alm. des Artiftes* de 1777, p. 180.)

Sully (Le duc de). M. le duc de Sully, pair de France & chevalier de la Toifon d'or, par fon amour pour les arts & par la belle collection qu'il a amaffée dans tous les genres de curiofités, mérite ici une place diftinguée; c'eft une foible reconnoiffance de ma part pour toutes les politeffes que j'en reçois tous les jours. Son cabinet est composé de quatre pièces de suite. La première est remplie d'une bibliothèque nombreuse, ornée de recueils de cartes, d'estampes & de dessins des meilleurs maîtres. On voit sur la corniche des tablettes un rang de bustes de marbre & d'urnes, dont la plus grande partie sont antiques. Les fossiles sont renfermés dans deux bureaux placés entre les croisées, sur lesquels sont deux coffrets, l'un rempli de pierres fines & l'autre de papillons étrangers. La seconde pièce est destinée à la peinture; on y remarque plusieurs tableaux des grands maîtres : les tables & la cheminée sont garnies de gradins qui portent quantité de figures de bronzes antiques, parmi lesquelles on distingue plusieurs divinités égyptiennes & gauloises avec un vase à anses égyptien & chargé d'hiéroglyphes, qui servoit à mettre l'eau lustrale. Les pierres précieuses, les agathes, les jaspes rares & les pierres gravées sont renfermés dans un grand bureau, & les oiseaux, les poissons, les parties d'animaux, les cailloux d'Egypte se voient vis à vis dans un beau cabinet de la Chine, surmonté de gradins ornés de vases de cristal de roche, d'albâtre oriental, d'ambre & de pierre antique. On trouve dans le troisième appartement deux coquilliers de quarante-huit tiroirs, remplis de tout ce qu'on peut désirer en ce genre, & rangé par familles. Les minéraux, les métaux, les pierres figurées, les cailloux, les congélations, les pétrifications, les madrépores, les marbres y sont dans le meilleur ordre. Une lanterne trouvée dans un ancien sépulcre est suspendue au milieu du plafond. La quatrième pièce suivante est recommandable par une armoire pleine de bijoux garnis d'or & d'argent, de belles porcelaines, de pierres fines, de cristaux de roche travaillés & de figures d'ambre & d'ivoire. Le bas de l'armoire montre plusieurs productions marines, des coraux, des mines d'émeraude & de diamant, avec quelques parties d'animaux. Deux petits cabinets de la Chine placés aux côtés de cette armoire renferment les plus petites coquilles de mer & de rivière. On y trouve une belle collection de médailles consulaires & impériales en or & en argent, avec une suite de cachets & de sceaux antiques & gaulois, & une autre très-nombreuse de jetons françois & étrangers. Les murs de ces deux dernières pièces sont couverts de dessins d'animaux, de modes turques & chinoifes mifes dans des bordures. M. le duc de Sully a encore dans fes terres d'autres collections d'hiftoire naturelle, avec une galerie d'armes anciennes & modernes, & une fuite de médailles impériales & grecques, grand, moyen & petit bronze. (Dargenville. *Conchyliologie*, Ire partie, p. 114-116, éd. de 1757; éd. de 1780, t. Ier, p. 212.)

Le duc de Sully habitoit à l'hôtel de Sully, rue Saint-Antoine. (*Tableau de Paris*, 1759, p. 221, & *Dictionn. pitt. & hift.*, t. Ier, p. 135.)

TALLARD. M. le duc de Tallard, dont le magnifique hôtel eft dans le Marais, rue du Grand-Chantier, a plufieurs grandes pièces enrichies des plus beaux tableaux des Ecoles d'Italie. (*Mémorial de Paris*, 1749, t. Ier, p. 214.)

TARTRE (M. DU), rue du Temple, eft poffeffeur d'un choix précieux de tableaux des Écoles flamande & hollandoife, parmi lefquels deux Berghem, un Van Huyfum, un Van de Velde, &c. (*Alm. des Artiftes* de 1777, p. 182.)

THIERS (M. CROZAT DE), place de Vendôme. Sa maifon & celle de M. le duc de Broglio, bâties par Bullet. M. Contant y a fait beaucoup d'augmentations & a conftruit dans la dernière un efcalier d'une forme fingulière.

Le cabinet de M. Crozat eft extrêmement riche en tableaux de grands maîtres, au nombre de trois cent foixante-douze au moins, qui font :

Dans la première pièce au rez-de-chauffée, un deffin à la plume de Goltzius qu'on voit préfentant fes burins à l'Amour pour leur donner la trempe; un Saint Sébaftien, par Léonard de Vinci; une Femme appuyée fur une tête de mort, d'un maître italien; Notre Seigneur portant fa croix, d'un autre maître italien; la Sainte Famille, accompagnée de faint Michel & de faint François, du Tiriani (Tiarini); le faint Efprit defcendant fur les apôtres, du Ferrari.

Dans la deuxième pièce, un Médecin, par Van Dyck; un Vieillard, par Le More; la Femme adultère, de Pordenon; Notre-Dame du Rofaire, par Lanfranc; la Vierge & l'Enfant Jéfus tenant un oifeau, avec faint Charles, par le Schidon; Céphale & Procris, par Paul Bril; la vue de Ponte molle, d'un peintre de l'École des Carraches; des Nymphes au bain, par Jules Romain; le portrait d'un vieillard avec une fraise, par Jordans; le portrait de Van Dyck ayant la main appuyée sur le piédestal d'une colonne, peint par lui-même; la Balayeuse, de Rembrandt; sainte Claire considérant l'Enfant Jésus que la Vierge descendue du ciel lui a mis entre les mains, du Guerchin; un paysage sur le devant duquel est un âne chargé, par Paul Bril; des enfans nus jouant avec des chiens, par Philippe Laur; une Chasse aux lions, esquisse de Rubens; un tableau représentant un chevalet sur lequel est le portrait d'Annibal Carrache, peint par lui-même; le Mariage de Henri IV & de Marie de Médicis, esquisse du tableau de la galerie du Luxembourg, par Rubens; la Résurrection de N. S., par Mastelletta; un tableau représentant l'accouchement de Marie de Médicis, esquisse en grisaille pour le Luxembourg, de Rubens; le portrait d'un homme feuilletant un livre posé sur une table, de Rembrandt; un paysage où l'on voit le Jugement de Marsyas, du Lorrain; une Femme assise auprès d'une table, par Rembrandt; une bataille, du Bourdon; le portrait d'Evrard Jaback, par Van Dyck; celui d'une femme vêtue d'une robe de drap d'or tenant un mouchoir d'une main & de l'autre un petit chien, par Baroche; la Vierge tenant l'Enfant Jésus qu'un vieillard & une femme considèrent, par Van Oost; le buste de la Vierge, en ovale, d'Alexandre Veronèse; sainte Agathe tenant une palme de la droite & une soucoupe de la gauche, par un maître italien; N. S. au sépulcre pleuré par les Maries, esquisse en grisaille, de Van Dyck; le portrait en rond d'Abraham Ortellius, par Pourbus; une Sainte solitaire considérant une tête de mort & un crucifix, du Parmesan; plusieurs martyrs entre les mains des bourreaux, esquisse en grisaille de Van Dyck; un Homme avec un manteau & une fraise, & une Femme avec une fraise, tenant un gant, par Rubens; saint Joseph & la Vierge tenant l'Enfant Jésus debout, par le Schidon; la Vierge avec l'Enfant Jésus & saint Jean jouant ensemble, par le Guerchin; saint Pierre dominicain martyrisé par les Albigeois, dans un beau paysage, du Bourguignon; l'Enfant Jésus environné de chérubins foulant une tête de mort, par Sirani; Marie de Médicis sous la figure de Minerve, esquisse en grisaille pour le Luxembourg, de Rubens; Magdelaine pénitente, par Lutti; une Jeune Fille fuyant devant un jeune homme cuirassé qui la poursuit, par le Giorgion; des Soldats qui jouent aux dés, par Salvator Rosa; une Charité romaine, par Lotto.

Dans la troisième pièce : N. S. apparoissant à saint Thomas le guérit de son incrédulité, par Van Dyck; une Vierge tenant un livre d'une main & découvrant de l'autre l'enfant Jésus qui dort dans un berceau, par Rembrandt; le buste d'un vieillard tenant un livre fermé, du Pezarese; Rachel donnant de l'eau pour abreuver les troupeaux de Jacob, de Sébastien Ricci; un Repos en Egypte, tableau rond d'Annibal Carrache; la Samaritaine, esquisse de Gabiani; le portrait d'un homme vêtu de noir, ayant les cheveux courts & la barbe noire, du Titien; la Vierge, l'enfant Jésus & les patrons de la ville de Parme, ouvrage d'un élève du Corrége; saint Laurent sur le gril, par Lanfranc; le Christ mort dans le sépulcre, avec un ange, de Paul Véronèse; une Vieille faisant lire un enfant, par Rembrandt; un dessin au crayon noir représentant une tête de vieillard qui regarde en bas, de Rubens; saint Roch dans la prison avec un évêque & saint Sébastien attaché à une colonne, étude de Jacques Bassan; la Vierge allaitant l'enfant Jésus, du Solario; un Cavalier suivi de trois hommes portant des flambeaux & se retirant dans une caverne de voleurs, par le Tassi; l'étude en pastel de la tête de la Vierge, du Corrége; la Magdelaine enlevée au ciel, de Lanfranc; un Martyr refusant de sacrifier aux idoles, esquisse d'un élève de Rubens; un tableau représentant la nuit : on y voit un homme qui tient un cheval d'une main & de l'autre un flambeau, & deux soldats qui soutiennent un homme blessé, par le Tassi; l'Intérieur de la Vierge, du Féti; l'Enfant Jésus adoré par les bergers, par Carle Maratte; une Femme nue sortant du bain, du Tintoret; N. S. chez Marthe & Marie, de Jacques Bassan; la Naissance de saint Jean-Baptiste, grand tableau du Tintoret; un Vieillard achetant les faveurs d'une jeune femme qui tient un globe auquel sont attachées deux aîles, par le Titien; Marsias, de Paul Véronèse; un petit tableau qui représente une Vierge tenant l'enfant Jésus, sainte Catherine & un ange jouant du violon, de Procaccini; une Vierge tenant l'enfant Jésus, saint Jean, sainte Catherine & saint François, par Vannius; la Félicité du règne de Jacques Ier, roi d'Angleterre, traité allégoriquement, esquisse de Rubens; la Vision d'Ezéchiel, petit morceau du Corrége; une Vierge & l'Enfant Jésus à qui une vierge avec saint Dominique présente une couronne d'épines & reçoit en échange une couronne de gloire, par Philippe Laur; N. S. chassant les marchands du temple, grand tableau du Valentin; la Vierge & l'enfant Jésus à qui un noble vénitien vient rendre ses hommages, du Titien; un Roi recevant les excuses d'un jeune homme qui refuse de percer le corps de son père, tandis qu'un prétendu frère n'en fait aucune difficulté, par un peintre de l'Ecole de Bologne; la Formation d'Eve, par Jules Romain; le Baptême de N. S., par Alexandre Véronèse; N. S. en croix, esquisse du même auteur; un Christ entre les mains des Maries, esquisse de Valerio Castelli; un Sacrifice antique, par Salviati; N. S. couronné d'épines & insulté par les Juifs, de Jacques Bassan.

La quatrième pièce: le portrait du cardinal Polus, par Raphaël; une Femme représentant la Foi, tenant d'une main une croix & de l'autre un calice, par Bourdon (Bordone); le portrait d'une femme jusqu'aux genoux, par André del Sarte; le dessin de la bataille de Constantin contre Maxence, par Raphaël; la Vierge & l'enfant Jésus sur un piédestal, environnée de sainte Elisabeth tenant saint Jean, de saint Antoine, de saint Laurent & de sainte Barbe, par Louis Carrache; la Vierge sur un trône tenant l'enfant Jésus avec saint George & un vieillard, par le Schidon; le portrait d'un jeune homme ayant son chapeau & un rabat, par Rembrandt; David victorieux de Goliath, du Feti; une Sainte Famille avec saint Jérôme, du vieux Palme; une frise, peinte par Pordenon, représentant Hercule au jardin des Hespérides; Jupiter & Io dans un grand paysage, du Schiavon; la Vierge tenant l'enfant Jésus avec saint Pierre & saint Antoine, de Jean Bellin; le Martyre de saint Erasme, de Pietre Testa; Jésus-Christ attaché à la colonne, esquisse du Tintoret; Hercule enlevant les troupeaux de Cacus, autre frise de Pordenon; un tableau ovale représentant le buste d'un vieillard, par L'espagnolet; un buste de femme, de Guido Cagnacci; un Musicien, du Manfredi; la Magdelaine enlevée au ciel par les anges, du Dominiquin; l'Enfant Jésus adoré par la Vierge & saint Joseph, dans un paysage, du Giorgion; le buste d'un guerrier en cuirasse, par Salvator Rosa; l'Enfant Jésus présenté au temple, de François Bassan; la Vierge caressant l'enfant Jésus, par Camille Procaccini; le portrait d'un comédien tenant le masque d'un arlequin, du Feti; celui d'un homme vêtu de rouge & de jaune, du Giorgion; la Vierge embrassant l'enfant Jésus, & les anges qui jouent du luth, de Barthélemi de Saint-Marc; le Combat d'Hercule contre les Lapithes, frise de Pordenon; un Vieillard s'appuyant ses deux mains sur sa canne, de Rembrandt; l'Adoration des mages, par Paul Véronèse; la Vue de Ponte-Rotto, à Rome, par Van Vittelle; la Vierge tenant l'enfant Jésus, saint Jean & saint Joseph, par Scarcellin; une Annonciation, par Carle Maratte; la Présentation de N. S. au temple, par Lorenzo Lotti; saint Pierre pleurant & saint Jérôme, deux bustes du Guide; une Femme vêtue de noir, de Rembrandt; un tableau représentant des perdrix, des bécassines, un coq, par Ferdinand Bol; la Sainte Famille, d'après le Guide.

Antichambre de la galerie : sainte Elisabeth servant les malades & leur portant des rafraîchissemens qui se changent en fleurs, par Valerio Castelli; la Vierge & saint Joseph recevant les instructions de l'enfant Jésus, par le Baroche; la Vierge à genoux devant l'enfant Jésus couché dans la crèche, du même auteur; une Sainte Famille, sur un fond d'architecture, du Parmesan; l'Adoration des trois mages, du Feti; N. S. au jardin, par Annibal Carrache; la Vierge tenant l'enfant Jésus, saint François & saint Jean, par Dominique Ricci; saint Georges, par Raphaël.

Petit salon de la galerie : Jupiter & Danaë, du Titien; le même sujet, par Rembrandt; une Femme terrassée par un homme vêtu de rouge & blanc, du Titien; une Sainte Martyre attendant le coup qui doit lui séparer la tête du corps, d'un des meilleurs disciples des Carraches; un paysage avec deux figures, du Mole; un Jeune Homme mort, avec plusieurs figures qui prient saint Antoine de Padoue de le ressusciter, petit tableau du Titien; saint Jean prêchant dans le désert, par un disciple des Carraches; un Chasseur se reposant au bord d'une fontaine, du Môle; une Bacchante montée sur une chèvre, du Poussin; un Satyre recevant des fruits & des animaux, par le

Benedette; un Satyre buvant & une femme nue tenant un globe de verre, du Pouſſin; un Bacchant tenant un violon & careſſant une bacchante qui tient un tambour de baſque, du Benedette.

Galerie : la Mort de Didon, grand tableau de Bourdon; les Couſeuſes, du Guide; Silène à qui une bacchante verſe à boire, par Rubens; le Mariage de ſainte Catherine, de Paul Véronèſe; Darius faiſant ouvrir le tombeau de Nitocris, de Le Sueur; une Vierge & l'enfant Jéſus tenant une croix, du Schidon; N. S. avec la Samaritaine, de Garofalo; Loth & ſes filles, de l'Albane; la Sainte Famille & l'Enfant Jéſus endormi, dans un payſage, par le Doſſo; la Vierge, l'Enfant Jéſus ſur ſes genoux & ſaint Joſeph, par Raphaël; la Vierge careſſant l'enfant Jéſus, par le Corrège; ſainte Juſtine recevant un coup de poignard, par Paul Véronèſe; la Vierge tenant l'enfant Jéſus, le petit ſaint Jean, & trois figures, du vieux Palme; la Vierge & l'Enfant Jéſus au milieu d'une guirlande de fleurs, par Rubens; un Evêque à genoux devant la Vierge qui tient l'enfant Jéſus, par Morazone; la Samaritaine, du Dominiquin; un Vieillard tenant un maſque, par le More; la Vierge préſentant l'enfant Jéſus à ſaint François, par le Cortone; la Vertu qui punit l'Oiſiveté & fait fleurir le Travail, du Sermonetta; deux demi-figures, dont l'une écrit dans un livre, de Quintin Meſſis; Judith foulant aux pieds la tête d'Holopherne, par Raphaël; une Femme coiffée de rouge avec une plume blanche, du Titien; quatre Enfans jouant & trois Amours voltigeant, du Pouſſin; le Maſſacre des Innocens, du Schidon.

Antichambre du premier étage : le Printems, par l'un des Baſſans; un Homme appuyé ſur une table, avec une écritoire & une lettre, du More; Eraſme appuyé ſur un livre, par Holbein; Jean Malderus, évêque d'Anvers, par Van Dyck; un Homme à barbe blanche, un bonnet noir & un linge à la main, du Titien; une Vendange, par l'un des Baſſans; un Homme avec une veſte rouge & une robe noire, la main appuyée ſur une table, par un peintre vénitien; l'Hiver, par l'un des Baſſans; une Femme vêtue de noir, par un peintre vénitien; l'Eté, par l'un des Baſſans.

La deuxième pièce : la Première Femme de Rubens,

peinte par lui-même, aſſiſe dans un fauteuil, ayant une jupe rouge & blanche & un manteau noir, ſur un fond d'architecture; l'Entrevue de Jacob & de Rachel, par le Mole; un Bourguemeſtre à barbe blanche & vêtu de noir, par Jordans; un Repos en Egypte, par le Mole; un Homme vêtu de noir careſſant un gros chien, par le Titien; la Providence avec des ſymboles caractériſtiques, par le Sachi; le cardinal Antoine Palavicini, du Titien; la Famille du comte d'Arondel, par Van Dyck.

Le cabinet à la ſuite de la bibliothèque, uniquement deſtiné à l'Ecole françoiſe, où ſont: Agar conſolée par l'ange, de La Foſſe; eſquiſſe d'un tableau que Largillière a peint dans l'Hôtel de Ville; ſaint Martin donnant ſon manteau à un pauvre, par Parrocel le père; un payſage, de Patel; la Charité, par Blanchard; Zéphire & Flore, d'Antoine Coypel; une Vierge, par Charles Coypel; une paſtorale, par Pater; une bataille, par Vander Meulen; Vertumne & Pomone, d'Antoine Coypel; une Sainte Famille, de Baugin; une paſtorale, de Pater; une bataille, de Vander Meulen; une Femme voilée, par Santerre; l'Amour aiguiſant ſes flèches, par M. Natoire; l'Amour ſurpris par les amantes infortunées dont il éprouve la vengeance, par Vleugels; la Samaritaine, de Pierre Mignard; une Blanchiſſeuſe & un Enfant faiſant des bulles de ſavon, par Chardin; Perſée délivrant Andromède, par Corneille; un payſage, de Callot; une Femme ſur un lit avec un enfant, par Detroy le fils; le Triomphe de Galathée, par le Pouſſin; la Vierge & l'Enfant Jéſus, par Vouët; la Sainte Famille, dans un payſage avec des ruines, par Puget; l'Odorat repréſenté par une jeune fille qui jette des parfums dans une caſſolette, & d'autres perſonnes qui flairent des fleurs, par Raoux; le Triomphe d'Amphytrite, par Bon de Boulogne; Mercure confiant aux nymphes l'éducation de Bacchus, par la Hyre; une Femme & un Enfant, par Bourdon; ſaint Baſile refuſant l'offrande de l'empereur Valens qui tombe évanoui entre les bras de ſes gardes, par Subleyras; le Goût déſigné par pluſieurs hommes & femmes qui mangent des fruits, par Raoux; le Génie de la Peinture, par Le Moine; la Vierge, N. S. & des anges, par Stella; un payſage avec des beſtiaux & une rivière, par Le Lorrain; une Marche de troupes & une Halte, deux petits ouvrages de Watteau; le Génie de la Peinture, par Detroy le fils; l'Enfant Jésus & des anges, par Corneille; une Fuite en Egypte, par Colombel; un Combat de cavalerie, par le Bourguignon; deux sujets de l'Ecriture sainte, esquisse de Loir; une Femme devant son miroir, par Courtin; la Purification de la Vierge, par Jouvenet; un Repos en Egypte, par M. Restout; Alexandre visitant les ruines de Troie, pleurant sur le tombeau d'Achille, par Bourdon; le Frère Luce à l'entrée de son ermitage, dans un paysage, par M. Boucher; une Femme pensive, par Detroy le père; le Martyre de saint Barthélemi, de Bourdon; une pastorale, par Forest; un paysage avec trois hommes, un couché, l'autre debout & le troisième assis, de Francisque.

Appartement en entre-sol: une Adoration des bergers, par Van Achen; l'Adoration des mages, par Paul Véronèse; Psychée considérant l'Amour endormi, d'Alexandre Véronèse; Jupiter & Danaë, du Poussin; un Homme & une Femme à cheval & une Vendeuse de poissons, de Wouwerman; deux bateaux chargés de marchandises, d'Adrien Van Velde; une Femme nue & couchée, de Watteau; une Vieille ayant un manteau fourré & un chapeau, par Mieris; un Vieillard, par Gérard Dow; la vue d'un château & des courriers qui y arrivent, de Both, d'Italie; saint Siméon tenant l'enfant Jésus, par le Feti; le portrait de Paul Véronèse, par lui-même; saint Joseph recevant l'enfant Jésus des mains de la Vierge, par Bourdone; une Danaë, de Rubens; un Jeune Homme avec une chevelure frisée, de Rembrandt; un Vieillard avec un collet & la tête rasée, par Gérard Dow; un Hiver, par Both, d'Italie; un Hermite lisant, de Gérard Dow; le buste d'un jeune homme en veste de busle & une fraise, par un peintre d'Italie; Abraham congédiant Agar, de Rubens; une Femme en fourrure d'hermine tenant un papier de musique, & un Jeune Homme jouant du violon, par Metzu; un Soldat présentant de l'argent à une femme qui tient un pot de bière & un verre, par Terburg; deux personnages en masque, par Watteau; deux paysages, par Hoët.

Cabinet de travail: deux demi-figures dont un Vieillard tenant un gobelet plein de bière, de Brouwer; un Homme qui se rase, par Scalken; un paysage, avec une femme sur un cheval blanc, un homme à pied tenant son cheval, & une meute de chiens, par Wouwerman; un Homme en chemife foufflant dans un cornet, & un petit garçon, par Oftade; un Petit Garçon & une Petite Fille tenant un pot à moineaux, par Mieris; un payfage, avec un homme & une femme à cheval, des pèlerins & des chiens, par Wouwerman; une Couturière, par un maître italien; un payfage, avec un homme en capote rouge, une femme & un Turc, par Berchem; un Départ de chaffe, de Wouwerman; l'Ange annonçant aux Maries la réfurrection du Sauveur, par Romanelle; un payfage ou marine, de Berchem; un payfage avec figures, de Wouwerman.

Petit falon : le portrait de la ducheffe de Broglio, par M. Toqué; un petit payfage de figure ronde, du Goffredi; une Minerve & une Diane, deux efquiffes de Paul Véronèfe; le portrait de Mme la comteffe de Béthune, par M. Toqué; l'Ange & Tobie, tableau ovale de Philippe Laur; le corps de fainte Rofe de Viterbe, honoré par des perfonnes pieufes en faveur defquelles elle fait un miracle, par Viani; cinq têtes en paftel de Mlle Rofa Alba; une Vieille qui s'endort fur fon métier, de Gérard Dow; deux payfages ornés de figures & d'animaux, de Berchem; une Femme tenant un bifcuit fur une affiette, par Mieris.

Petite galerie : une tête de femme de profil, paftel de Mlle Rofa Alba; les Quatre Saifons avec leurs attributs, en paftel, & un portrait de profil, en paftel, de la même main; un emblême fur la néceffité du travail, une Sainte Famille & une Tentation de faint Antoine, trois fujets accrochés à un treillage de fil de laiton; le portrait de Langlois, dit Ciatris (lif. Ciartres), par Van Dyck; plufieurs petits portraits au milieu defquels eft placé celui de la comteffe d'Evreux, paftel de Mlle Rofa Alba; une Vierge en paftel, de la même; la bataille d'Arbelles, peinte à gouache, d'après un élève de Piétre de Cortone; Vénus fouettant l'Amour, & un fatyre terraffé par l'Amour, deux morceaux de miniature; un tableau fond de velours, cadre de bronze, fur lequel font accrochés treize petits tableaux, tant fujets que portraits, peints en émail & en miniature; divers tableaux ou portraits en petit, entre lefquels eft un payfage de Breugel de Velours; le portrait d'un vieillard, peint en détrempe, par

Albert Durer; onze petits sujets accrochés à un treillage de fil de laiton, parmi lesquels on distingue l'Enlèvement des Sabines, peint à gouache, par Guillaume Bawr; une Fuite en Egypte, d'Elshaimer; une Flore en miniature, par Verner.

 La première pièce des entre-sols de M. le duc de Broglio renferme quantité de modèles de Michel-Ange, de l'Argarde, & des enfans de François Flamand. Au-dessus de la porte, un Josué arrêtant le soleil, du Schiavon; une marine, de Téniers; une Femme blonde vêtue de noir, ayant une fraise autour du col, par Rubens; un Hiver, par Téniers; le Passage de la mer Rouge, par Schiavon; des Paysans qui dansent autour d'une cornemuse, par Jean Miel; une Sainte Famille, sur un paysage, par Breugel de Velours; la vue d'un château & d'un jardin, par Vander Heyden; la Parabole du fermier qui paye également ses ouvriers, par Rembrandt; la vue d'un château des Pays-Bas & du jardin, par Vander Heyden; des Bohémiennes à l'entrée d'un bois, dont une dit la bonne aventure à un paysan, de Van Uden & de Téniers; Tobie avec l'ange, de Pinas; un Jeune Homme en manteau fourré, par Holbein; un Homme & son chien, dans un paysage, de Ruysdaal; un paysage, de Téniers; une Femme ayant sur la tête une espèce de réseau, par Holbein; un paysage où il y a une masure, de vieux arbres cassés & un pêcheur, par Ruysdaal; une Femme tirant des vaches & un Homme debout, par Potter; une bataille, de Philippe Napolitain; une autre connue sous le nom de Moulin brûlé, par Wouwerman; des Paysans qui se battent, par Brouwer; la vue de Bruxelles & deux paysans, par Téniers; une bataille, de Philippe Napolitain; un Départ pour la chasse à l'oiseau, par Wouwerman; un petit paysage, de Téniers; un autre avec un homme, une femme & un troupeau, de Bartholomée; une Femme comptant son argent, par Téniers; une bataille, de Wouwerman; un Homme ayant les mains dans son manchon, de Téniers; un Campement d'armée, par Wouwerman.

 La deuxième pièce: la Guérison de l'aveugle, grand tableau de Lucas de Leyde; un paysage, de Wouwerman, nommé l'Abreuvoir; Cérès cherchant pendant la nuit sa fille Proserpine, par Elshaimer; une bataille, par

Wouwerman; une paftorale, de Berchem; l'Adoration des mages, deffin colorié de Rubens; un payfage, de Paul Bril; une Femme & un Payfan, de Metzu; l'Ange & Tobie, dans un payfage, par Bartholomée; deux payfages, de Poëlemburg; une jolie copie en petit d'une Sainte Famille, de Raphaël; une Femme malade à qui un médecin tâte le pouls, par Steen; une Femme tenant un verre & un pot, & un cavalier qui lui donne de l'argent, par Terburg; des Jeux d'enfans; N. S. conduit au Calvaire, d'Albert Durer; un payfage & des payfans qui fe divertiffent, de Wouwerman; l'Ange conduifant le jeune Tobie, par Elshaimer; le portrait de Vander Werff, peint par lui-même; faint Paul conduit à Damas après fon aveuglement, de Lucas de Leyde; un payfage & des chevaux en pâturage, par Wouwerman; l'Enfant Jéfus adoré par les anges & les bergers, de Rothenamer; une Tabagie, d'Oftade; un tableau de ruines & d'architecture, par le Saluci; un payfage avec un pont, de Bartholomée; un Manége, de Wouwerman; la vue intérieure d'une églife où l'on dit la meffe, de Stenvyck; une Femme malade à qui on tâte le pouls, par Mieris le fils; un Abreuvoir, de Wouwerman; un payfage ovale, de Bartholomée; une Vieille tenant un livre ouvert fur fes genoux, par Van Bofcher (Willeborts dit Bofchaert); des hommes & des femmes à table, & des gens qui fe battent, d'un vieux maître flamand; des hommes & des femmes qui fe divertiffent, par Wouwerman; un Concert, d'Oftade; une Salle de cabaret, de Steen; un Homme & une Femme couchés enfemble, fe réveillant avec furprife à l'afpect de la Mort & du Diable qui font aux pieds de leur lit, par Vander Werff; un Laboratoire de chimie, par Wyck. (*Alm. des Beaux-Arts* de 1762, p. 172-185.)

On trouve une reproduction à peu près textuelle de cette notice dans le *Dictionn. pitt. & hift.* d'Hébert, p. 86 à 109. Cf. le *Catalogue des tableaux du mufée de l'Ermitage*, Saint-Péterbourg, 1863.)

TITON DU TILLET. M. Titon du Tillet, rue de Montreuil, faubourg Saint-Antoine, a quatre pièces de fa maifon remplies de tableaux, bronzes & buftes de marbre & autres curiofités.

Peinture : la première pièce renferme les portraits de

sa famille, peints par Detroy, Largillière & Rigaud, & le portrait de Grimou à la taverne, par lui-même. Dans les autres pièces sont un Caton d'Utique mourant, par Lebrun; le Triomphe des arts, avec un banquet céleste dans le haut où Hercule va être admis, par Franck; treize morceaux, de Parrocel le père, représentant des combats, des chasses, des soldats attablés, &c., trois paysages piquans, de Forest; deux pastorales, de Jean Miel; la Justice & la Paix qui s'embrassent, dans un beau paysage, par La Hyre; la Duclos, fameuse actrice, peinte en Ariane abandonnée de Thésée, de Largillière; un Concert, de Raoux; le Jugement de Midas & le Parnasse, deux pendans de La Fosse: les figures en sont de grandeur naturelle; deux marines, de Vander Kabel & de Rose (de Tivoli, Ph. P. Rooss?); deux paysages fort agréables, de Breugel de Velours, dont l'un est une marine; quatre petits tableaux de Bartholomée; deux Femmes prenant du thé, par Mieris le jeune.

Bronzes : le Taureau de Farnèse, qui représente l'histoire de Dircé attachée aux cornes d'un taureau furieux; une figure équestre de Louis XIV; le Gladiateur, d'après l'Antique; un groupe de trois figures : Vertumne, Pomone & un Amour; le buste de Boileau, par Girardon; un autre en regard représentant M. Titon, par Slodtz.

Indépendamment des tableaux, bronzes, bustes & autres raretés qui se trouvent rassemblés dans cette maison où tout respire l'homme de lettres & de goût, M. Titon y est encore l'architecte d'un monument qui témoignera éternellement son zèle pour les arts; c'est un Parnasse françois qu'il a fait exécuter en bronze, à la gloire de la France de Louis XIV & des plus célèbres poëtes & musiciens depuis François Ier. Sur une montagne isolée sont placées seize figures principales & une vingtaine de génies portant les médaillons des auteurs moins fameux. La nymphe de la Seine y tient lieu de la fontaine d'Hyppocrène, Louis XIV y tient la place d'Apollon, & semble inspirer tous ces grands hommes par la protection dont il les honore. Les illustres de la Suze, des Houlières & Scudéry représentent les trois Grâces. Garnier a exécuté ce monument, dont tous les aspects sont également riches & agréables, & Jean Audran l'a gravé. M. Titon en donna en 1732 une description en un volume in-folio orné de figures, qui a été suivi d'un supplément en 1743 & d'un autre en 1755. (*Alm. des Beaux-Arts*, 1762, p. 204 & 205.) Cf. *Mémorial de Paris*, 1749, t. Ier, p. 212; *Tableau de Paris*, 1759, p. 220-221; *Magasin pittoresque*, t. XIII, p. 97; *Mémoires de Favart*, t. II, p. 53, 5 janvier 1753.

La maison de Titon du Tillet (37, rue de Montreuil) a été démolie l'année dernière (1872) pour le passage d'une rue. Quelques boiseries & les belles cheminées qui la décoroient ont été conservées par les propriétaires de cet immeuble.

Donné à Louis XV, le *Parnasse françois* orna pendant longtemps, à la Bibliothèque du Roi, une des galeries des livres imprimés, celle qui communiquoit avec le cabinet des Antiques. Il y resta jusqu'à ces dernières années. A partir de 1855 il décora la salle qui précède la galerie du rez-de-chaussée, où se trouve installé depuis cette époque le département des estampes de la Bibliothèque nationale. En 1870 il fut enlevé pour être transporté ailleurs. Il vient d'être rétabli, en 1872, dans le vestibule de la galerie supérieure qui conduit au département des manuscrits (1).

---

(1) Voici deux lettres qui pourront servir à reconstituer l'histoire de ce monument. La première est écrite par le neveu de l'auteur du *Parnasse*; la seconde fut dictée par le marquis de Marigny, directeur général des Bâtimens.

« Monsieur, je ressens vivement l'obligation que ma famille & moi nous avons d'avoir obtenu du Roy que la statue de M. Titon du Tillet, mon oncle, fût mise sur le bronze du Parnasse françois. C'est un honneur dû à sa mémoire parce que, indépendamment de ce qu'il est l'inventeur de ce monument qu'il a fait exécuter avec une dépense au-dessus de sa fortune, il étoit homme de lettres. Il y a 3 volumes de luy in-12, in-4° & in-folio sur la description du Parnasse, la liste des poëtes & des musiciens, les honneurs qui leur ont été décernés. Il étoit de toutes les Académies de l'Europe, excepté de la françoise, qu'il désiroit, mais pour laquelle il étoit trop philosophe pour faire des démarches qu'il faut faire. Chaque figure a des attributs. Vous avés trop de goût pour que je vous indique celuy qui peut convenir à mon oncle. Peut-être seroit-il convenable de le mettre debout présentant le Parnasse à Apollon qui est le Roy. On s'est attaché à attraper les ressemblances, j'ay celle de mon oncle dans un tableau de Largilliere, en sculpture, en marbre, en estampe & en médaillon. J'offre d'aider de tout ce qu'il voudra. A l'égard de la draperie, il a été capitaine de dragons, maître d'hôtel de Mme la duchesse de Bourgogne, dauphine, commissaire provincial des guerres. Le

Tour d'Auvergne (La). M. le comte de la Tour d'Auvergne, lieutenant général des armées du Roi, fait connoître son bon goût dans le choix des riches & précieux morceaux dont son cabinet est orné; nous croyons qu'il est le plus nombreux en coquilles qui soit dans Paris. Cette superbe collection est placée dans une salle d'une grandeur considérable & qui est décorée par une boiserie régnante tout autour de la salle; sur les tablettes d'en bas sont rangés les pierres, les pétrifications, les fossiles, les minéraux, les cristaux, les congélations & autres espèces. (Suit une longue description des pièces.) (Dargenville. La *Conchyliologie*, éd. de 1780, t. Ier, p. 244.)

Trouart (M.), rue Montorgueil. Belle collection de marbres; belle armoire remplie de madrépores, lithophites,

---

Sr Pajou, sculpteur auquel vous avés accordé un attelier au Louvre, a fait les trois dernières statues de Rousseau, Crébillon & Voltaire; je luy dois même encore 500^{lt}. On les dit très-belles.

« Je suis avec respect, &c...

« Titon.

« A la Neuville-Messire-Garnier, près Beauvais, 3 novembre 1766. »

(Arch. nat. O¹ 1918.)

« *Monsieur Titon, conseiller au Parlement.*

« Ménars, ce 14 novembre 1766.

« Rien de plus juste, Monsieur, que les réflexions que vous me faites l'honneur de m'adresser au sujet du monument que M. Titon du Tillet a consacré aux muses françoises. Il étoit équitable que l'auteur de ce monument y trouvât une place qui transmît la mémoire d'un amour pour les lettres dont aucun autre particulier n'a donné un exemple aussi éclatant. A l'égard de la manière de traiter la figure de M. Titon du Tillet, je ne doute pas que M. Pajou, qui est déjà connu de vous, ne profite des idées que vous lui suggérerez lorsqu'il recourera à vous pour se procurer les secours nécessaires tant pour la ressemblance que pour les attributs qui doivent caractériser cette figure. Je sçais qu'il se propose d'y joindre le mérite de la ressemblance, &, dans ce cas, il ne sçauroit recourir à une source plus sûre. Il seroit même étonnant qu'il n'y recourût pas. Il sera au surplus averti de l'offre obligeante que vous faites de l'aider à cet égard. Les trois figures de Rousseau, Crébillon & Voltaire qu'il a exécutées sont en effet très-bien & donnent tout lieu de penser qu'il s'acquittera de celle dont il est chargé d'une manière tout à fait satisfaisante.

« J'ai l'honneur d'être très-parfaitement, Monsieur, &c.... »

(Arch. nat. O¹ 1918.)

cailloux, minéraux, &c., & un admirable arrangement de coquilles dans des bas d'armoires à jour. (La *Conchyliologie nouvelle & portative* de 1767, p. 319.)

Turgot. M. Turgot, rue Portefoin, près le Temple, a une chapelle peinte par Le Sueur; les huit béatitudes fur les lambris du pourtour, dont les fonds font dorés; la Prière, qui fait le neuvième tableau, eft de Dumenil; au-deffous, autant de camayeux octogones, dont fix de Lefueur, qui font l'hiftoire de la Vierge. La modeftie de M. Turgot l'a empêché de fe déclarer ouvertement auteur du Mémoire inftructif fur la manière de raffembler, préparer, conferver & d'envoyer les diverfes curiofités d'hiftoire naturelle, imprimé à Lyon en 1758. (*Alm. des Beaux-Arts*, 1762, p. 200, & *Dictionn. pitt. & hift.* d'Hébert, t. Ier, p. 136.)

La collection de M. Turgot, chevalier de l'ordre de Malte, embraffe toutes les parties de l'hiftoire naturelle. Des armoires grillées & de bon goût règnent autour d'une pièce longue, avec des ftudioles dans le bas. On y voit de très-grands madrépores, des ftalactites, des panaches & productions des mers de la Chine, des lithophites, des efcares, des mancandris, des tubulaires, des éponges, des champignons, des crabes, des homards fort gros, des crocodilles, des lézards & d'autres animaux; des oifeaux étrangers & de France, une fuite de nids avec leurs œufs, des infectes étrangers & autres. Les ftudioles d'en bas font deftinées aux minéraux; on y trouve des mines d'or & d'argent, du Pérou, du Potofi & des Philippines; des mines de cuivre de tous pays, du cuivre foyeux de la Chine, de la mine de malachite, de l'argent frifé, des foffiles, des gommes, des bitumes, des réfines, des ambres, des fruits étrangers, des bois pétrifiés, des charbons de terre occupent plufieurs tiroirs. Les coquillages ne font pas oubliés; ils font d'une parfaite confervation. On y remarque de beaux cornets : l'amiral, le vice-amiral, les huîtres épineufes de Sicile & de Malte font très-remarquables : deux entre autres, fort groffes, font adhérentes à un gros morceau de rocher; une autre eft percée par des dails qui y font exiftans. Un herbier confidérable, un droguier, un laboratoire, augmentent encore cette collection, preuve évidente de la capacité de celui qui la possède & de son amour pour les belles connoissances. (Dargenville. *Conchyliologie*, éd. de 1780, p. 220-221.)

VALENTINOIS (DUC DE). Avant de quitter le faubourg Saint-Germain, les curieux doivent aller voir dans la rue de Varenne l'hôtel ou plutôt le palais de M. le duc de Valentinois. Les deux façades du bâtiment sur la cour & sur le jardin sont admirables. Le plan de celle de la cour est d'un goût neuf & ingénieux. Les deux ailes qui raccordent ce bel hôtel, avec les deux petits corps de logis sur la rue, sont d'un très-bon goût & font un bel effet. Il faudroit un volume entier pour faire la description de toutes les magnificences qui décorent l'intérieur de ce palais, auquel il y en a peu en Italie qui soient comparables. Tout ce que la peinture, la sculpture, la dorure, les vases ciselés en argent & en bronze peuvent offrir de curieux aux regards s'y trouve en abondance. Les Ecoles d'Italie, de Flandres & de France composent la profusion des tableaux que l'on y voit. Les groupes de marbre & de bronze, dont plusieurs sont antiques ou des meilleurs maîtres modernes. Enfin l'élégance des meubles, d'été & d'hiver, achève de combler de satisfaction les regards des curieux. Le jardin répond parfaitement à la beauté du palais, soit par son étendue soit par la façon ingénieuse dont il est orné. A l'extrémité, sur la gauche, on est agréablement surpris de trouver un autre petit palais, qui est un nouveau chef-d'œuvre pour la distribution des pièces, l'élégance & la singularité de leur décoration. (*Mémorial de Paris*, 1749, t. Ier, p. 214-215.) (1).

VALLIÈRE (M. le duc DE LA), rue du Bac, faubourg Saint-Germain, possesseur de la plus belle & de la plus riche bibliothèque pour le choix des éditions & la propreté des reliures que puisse avoir un particulier, y a

---

(1) Nous avons eu occasion de voir chez M. le baron J. Pichon treize lettres autographes du duc de Valentinois, dont deux sont relatives à la gravure, par Lebas, de son tableau dit *le Repas italien*. Il se plaint que Lebas lui ait donné trop peu d'épreuves (6 juillet 1738); dans une autre (5 juin 1738), il engage son homme d'affaires à obtenir de l'huissier priseur qu'il fasse *crier* deux tableaux de Murillo & une tête antique qu'il désire acquérir à la vente du maréchal d'Estrées, lorsqu'il y aura le moins de monde. Toutes ces lettres sont spirituelles & bien écrites.

joint une collection confidérable de tableaux d'un bon choix. (*Alm. des Artiftes* de 1776, p.202.) V. fon Catalogue.

VALMONT (M. DE), payeur des rentes, rue du Sentier. Cabinet d'hiftoire naturelle cité par la *Conchyliologie nouvelle & portative*, p. 319.)

VALOIS (M. DE), rue des Petits-Champs-Saint-Martin, eft poffeffeur d'une riche collection d'eftampes anciennes. Grand amateur des favantes compofitions de Van Dyck, il a recherché toutes les épreuves du Chrift en croix auquel on préfente une éponge, afin de fixer la priorité d'épreuve de cette eftampe rare, favoir fi la première eft celle où faint Jean eft repréfenté pofant fa main gauche fur l'épaule de la Vierge, ou celle avant la main, car l'épreuve avec la main effacée eft de la troifième édition. M. de Valois, auffi honnête qu'amateur éclairé, fe fera fans doute un plaifir de fatisfaire fur ce point de controverfe en curiofité les amateurs qui voudront être éclairés. (*Alm. des Artiftes* de 1776, p. 205, & de 1777, p. 184.)

Il ne faut pas confondre ce *Valois* avec l'antiquaire du Roi & penfionnaire de l'Académie des infcriptions, dont Gerfaint fit la vente en 1748 (dans l'île Saint-Louis). Le catalogue contient beaucoup d'antiquités romaines, gauloifes & françoifes qui fe vendirent très-peu de chofe.

VARENNES-BEOST (M.), rue de la Sourdière. Collection de mines & de pétrifications citée par la *Conchyliologie nouvelle & portative* de 1767, p. 319.

VARICOURT. M. de Varicourt, avocat au Parlement, commence une collection de coquilles. (Dargenville. *Conchyliologie*, éd. de 1780, t. Ier, p. 265.)

VASSAL DE SAINT-HUBERT (M. DE), fermier général, rue Bergère, poffède une collection de deffins italiens & françois qu'il augmente chaque jour. (*Alm. des Artiftes* de 1777, p. 185.) Voir fes catalogues de 1777, 1779 & 1783.

VENCE (Le comte DE), porte Saint-Honoré. Cabinet cité par le *Tableau de Paris* pour l'année 1759, p. 219.)

VÉRY (Le marquis DE), rue de Verneuil, poffède un cabinet de tableaux. (*Alm. des Artiftes* de 1777, p. 182.)

VIGNY (M. DE), architecte, rue des Foffés-Montmartre. Cabinet cité par la *Conchyliologie nouvelle & portative* de 1767, p. 319.

Voyer (Le marquis de). Cabinet cité par le *Tableau de Paris* pour l'année 1759, p. 219. V. Argenson & Paulmy.

Watelet (M.), receveur général des finances, rue de Berri, au coin du Rempart. Cabinet cité par la *Conchyliologie nouvelle & portative* de 1767, p. 319.

Watelet a auſſi demeuré au Louvre. Voir le *Catalogue de tableaux, deſſins montés & en feuilles, paſtels, émail du célèbre Petitot; buſtes, figures & gaines de marbre, tables de porphyre, inſtrumens de phyſique & de géométrie, clavecin de Ruckers, forte-piano & autres inſtrumens; eſtampes d'après les plus grands maîtres;* le tout provenant du cabinet de feu M. Watelet, &c., &c., par A. J. Paillet. Vente le 12 juin 1786, en ſon appartement cour du vieux Louvre, pavillon de la colonnade à gauche. Paris, 1786, in-8°.

Watteville (Le comte de), à la barrière Blanche, poſſède un choix de tableaux, au nombre deſquels on voit deux beaux Oſtade, un Mieris, un Van der Werff dont le ſujet eſt Adam & Eve, &c.... (*Alm. des Artiſtes* de 1777, p. 181.) Voir ſon Catalogue.

Maximilien-Emmanuel de Watteville, mort le 8 mai 1779, habitoit rue de La Rochefoucauld une maiſon bâtie par lui en 1756 & qui appartint en dernier lieu au marquis de Fortia d'Urban, membre de la Société des bibliophiles françois, qui a fait imprimer en 1809 ſes titres de propriété de cette maiſon. (*Note communiquée par M. le baron J. Pichon.*)

Wille (M.), graveur, poſſède un cabinet très-curieux & parfaitement bien compoſé. On voit chez lui deux grandes pièces dont l'une eſt remplie d'eſtampes anciennes, montées ſous verre, épreuves parfaites & rares, & l'autre de deſſins précieux auſſi montés. Il n'eſt point de cerbère à la porte de ce fameux artiſte; il eſt on ne peut pas plus acceſſible. (*Alm. des Artiſtes* de 1776, p. 205-206.) — M. Wille, quai des Auguſtins, poſſède d'excellens tableaux de l'École flamande, pluſieurs d'après Dietricy, un choix de deſſins curieux & des eſtampes très-belles. (*Alm. des Artiſtes* de 1777, p. 183.) Voir les *Mémoires de J. G. Wille*, 2 vol. in-8°.

TABLE ALPHABÉTIQUE.

Les chiffres romains renvoient aux pages de l'Introduction, tome Ier.
Les chiffres arabes correspondent aux numéros des articles du *Livre-Journal*, tome II.
Les abréviations A, P, S, G signifient, suivant l'usage, Architecte, Peintre, Sculpteur, Graveur.
Les noms de lieux sont imprimés en italique & les noms d'hommes en petites capitales.

A

Abraham, tableau de Dumont-le-Romain, ccxc; — congédiant Agar, par Rubens, cccxviii.

Abreuvoir, tableau de Wouwermans, cccxx, cccxxi; — copie par Van Falens, ccxxxiv.

Académie d'architecture, ccxii, ccxiii.

Académie de France à Rome, cliv, clviii, clxxii, clxxviii. Voir École des beaux-arts à Rome.

Académie des sciences de Bruxelles, lxvi.

Accouchement de Marie de Médicis, par Rubens, cccxii.

Achille & Déïdamie, tableau par Jouffroy, ccliii. Voir Reconnoissance.

Acquisitions de tableaux par le Roi, clxxi & suiv.

Adam l'aîné (Laurent-Sigisbert), S, clvi, cci, cciv, ccxxvii. Voir Sigisbert.

Adam le jeune (Nicolas-Sébastien), S, cci, cclxii, cclxxxi.

Adam & Ève, par Santerre, ccxxxv; — tableau de Lemoine, cclxi.

Adanson, ccxxvii.

Adélaïde de France (Madame), 3me fille de Louis XV, xix, xx, cxx, cxcv, cxcvi, cxcix, 805, 1036, 1586, 2665, 2740, 2745, 2874, 3007.

Adieu de Hector & Andromaque, cclxi; — de saint Pierre, par Ricci, cclxx; — de saint Pierre & de saint Paul, par Galloche, cclxxxv.

Administration des Bâtimens du Roi, — sa hiérarchie, clxv, clxvi.

Adonis, par Boucher, cclxxxii. Voir Naissance.

Adoration des Mages, cclxxix, cclxxxv; —des Bergers, cclxxxv, cccxiii, cccxviii; — des Rois, par Vanloo, — par Armand, ccxc; — par Rembrandt, cccviii; — par Paul Véronèse, — par le Feti, cccxv; — par Rubens, cccxxi.

Agar consolée, tableau de La Fosse, cccxvii. Voir Abraham.

Agathe, 134, 806, 962, 1261, 1267, 1279, 1304, 1963, 2507, 3208.

Agathe persillée, 2759.

Agathes arborisées, 713, 2240, 2286.

TABLE ALPHABÉTIQUE.

AGENOIS (duc d'), XXVII, 171, 197, 237, 246, 322, 449. Voir duc d'Aiguillon, titre que prit le duc d'Agenois.
AGINCOURT (Jean-Baptiste-Louis-Georges SEROUX d'), CCXXVII, CCXXVIII.
Aigles, 1105.
Aiguilles à tambour, 2811, 2818.
AIGUILLON (le duc d'), 483, 509, 753, 1088, 1095, 1114, 1265, 1285, 1344, 1536. Voir AGENOIS.
Air (l'), tableau de Vanloo, CLXXXII.
Ajax, statuette, 2318.
Alambics, 644, 1246, 2995.
ALBANE (l'), P, CCLXI, CCLXX, CCLXXXVIII, CCCXVI.
Albâtre d'Orient, 2410.
Alexandre visitant les ruines de Troie, par Bourdon, CCCXVIII.
ALGARDE (l'), P, CCLVIII.
ALIAMET, G, CCCVIII.
ALIN, bijoutier, XCI.
ALLEGRI (Antonio), P. Voir CORRÈGE (le).
Allemagne, LXXII, CVIII, CXXI. Voir Envois.
Allemagne (objets d'), 3064, 3070.
ALLEMAND (l'), P, CCXXXIV.
ALLEURS (Roland Puchot, comte des), XXVI, 898.
Almanach royal, 3020.
Almanachs des Beaux-Arts & des artistes, XXI, XXIX, XXX, XXXII, XLII, CCXXVI, & *passim*.
Aloës, personnage de roman, CX.
ALOUETTE (l'abbé l'), CCLXXXIII.
Amateurs, de XV à LXVIII. Voir leurs noms.
AMAULRY (Thomas), XI.
AMBOISE (Charles d'), CLXXI.
Ambre, 1239.
AMBRES (marq. d'), 149, 183, 200, 2563.
Amiens, CCIV.
Amimone & Neptune, par Vanloo, CLXXXII.

Amitié (l'), figurine de porcelaine, VIII, 2799.
Amour, tableau de Natoire, — de Wleughels, CCCXVII.
Amours, statuettes de porcelaine, 1279, 1297, 1302, 1328, 2826.
Amours, tabl. de Rubens, CCLXIX.
Amour & Psyché, sujet d'un feu, 724.
Amour & une Vestale (l'), 650.
Amour sur des nuages, tableau par Boulogne l'aîné, CCXLVI.
Amphytrite. Voir Triomphe d'—.
Amsterdam, XI, XCVII, CIII, CCXXXVIII.
ANDEZY (le marq. d'), 2648. Voir ANLEZY.
Andromède, statuette de bronze, CCXXXIV, 233. Voir Persée.
Ange annonçant aux Maries la résurrection de J. C., par Romanelli, — & Tobie, par Lauri, CCCXIX; — par Pinas, CCCXX; — par Elsheimer, — par Bartholomée, CCCXXI.
Anges adorant l'Enfant Jésus, par Rothenammer, CCCXXI.
ANGERVILLE (MOUFFLE D'), IV.
ANGIOLIS (de), P. Voir NAPOLITAIN (Philippe).
ANGIVILLER (le comte d'), CCXXVII.
Angleterre (l'), XX, CXXI, CXLI, CXLII, CCXL. Voir Envois.
Angleterre (objets d'), 243, 498, 1942, 2173, 2181, 2227, 2274, 2793.
Angola, roman, LXXXIV, CIX.
ANGOT, notaire, 13, 2865.
ANGRAN DE FONSPERTUIS. Voir FONSPERTUIS.
ANGUERRAND, relieur, CXX.
ANGUIER (Michel), S, CCXXXVII, CCXLV, CCLXXXII.
ANISSON (l'abbé), L, 163, 327, 348, 351, 356, 365, 370, 465.
ANISSON-DUPERRON, directeur de l'Imprimerie r., LV, CLXVI, CLXVII.
ANLEZY (le marquis d'). Voir AN-

TABLE ALPHABÉTIQUE.

dezy. Quoique le manuscrit porte Andezy, Anlezy doit être le vrai nom de ce personnage, & c'est sans doute L. F. de Damas, marquis d'Anlezy, lieutenant général, gouverneur d'Auxerre, mort en 1763 sans postérité.

Année galante, CLXXXV.

Annonce aux bergers, par Baffan, CCXCII.

Annonciation, tableau par Coypel, CLXXVII; — par Solimene, CCLXXXIX; — par Maratte, CCCXV.

Antin (le duc d'), CLXVIII.

Antin (la duchesse d'), 2473, XXVII.

Antoine, A, CXII.

Antre de Gorgone, décor par Bonnard, CLXXXVI.

Anvers, LXXXVIII, CIII, CCVIII.

Anville (d'), C.

Aoust (Mme d'), 1406.

Apcher (comte d'), chevalier du Saint-Esprit, demeurant rue Neuve-des-Petits-Champs, près la rue Gaillon, 267, 282, 305.

Apollon, statuette, 992, 2474.

Apollon & Issé, par Jouffroy, CCLIII.

Apollon & les Muses, tableau de Wleughels, CCXLV.

Apollon & la sibylle, tableau par Hallé, CLXXVIII; — statuette, 650, 2254, 2979.

Apothéose de saint Louis, par Charles de la Fosse, CCLXXXVI; — d'Énée, par Boucher, CLXXV.

Araignon, marchand de tableaux, XCVI, CXXXII.

Arc (le chevalier d'), LXII, 460, 495.

Arcambal (le marquis d'), CCXXVIII.

Archevêque de Paris (A. E. L. Leclerc de Juignié), LXXXIII.

Architectes & architecture, CCXII, CCXIII, CCXIV, CCXV, CCXVI, CCXVII, CCXVIII, CCXIX. Voir les noms.

Architecture (tableaux d'). Voir Tableaux.

Archives nationales, XXXIV, XXXV, XXXVI, & *passim*.

Argenson (le marq. d'), XXXII, LXV, CXLVI, CLXVI. Voir Mémoires.

Argenson (le comte d'), ministre, IV, V, XXV, CCXXVIII, 1999.

Argenson (M. d'), 650, 1582, 1654.

Argenville (d'), CCXXVI, CCXXVII, CCXXVIII, CCXXIX, & *passim*.

Ariane & Bacchus, esquisse de La Fosse, CXXXIX.

Armand, P, CCXC.

Armenonville (Mme d'), 252.

Armes étrangères, LXIV, CCXXXI, CCLXXIV.

Armoires, CXXIV. N°s 1, 23, 156, 176, 201, 276, 317, 332, 337, 373, 431, 441, 447, 465, 480, 507, 512, 557, 572, 603, 749, 776, 780, 915, 944, 1011, 1176, 1220, 1378, 1416, 1424, 1588, 1634, 1648, 1730, 1744, 1809, 1811, 1913, 1966, 2038, 2054, 2130, 2173, 2188, 2189, 2203, 2210, 2437, 2559, 2599, 2605, 2747, 2775, 2915, 3339.

Armoiries de France, XIX.

Armoiries de Pologne, XIX.

Arnoult, ébéniste, CXXVI.

Arnouville, terre de Machault, 2212.

Arondel (le comte d'), CCCXVII.

Arrosoirs de porcelaine, 2340, 2370, 2682.

Arsenal, CCLXXII.

Artaud (Antoine), marchand, XI.

Arthémise, tableau de Dufrenoy, CCLXXX, CCLXXXVI.

Artistes françois à l'étranger, XXI.

Artois (le comte d'), LXXXIII.

Artois (la comtesse d'), LXXXIII.

Arts (le Triomphe des), CCCXXII.

Arts (les), figures de bronze, 2494.

Asnières. Maison de campagne du marquis de Voyer, 1124.

Asperges de porcelaine, 1963.

Asselin, P, ccxxxviii.
Athalide évanouie, tableau de Coypel, clxxvii.
Athis. Deux maifons de campagne de Mlle de Charolais & de la maréchale de Villars, 603, 1511.
Attila (tête d'), bronze, 292.
Aubercourt (M. d'), 2524.
Aubert, émailleur, lxxx, cxvii, cxxiii, ccxxviii, 1738.
Auberti, avocat de Rome, xlv, liii.
Aubigny (le marquis d'), xxix.
Aubriet, P, cclxxvi.
Aubry (Claude-Guillot), A, ccxiv.
Aubry, curé de Saint-Louis-en-l'Ifle, L, ccxxviii.
Aubry, P, cvi.
Audran (Benoift), G, lxi.
Audran (Gérard), G, ccix.
Audran (Jean), G, ccix, cccxxii.
Audran (Michel), entrepreneur des Gobelins, lxi.
Augufte fur les marches du temple de Janus, tableau de Louis Silveftre, clxxxi.
Auguste III, électeur de Saxe & roi de Pologne, xxv, lxvii.
Auguste, cifeleur, orfévre du Roi, lxxiv, cxvi, ccxxxvi.
Auguftins (les), L, ccxxix.
Aulagnier (M.), 1186, 1239.
Aumône de Mme de Pompadour, 2885.
Aumont (le duc d'), premier gentilhomme de la chambre, xvi, xl, cxcvi, 927, 945, 949, 1423, 1445, 2126, 2335, 2377, 2425, 2444, 2449, 2451, 2458, 2610, 3097, 3112, 3127, 3130, 3169, 3317, 3328.
Aumont (la duchesse d'), 1427.
Aunillon (l'abbé), xxiii, xxx, cclviii.
Aurore (l'). Voir Sommeil.
Auteuil. Maifons de campagne de M. de Fontferrière & de M. de Verdun, 1753, 1833, 1842, 1844, 1845, 1851, 1877, 1934, 2127, 2151, 2216, 2508.
Automne (l'), décor broffé par Dutour dans l'*Année galante*, clxxxv.
Automne (l'), ftatuette, 786. Voir les Saifons.
Autruches, 2517.
Auvergne (la comteffe d'), 2288.
Aved, P, lx, clxxiv.
Aveline, G, ii.
Aveugle. Voir Guérifon.
Avril, horloger, cxviii.
Ayen (le duc d'), clxxxix.
Azincourt (M. Blondel d'), intendant des Menus-Plaifirs, xl, clxxiv, ccxxxi, ccxxxii, 1272, 1503, 1550, 1571, 1796, 1887, 1906, 1932, 2017, 2042, 2219, 2259, 2294, 2327, 2387, 2407, 2439, 2487, 2493, 2572, 2585, 2661, 2755, 3283, 3296. Il écrivait fon nom *d'Azaincourt.*

B

Babault, bijoutier, xlix, lxxviii, xcvi.
Babel, ornemanifte, cxii, ccxix, 788.
Bacchanales, par le Pouffin, cclxxix, cclxxxv.
Bacchant, par le Benedette, cccxvi.
Bacchante, par le Pouffin, cccxv, cccxvi.
Bacchantes, bronze par Michel Anguier, ccxxxvii.
Bacchus aux pieds d'Ariane. — Hiftoire de Bacchus, peintures pour le Roi, par Nicolas Delobel, clxxxv. Voir Ariane, Mercure, Naiffance & Triomphe.
Bacchus, figure de porcelaine, 1781.
Bacha, tableau de C. Vanloo, ccxcviii.
Bachaumont, iv.

TABLE ALPHABÉTIQUE. 333

BACHELIER (Jean-Jacques), P, CLXVII, CXCVIII, CXCIX.
BACKUYSEN, P, CCXLIV, CCLIII.
BACQUENCOURT (M. de), 2364.
Bagues, LXIII, CV, 245, 713, 1589, 1890, 2240, 2507, 2526.
Baigneufe, tableau de Lemoine, CCLXI.
BAILLET, relieur, CXX.
BAILLET, baron de Saint-Julien, LXII, LXIII, CXXXVII. Voir SAINT-JULLIEN.
BAILLEUL, graveur de lettres, CCXII.
BAILLON (Jean-Baptifte), horloger, CXVII, CXVIII, 1441.
BAILLY, l'apothicaire, CXXXVI, CXXXVIII.
BAILLY, doyen des confuls de Paris, LVI, LXIX, LXXXIV, CI, CII, CCXXIX.
BAILLY (Jacques), garde des tableaux du Roi, CLXVII, CLXVIII.
BAILLY (Jean-Silvain), *id.*, CLXVII, CLXVIII.
BAILLY (Nicolas), *id.*, CLXVIII.
BAILLY DU COUDRAY, CCXXIX.
BAILLY (M.), faïencier, 1784, 3129.
Bain de Diane, tableau de Poëlemburg, CCLIII.
Bal, tableau de Pater, CCXLVI.
Balayeufe, tableau de Rembrandt, CCCXII.
BALLIN, orfévre du Roi, LXXV, XCI, XCII.
BALMONT, XCI, CV.
BALTIMORE (mylord), LXV, 1015.
BAMBOCHE (le), P, CCXXXVIII.
Baradelles, 2541, 2854. V. Écritoires & les additions du tome II.
BANDEVILLE (M. de), XXIX.
BANDEVILLE (Mme la préfidente de), XXIX, CCXXIX.
Baptême de N. S., tableau de Véronèfe, CCLXIX; — du Roi, tableau de Gobert, CCLXXIII; — de N. S., par Coypel, CCLXXX, CCLXXXI.

BAPTISTE (Monnoyer), P, CCLXXXI, CCLXXXII.
BARBARELLI, P. Voir GIORGION (le).
BARBE, parfumeur, XI.
BARBIER (l'avocat), v.
BARBIERI, P. Voir GUERCHIN (le).
Barils, 982, 2561, 2673.
BAROCHE (le), P, CCLXIX, CCCXII.
Baromètres, CCXLII, CCXLIII, 1922, 2355, 2949.
BARRAU (M.), 192, 409, 652.
BARRAU (Mme), la mère, 1679.
BARRIER, G en pierres fines, CCIX, 962.
Barrière Blanche, CCCXXVIII.
— du Roule (la), CCXCIV.
BARROIS, imprimeur, XLIX, XCV.
BARTHE, CXIV.
BARTHÉLEMY DE SAINT-MARC, P. Voir BARTOLOMMEO (Fra) & PORTA (DELLA).
BARTHOLOMÉE, P, CCXXXVIII, CCXLI, CCXLII, CCLI, CCLII, CCLXXIII, CCLXXXVIII, CCXCVII, CCCVIII, CCCXXI, CCCXXII. Voir BREEMBERG.
BARTOLOMMEO (Fra), P. Voir PORTA (DELLA) & BARTHÉLEMY DE SAINT-MARC.
BARTY (Mme), 192.
BASAN (François), G & marchand, XXVI, XLIV, LXI, LXXVIII, LXXXII, XCVI, CVI, CVIII, CXXXVII, CXXXVIII.
Baschi (le comte de), chargé d'affaires à Munich, puis ambaffadeur en Portugal, CLXI, CLXII.
Baschi (Mme de), CLXI.
BASSAN (les), P, CCXXX, CCLXX, CCXCII, CCCXVI.
BASSAN (François), P, CCCXV.
BASSAN (Jacques), P, CCCXIII, CCCXIV.
BASSEPORTE (Mlle), peintre en miniature, CLXXII.
Batailles livrées par Louis XV, peintes par Parrocel & Larue, CLXXXIII.
Batailles, tableaux par Bruydel,

CCLIII ; — par Williem Baur, — par Van der Meulen, CCLV ; — par Wouwermans, CCLXVIII, CCCXX ; — par le Bourguignon, CCLXX, CCCXVIII ; — par Parrocel le père, CCLXXX ; — par Loutherbourg, — par Van der Meulen, CCLXXXIII, CCCXVII ; — par Raphaël, CCCXIV ; — par Philippe Napolitain, CCCXX.

Bâtimens du Roi (Administration des), CXLV, CXLVI, CXLVII & suiv.

Bâtons de commandement, LXXIII, 1156.

BAUDOIN, P, CCLXVII. Mauvaise orthographe de BOUDEWYNS.

BAUDOUIN (Pierre-Antoine), P, CXXXIX.

BAUGIN, P, CCCXVII.

BAUR (Willem), P, CCLXV, CCLV, CCCXX.

BAVIÈRE (Clément-Auguste de), électeur de Cologne, VII, XXIII, 2435, 2827.

BAZIN (M.), marchand, LXIX, LXXXIV, 89, 294, 544, 829, 851, 1096, 1108, 1463, 1517, 1598, 1636, 1737, 2057, 2228, 2562, 2813, 2862.

BEAUDOUIN (le comte de), brigadier des armées du Roi, CCXXX.

BEAUJON (de), CCXXX.

BEAUMARCHAIS, CXVIII. Voir CARON.

BEAUMONT, S en bois, CXXV.

BEAUMONT (Mme de). M. de Beaumont était fermier général & habitait place de Louis-le-Grand, 1780, 1811.

BEAUSIRE l'aîné (Jean-Baptiste-Augustin), A, CCXIII, CCXIV.

BEAUSIRE le jeune, A, CCXIX.

Beauvais, CXIII, CC, CCCXXIV.

Beauvais (tapisseries de), CXX. Voir OUDRY.

BEAUVARLET, G, CCXCVIII.

BEAUVILLIERS (le duc de), XXVII, 97, 366, 387, 493, 536, 616, 632, 880, 979, 1004, 1007, 1037, 1330.

BEAUVILLIERS (la duchesse de), dame d'honneur de Madame Adélaïde, XXVII, 206, 1036, 2740, 2745.

BECCARIE (M.), XVI, 2859, 3001, 3101.

BÉJAR (la duchesse de), Espagnole, de la famille de Soto-Major-Zuniga, LXV, 580, 594, 941, 1266.

BÊLE (*sic*), P, CCXXXIV.

Belgique, LXXXVI.

BELHOMBRE (M. de), 227, 358, 418, 474, 480, 526, 850, 1058, 1075, 1125, 1159, 1180, 1190, 1194, 1246, 1327, 1921, 1935, 2153, 2188, 2328, 2502, 2516, 3184, 3228, 3261.

BELINGAM (Mme de). C'est Beringhem qu'on prononçait souvent ainsi, mais habituellement *Béringan*. Voir BERINGHEM.

BELLANGER (Jean-Achille), XLVIII, 2719.

BELLE, P, CCLXXXI.

Belle-Oreille (la), tableau de Grimou, CCLXXXIV.

BELLE-ISLE (le maréchal de), XXVI, 2743, 3215.

BELLEMONT (M. de), 2131, 2186, 2262.

Bellevue, château de Mme de Pompadour, XVI, XXXIV, XXXVIII, 679, 696, 724, 728, 775, 786, 808, 882, 884, 886, 889, 892, 899, 907, 908, 921, 937, 948, 968, 980, 1020, 1042, 1060, 1089, 1118, 1171, 1198, 1258, 1351, 1389, 1404, 1409, 1412, 1453, 1454, 1479, 1482, 1487, 1499, 1518, 1582, 1607, 1675, 1688, 1693, 1704, 1810, 1818, 1869, 1883, 1894, 1942, 1956, 1960, 2158, 2173, 2183, 2261, 2494, 2594, 2784, 2787, 2797, 2804, 2809.

BELLIN (Jean), P, CCCXIV.
BELSUNCE (la comtesse de), 268.
BENEDETTE, P, CCLXXXVIII, CCCXV. Voir CASTIGLIONE.
BÉNÉDICTINS (les), L.
Bengale (le), CCXXVII.
Bénitiers, 2392, 2623.
BENTABOLE l'aîné, marchand, 265.
BENTABOLE (M.), marchand, 143, 157, 181, 186, 188, 435, 457, 821, 1709, 1923, 1970.
BENTABOLE (les frères), XCI.
BENTHEIM (la comtesse de), 1602, 1643, 2359, 2650.
BERCHEM, P, CCXXXVIII, CCXXXIX, CCXLI, CCXLII, CCXLV, CCLXXIII, CCLXXX, CCLXXXVII, CCLXXXIX, CCCXIX, CCCXXI. Voir BERGHEM.
Bercy, CCXCIV, CCXCV.
BERGE, célèbre coutelier, 1345, 1454, 1653, 2791, 3025, 3208.
Berger avec des moutons, par Karel Dujardin, CCXXXV. — Berger qui dort & berger qui cherche les puces de son chien, par Téniers, CCXLVI.
Berger indécis, tableau de Lancret, gravé par Tardieu, CCXXXIX.
Bergère, tableau de Coypel, CLXXVII.
BERGERET, CCXXXI.
Bergers, sujets de grilles & de feu, 724, 3186.
Bergers, de porcelaine de Saxe, 101, 142, 434, 859, 1380, 1618.
Bergers (Adoration des). Voir Adoration.
BERGHEM, P, XC, CCXXXIII, CCLXVIII, CCLXXVI, CCLXXXVII, CCXCII, CCXCVII, CCXCVIII, CCCV, CCCXI. Voir BERCHEM.
BERINGHEM (le marquis de), XXII, XXV. Voir PREMIER (M. le).
BERINGHEM (Mme de), 2344. Voir BELINGAN.
Berlin, XXIV, LXIII.
BERNARD, amateur de tableaux, L.
BERNARD, ébéniste, CCXLVIII.

BERNARD, P, CCXLVIII.
BERNARD (Samuel), CCXXXI.
BERNARD DE BOULAINVILLIERS, CCXXXI.
BERNARD DE RIEUX (le président), CCXXXI.
BERNIS (l'abbé, comte de), ambassadeur près la République de Venise, ministre des affaires étrangères en 1757, XXV, 2817, 2821, 2829, 2837, 2863, 3021, 3068, 3087.
BERNSTORFF (le baron de), envoyé du roi de Danemark, demeurant à Paris, rue de Bourbon, au coin de la rue du Bac, VII, LXVI, 3150.
BERRYER (M.), lieutenant de police, puis ministre de la marine, VIII, XXV, 2799.
BERRYER (Mme), 2305.
BERTIN, trésorier des finances, LI, 2986.
BERTIN (Nicolas), P, CCLXXIX, CCLXXXVI.
BERVILLE (le marquis de), 2143.
Besançon, 2242.
BESCHEY, P, CCLV.
BESNARD, P, CCLXXXIII.
BESNIER, orfévre du Roi, LXXV, XCII, XCIII.
Bethsabée, par Rembrandt, CCXCVII.
Bethsabée & Salomon, par P. Bordone, CCLXXXIX.
BÉTHUNE (Maximilien-Antoine-Armand de), prince d'HENRICHEMONT, XXVIII.
BEUVRON (le marquis de), 1981, 2019, 3310.
BEUVRON (la marq. de), 131, 231, 280, 518, 576, 707, 1013, 1014, 1023, 1031, 1039, 1978, 2394.
BIBIENA, P, CCXXXIX.
Bibliothèque du comte d'Argenson, CCXXVIII.
Bibliothèque de M. Bernard de Rieux, CCXXXI.

Bibliothèque de M. l'abbé Bossuet, CCXXIX.
Bibliothèque de l'abbé Joly de Fleury, CCLXXVIII.
Bibliothèque de Mahudel, CCXC.
— du marquis de Paulmy, CCXCVI.
Bibliothèque de M. Pigache, CCXCVII.
Bibliothèque du séminaire Saint-Sulpice, CCCVI.
Bibliothèque du duc de Sully, CCCX.
— du duc de la Vallière, CXIX, CCCXXVI.
Bibliothèque nationale, XXIV, CVII.
— Sainte-Geneviève, CCCVI.
Bibliothèques (meubles), CXXV, 21, 31, 562, 819, 858, 1081, 1352, 1757, 2321, 2536, 2577, 2722, 2766, 3022, 3135, 3240.
Biches de porcelaine, 974, 1082, 2487.
Bijoux, LVI, LXIV, XC, CIII, CV.
Billard, 2514.
BILLAUDEL, A, CCXIII, CCXIV, CCXVI.
BILLY (M. de), XXIX.
BINET, XIX.
Binets, 753.
BIRON (la duchesse de), XXVII, 1026.
BISACCIA (M. de), 438.
BISSY (le comte de), XXVII, 61.
BISSY (la comtesse de), 554.
BISSY (marquis de), commissaire général de la cavalerie légère, rue des Rosiers, faubourg Saint-Germain, XXVII, 5.
BLANC (M. Charles), CXXXIII.
BLANCHARD, P, CCLXXXIV, CCCXVII.
Blanchisseuse, tableau par Greuze, CCLXXXVI ; — par Chardin, CCCXVII.
Blanchisseuses, figurines de porcelaine de France, 3052.
BLONDEL l'aîné (Jean-François), A, XXVIII, LXI, XCII, CXII, CLXXVI, CCI, CCIII, CCIV, CCIX, CCX.

BLONDEL le cadet (Jacques-François), A, CCXIII, CCXIV, CCXV.
BLONDEL D'AZINCOURT. Voir AZINCOURT.
BLONDEL DE GAGNY (Augustin), trésorier général de la caisse des amortissemens, XL, LIII, CLXXIV, CCXXXII, CCXXXIII, CCXXXIV, CCLVI. Voir GAGNY.
BOCQUET, dessinateur, CLXXXV.
Boëtes, LXIII, LXXIII, XCVII, CV, 16, 74, 83, 87, 93, 108, 123, 127, 134, 195, 201, 242, 245, 249, 279, 314, 333, 341, 342, 347, 363, 385, 427, 443, 481, 488, 500, 534, 538, 556, 567, 588, 590, 660, 663, 666, 680, 682, 686, 696, 742, 750, 791, 797, 805, 844, 878, 910, 919, 928, 964, 982, 986, 1001, 1009, 1010, 1023, 1024, 1033, 1034, 1035, 1039, 1040, 1051, 1054, 1063, 1065, 1082, 1090, 1100, 1125, 1161, 1206, 1225, 1231, 1267, 1295, 1345, 1366, 1367, 1376, 1421, 1428, 1459, 1486, 1607, 1630, 1718, 1766, 1808, 1894, 1963, 1982, 2098, 2217, 2260, 2274, 2316, 2334, 2350, 2496, 2513, 2521, 2555, 2662, 2759, 2768, 2823, 2848, 2936, 2954, 2982, 2994, 3002, 3012, 3038, 3093, 3283, 3285. V. Tabatières.
Boëte à dessiner, 2645.
Boëtes à parfiler, 805, 811, 861, 928, 2096.
BOFFRAND (Germain), A, CXII, CCXV, CCXVI.
Bohémienne qui tient des fleurs dans son tablier, par Murillo, CCXXXVIII.
Bohémiennes à l'entrée d'un bois, par Van Uden & Téniers, CCCXX.
BOILEAU (J. F.), marchand, XXVI, LXI, LXXVIII, LXXXIV, LXXXV, 2583, 2605, 2615, 2652.

Bois fatiné de Mme de Pompadour, 564, 600, 656.
Boisemont (de), fermier général, rue Coq-Héron, LI.
Boisemont (Mme de), 847.
Bois-Giroux (M. de), premier valet de chambre du Dauphin, XIX, 2182, 3357.
Bois-Giroux (Mme de), fille de Mme Dufour ; elle lui fuccéda dans la place de première femme de chambre de la Dauphine dont elle avait la furvivance, XIX, 2150, 2245, 3245.
Boisjourdain (M. Gabriel de), XXIX, CCLVI, CCLVIII.
Boisjourdain (Marie-Félicité de Belloy, Mme de), XXX, CCLVIII.
Boislandry (portrait de Mme de), CCXXXV.
Boisleduc, apothicaire du Roi, CCLVIII.
Boisset (M. de), fermier général. C'eft Randon de Boiffet, le célèbre amateur, 2586, 2659. Voir Randon.
Boîtes. Voir Boëtes.
Boizot (Antoine), P, CLVII.
Bol (Ferdinand), P, CCCXV.
Bolingbroke (mylord), LXV, XC, 2221, 2248, 2399, 2590, 2967, 3275.
Bologne (Jean de), S, CCXLV.
Bomare de Valmont, CCLVIII.
Bon Pafteur, tableau de Murillo, CCLXXXIX.
Bonhomme (M. Hon.), CLXIV.
Bonn, XXIII.
Bonnac (le marquis de), XXVII, XLI, CI, 3216.
Bonnard, P, CLXXXV.
Bonnemet, LVI.
Bonnet, LII, 291, 306, 574, 1967, 1980, 2067, 2308, 2329, 2348, 3338.
Bonnet chinois, 666 ; — rouge, tableau de Téniers, CCXLVI.

Bonneval (Louis-Charles-Michel de), intendant des Menus-Plaifirs, CLXXIV.
Bonnier de la Mosson, CCLIX.
Bonzi (Pietro Paolo), P. Voir Gobe des Carraches (le).
Bordeaux, CLVIII.
Bordone (Paris), P, CCLXXXIX, CCCXIV, CCCXVIII.
Bordures, 1098, 1119, 1140, 1161, 1204, 1864.
Bossuet (M. l'abbé), curé de Saint-Louis-en-l'Ile, CCXXIX.
Both (J.), P, CCXLVII, CCCXVIII.
Bouchardon, S, XXXIX, CX, CLV, CLVI, CCI, CCII, CCLXI, CCLXXXI, CCLXXXIV, CCLXXXVI.
Boucher (François), P, VI, LX, LXXX, LXXXVII, CVII, CVIII, CLV, CLXV, CLXXV, CLXXVI, CLXXXI, CLXXXVI, CCXXVII, CCXXXV, CCXLII, CCXLIX, CCLI, CCLX, CCLXI, CCLXXIX, CCLXXX, CCLXXXI, CCLXXXIV, CCLXXXVI, CCXCIX, CCC, CCCIX, CCCXVIII, 140, 575, 903, 910, 919, 965, 988, 1047, 1081, 1092, 1138, 1281, 1292, 1763, 2490, 2494, 2559, 2601, 2775, 2960, 3052, 3186, 3334.
Boucher (l'abbé), L.
Boucher de Saint-Martin, 24, 248, 250, 255, 302, 310, 408, 555, 1318.
Boucles, 922, 2398, 2417.
Boucles d'oreilles, 2899.
Boucot, LVII, 121.
Boudeur (le petit), par Greuze, CCLXXXIII.
Boudewyns, P, CCXLVII. Voir Baudouin.
Boufflers (la ducheffe de), XXIX, 99, 165, 263, 404, 582, 2020.
Bougainville, garde des Antiques au Louvre, CLXVIII.
Bougeoirs, 15, 88, 345, 375, 396, 971, 995, 1140, 1155, 1295, 1350, 1374, 1513, 1592, 1619,

1678, 1861, 1882, 1886, 1902, 2013, 2065, 2069, 2157, 2173, 2181, 2183, 2189, 2194, 2231, 2250, 2284, 2315, 2336, 2401, 2787, 2883, 2892, 2948, 2982, 2996, 3067, 3147, 3253, 3304.
BOUILLARD, LVIII, 866, 1184, 1277, 2294.
Bouilloires de cuivre des Indes, 188, 559, 785, 1688, 3121.
Bouilloires, forme angloise, 527, 798, 2770.
Bouilloires ordinaires, 619, 3100.
BOUILLON (le duc de), LXXXI, CCLXI, 50, 129, 182, 202, 258, 283, 415, 905, 1050, 1059, 1064, 1168, 1329, 1422, 1434, 1494, 1515, 1568, 1698, 1928, 2003, 2275, 2350, 2452, 2457, 2463, 2549, 2616, 2682, 2686, 2738, 2748, 2760, 3037, 3081, 3293. Voir LA TOUR D'AUVERGNE.
BOULLARD, notaire, LVI.
BOULLE, S & ébéniste, XXXVI, LII, LXXX, CXXIV, CLXXIX, CLXXXI, CCXXXIII, CCXXXIV, CCXXXV, CCXXXVII, CCXXXIX, CCXL, CCXLII, CCXLIII, CCXLIX, CCL, CCLI, CCLIV, CCLXXVI, CCC. Voir Bronzes & meubles.
BOULLE le père, XXXII.
BOULLONGNE (Bon), P, CLVI, CLXXVI, CCLXXXII, CCLXXXIV, CCCXVII.
BOULOGNE (M. de), 1, 12, 28, 32, 37, 83, 384, 402, 406, 481, 525, 530, 542, 562, 563, 566, 569, 579, 591, 606, 686, 690, 697, 702, 712, 759, 917, 1027.
BOULOGNE (Mme de), 135, 625, 1281.
BOULOGNE (M. de) fils, 1578, 1618, 1623, 1651, 1658, 1680, 2000, 2011, 2419, 2853, 2884, 2888, 2905, 2931, 2988, 3189, 3197, 3232, 3253, 3314.
BOULOGNE (Mme de) la jeune, 2363, 2678.

BOULOGNE (M. de), intendant des finances, CCLXI, 698, 825, 995, 1299, 1315, 1527, 1531, 1539, 1562, 1564, 1570, 1577, 1620, 1726, 1751, 1987, 2015, 2022, 2076, 2078, 2170, 2311, 2333, 2371, 2677.
BOULOGNE l'aîné, P, CCXXXVIII, CCXXXIX, CCXLVI. V. BOULLONGNE (Bon).
BOULOGNE (M. de), contrôleur général, LI, 2870, 2883, 2978, 3198.
BOULOGNE (M. de), trésorier, LI, 996, 1287, 1347, 1360, 1540, 1625, 1636, 1795, 1937, 1985, 1998, 2092, 2211, 2352, 2530, 2673, 2680, 2843, 2923, 2969, 3040, 3212, 3219, 3220, 3226, 3229, 3238, 3250, 3300.
BOULOGNE (Louis de), P, CLV, CCLXXXIV.
BOULOGNE DE PRENINVILLE (M. de), fermier général, rue de Richelieu, près la place Saint-Marc, LI, 65, 110, 308, 314, 331, 373, 421, 433, 663, 858, 1657, 2007, 2109, 2342, 2414, 2976, 3277, 3304.
BOULOGNE DE PRENINVILLE (Mme de), 619, 819, 1086.
Boulogne, 425.
BOUQUET, XXI.
Bouquets de porcelaine, LXXV.
Bouquetières de porcelaine de France, 3052.
BOURDON (Sébastien), P, CCXXX, CCLXVIII, CCLXX, CCLXXXV, CCCXII, CCCXVI, CCCXVII, CCCXVIII.
BOURET (Étienne-Michel), fermier général, rue de la Grange-Batelière, XXV, LI, CCLXI, CCLXII, 658, 936, 2362, 2626, 2922.
BOURET D'ÉRIGNY (M.), fermier général, rue des Jeûneurs, LI, 639, 789, 2764, 2772, 2830.
BOURET DE VALROCHE, LI, 763. Voir VALROCHE.

TABLE ALPHABÉTIQUE. 339

Bouret de Villaumont, li. Voir Villaumont.

Bourgmeſtre, tableau par Jordaens, cccxvii.

Bourgogne (le duc de), xix, lxxvi, cxcii, 3121, 3126, 3157, 3240.

Bourgogne (la ducheſſe de), cccxxiii.

Bourguignon, dit Gravelot (Hubert), deſſinateur, cc, ccxliv, cclxx, cclxxxix, cccxii.

Bourlamaque (Claude-Charles de), ſeigneur du Vivier, xxx, cxxxvii, cclxii.

Bourlet (M.), 898.

Bouron, iv.

Bousseau, S, cclxxxii.

Bouteilles de porcelaine, 478, 694, 696, 724, 806, 886, 932, 1312, 1417, 1731, 1999, 2137, 2219, 2444, 2483, 2517, 2581, 2638, 2700, 2769, 2961.

Boutin, receveur général des finances, cclxii.

Boutron (M.), lxix, 176, 180, 225, 249, 309, 532.

Boutron (Françoiſe-Nicole), femme de Duvaux, lxix, lxxxiii.

Bouvet, ébéniſte, cxxv.

Bouvreuils de porcelaine, 378, 517, 802.

Boyer, P, ccxxxiv, ccxlvi.

Boynes (M. de), miniſtre de la marine, cclxii.

Bracelets, lxxiii, cv, 268.

Bragge (le Dr), lxviii.

Braine, 622.

Brancas (la ducheſſe de), dame d'honneur de la Dauphine, xix, xxix, 424, 872, 1201, 1080, 1392, 1470, 1776, 1809, 1815, 1860, 1880, 1962, 1983, 2037, 2204, 2220, 2241, 2249, 2250, 2321, 2466, 2491, 2624, 2625, 2766.

Brancas (la ducheſſe douairière de), dame d'honneur en ſurvivance de la Dauphine, 831, 1094, 1312, 1324, 1357, 1615.

Brancas (le marquis de), 657, 664, 701, 951, 1214, 1283, 1316, 1328, 1336, 1476, 1491, 1533, 1632, 1670, 2509.

Brancas (la marquiſe de), 136, 379, 399.

Bras, lxxii, xcii, ccxxxvii, 7, 32, 40, 42, 47, 52, 60, 115, 142, 159, 160, 176, 178, 183, 184, 189, 197, 199, 210, 224, 226, 233, 237, 256, 263, 267, 272, 282, 314, 337, 341, 343, 346, 351, 356, 365, 393, 396, 425, 429, 435, 456, 457, 463, 471, 477, 483, 493, 509, 523, 525, 530, 536, 540, 623, 637, 645, 649, 650, 654, 656, 664, 665, 696, 700, 715, 716, 717, 737, 739, 740, 741, 747, 762, 763, 765, 770, 772, 793, 813, 830, 834, 837, 857, 865, 875, 879, 884, 894, 919, 929, 955, 957, 959, 976, 994, 996, 1055, 1114, 1135, 1138, 1165, 1168, 1178, 1222, 1243, 1249, 1264, 1265, 1266, 1280, 1289, 1298, 1334, 1341, 1347, 1379, 1380, 1388, 1406, 1424, 1437, 1456, 1458, 1468, 1475, 1483, 1491, 1497, 1505, 1514, 1525, 1569, 1582, 1585, 1586, 1608, 1650, 1663, 1688, 1700, 1704, 1806, 1820, 1826, 1833, 1851, 1859, 1868, 1881, 1882, 1893, 1917, 1925, 1959, 2043, 2049, 2052, 2056, 2062, 2083, 2097, 2113, 2136, 2173, 2183, 2188, 2189, 2194, 2195, 2198, 2201, 2234, 2236, 2238, 2249, 2254, 2264, 2287, 2288, 2295, 2307, 2310, 2324, 2400, 2404, 2427, 2431, 2485, 2494, 2500, 2520, 2545, 2583, 2603, 2621, 2651, 2719, 2776, 2782, 2820, 2826, 2850, 2893,

2906, 2913, 2918, 2979, 3037, 3042, 3057, 3062, 3063, 3099, 3114, 3123, 3128, 3144, 3163, 3169, 3186, 3188, 3193, 3213, 3219, 3226, 3265, 3273, 3293, 3325.
BRAUWER, P, CCCXVIII. V. BROWER.
BRÉBION (Maximilien), A, CCXIII, CCXIV, CCXV.
BREEMBERG (Bartholomée), P, CCXXXIX. Voir BARTHOLOMÉE.
Breſl, 1897.
BRETEUIL (l'abbé), L, 184.
BREUGHEL DE VELOURS, P, CCXXXIX, CCXLI, CCXLII, CCXLV, CCLIII, CCLV, CCLXX, CCLXXIV, CCLXXX, CCLXXXVIII, CCLXXXIX, CCCXIX, CCCXX, CCCXXII.
Brevet d'orfévre-joaillier du Roi accordé à Duvaux, LXXVI.
BRIARD, P, CCXXXV.
BRIDGE WATER (le duc de), XX.
BRIGNOLE (la marq. de), 752, 1876.
BRIL (Paul), P, XXXII, CCXXXV, CCXXXVII, CCXXXVIII, CCXLII, CCXLV, CCLXVIII, CCLXXX, CCLXXVII, CCLXXXIX, CCCXI, CCCXII, CCCXXI.
Brimborion. Pavillon & dépendances de Bellevue, XXXIV, 1198.
BRIOLLEY (Mme de), 817, 862, 976, 1300.
BRIONNE (la comteſſe de), XXIX, 2002, 2571, 2602, 2641, 2974, 3013, 3316.
BRISSAC (la ducheſſe de), XXVII, 4, 393, 546, 551, 642, 725.
BRISSARD (M.), LI, 2113.
BRISSARD (Mme), 2681.
BROCHANT l'aîné (M.), 78, 198, 209, 210, 222, 274, 293, 900, 1368, 1371, 1440.
BROCHANT jeune (Mme), 72.
BROCHANT (M.), correcteur des comptes, LII, 381, 1137, 1183.
BROCHANT (M.), notaire, curieux qualifié dans le catalogue de ſa vente (par Glomy en 1774) d'écuyer-conſeiller-ſecrétaire du Roi honoraire, notaire honoraire au Châtelet, ci-devant tréſorier-payeur des gages de MM. les officiers de la cour des Aydes, ancien adminiſtrateur de l'Hôtel-Dieu. Il habita rue des Mauvaiſes-Paroles; ſa vente eut lieu île Saint-Louis, quai Dauphin, au coin de la rue Poulletier, en 1774, LV, LVII, 133, 144, 184, 307, 313, 553, 590, 893, 1235, 1504, 1545, 2555.
Brocs, 612, 614, 712, 768, 784, 1138, 1220, 1345, 1370, 1409, 1439, 1548, 1671, 1689, 1711, 1739, 1818, 1840, 1861, 1869, 1938, 1963, 2004, 2008, 2063, 2173, 2181, 2195, 2308, 2338, 2370, 2424, 2435, 2570, 2580, 2622, 2806, 2944, 2967, 2969, 3121.
Brodeuſe, 1457.
BROGLIE (le duc de), XXVII, CCCXI, CCCXX, 2119.
BROGLIE (la ducheſſe de), XXVII, CCCXIX, 2312.
BRONGNIART (Alexandre), CXCVIII.
Bronzes, XLI, XLIII, XLVII, LIII, LIV, LVI, LVII, LVIII, LIX, LX, LXI, LXII, LXIII, LXXXI, LXXXIV, XC, XCI, CXVII, CXXIV, CXXV, CCXLIII, 111, 292, 382, 414, 446, 575, 662, 697, 730, 848, 1105, 1678, 1764, 1985, 1987, 2025, 2077, 2302, 2318, 2386, 2410, 2474, 2516, 2517, 2610, 2627, 2700, 2746, 2814, 2858, 2886, 2887, 2977, 3105, 3109, 3153.
Bronzes de Boulle, XXXVI. Voir BOULLE.
BROU (M. de), XXVII, 2283.
BROU fils (de), 1252, 1263, 1604, 1992.
BROU (Mme de), 2970.
BROWER, P, CCCXVIII. Voir BRAUWER.

TABLE ALPHABÉTIQUE. 341

BRUNETTI (les), P, CLXXXIV.
Brunſwick (le duché de), CCC.
Bruxelles, LXVI, LXXXVI.
BRUYDEL, P, CCLIII.
BUCHANAN (W.), XX.
BUCHELET (M. de). Savalette de Buchelet, fermier général, rue Saint-Honoré, près les Jacobins, 1547, 2951, 2957, 2962, 3043.
Bûcherons, tableau de Wouwermans, CCLXX.
Buffets, 1923, 2130, 2805.
Buffles, 987, 1741, 2517.
BUFFON, XXXVIII.
Buires, 298, 506, 549, 678, 881, 886, 896, 967, 988, 1216, 1499, 1724, 1968, 2432, 2435.
BULDET, marchand, LIV, LXXXV, 1389.
BULLET, A, CCCXI.
BUONARROTI, P, S, A, XXI, CCXCII, CCCXX. Voir MICHEL-ANGE.
BUREAU (M.), LXXVIII, XCVI.
Bureaux, CXXV, 132, 133, 144, 274, 313, 362, 459, 605, 879, 1138, 1224, 1298, 1531, 1728, 1734, 2188, 2244, 2315, 2388, 2504, 2549, 3039, 3228, 3238, 3290.
Burgau, forte de nacre, X, 242, 1231.
BURGI (Amadé de), CXLI, CXLII.
BUSSEVAL (le baron de), 1782, 2462, 2498.
BUSSEVAL (le marquis de), 300, 303, 330, 1724.
Buſtes, XLIV, XLVI, LIV, LXI, CXXIV, CCXXXIV, CCXXXV, CCXXXVI, CCXXXIX, CCXLV, CCLXX, CCLXXXI, CCCXIV, CCCXV, 899, 1546, 1655, 1725, 2663, 2756, 2946.

C

Cabarets, CCXXXVI, 3, 23, 85, 86, 89, 98, 140, 148, 247, 263, 294, 302, 362, 415, 432, 442, 505, 527, 580, 598, 672, 674, 675, 689, 700, 707, 711, 716, 740, 761, 829, 869, 882, 884, 898, 909, 918, 958, 990, 993, 995, 996, 1000, 1012, 1020, 1027, 1029, 1056, 1138, 1154, 1173, 1182, 1216, 1225, 1283, 1292, 1301, 1324, 1330, 1348, 1377, 1441, 1459, 1499, 1570, 1591, 1605, 1614, 1622, 1623, 1626, 1628, 1641, 1646, 1650, 1654, 1661, 1674, 1677, 1687, 1692, 1696, 1711, 1719, 1747, 1748, 1755, 1813, 1828, 1832, 1842, 1860, 1879, 1908, 1915, 1918, 1976, 1979, 1989, 2002, 2009, 2011, 2020, 2035, 2059, 2189, 2224, 2296, 2330, 2344, 2349, 2359, 2370, 2372, 2387, 2409, 2424, 2441, 2493, 2507, 2519, 2569, 2580, 2586, 2604, 2612, 2665, 2684, 2761, 2770, 2782, 2789, 2813, 2828, 2834, 2888, 2968, 2972, 2973, 3002, 3005, 3036, 3089, 3157, 3159, 3197, 3241, 3311.
Cabaret (ſalle de), tableau de Steen, CCCXXI.
Cabinet Crozat (le), XXIII.
Cabinet des eſtampes de Paris (le), XXIV, XXVI, XXX, XXXI, XLVIII, XLIX, LIX, LXI, LXVI, LXVIII, LXXVII, LXXXVIII, XCIII, XCV, XCVI, CLXXII, CLXXIII.
Cabinet d'eſtampes de Dreſde, LXVII.
Cabinet des tableaux du Roi (le), CLXVII, CLXVIII, CLXIX, CLXX, CLXXI, 1417. Voir BAILLY (les), gardes du cabinet.
Cabinets (meubles), 93, 334, 610, 648, 728, 841, 985, 1614, 2316, 2547.
Cabinets de la Chine, CVII, CIX.
Cabriolet (jeu), 2705.
Cachets, 4, 363, 393, 438, 651, 890, 962, 1097, 1149, 1261, 2159, 2272, 2274, 2507, 2528.
Cadran de la Samaritaine (le), CXIX.

v 3

Cadres, 715, 2185. Voir Bordures & les noms des ébénistes & sculpteurs en bois : Beaumont, Cayeux, Francastel, Guibert, Liot, Maurissant, Nicolet, Œbenne, Poulet, &c., &c.
Café de Foy, lvi.
Cafetières, xcii, 1672, 1717, 1819, 1874, 2060, 2129, 2304, 2413, 2502, 2593, 2800, 2937, 3245.
Caffieri (Philippe), S & fondeur, xcii, cxvi, ccxlix.
Caffieri (Jean-Jacques), S, cciii, cclxxxvi.
Cage pour un lustre, 3337.
Cages à oiseaux, 1898, 1973, 2234.
Cages d'or, avec oiseau émaillé, 806.
Cagliari (Paolo). Voir Veronese.
Cagnacci (Guido), P, cccxiv.
Cailleteaux de Lassurance (Jean), A. Voir Lassurance.
Cailleteaux de Lassurance (Pierre-Philippe), A, ccxvii.
Caisses, 263, 376, 384, 390, 392, 400, 413, 417, 434, 449, 555, 582, 627, 672, 942, 966, 995, 1012, 1096, 1186, 1368, 1371, 1640, 1699, 1911, 1994, 1996, 2016, 2072, 2311, 2342, 2352, 2360, 2363, 2371, 2383, 2420, 2452, 2653, 2663, 2673, 2697, 2702, 2741, 2806, 2831, 2925, 2939, 2943, 2971, 2974, 3083, 3117, 3126, 3190, 3199, 3220.
Calabre (M.), lviii, 79, 88, 1846, 1870, 1991, 2396, 2598.
Calabre (le jeune), 137, 700, 1055, 2128.
Calabre (Mme), 466, 711, 1866, 1872, 1976, 2029, 2047, 2065, 2086, 2365, 2383, 3032, 3199, 3231, 3287.
Calais, 2053.
Califto. Voir Jupiter.
Callot, G, ci, cxxxiii, cclxxviii, cccxvii.
Calvières (M. de), xxx, clxiii.

Cambrai (l'archevêque de), Charles de Saint-Albin, 1953.
Camée (la reine) tenant une coupe, tableau par Limboucheff, ccxlii.
Campan (Mme), iv.
Campement d'armée, par Wouwermans, cccxx.
Camuset (M.), fermier général, li, 324, 326, 328, 332, 337, 343, 349, 352, 362, 430.
Camuset (Mme), 354, 371, 375, 396, 411, 413, 429, 437, 439, 455, 508, 519, 638, 668, 726, 887, 1107, 1111, 1151, 1158, 1192, 1257, 1273, 1721, 1752, 1756, 1765, 1793, 1802, 1885, 1893, 1930.
Canaletti, P, cclii.
Canards de porcelaine & de laque, 974, 1243, 1622.
Canifs, 889.
Cannes, 567, 618, 2350, 2853.
Cannetille, 578, 649, 975, 987, 1368, 1866, 1891, 2072, 2785, 2819.
Cantarini, P. Voir Pesareze (le).
Capucines (le couvent des) à Paris, xxxv, 2501, 2592.
Caraffes de Saint-Cloud, 249.
Caraman (le comte de), 34, 147.
Caresme, P, clxiii.
Carignan (le prince de), ciii.
Carlisle (lord), xx.
Carlos (don), xxiii.
Caron, horloger, cxviii.
Carpentier (Antoine-Max.), A, ccxiii, ccxiv, ccxv.
Carpes de porcelaine, 1226, 2131, 2436, 2517.
Carrache (Annibal), P, ccxxxvii, ccxc, ccxcii, cccxii, cccxiii.
Carrache (Louis), P, cccxiv.
Carré, P, ccxlv.
Carriera (Mlle). Voir Rosalba.
Cars (Laurent), G, clxxxvii.
Cartaud (Jean-Sylvain), A, ccxix.
Carton, 475, 694.

Cartons à papier, 2188, 2205, 2260, 2265, 2477, 3150.
Casanova, P. Voir Cazanova.
Case de la Bove, cclxii.
Caffettes, 192, 208, 231, 665, 666, 705, 898, 1306, 1387, 1407, 1616, 1672, 1785, 2304, 2394, 2936, 3305, 3306.
Caffolettes, 724, 1310, 1642, 2087, 2679, 2885, 2909, 3145.
Castellane (Mme de), 1701.
Castelli (Valerio), P, cccxiv, cccxv.
Castelmoron (Mme de), xxvii, 318, 382, 804, 815.
Castiglione (Benedette), P, xlvi. Voir Benedette.
Castries (le marquis de), xxvii, 1296, 1723, 1745, 1774, 1975.
Castries (la marq. de), xxvii, 201.
Catalogue Angran de Fonfpertuis, lxxxvii, ciii, cxxxiii; — Audran, lxi; — d'Aumont, xcii; — de M. B***, xxxviii; — Baillet, lxiii; — Bailly, lvi, ci; — de Mme la préfidente de Bandeville, xxix; — Beringhen, xxv; — Bonnac, ci; — Bonnemet, lvi; — des livres de l'abbé Boucher, l; — Bourlamaque, xxx; — Caffieri, xcii; — Calvières, xxx; — Choifeul-Praflin, xli; — du duc Chriftien des Deux-Ponts, xxii; — de Mlle Clairon, lxiv; — Cléret, civ; — d'une collection de coquilles, xlix; — Cottin, ci, ciii, cxxxiv; — Coucicaut, lviii; — Coypel, xix, lix, lxi, ciii; — Creffent, lviii; — Crozat, xxiii, xlvii; — d'un ancien curieux, lviii; — Dezallier-Dargenville, lvi; — Drevet, lxi; — Duras, xxvii; — de l'Électeur de Cologne, xxiii; — d'Ennery, xxxi; — d'Eftrées, ciii; — Fleury, l, xcvii, ciii; — Fréron, lxiii; — Gerfaint, ci; — Godefroy, xxv, ciii; — Hénin, ci, ciii, cclxxvii; — Hermand, c, ciii; — d'Holbach, lxiii; — Huquier, xcvii; — Jacqmin, xc; — Jolyot de Crébillon, lxiii; — de Mme de Julienne, xlii; — Julliot, xcii; — La Reynière, liii, liv; — Largillière, xci; — Laroque, ccix; — Leblanc, lxii; — Lempereur, lxi, xciii; — Logerot, ci; — Lorangère, ii, c, cviii; — Manglard, ci, ciii; — Marcenay, lxi; — Mortain, xxxi; — Nattier, lx; — Nourry, lvii; — du duc d'Orléans, xx; — Paignon-Dijonval, lvi, lviii; — Pafquier, xxiv, xxv, lviii; — Peilhon, lviii; — Peters, lx; — Petitot, ci; — Pompadour, xxxvii, xcvii; — Potier, xxv, lvii, lix, lxviii, xcvii, ci; — de l'œuvre de Rembrandt, ci; — Saint-Aignan, xxxii; — Saint-Jullien, ci; — Selle, xxxii, ciii; — Sévin, ciii, cxxxvii; — Silveftre, lxi; — Slodtz, lxi; — Snyers, ciii; — Stroganoff, lxvi, — Sully, xxviii, ci, ciii; — Surugue, lxi; — Tallard, xix, xxiv, xxvii, xxxii, xliii, xlviii, lii, liii, lv, lvi, lvii, lviii, lxvii, lxviii, lxx, lxxvi, lxxvii, lxxviii, lxxxi, lxxxv, lxxxvii, xcii, xcvi, xcvii, xcviii, ciii, cxxxiv, cxl, clxxiii; — Troy (de), ciii; — Tugny, ciii; — Charles de Valois, xxxii; — Vanloo, lxi; — du comte de Vence, xlvii, ciii; — de Wailly, lxi; — Watelet, cccxxviii; — de Witt, ciii. Voir Collections, Cabinets, Bibliothèques & Ventes.
Catherine II, impératrice de Ruffie, xlvii, lx.
Catherine de Médicis, cclxxii.
Caton d'Utique mourant, tableau de Lebrun, cccxxii.

CAUMARTIN (abbé de), L, 2072, 2366.
CAUMARTIN (M. de), CCLXIII, 1768, 1823.
CAUMARTIN (Mme de), 2546, 2950.
Cavalier, tableau du Taffi, CCCXIII.
Caves, 9, 211, 567, 821, 1072, 1916, 2120, 2161, 2800, 2973.
CAYEUX, S, CXXIV, CXXV.
CAYLUS (le comte de), XXXIX, XLI, XLII, CVII, CCLXIII, 1764.
CAZANOVA, P, CCLV.
CAZE (de), fermier général, place Louis-le-Grand, LI, 266, 273, 316, 338, 344, 372, 412, 756, 959, 1008, 1343, 1425, 1687, 1732, 2914, 2972, 2990, 3017, 3271, 3319, 3334.
CAZES, P, LX, CXLVIII, CLVI, CLXXVII.
Ceinture de Catherine de Médicis, CCLXXII.
Celle (la), LV.
Centaure (famille de), tableau par Boulogne l'aîné, CCXXXVIII.
Céphale & Procris, par Bril, CCCXI.
Cérès cherchant Proserpine, par Elsheimer, CCCXX.
Cerf couché, par Oudry, CCXCII.
CHABANNES (le marquis de), XXVII, 1969.
CHABANNOIS (le marquis de), XLI, XLII, 2055, 2061, 2071, 2084, 2091, 2100, 2135, 2310.
Chaillot, LXV, 453.
Chaines d'acier, 2227.
Chaines de montre, 764, 790, 803, 2297, 3285.
Chaise, 238.
CHALLE, S, CCLVIII, CCLXXXI, CCLXXXIV, CCLXXXV.
CHAMPAGNE (Philippe de), P, CCLXXXIV.
CHAMPCENETZ (M. de), XVI, 1561, 1933, 1954, 2724, 2773, 2881.
Champlâtreux, XLVIII, 2230.
Champs. Château loué par Mme de Pompadour, 2820, 2842, 2885, 2916, 2930, 2946, 3029, 3051,
3059, 3086, 3100, 3115, 3135, 3138, 3139, 3145, 3164.
Chandeliers, XCII, 83, 308, 388, 394, 490, 518, 554, 592, 694, 852, 901, 1112, 1157, 1211, 1577, 1659, 1673, 1787, 1822, 2189, 2281, 2312, 2317, 2357, 2588, 2591, 2657, 2716, 2883, 2891, 3028, 3156, 3164.
Chantelou, CVIII.
CHANTEREAU, P, CCLXXXVI.
Chanteuse, tableau de Santerre, CCLI, CCLXXX, CCLXXXV; — par Tournières, CCLXXX.
Chantilly, CXXXI, 117, 770, 784.
Chapelle de Trianon, CLXXVII.
Chapelle de M. Turgot, peinte par Lesueur, CCCXXXV.
CHARDIN (J.-B. S.), P, CLXIX, CLXXXVI, CCLXXX, CCLXXXII, CCCXVII.
Chardonnerets de porcelaine, 802, 1208.
Charité (la), tableau, CCLXXIII, CCLXXIX, CCCXIII, CCCXVII, 606.
CHARLES VI, empereur d'Allemagne, XXIII.
CHARLES VIII, roi de France, CLXXI.
CHARLES X, roi de France, LXXXIV.
CHARLIER, P, LX, LXXX, CVI, CXCIV, CCLXIII, 1375.
Charlottenbourg, XXIV.
CHAROLOIS (S. A. S. Mlle de), Louise-Anne de Bourbon-Condé, connue sous le nom de Mademoiselle jusqu'à la naissance de la fille du duc d'Orléans, XXI, 1205, 1610, 2233, 2314, 2548, 2796. Voir MADEMOISELLE.
CHARON, CCLXIII.
CHARPENTIER, 9.
CHARRIOT, commissaire-priseur, XCII.
CHARTRES (Louis-Philippe d'Orléans, duc de), XX, 634.
CHASLES (M.), membre de l'Institut, CCLVIII.

Chasse, tableau par Berchem, CCXXXVIII; — par Weenix, CCXLII; — par Vander Meulen, CCXLVI; — par Parrocel, CCXCI; — par Van de Velde, CCXCVIII; — par Rubens, CCCXII; — par Wouwermans, CCXXXVIII, CCXLII, CCLXXXIX, CCCVIII, CCCXIX, CCCXX.
Chasse du daim & chasse du loup, tableaux de Reysbrack, CC; — à l'oiseau, par Wouwerman, CCLXXIII, CCLXXXVIII.
Châsses, 190, 205, 412, 519, 1291, 1445, 1454, 2425, 2590.
Chasseur de nuit, 111.
Chasseur se reposant, tableau du Môle, CCCXV.
Chasseurs enfans, 724.
Châssis, dessus de porte & panneaux, 8, 10, 13, 18, 27, 33, 34, 58, 126, 129, 147, 182, 186, 202, 278, 283, 284, 433, 487, 519, 533, 547, 548, 571, 615, 636, 876, 882, 1071, 1074, 1076, 1150, 1433, 1482, 1698, 1757, 1869, 2220, 2445, 2539, 2804, 3016, 3051, 3057, 3164, 3181.
Chasteté de Joseph, par C. Vanloo, CCXLIX; — de Suzanne, CCLXI.
Château de la Celle (le), LV; — du duc de La Vallière, à Montrouge, XLII; — du président Molé, à Champlâtreux, XLVIII; — de Saint-Cloud, XXI; — de Vincennes, CCXCVIII. Voir leurs noms.
CHATEAURENAUD (la comtesse de), 2193, 2522, 3004.
CHATELAIN, P, CLVII.
Châtelet (le), LVII.
— (le petit), CCLXXIV.
CHATELET (la marquise du), XXIX, 130, 166.
Chats, 502, 886, 1261, 1284, 1353, 1432, 1571, 1657, 1796, 1965, 1988, 2294, 2400, 2768.
CHAULIEU, XXVIII.

CHAULNES (le duc de), CCLXIII, CCLXV.
CHAULNES (la duchesse de), XXVII, 81, 1678, 2033.
CHAUVEAU (Jacques), CXXIII.
CHAUVEAU, de l'Académie de St-Luc, CCLXV.
CHAVENEAU, CCLXVI.
CHAVIGNY (M. de), XXVII, 1711, 2117.
CHAZERON (Mme de), 1733.
CHEDEVILLE, marchand, XCII.
Cheminée, 311.
Chennevières. Maison de camp. de M. de Cury, LXXX, 1178, 1488.
CHENU (Louis), relieur, CXX.
CHEREAU, G, LXI, XCVI.
Cheval de porcelaine de Saxe, 1443.
CHEVALIER, commis à la douane, LVI.
CHEVALIER, horloger du Roi, CXVIII.
Chevaliers danois, tableau de Le Moine, CCLXXI.
Chevaux (têtes de), 575.
CHEVOTEL (Jean-Marie), A, CCXIX.
CHEVREUSE (le duc de), XXVII, CCLXVI, 54, 391, 403, 975, 1333, 1626, 1759.
CHEVREUSE (la duchesse de), dame d'honneur en survivance de la Reine, XXVII, 1800, 1862, 2291, 2434, 2684, 3280.
Chiens, peints par Bachelier, CXCIX.
Chiens de Mme de Pompadour, 2087, 2149, 2173, 2189, 2778, 2842. Voir Inès & Mimi.
Chiens de porcelaine, 384, 417, 442, 1037.
Chiens de Saxe, 100, 324, 394, 673, 697, 960, 978, 1655, 2909.
Chimiste dans son laboratoire, par Téniers, CCLXXXVII.
Chine (la), XVIII, CVII, CIX, CXXI. Voir Lachine, véritable orthographe de ce mot pour désigner alors le *Lachinage* ou tous les objets de provenance chinoise.

Chinois de porcelaine & de bronze, 1012, 2271.
CHOFFARD, G, CVI, CXXIII.
CHOISEUL (César-Gabriel, comte de), 42, 586, 935.
CHOISEUL (Étienne-François, duc de), XXVI. Voir STAINVILLE.
CHOISEUL (le marquis de), CCLXVI.
CHOISEUL-PRASLIN (le duc de), XLI, CVI, CVIII.
CHOISEUL (la duchesse de), LXXIII. Voir STAINVILLE (Mme de).
Choisy, XVI, LXXVI, CXVI, CXXI, CXXVI, CLXXXII, CLXXXIII, CXCVIII, CXCIX, CCI, CCII, CCIV, CCVIII, CCXIV, CCXVI, 883, 894, 1153, 1561, 1641, 1933, 1954, 2580, 2584, 2612, 2622, 2663, 2700, 2712, 2763, 2773, 2941, 3119, 3139, 3223, 3230, 3360.
CHRÉTIEN II, duc des Deux-Ponts, XXII. Voir DEUX-PONTS.
Christ (le), de Rubens, CLXXI; — par La Porte, CCLXXXI.
CHRISTOPHE, P, CLVI.
CIGNANI, P, CCLXXIV.
Cigognes, 649, 1049.
CIOÏA (François-Marie), CLVIII.
CIQUAISE, P en émail, LXVIII.
Ciseaux, 393, 538, 1345, 1454, 1464, 1510, 1653, 2112, 2256, 2274, 2791, 3208.
Citrons, 100, 667, 685, 752.
CIVRAC (Mme de), dame d'atours de Madame Adélaïde, 2374.
Clair de lune, par Vernet, CCLXXX.
CLAIRON (Hippolyte), LXIV, CCLXVI.
CLAUDET, G, CCLXVI.
CLÉMENT-AUGUSTE DE BAVIÈRE, archevêque de Cologne, XXIII.
Cléopâtre, tableau de Coypel, CLXXVII; — de Natoire, CLXXIX.
CLÈRE (le chevalier de), CCLXVI.
CLÉRISSEAU, P, CCLXVII, CCCII.
CLÈVES (M. de). C'est lui qui eut le privilége du *Mercure* avant Marmontel, CCLXVII.

Clichy. Maison de M. de La Reynière, 278, 3136, 2538; — maison de M. Sonning & de Mme de la Ferrière, 2492, 2573, 2599, 2781, 2802, 2963, 3141.
Cloche de cristal, 2893.
Clocher, de Téniers, paysage, CCXLVI.
Clorinde (combat de Tancrède & de). Voir Combat.
COANE? (Mme de), 1649, 2253, 2469.
COBENZL (le comte Charles de), gouverneur des Pays-Bas autrichiens, LXVI, 2597, 2915, 3201, 3290.
COCHIN (Charles-Nicolas) fils, G, XXXIX, XLIII, CVI, CXL, CLIX, CLXV, CLXVI, CLXXI, CLXXII, CLXXIII, CCX, CCXI, CCLXXVIII.
COETLOGON (Mme la marquise de), 64, 783.
Coffres, 333, 498, 512, 541, 619, 744, 872, 1288, 1521, 1768, 1824, 1853, 1899, 3072, 3097.
COHADE (de), CLXXI.
COIGNY (M. de), gouverneur du château de Choisy, rue Neuve-des-Petits-Champs, 55.
COIGNY (la comtesse de), 1645, 1692.
Coins à jour (meubles), 1220.
COLBERT (J.-B.), CLIV, CLXIV.
Colin-Maillard (jeu de) en porcelaine, 2731.
COLINS, marchand, XXIV, LXXVIII, LXXXVI, LXXXVII, LXXXVIII, LXXXIX, CLXX, CLXXI, 2515.
COLLÉ (Charles), CLXIV.
Collection d'antiquités grecques & romaines d'Adam l'aîné, CCXXVII; — d'histoire naturelle d'Adanson, donnée au Roi, CCXXVII; — de dessins de M. d'Agincourt, CCXXVII; — minéralogique du comte d'Angiviller, CCXXVII; — conchyliologique & minéralo-

gique du marquis d'Arcambal, CCXXVIII; — de coquilles d'Aubert, CCXXVIII; — d'histoire naturelle de l'abbé Aubry, CCXXVIII; de médailles, de figures antiques, de coquillages, de tableaux, &c., des Augustins de la place des Victoires, CCXXIX; — Bailly du Coudray, CCXXIX; — d'histoire naturelle, composée d'oiseaux, de coquilles, d'insectes rares, de papillons & de pierres rares de Mme la présidente de Bandeville, CCXXIX; — de tableaux du comte de Baudouin, CCXXX; — de tableaux de M. de Beaujon, CCXXX; — de testacées de M. Bellanger, CCXXX; — de dessins françois & de tableaux de Bergeret, CCXXXI; — d'objets d'art, de livres rares & de coquilles du président Bernard de Rieux, CCXXXI; — de tableaux du comte de Besenval, CCXXXI; — de tableaux des Écoles d'Italie du comte de Billy, CCXXXI; — de camées, de minéraux, de coquilles, de dessins & de tableaux de Blondel d'Azaincourt, CCXXXI, CCXXXII, CCXXXIII; — de tableaux, de dessins, de sculptures, de bronzes, de porcelaines, marbres, tapisseries, &c., &c., de Blondel de Gagny, CCXXXIII, CCXXXIV, CCXXXV, CCXXXVI, CCXXXVII, CCXXXVIII, CCXXXIX, CCXL, CCXLI, CCXLII, CCXLIII, CCXLIV, CCXLV, CCXLVI, CCXLVII, CCXLVIII, CCXLIX, CCL, CCLI, CCLII, CCLIII, CCLIV, CCLV, CCLVI; — d'histoire naturelle de Mme du Bois-Jourdain, CCLVI, CCLVII, CCLVIII; — Boisleduc, CCLVIII; de tableaux de La Boissière, CCLVIII; — d'histoire naturelle de Bomare de Valmont, CCLVIII, CCLIX; — de chimie, d'anatomie, d'histoire naturelle, de curiosités & de tableaux de Bonnier de la Mosson, CCLIX, CCLX; — d'histoire naturelle de François Boucher, CCLX, CCLXI; — d'histoire naturelle du duc de Bouillon, CCLXI; — d'histoire naturelle de M. de Boullongne, intendant des finances, CCLXI; — d'estampes anciennes de M. de Bourlac, CCLXI; — Bourlamaque, CCLXII; — d'histoire naturelle de M. Boutin, receveur général des finances, CCLXII; — d'histoire naturelle de M. de Boynes, ministre de la marine, CCLXII; — de conchyliologie de M. Carlin, CCLXII; — d'histoire naturelle de M. Cafe de la Bove, maître des requêtes, CCLXII; — conchyliologique de M. de Caumartin, CCLXIII; — du comte de Caylus, CCLXIII; — de tableaux de Charlier, peintre du Roi, CCLXIII; — d'histoire naturelle de M. Charon, CCLXIII; — de livres, d'estampes, d'histoire naturelle, d'armes & d'objets d'art du duc de Chaulnes, CCLXIII, CCLXIV, CCLXV; — d'histoire naturelle de M. Chauveau, de l'Académie de Saint-Luc, CCLXVI; — d'histoire naturelle de M. Chaveneau, CCLXVI; — de tableaux & de curiosités du duc de Chevreuse, CCLXVI; — de tableaux & de curiosités du marquis de Choiseul, CCLXVI; — d'histoire naturelle de Mlle Clairon, CCLXVI; — d'estampes de Claudet, CCLXVI; — de tableaux du chevalier de Clère, CCLXVI; — de dessins de Clérisseau, CCLXVII; — de médailles de M. de Clèves, CCLXVII; — de tableaux du prince de Condé, CCLXVII; — de tableaux & d'histoire naturelle du prince de Conti, CCLXVII; — de tableaux du duc de Coffé, CCLXVIII; — de tableaux du marquis & du chevalier de Coffé, CCLXVIII; — Cottin, LX; — d'hiftoire naturelle du marquis de Courtanvaux, CCLXVIII; — de l'abbé de Crillon, CCLXVIII; — d'hiftoire naturelle du marquis de Croifmare, CCLXVIII, CCLXIX; — Crozat, LX. Voir du baron de Thiers; — de tableaux, deffins & eftampes de M. de Damery, CCLXIX; — d'hiftoire naturelle de M. Daniel, CCLXIX; — d'hiftoire naturelle, de tableaux, de deffins & d'eftampes de M. Dargenville, CCLXIX; — d'hiftoire naturelle de Davila, CCLXX; — d'hiftoire naturelle des Dominicains de la rue Saint-Honoré, CCLXXI; — de tableaux de Dufrefnoy, CCLXXI; — d'hiftoire naturelle & de marine de Duhamel du Monceau, CCLXXI; — de médailles de Du Vau, CCLXXI; — de médailles de M. d'Ennery, CCLXXII; — d'hiftoire naturelle de Mme d'Escours, à l'Arfenal, CCLXXII; — d'hiftoire naturelle de Fagnier, joaillier, CCLXXII; — de coquilles de MM. de Favanne de Montcervelle père & fils, CCLXXII; — de tableaux de M. de la Ferté, intendant de l'hôtel des Menus-Plaifirs, CCLXXII; — Fonfpertuis, LX; — d'hiftoire naturelle du maréchal de la Foffe, CCLXXII; — de tableaux & de curiofités (porcelaines & bronzes) de Gaignat, CCLXXII, CCLXXIII, CCLXXIV; — d'hiftoire naturelle & de curiofités, armes anciennes, &c., de Gaillard, CCLXXIV; — d'hiftoire naturelle de Geoffroy, de l'Académie des fciences, CCLXXIV, CCLXXV; — Gerfaint, LX; — d'hiftoire naturelle de M. de Gilibert, major des Invalides, CCLXXV; — d'hiftoire naturelle de M. de Gironville, CCLXXV; — Godefroy, LX; — d'hiftoire naturelle du marquis de Gouffier, CCLXXV; — d'hiftoire naturelle du baron de Goulas, CCLXXV; — d'hiftoire naturelle & de médailles de l'abbé Goutbout, CCLXXV; — de tableaux & de figures en bronze du marquis de Gouvernet, CCLXXV, CCLXXVI; — de minéraux, de criftaux & de coquilles de M. de Grandmaifon, CCLXXVI; — de pétrifications de M. Guétard, au Palais-Royal, appartenant au duc d'Orléans, CCLXXVI; — de deffins de Hall, peintre du Roi, CCLXXVI; — de tableaux & d'ouvrages de Boule, à M. Harenc de Prefle, CCLXXVI; — d'hiftoire naturelle de M. Hénin, maître des comptes & maître d'hôtel du Roi, CCLXXVI, CCLXXVII; — d'hiftoire naturelle du baron d'Holbach, CCLXXVII; — Houdetot, CLXXXVII; — de pierres précieufes de Jacquemin, joaillier du Roi, CCLXXVII; — d'antiques & de médailles des Jéfuites, CCLXXVII; — d'hiftoire naturelle, d'inftrumens de phyfique & d'eftampes de l'abbé Joly de Fleury, CCLXXVIII; — d'eftampes & deffins de Jombert père, CCLXXVIII; — de tableaux & de pierres gravées de M. de Jullienne, CCLXXVIII; — d'hiftoire naturelle de M. de Juffieu, CCLXXIX; — du P. Labat. Voir Collection des Dominicains, CCLXXIX; — de tableaux, de fculptures & d'objets d'art de La Live de Jully, CCLXXIX, CCLXXXVII; — de tableaux du

TABLE ALPHABÉTIQUE. 349

chevalier Lambert, cclxxxvii; — de tableaux du marquis de Laffay, cclxxxviii; — de tableaux & d'objets d'art de l'abbé Leblanc, cclxxxviii; — d'histoire naturelle & de curiosités de M. Le Jeuneux, cclxxxviii; — de tableaux de M. Lempereur, cclxxxviii, cclxxxix, ccxc; — minéralogique de M. de l'Épine, A, ccxc; — d'histoire naturelle & bibliothèque de M. Mahudel, ccxc; — d'histoire naturelle du président de Malesherbes, ccxc; — d'estampes, de dessins & de livres d'art de Mariette, ccxci; — du marquis de Marigny, ccxci; — d'histoire naturelle du baron de Marivets, ccxci; — Mauduy de la Varaine, ccxci; — d'histoire naturelle de l'abbé Mayet, ccxci; — de tableaux, bronzes, estampes, dessins, médailles & pierres gravées du chevalier de Menabuoni, ccxci; — de tableaux du comte de Merle, ccxci; — de tableaux, de bronzes antiques & de marbres du prince de Monaco, ccxci; — d'histoire naturelle de Mme de Monteclair, ccxcii; — de tableaux des trois Écoles de M. de Montrillon, ccxcii; — de curiosités mixtes de M. de Montullé, ccxciii; — d'histoire naturelle de M. de Mopinot, ccxciii; — Moran, ccxciii; — d'histoire naturelle de Morand, docteur en médecine, ccxciii; — de madrépores de l'abbé Moreau, ccxciii; — d'histoire naturelle de M. Moudon, ccxciii; — de coquilles, d'estampes, de dessins & de tableaux de M. de Nanteuil, ccxciii; — d'histoire naturelle de l'abbé Nolin, ccxciii;

— d'histoire naturelle du président Ogier, ccxciv; — du duc d'Orléans au Palais-Royal & à Saint-Cloud, xx, xxi, ccxciv; voir ci-dessus Collection Guétard; — de tableaux & des curiosités mixtes de Paignon-Dijonval, ccxciv; — de médailles, d'instrumens de mathématiques & d'histoire naturelle de Pajot d'Onsenbray, ccxciv, ccxcv, ccxcvi; — Pasquier, lx; — d'histoire naturelle de Patiot, ccxcvi; — & bibliothèque du marquis de Paulmy, ccxcvi; — de médailles de Pellerin, ccxcvi; — de tableaux, dessins & estampes anciennes de Peters, ccxcvii; — d'histoire naturelle de Picart, ccxcvii; — d'histoire naturelle de Pigache, ccxcvii; — de raretés naturelles de Poissonnier, de l'Académie des sciences, ccxcvii; — Potier, lx; — de tableaux de Poulain, ccxcvii; — de tableaux du duc de Praslin, ccxcvii, ccxcviii; — de tableaux de Ménage de Pressigny, ccxcviii; — de tableaux de M. Prousteau, ccxcviii; — d'histoire naturelle, de pierres fines, &c., de Mme de Puysieux, ccxcviii; — de tableaux de Randon de Boisset, ccxcviii, ccxcix, ccc; — d'histoire naturelle de Réaumur, ccc, ccci; — de dessins de Remy, ccci; — d'histoire naturelle de Romé de l'Isle, ccci; — de tableaux de M. de la Reynière, ccci, cccii, ccciii; — d'histoire naturelle du duc de La Rochefoucauld, ccciii; — Rouelle, ccciii; — d'histoire naturelle du fermier général Roussel, ccciii; — d'histoire naturelle de Sage, de l'Académie des sciences, ccciii; —

de tableaux & de curiosités mixtes du duc de Saint-Aignan, CCCIV; — d'histoire naturelle du marquis de Saint-Chamond, CCCV; — de tableaux & de porcelaines de M. de Saint-Foix, CCCV; — d'histoire naturelle des Bénédictins de Saint-Germain-des-Prés, CCCV; — de dessins de l'abbé de Saint-Non, CCCV; — d'estampes, d'histoire naturelle, d'instrumens de physique & de médailles du séminaire Saint-Sulpice, CCCVI; — de tableaux, de dessins & d'estampes de M. de Saint-Yves, CCCVI; — de Sainte-Geneviève, CCCVI; — de tableaux du comte de Salvert, CCCVII; — d'histoire naturelle de M. Savalette de Buchelay, CCCVII; — de tableaux de M. de Senneville, CCCVIII; — de tableaux du marquis de Séran, CCCVIII; — de tableaux de M. Servat, CCCVIII; — de pierres fines de Sevin, CCCIX; — de tableaux & de dessins de Sireul, CCCIX; — de tableaux du comte de Stroganoff, CCCIX; — de tableaux, d'estampes, de curiosités & d'histoire naturelle du duc de Sully, CCCIX, CCCX, CCCXI; — Tallard, LX; — de tableaux de M. Du Tartre, CCCXI; — de tableaux du baron de Thiers, CCCXI & suiv.; — de tableaux & de curiosités de Titon du Tillet, CCCXXI, CCCXXII, CCCXXIII; — de coquilles du comte de la Tour d'Auvergne, CCCXXIV; — de marbres, &c., de Trouart, CCCXXIV, CCCXXV; — Tugny, LX; — d'histoire naturelle de Turgot, CCCXXV; — de livres précieux & de tableaux du duc de la Vallière, CCCXXVI, CCCXXVII; — d'histoire naturelle de M. de Valmont, CCCXXVII; — d'estampes de M. de Valois, CCCXXVII; — de pétrifications de M. Varennes-Béost, — de coquilles de M. de Varicourt, CCCXXVII; — de dessins de Vassal de Saint-Hubert, CCCXXVII; — du comte de Vence, CCCXXVII; — de tableaux du marquis de Véry, CCCXXVII; — de M. de Vigny, CCCXXVIII; — du marquis de Voyer, CCCXXVIII; — Watelet, CCCXXVIII; — de tableaux du comte de Watteville, CCCXXVIII; — d'estampes & de tableaux de Wille, CCCXXVIII. Voir Catalogues & Cabinets.

Collier, bijou, 2582.

Colliers des chiens de Mme de Pompadour, 2099, 2123, 2149, 2160, 2185, 2194, 2243, 2257, 2369, 2581, 2627, 2706, 2778, 2901, 3049, 3082, 3106, 3172.

COLLIN, intendant de Mme de Pompadour, XXXVIII, LXXIV, 617, 655, 727, 755, 782, 888, 1048, 1085, 1122, 1472, 1912, 1918, 1924, 2256, 2479.

COLLIN DE VERMONT, P, CXLVIII, CLVI, CLXXVI, CCLV.

Cologne, VII, XXIII, 2730.

COLOGNE (l'Électeur de), Clément-Auguste de Bavière, XXIII, 2435, 2827.

COLOMBEL, P, CCXLIX, CCCXVIII.

Colombier de porcelaine, 974.

Combat de Tancrède & de Clorinde, par Le Moine, CCLXI; — d'Hercule contre les Lapithes, CCCXV.

Commandes aux artistes, CXLVIII, CLXXIX.

Commodes, CXXIV, CXXV, 19, 33, 122, 124, 143, 156, 174, 176, 179, 180, 203, 214, 215, 219, 234, 269, 324, 326, 373, 389, 411, 419, 469, 514, 520, 525,

539, 540, 550, 551, 597, 600, 610, 621, 623, 634, 647, 648, 650, 665, 681, 716, 746, 784, 895, 897, 914, 919, 957, 974, 1061, 1062, 1068, 1119, 1138, 1144, 1145, 1164, 1178, 1183, 1213, 1251, 1298, 1307, 1424, 1430, 1458, 1460, 1472, 1482, 1485, 1496, 1520, 1525, 1590, 1635, 1704, 1705, 1735, 1749, 1771, 1788, 1802, 1814, 1826, 1833, 1834, 1838, 1868, 1895, 1900, 1909, 1924, 1932, 1939, 1947, 1950, 1970, 2061, 2064, 2075, 2100, 2105, 2171, 2182, 2188, 2210, 2276, 2280, 2282, 2298, 2320, 2448, 2461, 2480, 2497, 2500, 2583, 2597, 2600, 2606, 2675, 2714, 2787, 2856, 2872, 2878, 2883, 2896, 2927, 3039, 3050, 3057, 3061, 3128, 3158, 3169, 3189, 3213, 3290, 3333.

Compiègne, XVI, XXXIV, XXXV, LXXVI, CXVI, CLXXV, CXC, CC, CCII, CCIII, CCVIII, CCXIV, 1169, 1182, 1825, 2189, 2192, 2194, 2195, 2199, 2232, 2523, 2527, 2547, 2820, 2821, 2835.

Compotiers, 330, 405, 418, 1014, 1186, 1198, 1455, 1623, 1677, 1688, 1953, 1992, 2029, 2039, 2325, 2377, 2590, 2669, 2683, 2777, 2801, 2807, 2817, 2819, 2837, 2866, 2877, 2884, 2888, 2905, 2917, 2966, 2984, 3001, 3008, 3009, 3053, 3068, 3072, 3104, 3133, 3153, 3191, 3231, 3320. Voir les diverses porcelaines.

Comptes d'une vente d'objets d'art, CXXXIV, CXXXIX.

CONCA, P, CCXXXIV.

Concert, tableau de Metzu, CCXCVIII; — d'Ostade, CCCXXI; — de Raoux, CCCXXII.

Concert de singes musiciens, 1628.

Conchyliologie nouvelle & portative de d'Argenville, CCXXVII, & *passim*.

CONDÉ (Louis-Joseph de Bourbon, prince de), XXI, CCLXVII, 1373, 1695, 2999.

CONDÉ (la princesse de), Charlotte-Godefride-Élisabeth de Rohan-Soubise, XXI, 1603, 2618, 2655, 2692, 2989.

Consoles, CCXXXVII, 233, 428, 429.

Constantinople, XXVI.

CONTANT, A, CCCXI.

Continence de Scipion, tabl. de Le Moine; autre par Restout, CCLXI.

Contrôleur général (le), M. de Boullongne, rue Saint-Honoré, près les Jacobins, & ensuite rue Neuve-des-Petits-Champs, 3005. Voir BOULOGNE.

CONTY (le prince de), XCVIII, CCLXVII.

Conversation sur le bord de la mer, par Berchem, CCLXXXIX.

Conversion de saint Paul, par La Hyre, CCLXXXVI; — par Rubens, CCLXXXIX.

CONY, marchand, XCI, 1349, 1398, 1631, 1727.

Copenhague, XXVII, CLXXV, 2118, 2442, 2807.

Copies de tableaux, CLXXII, CLXXIII.

Coqs de porcelaine, 81, 490, 974, 1243, 2210, 2294, 2517.

COQUERET, P, CC, CCI.

Coquilles, XLIX, L, LVI, LVII, LXIII, XC, XCVI, CI, CVII, 330; — de M. Aubert, CCXXVIII; — de l'abbé Aubry, CCXXVIII; — rares de la collection de Mme de Bandeville, CCXXIX, CCXXX; — de la collection Caumartin, CCLXIII; — de la collection Daniel, CCLXIX; — & curiosités naturelles de M. Davila, CCLXX; — du cabinet Fagnier, CCLXXII; — du cabinet Favanne de Montcervelle, CCLXXII; — & curiosités naturelles de M. Monpinot, CCXCIII; — de la collection Paignon-Dijonval, CCXCV; — de la collection du marquis de Paulmy, CCXCVI; — de la collection de Mme de Puyfieux, CCXCVIII; — & autres curiosités naturelles de la collection du comte de la Tour d'Auvergne, CCCXXIV; — de la collection de M. de Varicourt, CCCXXXVII.

COQUINOT (M.). D'après l'Almanach royal de 1751 (page 182), un receveur des confignations, dont le bureau était rue Vieille-du-Temple, portait ce nom, 350, 459, 541, 895, 1069, 1408, 1467, 1573, 1710, 1834, 1931, 2085, 2111, 2388, 2397, 2416, 2447, 2454, 2477, 2489, 2503, 2595, 2636, 2701, 2707, 2746, 2774, 2832, 2857, 2872, 2880, 2907, 2929, 3134, 3140, 3173, 3205, 3237.

Corail, 347.

Corbeilles, 340, 372, 377, 416, 434, 521, 544, 609, 644, 671, 710, 732, 733, 863, 898, 941, 984, 1008, 1186, 1358, 1368, 1603, 1636, 2274, 2327, 2598, 2669, 2687, 2716, 2809, 2819, 2860, 2884, 2888, 2938, 2945, 2974, 3007, 3008, 3009, 3010, 3031, 3199, 3233, 3249.

Corde, 285, 304, 1130, 1798, 2825.

Cordon à brûler, 2173, 2189.

Cordons de luftres & de lanternes, 14, 57, 203, 218, 220, 223, 228, 237, 252, 281, 328, 348, 349, 450, 451, 453, 510, 511, 525, 531, 604, 608, 613, 629, 645, 654, 683, 735, 740, 774, 815, 826, 855, 857, 905, 919, 925, 956, 971, 991, 1054, 1138, 1139, 1163, 1213, 1220, 1222, 1243, 1252, 1358, 1406, 1421, 1424, 1426, 1446, 1483, 1497, 1515, 1519, 1525, 1562, 1580, 1587, 1619, 1726, 1757, 1780, 1833, 1865, 1873, 1882, 2169, 2173, 2194, 2234, 2307, 2374, 2389, 2433, 2529, 2621, 2782, 2847, 3057, 3108, 3156, 3169.

Coriolan, tableau du Pouffin, CCLXI.

Cornaline, 651, 962, 1376, 1507.

CORNEILLE, P, CCCXVII, CCCXVIII.

Cornets (vafes), 138, 173, 211, 212, 931, 1112, 2444, 2449.

Cornets d'écritoires. Voir Écritoires, Secrétaires, Tables & Bureaux.

Coromandel (objets de), 411, 419, 525, 623, 634, 772, 780, 919, 935, 1441, 1496.

Corps de garde, par Téniers, CCXXXIV.

CORRÉGE (le), P, XXIV, XXXI, LXXXVI, CX, CLXXII, CCCXIII, CCCXIV, CCCXVI.

Correfpondance littéraire de Grimm, LXIII.

CORTONE (Pierre de), P, CCXXXVIII, CCCXVI, CCCXIX.

COSSÉ (le chevalier de), CCLXVIII.

COSSÉ (le comte de), 51.

COSSÉ (le duc de), CCLXVIII.

COSSÉ (le marquis de), CCLXVIII.

Côte de Bretagne (le rubis la), LXXXIX.

COTTE (Jules-Robert de), A, intendant des bâtimens, CXII, CCXV.

COTTE (le préfident Jules-François de), rue de l'Ortie, aux galeries du Louvre, préfident honoraire de la 2e chambre des enquêtes du Parlement, XLVIII, 1386.

COTTE (M. de) fils, 1364.

COTTIN, LX, CI, CIII, CXXXIV.

COUCHÉ, G, XXI.

COUCICAULT, LVII, 109, 500.

COULON, ébénifte, CXXV.

Cour Lamoignon, CCLXXXVIII.

COURAGET (Mlle), femme de cham-

bre de Mme de Pompadour, xxxviii, 2791.
Courcillon (la marquife de), 16, 23, 67, 156, 389, 464, 1703.
Courgy (M. de), 53, 926, 939, 1611, 1621, 1993, 2331, 2674.
Courfe, fujet de ftatuettes, 848.
Courfe de bagues, tableau de Wouwermans, ccxlii.
Courtanvaux (le marquis de), cclxviii.
Courteille (Mme de), 1699.
Courtin, P, cccxviii.
Courtois, ccxxxv.
Couſeuſes, par Metzu, cclxxxix; — par le Guide, cccxvi; — par un maître italien, cccxix.
Cousicot, lvii. Voir Coucicault.
Coustou, S, clv, clvi, ccxxxiv, ccxl, cclxxx, cclxxxii.
Coustou (Guillaume) fils, S, ccii, cclxxx, cclxxxii, cclxxxv.
Couteaux, 567, 691, 704, 1926, 2274, 2395, 3025, 3064, 3072, 3208, 3221, 3300.
Couteaux de toilette, 909.
Couverts d'or & d'argent, 1159, 2758, 2955.
Coypel (Antoine), P, cclxxx, cclxxxi, cccxviii.
Coypel (Charles), P, xviii, xix, lix, lx, lxi, lxii, lxxxi, ciii, cxlviii, cxlix, cli, clii, cliv, clvi, clix, clxii, clxiii, clxv, clxviii, clxix, clxxii, clxxiii, clxxvi, clxxvii, clxxxi, cxcii, ccx, ccxi, ccxlvi, cclxxxi, cccxvii.
Coypel (Noël), P, clxxii, cclxxxi.
Coysevox (Antoine), S, cclxxxvi.
Crabes de porcelaine, 2452.
Cramayel (M. de), fermier général, rue du Sentier, près la rue du Rempart, 2529, 2620. Voir Fontaine de Cramayel.
Crants (David), P, cclxviii. Voir Craust.

Craffeuſe, tableau de Rembrandt, ccxlii.
Craust, P, ccxlviii. Voir Crants (David).
Crayons d'or, lxxiii, 83.
Crébillon fils, lxiii, cccxxiv.
Crèche (la), tableau, cclxxix.
Crécy. Terre & château appartenant à Mme de Pompadour, vi, xxxiv, xxxv, xxxviii, cxxiv, ccxvi, 600, 602, 808, 830, 844, 909, 919, 1113, 1118, 1138, 1140, 1152, 1417, 1520, 1553, 1688, 1778, 1894, 2174, 2181, 2194, 2201, 2494, 2596, 2757, 2759, 2784, 2871, 2882, 2916, 2942.
Crépin (Marie-Antoinette), dite Lanoix, danſeuſe de la Comédie françoiſe, lxiv. Voir Lanoix.
Crépin, P, ccxliv, ccxlviii, ccliii, cclv.
Cressent, ébéniſte, xxxii, lvii, cxxxix, ccliv.
Crillon (l'abbé de), cclxviii.
Crillon (le marquis de), 2525.
Criftal de roche, 235, 489, 538, 663, 830, 907, 956, 963, 972, 990, 1097, 1136, 1138, 1213, 1271, 1279, 1394, 1420, 1427, 1434, 1469, 1520, 1530, 1532, 1552, 1556, 1738, 1757, 1818, 1942, 2169, 2218, 2272, 2274, 2385, 2494, 2567, 2623, 2630, 2751, 2913, 3065, 3079, 3258.
Criftaux, lxxxiv.
Croismare (le marquis de), cclxviii.
Croiſſans de cuivre, 370.
Croix, 1307, 2409, 2435, 3208.
Croix d'or (magaſin de la), xc.
Croix-Fontaine, li.
Croix-Saint-Jacques, à Fontainebleau, xxxiv.
Croizat (MM. de), xlvi. Voir Crozat (les).
Croos, P, cclv.
Crozat (Pierre), xlvi.

x 1

Crozat (Mlle), XLVI.
Crozat (Louis-Antoine), baron de Thiers, XXXIII, XLVI, XLVII, CCCXI. Voir Thiers.
Crucifix, 2735, 3208.
Crussol (la duchesse de), 3090, 3312.
Crysolithe, 1489.
Cuillers, 1132, 1345, 1542, 1614, 1674, 1688, 1738, 1827, 1831, 2046, 2129, 2257, 2304, 2460, 2604, 2655, 2718, 2791, 2823, 2834, 2851, 2972, 2994, 3072, 3078, 3110, 3149, 3305, 3320.
Cuir doré (tapisserie de), CXX, CXXI.
Cuisine, tableau de Bernard, CCXLVIII.
Cuisine de porcelaine, 2948.
Cuisinier de porcelaine, 386.
Cuisinière d'ancien laque, 1952.
Curé de Saint-Germain l'Auxerrois (le), L.
Curée (la) du cerf, par Wouwerman, CCXXXV.
Curiosité (la), groupe de porcelaine, 3001, 3019, 3052, 3104, 3279, 3320.
Curiosités, CI, CIII, CVIII; — & objets d'art de la collection Blondel de Gagny, CCXXXIII, CCXXXVI, CCXXXIX, CCXLIII, CCXLV, CCXLVII, CCXLVIII, CCXLIX, CCLI, CCLIII, CCLV, CCLVI; — naturelles de M. Bomare de Valmont, CCLIX; — de M. Bonnier de la Mosson, CCLIX, CCLX; — de la collection du duc de Bouillon, CCLXI; — de la collection de M. de Boullongne, CCLXI; — de la collection Boutin, CCLXII; — de M. de Boynes, CCLXII; — de M. Carlin, CCLXII; — de la collection Cafe de la Bove, CCLXII, CCLXIII; — de M. Charlier, CCLXIII; — de la collection Charon, CCLXII; — instrumens de physique & objets d'art du duc de Chaulnes, CCLXIII, CCLXIV, CCLXV; — de M. Chaveneau, CCLXVI; — du cabinet de Mlle Clairon, CCLXVI; — de la collection du marquis de Courtanvaux, CCLXVIII; — de la collection du marquis de Croismare, CCLXVIII; — de la collection de Mme de Damery, CCLXIX; — de la collection Dargenville, CCLXIX; — de la collection des Dominicains, CCLXXI; — de la collection Duhamel du Monceau, CCLXXI; — de la collection de Mme d'Escours, CCLXXII; — de la collection Fagnier, CCLXXII; — de la collection de La Fosse, CCLXXII; — de la collection Gaillard, CCLXXIV; — de la collection Geoffroy, CCLXXIV; — de la collection Gilibert, CCLXXV; — de la collection Gironville, CCLXXV; — de la collection Gouffier, CCLXXV; — de la collection Goutbout, CCLXXV; — de la collection Grandmaison, CCLXXVI; — de la collection Hénin, CCLXXVI, CCLXXVII; — de la collection du baron d'Holbach, CCLXXVII; — de la collection Joly de Fleury, CCLXXVIII; — de la collection de Jussieu, CCLXXIX; — de la collection Le Jeuneux, CCLXXXVIII; — de la collection du président de Malesherbes, CCXCI; — de la collection Marivets, CCXCI; — de la collection de l'abbé Mayet, CCXCI; — de la collection de Mme de Monteclair, CCXCII; — du cabinet de M. de Montullé, CCXCIII; — de la collection Morand, CCXCIII; — de la collection de l'abbé Moreau, CCXCIII; — de la collection Moudon, CCXCIII; — de la collection Nanteuil,

CCXCIII; — de la collection de l'abbé Nolin, CCXCIII; — de la collection Paignon-Dijonval, CCXIV; — de la collection Patiot, CCXCVI; — de M. Picart, CCXCVII; — de la collection Pigache, CCXCVII; — de la collection Poiffonnier, CCXCVII; — de la collection de Mme de Puyfieux, CCXCVIII; — de la collection Réaumur, CCC, CCCI; — de la collection Rouffel, CCCIII; — de la collection du marquis de Saint-Chamond, CCCV; — de l'abbaye Saint-Germain des Prés, CCCV; — de la collection Savalette de Buchelay, CCCVII; — du duc de Sully, CCCX; — de la collection de M. Trouart, CCCXXIV, CCCXXV; — de la collection Turgot, CCCXXV; — de la collection de M. de Valmont, CCCXXVII.
CURIS (de). Voir CURY.
CURY (M. de), intendant des Menus, LXXIX, CLXXIV, CLXXXV, CXCVI, 21, 44, 49, 69, 103, 146, 150, 154, 440, 448, 485, 583, 744, 748, 864, 1172, 1177, 1178, 1197, 1245, 1247, 1262, 1274, 1325, 1335, 1338, 1381, 1460, 1488, 1534, 1595, 1747, 1790, 1819, 1879, 1902, 2222, 2284, 2290, 2488, 3180, 3187, 3193, 3194, 3272.
CURY (M. de) fils, 1331.
Cuvettes d'argent, 1516.
CUYP, P, CCXLII, CCXLV.
Cygnes, 306, 1267, 1678, 2116.
Cygnes de Saxe, 125, 227, 689, 710, 740, 974, 1305, 1368.

D

Daims, 912. Voir Tête.
Damas des Indes, 1425.

Dame à fa toilette, tableau attribué à Netfcher, CLXXI.
Dame affife dans un fauteuil, tableau de Chardin, CLXXXVII.
Dame vénitienne, CCXXXIV.
Dame de charité, tableau de Greuze, CCLXXI. Voir Femmes.
DAMERY (le chevalier de), XXXI, CCLXIX.
DAMERY (Mme de), CCLXIX.
Damiers, 1178, 2181.
Danaë, par Boulogne l'aîné, CCXXXIX; — par Romanelli, CCXLIV; — par Rubens, CCCXVIII. Voir Jupiter.
DANDEREL, joaillier, XCVI.
DANDRÉ-BARDON, P, XXXIX, CLXIII, CLXXVIII, 1922.
Danemark, VII, XLVIII, LXVI. Voir Envois.
DANGÉ (M.), fermier général, place Louis-le-Grand, LI, 359, 410, 420, 445, 463, 470, 476, 487, 523, 540, 860, 868, 876, 950, 972, 1052, 1102, 1139, 1202, 1218, 1222, 1359, 1388, 1551.
DANGÉ (Mme), 36, 39, 68, 169, 504, 653, 823, 1233.
DANIEL (Mlle), 2832.
Danfe de villageois, par Van Ostade, CCLXXIII; — par Miel, CCLXXXVII.
Darius faifant ouvrir le tombeau de Nitocris, CCCXVI.
DATTE (de la), S, CCLXXXI, CCLXXXII, CCLXXXV.
DAUPHIN (le), XIX, LXIX, LXXIX, CIV, CV, CLXXXIX, CXCI, 661, 1661, 2124, 2370, 2379, 2467, 2575, 2669, 2670, 2714, 2798, 2801, 2810, 2852, 2878, 3011, 3116.
Dauphin (magafin du), XC.
DAUPHINE (la première), infante d'Espagne, CXCI.
DAUPHINE (Marie-Jofèphe de Saxe, la feconde), IV, XXV, XLIV, LXIX, LXX, LXXIX, CXXIX, CXCV, CC, 22,

46, 226, 270, 424, 836, 846, 871, 904, 928, 1036, 1133, 1282, 1310, 1470, 1506, 1662, 1696, 1719, 1730, 1776, 1805, 1809, 1816, 1874, 1880, 1899, 1915, 2004, 2031, 2060, 2073, 2159, 2204, 2220, 2241, 2249, 2304, 2321, 2370, 2465, 2466, 2593, 2624, 2669, 2671, 2718, 2766, 2874, 2879, 2937, 3012, 3245, 3345, 3357. Voir SAXE (Marie-Joſèphe de).

David & Goliath, tableau par le Féti, CCCXIV.

DAVILA, LVII, CCLXX, CCLXXI.

DAVILLIER (le baron), XCII, CXVII.

DEBÈCHE, marchand, XCII, CV.

DEBURE, libraire, XLVII, LVI.

Décampement d'armée, de Wouwermans, CCCV.

DÉDALE, CXII.

Dédale dans le labyrinthe, par Vien, CCLXXIX; — qui attache des ailes à Icare, par Vien, CCLXXXVI.

Déeſſes (les Trois) au jugement de Pâris, par le Guide, CCXXXIX.

DEFFAND (Mme du), XXVII.

Déjanire enlevée par le centaure, bronze, CCXXXVI.

Déjeuners de diverſes matières, 670, 2169, 2824, 2978, 3003, 3122.

Déjeuners de porcelaine, 1293, 1336, 1636, 1662, 1716, 1974, 1979, 1990, 2001, 2004, 2014, 2024, 2069, 2108, 2116, 2134, 2150, 2152, 2189, 2235, 2239, 2314, 2322, 2336, 2337, 2347, 2354, 2396, 2409, 2557, 2580, 2622, 2625, 2650, 2655, 2666, 2670, 2680, 2693, 2703, 2723, 2786, 2798, 2806, 2836, 2838, 2852, 2862, 2875, 2906, 2944, 2953, 2973, 2989, 3000, 3016, 3038, 3083, 3087, 3102, 3104, 3156, 3166, 3183, 3210, 3227, 3230, 3236, 3267, 3282, 3292, 3305, 3306, 3314.

DELAFONS, marchand, XCII.

DELAFRESNAYE, marchand, XC. Voir LA FRESNAYE & LA FRENAYE.

DELALANDE (F. de), marchand-expert, XLVIII. Voir REGNAULT.

DELALEU, LXXXIII.

DELAPORTE, marchand, XCVI, CXXXII.

DELAROCHE (Jean-Philippe), P, CXCVI.

DELAUNAY, P, XXXII.

Delft, CLXI, CCXXXVIII.

DELIEN (Jean), P, CCLXXX. Voir LYEN (de).

DELOBEL (Nicolas), P, CLXXXV.

DELORME (M.), layetier, ébéniſte, menuiſier & emballeur, 1652, 2166, 2188, 2882.

Déluge, par Baſſan, CCXCII.

DEMARTEAU (Gilles), G, CCX.

DEMÉE (l'abbé), L.

Demoiſelles de Mme de Pompadour, 1939.

DENEUFFORGES, A, CXII.

DENIS (Jean-François), tréſorier général des bâtimens du Roi, LII.

DESBORDES, XCII.

DESBRIÈRES (M.), LII, 2621, 2632, 2709, 2750.

Deſcription des tableaux du Palais-Royal, XX.

DESFARGES (M.), 490.

DESFRICHES, le célèbre amateur d'Orléans, LVII.

DESHAYES, CXXVI, CCLXXXII, 2523.

DESHOULIÈRES, CCCXXII.

DESJARDINS, S & fondeur, CCLIII, CCLXXIV.

DESMARES ou Deſmarres, huiſſier du cabinet, devient premier valet de garde-robe en mars 1757. (*Mém. du duc de Luynes*, XV, 467.) Achète chez Duvaux pour le préſident Ogier, miniſtre plénipotentiaire de France en Dane-

mark, & pour M. de Moltke, 1840, 1907, 2420, 2450, 2557, 2786.
Desportes (Claude-François), P, CXCIX, CCLXI, CCLXXX, CCLXXXI, CCLXXXII, CCCI.
Desprez, fondeur, CXVI.
Deffins, XL, XLII, XLV, XLVI, XLVII, LII, LIII, LIV, LVIII, LIX, LX, LXI, LXIII, LXXIV, LXXXV, XC, XCI, XCII, XCIII, XCVI, XCVII, C, CI, CIII, CVI, CXVII, CXXIV, CXXXII, CXXXIII, 850; — de la collection de M. d'Agincourt, CCXXVII; — & eftampes de la collection Blondel de Gagny, CCXLIV, CCLVI; — de M. Clériffeau, CCLXVII; — des collections du marquis & du chevalier de Coffé, CCLXVIII; — de la collection Damery, CCLXIX; — de la collection Dargenville, CCLXIX; — de la collection du marquis de Gouvernet, CCLXXVI; — de la collection Hall, CCLXXVI; — de la collection Jombert, CCLXXVIII; — de la collection Mariette, CCXCI; — de la collection Menabuoni, CCXCI, CCXCII; — de la collection Nanteuil, CCXCIII; — de la collection Peters, CCXCVII; — de la collection Remy, CCCI; — de la collection de l'abbé de Saint-Non, CCCV; — de la collection de M. de Saint-Yves, CCCVI; — de la collection de M. de Vaffal de Saint-Hubert, CCCXXVII; — de la collection Wille, CCCXXVIII.
Deffins de porcelaine des Indes, imités par Vincennes, 2777.
Deffus de porte. Voir Châffis & Panneaux.
De Troy, le père (François), P, CCLXXX, CCLXXXII, CCCXXII.
De Troy fils (Jean-François), P, CLVIII, CLXXVIII, CLXXXVI, CCLXI, CCLXXIX, CCLXXXII, CCCXVII, CCCXVIII.

Deux-Ponts (le duc des), Chrétien II, prince palatin, duc de Deux-Ponts, né le 6 feptembre 1722, VII, XXII, 1455, 1528, 1818, 1849, 1852, 2108, 2134, 2459, 2731, 3084, 3104.
Deux-Ponts (duché des), 3033.
Devins (M.), CXXXIII.
Devos, Devaux, LXIX. V. Duvaux.
Dezallier d'Argenville, LVI, CCLXX. Voir Dargenville.
Dhogue, huiffier-prifeur, CXXXIV.
Diamans, 611, 651, 962, 1589, 2081, 2240, 2274, 2526, 2899, 2994, 3054.
Diane, CXCI. Voir: Bain, Nymphes.
Dibutade, tableau fur bois, de Philippe d'Orléans, CCLXXXIII.
Dictionnaire pittorefque & hiftorique d'Hébert, XXVII, XXIX, XXX, XXXII, LVI, CCXXXVI, & *paffim*.
Diderot, LIV.
Didon montrant Carthage à Énée, par Reftout, CLXXX.
Dietrich, P, CCLXXXVII. Voir le nom fuivant.
Diétricy, P, CCCXXVIII.
Dieux, fujets de tableaux. Voir leurs noms, Feftin.
Digeon, 105.
Dindons, 974.
Direction des collections royales, CLXVII & fuiv.
Dominicains (les), CCLXXI.
Dominiquin (le), P, CCCXIV, CCCXVI.
Don Quichotte, tableaux de Coypel, CLXXVII; — de Valade, CLXXXII.
Don d'un terrain à Mme de Pompadour, XXXIV.
Dorlique (comte), 8.
Dormeufe, 198.
Dosso, P, CCCXVI.
Dottée de la noce de village (la), tableau de Greuze, CCLXXXIV.
Double furprife, par G. Dow, CCXCVII.

x 3

Doüet (M.), fermier général, rue Gaillon, 14, 2146.
Doüet fils, 2254, 2404, 2412.
Doussin (M.), employé dans les bâtimens du Roi, 1473.
Douy (M.), concierge de Bellevue, xxxviii, 1109.
Douy (Mme), femme du concierge de Bellevue, xxxviii, 889, 1441, 1734.
Dow (Gérard), P, ccxxxiii, ccxxxviii, ccxxxix, cclxxiii, cclxxx, cclxxxvii, cclxxxix, ccxcvii, ccxcviii, cccviii, cccix, cccxviii, cccxix.
Doyen (Gabriel-François), P, clv, cclxxxiv.
Dragons de porcelaine, 2517.
Dresde, vii, xix, xxv, lxvii, 1516, 2119.
Drevet (Claude), G, lxi, ccx.
Drouais, P, cvi.
Drouais fils, P, clxxxix, cclxxxvi.
Dubois (M.), de Versailles, 3099.
Dubois de Saint-Gelais, xx. Voir Saint-Gelais.
Duchange, G, xlix, cxxxiii.
Duchapt (M. & Mme), lxv, 66, 2343, 2693, 2927.
Duchatel (le marquis), xlvi, xlvii.
Duchesne, libraire, lxxvii.
Du Clusel, 3142.
Ducrolay (Auguste), orfévre, lx, lxxx, lxxxix, 427, 680, 742, 986, 1225, 1513, 1592, 1952, 1982, 2247.
Duflos & non Duflot (Antonin), joaillier, auteur du *Recueil de desseins de joaillerie*, gravé par Cl. Duflos, dédié à M. le comte de Saint-Florentin, 538, 567, 588, 599, 848.
Duflos (Claude), G, cviii.
Dufour (M.) le père, 1310, 1524, 1771, 2423.
Dufour (Mme), dame de la Dauphine, xix, 1805, 1816, 1874, 1915, 2004, 2031, 2060, 2073, 2370, 2593, 2937.
Dufour (Mme) jeune, 983, 1005, 1762.
Dufrenoy, P, cclxxx, cclxxxvi.
Dufresney (Mme), 496. Voir Fresney (Mme de).
Dufresnoy, notaire, cclxxi.
Duhalde (Mme), femme du concierge de Crécy, xxxviii, 808, 2757.
Duhamel du Monceau, cclxxi.
Du Hausset (Mme), première femme de Mme de Pompadour, 3248.
Dujardin (Karel), P, ccxxxv, ccxli, ccxlii, cclv, cclxvii.
Dulac ou Dulacq, marchand, lxix, lxxxiv, 209, 2911.
Dumesnil (M.), xcvi, ccxxviii, cccxxv.
Dumesnil, client de Duvaux, 2322.
Dumont (Edme), S, clv, cciii.
Dumont-le-Romain, P, cxlviii, cxlix, clv, clvi, clxxviii, cclxxxi, ccxc.
Duperron (M.), 683, 838, 849, 1955, 2300, 3061.
Duperron (Mme), 559, 565.
Duplessis (M. G.), xxxii, c, ccx.
Duplessis, modeleur, xxxiii, lxxx, cccii, 601, 1021, 1124, 1493, 1713, 1738, 1810, 2420, 2806, 2999.
Dupont (M.), secrétaire du Roy, 219, 1572, 1674.
Dupuis, G, cxciii, ccxx.
Dupuis (Thomas), papetier, ccxii.
Dupuis (le président), xlviii, 2049.
Duquenet (le chevalier), xxxi.
Duras (le maréchal duc de), vi, xxvi, 548, 1818, 2119, 2919, 2947, 2965, 3006.
Duras (la maréchale de), 1076, 1904, 2074, 2808.
Durer (Albert), P & G, cccvi, cccxx, cccxxi.

Durfort (Mme de), 2374. Un marquis de Durfort était ambassadeur près la République de Venise.
Dussieux (M. L.), xxi.
Dutilleul, P, clxxxv.
Dutour, P, clxxxv, ccxliv.
Du Vau, amateur, cclxxi.
Du Vaudier, lv, 2925, 3118. Célèbre avocat dont il est question dans les *Mémoires de Favart*, t. II, p. 15.
Duvaux (Augustin-Charles), lxxxiv.
Duvaux (Jean-François), lxxxiii.
Duvaux (Lazare), i, iii, iv, v, vi, viii, ix, xv, xvi, xvii, xix, xx, xxii, xxiii, xxvi, xxxiii, xxxiv, xxxviii, xxxix, xl, xlii, xlviii, xlix, li, lv, lviii, lix, lxii, lxiii, lxiv, lxv, lxvi, lxviii, lxix, lxx, lxxii, lxxiii, lxxiv, lxxv, lxxvi, lxxvii, lxxviii, lxxix, lxxx, lxxxi, lxxxii, lxxxiii, lxxxiv, lxxxix, xc, xci, xcvi, civ, cv, cvii, cviii, cxv, cxvi, cxvii, cxix, cxxi, cxxiv, cxxviii, cxxix, cxlv, clxxviii, ccii, cciii, ccix, ccxiv, ccxix, ccxx, ccxxxvi.
Duvigeon, P, cxcv, cvi.

E

Eau (l'), tableau de Vanloo, clxxxii.
Eau de Portugal, xxxix, 2166.
Eau de reine de Hongrie, xiii, xiv.
Écaille, 108, 201, 245, 279, 500, 538, 590, 660, 1367, 1376.
Échec (jeux d'), 1178, 1279, 1734, 2173.
École d'architecture, clviii.
École des beaux-arts ou École académique de dessin, cliv, clv, clvi.
École royale des élèves protégés, cliv, clv.
École des Gobelins, clvii.
École de dessin fondée par Bachelier, clxvii.
École des beaux-arts à Rome, clviii, clxxviii, clxxix, cciii. Voir Académie de France à Rome.
École militaire, xxxix.
Écrans, cxxiv, cxxv, 11, 24, 28, 29, 52, 56, 61, 66, 68, 169, 276, 290, 312, 335, 338, 343, 354, 379, 386, 400, 428, 430, 447, 466, 474, 494, 620, 631, 639, 653, 660, 667, 726, 754, 756, 838, 917, 971, 1006, 1026, 1061, 1235, 1238, 1248, 1254, 1257, 1263, 1268, 1276, 1281, 1290, 1295, 1331, 1424, 1425, 1467, 1554, 1558, 1566, 1588, 1636, 1913, 1938, 1951, 2101, 2141, 2263, 2266, 2285, 2300, 2307, 2412, 2643, 2672, 2749, 2864, 2923, 2986, 3041, 3048, 3242, 3246.
Écrin, 258.
Écritoires, 49, 88, 289, 339, 344, 381, 406, 854, 884, 886, 921, 974, 981, 1036, 1041, 1128, 1623, 1734, 1979, 2183, 2245, 2316, 2632, 2757, 2766, 2854, 2857, 2883, 3113, 3319.
Écritoires portatives, 103, 567, 715. Voir Baradelles.
Écuelles, 107, 616, 624, 697, 711, 716, 1005, 1186, 1198, 1199, 1209, 1242, 1287, 1601, 1711, 1722, 1746, 1772, 1818, 1827, 1875, 1889, 2069, 2370, 2467, 2513, 2531, 2567, 2612, 2698, 2765, 2803, 2993, 3011, 3079, 3083, 3156, 3305, 3326.
Écureuse, par Gérard Dow, cclxxxix.
Éducation (l'), tableau de Chardin, cclxxxii.

Éducation (l') de la Vierge, tableau de Collin de Vermont, CLXXVI.
Églife de porcelaine, 1063.
Églife Saint-Louis du Louvre, CII.
Églogues de Fontenelle, tableau de Natoire, CLXXIX.
EGMONT (feu le comte d'), 152.
EGMONT (Mgr le comte d'), 296, 716, 731, 732, 740, 749, 757, 762, 879, 1786, 2341, 2385, 2393, 2430, 2637, 2847, 3308.
EGMONT (Mme la comteffe d') jeune, 100, 1147, 1321, 1393, 1617, 1777, 1798, 1822, 1829, 2081, 2090, 2531, 2534, 2574, 2649, 2975, 2992, 3341.
EGMONT (la comteffe d'), première douairière, 1622, 1664, 2403.
EGMONT (Mme la comteffe douairière d'), 70, 114, 116, 134, 162, 236, 257, 285, 304, 443, 468, 524, 527, 533, 593, 607, 622, 651, 665, 932, 943, 1028, 1070, 1083, 1104, 1106, 1123, 1130, 1157, 1160, 1176, 1340, 1361, 1367, 1394, 1419, 1429, 1471, 1591, 1957, 1984, 2018, 2472, 2660, 2717, 2736, 2825, 2958, 2960, 3211.
ÉLECTEUR DE COLOGNE (l'), XXIII, CXXXII.
ÉLECTEUR DE SAXE (l'), CLXXIV.
Élémens (les Quatre), 1015, 1594; — tableau de Philippe Lauri, CCXLI.
Éléphans de porcelaine, 1007; — de bronze, 2952.
ÉLISABETH, impératrice de Ruffie, CXXIII, CXCIII.
ELSHEIMER (Adam), P, CCXXXV, CCLV, CCCXX, CCCXXI.
Émail, XLI, LXIII, CXVII, 1109, 1409, 1421, 1452, 1738.
Émeraude, 2526.
ÉMERY, XI.
Empereur (l') d'Allemagne, CVIII.
Enclos (l') du Temple, LX.

Encoignures, CXXIV, CXXV, 10, 119, 196, 254, 352, 354, 356, 411, 470, 540, 562, 564, 641, 650, 656, 665, 772, 809, 853, 882, 883, 899, 935, 943, 948, 952, 955, 1038, 1061, 1104, 1110, 1134, 1138, 1176, 1205, 1213, 1220, 1222, 1243, 1251, 1388, 1416, 1419, 1432, 1482, 1520, 1543, 1574, 1590, 1591, 1612, 1721, 1798, 1814, 1850, 1860, 1921, 2042, 2065, 2078, 2144, 2273, 2332, 2405, 2410, 2416, 2418, 2879, 2982, 3051, 3136, 3148.
Énée & Anchife, par Vanloo, CCLXXIX. Voir Apothéofe.
Enfans, bronzes par François Flamand & par Le Lorrain, CCXXXVI.
ENFANS DE FRANCE (les), XCII. Voir leurs noms.
Enfans, par Coypel, CLXXVII; — par Vanloo, CLXXXII; — qui jouent aux offelets, CCLXXIII; — qui jouent avec des chiens, CCCXII; — par le Pouffin, CCCXVI. Voir Jeux.
Enfans de porcelaine, 394, 688, 884.
Enfant Jéfus & les Anges, CCCXVIII.
Enfant prodigue (l'), par Téniers, CCCXXVIII.
Enfant qui tire fon épée contre une grenouille, tableau par Neskier, CCLV.
Enlèvement d'Europe, tableau de Pierre, CLXXX; — de Nicolas-Noël Coypel, CCXLVI.
Enlèvement de Proferpine (groupe repréfentant l'), XCV, CCXXXVI.
Enlèvement des Sabines (groupe repréfentant l'), XCV, CCXXXVI; — tableau par G. Bawr, CCCXX.
Enlèvement d'une Sabine, de Saxe, 142; — en bronze, 3154.
ENNERY (M. d'), XXXI, CCLXXII.
ENRICHEMONT (le prince d'), 117, 118, 1613.

Enseigne de Gersaint, cvII.
Entrée d'une ville, tableau par Van de Vulft, ccxlII.
Entrevue de Cléopâtre & de M.-Antoine, tabl. par Natoire, clxxix.
Envois en Allemagne, 1516, 1818, 1849, 2119, 2730, 3033, 3038, 3087, 3150; — en Angleterre, 923, 940, 1016, 1355, 1785, 2119; — en Danemark, 1986, 2118, 2391, 2442, 2807, 3068, 3284; — en Espagne, 1346, 2119; — en Hollande, 1810; en Italie, 963, 1875, 1890, 2119, 2415, 2424, 2659, 2663, 3210; en Lorraine, 3234; — en Ruffie, 2806; — en Suède, 2826; — en Suiffe, 1785, 3033.
Épée, viii, 2158.
Épée (de l'), A, ccxix.
Épinay (Mme d'), 1238, 1243. M. de La Live d'Épinay habitait rue Saint-Honoré, près les Capucins.
Épine (de l'), A, ccxc.
Épinville (le comte d'), xxiv.
Érasme, cccxvi.
Erbien, G suédois, lxi.
Ermite, tableau de Boucher, — de Gérard Dow, cccxviii.
Escours (Mme d'), cclxxii.
Espagne, vii, ccvii. Voir Envois.
Espagnolet (l'), P, cccxiv. Voir Ribera.
Espagnolette, tableau par Grimou, cclxxx, cclxxxv.
Espiègle, de Lucas de Leyde, cccvi.
Érigny (Bouret d'), 639, 789, 2764, 2772, 2830. Voir Bouret.
Ermitage de Compiègne, 2195.
Ermitage de Versailles, 901, 909, 921, 952, 964, 971, 1051, 1054, 1087, 1138, 1140, 1193, 1251, 1448, 1483, 1544, 1587, 1708, 1711, 1849, 1869, 1875, 1926, 2008, 2251, 2373, 2409, 3177.
Ermitage (Musée de l'). Voir Musée.

Éfaü. Voir Réconciliation.
Estampes, xxvi, xlii, xlvii, lii, liv, lvi, lviii, lix, lx, lxi, lxiii, lxiv, lxvi, lxxxiv, lxxxv, xc, xci, xcii, xciii, c, ci, ciii, cvi, cxvii, cxxv, cxxxii, cxxxiii, 21; — de la collection Bourlac, cclxii; — de M. Claudet, cclxvi; — de la collection Damery, cclxix; — de la collection Dargenville, cclxix; — du préfident Hénault, xlviii; — de la collection Joly de Fleury, cclxxviii; — de la collection Jombert, cclxxvii; — de la collection Mariette, ccxci; — de la collection Menabuoni, ccxci; — de la collection Nanteuil, ccxciii; — de la collection Peters, ccxcvii; — du féminaire Saint-Sulpice, cccvi; — de la collection de M. de Saint-Yves, cccvi; — de la collection Servat, cccix; — de la collection de Ch. de Valois, cccxxvii; — de la collection Wille, cccxxviii. Voir les noms des graveurs & des amateurs, & Cabinets.
Estrades (Mme d'), dame d'honneur de Madame, grande amie de Mme de Pompadour, puis son ennemie jurée, xxviii, xxxv, 791, 969, 1988.
Estrées (le maréchal d'), xxvi, cccxxvi, 3323.
Estrehan (le marquis d'), 994.
Été, statuette, 186. Voir Saisons.
Étoffes des Indes, 653.
Étude (l'), tableau, cclxxxii; — figure de bronze, 3240, 3260. Comparez le catalogue Du Luc, p. 21, nº 48.
Étuis, 80, 116, 242, 301, 393, 567, 633, 806, 1018, 1032, 1051, 1267, 1279, 1684, 1722, 1818, 1915, 2265, 2274, 2308, 2417, 2443, 2499, 2528, 2576, 2604,

2627, 2636, 2654, 2677, 2707, 2715, 2721, 2768, 2772, 2955, 2994, 3020, 3079, 3102, 3156, 3198, 3222, 3300, 3329.

Eugène (le prince), cviii.

Europe (l'), viii, xxi, xxiii, xliii, clxxi.

Europe. Voir Enlèvement.

Eustache (le P.), li.

Éventails, 76, 157, 231, 497, 822, 1279.

Évêque à genoux devant la Vierge, tableau de Morazzone, cccxv, cccxvi.

Évêque de Laon (l'), xxvii.

Évêque de Verdun (l'), l.

Évreux (le comte d'), xlvi.

Évreux (la comtesse d'), cxiv.

Exposition des tableaux du cabinet du Roi au Luxembourg, clxvii, clxviii.

Ézéchiel. Voir Vision d'—.

F

Fabre, marchand d'estampes, xcvi.

Fabus (M.), trésorier général & payeur des Invalides, demeurant rue Vivienne, li, 1317, 1380, 1402, 1415, 1420, 1588, 1691, 1788, 1799, 1817, 1863, 1901, 2013, 2357, 2497.

Fagnier, joaillier, cclxxii.

Faïence de Rouen, 1844.

Faïences, 591, 961, 1274, 1844, 3121.

Falconet (Étienne-Maurice), S, cciii, cclxxxi, cclxxxv.

Famille de Centaure, par Boulogne l'aîné, ccxxxviii; — du comte d'Arondel, cccxvii.

Faubourg Montmartre, xxxii; — Saint-Antoine, cxxv, ccci, cccxxi; — Saint-Denis, cxxviii; — Saint-Germain, xxii, ccxxxi, cclviii, cclxvi, cccxvi; —

Saint-Honoré, ix, ccxxxiv, cccv; — Saint-Marceau, cclxxviii; — Saint-Martin, cxxviii.

Fauconniers, statuette en porcelaine, 434.

Faune & dryade, bustes de marbre blanc, par Le Lorrain, ccxlv.

Fauteuils, 12, 110, 305, 362, 1411, 2041, 2121, 2409, 2490, 2523, 2550.

Favanne de Montcervelle (MM. de), cclxxii.

Favannes, P, clvi.

Favart, lvi, lx.

Fayolle, marchand, xci, cv, 216.

Félicité de la Régence de Marie de Médicis, par Rubens, lxxxvii.

Félicité du règne de Jacques Ier, par Rubens, cccxiii.

Femme grecque, tableau, — jalouse, par Téniers, ccxli; — couchée, par le Titien, ccxlii; — qui donne à manger à des poulets, par le Féti, — qui fait danser une troupe d'enfans des deux sexes, ccxliv; — qui sort du bain, par Pater, cclv; — qui médite sur sa lecture, par le Cignani, cclxxiv; — qui chante, par Tournières, cclxxxiii; — qui tient un livre de musique, — qui tient un pigeon, par Lagrenée, cclxxxvi; — qui fait manger de la soupe à son enfant, par Van Ostade, — qui donne à teter à son enfant, cclxxxvii; — qui donne une dragée à son enfant, cclxxxix; — sur une tête de mort, cccxi; — adultère, cccxi; — auprès d'une table, — vêtue d'une robe de drap d'or, — avec une fraise, cccxxii; — sortant du bain, par le Tintoret, cccxiii; — terrassée, par le Titien, cccxv; — coiffée de rouge, par le Titien, — vêtue

TABLE ALPHABÉTIQUE. 363

de noir, CCCXVI ; — voilée, par Santerre, — fur un lit, — & un enfant, par Bourdon, CCCXVII ; — penſive, par Detroy le père, — à cheval, par Wouwerman, — tenant un papier de muſique, par Metzu, CCCXVIII ; — vêtue de noir, par Rubens, — ayant fur la tête un réſeau, par Holbein, — tirant des vaches, par Potter, — comptant ſon argent, par Téniers, CCCXX ; — avec un payſan, par Metzu, — malade, par Steen & par Mieris le fils, — tenant un verre & un pot, par Terburg, — prenant du thé, par Mieris le jeune, CCCXXII. Voir Baigneuſe, Balayeuſe, Bergère, Blanchiſſeuſe, Bohémienne, Bouquetières, Chanteuſe, Couſeuſes, Craſſeuſe, Cuiſinière, Dames, Danſe, Dormeuſe, Dottée, Écureuſe, Jeunes femmes, Laitières, Liſeuſe, Nourrice, Nymphes, Payſannes, Rêveuſe, Servante, Tête, Tricoteuſe, Vieille, Villageoiſe.

FER (M. de), 946.

FERDINAND DE PARME (le prince), CXCVII.

Fermier qui paye ſes ouvriers, par Rembrandt, CCCXX.

FERRARI, P, CCCXI.

FERRIOL (M. de), ambaſſadeur à la Porte, CCXLII.

FERVAQUES (la marquiſe de), 489, 498, 2041.

Feſtin des Dieux, tableau de Rothenamer, CCXXXVIII.

Fête de village, par Téniers, CCLXXX, CCLXXXVII, CCCV. Voir Kermeſſe.

Fêtes de l'Hymen & de l'Amour, CLXXXIV, CLXXXV.

FETI, P, CCXLIV, CCLXXIII, CCXCI, CCCXIII, CCCXV, CCCXVIII, 2629.

Feu (le), tabl. de Vanloo, CLXXXII.

Feuillages en laiton. Voir Plantes.

Feuillans (les), LI.

Feuilles de porcelaine, 330.

Feux, LXII, XCII, XCIII, 52, 453, 542, 637, 638, 650, 654, 724, 740, 741, 772, 784, 810, 911, 924, 948, 958, 974, 976, 977, 1045, 1175, 1213, 1218, 1220, 1251, 1269, 1280, 1424, 1460, 1535, 1540, 1572, 1582, 1585, 1688, 1767, 1818, 1833, 1851, 1868, 1882, 1942, 2084, 2113, 2189, 2195, 2254, 2264, 2287, 2324, 2427, 2484, 2573, 2583, 2592, 2606, 2621, 2627, 2719, 2774, 2826, 3050, 3057, 3128, 3146, 3158, 3169, 3186, 3212, 3213, 3272, 3273.

Figures, LIII, LIV, LXI, LXIII, 360, 380, 387, 777, 856, 1025, 1181, 1213, 2019, 2169, 2289, 2322, 2342, 2225, 2369, 2423, 2471, 2489, 2571, 2671, 2711, 2727, 2731, 2780, 2794, 2817, 2819, 2829, 2870, 2874, 2885, 2886, 2940, 2960, 2970, 2983, 3001, 2007, 3019, 3022, 3052, 3104, 3120, 3137, 3202, 3271, 3320, 3334.

Figures de marbre, 1436, 3060, 3317.

Figures de porcelaine de France, 3052, 3316, 3341.

Figures de Saxe, 666, 671, 690, 696, 697, 757, 777, 786, 802, 974, 1004, 1082, 1128, 1136, 1263, 1279, 1284, 1287, 1289, 1368, 1441, 1497, 1594, 1602, 1628, 1642, 1665, 1679, 1781, 1904, 2237, 2316, 2327, 2357, 2693, 2850, 2891, 2900, 2909, 2992, 2995, 3266.

Figures de Vincennes, 1251, 1278, 1397, 1450, 1465, 1480, 1481, 1636, 1659, 1666, 1871, 2170, 2326, 2377, 2459, 2464, 2527, 2540, 2868, 2973.

Figures des Indes, 778, 1741, 1795, 2505.
Filles, sujets de tableaux. Voir Femmes.
Filleul (M.), xvi, 2881.
Filleul (Mme), 2584.
Fillion (la), xxix.
Fillon, préſident de l'élection d'A-lençon, xxix.
Fillon ou Fillion (Mme), xxix.
Fintac, perſonnage des *Contes moraux*, cxv.
Flacons, 146, 162, 538, 567, 663, 675, 806, 814, 827, 963, 1220, 1666, 1672, 1818, 2064, 2106, 2218, 2257, 2274, 2385, 2567, 2636, 2641, 2707, 2974, 3086, 3097, 3156, 3269.
Flamand (François), S, ccxxxvi, cclxxxiii.
Flandre, xlvi, clxxi.
Fleurs peintes, par Portail, ccxxxvi; — par Van Huyſum, ccxlii, cclxxiv; — par Prévoſt, cclii, cclv, cclxxxiii; — par Baptiſte, cclxxxi.
Fleurs d'Italie, 2274.
Fleurs de porcelaine. Voir Porcelaine.
Fleurs de porcelaine de France. Voir Porcelaine de France.
Fleurs de Vincennes. Voir Porcelaine de Vincennes.
Fleurs de ſoie, 450.
Fleury (le cardinal), xii, cxlvi, ccii.
Fleury (le chanoine), xcvii, ciii.
Fleury (la ducheſſe de), dame du palais de la Reine, 105, 1006, 1630, 3298.
Fleuves, figures de porcelaine, 1133.
Fleuves de la place Navone (les quatre figures repréſentant les), xciv.
Flore, paſtel de Boucher, ccxxxv; — tableau de Verner, cccxx; —

& Ganymède, buſte, par Le Lorrain, ccxxxiv. Voir Zéphyre.
Florence, ccxcix.
Florence (le grand-duc de), ccxcii.
Florentin, huiſſier-priſeur, xliv.
Foire, tableau de Grondonc, cclxxiv.
Folliot (J.), expert, xlviii.
Foncemagne, garde des Antiques au Louvre, clxvii.
Foncemagne (Mme de), 1250.
Fonspertuis (Angran de), intendant des Menus, xxvii, lxxxi, ciii, cxxxiii, cxl, clxxiv, cxcvi, ccliii, 3121, 3126, 3157.
Fonspertuis (M. de), fermier général, rue Neuve-Saint-Auguſtin, près la rue Sainte-Anne, 1667, 3276.
Fontaine, marchand, xci, 1886.
Fontaine (M. de), fermier général. Le même que Fontaine de Cramayel. Voir auſſi Cramayel, li, 636, 1538, 2016, 2295, 2428, 2433.
Fontainebleau, xvi, xxv, xxxiv, lxxvi, clxxiii, clxxv, clxxvi, clxxix, clxxx, clxxxii, clxxxv, clxxxvi, cc, ccviii, ccxviii, 1548, 1559, 1903, 1915, 2234, 2235, 2236, 2246, 2261, 2603, 2611, 2612, 2866, 2874, 2876, 3233, 3236, 3249, 3359.
Fontaines, 429, 527, 665, 699, 984, 1147, 1287, 1595, 1752, 1782, 1996, 2336, 2391, 2465, 2575, 2668.
Fontaines d'Angleterre, 12.
Fontanieu (M. de), conſeiller d'État, intendant & contrôleur général des meubles de la Couronne, place de Louis-le-Grand, xciv, 643, 1586, 1758.
Fontenau (comte de), 458.
Fontenay. Maiſon de campagne de M. Brochant, 1183.
Fontenelle, clxxix.

Fontenoy, CLXXXIII, CXCI.
Fontes de pièces d'orfévrerie, XCIV, XCV.
FONTETTE (M. de), 355, 380. Peut-être Fevret de Fontette, le savant continuateur du P. Lelong; plus probablement François-Jean Orcéan de Fontette, né le 12 octobre 1718, conseiller au Parlement en 1738, maître des requêtes le 30 avril 1745, président au grand Conseil le 2 janvier 1750; intendant de Caen en août 1752.
Fontevrault, CXCI.
FONTFERRIÈRE (M. de), 1509, 1521, 1753, 1833, 1842, 1844, 1851, 1853, 1877, 1881, 1895, 1900, 1910, 1917, 1934, 2110, 2127, 2151, 2216, 2486, 2508, 2544, 2558, 2630, 2704, 2795, 2840, 2854, 2873, 3018, 3023, 3056, 3077, 3159, 3254, 3288.
FORCALQUIER (le comte de), 609, 613.
FORCALQUIER (la comtesse de), XXIX, 1677, 2347, 2656, 2683, 2917, 2971, 3311.
Force (figure représentant la), XCV.
FOREST, P, CCCXVIII, CCCXXII.
FOREST, S, CCIII.
Forges de Lemnos, par Boucher, CLXXVI; — de Vulcain, par Boucher, CLXXVI.
Forme Bouret, 2932; — Calabre, X, LXXXIX, 2174; — Duplessis, 1021, 2420, 2739, 2806, 2999; — Hébert, X, LXXXIX, 2552, 2569, 2852, 2932, 2953, 3230 (c'est le marchand Hébert qui avait donné ce nom à une forme de vases); — Pompadour, X; — du Roi, LXXXIX, 2910; — Rondé, X, LXXXIX, 3012.
FORTIA (Mme de), 2539.
FORTIA D'URBAN (le marquis de), CCCXXVIII.
FOUCHÉ, P, CCXLIX.

Fourchettes, 236, 1738. Voir Couverts.
FOURNIER, relieur, CXX.
FRAGONARD (Honoré), P, CLXXVIII.
Frais de ventes publiques, de meubles, CXXXIV, CXXXV, CXXXVI, CXXXVII, CXXXVIII, CXXXIX.
FRANCASTEL, ébéniste, CXXV.
FRANCAVILLA (le prince de), 2765, 2891, 2900, 2909.
FRANCAVILLA (la princesse de), VII, 3210.
France (la), III, VI, VII, VIII, XIX, XX, XXI, XXII, XXIII, XXIV, XXXIII, XXXIV, XXXVII, LXVIII, LXXVII, LXXXIX, CXIII, CXXI, CXXVIII, CXLV, CLXI, CLXXII, CLXXIV.
France recevant le duc de Bourgogne (la), par Coypel, CLXXVII; — qui embrasse le buste de Louis XV, groupe de Falconet, CCIII.
Francfort, CXXI.
Franche-Comté (la), XLIV.
FRANCIN (Claude), S, CCCIII.
FRANCISQUE, P, CCCXVIII. V. Millet.
FRANCK, P, CCCXXII.
FRANÇOIS (Jean-Charles), G, XIX, CCX.
FRANÇOIS Ier, roi de France, CXXIII, CLXXIII, CCVIII.
FRANQUES (François), A, CCXIII, CCXIV, CCXV.
FRANQUEVILLE (de), G, CCIX.
FRÉDÉRIC V de Danemark, XVII, XXII, CLXXV, 3068.
FRÉDÉRIC II de Prusse, XXIV, XXV, CLXXXI, CCIV. V. Roi de Prusse (le).
FRÉDÉRIC-AUGUSTE II, roi de Pologne & Électeur de Saxe, XXV, CLXXIV, CLXXXI, CCXLIX. V. Roi.
FRÉDOU (J. M.), P, CXCVI.
Frères de Saint-Lazare (les), LI.
FRÉRET (Nicolas), CLXIII.
FRÉRON, LXIII.
FRESNEY (Mme de), 115, 153.
FREY, peintre au pastel, CLXXXIX.

Frontispice du Catalogue Tallard, CXL, CXLI.
Fruits, tableaux de Van Huyſum, CCXLII; — par Viſpré, CCLIV; — par Van Huyſum, CCLXXX; — par La Porte, CCLXXXIII; — par Van Huyſum, CCLXXXVIII, CCLXXXIX. Voir Grappe & Fleurs.
Fuite de la Reine au château de Blois, par Rubens, LXXXVII.
Fuite en Égypte, tableau de Pierre, CCLXXXIV; — par Dietrich, CCLXXXVII; — par Colombel, CCCXVIII; — par Elsheimer, CCCXX.
FULVY (Mme de), Hélène-Henriette de la Pierre de Bouzie, femme de Louis Orry de Fulvy, belle-fœur de Philibert Orry, le contrôleur général des finances, 96, 1797.

G

GABIANI, P, CCCXIII.
GABRIEL (Jacques-Ange), A, XXXIV, XXXIX, CXC, CCXIV, CCXV.
GACÉ (Mme de), 3028.
GAGNY (Blondel de), 20, 1101, 1291, 1546, 2410, 2429, 2470, 2481. Voir BLONDEL DE GAGNY, Cabinets.
GAIGNAT, curieux & bibliophile célèbre, receveur des conſignations, LIII, LXII, LXXXVI, CCLXVIII, CCLXXII, 896, 1043, 1129, 1563, 1627, 1713, 2107, 2483, 3168.
Gaînes de marbre, 792.
Galathée. Voir Triomphe.
Galerie d'Apollon (la), CLIII; — du Louvre, CLXVII; — du Luxembourg, LXXXVII, CXXXIII; — d'Orléans (Notice d'Ad. Thibaudeau ſur la), XX; — du Palais-Royal, XXI; — de Verſailles, XCIII.

GALLIEN, fondeur, LXXX, CXV, CXVI, CCXXXVII, CCXLIII, 1743.
GALLOCHE (Louis), P, CXLVIII, CLVI, CLXXVIII, CCLXXXVI.
GAMARD, tapiſſier, CXXVI.
Ganymède & Flore, buſtes de marbre, par Le Lorrain, CCXXXIV.
GARAND (la dame), marchande, XCII.
Garçon, ſujet de tableaux. Voir Jeune garçon & Jeune homme.
Garde-Meuble (le), XXXIX.
Garde des ſceaux (Mgr le), 1188, 2125, 2133, 2162, 2172, 2219, 2252, 2339, 2493, 2587. Voir auſſi MACHAULT.
Gardes du Roi (capitaines & officiers des), 3128, 3169, 3186.
Gardes du Roi chez Mme de Pompadour, 2195.
Garde-vue, 308, 461, 518, 541, 554, 752, 818, 2301, 3071, 3089, 3154.
GARNIER, CCCXXII.
GARNIER D'ISLE (Jean-Charles), A, CLXIV, CCXVII, CCXVIII.
Garnitures de cheminée, 2806, 2807, 2875.
Garnitures de table ou de commode, 886, 2807, 2981.
GAROFALO, P, CCCXVI.
GASSY (Mme de), 2703.
Gâteau des Rois, de Greuze, CCLXXI.
GAUDIN (M.), 3207.
GAUDREAU, ébéniſte, CXXV.
GAUFREDY, P, CCXLVIII, CCXLIX. Voir GOFFREDI.
GAYOT (M.), 120.
Gaze, 252, 275, 546, 849, 1547, 2832.
Gaze d'Italie, 983, 2169.
Gaze des Indes, 1129, 1886.
GELLÉE (Claude), P. Voir LORRAIN.
GENSSIN (M. de), 191, 205, 297, 340, 346, 521, 537, 688, 793, 816, 826, 859, 1163, 1466, 1769, 1820, 1830, 2052, 2083, 2176, 2733. Voir JANSSEN. Je

crois que Duvaux a voulu défigner cet Anglais fort connu à Paris à cette époque.

GENSSIN (le chevalier de), 453, 471, 475, 513, 549, 2053. Voir JANSSEN.

GENSSIN (Mme de), 1865, 2023. Voir JANSSEN.

GEOFFRIN (Mme), LXIV, 378, 497, 517, 612, 931, 1112, 1212, 1228, 1444, 1449, 1596, 1729, 1773, 1789, 1832, 1892, 2171, 2202, 2208, 2532, 2537, 2614, 2747, 3224, 3354.

GEOFFROY, apothicaire, LVI.

GEORGES, marchand, XCII.

GERBEAU (Mme), 529.

GERMAIN (François-Thomas), orfévre, XCII.

GERMAIN (Pierre), orfévre, LXX, XCIV, CX.

GERSAINT, marchand, II, XXVIII, XLIX, LXXXII, XCIII, XCV, XCVI, C, CI, CIII, CVI, CVII, CVIII, CXXXI, CXXXII, CXXXIII, CXL, CCIX, CCCXXVII.

GERSAINT (Mme), XCV, XCVI.

GERSDORFF (le comte de), XXV.

GILBERT (la préfidente), XLVIII, 2064.

GILIBERT, major des Invalides, CCLXXV.

GILLET, fecrétaire du directeur des Bâtimens, CLXV, CLXXXVI, CCIX.

GIORGION (le), P, CCCXIII, CCCXV.

Girandoles, LXXII, XCIII, 33, 44, 47, 50, 55, 62, 83, 90, 142, 161, 170, 200, 227, 255, 306, 493, 535, 571, 581, 589, 628, 689, 714, 733, 740, 752, 802, 955, 994, 1004, 1049, 1053, 1087, 1089, 1101, 1116, 1133, 1140, 1145, 1173, 1177, 1179, 1194, 1201, 1208, 1251, 1295, 1305, 1380, 1391, 1414, 1427, 1506, 1514, 1576, 1594, 1610, 1628, 1679, 1731, 1734, 1903, 1987, 2028, 2046, 2085, 2092, 2189, 2192, 2210, 2236, 2316, 2423, 2428, 2457, 2468, 2516, 2581, 2603, 2710, 2738, 2802, 2807, 2868, 2883, 2900, 2914, 2992, 3057, 3193, 3194, 3298.

GIRARDON, S, LXXXI, CCXXXVI, CCL, CCLXXXI, CCLXXXV, CCXCII, CCCXXII.

GIRONVILLE (de), CCLXXV.

GIROST, marchand, XCII, CV.

GIROU (M.), 2730. Peut-être M. Girout, banquier, ami du graveur Wille. Voir fes *Mémoires*.

Glaces, 6, 187, 194, 225, 237, 261, 264, 296, 309, 311, 361, 436, 532, 668, 706, 847, 864, 1369, 2182, 2292, 2375, 2538, 2651, 3068, 3187, 3248.

Gladiateur, bronze, 1105. Voir Triomphe du —.

Gloire & Immortalité, par Bordone, CCLXXXIX.

GLOMY, expert, XLII, XLIII, XLIV, XLV, LIII, LIV, LVI, LVII, LIX, LXXVIII, XCV, XCVI, CI, CII, CXXXIV.

GOBE DES CARRACHES (le), P, CCXLVIII. Voir BONZI.

Gobelets, 102, 106, 379, 386, 1159. Voir Cabarets.

Gobelins (les), XLII, XCIII, CX, CXIII, CXIX, CXXX, CLI, CLVII, CLXXV, CLXXVI, CLXXX, CLXXXII, CC, CCIX, CCLXXVIII. — (Tapifferies des), CXX. Voir Gobelins (les).

GOBERT, P, CXVI, CCLXXIII.

GODEFROY (Charles), joaillier, XXV, LXXXVII, LXXXVIII, LXXXIX, CIII.

GODEFROY (Ferdinand-Jofeph), P, LXXXVIII.

GODEFROY (la veuve), femme du bijoutier Godefroy & reftaurateur de tableaux, LXXXVIII, CLXX, 1909, 2805.

GODOT, CCXIX.

GOESBRIANT (le comte de), 875, 2519, 2551.
GOFFREDI, P, CCXLVIII, CCXLIX.
GOLE, huissier-priseur, CXXXVIII.
GOLTZIUS, P & G, CCCXI.
GONCOURT (MM. E. & J. de), LXII, CVII.
GONDOT (M.), 2368.
GONTAUT (le marquis de), XXVIII, XXXV, 1313, 1332, 1384, 1396, 1431, 1438, 1484, 1575, 1606, 1676, 1757, 1761, 1770, 1791, 1828, 1888, 1897, 1920, 1986, 2089, 2118, 2129, 2317, 2340, 2506, 2696, 2822, 2849, 3019, 3022.
GONTAUT (la marquise de), XXVIII, XXXV, 1067, 2504.
Gouaches, XLI, LIII, LIV, LVII, LXI, LXXIV, LXXXIV, XCIII, XCVII, CXVII, CXXIV.
GOUFFIER (le marquis de), CCLXXV.
GOUIN, joaillier, XCVII.
GOULAS (le baron de), CCLXXV.
GOURBILLON, valet de chambre de Mme de Pompadour, XXXVIII, 1734, 2173, 2611, 3049.
GOURY (M.), 1280.
Goût (le), tableau de Raoux, CCCXVII.
GOUTBOUT (l'abbé), vicaire de Saint-Louis-en-l'Ile, CCLXXV.
GOUVERNET (le marquis de), XXXI, CCLXXV, CCLXXVI.
GOWER (lord), XX.
Gradins, 332, 337, 580. Voir Armoires.
Grand-Conseil (le), LXXXIX.
GRANDMAISON (M. de), CCLXXVI.
Grand seigneur prenant son café (le), tableau de Coypel, CLXXVII.
Grands-Augustins (les), LIX, CXXXII.
Grappe de raisins, par Prévost, CCXLVI.
Grasse, XI.
GRAVELOT (Hubert), dessinateur. Voir BOURGUIGNON.

Graveurs, CCIX, CCX, CCXI, CCXII. Voir leurs noms.
Graveurs en pierres fines, CCIX. Voir leurs noms.
Grelot (le), roman, CX.
Grenat, 2507.
Grenoble, 3033.
Grenouilles, 889.
GREUZE, P, CLXXXVII, CLXXXVIII, CCLXXI, CCLXXX, CCLXXXI, CCLXXXIII, CCLXXXIV, CCLXXXV, CCLXXXVI, CCLXXXVIII.
Grilles, LXXII, XCII, XCIII, 40, 60, 78, 155, 295, 337, 410, 431, 445, 460, 495, 531, 579, 580, 625, 635, 640, 645, 647, 649, 650, 664, 724, 729, 865, 867, 991, 998, 1084, 1089, 1091, 1099, 1220, 1221, 1258, 1533, 1587, 1624, 1704, 1743, 1826, 1867, 1910, 1927, 1934, 2055, 2105, 2113, 2116, 2169, 2188, 2189, 2213, 2271, 2276, 2295, 2307, 2387, 2427, 2494, 2508, 2619, 2653, 2826, 2979, 3114, 3220.
GRIMOD (l'abbé), L, CI.
GRIMOD DE LA REYNIÈRE, LIII. Voir LA REYNIÈRE.
GRIMOU (Jean), P, CCLXXXIV, CCLXXXV, CCCXXII.
GRONDONC, P, CCLXXIV.
Grottes de porcelaine de Saxe, 2891.
Groupes & figures fondus par Roëttiers & Germain, par ordre du Roi, XCIV, XCV.
GUAY ou LEGUAY, graveur sur pierre fine, XXXIX, CLXXXVI, 2156.
GUDIN, horloger, CXVII, 449, 1443, 2191.
GUECH (Pieter), P, CCLV.
GUEFFIER (M., Mme), concierges de l'hôtel des ambassadeurs extraordinaires, XXXVI, XXXVIII, 1843.
GUÉNON, LXXX. Voir GUESNON.
GUERCHIN (le), P, CCCXII.

Guéridons, CXXIV, 1761.
Guérin (Jacques), libraire, CIII.
Guérison de la belle-mère de saint Pierre, par La Fosse, CCLXXX ; — de l'aveugle, par Lucas de Leyde, CCCXX.
Guerre, tableau de Vanloo, CLXXXII.
Guesclin (Mme du), 2079.
Guesnon (Jean), ébéniste, LXXX, CXXIV, 919, 1057, 1110, 1352, 1430, 2827, 3181.
Guétard, garde du cabinet de pétrifications du duc d'Orléans, CCLXXVI.
Guiard (Laurent), S, CCIII.
Guibert, sculpteur en bois, CXXIV.
Guiche (le comte de), CCLXXXVIII.
Guide (le), P, XLVI, CCXXXIV, CCXXXIX, CCXLII, CCLXX, CCLXXVI, CCLXXX, CCXC, CCCIV, CCCXVI.
Guignard, huissier-priseur, XLV.
Guillaumot, marchand, XCII.
Guimard, valet de chambre du Roi, XVI, 2122, 2859.
Guisolfi, P, CCXXXIX.
Guyard (Laurent), S. V. Guiard.

H

Habert de Montmort (Mme). Voir Montmort.
Habillemens étrangers, LXIV.
Habits de chasse, 1532.
Hall, P, CCLXXVI.
Hallé (Noël), P, CLXXVIII.
Hallé le fils, P, CCLXXXIV.
Hallebardier, tableau de Schalken, CCXLVI.
Harent de Presle, *alias* Hareng & Harant, LII, CCLXXVI. Voir Presle.
Hausset (Mme du), femme de chambre de Mme de Pompadour, XXXVIII.
Haussy (la comtesse d'), 3206.

Haussy (la marquise d'), 2606, 2608, 3131, 3148, 3162.
Hautefage, marchand, XCI, 361, 1709.
Havré (mylord), 2360, 3431. Voir Hervey. Ce doit être le même nom mal orthographié.
Hazon (Michel-Barthélemy), A, CCXIII, CCXIV, CCXV, CCXVI.
Hébert (Joachim), marchand, XXI, XXVIII, XLII, XLVII, LXIX, LXXXIX, XCIII, CV, CIX, CCXXVI, CCXXXII, CCLVI, 2, 87, 168, 208, 244, 247, 550, 570, 595, 620, 631, 667, 685, 689, 1230, 1305, 1323, 1486, 1512, 1671, 1884, 1904, 1908, 2039, 2148, 2159, 2223, 2258, 2266, 2272, 2285, 2372, 2408, 2453, 2541, 2708, 2779, 2834, 2867, 2977, 3259.
Hébert (M.), secrétaire du Roi, 2961, 2991, 3292.
Hébert des Menus (Mme), femme d'un employé des Menus-Plaisirs, 1646, 2010, 2334, 2902.
Hecquet, G, XCVII.
Heinecken (le baron de), conseiller des finances du roi de Pologne, LXVII.
Helle, marchand, XXV, XXVIII, XXXI, XXXII, XL, XLI, XLII, XLIII, XLVI, XLVIII, XLIX, LI, LII, LIII, LV, LVI, LVII, LVIII, LIX, LXVIII, LXX, LXXVI, LXXVII, LXXVIII, LXXXV, LXXXVIII, XCV, XCVI, XCVII, C, CI, CII, CIII, CIV, CXXII, CXXXIII, CXXXIV, CXXXVI, CXXXVII, CXXXVIII, CXXXIX, CXLII.
Helvétius, CLXI.
Hénault (le président), ci-devant président de la première chambre des enquêtes, surintendant de la maison de la Reine, XXVII, 84, 90, 122, 394, 398, 906, 922, 1958, 2499, 2631, 3291.
Hénin (le chevalier d'), 1500.
Hennin, maître des comptes &

maître d'hôtel du Roi, xli, ci, ciii, cclxxvi, cclxxvii.
Henri III, roi de France, xlix.
Henri IV, roi de France, cxxiii.
Henriette, de France (Madame), fille de Louis XV, cxxvi, cxci, cxcii. — Vêtue en religieuse, tableau de Coypel, clxxvii; — en habit de cour jouant de la baffe de viole, cxci.
Hérault (Mlle), miniaturifte, ccxlvi.
Herbault, marchand, xci, 127, 534, 1348, 2035, 2190.
Herculanum, xxxix.
Hercule, figure, xcv, 256, 2318, 3060; — qui affomme l'hydre, xcv; — au jardin des Hefpérides, — enlevant les troupeaux de Cacus, cccxiv.
Hercule & Dioméde, par Pierre, cclxxxii.
Hercule & Hébé, bronzes, ccxxxvi.
Hercule & Omphale, tableau de Le Moine, cclxi. — Voir Combat.
Héricourt (le P. d'), xxii.
Hérissant, xxvii, xciii.
Hermand (Robert-Alexandre d'), c, ciii, clxxxix.
Herminie, tableau de Pierre de Cortone, ccxxxviii.
Hérouville (le comte d'), 31.
Hervey (mylord), lxv, xc. Voir Havré.
Hindoftan (l'), viii.
Hiftoire (l'), tableau de Vanloo, clxxxii.
Hiver (l'), par Van Uden, ccxxxv.
Hiver, rideau peint par le décorateur Bonnard, clxxxvi; — paftel de Rofalba, cclxxxiii; — tableau par Wouwermans, clxxxix; — par un des Baffans, cccxvi; — par Both, cccxviii; — par Téniers, cccxx.
Hiver (l'), ftatuette en porcelaine, 434, 444. Voir Saifons.

Hoet (Gérard), P & marchand, lxviii, lxxviii, cccxviii.
Holbach (le baron d'), lxiii, cclxxvii.
Holbein, P, ccxlii, cccxvi, cccxx.
Hollande, xi, xxvii, xlvi, lxviii, lxxxvi, xcvi, c, cxli, clxi, clxxiv. Voir Envois.
Hollandois (un) de porcelaine, 321.
Hollandois en or, 2225.
Homme qui tient un vuidercom, par Schalken; — qui tient une marotte caractérifant la Folie, par Téniers, ccxlvi; — qui conduit une charrette, par Wouwermans, — qui fouffle dans fon laboratoire, par Van Oftade, cclxxxvii; — appuyé fur une table, par le More, — à barbe blanche, ccxvi; — careffant un chien, cccxvii; — qui fe rafe, par Schalken, cccxviii; — qui fouffle dans un cornet, par Oftade, cccxix; — avec fon chien, par Ruyfdaël, — tenant un manchon, par Téniers, cccxx; — couché avec une femme, cccxxi. Voir Danfe, Jeune garçon & Jeune homme, Joueurs, Payfans, Pères, Portraits, Savetier, Vieillard, &c., &c.
Hommes à table avec des femmes, cccxxi; — & femmes qui fe divertiffent, par Wouwermans, cccxxi.
Hondecœter, P, ccxlvii, ccxlviii.
Hôpital (le marquis de l'), xxiii, xxvii, 2806, 2861. V. Hofpital.
Hôpital de Sainte-Mesme (le comte & la comteffe de l'), xxxv.
Hôpital de Crécy, 2735.
Horloge du Palais-Royal, cxviii, cxix.
Horloges ornées par Duvaux, lxxv.
Horlogerie & horlogers, cxviii, cxix.

HOSPITAL (le marquis de l'), 2806, 2861. Voir HÔPITAL.
HOSPITAL (la marquise de l'), 3034.
Hôtel-Dieu (l'), LVII.
Hôtel d'Aligre, XXXI, XLII, XCII, CXXXII, CXL; — des Ambassadeurs extraordinaires, XXXV, XXXVI, XXXVIII, CXVI, CXIX, CLXXXIV, CCVIII; — des Américains, CXXXII, CXXXIII; — d'Aumont, XL; — de Beaufort, XXIV; — de Bullion, XXIX, LXII, CXXXI; — de Chavigny, CCLXXXVIII; — Duchâtel, XLVI; — La Vallière, XLII; — d'Évreux, aujourd'hui l'Élysée, XXXV, CCXXX, 1421, 1428, 1457, 1473, 1482, 1518, 1585, 1616, 1686, 1688, 1693, 1702, 1855, 1857, 1864, 1883, 1896, 1939, 1945, 2050, 2063, 2114, 2116, 2164, 2169, 2210, 2289, 2501, 2536, 2547, 2550, 2617, 2789, 2797, 2827, 2842, 2871, 2885, 2906, 2916, 2918, 3065, 3086, 3124, 3156, 3164, 3200; — des Fermes, CCXXXII; — de la Ferté, CCLXXII; — de Lauzun, XLVIII; — Lenormant de Tournehem, CLX; — de Limoges, CCXCI; — Marmontel, LXXX; — des Menus-Plaisirs, CCLXVI; — Mazarin, 3144; — Molé, XLVIII, CCLIX; — Monaco, XXII; —Noailles, CCLXIII, CCCVIII; — Pontchartrain, CLXXIV; — Rouffel, LV; — Saint-Pouange, XLII; — Sonning, XXVIII; — Sully, CCCXI; — Tallard, CCCXI; — de Toulouse, CCLXII, CCCVIII; — d'Uzès, CCCIX; — Valentinois, CCCXXVI; — Vauban, CCLIII.
HOUEL (M.), CCXLIX, CCLI, 60. C'est peut-être le Houël ou le Wal dont il est question dans les *Mémoires du duc de Luynes*, t. XIII, p. 320, & *passim*.

Hubis (pavillon des), IV, XVI, 991, 1019, 1038.
HUETTE, ouvrier ou artiste, 1652.
HUGUET, 152.
Huile de Vénus, XXXIX, 1750. Essence de toilette. Voir pour sa composition le *Parfumeur Royal* de 1751. Paris, Saugrain, in-8°.
Huiliers, 92, 130, 552, 2366, 2717, 2734, 3051, 3072, 3116, 3233, 3278.
HUPEAU, ingénieur, CCXIX.
HUQUIER (Jean-Gabriel), G, XCVII, CXXIII, CXXXIX.
HUTIN (Charles), S, CLXXIV.
HUTIN (Jean-Baptiste), P, CLV, CCLXXXV.

I

Immortalité, tableau. Voir Gloire.
IMPÉRATRICE d'Allemagne, VII, VIII.
Indes (les), VIII.
Indes (composition des), 971.
Indes (magasin du Roi des), XCI, CXXXIII, CXLI.
Indice des estampes du président Hénault, XLVIII.
Inès, chien de Mme de Pompadour, XXXVIII.
INFANT (l') don Philippe, XVII, CXCII. Voir PHILIPPE (don), duc de Parme.
INFANTE (l'), duchesse de Parme, Louise-Élisabeth de France, fille aînée de Louis XV, XVII, XCIII, CXCII, CXCIV, CXCV, 2067, 2304.
Instrumens de physique, LXIV, CCXCV, CCCVI.
Intendans des Menus (les), CLXXIV.
Io, XXV, LXXXVI. Voir Jupiter.
ISENGHIEN (la princesse d'), 2437.
Isle Saint-Louis, LVII, CCLXXI, CCCXXVII.
Italie (l'), IX, XXXIX, XLIII, CXIV, CLXXII, CLXXVIII. Voir Envois.

y 2

J

Jabodot, ébéniste, cxxv.
Jacob, marchand, xcii.
Jacob & Rachel, par le Môle, cccxvii. Voir Réconciliation.
Jacobins (les) de la rue Saint-Honoré, cclxxvii. Voir Dominicains.
Jacquemart (M. Albert), cxcviii.
Jacquemin, orfèvre, lxxxix, xc, cclxxvii, 1090, 1219, 1236, 1689, 2136, 2267, 2390, 2767, 2828.
Jacquemin (Mme), 276.
Jacques I d'Angleterre. Voir Félicité du règne de —.
Jacquet (M.), 94, 113.
Jade oriental, 2936.
Jais, 1009.
Janssen (mylord), lxv. Voir de Genssin.
Janssen (Mme), Angloise. Voir Mme de Genssin, dont le nom, croyons-nous, a été mal orthographié par Duvaux.
Japon (objets du), 480, 514, 703, 969, 1314, 1908, 2345, 2377, 2517, 2675, 3253. Voir Porcelaine.
Jardin (le) anglois de Chaillot, lxv.
Jardin (le) des Plantes, clxxii.
Jarnac (le comte de), 1260, 1426.
Jaspe, 567, 806, 1267, 1926, 2081.
Jatte à punch, 2819, 3070.
Jean, P, cclv.
Jeaurat, P, cxlviii, clvi, ccxxxiv.
Jelyotte, chanteur de l'Opéra, lxix, 2155.
Jésus-Christ lavant les pieds à ses apôtres, par Restout, clxxx; — par Nicolas Bertin, cclxxxvi; — portant sa croix, cccxi; — au sépulcre, cccxii; — apparaissant à saint Thomas, — au sépulcre, cccxiii; — chassant les marchands du temple, par le Valentin, — couronné d'épines, par Bassan, — attaché à la colonne, par le Tintoret, — en croix, par Véronèse, cccxiv; — & la Samaritaine, cccxvi; — conduit au Calvaire, par Albert Durer, cccxxi. V. Ange, Sainte Famille, Seigneur (le), Annonciation, Nativité, Adoration des Mages & des Rois, & les divers événemens de la vie du Christ.
Jets, sorte de joncs pour cannes, 567, 1500, 2853.
Jeune femme, par Netscher, ccxxxviii; — qui pèle un citron, par Schalken, ccxlii; — qui tient une corbeille, ccxlix; — par Grimou, cclxxxiv.
Jeune fille qui écrit une lettre, tableau de Terburg, ccxli; — qui lit une lettre, par Terburg, — qui tient un chien, par Églon Vander Neer, ccxlii; — qui boit, par Terburg, ccxlvi; — qui joue de la vielle, ccxlviii; — qui dévide des pelotons de fil, par Greuze, cclxxxiv; — qui s'endort en tricotant, cclxxxv; — qui s'enfuit devant un jeune homme, cccxiii.
Jeune garçon jouant avec un polichinelle, par Bêle, ccxxxiv; — qui charge du fumier, par Karel Dujardin, ccxlii; — qui joue de la flûte, par Crauft, ccxlviii; — qui s'endort sur son livre, par Greuze, cclxxxv; — tenant un pot à moineaux, par Miéris, cccxix.
Jeune homme qui offre un verre de limonade à une jeune fille, tableau de Terburg, cclxxiii; — qui joue de la flûte, par Tournières, cclxxxiii; — mort, par le Titien, cccxv; — qui

joue du violon, par Metzu, — avec une chevelure frifée, par Rembrandt, CCCXVIII; — en manteau fourré, par Holbein, CCCXX. V. Hommes, Payfans, Roi.
Jeux d'enfans, tableau, CCCXXI.
JOBERT, parfumeur, XI.
JOCONDE (la), de Léonard de Vinci, CCLXXIV.
JOLLIVET, marchand papetier, CCXII.
JOLY (Hugues-Adrien), garde du cabinet des eftampes du Roi, LVII, LX.
JOLY, horloger, CXVII, 651.
JOLY DE FLEURY (l'abbé), chanoine de Paris, CCLXXVIII. Voir FLEURY.
JOMBERT, ébénifte, CXXV.
JOMBERT, libraire, CXL, CCLXXVIII.
Jonc de Hollande, 592.
Jonc des Indes, 2842.
Joncs, 647.
JONSAC (la marquife de), 1847.
JONVILLE (M. de), XXXI.
JORDAENS, P, CLXXI, CCCXII, CCCXVII.
Jofeph & Putiphar, CCLXIX. Voir Chafteté.
JOSSENAY, A, CCX, CCXI.
Jofué arrêtant le foleil, par Schiavone, CCCXX.
Joueur de flûte, par Gérard Dow, CCLXXXVII, — figurine, 1181.
Joueur de mufette, figurine, 1192.
Joueurs, par Van Oftade, CCXXXIX; — par Dujardin, CCLV; — par Téniers, CCLXXXIX; — par Salvator Rofa, CCCXIII.
Joueurs de tambour de Provence, figurine, 442.
JOUFFROY, P, CCLIII.
JOULLAIN, marchand, XLI, L, LII, LIX, LXI, XCII, XCVII. V. Erratum.
JOULLAIN fils (F. C.), marchand, XXXI, XLIII, XLVII, LXI.
Journal de Barbier, LXIII.
Journal de Duvaux, I, II, III, IX, X, XVI, XVII, XX, XXIV, XXXIII, XXXVII, XXXVIII, XL, LXIX, LXX, LXXII, LXXIII, LXXIV, LXXIX, LXXX, LXXXII, LXXXIII, XCI, CVII, CXXVIII, CXXXI, CXLII, CXLV, CLXV, CCXX, CCXXVI.
Journal des infpecteurs de M. de Sartines, LXIV, LXV.
Journal de Wille, XXXI, CII. V. Mém.
JOUVENET, P, CLXXXI, CCLXXIX, CCLXXXV, CCCXVIII.
Judith tenant la tête d'Holopherne, tableau par Vouët, CCLXXXII; — par Raphaël, CCCXVI.
Jugement de Paris, par le Guide, CXXXIX; — par Nattier l'aîné, CXXXVIII.
JUIGNIÉ (A. E. L. LECLERC DE). Voir Archevêque de Paris.
JULIART (Jacques-Nicolas), P, CLXXXVI, CCXXXIV.
JULLIENNE (Jean de), XLII, XLVIII, CCLXXVIII, 29, 287, 997, 1144, 1166, 1353, 1400, 1451, 2264, 2318, 1386, 2421, 2432, 2474, 2475, 2514, 2520, 2543, 2545, 2561, 2628, 2642, 3167, 3192.
JULLIENNE (Mme de), XLII, CCLXXVIII.
JULLIOT, marchand, XLIII, LIV, LXXVIII, XCII, CXLI.
JULLIOT fils, marchand, XL, XLIV.
JULLY (de), XLII, XLIII. Voir LA LIVE.
Junon & Vénus, tableau de Pierre, CLXXX.
Jupiter & Califto, CLXXVIII.
Jupiter & Danaé, par le Titien, — par Rembrandt, CCCXV; — par le Pouffin, CCCXVIII.
Jupiter & Io, CCCXIV.
Jupiter & Junon, tableau de Pierre, CLXXX.
Jury inftitué pour le jugement des tableaux préfentés au Salon par les Académiciens, CLIII.
JUSSIEU (de), CCLXXIX.
Juftice (figure repréfentant la), XCIV.

y 3

K

KAUNITZ-RITTBERT (le comte Winceslas de), ambassadeur de l'empereur d'Allemagne, VII, LXVI, 3340.
KERINS, P, CCXLVI.
Kermesse, de Téniers, CCLXVIII, CCLXXXIX. Voir Fête de village.
KERRINCX, P. Voir KERINS.
KORFF (le baron), LXVI, 3102.

L

LABAT (le P.), CCLXXI, CCLXXIX.
LA BAUME LEBLANC (Louis-César de), duc de La Vallière, XLII. Voir LA VALLIÈRE.
LA BAUVE (Mme de), 1288, 1633, 1640, 1659, 2009, 2205, 2263, 2271, 2319, 2959.
LA BELLE, G, CXXXIII, CCXLIV, CCLXXVIII.
LA BLACHE (Mme la marquise de), 245, 279.
LA BOISSIÈRE (M. de), trésorier des finances, LI, CCLVIII, 1580, 1619, 1629, 1638, 1974, — trésorier des États de Bretagne, 2944, 2987, 3266, 3273.
LA BOISSIÈRE (Mlles de), XXXI.
Laboratoire de chimie, par Wyck, CCCXXI.
LABORDE (M. de), fermier général, LI, 604.
LABORDE (M.), de Bayonne, 3053.
LABORDE DE MÉRÉVILLE (M. de), XX. Voir de MÉRÉVILLE.
LA BRIÈRE, A, inspecteur de Fontainebleau, CCXVIII, CCXIX.
La Chine (composition de), 151.
La Chine (objets divers de), 333, 334, 411, 527, 549, 574, 598, 689, 708, 711, 712, 822, 932, 997, 1107, 1196, 1251, 1279, 1298, 1340, 1345, 1366, 1369, 1422, 1438, 1441, 1499, 1623, 1626, 1692, 1838, 1844, 1879, 1963, 2009, 2064, 2076, 2282, 2318, 2492, 2517, 2518, 2519, 2569, 2740, 2770, 2782, 3024, 3056, 3036, 3089, 3159, 3200, 3241.
La Chine (vernis de), 119, 254, 302, 332, 944, 957, 2606.
LA CROIX (M.), 166.
LACROIX, P, CCXXXV, CCXLV.
LACURNE DE SAINTE-PALAYE, XLVII.
LADATTE, S. Voir DATTE (de la).
LADEY (Jean-Marc), P, CC.
LA FARE (le maréchal de), XXVI, XXVIII, 289, 469, 911, 956, 1082, 1128.
LAFERRIÈRE (la marquise de), 2461, 2476, 2492, 2573, 2599, 2634, 2672, 2685, 2781, 2790, 2802, 2963, 2980, 2983, 3141, 3209, 3297, 3306, 3329.
LA FERTÉ (de), intendant des Menus-Plaisirs, CLXXIV, CCLXXII.
LAFERTÉ (Pierre-Antoine), relieur, CXIX, CXXI, 2442, 2468.
LAFOND, marchand, XCII.
LAFONT DE SAINT-YENNE, CLXVI.
LA FONTAINE (tableau peint par Oudry pour les fables de), CXCIX.
LA FORCE (Mme de), 377.
LA FOSSE, savant vétérinaire, CCLXXII.
LA FOSSE, P, CCLXXX, CCLXXXVI, CCCXVII, CCCXXII.
LA FRENAYE (les) ou LA FRESNAYE, XC.
LAFRENAYE (Léonor), marchand, 123, 441, 454, 869, 1031, 1053, 1105, 1836, 2935.
LA FRENAYE (Pierre), marchand, 734, 1529.
LAGARDE (M.), 919. Ce doit être le bibliothécaire de Mme de Pompadour, l'abbé Lagarde.

LAGRANDVILLE (M. de), conseiller d'État, 615.
LAGRANDVILLE (Mme de), 1215, 2635, 2890.
LAGRENÉE, P, CCLXXXIII, CCLXXXVI.
LA GUICHE (la comtesse de), 2034.
La Haye, LXVIII, CIII.
LA HAYE (M. de), 2924. Voir PASQUIER DE LA HAYE.
LA HOGUETTE (M.), marchand, XC, 1261, 1436.
LA HYRE (Laurent de), P, CCXLII, CCLXXXII, CCLXXXIV, CCLXXXVI, CCCXVII, CCCXXIII.
LAIDEGUIVE (M.), notaire, 286, 794.
Laie avec ses marcassins, tableau de J. B. Oudry, CXCIX.
LAIRESSE (Gérard de), P, CCXLIV, CCXCII, CCXCVII.
Laitières, de Saxe & de Sèvres, figurines, 2693, 3052.
LA LANDE, trésorier de France, LII.
LA LIVE (M. de), 1450, 1557, 2142, 2723, 2996. Voir LA LIVE DE JULLY & LA LIVE D'ÉPINAY.
LA LIVE (Mme de), 1397, 2471, 2566. Voir JULLY & ÉPINAY.
LA LIVE D'ÉPINAY (M. de), fermier général, LI, 2082.
LA LIVE D'ÉPINAY (Mme de), 2028.
LA LIVE DE JULLY (Ange-Laurent de), introducteur des ambassadeurs, XLII, XLIII, CCLXVIII, CCLXXVIII, CCLXXXI, CCLXXXVII, 2577, 2600.
LALLEMAND DE BETZ, LII, 177, 319.
LALLEMANT, P, CXXXIV, CCXLVIII. Voir ALLEMAND.
LALLY-TOLLENDAL, VIII.
LALOUETTE (l'abbé). Voir ALOUETTE (l').
LALOURCÉ (M.), XLIV. Voir LA LOURSAY.
LA LOURSAY (M. de), avocat au Parlement, XLIV.
LA MARCK (le comte de), 3204.

LA MARCK (la comtesse de), 1541, 1997.
LA MARE (la comtesse de), 1891.
LAMBERT (le chevalier), banquier, XC, XCI, CCLXXXVII, 1685, 1841.
LAMBERT, P, CCLVI.
LAMBERT (la veuve), marchande, XC, 2248, 2360, 2431, 2590, 2903, 3281.
LAMOIGNON (le président Chrétien-Guillaume de), rue & barrière de Grenelle, président honoraire de la grand'chambre du Parlement, XLVIII, 167, 217, 364, 376, 383, 1191, 1319, 2209, 2224, 2244.
Lampes, 343, 1047, 1815.
Lampes de nuit, 452, 3086, 3124.
La Muette (château de la), 1856, 2058, 2941.
LANCRET, P, CCXXXIV, CCXXXIX, CCLVI, CCLXXX, CCLXXXIII, CCXC.
LANFRANC, P, CCIV, CCXI, CCCXIII.
LANGLOIS, artiste, CLXXXI.
LANGLOIS (M.), 3123, 3146.
Languedoc, CLXI.
LANNOY (M. de), 17, 442, 444, 450, 456, 472, 488. Un brigadier de cavalerie portait ce nom.
LA NOIX (Mlle), courtisane, 624, 659, 670, 672, 731, 766, 777, 796, 1446, 1474.
Lanternes, 99, 104, 121, 153, 178, 179, 200, 201, 223, 229, 232, 257, 281, 285, 288, 293, 299, 315, 320, 328, 332, 341, 349, 351, 392, 395, 396, 422, 437, 450, 453, 477, 496, 527, 607, 623, 647, 648, 779, 781, 852, 853, 855, 860, 873, 874, 881, 882, 883, 894, 906, 907, 919, 925, 971, 991, 994, 1042, 1054, 1078, 1093, 1106, 1111, 1126, 1138, 1139, 1163, 1171, 1172, 1177, 1178, 1198, 1213, 1220, 1222, 1234, 1241, 1273, 1299, 1327, 1359, 1363, 1390,

1401, 1405, 1424, 1440, 1446,
1448, 1462, 1475, 1483, 1497,
1499, 1505, 1511, 1515, 1525,
1527, 1564, 1582, 1587, 1593,
1609, 1613, 1628, 1667, 1711,
1726, 1731, 1757, 1766, 1775,
1788, 1811, 1822, 1833, 1848,
1858, 1864, 1868, 1882, 1886,
1919, 1930, 1941, 1958, 2071,
2103, 2173, 2177, 2188, 2189,
2194, 2195, 2196, 2201, 2216,
2222, 2234, 2238, 2251, 2267,
2275, 2409, 2414, 2433, 2492,
2529, 2580, 2594, 2603, 2607,
2611, 2615, 2649, 2713, 2732,
2764, 2782, 2787, 2820, 2847,
2971, 3045, 3048, 3051, 3057,
3060, 3066, 3076, 3108, 3128,
3133, 3141, 3156, 3158, 3169,
3256, 3332.

Laocoon & ſes enfans dévorés par les ſerpens, groupe de bronze, CCXXXVI, 2318.

Laon (l'évêque de), Jean-François-Joſeph de Rochechouart, 3052.

Lapithes (combat d'Hercule contre les), CCCXV.

LA POPELINIÈRE (M. Leriche de), fermier général, rue de Richelieu, près la Bibliothèque, LIII, 709, 1164, 1268.

LAPORTE, libraire, XXI.

LAPORTE (R. de), P, CCLXXXI, CCLXXXIII.

Laque, 74, 87, 101, 127, 308, 310, 314, 333, 347, 385.

Laques de Chine, XXXVI, CXXVIII.

Laques du Japon, XXVI, XXVII, XXXVI, XC.

LARCHER, papetier, CCXII.

LA REYNIÈRE (M. de), L, LXXXI, CCCI, CCCIII, 18, 33, 38, 179, 201, 203, 254, 278, 1496, 1530, 1543, 1554, 1556, 1558, 1565, 1590, 1637, 2030, 2320, 2325, 2332, 2405, 2427, 2440, 2464, 2629, 2711, 2727, 2739, 2742,
2777, 2785, 2984, 2995, 2998, 3024, 3036, 3041, 3058, 3074, 3080, 3136, 3151, 3160, 3267, 3339.

LA REYNIÈRE (Mme de), née de Jarente, LIV, 124, 1728, 1806, 1812, 1971, 2014, 2326, 2330, 2349, 2356, 2643, 2658, 2689, 2803.

LA REYNIÈRE (M. de) fils, 1642. Cf. *Chroniq. ſcandal.*, 1784, in-8, p. 32.

LARGILLIÈRE (Nicolas), P, CXXXIII, CCLXXXI, CCLXXXII, CCCIX, CCCXVII, CCCXXII, CCCXXIII.

LARMESSIN (Nicolas de), G, CCIX.

LA ROCHEFOUCAULT (M. de), CCCIII.

LA ROCHE-SUR-YON (Mlle de), Louiſe-Adélaïde de Bourbon-Conty, XXI, 59, 334.

LAROQUE (M. de), le grand amateur, LXXXI, XCIII, CCIX.

LA RUE (Philippe-Benoît de), P, CLV, CLXXXIV, CCXLVIII.

LA RUE (de), S, CCLXXXIV, CCLXXXVII.

LA SABLIÈRE (M. de), 19, 52.

LA SALLE (M. de), 436, 499, 998.

LA SEIGNE (Mme), 213.

LASSAY (le marquis de), CCLXXXVIII.

LASSURANCE, A, XXXIV, CXII, CCXIII, CCXIV, CCXV, CCXVI, CCXVII, CCXVIII. Voir CAILLETEAUX DE LASSURANCE.

LA SUZE (de), CCCXXII.

LA TASTE (M. de), 925.

Latone, tableau de Bon Boulogne, CCLXXXII.

LA TOUCHE (de), intendant des Menus-Plaiſirs, CLXXIV.

LATOUR (ALISSANT DE), payeur de rentes, LII, 1740.

LA TOUR (Maurice-Quentin de), CLXXXIX, CXC, CXCVII, CCIV.

LA TOUR D'AUVERGNE (Charles-Godefroy de), duc de Bouillon, XXVII. Voir BOUILLON (le duc de).

La Traverse (Charles-François-Pierre de), P, clv.
Laujon, xxix.
Launay (M. de), 2367.
Lauraguais (Diane-Adélaïde de Mailly, duchesse de), xxviii, 11, 25, 30, 41, 48, 148, 271, 492, 515, 535, 561, 585, 660, 687, 750, 754, 795, 853, 863, 873, 916, 924, 929, 947, 981, 1098, 1120, 1148, 1174, 1181, 1199, 1203, 1358, 1600, 2043, 2534, 2574, 2657, 2698, 3108.
Laurent (M.), achète pour la Suède & M. de Scheffer, xxiii, 2826, 2845, 2858.
Laurette, personnage du roman de *Thémidore*, lxv.
Lauri (Philippe), P, ccxli, ccciv, cccxii, cccxix.
Lautrec (la maréchale de), xxvi, 3285.
La Vallette (M. de), 839.
La Vallière (le duc Louis-César de), xlii, 855, 885, 918, 920, 1029, 1116, 1189, 1208, 1375, 1399, 1414, 1552, 1821, 1850, 1854, 1868, 1882, 2163, 2409, 2441, 2482, 2507, 2578, 2705. Voir Vallière (La) & La Baume Leblanc.
La Vallière (la duchesse de), xxix, 692, 1465, 1566, 1919, 2688, 2838.
La Vallière (duchesse de) jeune, 27, 56.
La Vauguyon (M. de), v.
Lavement des pieds, tableau de Bertin, cclxxix.
Lavigne, marchand, lxviii.
Law, lv.
Lebas, G, cclxviii, cccviii, cccxxvi.
Lebel, valet de chambre de Louis XV, xvi, 1949.
Leblanc, fondeur, cxvi.
Leblanc (l'abbé), historiographe des Bâtimens du Roi, lxii, cxlviii, cxlix, cclxxxviii.
Leblanc, marchand, xcvii.
Leblant de l'Institut (M.), cxcviii.
Le Blond, P, ccxlvi.
Le Blond, S, ccxlv.
Lebrun (Charles), P, ccxii, cclxxx, cclxxxvi.
Lebrun (les) père & fils, P en miniature, cxcv, cxcvi, cccviii, 1714, 2619, 3063, 3325.
Lebrun (J. B. P.), marchand, xxxii, xlii, lii, liii, liv, lx, lxii, lxix, lxxviii, xci, cvi, cxxxiii, cxcv, cxcvi, cccviii.
Lebrun (Pierre), marchand, xci, 418, 1035, 1141, 1480, 1481, 1715, 1743.
Lecamus (Nicolas), secrétaire perpétuel de l'Académie d'architecture, ccxvii.
Le Clerc, notaire, 3251.
Leclerc (Sébastien), G, lviii, cxxxiii, cxlviii, clvii, ccxlvi, cclxx, cclxxviii.
Lécuyer, A, ccxiii, ccxvii.
L'Écuyer (M.) (peut-être le membre de l'Académie d'architecture), iii, 1135, 2500, 2538, 3132, 3152, 3163.
Léda, xxiv.
Lède (la marquise de), dame de l'Infante, lxv, 1714, 1922.
Le Doux, marchand, xcviii, xcix, c.
Le Droit (Mme), 3202.
Lefaulcheur, horloger, cxviii.
Lefèvre (Claude), P, cclxxxii.
Lefranc, A, ccxiii, ccxvii.
Le Gendre (M.). Peut-être le garde-meuble de la Muette, ou bien ce M. Legendre, inspecteur général des ponts & chaussées, qui laissa un cabinet vendu le 3 décembre 1770, dont il existe un catalogue à cette date, Paris, in-8°, 2782.
Legendre de Villemorien, lii.

Legrand d'Aussy, cxxvi.
Legrand (M.), 589.
Legras (Marie-Jeanne), femme Hébert, marraine de Duvaux fils, lxix, lxxxix.
Legros, S, cclxxxi, cclxxxii, cclxxxiii, cclxxxv, cclxxxvi.
Le Jeuneux, cclxxxviii.
Le Lorrain, P, lx.
Le Lorrain (Robert), S, ccl, cclxxxiv.
Leloutre, horloger, cxviii.
Lemaire-Poussin, P, ccxxxiv, cclxx.
Lemoine (François), P, cclxi, cclxxix, cclxxx, cclxxxi, cclxxxii, cclxxxiii, cclxxxiv, ccci, cccxvii.
Lemoine (Jean-Louis), S, clv, clvi, cciii, cciv, cclxii.
Lemoine fils (Jean-Baptiste), S, cciv.
Le Môle, P, ccciv, cccxv, cccxvi, cccxvii. Voir Mola.
Le More, P, cccxcii, cccxi, cccxvi. Voir Moro.
Lemoyne (les). Voir Lemoine.
Lempereur (Jean-Baptiste-Denis), G, xciii, cxxxii.
Lempereur (Jean-Denis), joaillier, lxi, xcii, cclxxxviii.
Le Nain, P, cclxvii.
Lenoir, notaire, 3357.
Lenoir (Étienne), horloger, cxvii, cxviii, 581, 752, 2274, 2700.
Lenoir de Cindré (Pierre-Étienne), clxxiv.
Lenormant (Charlotte-Victoire), nièce de Lenormant de Tournehem, clx. Voir Baschi.
Lenormant d'Étiolles, neveu de Lenormant de Tournehem & mari de Mme de Pompadour, clx, clxi.
Lenormant de Tournehem, directeur général des Bâtimens du Roi, xviii, xxxv, cxli, cxlvii, cxlviii, cxlix, cli, clii, cliii, cliv, clv, clviii, clix, clx, clxi, clxii, clxiii, clxiv, clxv, clxvi, clxviii, clxix, clxxiv, clxxxvi, xciii, cxciv, ccx, ccxi; — Ses rapports avec les artistes, clix, clx, clxi, clxii, clxiii.
Le Pâté. Château à Bercy, xliv.
Le Paute, horloger, xxxviii, cxviii, cxix.
Lepautre (Pierre), S, cclxxxi, cclxxxii.
Lépicié (Bernard), G, lxxxvii, cliv, clv, clviii, clxv, clxvi, clxxii, clxxvi, cciv, ccv, ccx, ccxi.
Le Queustre, tapissier, cxxvi, 2550.
Le Riche de la Popelinière, lii. Voir La Popelinière.
Leroy, membre de l'Académie d'architecture, ccxix.
Leroy (Julien), horloger, cxvii, cxviii, ccliv, 1922, 2173, 2316, 2700, 2784, 3240, 3260.
Lesueur (Eustache), P, cclxx, cclxxix, cclxxxv, cccxvi, cccxxv.
Levasseur, S, cciv.
Levau, A, xxxv.
Lévêque, joaillier, xciii, cv.
Leyde, xi.
L'Héritier (Charles), marchand, lxix, 1248, 2095, 2200, 2613.
L'Héritier (M. Louis), marchand, rue de la Monnaie, à la Tête noire, 747.
L'Héritier (les frères), xci.
Ligny (M. de), 3122.
Limbouchef, P, ccxlii.
Lingelbach, P, ccxlv.
Lingots d'or, 3072.
Lion, 1179, 2092, 2316, 2457.
Lion combattu par des dogues, tableau de Bachelier, cxcix.
Lions de porcelaine, 81, 295, 1145, 2028, 2517, 2738.
Lionne (de), xxxv.

Liot, ébéniste, cxxv.
Liotard (Jean-Étienne), P, lx, cxciv, cxcv, cxcvii.
Liqueurs, 1750, 1778.
Lisbonne, lxiii.
Lisbonne (comtesse de), 2964.
Liseuse, tableau de Doyen, cclxxxiv.
Lits, 2215.
Livres, 2885.
Locatelli, P, ccxlv.
Logerot (M.), ci.
Lointier, S en bois, cciv.
Loir (Nicolas), P, cclxxx, cclxxxiii, cccxviii.
Loison (Mme), marchande, xci, 26, 85. C'est par erreur qu'on a imprimé Loisan.
Londres, vii, xx, xxvii, cx, cxlii, cxliii, cxliv, cccviii, 940, 1016, 1355, 1785, 2119.
Lorangère (Quentin de), ii, c, cxl.
Lorge (le comte de), 765, 778.
Lorgnettes de porcelaine de Vincennes, 2654, 2662, 2973.
Lorient, viii, 2158.
Lorme (Mlle de), 540.
Loriot, membre de l'Académie d'architecture, mécanicien & inventeur, cxxvi, clxx, ccxvii.
Lormel (de), cxxxiv.
Lorrain (Claude), P, ccxxx, ccxxxix, ccxli, ccxlvi, ccxlviii, cclv, cclxx, cclxxiii, cclxxx, cclxxxiv, cclxxxvii, ccxcviii, cccviii, cccxii, cccxvii.
Lorraine (la), ci. Voir Envois.
Lory, horloger, cxix.
Loterie (la), groupe de porcelaine, 3098, 3101, 3104, 3297.
Loth & ses filles, tableau de Rothenamer, cclxx; — par Detroy fils, cclxxix, cclxxxii; — par l'Albane, cccxvi.
Lottin (Aug.), imprimeur, xxx, cxxxiv, cxxxvi.

Lotto, P, cccxiii.
Louis, A, clviii.
Louis (saint), lxxxviii, cxcvii.
Louis XIII. Voir Naissance.
Louis XIV, roi de France, xxxviii, lxxxi, cxxiii, cxxx, cxxxiii, cxlv, clvii, ccii.
Louis XIV (portrait de), tableau, 606.
Louis XV, i, iii, iv, vii, viii, xii, xv, xvi, xvii, xx, xxi, xxii, xxiii, xxiv, xxxii, xxxiii, xxxv, xxxviii, lxvi, lxxv, lxxvi, lxxx, lxxxiv, lxxxviii, xciii, xciv, civ, cxvii, cxxvi, cxxx, cxlv, clxiv, clxxi, clxxvi, clxxvii, clxxix, clxxxi, clxxxiii, cxcii, cxciv, cxcv, cci, cciv, ccxii, ccxiii. Voir Roy (le).
Louis XVI, cviii, ccvii.
Louis XVIII, lxxxiv.
Louise (Madame) de France, 6ᵐᵉ fille de Louis XV, clxxxix, cxcvi, 2353, 2666, 3010.
Loup assailli par quatre chiens, tableau peint par J. B. Oudry, à la Muette, cxcix.
Loupe, 1223.
Loutherbourg, P, cclxxxiii.
Louvois, ccxxxv.
Louvre (le), xc, xcii, xciii, cxvii, cxix, cxlviii, cl, clv, clxviii, clxix, clxxi, clxxiv, clxxvi, clxxix, clxxxi, clxxxiii, clxxxvi, clxxxix, cxc, cxcviii, cxcix, cci, ccii, cciii, cciv, ccvii, ccviii, ccix, ccx, ccxii, ccxv, ccxvi.
Louvre (Musée du), xxx. Voir Louvre (le) & Cabinet des tableaux du Roi.
Lowendal (l'abbé de), clxiv.
Luc (le comte du), xliii, 502, 587, 596, 598, 623, 645, 733, 739, 745, 764, 768, 769, 771, 784, 785, 787, 798, 803, 807, 810, 852, 870, 881, 890, 1000, 1100, 1121, 1694, 1947, 1951, 1965, 1966, 2026, 2105, 2121, 2130,

2141, 2144, 2154, 2178, 2276, 2292, 2375, 2426, 2478, 2495, 2512, 2565, 2579, 2752, 2771, 2776, 3035, 3039, 3042, 3048, 3050, 3060, 3066, 3109, 3133, 3153, 3202, 3260.
Lucas, fondeur, CXVI.
Lucas, de Leyde, P, CCCVI, CCCXX, CCCXXI.
Lucas (Vrain), CCLVIII.
Lundberg, P, CCXLVI.
Lusignan (le chevalier de), XXXI.
Luftres, LXXII, LXXXI, XCII, CCXXXVII, CCXXXIX, 2, 14, 35, 38, 41, 57, 91, 128, 158, 163, 167, 170, 178, 203, 217, 220, 221, 228, 235, 236, 237, 252, 275, 319, 346, 367, 397, 442, 451, 453, 489, 492, 510, 511, 525, 531, 568, 604, 608, 609, 629, 640, 642, 645, 648, 654, 683, 720, 721, 722, 735, 740, 774, 779, 799, 815, 816, 824, 830, 847, 857, 875, 889, 905, 907, 919, 941, 950, 956, 974, 994, 1059, 1066, 1095, 1129, 1136, 1138, 1170, 1191, 1200, 1215, 1252, 1259, 1260, 1271, 1279, 1285, 1344, 1357, 1365, 1420, 1424, 1426, 1434, 1466, 1469, 1476, 1490, 1498, 1505, 1514, 1519, 1530, 1538, 1552, 1556, 1560, 1562, 1564, 1567, 1580, 1582, 1619, 1635, 1757, 1780, 1833, 1863, 1865, 1873, 1882, 1929, 1937, 1942, 1955, 2053, 2184, 2188, 2207, 2230, 2279, 2307, 2374, 2411, 2498, 2516, 2621, 2748, 2751, 2826, 2850, 3022, 3132, 3169, 3212, 3229, 3257, 3268, 3277, 3337.
Lusy (de), A, CCXIII.
Lutti, P, CCCXII.
Lutzelbourg (le comte de), 2120, 2654.
Lutzelbourg (Mme de), XXVIII, 3156.

Luxembourg (le palais du), CXVI, CXVIII, CXIX, CLXVII, CLXVIII, CCLXV.
Luxembourg (le duc de), 902, 1712, 1744, 2021, 2059, 2132. Voir le *maréchal* de Luxembourg.
Luxembourg (la duchesse de), XXIX, 582, 608, 1286, 2027, 2268, 2568, 2570.
Luxembourg (le maréchal de). Voir Luxembourg (le duc de). C'est le même personnage, XXVI, XXVIII, 2780.
Luxembourg (la maréchale de), 2985. Voir Boufflers. Avant d'époufer le maréchal de Luxembourg, la maréchale était duchesse de Boufflers. Voir auffi Luxembourg (duchesse de).
Luylemberg, P, CCXLVI.
Luynes (le cardinal Paul de), archevêque de Sens, L, 2376, 2728.
Luynes (le duc de), auteur des *Mémoires*, V, XVII, XVIII, XIX, XXII, XXVIII, CXV, CXLV, CLX, CXCIV, CCXVII, CCLXVI, 2695.
Luynes (la duchesse de), dame d'honneur de la Reine, XXVIII, CLXI, 1772, 1775, 2948.
Luzy (de), A, CCXVII.
Lyen (Jean de), P, CCLXXXV. Voir Delien.
Lyon, IX, XI, XXVII, XLV, LII.

M

Macé, joaillier, XCVII.
Machard, marchand, XCI, 383, 414, 494, 1044, 1911, 2036, 2237, 2306, 2361, 2540, 2687, 2697, 2753, 2762, 2794, 2997, 3015, 3343.
Machault, garde des fceaux, XXV, 2754.

Machy (de), P, ccxliv, ccxlv, ccxlviii, ccliii, cclv, cclxxxii.
Madame. Je pense que par le mot *Madame*, sans autre désignation, Duvaux a voulu nommer Madame Adélaïde, car cet achat est fait par sa dame d'honneur, Mme de Beauvilliers, 1036.
Mademoiselle (Louise-Anne de Bourbon-Condé), 3, 82, 106, 125, 139, 160, 215, 315, 317, 333, 392, 395, 507, 556, 603, 641, 706, 776, 788, 809, 827, 834, 845, 854, 874, 891, 897, 912, 915, 960, 984, 1022, 1155, 1807, 2214. Elle prit ensuite le nom de Mademoiselle de Charolois. Voir ce nom.
Madrid (Espagne), xxvii, cxxvii, 1346, 2119.
Madrid, au bois de Boulogne, 636.
Madrid (château de) à Mademoiselle, 160.
Magasin du Chagrin de Turquie, lxix; — de la Croix d'or, xc.; — de la Perle, xxxix; du Roi des Indes, xci, cxxxiii, cxli, 1009, 1016, — de la Tête-Noire, xci.
Magdeleine aux pieds du Christ, par Raphaël, cclxxvi; — dans une grotte, par Bartholomée, cclxxxviii; — pénitente, par Lutti, cccxii; — enlevée au ciel, par Lanfranc, cccxiii; — par le Dominiquin, cccxiv.
Magellan, sorte de nacre, x, 242.
Mages (Adorat. des). V. Adoration.
Magnanville (Mme de). M. Savalette de Magnanville était garde du trésor royal alternatif, 1896.
Magny, mécanicien & G, ccx.
Magots, 83, 88, 398, 490, 533, 534, 694, 886, 976, 980, 987, 1003, 1083, 1173, 1232, 1295, 1314, 1414, 1424, 1435, 1576, 1587, 1660, 1664, 1665, 1678, 1731, 1765, 1885, 1903, 1965, 1986, 1988, 2033, 2189, 2192, 2334, 2345, 2387, 2428, 2446, 2468, 2517, 2518, 2535, 2581, 2935, 3067, 3147, 3283.
Mahudel, ccxc.
Maillard, 552.
Mailly (le comte de), 2484.
Maison de M. de Cury, à Chennevières, lxxx.
Maisons. Voir hôtels & les noms de lieux & de propriétaires.
Maisons de la Chine, 2318.
Maisons de Saxe, 974, 992, 1297.
Malabares, figurines, 193, 676, 740.
Malderus (Jean), évêque d'Anvers, cccxvi.
Malenfant, lvi.
Malesherbes (le président), ccxc.
Malherbe (l'abbé de), était abbé de Tiron, près Chartres, l, 15, 218, 311, 339, 547, 953.
Mancini (le marquis de), clviii.
Manége, tableau de Wouwerman, cccxxi.
Manéges à ressorts, 3064, 3070.
Manfredi, P, cccxiv.
Manglard, ci, ciii.
Manheim, lxiii.
Manon Lescaut, roman, l.
Mansard (Jacques-Hardouin), A, ccxvii.
Manufacture de Beauvais, cc.
Manufacture de porcelaine de Vincennes, — de Sèvres, — de Saint-Cloud, — de Chantilly, — du faubourg Saint-Antoine, cxxxi; — de Sèvres, lii, cxcix, cciii.
Maratte (Carle), P, cclxxiii, ccciv, cccxiii, cccxv.
Marbres, xl, xlii, xliii, xlvii, liii, liv, lvii, lxii, lxiii, lxxxi, lxxxiv, xcii.
Marbre de brèche d'Alep, 19, 31, 33, 36, 41, 118, 119, 122, 124, 175, 201, 203, 215, 358, 373, 469, 550, 570, 587, 598, 665, 732, 944, 1067, 1104, 1144,

1164, 1222, 1416, 1424, 1496, 1554, 1612, 1744, 1788, 1811, 1826, 1833, 1834, 1868, 1932, 1970, 1972, 2133, 2182, 2188, 2258, 2276, 2332, 2412, 2447, 2497, 2559, 2626, 2675, 2775, 2896, 2907, 2927, 3041, 3057, 3189, 3333.
Marbre d'Antin, 214, 324, 332, 411, 419, 514, 525, 566, 623, 634, 772, 919, 1913, 1924, 2105, 2210, 2495, 3039, 3169, 3189.
Marbre blanc, 501, 520, 539, 586, 1138, 1753, 2078, 2111.
Marbre bleu-turquin, 1749.
Marbre de brèche violette, 31, 337, 3128, 3317.
Marbre de Brocatelle, 1520.
Marbre d'Espagne, 303.
Marbre de Flandre, 143, 156, 176, 180, 254, 269, 317, 373, 389, 413, 540, 603, 746, 847, 895, 1061, 1068, 1119, 1176, 1178, 1520, 1525, 1735, 1833, 1895, 1909, 1947, 1950, 2061, 2171, 2276, 2282, 2320, 2416, 2583, 2599, 2605, 2724, 2805, 2872, 3048, 3169, 3173.
Marbre de Griotte, 914, 2597, 2915.
Marbre d'Italie, 871, 904, 1062, 1103, 1134, 1251, 1441, 1509, 1554, 1705, 2054, 2203, 2856, 3041, 3051, 3057, 3188, 3213, 3290.
Marbre de Languedoc, 551, 2500.
Marbre de Memphis, 431, 1298, 2281.
Marbre de Porte-Or, 441, 2280.
Marbre de Serancolin, 1857, 2189, 2196, 2210, 2565, 2722, 3128.
Marbre de Sicile, 3240.
Marbre vert antique, 2458.
Marbre de vert Campan, 1144, 1185, 1222, 1245, 1378, 1415, 1472, 1588, 1771, 1814, 2173, 2660, 2982, 3061, 3148.

Marbre vert d'Égypte, 248, 3153.
Marc-Antoine Raimondi, G, CCLXII.
Marcel (M.), 824.
Marcenay de Guy (de), P, G, LXI.
Marchais (Mme de), fille du fermier général de Laborde, 3222.
Marchands d'objets d'art, LXIX, & fuiv.
Marchande de perles, 1942.
Marchande de rubans, 2157.
Marche de l'ambaffadeur turc, tableau de Parrocel, CLXXXIV; — d'animaux, par Benedette, CCLXXXVIII, CCLXXXIX; — d'armée, tableau de Cazanova, CCLV; — de Wouwermans, CCLXXIII; — de Bourguignon, CCLXXXIX; — de Watteau, CCCXVII.
Marché, par Gabriel Metzu, CCXXXVIII; — par Wouwermans, CCLXXIII; — par Pierre, CCXC.
Mariage de Henri IV & de Marie de Médicis, CCCXII; — de fainte Catherine, CCCXVI; — de la Vierge, CCLXIX.
Marie-Antoinette (la dauphine), CXVIII.
Marie-Josèphe, fille de don Carlos, princeffe de Naples, XXIII.
Marie-Josèphe d'Autriche, reine de Pologne, CLXXVII, CC.
Marie-Josèphe de Saxe, feconde femme du Dauphin, XIX, CIV. Voir Dauphine (la feconde).
Marie Leczinska, XVII, CLXXX. Voir Reine (la).
Marie de Médicis, CCCXII. Voir Félicité de la Régence & Fuite de la Reine.
Marie-Thérèse d'Autriche, XXIII.
Marie-Thérèse d'Espagne, CLIII. Voir Dauphine (la première).
Mariette, le marchand-amateur, XXIV, XXXI, XLIV, XLV, XLVII, LXXVIII, LXXXII, LXXXVII, XCVI, CVIII, CCXCI.
Marigny (le marquis de), XXXVI,

XXXVIII, LXIV, CXLV, CLVIII, CLIX, CLXIV, CLXV, CLXVI, CLXXI, CLXXIII, CLXXXVII, CLXXXVIII, CLXXXIX, CXC, CXCII, CXCIII, CCV, CCVI, CCX, CCXI, CCXIII, CCXVIII, CCLXXXIV, CCXCI, CCCXXIII, 2168, 2235, 2337, 2936, 2949. Voir Poisson, Vandières & Ménars.

Marigny (la terre de) en Orxois, près Château-Thierry, 718, 1326.

Marines, par Vernet & par Salvator Rosa, CCXXX ; — par La Croix, CCXXXIV ; — par Asselin, CCXXXVIII ; — par Claude Lorrain, CCXLI ; — par Backuysen, CCXLIV ; — par Lacroix, CCXLV ; — par Philippe Napolitain, CCXLIX ; — par Van de Velde, CCLII ; — par Breugel de Velours, CCLXXIV ; — par Salvator Rosa, CCLXXXVIII ; — par Téniers, — par Vernet, CCLXXXIX ; — par Claude Lorrain, CCXCVIII ; — par Berchem, CCCXIX ; — par Téniers, CCCXX ; — par Vander Kabel & Roos, CCCXXII. Voir Tempêtes & Ports.

MARIVETS (le baron de), CCXCI.

MARLIÉ (Renée-Élisabeth), veuve LÉPICIÉ, CCX.

Marly, XVI, XXXIV, CXIX, CXXVI, CXLV, CLXIX, CCVII, CCXIV, CCXVI, CCXVIII, CCXL, CCLXXX, CCLXXXV.

Marly (appartement de Mme de Pompadour à), 814, 2158.

MARMET (M.), 2588.

MARMONTEL, de l'Académie françoise, commis des Bâtimens du Roi, LXIV, LXXX, CXIV, CXCIII, CCVI, CCLXXVI.

Marmottes, 2826.

Mars (figure représentant), XCIV.

MARSAN (la comtesse de), 40, 45, 223, 232, 241, 253, 320, 477, 710, 999, 1234, 1297, 1309, 1682, 2382.

MARSAN (la princesse de), XXVIII, 2298, 2313.

MARSOLLIER (M.), 212, 627, 630, 1276, 2898, 3113.

MARSY (Gaspard de), S, CCLXII.

Marsyas, figure, 446.

MARTEAU, graveur en médailles, CLXXXVII, 2722, 2751, 2895, 2933.

MARTIN (la famille), CXXVIII, CXXIX, CXXX.

MARTIN, vernisseur, CXI, CXVI, CCXXXVI, CCXLIV, 84, 93, 109, 421, 599, 625, 648, 818, 841, 909, 1018, 1036, 1213, 1513, 1808, 2521, 2547.

MARTIN (Guillaume), CXXVIII.

MARTIN (Robert), CXXIX, 1354, 1413, 1837, 3323.

MARTIN (Simon-Étienne) le cadet, CXXVIII, 2106, 2721, 3322.

MARTIN des Gobelins, P, CCXLV, CCXLIX.

MARTINOT (Balthazar), CXVIII.

Martyr refusant de sacrifier aux idoles, tableau, CCCXII.

Martyre, tableau d'un disciple des Carraches, CCCXV ; — de saint Laurent, par Le Sueur, CCLXXIX, CCLXXXV ; — de saint Barthélemy, par Bourdon, CCCXVIII.

Massacre des Innocens, par le Schidone, CCCXVI.

MASSÉ (Jean-Baptiste), dessinateur & graveur, CCXII.

MASSÉ, marchand, 434, 1749, 2054, 2273, 2480.

MASTELLETA, P, CCCXII.

MATHIEU (Jean-Adam), émailleur, CXVII.

MAUDUY DE LA VARAINE, CCXCI.

MAUGUEZ (M.), 324.

MAULÉVRIER (M. de), LXV.

MAUPIN (Mlle), actrice de l'Opéra, CCXLIX. Voir Portraits.

MAUR (Carle de), P, CCXLVI.

Maurepas (le comte de), xxviii, 2956, 3055.
Maurepas (la comtesse de), 10, 1433, 1549, 1608, 2896.
Maures (figures représentant des), xciv, 752, 966.
Maurissant, S sur bois, cxxv.
Mauzac, payeur de la Reine, 7, 75. Voir Mosaque.
Mayet (l'abbé), ccxci.
Mazarin (le duc de), xxviii, 1010, 1201.
Mazarin (la duchesse de), xliii, 954, 966, 1179, 1362, 1374, 1378, 1459, 1461, 2869, 2973, 3085, 3107, 3117, 3137, 3147, 3165, 3188, 3190, 3303, 3318.
Médaillers, 177.
Médailles, l.
Médailles des Augustins, ccxxix; — du cabinet de M. de Clèves, cclxvii; — du cabinet de Du Vau, cclxxi; — de la collection d'Ennery, cclxxii; — de la collection de l'abbé Goutbout, cclxxv; — de la collection des Jésuites, cclxxvii; — de la collection Pajot d'Onsenbray, ccxciv; — de la collection Pellerin, ccxcvi; — de la bibliothèque Sainte-Geneviève, cccvi, cccvii.
Médailles frappées à l'occasion du mariage du Dauphin, cv.
Médecin, tableau de Van Dyck, cccxi.
Mégrot (M.), 2463.
Meissonnier, S & ornemaniste, xxxix, cxii, cciv, ccvii.
Mélancolie, tableau de Féti, ccxci.
Mélanges historiques, &c., de Boisjourdain, xxx, cclviii.
Méliand (Charles-Blaise), intendant de Soissons, xxviii, 2093.
Mémoires du marquis d'Argenson, xx, lxiii, cxlvi; — secrets de Bachaumont, iv; — de Barbier,

v; — de Mme Campan, iv; — de Collé, lxiii; — de Favart, lx, lxiii, lxxiii; — du duc de Luynes, xxii, lxiii, cxlvi, cxlvii, clxxvii; — de Marmontel, lxiii; — & Journal de J. G. Wille, xxii, lxi. Voir Journal.
Mémoires de tapissiers, cxxvi, cxxvii, cxxviii.
Menabuoni (le chevalier de), lxvii, ccxci.
Ménagerie (la) de Versailles, clxx, cc, ccvii.
Ménars (M. de), frère de Mme de Pompadour, xliv, clxxvii. Voir Poisson, Vandières & Marigny.
Menjaud (Mme), xxii.
Menuiserie & menuisiers, cxxiv, cxxv, cxxvi.
Menus-Plaisirs (administration des), clxxiii, cc.
Mercier, marchand de tableaux, xcvii.
Mercure (le) de France, lxxxvi.
Mercure confiant aux nymphes l'éducation de Bacchus, par La Hyre, cccxvii.
Méréville (M. de Laborde de), xx. Voir Laborde.
Méridien (le) du Palais-Royal, cx.
Merle (le comte de), ccxcii.
Mésanges de porcelaine, 1208.
Mesdames de France, filles de Louis XV, iv, xvii, cxxvi, cxxvii, cxci, cxcii, 2808. Voir les noms: Madame Infante, Madame Adélaïde, Madame Henriette, Madame Louise, Madame Sophie & Madame Victoire.
Métiers à travailler, 846, 1470, 1880, 1899.
Mettra, échevin de Paris, xxiv.
Metzu, P, ccxlvi, cclxxiii, cclxxix, cccxviii, cccxxi.
Metzys (Quentin), P, cccxvi.
Meubles, lvi, lvii, lxxxi, xci, xcii, cxxiv, cxxv.

Meubles de Boulle, LIV, LVI, LXII, LXIII, XCI, XCII, CCXXXIII, CCXXXIV, CCXXXV, 362, 881, 895, 1514, 1531, 1562, 1634, 1635, 1742, 1966, 1977, 2188, 2311, 2440, 2475, 2516, 2537, 2577, 2600, 2949, 3039, 3048, 3050, 3339.
Meubles dans le goût de Boulle, 120, 2188.
Meudon, XVI, CXIX, CCXIV.
MEULAN (M. de), LIV, 2197, 2597, 2915, 3176, 3201.
MEUNIER, P, CCXXXIV.
MICHEL-ANGE Buonarroti, S, XXXI, CCXCII, CCCXX.
MIEL (Jean), P, CCLXXIII, CCLXXX, CCLXXXVII, CCXC, CCCXX.
MIERIS, P, CCLXXIV, CCXCVIII, CCCXIX, CCCXXVIII.
MIERIS le fils, P, CCCXXI, CCCXXII.
MIGNARD (Pierre), P, XXVI, CCLXXIX, CCLXXXI, CCLXXXV, CCCXVII.
MIJEON, ébéniste, CXXV.
Milan, 963.
MILIOTTI, antiquaire, XXXI.
MILLET (Francifque), P, CCCXVIII.
Mimi, chien de Mme de Pompadour, XXXVIII.
MINEL, fondeur, XCIII.
Minéraux & herbier d'Adanfon, CCXXXVII; — du comte d'Angiviller, CCXXXVII; — du marquis d'Arcambal, CCXXXVIII; — & coquillages de la collection de Mme du Bois-Jourdain, CCLVI, CCLVII, CCLVIII; — & coquilles de François-Boucher, CCLX, CCLXI; — de la collection de M. de L'Épine, CCXC; — de la collection du préfident Ogier, CCXCIV; — de la collection Romé de l'Ifle, CCCI; — de la collection du duc de La Rochefoucauld, CCCIII; — de la collection Sage, CCCIII; — de la collection Sevin, CCCIX; — de la collection de M. Varennes-Beoft, CCCXXVII.

Minerve, figure, 1546.
Miniatures, LIII, LX, LXIII, CV, CCLV, 1375.
Miniatures de Rofalba dans la collection du comte de Caylus, CCLXIII.
MIRABEAU (le marquis de), CXI, CXII, CXXIX.
MIREPOIX (le duc de), VI, XXVII, 2119. Voir à fon titre de maréchal.
MIREPOIX (le maréchal de), XXVI.
MIREPOIX (la ducheffe de), dame du palais de la Reine, 1232, 1442, 1458, 1497, 1508, 1718, 1814, 1859, 1996, 2338, 2345, 2679. Voir à fon titre de maréchale.
MIREPOIX (la maréchale de), XXVIII, 2824, 2928, 3174, 3234, 3332, 3336, 3342. Voir à fon titre de ducheffe.
Miroirs, 538, 599, 784, 1178, 3248, 3296.
MOIROUX (l'abbé), CCCVI.
Moïse montrant les tables de la loi, par Philippe de Champagne, CCLXXXIV.
Moiffon par fix Amours, tableau de Rubens, CCLXIX.
MOISY, horloger, CXVII, CXVIII, 2274, 2488, 2700, 2883, 2952.
MOLA, P, CCCIV, CCCXV, CCCXVI, CCCXVII. Voir LE MÔLE.
MOLÉ (le premier préfident Mathieu-François), XLVIII, 35, 2230, 2309.
MOLINET, P, CXCVII.
MOLINIÉ (M.), 822.
MOLK (le comte de). Voir MOLTKE.
MOLLET (Louis), A, XXXIV, CCXVII, CCXIX.
MOLTKE (le comte de), Danois, LXVI, 2420, 2807.
MONACO (le prince de), XXII, CCXCII, 3313.
MONNOYER, P. Voir BAPTISTE.

z I

Monsauge (M. de), 2718, 3094.
Montaigu (le chevalier de), clxxxix.
Montauban (le prince de), xxxi.
Montauban (la princeſſe de), xliv.
Montbazon (la ducheſſe de), xxviii, 71, 145.
Monteclair (Mme de), ccxcii.
Monteygne, P, cclv.
Monteynard (le marquis de), 2526, 2528, 2640.
Montgeron. Maiſon de campagne de M. Fabus, 1420.
Montmartel (M. Paris de), garde du tréſor royal, 617, 655, 727, 755, 782, 888, 1048, 1085, 1210, 1322, 2280, 2301, 2346.
Montmartel (Mme de), 2952.
Montmorency, xxix.
Montmorency (le baron de), 1337, 1341, 1873.
Montmorency (le duc de), xxviii, 2676.
Montmorency (Mme de), 3156.
Montmort (Mme de), 835, 944, 1056, 1072, 1249. Voir Habert, Montmort & Rémond.
Montmort (la marquiſe de), 119, 155. Voir Mme Rémond.
Montres, 116, 499, 567, 651, 790, 1339, 2081, 2274, 2297, 3285.
Montrillon (M. de), ccxcii.
Montrouge. Maiſon de campagne de M. de La Vallière, 855, 885, 920, 921, 1821, 1854, 2163. Voir Maiſons.
Montucla (de), premier commis des Bâtimens, ccvi.
Montullé (Jean-Baptiſte-François de), xlviii, ccxciii.
Monville (Mme de), 3218.
Mopinot (M. de), lieutenant-colonel de cavalerie, ccxciii.
Moran, chirurgien-major des Invalides, ccxciii.
Morand, docteur en médecine, ccxciii.

Moranzel, A, ccxvii.
Moras de Saint-Priest (de), 2165, 2179, 2196, 2198, 2213, 2389, 2712, 3265.
Moreau (l'abbé), ccxciii.
Moreau (Henri-Éliſabeth), procureur de M. de Voyer, 2865.
Moreau de Séchelles, contrôleur général, li.
Morel de Vindé, lviii, ccxciv.
Moro, P, ccxcii, cccxi, cccxvi. Voir Le More.
Mort de Didon, par Bourdon, cccxvi; — de ſaint François-Xavier, par Coypel, clxxvii.
Mortain (M. de), xxxi.
Mortemart (le duc de), xxviii, 794.
Mortemart (la ducheſſe de), xxviii, 1142, 1401, 1456, 1462, 1475, 1485, 1650, 1663, 1705, 1720, 1767, 1787, 1848, 1950, 1964.
Moſaïque, ccxxxv, ccxl. Voir Ouvrage de Florence.
Mosaque, 7, 75. Voir Mauzac.
Mouches, lxxxiv.
Moudon, amateur, ccxciii.
Moulin, tableau de Pierre, clxxx.
Moulin à vent de Saxe, 992.
Moulures rapportées, 284, 1076, 1123, 1230, 1855, 2159, 2781.
Mouſſeline, 1220.
Moutardiers, 1013, 1014, 1318, 1455, 1637, 1688, 1827, 1972, 2228, 2349, 2807, 2817, 2859, 2866, 2869, 2877, 2931, 2980, 2985, 3030, 3053, 3068, 3072, 3314.
Mouton, muſicien, cclxxxii.
Moutons de Saxe, 244, 386, 690, 697, 974, 1128; — de porcelaine, 2731, 2819.
Muette (la), xvi, cxvi, cxviii, clxxviii, cxcix.
Munich, clxi.
Murillo, P, xxv, ccxxxviii, cclxxiii, cclxxvi, cclxxxix, cccxxvi.

TABLE ALPHABÉTIQUE. 387

Musée de l'Ermitage (le), XLVII.
Musée du Louvre, XXXI. Voir Louvre (le).
Musée de Versailles (le), CLXXIX, CLXXXII, CLXXXIV, CXCI, CXCII, CXCIII.
Musées. Voir Cabinets, Catalogues, Collections.
Muses (les). Voir Apollon.
Musicien, tableau de Manfredi, CCCXIV.
MUY (le chevalier de), CXCVI.

N

Nacre de perle, X, 928, 1361, 1369, 1615, 1778, 3208.
Naissance de Bacchus, décor peint par Vernansal pour les spectacles du Roi, CLXXXV.
Naissance de Louis XIII, par Rubens, LXXXVII; — d'Adonis, par Boucher, CCLXXX; — de saint Jean-Baptiste, par le Tintoret, CCCXIII.
Nancy, XXV.
NANTEUIL (M. de), fermier général, CCXCIII.
NANTOUILLET (M. de), fermier général, rue Neuve-Saint-Augustin, 720.
Naples, VII, XXIII, XXXIX, CCXLV, 3210.
NAPLES (la princesse de), Marie-Josèphe ou Marie-Louise de Naples, fille de don Carlos, infant d'Espagne & roi des Deux-Siciles, VII, 581.
NAPOLITAIN (Philippe), P, CCXLIX, CCCXX. Voir ANGIOLIS (de).
Narcisse, tableau de Romanelli, CCXLV.
NASSIGNY (Pierre-Jacques MOREAU de), président de la 1re chambre des requêtes, rue Vivienne, XLVIII, 1779, 1838.

NASSIGNY (la présidente de), 2075.
Nativité, par Rembrandt, CCLXXIII.
NATOIRE, P, CXLVIII, CXLIX, CLVI, CLVIII, CLIX, CLXXI, CLXXIX, CLXXXVII, CLXXXVIII, CCLXXX, CCLXXXIV, CCCXVII.
NATTIER (Jean-Marc), P, LX, CXCI, CXCII, CCXXXVIII, CCXLVI.
NAU, marchand bonnetier, LV, LVI.
Navarre. Château du duc de Bouillon, 1059, 1064, 1168.
Navettes, 95, 421, 633, 1452, 1507, 1684, 2149, 2274, 2308, 2336, 2417, 2424, 2541, 2603, 2702, 2768, 2922, 3338.
Nayade de porcelaine colorée, 2867.
Nécessaires, LXXIV, 473, 482, 485, 516, 538, 541, 619, 1086, 1180, 1190, 1306, 1346, 1388, 2290, 3097.
NEEFS (Peter), P, CCLV.
Nemours, XXXIV.
Neptune (figure représentant), XCIV.
Neptune & Thétis, bustes de marbre blanc par Coustou, CXXXIV.
NESKIER, P, CCLV.
NETSCHER, P, CLXXI, CCXXXVIII, CCLXXXIX.
NEUFORGES (de), A. Voir DENEUFFORGES.
Neuilly, CCCV, 1999.
Neuville-Messire-Garnier, CCCXXIV.
Nice, CCXXXVIII.
NICOLET, maître découpeur, CXXV.
NIVELON (Mlle Anne-Baptiste), CXCVII.
NIVERNOIS (le duc de), XXVII, CLXXXIV, 2024.
Noce de village, tableau de Lancret, CCXC.
NOLEAU, P, CXCIX, 622.
NOLIN (l'abbé), CXCI, CCXCIII, CCXCIV.
Notice des objets curieux de feu M. le duc de Choiseul, XXVI.
Notre-Dame de Paris, CCIV, CCVIII, CCXVIII.

Notre-Dame du Rosaire, tableau de Lanfranc, CCCXI.
Nourrice, par La Hyre, CCXLII.
NOURRY, LVII.
Nymphes de Diane, par Boucher, CLXXV.
Nymphes qui se baignent, tableau de Corneille Poëlembourg, CCLXX; — par Jules Romain, CCCXI.

O

Objets d'art & d'histoire naturelle de Blondel d'Azaincourt, CCXXXII; — du cabinet de Blondel de Gagny, CCXXXIII, CCLVI; — de M. Bernard de Rieux, CCXXXI; — du duc de Chevreuse, CCLXVI; — du marquis de Choiseul, CCLXVI; — de la collection Gaignat, CCLXXIV; — de la collection Julienne, CCLXXVIII; — de la collection Menabuoni, CCXCI; — de la collection du prince de Monaco, CCXCII; — & d'antiquités de la bibliothèque Sainte-Geneviève, CCCVII; — de la collection du duc de Sully, CCCX; — de la collection Titon du Tillet, CCCXXI, CCCXXII; — de la collection du duc de Valentinois, CCCXXVI. Voir Meubles, Catalogues, Cabinets, Curiosités.
Observatoire (à l'), enseigne de la dame Garand, XCII.
Occupation selon les âges, tableau de Watteau, CCXXXIX.
Odorat, tableau de Raoux, CCCXVII.
ŒBENNE, ébéniste, LXXX, CXXIV, 1119, 1138, 1140, 1161, 1204, 1404.
Œufs de diverses matières, 538, 806.
Officiers du Roi chez Mme de Pompadour, 779, 889, 2195.

OGIER (le président), XVII, XXVII, XLVIII, CCXCIV, 1840, 1907, 1961, 2167, 2206, 2255, 2450, 2511, 2557, 2786, 3102, 3183, 3243, 3282.
OGIER (Mme), femme du président Ogier, 2442.
Oignons, 995, 2943, 2957, 2968, 3126, 3305.
Oiseaux d'émail, 806.
Oiseaux empaillés de la collection de Mme de Bandeville, CCXXIX; — de la collection Gouffier, CCLXXV; — de la collection Goulas, CCLXXV. Voir les Cabinets d'histoire naturelle.
Oiseaux de porcelaine, 55, 168, 222, 508, 740, 907, 954, 969, 1116, 1161, 1300, 1391, 1628, 1668, 2341, 2447, 2578, 2807, 3337.
Oiseaux, sans désignation de matière, 497, 664, 896, 1391, 3120, 3305.
Oisiveté (Vertu qui punit l'), tableau de Sermoneta, CCCXVI.
OLIVIER, ébéniste, CXXVI.
OPPÈDE (le baron d'), 2411.
OPPENORT, A, CXII.
OPPENORT (M. d'), 2676.
ORANGE (Mgr l'évêque d'), François-André de Tilly, 397. Voir TILLY.
Orangerie (l'), à Versailles, CCLXIII.
Oratoire (l'), CXXXII, CXXXIII.
Ordonnances des rois de France sur les draps d'or, IX.
Orion porté sur un dauphin, par Boucher, CLXXV.
Orléans, LVII.
ORLÉANS (le duc Louis-Philippe d'), XXI, LVII, LXXXV, CCLXXVI, CCLXXXIII, CCXCIV, CCXCV, 1612, 1948, 2080, 2088, 2315, 2436, 2438, 2638, 2644, 2675, 2741, 2761, 2769, 2875, 2886, 2893, 3088, 3227, 3262, 3309.

ORLÉANS (Louise-Henriette de Bourbon-Conti, duchesse d'), XXI, CXCIV, CXCV, 2323.
ORLÉANS (Philippe d'), P, XX, CCLXXXIII. Voir Régent (le).
ORLÉANS (Philippe d'), dit Philippe-Égalité, XX.
ORRY, contrôleur général des finances, CXLVI, CXLIX, CLIV, CLVII.
OUDRY, P, CLVI, CLXXVI, CLXXX, CLXXXI, CXCVIII, CXCIX, CC, CCL, CCLXXX, CCLXXXII, CCLXXXIII, CCXCII, 746.
OUKSTOUT, P & restaurateur de tableaux, LXXXVIII.
Ours arrêté par des chiens, CXCIX.
Ouvrage de Florence, CCXXXV, CCXL. Voir Mosaïque.

P

Pagode (la), enseigne de Gersaint, CVII.
Pagodes, LXIV, 156, 506, 545, 686, 694, 695, 703, 732, 828, 910, 932, 947, 965, 969, 987, 1087, 1142, 1196, 1314, 1415, 1614, 1741, 1986, 2018, 2093, 2097, 2104, 2332, 2376, 2425, 2474, 2511, 2517, 2547, 3213.
PAIGNON-DIJONVAL, XLIX, LVIII, CII, CCXCIV.
PAILLET, expert, XXVI, XXIX, XXXVIII, XL, XLI, XLII, LXXIV, LXXV, LXXXIV.
Paix (la), tableau de Vanloo, CLXXXII; — confirmée dans le ciel, par Rubens, LXXXVII.
PAJOT D'ONSENBRAY, CCXCIV.
PAJOU (Augustin), S, CLV, CCLXXXVI, CCLXXXVII, CCCXXIV.
Palais (le) Mancini, à Rome, CLVIII; — de Marius, à Rome, CCXXVII; — de Néron, à Rome, CCXXVII; — de Mme de Pompadour, au faubourg Saint-Honoré, IX. Voir hôtel d'Évreux; — Rospigliosi, à Rome, CCXXXIV; — Royal, XX, XXI, CX, CCXCIV, 2741.
PALAVICINI (le cardinal Antoine), CCCXVII.
PALAVICINI (les princes de), CCCXXXII.
Pallas (figure représentant), XCV. Voir Minerve.
PALLU (Bertrand-René), XXVII, 363, 423, 573, 673.
PALLU (Mme), 432.
PALME (le), P, CCCXVI.
Paniers, 1267, 2338.
PANINI (J. P.), P, XXVI, CCLXXXVIII, CCXC.
Panneaux, 78, 286, 322, 558, 646, 647, 723, 736, 745, 772, 775, 781, 842, 868, 1052, 1102, 1120, 1213, 1250, 1298, 1429, 1447, 1458, 1475, 1547, 1938, 2114, 2188, 2249, 2556, 2837, 3177, 3264. Voir les mots Châssis & Papiers.
Panthéon (le), à Paris, XXXIX. Voir Sainte-Geneviève.
Pantoufles, 889.
Paons de porcelaine, 1173.
Papiers d'Angleterre, CXXII, CXXIII, 1778, 1855, 2804, 3016, 3051, 3164.
Papiers de la Chine, CXXI, 828, 1050, 1064, 1150, 1354, 1928, 2204, 2249, 2455, 2639, 2730, 3177, 3261, 3264.
Papiers de France, CXXII.
Papiers des Indes, CXXI, 8, 15, 24, 33, 34, 37, 46, 56, 58, 67, 69, 71, 78, 145, 168, 182, 186, 202, 253, 278, 283, 286, 312, 322, 327, 331, 332, 338, 343, 354, 375, 430, 466, 474, 487, 519, 524, 533, 535, 547, 548, 558, 615, 620, 631, 636, 643, 745, 754, 772, 775, 832, 842, 868, 883, 917, 951, 1006, 1026, 1052, 1061, 1074, 1076, 1102,

1110, 1120, 1213, 1235, 1237,
1238, 1248, 1250, 1254, 1257,
1268, 1276, 1281, 1290, 1298,
1315, 1329, 1331, 1403, 1429,
1433, 1447, 1458, 1467, 1475,
1482, 1488, 1547, 1554, 1566,
1568, 1588, 1600, 1649, 1698,
1711, 1757, 1854, 1855, 1869,
1887, 1913, 1936, 1938, 1951,
2037, 2040, 2101, 2114, 2139,
2141, 2148, 2188, 2263, 2412,
2422, 2445, 2539, 2556, 2608,
2643, 2672, 2804, 2842, 2864,
2916, 3023, 3026, 3041, 3145,
3153, 3181, 3206, 3288, 3299,
3332, 3336.

Papiers de Paris, xxxvII, 364, 889, 1569.

Papiers tiffus, 182, 558, 723, 781, 882, 1583.

Papiers divers de tenture, 94, 112, 113, 117, 241, 522, 756.

PAPILLON (Jean), G en bois, XI, CVII, CXXI, CXXIII.

Papillons, 1298.

Papillons de la collection de Mme de Bandeville, CCXXX; — de la collection du marquis de Gouffier, CCLXXV; — de la collection Goulas, CCLXXV.

Parafols de Chine & autres, 971, 1049, 1438, 2842, 3139; — des Indes, 3098, 3100.

Paravens, CXXIV, CCXLIII, 15, 26, 37, 65, 67, 69, 71, 73, 114, 145, 153, 329, 331, 343, 354, 364, 375, 458, 623, 632, 638, 643, 726, 738, 951, 1026, 1061, 1235, 1237, 1254, 1315, 1325, 1335, 1340, 1356, 1424, 1441, 1583, 1600, 1649, 1711, 1936, 1938, 2076, 2293, 2300, 2356, 3023, 3026, 3153, 3288, 3293, 3299, 3332, 3336.

Parfumeur (le) françois, XI.

Parfumeur (le) royal, XI.

Paris, II, IV, XI, XVI, XX, XXI, XXII, XXIII, XXIV, XXV, XXVI, XXVII, XXVIII, XXIX, XXX, XXXI, XXXII, XXXV, XXXVIII, XL, XLI, XLII, XLIII, XLIV, XLV, XLVI, XLVII, XLVIII, XLIX, L, LI, LII, LIII, LIV, LV, LVI, LVII, LVIII, LIX, LX, LXI, LXII, LXIII, LXIV, LXV, LXVI, LXVIII, LXIX, LXX, LXXI, LXXII, LXXIV, LXXV, LXXVII, LXXX, LXXXVIII, C, CV, CVII, CX, CXX, CXXI, CXXII, CXXIV, CXXV, CXLIII, CLVIII, CLXXI, CLXXIII, CLXXXIII, CCIV, CCXIX, CCXVIII, CCXXVI, CCXXXIV, CCLIX, CCLXV, CCLXVII, CCC.

Paris. Voir Jugement.

PARIS (M. Paulin), CCXXI.

PARIS-DUVERNAY, LII.

Parme, XXII, 2663.

PARME (le duc & la duchefſe de). Voir INFANT (l'), PHILIPPE (don), INFANTE (l').

Parme (la principauté de), VII.

PARMESAN (le), CCCXII, CCCXV.

Parnaffe françois de Titon du Tillet, CCCXXII, CCCXXIII, CCCXXIV.

Paroiffe St-Euftache, LXVIII; — St-Germain l'Auxerrois, LXVIII; — St-Louis de Verſailles, CLXXVI.

PARROCEL-le-Père (Joſeph), P, CCLXXX, CCLXXXIV, CCXC, CCCXVII, CCCXXII.

PARROCEL (Charles), CLV, CLXXXIII, CLXXXIV.

Partie de plaifir, par Lancret, CCLXXX.

Parties (les Quatre) du monde, groupe de porcelaine, 239.

PASDELOUP, relieur, CXX.

PASQUIER de la Haye, député du commerce de Rouen, XXIV, XXV, LVIII, 1071, 1150.

Paffage de la mer Rouge, tableau de Schiavon, CCCXX.

Paffy, XXVIII, 1400, 2400, 2421, 2422, 2475.

Paftels, LVII, LXI, XCIII, XCVII.

Pastorale, par Berchem, CCLXXX, — par Watteau, CCLXXXV; — par Pater, CCCXVII; — par Foreft, CCCXVIII; — par Berchem, CCCXXI; — par Miel, CCCXXII.
PATEL, P, CCXXXIX, CCXLI, CCXLV, CCXC, CCCXVII.
PATER (J. B.), P, CCXLVI, CCLV, CCLXXXIII, CCCXVII.
PATIOT, ancien commiffaire des guerres, CCXCVI.
PATTE, A, XXI, 1246.
PAULMY (M. de), XXXI, CCXXVIII, CCXCVI.
PAULONAISE, P, CCLV. V. POLONESE.
Pavillon (le) de Croix-Fontaine, LI.
Payfages, par Juliard, CCXXXIV; — par Paul Bril, — par Courtois, par Adam Elzeimer, — par Briard, — avec animaux, par Van Romain, CCXXXV; — par Crépin, CCXXXVI; — par Corneille Poëlembourg, — par Paul Bril, CCXXXVII; — par Paul Bril, — par Bartholomée, — par Adrien Van de Velde, — par Berchem, — CCXXXVIII; — par Berchem, — par Bartholomée Breemberg, — par Patel, CCXXXIX; — par Bartholomée, — par Wouwermans, — par Van Oftade, — par Bartholomée, — par Patel, — par Wynants, — par Breughel de Velours, — par Bartholomée, — par Wouwermans, — par Berchem, CCXLI; — par Van de Velde, — par Bartholomée, — par Paul Bril, — par Breugel de Velours, CCXLII; — par Ruyfdaël, CCXLIV; — par Paul Bril, — par Breughel de Velours, — par Carré, — par Lacroix, — par Patel, CCXLV; — par Kerius, par Sachtleven, — par Wynants, — par Téniers, CCXLVI; — par Wynants, — par Both & Boudewyns, — par Potter, CCXLVII; — par Gobe des Carraches, — par Vander Meulen, — par Vander Heyden, — par Goffredy, — par Crefpin, — par Claude Lorrain, — par Crefpin, — par Lallemant, — par Machy, — par Poft, CCLXVIII; — par Goffredy, CCXLIX; — par Van Falens, CCL; — par Bartholomée, — par Corneille Poëlembourg, CCLI; — par Bartholomée, CCLII; — par Crépin, — par Machy, — par Crépin, — par Téniers, — par Breugel de Velours, CCLIII; — par Crépin, — par Dujardin, — par Le Lorrain, — par Paulonéfe, — par Croos, — par Poëlembourg, — par le Pouffin, — par Elzeimer, CCLV; — par Vander Meer de Jonghe, — CCLXX; — par Bartholomée, CCLXXIII; — par Claude Lorrain, CCLXXX; — par Servandoni, — par Le Moine, CCLXXXII; — par La Hyre, — par Patel, CCLXXXIV; — par Berchem, — par Bril, — par Claude Le Lorrain, — par Van de Velde, CCLXXXVI; — par Breughel de Velours, CCLXXXVIII; — par Berchem, — par Bril, CCLXXXIX; — par Vernet, — par Wouwermans, — par Patel, CCXC; — par Vanloo, CCXCVIII; — par Bril, — par Le Lorrain, CCCXII; — par Patel, — par Callot, — par le Lorrain, CCCXVII; — par Hoët, — par Wouwermans, CCCXVIII; — par Berchem, — par Wouwermans, — par Goffredi, — par Berchem, — par Breughel de Velours, CCCXIX; — par Téniers, — par Ruyfdaël, — par Bartholomée, CCCXX; — par Bril, — par Poëlembourg, — par Wouwermans, CCCXXI; — par Foreft, — par Breughel de Velours. Voir Vues.

Paysannes saxonnes, tableau de Hutin, CCLXXXV.
Paysans qui dansent autour d'une cornemuse, tableau de Miel; — qui se battent, par Brauwer, CCCXX.
Pays-Bas autrichiens (les), LXVI.
Pêche, par Téniers, CCLII, CCLXXXIX; — du thon, par Vernet, CXCVIII.
Peeters, P, LX, CCXCVII.
Peilhon, secrétaire du Roi, LVIII.
Peintres, de CLXXV à CCI. Voir les noms.
Peinture (la), statuette en porcelaine, 434, 444.
Peinture (la), tableau de Vanloo, CLXXXII; — de Mieris, CCXCVII; — de Le Moine, CCCXVII; — de Detroy fils, CCCXVIII.
Pèlerins d'Emmaüs, esquisse de Restout, CCLXXXIII.
Pellerin, ancien premier commis de la marine, CCXCVI, CCXCVII.
Pelletier, XCVII.
Pendules, XLI, XLIV, LVI, CCXXXIII, CCXXXIV, CCXXXIX, CCXLIII, CCXLVI, CCXLVII, 125, 142, 244, 260, 300, 318, 324, 515, 535, 581, 690, 731, 752, 789, 833, 834, 859, 908, 1043, 1145, 1158, 1213, 1232, 1441, 1594, 1685, 1731, 1742, 1841, 1903, 1904, 1922, 2048, 2074, 2105, 2173, 2186, 2188, 2316, 2346, 2397, 2440, 2488, 2537, 2700, 2741, 2883, 2890, 2900, 2949, 2952, 3063, 3137, 3179, 3240, 3260.
Pendules à étude. Voir Étude.
Pendule du cabinet du conseil, à Versailles, CXV.
Penel, P en miniature, CVI.
Pensions du Roi aux artistes, CLXXVI, CLXXVII, CLXXVIII, CLXXIX, CLXXX, CLXXXI, CLXXXII, CLXXXIII, CLXXXIV, CLXXXVI, CLXXXIX.
Penthièvre (Louis-Jean-Marie de Bourbon, duc de), XXI, 2910, 2953.
Perdrix, par Bachelier, CXCIX.
Père expliquant la Bible à sa famille, par Greuze, CCLXXXIV.
Pères (les) de Saint-Victor, LI.
Périchon, LI, 2180.
Perle (le magasin de la), 1009, 1016.
Perlin, dessinateur, CCLVI.
Pernetti (l'abbé Jacques), bibliographe, LXII, 76.
Perrier, commis des Bâtimens, XXXVI, CLXVI.
Perronnet, ingénieur, CCXVIII.
Perroquets de Mme de Pompadour, XXXVIII, 1973. Voir Cages.
Perroquets de diverses matières, 24, 329, 353, 378, 413, 517, 1145, 1208, 1244, 1284, 1424, 1868, 1906, 2105, 2169, 2826, 3169, 3337.
Perrot (M.), 577.
Persée & Andromède, tableau de Le Moine, CCLXI; — de Corneille, CCCXVII.
Pesareze (le), P, CCLXXX, CCLXXXVII, CCCXIII. Voir Cantarini.
Pesselier, LV.
Peste dans la ville de Rome, grand tableau du Poussin, CCLXX.
Peterneefs, P, CCLV. Voir Neefs (Peter).
Peters, P en miniature du roi de Danemark, CCXCVII. V. Peeters.
Pétersbourg, LXIII, LXVI. Voir *Saint-Pétersbourg*.
Petitot, émailleur; ses émaux, XXXI, LXIII, CI, 1161.
Peyrot (Alexis), ornemaniste, CCI.
Phélypeaux, LXXXIX.
Philippe le Bel (sa statue à Notre-Dame de Paris), CCIV.
Philippe V, d'Espagne, CCVII.
Philippe d'Orléans, dit Philippe-Égalité, XX. Voir Orléans.
Philippe (l'infant don) de Parme,

VII, 1505, 1922, 1967, 2304, 2351.

Philipsbourg, C.

Philofophe en robe fourrée, tableau de Téniers, CCLIV.

PICART, amateur, CCXCVII.

PICAULT, reftaurateur de tableaux, CLXX.

PICHON (M. le baron Jérôme), XXIX, XXX, XLIV, LXXII, CIII, CCVIII, CCXX, CCXXVI, CCLVIII, CCXCIV, CCXCVII, CCCXXVI, CCCXXVIII.

PICTET, 91.

Piédeftaux de porcelaine, 974, 2945, 3138.

Pieds de table, 41, 175, 203, 272, 299, 303, 309, 358, 362, 413, 501, 598, 847, 1753, 1814, 1935, 2223, 2258, 2276, 2281, 2409, 2412, 2447, 2473, 2583, 2626, 2898, 2907, 3153, 3330.

PIÉMONTOIS (Alexis), X.

PIERRE (J.-B. M.), P, XVIII, XCVII, CXLVIII, CLVI, CLXV, CLXXIX, CLXXX, CLXXXII, CCLXVIII, CCLXXX, CCLXXXIV, CCXC.

PIERRE (le P.), Auguftin, L.

Pierre de lard, 81, 195, 263, 335, 405, 695, 884, 910, 2093.

Pierres gravées, XLI, LXIII.

Pierres précieufes de la collection Jacmin, CCLXXVII.

Pierres à papier, 83, 96, 1477, 1504, 1545, 1578, 1619, 1740, 1987, 2025, 2077, 2357, 2516, 2883.

PIERREVERT (M. de), 1061, 1065, 1211.

PIGACHE, CCXCVII.

PIGALLE, S, CLVI, CCIV, CCV, CCVI, CCLXII, CCLXXXVI.

Pigeons, figurines, 974.

PIGNATELLI (le marquis de), 1149, 1366.

PIGNATELLI (la marquife de), 790, 1339.

PILES (de), P, CCLXX.

PILLEMENT, deffinateur & G, CCLVI.

PINAS, P, CCCXX.

PINEAU, S, CCIV.

Pintades de porcelaine, 974.

PIOT (M.), CXXXIV.

PIPPI (Giulio), P, dit Jules Romain, XXXI, CCCXI, CCCXIV. Voir ROMAIN (Jules).

PISANI, LII, LVII.

Place Dauphine, LX, LXXXIX; — Louis-le-Grand, CCXXXIV; — Louis XV, XL, CCXLIV, CCXCVI; — Navone, à Rome, XCIV; — Royale, CCXXXIII, CCLXVIII; — Saint-Michel, CCXCIII; — Vendôme, XXXVI, XLVI, CCXXXIV, CCLVIII, CCLXXXV, CCCXI.

Planches gravées, LXI, XCVI.

Plantes, branchages & feuillages en laiton, 287, 316, 367, 372, 376, 390, 392, 413, 453, 508, 567, 569, 578, 628, 669, 770, 795, 855, 884, 941, 996, 1368, 1379, 1388, 1405, 1414, 1577, 1582, 1594, 1685, 1754, 1769, 1833, 1841, 1907, 1925, 1944, 2043, 2056, 2128, 2249, 2255, 2259, 2341, 2427, 2431, 2468, 2581, 2590, 2603, 2624, 2802, 2807, 2850, 2890, 2893, 2900, 3028, 3044, 3154, 3163, 3293, 3337. Voir Girandoles, Bras, Luftres & Lanternes.

Plateaux, 50, 72, 102, 366, 380, 668, 708, 710, 711, 712, 733, 912, 974, 1073, 1117, 1213, 1410, 1512, 1559, 1561, 1651, 1652, 1707, 1818, 1840, 1844, 1856, 1949, 1990, 2000, 2004, 2030, 2069, 2149, 2314, 2327, 2338, 2424, 2439, 2467, 2489, 2492, 2590, 2604, 2648, 2658, 2669, 2671, 2675, 2678, 2708, 2740, 2806, 2807, 2810, 2819, 2820, 2842, 2851, 2852, 2864, 2866, 2876, 2884, 2888, 2920, 2988, 3004, 3014, 3022, 3024,

3036, 3047, 3051, 3056, 3068, 3072, 3084, 3109, 3115, 3170, 3236, 3253, 3303, 3304, 3306, 3320. Voir Cabarets, Déjeuners.

Plâtres, 1977, 2756.

PLENEY, menuisier, CXXVI.

Plumes & crayons d'or, 83.

Plumets, 328, 728, 729, 834, 889, 891, 913, 1103, 1499, 1735, 3134, 3205.

PLUYETTE (Hubert), A, inspecteur des Bâtimens au département de Paris, CCXIX.

POELEMBOURG (Corneille), P, CCXXXV, CCXXXVII, CCXXXVIII, CCXLI, CCXLVI, CCLI, CCLIII, CCLV, CCLXX, CCCXXI.

POILLY (de), G, CIII.

POIRIER, marchand, LVI, LXIX, LXXXIV, 2897.

POISSON père, CLXIII.

POISSON (Antoinette). Voir POMPADOUR.

POISSON (Abel-François), marquis de Vandières, de Marigny & de Ménars, XLIII. Voir à ses titres.

POISSONNIER, de l'Académie des sciences, CCXCVII.

POISSONNIER (M.), 2324.

Poissons de porcelaine, 621, 886, 896, 1046, 1451, 1499, 1532, 1731, 1968, 2259, 2436, 2517.

Polichinelle de porcelaine, 387, 712.

POLIGNAC (le cardinal de), ambassadeur à Rome, CCXXVII.

POLIGNAC (le marquis de), XXXI.

POLISY (M. de), maître des requêtes, 1755.

POLONESE, P, CCLV.

POMONE, sujet de tableau. Voir VERTUMNE.

POMPADOUR (la marquise de), IV, V, VI, VII, VIII, IX, XVI, XVII, XXVIII, XXXIII, XXXIV, XXXV, XXXVI, XXXVII, XXXVIII, XXXIX, XL, XLI, XLIX, LII, LV, LXXIII, LXXIV, LXXIX, LXXX, LXXXII, CXX, CXXII, CXXIV, CXXVI, CXXVII, CXXIX, CXLVI, CLX, CLXI, CLXXVII, CLXXXV, CLXXXVI, CLXXXVIII, CLXXXIX, CXCI, CXCVI, CCIV, CCXII, CCXX, 154, 440, 490, 514, 557, 558, 560, 564, 571, 578, 581, 592, 597, 600, 602, 610, 614, 617, 621, 633, 637, 646, 647, 648, 649, 650, 655, 656, 666, 676, 679, 681, 684, 691, 696, 704, 715, 718, 722, 723, 724, 727, 728, 729, 736, 751, 755, 758, 773, 775, 779, 780, 781, 782, 786, 797, 800, 806, 808, 814, 830, 832, 833, 841, 842, 843, 844, 878, 882, 884, 886, 888, 889, 892, 899, 901, 907, 908, 909, 919, 921, 923, 937, 940, 948, 952, 955, 958, 961, 964, 967, 968, 971, 974, 977, 980, 982, 989, 992, 1002, 1009, 1016, 1020, 2024, 1034, 1040, 1042, 1046, 1048, 1049, 1051, 1054, 1060, 1062, 1063, 1074, 1084, 1085, 1087, 1089, 1098, 1099, 1109, 1113, 1118, 1119, 1122, 1126, 1134, 1138, 1140, 1145, 1152, 1153, 1161, 1162, 1171, 1182, 1185, 1187, 1193, 1195, 1198, 1200, 1204, 1206, 1207, 1210, 1213, 1217, 1221, 1223, 1240, 1251, 1253, 1255, 1258, 1264, 1267, 1270, 1275, 1279, 1289, 1295, 1304, 1307, 1311, 1314, 1322, 1326, 1345, 1351, 1355, 1356, 1365, 1372, 1373, 1376, 1389, 1391, 1395, 1404, 1407, 1409, 1411, 1412, 1417, 1421, 1428, 1441, 1448, 1452, 1453, 1454, 1457, 1464, 1473, 1479, 1482, 1483, 1487, 1489, 1495, 1499, 1501, 1507, 1510, 1514, 1516, 1518, 1520, 1522, 1532, 1544, 1553, 1559, 1567, 1569, 1574, 1576, 1582, 1585, 1587, 1607.

1616, 1624, 1628, 1635, 1653, 1655, 1666, 1675, 1683, 1684, 1686, 1688, 1690, 1693, 1702, 1704, 1708, 1711, 1722, 1725, 1731, 1734, 1735, 1738, 1748, 1750, 1760, 1763, 1766, 1778, 1785, 1794, 1803, 1808, 1810, 1818, 1824, 1826, 1827, 1831, 1839, 1843, 1849, 1855, 1858, 1861, 1864, 1867, 1869, 1875, 1878, 1883, 1886, 1890, 1894, 1896, 1898, 1903, 1913, 1926, 1938, 1939, 1941, 1942, 1945, 1956, 1960, 1963, 1973, 2008, 2044, 2050, 2063, 2066, 2087, 2094, 2099, 2103, 2112, 2114, 2116, 2117, 2118, 2119, 2123, 3138, 2147, 2149, 2157, 2158, 2160, 2164, 2166, 2169, 2173, 2174, 2181, 2183, 2185, 2189, 2194, 2195, 2201, 2207, 2210, 2212, 2215, 2217, 2225, 2227, 2231, 2232, 2234, 2236, 2238, 2239, 2243, 2251, 2257, 2260, 2261, 2265, 2274, 2277, 2286, 2289, 2297, 2316, 2336, 2369, 2373, 2391, 2392, 2395, 2398, 2401, 2409, 2413, 2415, 2417, 2435, 2442, 2443, 2460, 2468, 2479, 2494, 2501, 2507, 2513, 2521, 2523, 2527, 2536, 2547, 2550, 2552, 2556, 2560, 2564, 2567, 2576, 2581, 2589, 2591, 2592, 2594, 2596, 2601, 2603, 2611, 2617, 2623, 2627, 2646, 2662, 2664, 2702, 2706, 2710, 2715, 2720, 2729, 2732, 2735, 2757, 2759, 2768, 2778, 2784, 2787, 2788, 2789, 2791, 2797, 2799, 2804, 2809, 2811, 2818, 2820, 2823, 2827, 2842, 2848, 2855, 2860, 2864, 2871, 2877, 2882, 2885, 2894, 2901, 2904, 2906, 2916, 1918, 2920, 2930, 2934, 2942, 2945, 2946, 2954, 2982, 3016, 3027, 3029, 3031, 3033, 3038, 3045, 3047, 3049, 3051, 3059, 3065, 3073, 3076, 3078, 3079, 3082, 3086, 3091, 3093, 3098, 3100, 3106, 3111, 3115, 3122, 3124, 3135, 3138, 3139, 3143, 3145, 3150, 3156, 3164, 3169, 3170, 3172, 3177, 3182, 3196, 3200, 3208, 3210, 3225, 3235, 3239, 3248, 3257, 3258, 3263, 3270, 3295, 3327, 3340, 3346.

Pont (le chevalier de), 634.
Pontchartrain, xxxv.
Pontchartrain (la comtesse de), 914, 2856.
Pont Notre-Dame, II, xcII, cvIII, cxxxI; — Royal, xL, LxIV.
Porcelaine (sans désignation), xLIII, LIII, LIV, LVI, LX, LXII, LXIV, LXXXI, LXXXIV, XC, XCI, XCII, 77, 81, 136, 260, 273, 277, 349, 363, 372, 407, 455, 462, 508, 527, 545, 573, 574, 597, 614, 626, 706, 724, 732, 866, 966, 968, 1124, 1207, 1208, 1213, 1291, 1345, 1366, 1391, 1412, 1419, 1424, 1432, 1592, 1620, 1629, 1669, 1684, 1699, 1714, 1734, 1773, 2026, 2043, 2050, 2330, 2377, 2379, 2387, 2664, 2755, 2832, 2885, 2951.
Porcelaine (fleurs de), 88, 138, 141, 160, 178, 183, 189, 200, 233, 256, 263, 267, 271, 272, 288, 343, 384, 388, 392, 393, 413, 417, 420, 422, 426, 434, 435, 449, 450, 453, 509, 626, 648, 855, 857, 863, 941, 994, 1168, 1208, 1305, 1437, 1655, 1882, 2341, 2414, 2520, 2603, 2785, 2807, 2819, 2850, 3022, 3037, 3044, 3062, 3067, 3083, 3163, 3188, 3283. Voir Fleurs de porcelaine de France & de porcelaine de Vincennes.
Porcelaine blanche, 164, 295, 381, 406, 435, 453, 694, 903, 921, 987, 1173, 1555, 1575, 1601,

1676, 1763, 1840, 1903, 2015,
2138, 2152, 2214, 2238, 2246,
2336, 2338, 2434, 2517, 2518,
2560, 2590, 2671, 2698, 2703,
2798, 2810, 2852, 2860, 2868,
2870, 2874, 2905, 2910, 2919,
2935, 2944, 2967, 2969, 2993,
3022, 3046, 3215, 3236, 3267,
3287.
Porcelaine blanc & bleu, 527, 535,
743, 767, 879, 918, 921, 932,
1130, 1137, 1141, 1147, 1173,
1193, 1394, 1561, 1623, 1677,
1716, 1747, 1798, 1829, 1842,
1869, 1883, 1938, 1974, 2063,
2065, 2153, 2201, 2362, 2363,
2444, 2449, 2454, 2458, 2492,
2610, 2782, 2807, 2895, 2990,
3036, 3080, 3094, 3100, 3117,
3122, 3239, 3291, 3204.
Porcelaine blanc, bleu & or, 1876.
Porcelaine blanc & or, 1256, 1306,
1382, 1478, 1484, 1492, 1510,
1517, 1549, 1596, 1711, 1797,
1816, 1818, 1842, 1911, 2004,
2011, 2012, 2069, 2329, 2349,
2460, 2480, 2501, 2572, 2666,
2683, 2684, 2685, 2686, 2693,
2694, 2701, 2731, 2740, 2742,
2806, 2812, 2820, 2822, 2833,
2835, 2851, 2859, 2869, 2884,
2888, 2925, 2931, 2939, 2959,
2980, 2985, 2993, 3000, 3025,
3160, 3178, 3211, 3221, 3232,
3274, 3328.
Porcelaine blanc & pourpre, 2656,
3233.
Porcelaine blanc & vert, 1413,
2852.
Porcelaine bleue, 298, 369, 506,
543, 649, 676, 699, 711, 801,
912, 967, 997, 1243, 1316,
1337, 1493, 1499, 1503, 1715,
1724, 1754, 1776, 1789, 1875,
1949, 1963, 1978, 1990, 1998,
2004, 2115, 2137, 2248, 2313,
2436, 2483, 2517, 2594, 2669,
2679, 2715, 2741, 2928, 2981,
3240, 3255.
Porcelaine bleu céleste, 141, 478,
678, 884, 886, 921, 988, 995,
1229, 1244, 1414, 1441, 1514,
1571, 1641, 1647, 1653, 1662,
1666, 1681, 1689, 1697, 1707,
1770, 1805, 1818, 1856, 1869,
1886, 1890, 1906, 1967, 1979,
1991, 1995, 1996, 1997, 2000,
2004, 2007, 2010, 2013, 2014,
2016, 2017, 2023, 2035, 2036,
2044, 2069, 2108, 2116, 2117,
2122, 2176, 2185, 2189, 2192,
2199, 2233, 2248, 2255, 2261,
2304, 2308, 2323, 2331, 2336,
2341, 2348, 2354, 2358, 2359,
2360, 2365, 2396, 2399, 2402,
2406, 2419, 2420, 2424, 2428,
2430, 2435, 2486, 2496, 2551,
2562, 2569, 2590, 2637, 2655,
2656, 2658, 2659, 2663, 2669,
2670, 2671, 2674, 2676, 2678,
2680, 2681, 2684, 2687, 2688,
2691, 2692, 2714, 2718, 2738,
2741, 2753, 2762, 2764, 2797,
2806, 2807, 2819, 2862, 2920,
2921, 2953, 2965, 2975, 2994,
2998, 3001, 3011, 3037, 3046,
3067, 3083, 3087, 3147, 3165,
3167, 3190, 3204, 3227, 3305,
3312.
Porcelaine bleu céleste haché d'or,
2807, 2988.
Porcelaine bleu-lapis, 1154, 1187,
1228, 1256, 1319, 1418, 1561,
1601, 1711, 1722, 1732, 1737,
1804, 1818, 1843, 1869, 1889,
1938, 1942, 2004, 2011, 2024,
2027, 2036, 2064, 2066, 2088,
2108, 2161, 2167, 2199, 2200,
2206, 2209, 2243, 2303, 2322,
2336, 2337, 2349, 2352, 2450,
2470, 2513, 2526, 2551, 2557,
2647, 2653, 2680, 2685, 2697,
3156, 3243, 3338.
Porcelaine bleu & or, 1212, 1228,

TABLE ALPHABÉTIQUE.

1313, 1316, 1318, 1321, 1324, 1383, 1392, 1393, 1444, 1449, 1452, 1458, 1463, 1465, 1541, 1581, 1593, 1606, 1628, 1631, 1662, 1667, 1672, 1711, 1716, 1727, 1729, 1739, 1754, 1755, 1786, 1806, 1818, 1831, 1840, 1843, 1846, 1852, 1869, 1872, 1892, 1896, 1940, 1956, 1961, 1974, 1989, 2065, 2069, 2167, 2341, 2352, 3185, 3266, 3304.

Porcelaine brune, 490, 592, 886, 912, 1046, 1654, 2517.

Porcelaine cailloutée, 2737, 2806, 3083.

Porcelaine grife, 209, 250, 490, 672, 887, 931, 1295, 1441, 1494, 1708, 1906, 2581, 2644, 2953, 3104, 3199, 3233, 3240.

Porcelaine gros bleu, 266, 1126, 1161, 1818, 1974, 1994, 2002, 2057, 2298, 2333, 2338, 2339, 2347, 2354, 2420, 2424, 2426, 2512, 2570, 2590, 2604, 2663, 2665, 2671, 2677, 2702, 2704, 2745, 2786, 2788, 2789, 2800, 2806, 2831, 2948, 2957, 2964, 2965, 2967, 2973, 2974, 3005, 3010, 3029, 3038, 3040, 3051, 3075, 3083, 3087, 3090, 3102, 3120, 3215, 3223, 3224, 3230, 3263, 3266, 3302, 3305, 3311, 3314.

Porcelaine jaspée de différentes couleurs, 1563, 1571, 1607, 1620, 2341, 2638, 2893.

Porcelaine jaune, 1333, 1632, 1891.

Porcelaine jonquille & bleu, 1605, 1606.

Porcelaine pourpre, 2671, 2932, 3036, 3166, 3191, 3241.

Porcelaine rofe, 667, 685, 995, 1301, 3307, 3308, 3310, 3313, 3318, 3320.

Porcelaine rouge, 404, 1112, 1557, 1623, 1625, 1945, 2467, 2517, 2638, 3193.

Porcelaine rouge & or, 3007, 3008, 3009, 3010.

Porcelaine couleur fafre, 2336.

Porcelaine truittée, 479, 490, 679, 751, 840, 921, 1138, 1294, 1691, 2104, 2364, 2517, 2542, 2767, 2769, 2868, 3043, 3240.

Porcelaine verte, 212, 672, 676, 724, 740, 886, 1126, 1287, 1404, 1606, 1963, 1965, 1968, 2666, 2669, 2675, 2737, 2852, 2874, 2875, 2893, 2894, 2906, 2908, 2920, 2948, 2965, 2967, 2982, 2999, 3006, 3008, 3009, 3016, 3038, 3068, 3083, 3087, 3142, 3154, 3207, 3208, 3215, 3278, 3292.

Porcelaine vert & bleu, 912, 1607.

Porcelaine vert céladon, 1020, 2137, 2581, 2673, 2741, 2961, 3309, 3317.

Porcelaine vert & gris, 2357, 2578.

Porcelaine vert & jaune, 2517.

Porcelaine vert & or, 2903, 3298.

Porcelaine violette, 502, 801, 927, 968, 1300, 1796, 1965, 1988, 2517, 2535, 2675.

Porcelaine violet & bleu, 2028, 2517.

Porcelaine violet & bleu célefte, 2462.

Porcelaine céladon, xxxiii, 406, 491, 502, 601, 621, 694, 697, 719, 881, 886, 896, 912, 967, 1017, 1046, 1126, 1272, 1295, 1311, 1312, 1313, 1389, 1391, 1417, 1441, 1451, 1532, 1628, 1654, 1694, 1713, 1731, 1792, 1810, 1984, 1988, 1999, 2080, 2131, 2142, 2212, 2219, 2259, 2356, 2380, 2432, 2468, 2517, 2581, 2638, 2650, 2700, 3028, 3167.

Porcelaine de France. C'eft le nom donné à la porcelaine de Vincennes & de Sèvres par Mme de Pompadour, xvii, xxxviii,

398   TABLE ALPHABÉTIQUE.

CXCVIII, CXCIX, 2714, 2806, 2807, 2817, 2819, 2821, 2829, 2836, 2837, 2838, 2840, 2841, 2863, 2867, 2875, 2894, 2897, 2902, 2903, 2908, 2917, 2924, 2942, 2959, 2962, 2966, 2973, 2974, 2982, 2984, 2987, 2989, 2993, 2994, 2996, 2998, 3051, 3052, 3058, 3068, 3072, 3073, 3075, 3084, 3087, 3095, 3102, 3110, 3117, 3120, 3121, 3126, 3127, 3129, 3130, 3157, 3162, 3168, 3190, 3191, 3222, 3235, 3239, 3255, 3259, 3266, 3270, 3275, 3278, 3280, 3285, 3286, 3287, 3289, 3291, 3292, 3297, 3301, 3302, 3303, 3305, 3306, 3310, 3311, 3312, 3313, 3316, 3326, 3337, 3338, 3340, 3341. Voir en outre Porcelaine de Vincennes & de Sèvres.

Porcelaine (fleurs de) de France, 2820, 2900, 2942, 3154, 3298.

Porcelaine de Chantilly, 117, 770, 784.

Porcelaine de la Chine, XXVII, XXXI, 82, 490, 527, 591, 760, 771, 961, 1049, 1053, 1083, 1092, 1147, 1160, 1243, 1524, 1678, 1794, 1882, 2202, 2208, 2294, 2468, 2517, 2543, 3056, 3133, 3153, 3237.

Porcelaine du faubourg Saint-Antoine, 1548.

Porcelaine des Indes, 583, 704, 1550, 1657, 1790, 2436, 2447, 2777, 2987.

Porcelaines du Japon, XXVII, XXXI, CVII.

Porcelaine de Perse, 801, 1856.

Porcelaine de Saint-Cloud, 598, 2172, 2195.

Porcelaine de Saxe, CXXVIII, CXXXIII, 33, 47, 55, 70, 72, 74, 85, 86, 87, 92, 96, 98, 100, 101, 106, 107, 117, 125, 137, 138, 142, 165, 168, 173, 191, 193, 201, 205, 206, 216, 222, 227, 239, 244, 250, 255, 263, 302, 321, 323, 324, 329, 330, 340, 345, 353, 355, 358, 360, 366, 368, 376, 377, 384, 386, 387, 394, 399, 401, 405, 406, 408, 409, 413, 416, 417, 418, 423, 429, 432, 434, 448, 449, 452, 456, 461, 513, 517, 521, 527, 535, 544, 552, 555, 567, 573, 576, 581, 582, 587, 592, 593, 596, 616, 619, 624, 627, 658, 666, 667, 669, 671, 672, 673, 674, 676, 685, 687, 689, 690, 694, 696, 697, 700, 701, 702, 707, 708, 710, 711, 712, 714, 716, 730, 732, 733, 734, 740, 748, 752, 757, 761, 766, 768, 771, 777, 786, 787, 802, 807, 830, 833, 851, 853, 859, 870, 877, 884, 898, 907, 908, 912, 918, 931, 941, 945, 949, 954, 955, 960, 971, 974, 976, 978, 979, 984, 992, 995, 996, 1003, 1004, 1005, 1007, 1012, 1013, 1014, 1015, 1022, 1025, 1027, 1030, 1037, 1044, 1063, 1082, 1096, 1108, 1128, 1133, 1136, 1137, 1138, 1141, 1186, 1192, 1208, 1209, 1216, 1227, 1242, 1263, 1264, 1266, 1279, 1283, 1284, 1286, 1287, 1289, 1295, 1296, 1297, 1301, 1302, 1308, 1320, 1330, 1336, 1342, 1358, 1360, 1362, 1368, 1371, 1380, 1413, 1441, 1459, 1461, 1477, 1486, 1497, 1506, 1529, 1532, 1579, 1594, 1602, 1603, 1610, 1618, 1619, 1623, 1628, 1636, 1642, 1651, 1655, 1658, 1665, 1668, 1674, 1679, 1682, 1685, 1687, 1740, 1762, 1776, 1781, 1800, 1836, 1837, 1841, 1842, 1904, 1911, 1964, 1990, 2011, 2039, 2072, 2074, 2090, 2120, 2155, 2156, 2189, 2190, 2226, 2237, 2251, 2310, 2316, 2327, 2357,

TABLE ALPHABÉTIQUE. 399

2532, 2537, 2578, 2598, 2717, 2728, 2765, 2850, 2891, 2900, 2948, 2991, 2992, 2995, 3044, 3086, 3154, 3222, 3239, 3266.
Porcelaine de Sèvres, appelée ordinairement Porcelaine de France; voir ce mot, XLVIII, CXCIX, 2803, 2947, 3046, 3047.
Porcelaine de Vincennes, 24, 33, 42, 47, 224, 256, 329, 378, 402, 423, 424, 434, 476, 517, 581, 625, 699, 710, 733, 740, 758, 773, 884, 886, 901, 907, 908, 929, 933, 942, 955, 961, 964, 970, 971, 975, 976, 979, 989, 995, 1012, 1021, 1061, 1073, 1077, 1079, 1087, 1089, 1094, 1099, 1116, 1117, 1138, 1140, 1153, 1154, 1160, 1167, 1173, 1181, 1182, 1187, 1188, 1192, 1193, 1198, 1199, 1203, 1208, 1212, 1214, 1219, 1220, 1228, 1251, 1256, 1264, 1277, 1278, 1300, 1306, 1313, 1316, 1318, 1324, 1333, 1343, 1349, 1363, 1368, 1370, 1372, 1374, 1383, 1384, 1385, 1392, 1393, 1397, 1398, 1409, 1423, 1439, 1441, 1442, 1444, 1449, 1450, 1452, 1453, 1455, 1458, 1463, 1465, 1466, 1480, 1481, 1492, 1497, 1510, 1516, 1517, 1528, 1537, 1541, 1542, 1549, 1555, 1561, 1569, 1575, 1576, 1577, 1581, 1584, 1594, 1596, 1598, 1601, 1604, 1605, 1606, 1610, 1611, 1613, 1617, 1619, 1621, 1623, 1627, 1628, 1631, 1632, 1636, 1637, 1639, 1641, 1643, 1646, 1647, 1653, 1656, 1657, 1659, 1661, 1662, 1666, 1667, 1670, 1671, 1672, 1676, 1677, 1680, 1688, 1689, 1692, 1697, 1708, 1711, 1716, 1722, 1723, 1732, 1736, 1745, 1746, 1747, 1748, 1751, 1754, 1755, 1758, 1759, 1763, 1770, 1774, 1784, 1785, 1786, 1794, 1797, 1799, 1800, 1803, 1804, 1806, 1810, 1816, 1818, 1823, 1825, 1827, 1828, 1830, 1831, 1835, 1837, 1839, 1840, 1841, 1842, 1843, 1847, 1852, 1856, 1858, 1862, 1869, 1870, 1871, 1872, 1875, 1876, 1878, 1888, 1889, 1891, 1896, 1897, 1905, 1907, 1914, 1915, 1918, 1933, 1940, 1942, 1943, 1949, 1953, 1961, 1963, 1967, 1972, 1975, 1983, 1986, 1989, 1991, 1992, 1993, 1994, 2004, 2009, 2019, 2030, 2031, 2034, 2044, 2055, 2062, 2063, 2064, 2070, 2087, 2089, 2095, 2097, 2107, 2115, 2116, 2119, 2126, 2137, 2138, 2140, 2147, 2149, 2152, 2158, 2161, 2164, 2167, 2170, 2173, 2174, 2176, 2185, 2187, 2192, 2193, 2195, 2197, 2200, 2201, 2214, 2221, 2228, 2229, 2232, 2235, 2242, 2243, 2246, 2255, 2266, 2268, 2291, 2294, 2301, 2302, 2304, 2305, 2311, 2323, 2325, 2326, 2331, 2340, 2341, 2350, 2373, 2377, 2382, 2383, 2391, 2392, 2393, 2409, 2420, 2424, 2426, 2430, 2435, 2441, 2442, 2459, 2464, 2469, 2476, 2478, 2492, 2501, 2505, 2508, 2522, 2527, 2530, 2534, 2537, 2540, 2544, 2547, 2552, 2553, 2566, 2567, 2568, 2570, 2572, 2575, 2584, 2590, 2598, 2602, 2604, 2612, 2622, 2625, 2650, 2653, 2654, 2659, 2660, 2662, 2673, 2674, 2682, 2696, 2699, 2723, 2732, 2734, 2736, 2773, 2777, 2782, 2783, 2789, 2790, 2868, 2883, 2973.
Porcelaine (fleurs de) de Vincennes, 79, 83, 104, 125, 142, 159, 179, 198, 199, 205, 209, 226, 227, 229, 230, 251, 255, 263, 281, 287, 316, 318, 324, 337,

341, 355, 367, 372, 390, 392, 404, 413, 449, 456, 461, 476, 508, 521, 535, 543, 555, 567, 578, 581, 583, 609, 628, 649, 650, 669, 672, 696, 715, 740, 752, 770, 786, 793, 795, 816, 830, 833, 859, 873, 874, 882, 883, 884, 886, 894, 907, 921, 923, 929, 941, 955, 971, 975, 987, 1004, 1042, 1043, 1054, 1087, 1133, 1136, 1138, 1139, 1140, 1161, 1163, 1213, 1232, 1264, 1266, 1289, 1290, 1295, 1299, 1368, 1379, 1388, 1427, 1502, 1505, 1506, 1582, 1627, 1628, 1650, 1685, 1700, 1711, 1769, 1833, 1841, 1855, 1859, 1866, 1891, 1903, 1904, 1907, 1919, 1922, 1925, 1942, 1944, 2043, 2047, 2062, 2072, 2074, 2177, 2188, 2189, 2192, 2236, 2255, 2428, 2431, 2590, 2616, 2885, 2890, 2891, 2995.

Porcelaines montées par Duvaux, LXXV. Voir tous les genres de porcelaines.

Porcherie (la), à Verfailles, XXXIV.

PORDENONE, P, CCCXI, CCCXIV.

Port d'Antibes, — de Cette, — de Marfeille, — de Toulon, par Vernet, CXCVIII.

Port de mer, tableau par Pierre, CLXXX; — par Lacroix, CCXXXV; — par Claude Lorrain, CCXLVI; — par Berchem, CCLXXXIX; — par Pierre, CCXC; — par Berchem, CCCVIII.

PORTA (Fra Bartolommeo della), P, CCCXV. Voir BARTOLOMEO (FRA) & BARTHÉLEMY DE SAINT-MARC.

PORTAIL, P, XVIII, CLXVIII, CLXIX, CXCVI.

PORTAIL (le préfident Jean-Louis), rue de la Planche, XLVIII, 57, 1298, 1334.

Port-à-l'Anglois. Maifon de campagne de la princeffe de Rohan, douairière, 1143.

Porte-Chapelle (la) à Compiègne, XXXIV, XXXV.

Portefeuilles, 873, 1441, 1942, 2103, 2149, 2211, 2265, 2277, 2442, 2443, 2468, 2477, 2479, 2525, 2528, 2646, 2752, 2827, 3045, 3340.

Porte-montre, 343, 468, 2442, 2934.

PORTIEN, P, LX, CXCII.

Portraits, LVIII, CI, CXXXII, 2581, 2601; — de Charles VIII, CLXXI; — de Charles d'Amboife, CLXXI; — du duc de Berry & du comte de Provence, par Drouais fils, — de Madame Louife, par Frey, — du Roi, de la Reine, du Dauphin, de la première Dauphine, de la feconde Dauphine, du duc d'Ayen, du comte de Saffenage, du chevalier de Montaigu, de Mme de Pompadour, par Maurice-Quentin de la Tour, CLXXXIX; — de Mme de Pompadour, du Dauphin, de Mefdames de France, par Nattier, CXCI; — du duc de Bourgogne, de Madame Henriette, de Madame Adélaïde, par le même, CXCII; — de la Reine, par Portien, — de la première Dauphine, par Tocqué, CXCII; — de Lenormant de Tournehem, — du marquis de Marigny, par le même, — du Dauphin, de Madame Première, par Guillaume Voiriot, CXCIII; — du Roi, de Madame Infante, de Tournehem & autres, par Charlier, CXCIV; — de l'Infante Ifabelle, de Madame Sophie, du Roi, par Liotard, CXCV; — de la Reine, de la Dauphine, de Madame Adélaïde, de Mefdames Victoire & Louife, du Roi, par Jean-Philippe de la Roche, — du Roi, par Frédou, cxcvi ; — du Roi, de faint Louis, par Hellart, — du Roi, de Ferdinand de Parme, par Molinet, — du Roi, par Mlle Nivelon, cxcvii ; — du Dauphin & de la Dauphine, par Coqueret, cci ; — par le Titien, ccxxx ; — de Mme de Boiflandry, par Vivien, ccxxxv ; — par Gérard Dow, ccxxxix ; — d'une jeune fille, par Holbein, — de Mlle Rivière, paftel de Boucher, ccxlii ; — de Mlle Maupin, par Fouché, ccxlix ; — de la famille royale, — d'Adrien VI, par le Titien, — du préfident Richardot, par Van Dyck, — de Rembrandt, — de Charles-Quint enfant, cclxxiii ; — de Delyen, par lui-même, — de M. & Mme de la Live, — d'Evrard Jaback, — de Mouton, — de femme, — du duc d'Albe, cclxxx ; — d'Hyacinthe Rigaud, par lui-même, — de Dumont le Romain, par lui-même, — de Fontenelle, par Voiriot, cclxxxi ; — de Greuze, par lui-même, — de Jaback, par Rigaud, — de l'abbé l'Alouette, par Vivien, — d'une Strasbourgeoife, par Largillière, — de Mouton, par Detroy le père, cclxxxii ; — du Roi, par Le Moine, — d'une jeune fille, par Greuze, cclxxxiii ; — de Watteau, — d'une femme, par Rofalba, cclxxxiv ; — de Delyen, par lui-même, cclxxxv ; — de la femme & des enfans de Rubens, — d'une femme, par Rembrandt, — de Snyders, de fa femme & de fon fils, par Van Dyck, cclxxxvii ; — d'Alphonfe d'Efte, de Jules II, de Charles-Quint, par le Titien, — d'un homme portant plufieurs chaînes d'or, ccxcii ; — de La Fontaine, par Largillière, cccix ; — d'un vieillard, par Jordaens, — de Van Dyck, par lui-même, — d'Annibal Carrache, par lui-même, — d'un homme feuilletant un livre, par Rembrandt, — de Jaback, par Van Dyck, — d'Ortellius, par Pourbus, cccxii ; — par le Titien, cccxiii ; — du cardinal Polus, par Raphaël, — d'une femme, par André del Sarte, — d'un jeune homme, par Rembrandt, — de femme, par Cagnacci, cccxiv ; — d'un comédien, par le Feti, — d'un homme vêtu de rouge & de jaune, par le Giorgion, cccxv ; — d'Érafme, par Holbein, — de Jean Malderus, par Van Dyck, — de la première femme de Rubens, par lui-même, cccxvi ; — d'Antoine Palavicini, par le Titien, cccxvii ; — de la ducheffe de Broglio, par Toqué, — de la comteffe de Béthune, — d'une femme, par Rofalba, — de Langlois, par Van Dyck, — de la comteffe d'Évreux, par Rofalba, cccxix ; — de Vander Werff, peint par lui-même, cccxxi ; — de Titon du Tillet & de fa famille, peints par Detroy, Largillière & Rigaud, — de Grimou, par lui-même, — de la Duclos, par Largillière, cccxxii.

Portraits intimes du dix-huitième fiècle, par MM. de Goncourt, LXII.

Ports de France, de Jofeph Vernet, cxcviii.

Portugal, clxi.

Post, P, ccxlviii.

Potain (Nicolas-Marie), A, ccxiii, ccxiv.

Potel (*fic*), P, cclxxxiv. V. Patel.

POTIER, avocat au Parlement, XXV, LVIII, XCVII, CI.

Pots à oille, X, CCXXXIX, 1711, 1781, 1818, 1905, 1946, 2116, 2370, 2637, 2663, 2807, 2910, 3041, 3068.

Pots-pourris, X, XI, XII, XIII, XIV, XV, CCXXXIX, CCXL, CCXLV, 17, 20, 74, 82, 96, 142, 173, 201, 209, 224, 266, 271, 310, 323, 349, 369, 391, 401, 423, 455, 456, 490, 502, 535, 581, 585, 592, 612, 651, 658, 659, 686, 694, 697, 701, 716, 730, 732, 740, 743, 752, 757, 801, 828, 863, 882, 886, 903, 907, 921, 954, 955, 960, 971, 981, 985, 988, 996, 1138, 1161, 1192, 1193, 1216, 1220, 1290, 1294, 1295, 1300, 1372, 1385, 1417, 1555, 1575, 1606, 1620, 1639, 1643, 1668, 1676, 1715, 1754, 1856, 1861, 1882, 1883, 1963, 1965, 2058, 2063, 2137, 2140, 2147, 2158, 2189, 2190, 2226, 2235, 2246, 2248, 2326, 2341, 2357, 2517, 2560, 2580, 2590, 2644, 2650, 2661, 2693, 2732, 2769, 2807, 2839, 2868, 2885, 2987, 2999, 3046, 3087, 3117, 3120, 3165, 3193, 3255, 3266, 3305.

Pots-pourris (manière de faire les), XII.

Pots à la romaine, 2004, 2017, 2358, 2368, 3223, 3297.

Pots à tabac, 734, 833, 1295, 2973.

Potsdam, XXIV.

POTTER (Paul), P, CCXLVII, CCLXXIII, CCXCVIII, CCCV, CCCVIII, CCCXX.

Poudre de Cypre, XIII.

Poudre d'iris de Florence, XIII.

Poules de porcelaine, 462, 1419.

POULET, ébéniste, CXXV.

POULIN, amateur, CCXCVII. Voir POULLAIN, vraie orthographe de ce nom.

POULLAIN (M.), CCXCVII.

POURBUS, P, CCCXII.

POUSSIN (Nicolas), P, CX, CCXXXIV, CCXLII, CCLV, CCLXI, CCLXX, CCLXXIX, CCLXXXV, CCLXXXVIII, CCCXV, CCCXVI, CCCXVIII.

PRASLIN (le duc de), CCXCVII.

PRAULT, XLIX, LIV.

PRAULT fils, LX.

PREMIER [écuyer] (M. le), 738, 1284, 1383, 1435, 1469, 1498, 1505, 1644, 1700, 1741, 1754, 1856, 1990, 2012, 2025, 2058, 2077, 2097, 2104, 2302, 2445, 2633, 2694. Voir BERINGHEN.

PREMIÈRE (Madame), XIX, XXII, CLXXXIX. Voir Infante.

PRENINVILLE (M. de). Voir BOULOGNE DE PRENINVILLE.

Préfentation de N. S. au temple, tableau de Bon de Boulogne, CCLXXXIV; — par Lotti, CCCXV; — de la Vierge, par Collin de Vermont, CLXXVI.

PRESLE (HARENT de), 128, 138, 141, 151, 190, 369, 374, 801, 820, 877, 1244, 1936, 2287, 2380, 2553, 2744, 2749, 2756, 2814, 3252. Voir HARENT.

PRESSIGNY (MÉNAGE de), fermier général, CCXCVIII.

PRÉVOST (l'abbé), L.

PRÉVOST, P, CXCVII, CCXLVI, CCLII, CCLV, CCLXXIII.

PRÉVÔT (Mme), 714.

Prière à l'Amour, par Carle Vanloo, CCXCVIII.

Printemps (le) & l'Été, tableau de Louis Galloche, CLXXIX; — par l'un des Baffans, CCCXVI. Voir Saifons (les).

Printemps (le), statuette en porcelaine, 434, 444.

PROCACCINI, P, CCCXIII, CCCXV.

Profeffions de mercier, de bijoutier, de joaillier & d'orfévre, d'après Savary, LXX, LXXI.

TABLE ALPHABÉTIQUE. 403

Pronck, P, ccli.
Proserpine, tableau de Vien, clxxxiii. Voir Cérès & Enlèvement.
Prousteau, ccxcviii.
Provence, clxi.
Providence, tableau par Sacchi, cccxvii.
Provost (Mme), 1439.
Prud'hon, P, cvi.
Psyché, par Coypel, clxxvii.
Psyché & l'Amour, tableau de Colombel, ccxlix ; — d'Alexandre Véronèse, cccxviii. Voir Amour.
Puget, S, cclxxx, cclxxxiv, cccxvii.
Pupitres, cxxv, 1565, 2068.
Purification de la Vierge, par Jouvenet, cccxviii.
Puteaux, 470, 540, 860, 868, 876, 1102, 1139, 1551.
Puységur (le marquis de), xxviii, 1502.
Puysieux (le marquis de), xxv, 2443, 2533.
Puysieux (Mme de), ccxcviii.
Pygmalion, par Le Moine, cclxi.

Q

Quai d'Anjou, cclxxi, ccxciv ; — des Augustins, cccxxviii ; — des Célestins, cclxvi ; — Dauphin, lvii ; — Malaquais, ccciv ; — de la Mégisserie, lxxxiv, lxxxvi, xcvii.
Quénaux, 426.
Quénet (du). Voir Duquenet.
Quillau (veuve), xlvii.
Quinconge (le), à Versailles, xxxiv.

R

Rachel, tableau de Ricci, cccxiii.
Racine (Louis), lxiii.
Radix de Sainte-Foix, lii.

Raimondi (Marc-Antoine), G, cclxii.
Rambouillet, xvi.
Rampe d'escalier en cordon de soie, 1213.
Randon de Boisset, receveur général des finances, liv, xc, ccxcviii, ccxcix, ccc. Voir Boisset.
Raoux, P, cclxxx, cclxxxv, cccxvii, cccxxii.
Raphaël, P, xxxi, clxx, clxxii, ccxlvi, cclxi, ccxci, cccxiv, cccxv, cccxvi, cccxxi.
Rasoirs, 538.
Râteau (pour jouer probablement), 1783.
Rathery (M.), clxvi.
Raux, émailleur, cxvii.
Ravanne (M. de), cccviii.
Ravechet (M. & Mme), xciii.
Réaumur (de), ccc, ccci.
Rébecca, tableau de Dumont le Romain, ccxc.
Recensement des objets d'art réunis dans les bâtimens royaux, clxvi.
Réchauds, 538, 1080, 1582, 2129.
Réconciliation de Jacob & d'Ésaü, par Rubens, ccxc.
Reconnoissance d'Achille, par le Poussin, cclxi.
Régent (le), xx. Voir Orléans (le duc Philippe d').
Registre des actes de baptême de Saint-Germain l'Auxerrois, lxix ; — des actes de décès de Saint-Eustache, 3273.
Regnault-Delalande (F. L.), xxxii, lxi, lxxxv. Voir Delalande.
Reims, ccxcviii.
Reine (la), iv, v, xvii, xviii, xix, cv, clxxxix, 7, 75, 204, 347, 1409, 2304, 3305, 3335, 3344, 3347, 3348, 3349, 3350, 3351, 3352, 3353. Voir Marie Leczinska.

aa 2

Reine (la) de Pologne, Marie-Joséphe d'Autriche, CLXXVII, CC.
Reiset (M.), CLXXIII.
Relieurs, CXIX, CXX.
Rembrandt, P, XXX, CI, CCXXXIII, CCXLII, CCLXXIII, CCLXXX, CCLXXXVI, CCLXXXVII, CCXC, CCXCI, CCXCVII, CCXCVIII, CCCVIII, CCCIX, CCCXII, CCCXIII, CCCXIV, CCCXV, CCCXVIII, CCCXX.
Rémond (Mme), 1068. Voir Montmort (la marquise de).
Remy (Pierre), expert, XXII, XXIII, XXV, XXVIII, XXIX, XXX, XXXI, XXXII, XL, XLI, XLII, XLIV, XLV, XLVI, XLVII, LI, LIII, LIV, LVI, LVII, LVIII, LX, LXI, LXII, LXVIII, LXXVIII, XCVII, CI, CXXXII, CXXXIV, CXXXVI, CXXXVII, CXXXVIII, CXXXIX, CCCI.
Reni (Guido), P, CCLXXXVII. Voir Guide (le).
Renommée, tableau de Vanloo, CLXXXII.
Repas champêtre, tableau de Lancret, CCLXXXIII; — offert par Cléopâtre à Marc-Antoine, tableau de Natoire, CLXXIX.
Repos en Égypte, tableau de Bourdon, CCLXVIII, CCLXXXVII; — par le Poussin, CCLXXXVIII; — par Carrache, CCXC, CCCXIII; — par le Môle, CCCXVII; — par Restout, CCCXVIII.
Restauration des tableaux du Roi, CLXX.
Restout, P, CXLVIII, CLVI, CLXXX, CLXXXI, CLXXXII, CCLXI, CCLXXXIII, CCCXVIII.
Résurrection de N. S, tableau de Mastelleta, CCCXII.
Rêveuse, tableau de Santerre, CCLXIX.
Revue universelle des arts, XXV.
Rhin (le), XXIII.
Ribera, dit l'Espagnolet, P, CCCXIV.
Ricci (Dominique), P, CCCXV.

Ricci (Sébastien), P, CCLXX, CCCXIII.
Ricciarelli, P, CLXXXIII. Voir Volterre (Daniel de).
Richard, horloger, CXIX.
Richard, receveur général, LI, 708, 730, 1003, 1018, 1226.
Richelieu (le duc de), désigné plus tard sous son titre de maréchal, 288, 1209. Voir ci-dessous.
Richelieu (le maréchal de), XXVI, 242, 694, 828, 2607, 3103, 3114, 3213, 3320, 3355.
Richetain (Jean-Baptiste), P, CLVII.
Rigaud (Hyacinthe), P, XCVI, CCLXXX, CCLXXXI, CCLXXXII, CCCXXII.
Ris (le comte Clément de), CCXXI.
Rivière (Mlle), son portrait, CCXLII.
Robecq (la princesse de), XXIX, 1989, 2831, 2836, 2966, 2993, 3000, 3191.
Roberday, orfèvre, CCLVIII.
Robert, ébéniste, CXXV.
Robertet, CCLVIII. Voir Roberday.
Robinault de Bois-Basset, vicaire général de Paris, LXXXIII.
Robinot, ébéniste, CXXV.
Robusti, P. Voir Tintoret (le).
Rochechouart (Jean-François-Joseph de), évêque de Laon, ambassadeur à Rome, L, 3052. V. *Laon*.
Rochechouart (la vicomtesse de), 63, 189, 321, 323, 330, 353, 461, 503, 626, 933, 1783.
Rochefort (la comtesse de), XXIX, 761, 930.
Rochefoucault (le duc de), CCCIII.
Roche-sur-Yon (Louise-Adélaïde de Bourbon-Conti, Mlle de la), XXI.
Rochers, 695, 2356.
Roepel, capitaine réformé des États de Hollande, LXVIII.
Roettiers (Jacques), orfèvre, LXXV, XCII, XCIII, XCIV, CXIX, 2145.
Roettiers fils, G en médailles, CLXXXVI.

ROHAN (le duc de), XXVIII, 341, 342, 388, 677, 721, 743, 770, 985, 1560, 1929, 1944, 2542, 2908.
ROHAN (la ducheffe de), XXVIII, 545, 695.
ROHAN (la ducheffe douairière de), 644, 987, 1146.
ROHAN (le prince de), XXVIII, 401, 407.
ROHAN (la princeffe de) jeune, XXVIII, 386, 640, 671, 978, 1242, 1293, 1302, 1320, 1342, 1579.
ROHAN (la princeffe douairière de), 501, 510, 511, 520, 522, 531, 539, 572, 629, 857, 1143, 2140, 2384.
ROI (le), IV, VIII, XV, XVI, XVII, XIX, XXXIII, XXXV, XXXVI, XXXVIII, XLVIII, LIII, LXIX, LXX, LXXIV, LXXVI, LXXXVI, XCII, XCIII, XCIV, CV, CXXIX, 47, 336, 643, 678, 682, 705, 791, 802, 805, 811, 883, 894, 991, 1001, 1011, 1019, 1038, 1073, 1077, 1079, 1117, 1132, 1136, 1169, 1173, 1217, 1220, 1258, 1303, 1306, 1346, 1390, 1478, 1482, 1492, 1523, 1537, 1542, 1548, 1561, 1569, 1581, 1584, 1586, 1594, 1599, 1601, 1614, 1641, 1672, 1697, 1717, 1758, 1781, 1804, 1825, 1831, 1856, 1914, 1933, 1943, 1946, 1949, 1954, 1971, 2005, 2006, 2046, 2102, 2122, 2129, 2137, 2145, 2152, 2161, 2192, 2199, 2203, 2218, 2235, 2246, 2304, 2351, 2465, 2580, 2584, 2612, 2622, 2663, 2700, 2712, 2716, 2758, 2763, 2773, 2793, 2800, 2804, 2806, 2807, 2812, 2816, 2835, 2851, 2859, 2861, 2866, 2876, 2912, 2921, 2941, 2946, 3001, 3002, 3025, 3046, 3064, 3068, 3070, 3072, 3087, 3092, 3097, 3101, 3112, 3119, 3128, 3149, 3155, 3158, 3161, 3169, 3179, 3186, 3214, 3221, 3223, 3230, 3233, 3236, 3240, 3247, 3249, 3251, 3269, 3278, 3284, 3356, 3359, 3360, 3362, 3363, 3364, 3365. Voir LOUIS XV.
ROI (le) de Danemark Frédéric V, CLXXV, 3068.
Roi des Indes (magafin du), XCI, CXXXIII, CXLI.
ROI (le) de Pologne, électeur de Saxe, Frédéric-Augufte II, XXV, CLXXIV, CLXXXI, CCXLIX.
ROI (le) de Pruffe, LXXXVIII, CCI.
Roi recevant les excufes d'un jeune homme, tableau, CCCXIV.
Rois (le gâteau des), de Greuze, CCLXXI.
Rois (Adoration des). Voir Adoration.
ROISSY (M. de), receveur général, 654, 662, 674, 675, 699, 703, 772, 774, 867, 1165, 1175, 1259, 1308, 1535, 1639, 1660, 1665, 1977, 2062.
ROMAIN (Jules), P, XXXI, CCCXI, CCCXIV. Voir PIPPI.
ROMANELLI, P, CCXLIV.
Rome, VII, XXVI, XXVII, XLV, LII, LXXXVIII, CX, CLVIII, CLIX, CLXXII, CLXXVIII, CLXXXIV, CLXXXVI, CLXXXVIII, CXCVII, CCII, CCIII, CCXXVII, CCXXXIV, CCXXXV, 1875, 1890, 2119, 2415.
ROMÉ DE L'ISLE, CCCI.
RONCHEROLLES (M. de), 1746.
RONDÉ, orfévre, LXXXIX, XC, XCI.
RONDET (Mme), marchande, XCI, 1216, 1292, 2226, 2647.
Rooss, P, CCCXXII.
ROQUEFORT (J. B. B.), CXXVI.
ROQUELAURE (Armand de), L, 161.
ROSA (Salvator), P, CCXXX, CCLXXX, CCLXXXVIII, CCCXIII.
ROSALBA (Mlle), P, CCLV, CCLXIII, CCLXXXIII, CCLXXXIV, CCCXIX.
ROSE, lifez Rooss, P, CCCXXII.

aa 3

Roslin, P, CCLXXXIV.
Rosmadec (le marquis de), XXVIII, 2939.
Rotatore (le), ſtatue de la tribune de Florence, 1985, 2318, 2700.
Rothelin (M. de), XXXI.
Rothenammer, P, CCXXXVIII, CCLXX, CCCXXI.
Rouelle, apothicaire-chirurgien, CCCIII.
Rouen, XXIV, XXVII.
Rouet, 659.
Rouillé (M.), XXVI, 224, 512, 528, 1792, 1818, 2806, 2807, 3003, 3026.
Rouillé (Mme), 62, 74, 207, 214, 220, 234, 272, 405, 432, 512, 516, 584, 693, 1012, 1078, 1972, 1979, 2032, 2045, 2051, 2355, 2833.
Roujault (Vincent-Étienne), préſident de la quatrième chambre des enquêtes, rue de l'Univerſité, XLVIII, 934, 1410, 1519, 1526, 1835, 2278, 2569, 2846.
Rouleaux, 932, 997, 2449.
Rouquet (André), émailleur, CXVII, CXLII.
Roure (Mme du), 1986.
Rousseau (J.-B.), XLIII.
Rousseau (Jean-Jacques), XXIX, LXIV, LXV, CCCXXIV.
Rousseau, S, CCVII.
Roussel (M.), fermier général, rue Plâtrière d'abord; ſa vente ſe fit ailleurs, LIV, LV, CCCIII, 43, 211, 262, 290, 301, 312, 813, 865, 1025, 1045, 1224, 1237, 1350, 1387, 1583, 2187, 2229, 2770, 2943.
Roussel (Mme), 185.
Roussel (Claude), marchand, LXXVI.
Rousseline (M.). Ne ſerait-ce pas une orthographe vicieuſe du nom de M. Roſlin, fermier général, demeurant rue Vivienne, ou du peintre Roſlin? 2850.

Rousset (Pierre-Noël), ingénieur, CCXVIII.
Roux, auditeur des comptes, LII.
Rubans, 1016, 1942.
Rubempré (prince de), CIII.
Rubens, P, XXIV, LXXXVII, LXXXVIII, CXXXIII, CLXXI, CCXXX, CCXLVI, CCLV, CCLXVII, CCLXIX, CCLXXVI, CCLXXX, CCLXXXVII, CCXC, CCXCVII, CCCVIII, CCCXII, CCCXIII, CCCXIV, CCCCXVI, CCCXVIII, CCCXX, CCCXXI.
Rue d'Anjou, au faubourg Saint-Honoré, CCXXXIV; — de l'Arbre-Sec, LXIX, XCI; — d'Artois, XX; — du Bac, LXIV, CCLXXXI, CCCXXVI; — Bailleul, XCI; — Baſſe-du-Rempart, CCXXVII; — de Beaune, XL; — Bergère, CCLXVI, CCLXXII, CCCXXVII; — des Bernardins, CCLXXIX; — de Berry, CCCXXVIII; — des Bons-Enfans, CCCVIII; — des Boucheries, CCLVIII; — des Boulangers, CCXCIII; — de Bourbon, CCXCII, CCXCVIII, CCCVIII; — des Bourdonnois, CCLXVII; — de Buffi, CCCIII; — des Canettes, XCII; — des Carmes, CXIX; — du Chantre, LXIII, CCXV, CCXVI, CCCVI; — Chapon, CCXCVII; — du Cherche-Midi, CCXCII; — de Cléry, LX; — Copeau, CCLXIX; — Croix-des-Petits-Champs, XI, CLX; — Dauphine, CCLXXVIII; — d'Écoſſe, CXX; — des Écouffes, CCXCI; — d'Enfer, CCLXV, CCLXXXVIII, CCXCII; — de l'Éperon, CCLXXII; — l'Évêque, CCXC, CCCIX; — des Filles-Saint-Thomas, XCIII; — des Foſſés-Montmartre, CCCXXVIII; — du Four, XCII; — Françoiſe, CCCVII; — Gilles-Cœur, LIX; — des Grands-Auguſtins, CCCI; — du Grand-Chantier, CCLXXV, CCCXI; — Grange-Batelière, XXVI, CCCI; — de Grenelle, CCXXXI, CCLXI,

CCXCIII; — du Hafard, CCXCVII; — Hautefeuille, CXXXII; — de l'Homme-Armé, CCXXIX; — Jacob, CCCIII; — du Jardin-du-Roi, CCXXVII; — des Jeûneurs, CCXCVIII; — Joquelet, LVII; — de Jouy, XL; — de La Rochefoucault, XXXII, CCCXXVIII; — de Mefnars, XLII; — de la Monnoie, LXVIII, LXIX, XCI; — Montmartre, CCCIX; — Montorgueil, CCCXXIV; — de Montreuil, CCCXXI, CCCXXIII; — Neuve-des-Bons-Enfans, CCLXXII, CCLXXXVIII; — Neuve-des-Petits-Champs, XXXV, XLII, CLXXXIV; — Notre-Dame-de-Nazareth, CCXXXII; — Notre-Dame-des-Victoires, LVII; — de l'Oratoire, XCI; — d'Orléans, LXXXIII; — Paftourelle, CCLXIX; — des Petits-Champs, CCLXX; — des Petits-Champs-Saint-Martin, CCCXXVII; — Plâtrière, XXIX, LXII, CXXV, CCCIII; — Portefoin, près le Temple, CCCXXV; — des Poulies, XCI, CXXXII, CXXXIII; — Poulletier, LVII; — Poupée, CXXXII; — Quincampoix, XXIV; — de Richelieu, XXIV, XXVIII, XLII, LVI, LVIII, CCLXIII, CCLXVIII, CCLXXI, CCLXXII; — du Roule, LXIX, LXXXIV, XCIII, CIX, CXXX, CCCV; — Saint-André-des-Arts, LXIV; — Saint-Antoine, XL, CCCXI; — Saint-Avoye, XXXII, CCXXIX, CCLXIII; — Sainte-Croix-de-la-Bretonnerie, CCXXIX; — Saint-Dominique, CCLIX, CCLXVI; — Saint-Florentin, CCXCVI; — Saint-Honoré, XXII, XLII, LXVIII, LXIX, LXXXIV, LXXXIX, XCI, XCII, XCIII, CIX, CXXXII, CXXXIII, CXLI, CCLXIII, CCLXXI, CCLXXVII, CCLXXIX, CCLXXXI, CCCVII, CCCXXVII; — Saint-Jacques, CIII, CXXIII, CCXCI; — Saint-Magloire, CXXVIII; — Saint-Marc, CCLVIII; — Saint-Martin, CXVII, CCXCVII; — Saint-Nicaife, XXV; — des Saints-Pères, CCCVIII; — Saint-Thomas-du-Louvre, CCXXVII, CCXCI; — de Satory, à Verfailles, CXCVII; — du Sentier, LII, CCLXXVI, CCCXXVII; — de la Sourdière, CCCXXVII; — du Temple, CCLXIX, CCCXI; — Thérèfe, LX; — Thévenot, CCCV; — de Tournon, CLXXXIV; — de Varennes, XXII, CCLXVI, CCCXXVI; — de Verneuil, CCCXXVII; — des Vieilles-Haudriettes, XLVII; — des Vieux-Auguftins, CCXCI; — Villedo, LVIII; — Vivienne, XCIII, CCLXV, CCLXXI.

RUELLE (M.), ancien échevin de Paris, rue Saint-Louis, près le Palais, L, 2815.

Ruines, par Machi, CCXLV; — par Panini, CCXC.

RUKERS, CCXLIV, CCCXXXVIII.

Ruffie, VII, XXIII, XXVII, XLVII, LX, CXCIII. Voir Envois.

RUYSDAEL, P, CCXLIV, CCXLVI, CCCXX.

S

SABINES. Voir Enlèvement.
SACCHI, P, CCCXVII.
SACHTLEVEN, P, CCXLVI.
Sacrifice d'Iphigénie, CCLXI, CCLXXXIV; — de Gédéon, par Boucher, CCLXXIX, CCLXXXV; — de Jephté, par Lebrun, CCLXXX, CCLXXXVI; — dans l'antiquité, par Salviati, CCCXIV.

SADE (le comte de), 2056.
SAGE, de l'Académie des fciences, CCCIII.
SAGERET, XCII.
SAÏDE, opticien du Roi, 3093.
SAINT-AIGNAN (le duc de), XXXI, XXXII, CCXCIX, CCCIV.

Saint-Albin (Charles de), archevêque de Cambrai, L, 1953.
Saint-Amand (M. de), fermier général, rue Plâtrière, LII, 3030.
Saint Antoine. Voir Tentation.
Saint-Aubin (Auguftin de), G, CXL.
Saint-Aubin (Gabriel de), G, XXXI, XXXII, CIV, CVII.
Saint Barthélemy. Voir Martyre.
Saint Bafile, tableau de Subleyras, CCCXVII.
Saint Bruno diftribuant fon bien, CCLXIX.
Saint-Chamond (le marquis de), CCCV.
Saint-Cloud, XXI, CXXXI.
Saint-Cyr, CXCVII.
Saint Efprit defcendant fur les apôtres, par le Ferrari, CCCXI.
Saint Euftache, LXXXIII.
Saint-Florentin (le comte de), XCIV.
Saint-Foix (M. de), CCCV.
Saint François, par le Guide, CCXC.
Saint François-Xavier, XVIII.
Saint François-Xavier débarquant en Chine, tableau de Vien, CLXXXIII. — Sa mort, tableau de Coypel, CLXXVII.
Saint-Gelais (Dubois de), XX. Voir Dubois.
Saint Georges, tableau de Raphaël, CCCXV.
Saint-Germain (le château de), CXIX, CCXVII.
Saint-Germain (le chevalier de), LXXXVI.
Saint-Germain, cifeleur, CCXLI.
Saint-Germain des Prés (l'abbaye), CCCV.
Saint-Germain (le curé de). Michel Raufnay, curé de Saint-Germain l'Auxerrois, ou Jean-Baptifte-Ant. Cotelle, curé de Saint-Germain le Vieux, 1115.
Saint-Hubert. Château bâti par le Roi dans la forêt de Rambouillet, IV, XVI, CXVI, CCII, CCIII, CCIX, 2912, 3128, 3155, 3158, 3169, 3179, 3186, 3214.
Saint Hubert à genoux, tableau de Vanloo, CLXXXII.
Saint Jean, LXXXVIII, CCCXV.
Saint Jean tenant une croix, tableau, 467, 1606. Voir Naiffance.
Saint Jofeph & la Vierge, par le Schidon, CCCXII; — recevant l'enfant Jéfus des mains de la Vierge, CCCXVIII.
Saint-Jullien (le baron de), CI, CXXXVII, CXXXVIII. Voir Baillet.
Saint-Jullien (Mme de). Ce doit être la femme de Baillet de Saint-Jullien, 2040, 2101.
Saint Laurent. Voir Martyre.
Saint Louis, tableau de Coypel, CLXXVII. Voir Apothéofe.
Saint-Louis en l'Ile (paroiffe), CCXXIX, CCLXXV.
Saint-Louis (paroiffe) à Verfailles, LXXXVIII.
Saint-Marc (Barthélemi de), P, CCCXV. Voir : Porta (della) & Bartolommeo (Fra).
Saint Martin donnant fon manteau, tableau de Parrocel le pére, CCCXVII.
Saint-Martin (M. de), 73, 86, 92, 98, 368. Voir Boucher. Cependant il y eut en 1806 une vente de Saint-Martin, contenant des tableaux, deffins, eftampes, terres cuites peintes en émail, &c.
Saint-Maur. Propriété de la comteffe de Pontchartrain, 2856.
Saint-Non (l'abbé de), CCCV.
Saint-Ouen. Château loué par Mme de Pompadour, XXXV, 1582, 1861, 3239, 3327, 3340.
Saint Paul conduit à Damas, par Lucas de Leyde, CCCXXI. Voir Converfion.

Saint-Pétersbourg, XXIII, CXCIII. Voir *Pétersbourg*.
Saint Pierre & faint Jérôme, par le Guide, CCCXV. Voir Guérifon.
SAINT-PRIEST (M. de), 2179. Voir MORAS DE SAINT-PRIEST.
Saint Roch dans fa prifon, par Baffan, CCCXIII.
Saint Sébaftien, tableau de Van Dyck, CCLXXX; — de Léonard de Vinci, CCCXI; — de Baffan, CCCXIII.
SAINT-SEVERIN (Mme de), 1871.
Saint Siméon tenant l'enfant Jéfus, tableau du Feti, CCCXVIII.
SAINT THOMAS, XVIII.
Saint Thomas prêchant les Indiens, par Vien, CLXXXIII.
SAINT-YVES (M. de), CCCVI.
Sainte Agathe, tableau, CCCXII.
SAINTE-AMARANTHE (de), LII, 108, 482, 1032, 1097.
SAINTE-AMARANTHE (Mme de), 473.
Sainte Anne, tableau de Stella, CCLXXXII.
Sainte Catherine, tableau de Baffan le père, CCLXX; — par le Guide, CCXC.
Sainte-Chapelle (la) de Vincennes, CXIX.
Sainte Claire confidérant l'enfant Jéfus, tableau du Guerchin, CCCXII.
Sainte Clotilde, par Vanloo, CLXXXII.
Sainte Élifabeth, par Caftelli, CCCXV.
Sainte Euftachie, tableau de Coypel, CLXXVII.
Sainte face & la Véronique, par le Guide, CCXC.
Sainte Famille, tableau, CCXLVI; — par Bourdon, — par André del Sarte, CCLXX; — fe repofant, par Murillo, CCLXXIII; — par le Guide, — par le Pefareze, — par Loir, — par Stella, CCLXXX; —

par Loir, CCLXXXIII; — par Guido Reni, CCLXXXVII; — par Rubens, CCXCVII; — par le Tiarini, CCCXI; — d'après le Guide, — par le Parmefan, CCCXV; — par le Doffo, CCCXVI; — par Baugin, — par Puget, CCCXVII, CCCXIX; — par Breughel de Velours, CCCXX; — copie de celle de Raphaël, CCCXXI. Voir Vierge & Saint Jofeph.
Sainte-Geneviève, CCCVI. Voir Panthéon (le).
Sainte Juftine, tableau de Paul Véronèfe, CCCXVI.
Sainte Landrade, tableau de Coypel, CLXXVII.
Sainte Marguerite, tableau du chevalier Vander Werff, CCXXXIX.
SAINTE-PALAYE, XLVII. Voir LACURNE.
Sainte Rofe de Viterbe, par Viani, CCCXIX.
Sainte folitaire, tableau du Parmefan, CCCXII.
Saifons (les), ftatuettes, 350, 444, 702, 730, 752, 802, 1108, 1203, 1287, 1506, 2025, 2077, 2606, 2826, 2887, 3057, 3169. Voir Printemps, Été, Automne & Hiver.
Saifons (les Quatre), tableau, CLXXV, CCCXIX.
SAISSAC (la marquife de), 1241.
Saladiers, 766, 769, 1953, 1975. Voir les diverfes porcelaines.
Salières, 1186, 1495, 1690, 1738, 2185, 2225, 2716, 2736, 2823, 2851, 2859, 2866, 3068, 3072, 3086, 3098, 3129, 3175, 3191, 3247.
Salle de cabaret, tableau de Steen, CCCXXI.
Salles de vente, CXLII, CXLIII, CXLIV.
SALLIOR, tapiffier, CXXVI, CXXVII.
Salomon. Voir Bethfabée.
Salon ou expofitions de peinture or-

ganifées par Lenormant de Tournehem, CXLIX, CL, CLI; — de 1743, CXLIX, CCII; — de 1745, CXLIX, CCII; — de 1746, CXLIX, CXCIX; — de 1747, CXLVIII, CXLIX, CLIII, CCIII, CCIX; — de 1748, CLIII, CXCII, CCIII; — de 1750, CXLIX; — de 1751, CXLIX, CCV; — de 1753, CCI, CCV; — de 1755, CLXXIX, CLXXX, CLXXXIX; — de 1757, CLXXVI, CLXXIX, CLXXXII, CLXXXIII, CLXXXIX.
Salon de M. de La Reynière, CCCII.
SALUCCI, P, CCXC, CCCXXI.
SALVERT (le comte de), XXXI, CCCVII.
SALVIATI, P, CCCXIV.
SALY, S, XXIII, CLXXIV, CLXXV, CCVII, CCLXII, CCLXXXIV, CCLXXXV.
Samaritaine, esquisse de Gabiani, CCCXIII; — par Mignard, CCCXVII.
Samson (figure représentant), XCV.
Sans-Souci, XXIV.
SANTERRE, P, CCXXXV, CCXXXVIII, CCLI, CCLXIX, CCLXXX, CCLXXXV, CCCXVII.
SANZIO, P. Voir RAPHAËL.
Sardoine, 1255, 1963.
SARRAU DE VAHINY, commis des Bâtimens, CLXVI.
SARRAZIN (Jacques), S, CCIX, CCXLV, CCLXXXV.
Sarrelouis (envoi à), 1264.
SARTE (André del), P, CLXX, CCLXX.
SASSENAGE (le marq. de), écuyer de Mme la Dauphine, XLIV, CLXXXIX.
Satyre, tableau de Benedette Castiglione, CCCXV; — par le Poussin, CCCXVI.
SAUBERT (L. F.), LXIII.
SAUGRAIN, imprimeur, XI.
SAUJON (le marquis de), 1502.
SAUVIGNY (Berthier de) fils, 3279.
SAUVIGNY (Mme de), 112.
SAVALETTE DE BUCHELAY, fermier général, LIII, CCCVII.
SAVARY, auteur du Dictionnaire du commerce, LXX, LXXII, LXXIX.

Savetier & sa femme, tableau de Stetten, CCXLVII.
Savigny. Château du comte du Luc, 785, 3203.
Savonnerie (la), CXIII, CXIX, CC.
Saxe (la), CLXXXI.
SAXE (l'Électeur de), CLXXIV.
SAXE (le maréchal de), CCV, CCVII.
SAXE (Marie-Josèphe de). Voir DAUPHINE (la seconde).
SCHALKEN, P, CCXLII, CCXLVI, CCLXXIII, CCCXVIII. Voir SKALKEN.
SCHEFFER (le baron de), ministre plénipotentiaire du roi de Suède à Paris, rue Taranne, vis-à-vis la fontaine, XXIII, LXVI, 2826, 2845, 2858, 2868, 2889.
SCHIAVONE (le), P, CCCXIV.
SCHIDONE (le), P, CCCXI, CCCXII, CCCXIV, CCCXVI.
SCHMIDT (Georges-Frédéric), G, CCCIX.
SCHONEN (M.), LVIII, 2887, 3195, 3256.
Sciage de bois satiné, 656.
Scipion. Voir Continence.
SCUDÉRY, CCCXXII.
Sculpteurs, de CCI à CCIX. Voir leurs noms.
Sculpteurs sur bois, CXXIV.
Sculpture (la), tableau de Vanloo, CLXXXII.
Sculpture (la), statuette, 434.
Sculptures commandées par le Roi, — Nymphes, la Chasse & la Pêche, — l'Abondance, par Adam l'aîné, — l'Automne, par Nicolas-Sébastien Adam, CCI; — — l'Amour, — l'Amitié, — Louis XIV, par Bouchardon, CCII; — la France embrassant le buste de Louis XV, par Falconet, — médaillon du Roi, par J. B. Lemoine fils, — Vénus & Mercure, par Pigalle, CCIV; — l'Amour, — l'Amitié, — l'Éducation de l'Amour, — un Christ,

— le tombeau du maréchal de Saxe, par Pigalle, ccv, ccvi, ccvii; — ouvrages en carton des frères Slodtz, ccviii; — Jéfus-Chrift foutenu & mis dans le tombeau par trois de fes disciples, bas-relief en bronze de Vaffé, — buftes en bronze de François Ier, — Vénus montrant à l'Amour à tirer de l'arc, groupe en marbre, par Vaffé, ccviii; — deux enfans & une chèvre; — l'Aurore, en marbre, par Jean-Jofeph Vinache, ccix.

Sculptures & antiquités grecques & romaines de M. Adam l'aîné, ccxxvii; — de la collection Blondel de Gagny, ccxxxiv; — de M. Bouret, cclxi; — de Caffiéri, xcii; — de la collection La Live de Jully, cclxxx, cclxxxi, cclxxxii, cclxxxiii, cclxxxiv, cclxxxv, cclxxxvi, cclxxxvii; — de la collection Menabuoni, ccxcii; — de la collection Savalette de Buchelay, cccvii; — de la collection Sevin, cccix.

Seaux de porcelaine, 243, 329, 379, 386, 591, 716, 733, 740, 773, 961, 1044, 1137, 1160, 1171, 1207, 1219, 1384, 1455, 1474, 1606, 1620, 1677, 1769, 1794, 1799, 1839, 1840, 1842, 1844, 1891, 1961, 1971, 1993, 2004, 2019, 2023, 2066, 2107, 2126, 2167, 2206, 2257, 2299, 2333, 2326, 2335, 2336, 2347, 2424, 2454, 2474, 2517, 2598, 2602, 2655, 2659, 2671, 2677, 2681, 2689, 2691, 2698, 2711, 2726, 2807, 2812, 2817, 2821, 2835, 2851, 2863, 2866, 2921, 2966, 2967, 2984, 2991, 2998, 3001, 3007, 3015, 3036, 3043, 3053, 3058, 3072, 3081, 3088, 3157, 3204, 3315, 3320.

Sébeville (la marquife de), 484.

Élifabeth-Thérèfe Chevalier de Montigny, veuve de C. L. E. Kadot, marquis de Sébeville, remariée le 13 juin 1752 au comte d'Efclignac.

Séchelles (M. de), contrôleur général des finances, 1857.

Secrétaires, 40, 70, 78, 150, 265, 270, 291, 341, 454, 570, 677, 678, 692, 868, 902, 1061, 1067, 1103, 1107, 1127, 1144, 1298, 1309, 1314, 1326, 1359, 1402, 1515, 1526, 1543, 1638, 1732, 1941, 1948, 1969, 1972, 2102, 2127, 2196, 2235, 2254, 2319, 2492, 2495, 2565, 2652, 2662, 2724, 2729, 2846, 3041, 3055, 3057, 3128, 3317.

Secrets (les) d'Alexis Piémontois, x.

Secrets (les) d'Émery, xi.

Séguier (l'avocat général), lxiv.

Seigneur (le) qui chaffe les vendeurs du temple, tabl. commandé par le Roi à Natoire, clxxix.

Selle (M. de), xxxii, ciii.

Séminaire Saint-Sulpice, ccxciii, cccvi.

Senlis (Armand de Roquelaure, évêque de), 161.

Senneville (M. de), fermier général, cccvii.

Sens (Mlle de), Élifabeth-Alexandrine de Bourbon-Condé, xxi, 589, 1648, 1669, 1716, 1994, 2070, 2270, 2299, 2406, 2448, 2505, 2734, 2783, 2841, 2938, 2968.

Sens (l'archevêque de), Paul-Albert de Luynes. Voir Luynes (le cardinal de), 2376.

Séran (le marquis de), cccviii. Voir Sérent.

Sérans (Cléry de), cccviii.

Sérent (le marquis de), cccviii.

Serins de porcelaine, 1208.

Sermoneta (le), P, cccxvi.

Serre-papiers, 120, 528, 605, 789,

1539, 1728, 2188, 2516, 2549, 3228, 3238. Voir Bureaux & Secrétaires.
SERVANDONI, A, CCXXXV, CCLXXXI, CCLXXXII.
Servante de bois des Indes, CCXXXVII.
Servante qui tient un perroquet, par Gérard Dow, CCXXXVIII.
SERVAT, CCLXII, CCCVIII.
Services (grands) de porcelaine, XVII, 2590, 2792, 2807, 2817, 2819, 2866, 2877, 3053, 3068, 3072.
SÉVIN (le conseiller), XLVIII, XLIX, CIII, CCCIX, 1161.
Sèvres (les intéressés de), 2713, 2725, 3256.
Sèvres (manufacture de), III, XVII, XIX, XXXIII, XXXVII, LXXXIX, CXXVIII, CXXXI, CXCIX, 2651, 2754, 2860, 3046, 3047.
SIBIRE (Augustine-Louise-Sophie), femme de Jean-François Duvaux, LXXXIII.
Sibylle, 2307. Voir Apollon.
SICOTIÈRE (M. Léon de la), XII.
Siéges de Fribourg & de Tournay, tableau de Parrocel, CLXXXIII.
SIGISBERT, S. C'est Laurent-Sigisbert ADAM l'aîné. Voir ce nom, CCLXXXI.
Signature d'un contrat de mariage, tableau par Carle Vanloo, CCLXXXV.
Silène, par Rubens, CCCVI.
SILVESTRE (Louis), P, XLV, XLVI, LX, LXI, CLXXXI, CLXXXII.
SILVESTRE (Nicolas-Charles), maître à dessiner des Enfans de France, CLXXXII.
SILVESTRE (Mme), femme du maître de dessin du Dauphin (?),2892.
Singes de diverses matières, 259, 514, 666, 686, 695, 913, 968, 978, 1025, 1284, 1296, 1628, 1999, 2951. Voir Concert.
SIRANI, P, CCCXII.

SIREUL (M. de), CCCIX.
SKALKEN, P, CCXLII, CCXLVI, CCLXXIII, CCCXVIII. V. SCHALKEN.
SLADE (M.), XX.
SLODTZ (Michel-Ange), S, XXV, LXI, CCVII, CCLXXXI, CCLXXXIII, CCCV, CCCXXII.
SLODTZ (Sébastien-Antoine & Dominique), CCVII, CCVIII.
SMIDT, G, CCCIX. Voir SCHMIDT.
SMITH, G, CXXXIII, CXXXVII.
SNYDERS, P, CCLXXXVII.
SNYERS (Pierre), P, CIII. C'est SNYDERS.
Soissons, XXVII.
SOLARI (Andréa), CLXXI, CCCXIII.
Soldat présentant de l'argent à une femme, par Terburg, CCCXVIII.
Soleil (le), tableau de Boucher, CLXXV.
Soleil (le) d'or, magasin de Vallayer, XCIII.
Soleil couchant, par Vernet, CCLXXIX. Voir Paysages.
Soleil levant, par Claude Le Lorrain, CCLXXXIV. Voir Paysages.
Soleure, VII, 3033.
SOLIMÈNE, P, CCXXXIV, CCLXXXIX.
Sommeil & l'Aurore, tableau de Dumont le Romain, CLXXVIII.
Sonnettes, 172, 343, 542, 817, 1197, 1247, 1587, 1780.
SONNING (M. de), XXVIII, 178, 451, 452, 2293.
SONNING (Mme de), XXVIII, 1256, 1385, 1447, 1656, 1995.
SOPHIE (Madame), cinquième fille de Louis XV, XIX, CXCV, 2074, 2668, 3009.
SORBET, chirurgien des mousquetaires gris, LVIII.
SOUBISE (le maréchal de), XXVI. Voir SOUBISE (le prince de).
SOUBISE (le prince de), 1925, 2115, 2424, 2510, 2737, 3083.
SOUBRY, trésorier des finances à Lyon, XLV, LII.

Soufflets, 52, 917, 989, 991, 1061, 1178, 1247, 1251, 1338, 1356, 1704, 1913, 1920, 1925, 1938, 2021, 2063, 2266.
Soufflot, A, xxxiv, xxxix, ccxiv, ccxviii.
Sphinx, figurines, 2516, 2774.
Sponheim (le comte de), xxii, 1154. Voir le duc des Deux-Ponts.
Sprote, joaillier, xciii.
Stainville (le comte de), plus connu fous le nom de duc de Choifeul. Il s'agit bien ici du grand miniftre Étienne-François de Choifeul, & non pas de fon frère Jacques-Philippe. Tous deux fils de François-Jofeph de Choifeul, marquis de Stainville, portèrent le nom de *comte de Stainville*. Mais à la date de 1757, Étienne-François ne l'avait pas encore abandonné. Son père François-Jofeph vivait encore, & lui-même ne fut créé duc de Choifeul qu'en août 1758. (Cf. Lachefnaye des Bois & le *Catalogue des chevaliers de l'ordre du Saint-Efprit*. Paris, 1760, in-folio, p. 418.) 1647, 1739, 2415, 2792, 2819, 2844. Voir Choiseul (le duc de).
Stainville (Mme de), 1477, 1605. Voir Choiseul (la duchefle de).
Stanislas, de Pologne, xxv, cxxvi.
Statuettes, 63. Voir leurs fujets.
Steen, P, cccxxi.
Stella (Jacques), P, cclxxx, cclxxxiii, cccxvii.
Stenvyck, P, cccxxi.
Stetten, P, ccxlvii.
Stiémart, P, clxviii.
Stores, 1886, 2068, 2169.
Strasbourg, cii, ccvii, 1075, 1327, 1921, 2118, 2328.
Strasbourgeoife (portrait d'une), cclxxxii.
Strass, bijoutier, cvi.

Stroganoff (le baron), lxvi, cccix.
Strozzi (la duchefle de), à Rome, 1875, 2119.
Style Louis XVI, — Pompadour, — à la Reine, xl.
Subleyras (Pierre), P, cclxxxvi, cccv, cccxvii.
Suède (la), lxvi. Voir Envois.
Suède (la cour de), xxiii.
Suffren (le bailli de), viii.
Suiffe, xxvii. Voir Envois.
Sully (le duc de), xxviii, ci, ciii, cccix, cccxi.
Sulpice, menuifier, cxxvi.
Surefne. Maifon de campagne de Mme de Brignole, 1876.
Surtouts, 267, 420.
Surugue (Louis de) père, G, lxi.
Suzanne & les vieillards, par Detroy fils, cclxxix, cclxxxii. Voir Chafteté.
Suze (M. de la), cccxxii.

T

Tabagie, tableau d'Oftade, cccxxi.
Tabatières, lxxiii, 54, 893, 1069, 1202, 1373, 1375, 1399, 1706, 2168, 2596, 2759, 2768.
Tabatières d'agathe & d'onyx, 1304.
Tabatière de caillou & pierres diverfes, 1270, 1373, 1489, 2900.
Tabatières la Chine, 54, 181.
Tabatières de cornaline, 651.
Tabatières de criftaux, 1407.
Tabatières d'écaille, 553, 1270, 1738, 2428, 2507, 3276.
Tabatières émaillées, 1217, 1289, 1794, 2524, 2576, 2596, 2640, 2715, 2904, 3111.
Tabatières de laque, 240, 625, 684, 750, 831, 836, 1373, 1395, 1522, 1973, 2265, 2334, 2633, 2642, 2954, 3150.
Tabatières Martin, 84, 109.

Tabatières à miniatures, 1722.
Tabatières de nacre, 1361.
Tabatières d'or, 715, 1054, 1189, 1409, 1794, 2274, 2297, 2390, 2640, 2809, 2904.
Tabatières de porcelaine, 2302, 2304, 2393, 2618, 2908, 3235, 3270.
Tabatières de fardoine, 1255.
Tabatières de vernis noir, 977, 1012, 1028, 1031, 1050, 1058, 1075.
Tableau de Paris, de 1759, CCXXVI.
Tableaux, XL, XLIII, XLVI, XLVII, L, LII, LIV, LVI, LVII, LVIII, LIX, LX, LXI, LXII, LXIII, LXIV, LXVI, LXXIV, LXXXI, LXXXIV, LXXXV, XC, XCI, XCII, XCIII, XCVI, XCVII, CI, CV, CVII, CXVII, CXXIV, CXXXII, CXXXIII, CLXVII, CLXVIII, CLXIX, CLXX, CLXXI, CLXXII, CLXXIII, CLXXIV, CLXXV, CLXXVI, CLXXVII, CLXXVIII, CLXXIX, CLXXX, CLXXXI, CLXXXII, CLXXXIII, CLXXXIV, CLXXXV, CLXXXVI, CLXXXVII, CLXXXVIII, CLXXXIX, CXC, CXCI, CXCII, CXCIII, 467, 746, 864, 1138, 1262, 1417, 1606, 1763, 2447, 2494, 2503, 2510, 2617, 2629, 2738, 2746; — de la collection du marquis de Paulmy, CCXXVIII; — des Augustins, CCXXIX; — du comte de Beaudouin, CCXXX; — de Beaujon, CCXXX; — & deffins de M. Bergerat, CCXXXI; — du comte de Befenval, CCXXXI; — du comte de Billy, CCXXXI; — de Blondel d'Azaincourt, CCXXXII; — de la collection Blondel de Gagny, CCXXXIII, CCXXXIV, CCXXXV, CCXXXVII, CCXLI, CCXLIV, CCXLV, CCXLVII, CCXLIX, CCL, CCLII, CCLIV, CCLVI; — de la collection de M. de la Boiffière, CCLVIII; — de M. Bouret, CCLXI; — de M. Charlier, CCLXIII; — du duc de Chevreufe, CCLXVI; — du marquis de Choifeul, CCLXVI; — du prince de Condé, CCLXVII; — de la collection du prince de Conti, CCLXVII; — de la collection du duc de Coffé, CCLXVIII; — de la collection du marquis & du chevalier de Coffé, CCLXVIII; — de la collection Damery, CCLXIX; — de la collection Dargenville, CCLXIX; — de la collection Dufrefnoy, CCLXXI; — de la collection Gaignat, CCLXXIII; — de la collection Gouvernet, CCLXXVI; — de la collection Harand de Prefle, CCLXXVI; — de la collection de Jullienne, CCLXXVIII; — de la collection La Live de Jully, CCLXXIX, CCLXXX, CCLXXXI, CCLXXXII, CCLXXXIII, CCLXXXIV, CCLXXXV, CCLXXXVI, CCLXXXVII; — de la collection Lambert, CCLXXXVII; — de la collection Laffay, CCLXXXVIII; — de la collection de l'abbé Leblanc, CCLXXXVIII; — de la collection Lempereur, CCLXXXVIII, CCLXXXIX; — de la collection Menabuoni, CCXCI, CCXCII; — de la collection du comte de Merle, CCXCII; — de la collection du prince de Monaco, CCXCII; — de la collection de M. de Montrillon, CCXCII; — de la collection Nanteuil, CCXCIII; — de la collection Paignon-Dijonval, CCXCIV; — de la collection Peters, CCXCVII; — de la collection Poulain, CCXCVII; — de la collection Praflin, CCXCVIII; — de la collection Preffigny, CCXCVIII; — de la collection Proufteau, CCXCVIII; — de la collection Randon de Boiffet, CCXCIX, CCC; — de la collection La Reynière, CCCI; — de la collection du duc de Saint-Aignan,

TABLE ALPHABÉTIQUE. 415

ccciv, cccv; — de la collection de M. de Sainte-Foix, cccv; — de la collection de M. de Sainct-Yves, cccvi; — de la collection du comte de Salvert, cccvii; — de la collection de Senneville, cccviii; — de la collection Séran, cccviii; — de la collection Servat, cccviii; — de la collection Sireul, cccix; — de la collection du comte de Stroganoff, cccix; — de la collection du duc de Sully, cccx; — de la collection du duc de Tallard, cccxi; — de la collection de M. du Tartre, cccxi; — de la collection du baron de Thiers, cccxi, cccxii, cccxiii, cccxiv, cccxv, cccxvi, cccxvii, cccxviii, cccxix, cccxx, cccxxi; — de la collection Titon du Tillet, cccxxi, cccxxii; — de la collection du duc de Valentinois, cccxxvi; — de la collection du marquis de Véry, cccxxvii; — de la collection Watelet, — de la collection du comte de Watteville, cccxxviii; — de la collection Wille, cccxxviii.

Tableaux d'architecture, par Meunier, ccxxxiv; — par Machi, — par Servandoni, ccxxxv; — par Guisolfi, ccxxxix; — par Locatelli, ccxlv; — par Boyer, ccxlvi; — par Perlin, ccxlix; — par le Saluci, cccxxi.

Tableaux exposés au Salon. Voir Salon; — au Luxembourg en 1750, clxvii.

Tables, cxxiv, cxxv, 3, 31, 39, 40, 43, 45, 52, 53, 59, 64, 74, 78, 80, 83, 88, 97, 98, 107, 118, 131, 135, 149, 169, 176, 180, 185, 188, 207, 219, 224, 227, 246, 262, 267, 274, 276, 280, 281, 290, 297, 311, 325, 332, 337, 341, 343, 355, 357, 359, 371, 379, 383, 389, 403, 411, 430, 464, 472, 484, 502, 503, 512, 514, 529, 535, 537, 558, 565, 578, 580, 584, 595, 630, 647, 650, 652, 657, 674, 681, 693, 698, 708, 709, 718, 725, 752, 759, 784, 804, 812, 823, 825, 834, 835, 845, 871, 882, 884, 904, 908, 926, 930, 939, 941, 946, 953, 964, 974, 981, 995, 1012, 1019, 1020, 1057, 1068, 1084, 1091, 1115, 1138, 1147, 1148, 1151, 1166, 1174, 1178, 1185, 1208, 1213, 1220, 1222, 1251, 1258, 1323, 1332, 1364, 1396, 1404, 1424, 1431, 1441, 1460, 1471, 1482, 1520, 1554, 1573, 1582, 1587, 1606, 1617, 1633, 1638, 1644, 1683, 1710, 1711, 1712, 1732, 1735, 1756, 1779, 1780, 1793, 1801, 1806, 1812, 1844, 1857, 1875, 1881, 1894, 1895, 1901, 1906, 1913, 1917, 1972, 1974, 1981, 1987, 2022, 2042, 2045, 2051, 2078, 2082, 2125, 2151, 2162, 2173, 2178, 2189, 2196, 2210, 2236, 2253, 2261, 2270, 2283, 2289, 2311, 2318, 2321, 2361, 2381, 2408, 2466, 2470, 2492, 2516, 2609, 2628, 2634, 2635, 2672, 2695, 2724, 2741, 2795, 2796, 2832, 2842, 2846, 2881, 2883, 2896, 2951, 2956, 2976, 3027, 3041, 3051, 3057, 3060, 3074, 3085, 3125, 3128, 3151, 3153, 3158, 3165, 3169, 3188, 3189, 3200, 3201, 3268, 3321.

Tables à l'angloise, à la Bourgogne, à écrans, en pupitres, &c., cxxv.

Table mouvante, cxxvi.

Table à la Pompadour, 432.

Tables de nuit, 24, 36, 118, 348, 389, 464, 504, 570, 587, 647, 650, 656, 691, 729, 732, 768, 780, 936, 958, 992, 1061,

1074, 1103, 1104, 1172, 1178,
1245, 1317, 1424, 1509, 1554,
1720, 1791, 1857, 1895, 1934,
1939, 2111, 2127, 2133, 2141,
2198, 2384, 2583, 2589, 2675,
2787, 3035, 3039, 3048, 3051,
3059.

Tablettes à écrire, 567, 1161,
1373, 1428, 1760, 1963, 2274,
2277, 2304, 2699, 3020, 3054.

TALLARD (M. le duc de), gouverneur de la Franche-Comté,
XXIV, XLIII, XLIV, XLV, XLVI, LXII,
LXVI, LXXVIII, LXXXI, CLXXIII,
CCCXI, 193, 357, 467, 760, 767,
792, 913, 993, 2452.

TALLARD (la duchesse de), XLIV.

Tamis d'argent, 1408.

TANNEVOT, ancien inspecteur du château de Versailles, CCXVIII.

Tapisserie & tapissiers, CXX, CXXI,
CXXII, CXXIII, CXXVI, CXXVII. Voir
Tenture, Papiers, Gobelins (les)
& Beauvais.

TARDIEU, G, CCXXXIX.

TARTRE (M. du), CCCXI.

TASSARD, S, CCLI.

TASSE (le), CCXXXVIII.

Tasses, 247, 248, 250, 302, 374.
Voir Cabarets & Porcelaine.

TASSI (le), P, CCCXIII.

Télémaque, tableau de Natoire,
CLXXIX.

Télescopes ou lunettes d'Angleterre, 2793. Cet objet devint à la mode en avril 1758. Voyez ce qu'en dit le duc de Luynes, *Mém.*, t. XVI, p. 426 & 427.

TÉMIRE (M.), 1736.

Tempête, par Vernet, CCXXXV,
CCLXXIX; — par Van de Velde,
CCLII. Voir Marines & Ports.

Temple (le), CCXXIX, CCXXXII.

TENCIN (M. de), CXXVII.

TENCIN (Mme de), CLXIII.

TÉNIERS, P, CCXXXIII, CCXXXIV,
CCXXXV, CCXXXVII, CCXXXVIII,

CCXLI, CCXLVI, CCLII, CCLIII,
CCLV, CCLXVIII, CCLXXVI, CCLXXX,
CCLXXXVII, CCLXXXVIII, CCLXXXIX,
CCXCII, CCCV, CCCVIII, CCCXX.

Tentation de saint Antoine, tableau de Beschey, CCLV; — par Carrache, CCXCI, CCCXIX.

Tenture (papiers de), CXX, CXXI,
CXXII, CXXIII, CXXIV.

TERBURG, P, CCXLI, CCXLII, CCXLVI,
CCLXVIII, CCLXXIII, CCLXXXIII,
CCCIX, CCCXVIII, CCCXXI.

Terre (la), tableau de Vanloo,
CLXXXII.

Terre brune, 79, 263.

Terres cuites, XLI, XLII, XLVII, LIII,
LXIII, LXXXIV, XC, XCI, CXXIV,
88, 298, 1105, 1664, 1665,
2332, 2517.

Terre grise (objets de), 820, 1295.

Terre des Indes (objets en), LXXIII,
74, 83, 323, 390, 392, 398,
400, 490, 497, 527, 545, 651,
666, 757, 886, 889, 913, 965,
976, 1003, 1232, 1290, 1417,
1435, 1587, 1660, 1741, 1765,
1795, 1856, 1885, 1986, 2018,
2033, 2352, 2376, 2452, 2511,
2571, 2648.

Terrines, 107, 687, 898, 1186,
1803, 1849, 1905, 1946, 2382,
2663, 2667, 2683, 2763, 2807,
2877, 2897, 2910, 3046, 3058,
3068, 3086, 3095.

TESSIER, ornemaniste, CC.

Tête de bronze, 662.

Tête de Cléopâtre, par Louis de Boulogne, CCLXXXIV.

Tête de daim, peinte par Bachelier, CXCIX; — de chevaux, 575.

Tête de femme, par Roslin,
CCLXXXIV; — par Subleyras,
CCLXXXVI; — par Rubens,
CCCVIII.

Tête-Noire (magasin de la), XCI.

Théières bizarres, 259, 302, 497,
517, 534. Voir Cabarets.

Thémidore (roman), LXV, LXXXIX, CIX, CXVIII.
Thétis, fculptée par Couftou, CCXXXIV.
Thévenard, imprimeur en taille-douce, CCXII.
Thiard (le comte de), 3274, 3307.
Thibaudeau (Ad.), XX, XCVI.
Thibouville (le marquis de), XXVIII, 970.
Thiers (Crozat, baron de), XXIII, XLVI, XLVII, LXXXI, CCCXI, 170, 292, 298, 446, 462, 478, 506, 799.
Thomas (M.), 419.
Thoret (Narciffe de), CCXXXII.
Thoynard de Jouy, 1940, 2175, 2358.
Thuilier, CXIX.
Thun (le baron de), miniftre plénipotentiaire du duc de Wurtemberg, rue de Ventadour, XXIII, LXVI, 2932, 2940, 3014, 3071, 3171, 3185, 3217, 3244, 3294.
Tiarini, P, CCCXI.
Tilly (François-André de), évêque d'Orange, L, 397. Voir Orange (l'évêque d').
Timothée (M.), 635, 737.
Tintoret (le), P, CCCXIII, CCCXIV.
Tisio (Benvenuto), P. Voir Garofalo.
Tireur (le) d'arc, bronze, 2516.
Titien (le), P, CCXXX, CCXLII, CCLXXIII, CCXCII, CCCXIII, CCCXVI, CCCXVII.
Titon, confeiller au Parlement, CCCXXIII, CCCXXIV.
Titon du Tillet, CCCXXI, CCCXXII, CCCXXIII, CCCXXIV.
Tobie, tableau, CCLXXIII, 2629. Voir Ange.
Tocqué, P, CLXXV, CXCII, CXCIII, CCLXXX, CCLXXXI, CCCXIX.
Toilettes, 213, 464, 486, 708, 827, 839, 891, 1107, 1386, 1400, 1402, 1411, 1424, 1515, 1551, 2172, 2278, 2587, 2613, 2760, 3061, 3310.
Tombacq, alliage métallique dont la couleur reffemble à celle de l'or & dont le cuivre fait la bafe, X, 1495.
Tombeau du maréchal de Saxe à Strasbourg, CCVI, CCVII.
Tonneman (G.), CXLII.
Toul, XXX.
Touloufe, CXXIII.
Toulouse (le comte de), LXII.
Toulouse (Marie-Victoire-Sophie de Noailles, comteffe de), XXI, 3095, 3255, 3301.
Tour d'Auvergne (le comte de la), CCCXXIV.
Tournières, P, CCLXXX.
Tours, 1597, 1615, 1778.
Transfiguration, tableau de Le Moine, CCLXXX, CCLXXXI.
Trémolières (P. C.), P, CCLXXXIV.
Tréfor de la curiofité (le), XXIV.
Tri, forte de jeu, 1482, 2430.
Trianon, CXXVII, CLXX, CLXXVII, CCVII, 2102, 2137, 2203.
Trianon (le Petit), XXXIX.
Tribou, maître de chant de Mme de Pompadour, LXIV, 174, 194, 1131.
Tricoteufes, tableau de Netfcher, CCLXXXIX.
Trictrac, 154, 1065, 1960, 2050, 2094, 2132, 2163, 2173, 2181, 2189.
Triomphe de Vénus, CCXLII; — de Bacchus, — du gladiateur, par Natoire, CCLXXX; — d'Amphitrite, par Natoire, CCLXXXIV; — d'Amphitrite, par Bon de Boulogne, — de Galathée, par le Pouffin, CCCXVII; — des arts, par Franck, CCCXXII.
Trivulci (la princeffe de), LXV, 3044, 3089.
Trouart (M.), marbrier du Roi

& amateur, CCCXXIV, 80, 713, 1589, 2240, 2784, 2899.
TROUART (Mme), 611, 2582, 2899.
TROUART fils, 3166, 3315.
TROY (J. B. de), P, CIII. V. DE TROY.
TROY fils (J. F. de), CCLXXXII. Voir DE TROY (J. F.).
TRUDAINE (Daniel-Charles), conseiller d'État, XLVII.
TRUDAINE DE MONTIGNY, fils du précédent, XLVIII.
Trumeaux de glaces, 296.
Trumeaux fculptés, 147, 261, 264.
TUGNY (le préfident de), XLVI, XLVIII, CIII.
Tuileries (les), CXVI, CXCVIII, CC, CCVIII, CCXV.
TURCHI (Aleffandro), P. Voir VÉRONÈSE.
Turcs de porcelaine, 409, 442.
TURENNE (le prince de), XXVII, LXXXI, 840, 990, 1017, 1424, 1432, 1968, 2446, 2645, 2839, 2981, 3330.
TURENNE (la princeffe de), 164, 199, 229, 260, 325, 335, 416, 431, 486, 580, 594, 1167, 1196, 1290, 1294, 1301, 1377, 1418, 1668, 1959, 2269, 2279, 2418, 2639, 2926, 3337.
TURGOT, amateur, CCCXXV.
Turin, 2424, 2659.
Tyroliens de porcelaine, 442.

U

Ulyffe, deffin colorié de Rubens, CCLV.
Uranie, tableau de Coypel, CLXXVII.
Urnes, CCXXXVII, CCXXXIX, CCXL, CCXLV, 173, 479, 591, 767, 840, 932, 997, 1053, 1092, 1137, 1243, 1713, 1810, 1968, 2104, 2135, 2153, 2202, 2331, 2379, 2449, 2458, 2517, 2755, 2767, 2807, 2895, 3167.

USSON (le comte d'), 3057, 3062, 3067, 3069, 3075, 3105, 3120, 3125, 3242, 3246, 3264, 3268, 3289, 3299, 3302, 3331.
Utreck, VII, 1810.

V

Vache de porcelaine, 2819.
Vaiffeau, 1002.
Vaiffelle d'or & d'argent, LXXIII, XCIV, 2758, 3072, 3262.
VALADE, P, LX, CLXXXII.
Valence, IX.
VALENTIN (le), P, CCCXIV.
VALENTINOIS (le comte de), 2517, 2518, 2535.
VALENTINOIS (la comteffe de), 2400, 2422, 2455, 2699, 2994, 3020, 3241.
VALENTINOIS (le duc de), XXII, CCCXXVI.
Valeur (la), tableau de Vanloo, CLXXXII.
VALLAYER, bijoutier aux Gobelins, XCIII.
VALLAYER-COSTER (Mme), P, XCIII.
VALLIÈRE (le duc de la), CCCXXVI. Voir LA VALLIÈRE.
VALMONT (de), payeur des rentes, CCCXXVII.
Valois (le), LXIII.
VALOIS (Adrien de), XXXII.
VALOIS (Charles de), XXXII, CCCXXVII.
VALOIS (Henri de), XXXII.
VALORY (le chevalier de), CLXIV.
VALROCHE (M. BOURET de), 763. Voir BOURET.
Valvin, port fur la Seine deffervant Fontainebleau, 1221.
VAN ACHEN, P, CCCXVIII.
VAN BOSCHAERT, P, CCCXXI.
VAN BOSCHER, mauvaife orthographe du nom précédent.
VAN DER HEYDEN, P, CCXXXVII,

TABLE ALPHABÉTIQUE. 419

CCXLI, CCXLVI, CCXLVIII, CCLII, CCLXXXVIII, CCLXXXIX, CCCVIII.
VAN DER KABEL, P, CCCXXII.
VAN DER MEER DE JONGHE, P, CCLXX.
VAN DER MEULEN, P, CCXLVI, CCXLVIII, CCLV, CCLXX, CCLXXXIII, CCLXXXIX, CCCVII.
VAN DER NEER (Eglon), P, CCXLII.
VAN DE VELDE (Adrien), P, CCXXXVII, CCXXXVIII, CCXLI, CCXLII, CCLII, CCLXXXVII, CCXCVIII, CCCV, CCCVIII.
VAN DE VULFT, P, CCXLII.
VAN DER WERFF, P, CCXXXIX, CCXLII, CCLXXIII, CCCXXI, CCCXXVIII.
VANDIÈRES (le marquis de), XVIII, CXLVI, CLVIII, CLXIV, CXCVII, CCVI, 974, 992, 1597, 1635, 1706, 1742. Voir POISSON, MARIGNY & MÉNARS.
VANDREVOL, artiste (nom altéré), 3334.
VAN DYCK, P, CCXLVI, CCLXXIII, CCLXXVI, CCLXXX, CCLXXXII, CCLXXXVII, CCCIX, CCCXI, CCCXII, CCCXIII, CCCXVI, CCCXVII, CCCXIX, CCCXXVII.
VAN FALENS, P, CCXXXIV, CCL.
VAN FALINX (mauvaise orthographe du nom précédent), CCL.
VAN GOYEN, P, CCXLVI.
VAN HULTZ (Henri), CLXI, CLXII.
VAN HUYSUM, P, CCXLI, CCXLII, CCLXXIV, CCLXXVI, CCLXXX, CCLXXXVII, CCLXXXVIII, CCLXXXIX, CCXCII.
VANIN, notaire, 2865.
VAN LOO (Carle), P, CXLVIII, CLV, CLVI, CLVIII, CLXV, CLXXXII, CXCVI, CXCVII, CCXLIX, CCLXXIX, CCLXXX, CCLXXXV, CCXC, CCXCVIII.
VAN LOO (Louis-Michel), P, LXI, LXXXVII.
VANNIUS, P, CCCXIII.
VAN OOST, P, CCCXII.
VAN OSTADE, P, XC, CCXXXIX, CCLI, CCLXXIII, CCLXXXVII, CCCV, CCCVIII, CCCXIX, CCCXXI, CCCXXVIII.
VAN ROMAIN, P, CCXXXV.
VANUDE (mauvaise orthographe du nom suivant), CCXXXV.
VAN UDEN, P, CCXXXV, CCCXX.
VAN VITTEL ou VAN VITELLI (Gaspard), P, CCXXXIV, CCXXXV, CCXLVII, CCXLVIII, CCLII, CCLV, CCCXV.
VARENNES-BEOST, CCCXXVII.
VARICOURT (de), avocat au Parlement, CCCXXVII.
Vases, XLVI, XLVII, LIV, LVI, CCXXXVI, CCXXXVII, CCXXXIX, CCXLIII, CCXLIV, CCXLV, 24, 77, 205, 206, 273, 310, 323, 380, 391, 402, 404, 407, 434, 449, 475, 476, 502, 508, 543, 549, 578, 583, 601, 602, 625, 659, 667, 676, 679, 685, 704, 710, 719, 740, 751, 760, 807, 820, 921, 923, 927, 932, 955, 967, 968, 974, 975, 979, 988, 997, 1017, 1021, 1046, 1049, 1126, 1138, 1158, 1160, 1161, 1184, 1216, 1219, 1272, 1295, 1308, 1311, 1318, 1337, 1368, 1389, 1449, 1493, 1499, 1503, 1524, 1532, 1550, 1557, 1563, 1571, 1606, 1607, 1623, 1625, 1628, 1655, 1675, 1691, 1694, 1714, 1731, 1792, 1810, 1818, 1891, 1906, 1907, 1963, 1974, 1984, 1991, 2080, 2115, 2137, 2142, 2208, 2212, 2229, 2248, 2251, 2252, 2255, 2259, 2298, 2308, 2313, 2323, 2331, 2336, 2339, 2350, 2360, 2362, 2364, 2370, 2380, 2386, 2402, 2420, 2444, 2450, 2458, 2469, 2481, 2517, 2518, 2542, 2570, 2581, 2590, 2594, 2614, 2638, 2663, 2665, 2669, 2673, 2700, 2714, 2739, 2741, 2769, 2785, 2788, 2790, 2806, 2807, 2819, 2820, 2859, 2868,

bb 2

2875, 2942, 2945, 2957, 2962, 2968, 2997, 2999, 3011, 3022, 3028, 3068, 3083, 3085, 3086, 3118, 3120, 3176, 3192, 3240, 3287, 3305, 3313, 3317, 3320, 3334.

Vase de cristal de roche donné par le roi d'Espagne au roi Henri III, XLIX.

Vases de Chine, XII. Voir Lachine (objets de).

Vases du Japon, XII. Voir Japon (objets du).

Vases de marbre, XLIV, LXI, CCXXXV, CCXXXIX.

Vases de porphyre, LVI, LXIII, CCXXXIX.

VASSAL DE SAINT-HUBERT, fermier général, CCCXXVII.

VASSÉ (Louis-Claude), S, CCVIII, CCLXXXI.

VASSÉ le fils, S, CCLXXXVI.

VASSOU, S, CCXXXIX, CCXL, CCXLI, CCXLIII.

VATEL (M. Ch.), XII.

VAU (du). Voir DU VAU.

VAUDIER (du). Voir DUVAUDIER.

VAUDREUIL (le comte de), XLVII, 284.

VAUGONDY (de), emballeur, 1161.

VECELLI (Titiano). Voir TITIEN (le).

VENCE (Claude-Alexandre de Villeneuve, comte de), XLVII, CIII, CCCXXVII, 1170, 2184.

Vendange, tableau par un des Basfans, CCCXVI.

Vendangeurs de Saxe, 74, 96.

Vendeurs chassés du temple, tableau de Natoire, CLXXIX.

Venise, XXVII, CCXLII.

VENTE (M.), CXX ;

Vente d'Azincourt, 2487 ;—Cottin, LXVIII ; — Jullienne, 2474 ; — Morny, CLXXXVII ; — Pasquier, XXIV, L ; — Tallard, 2452, 2457, 2458, 2473, 2510, 2629. Voir Catalogues.

Vénus, 881, 1985, 2318.

Vénus, par Coypel, CLXXVII ; — par Lancret, CXXXIV ; — par Boucher, CCXXXVI ; — par Lundberg, CCXLVI, CCLXI ; — par l'Albane, CCCXIX ; — fouettant l'Amour, CCCXIX.

Vénus accroupie, bronze, — Vénus couchée, bronze par Jean de Bologne, CCXLV.

Vénus & l'Amour, statuette, 2610.

Vénus & Vulcain, figurines, 2287, 3212. Voir Junon & Triomphe de Vénus.

VERBRECK (Jacques), S, LXI, CCVIII.

Verdun, L, CLVI.

VERDUN (M. de), fermier général, rue de Gaillon, LII, 77, 251, 277, 1066, 1231, 1382, 1416, 1593, 1609, 1813, 1845, 2038, 2242, 2281, 2402.

VERGENNES (le chevalier de), XXXVI, 2069.

Vérité (la), tableau de Vanloo, CLXXII.

VERNANSAL, P, CLXXXV.

VERNE (M.), 1916, 2048, 2098, 2378, 2554.

VERNET (Joseph), P, XC, CXXIV, CXCVII, CXCVIII, CCXXX, CCXXXV, CCLXVIII, CCLXXI, CCLXXIX, CCLXXX, CCLXXXIV, CCLXXXVII, CCLXXXIX, CCXC, CCXCIX, CCCV.

VERNEUIL (de), A. Voir MORANZEL.

Vernis de Coromandel, 324. Voir Cabinets.

Vernis du Japon, 480. V. Cabinets.

Vernis Martin, LXXIII, CXXVIII, CXXIX, CCXXXVI, 2273, 2828, 2888. Voir MARTIN (les).

Vernis noir, 332. Voir Tabatières.

Vernis de Paris, 1719.

VERNOUILLET (Mme de), 818.

VÉRONÈSE (Paul), L, CCLXIX, CCCXIII, CCCXV, CCCXVI, CCCXVIII, CCCXIX.

VÉRONÈSE (Alexandre), P, CCCXII, CCCXIV, CCCXVIII.

TABLE ALPHABÉTIQUE.

Verrières (Pavillon de), IV, XVI, LXXVI, CXX, 1220, 1390.
VERRUE (Mme de), CCXXXVIII.
Verfailles, IV, XVI, XVIII, XXXIII, XXXIV, XXXVIII, LXXXVIII, XCIII, CXVI, CXVII, CXX, CXXVI, CXXIX, CXLV, CLXVIII, CLXIX, CLXX, CLXXVI, CLXXIX, CLXXX, CLXXXII, CLXXXIII, CLXXXIV, CLXXXVIII, CXC, CXCI, CXCII, CXCIII, CXCVI, CXCVII, CXCIX, CC, CCVII, CCVIII, CCXIV, CCXVIII, CCXIX, CCLXXXIV. Voir Mufée de Verfailles.
VERSURE (M. de), 3154.
Vertu qui punit l'Oifiveté, tableau de Sermoneta, CCCXVI.
Vertumne & Pomone, tableau de Boucher, CLXXV; — d'Antoine Coypel, CCCXVII.
VÉRY (le marquis de), CCCXXVII.
Vefpafien, médaillon peint par R. de la Porte, CCLXXXIII.
Veftale, par Vanloo, CLXXXII. Voir Amour.
VEUGLES (Mme), veuve de Nicolas Wleughels, directeur de l'Académie de France à Rome, CLXXXVIII. Voir WLEUGHELS.
VIANI, P, CCCXIX.
VICTOIRE (Madame), quatrième fille de Louis XV, XIX, CXXIX, CXCVI, 811, 861, 1904, 2096, 2667, 2808, 3008, 3110, 3178.
Victoires des campagnes du Roi, peintes par Ch. Parrocel, CLXXXIII.
VICTORIEN (le P.), LI.
Vide-poches, 358, 1987, 2306, 2585, 3321.
Vieillard, tableau par Lefèvre, CCLXXXII; — par Chantereau, CCLXXXVI; — par le More, CCCXI; — par le Pezarèfe, — par Rubens, — par le Titien, CCCXIII; — par Rembrandt, CCCXV; — par le More, CCCXVI; — par Gérard Dow, — par Brauwer, CCCXVIII.
Vieille, par Rembrandt, CCCXIII; — par Miéris, CCCXVIII; — par Dow, CCCXIX; — par Bofchaert, CCCXXI.
VIEN, P, XVIII, XIX, CLXXXIII, CCLXVIII, CCLXXIX, CCLXXXIII, CCLXXXIV, CCLXXXVI.
Vienne, VII, VIII, XXIII, XXVI, XLI, CVIII, 3038, 3150.
Vierge, tableau par Vouet, — par Raoux, CCLXXX; — par Vien, CCLXXXIII; — par Raoux, CCLXXXV, CCXCI; — par Alexandre Véronèfe, CCCXII; — par Coypel, CCCXVII; — par Rofalba, CCCXIX. Voir les épifodes de fa vie, & Saint Jofeph, évêque.
Vierge & l'enfant Jéfus, par Watteau, CCXLVI; — par Pierre, CCLXXX; — par Coypel, CCLXXXI; — par Lagrenée, — par Stella, CCLXXXIII; — par Blanchard, CCLXXXIV; — par Vouët, CCLXXXVI; — par le Schidone, CCCXI; — par Van Ooft, — par le Guerchin, CCCXII; — par Rembrandt, — par un élève du Corrége, — par Solario, — par Procaccini, — par Vannius, CCCXIII; — par Lauri, — par le Titien, — par Carrache, — par le Schidone, — par Bellin, CCCXIV; — par Baffan, — par Procaccini, — par B. de Saint-Marc, — par Scarcellin, — par le Baroche, — par Ricci, CCCXV; — par le Schidone, — par Raphaël, — par le Corrége, — par Paul Véronèfe, — par Palme, — par Rubens, — par Morazone, — par le Cortone, CCCXVI; — par Vouët, — par Stella, CCCXVII; — par Bordone, CCCXVIII. V. Sainte Famille.
VIGÉE (Mlle), XCI.
VIGIER (Jean-Daniel), marchand, LXIX, LXXXIV, 93, 238, 261, 264, 269, 299, 1927, 3286.
VIGNY (de), A, CCXIV, CCCXXVIII.

bb 3

Villageoife tenant des poulets, tableau par Baroche, CCLXIX.
VILLARS (le duc de), XXVIII, 240, 568, 957, 1030, 2303.
VILLARS (la ducheffe de), CXCII, 102, 1403, 1468, 1511.
VILLAUMONT (Auguftin BOURET de), fermier général, 101, 126, 132, 142, 158, 159, 172, 173, 175, 193, 198, 230, 233, 235, 239, 243, 256, 259, 275, 295, 329, 345, 360, 367, 400, 417, 426, 428, 447, 543, 963, 1271, 1369, 2609, 3321, 3326, 3333.
VILLEMORIEN (LEGENDRE de), fermier général, rue Baffe-du-Rempart, près le marché d'Agueffeau, 1091, 1103, 2296, 2307, 2485, 2979.
VILLEMUR (Mme de), XXIX, 605, 628, 669, 856, 942, 1227, 1254.
VILLEROY (le duc de), XXVIII, 425, 505, 618, 717, 741, 746, 837, 1156, 1437, 1525, 1555, 1673, 2604, 2913, 2955, 3054.
VILLEROY (la ducheffe de), XXIX.
VILLEROY (le marquis de), 2653, 2691.
VILLEROY (la marquife de), 104, 281, 422, 938, 1278, 1379, 1405, 2690, 2726, 3096, 3144, 3175.
Villette (la), CCLXI.
VILLOT (M.), CLXXVI.
VINACHE (Jean-Jofeph), S, CCIX.
Vincennes (fabrication de la porcelaine de), III, XVII, XIX, XXXVI, LV, LXXV, CXVIII, CXXVIII, CXXXI. Voir Porcelaine.
Vincennes (MM. de, MM. les intéreffés de), 1681, 1781, 1801, 1946, 2651, 2725, 3356.
Vincennes (la Compagnie de), 1813, 2031.
VINCENT, P, CVI, CXCV.
VINCI (Léonard de), CCLXXIV, CCCXI.
Vins, 1750.

Vifion d'Ézéchiel, tableau du Corrége, CCCXIV.
VISPRÉ, P, CCLIV.
VITRUVE, CXII.
VIVIEN, P, CCXXXV.
VIVIER (Claude-Charles de Bourlamaque, feigneur du), XXX.
VOIGNY (l'abbé de), L, 252, 735.
VOIGNY (Mme de), 58, 221, 2282, 2381.
VOIROT (Guillaume), P, CXCIII, CCLXXXI.
VOLTAIRE (AROUET de), XXIX, LXIII, CX, CXXIX, CCCXXIV.
VOLTERRE (Daniel de), P, CLXXIII.
VOUET (Simon), P, CCLXXX, CCLXXXII, CCLXXXVI, CCCXVII.
VOUGNY (Mme de), 228, 1298, 2456. Il y avoit un fecrétaire des finances de ce nom, rue du Grand-Chantier.
VOYER D'ARGENSON (le marquis de), XXXII, XXXIII, LXXXVI, CCCXXVIII, 479, 490, 491, 601, 719, 1124, 1269, 1493, 1634, 1652, 1707, 1999, 2496, 2865. V. ARGENSON.
Vues : de Venife, par Canaletti, — du Panthéon de Rome, par l'Allemand, — de Grotta-Ferata à Rome, par Van Vittel, — de Ponte-Rotto & Ponte-Quatro-Capi, par Van Vittel, — de Paris, par Raguenet, CCXXXIV ; — de la cafcade de Tivoli, par Paul Bril, CCXXXV ; — de Rome, par Gafparo Van Vittel, — de Rome, repréfentant le Campo-Vacino, par Courtois, — de Monte-Cavallo, par Van Vittel, — de la place Saint-Pierre à Rome, par Van Vittel, CCXXXV ; — du château de Rozindal, CCXXXVII ; — de la ville de Delft, par Van der Heyden, — des Champs-Élyfées, par Watteau, — des environs de la ville de Nice, par Berchem, CCXXXVIII ; — du château de Bin-

them, par Van Oſtade, CCXXXIX; — de la porte de Cologne, par Van der Heyden, CCXLI; — d'une ville, par Cuyp, CCXLII; — de la place Louis XV, par Machi, CCXLIV; — de l'ancien Paris, par Cuyp, — d'une place publique, par Lingelbach, — de Naples, par Williem Bawr, CCXLV; — du cours d'Amſterdam, par Van der Heyden, — d'un canal & d'un moulin, par Ruyſdaël, — d'une grotte, par Luylemberg, — de Châtillon, près Paris, — du port de Dunkerque, CCXLVI; — du Tibre & du château Saint-Ange à Rome, par Gaſparo Van Vittel, CCXLVII; — de Rome, par Van Vittel, CCXLVIII; — de Vincennes & de Saint-Germain en Laye, par Martin, CCXLIX; — de Veniſe, par Canaletti, — de Veniſe, par Van Vittel, CCLII; — d'un village en Hollande & d'un château, par Van der Heyden, — de l'égliſe d'Anvers, par Peterneefs, — de Rome, par Van Vittel, — de Saint-Jean de Latran, CCLV; — du temple de la ſibylle Tiburtine, de Breughel de Velours, CCLXX; — de l'intérieur de l'égliſe Sainte-Geneviève, CCLXXXII; — de la caſcade de Tivoli, par Vernet, — du port de Civita-Vecchia, par le même, CCLXXXIV; — de Veniſe, par Salviouſt, CCXC; — de Ponte-Molle, par un élève des Carraches, CCCXI; — de Ponte-Rotto, par Van Vittel, CCCXV; — d'un château, par Both, CCCXVIII; — d'un château & d'un jardin, par Van der Heyden, — de Bruxelles, par Téniers, CCCXX; — d'une égliſe où l'on dit la meſſe, par Stenvyck, CCCXXI. Voir Payſages.

Vulcain & Vénus, par Boucher, CLXXV.
Vulcain (travaux de), figurines de bronze, 3186.

W

WAILLY (de), architecte du Roi, LXI.
WALKUERS, XX.
WATELET (Claude-Henri), receveur général des finances, XLVII, CLXIII, CLXIV, CCCXXVIII.
WATTEAU (Antoine), P, II, XXVI, XLII, CVI, CVII, CCXXXVIII, CCXXXIX, CCXLIII, CCXLVI, CCLXXXIV, CCLXXXV, CCCXVII.
WATTEAU (peintures dans le goût de), 401, 574, 592, 955.
WATTEVILLE (le comte de), XXXII, CCCXXVIII.
WEENIX, P, CCXXXIII, CCXLII.
WENAUST, P, CCXLVIII.
WILLE (J. G.), G, XXII, XXXI, LXI, C, CII, CXCIII, CCCXXVIII.
WIT (Jacques de), CIII.
WITTEL (Van). Voir VAN VITTEL.
WLEUGHELS (Nicolas), P, directeur de l'Académie de France à Rome, CLXXXVII, CCXLV, CCCXVII.
WLEUGHELS (Mme), CLXXXVIII.
Worms, CXXI.
WORONZOW (M. de), vice-chancelier de Ruſſie, CXCIII.
WOUVERMANN (les), P, XXV, XC, CCXXXIII, CCXXXIV, CCXXXV, CCXXXVII, CCXLI, CCXLII, CCXLVI, CCLXVIII, CCLXX, CCLXXIII, CCLXXVI, CCLXXX, CCLXXXVII, CCLXXXVIII, CCLXXXIX, CCXC, CCXCII, CCXCVIII, CCCV, CCCVIII, CCCXVIII, CCCXIX, CCCXX, CCCXXI.
Wurtemberg (la cour de), XXIII.
WYCK, P, CCCXXI.
WYNANTS, P, CCXLI, CCXLVI, CCXLVII.

X

Ximenès (Mme de), LXV, 2177.

Y

Yon (M.), 1857.
Yver (Pierre), marchand, XCVII.

Z

Zampieri. Voir Dominiquin (le).
Zelinski (le comte de), LXVIII.
Zéphyre & Flore, tableau d'Antoine Coypel, CCCXVII.
Zerbst (Charlotte-Willelmine-Sophie de Hesse-Cassel, princesse de), XXIII, 3087.
Zerbst (la principauté de), VII, XXIII.

TABLE DES MATIERES

DU PREMIER VOLUME.

Introduction au *Journal de Duvaux*............... Pages i à ccxxi

CHAPITRE PREMIER.

Amateurs, p. xv à lxviii.

Nature & utilité du *Livre-Journal*, p. i à xv. — La Famille Royale, p. xv à xxi. — Les Souverains de l'Europe, p. xxi à xxv. — Le Cabinet de Verfailles & les grands fonctionnaires de l'État, p. xxv à xxvi. — La Cour & la Nobleffe, p. xxvii à xxxiii. — Mme de Pompadour, p. xxxiii à xl. — Gentilshommes célèbres dans la curiofité, p. xl à xlvii. — Gens de robe, p. xlvii à l. — Clergé, p. l à li. — Financiers, p. li à lv. — Bourgeois, p. lv à lix. — Artiftes, p. lix à lxi. — Gens de lettres, p. lxii à lxiii. — Gens de théâtre, p. lxiv. — Actrices & Courtifanes, p. lxiv à lxv. — Étrangers, lxv à lxviii.

CHAPITRE II.

Marchands, p. lxviii à cxlv.

Duvaux, p. lxviii à lxxxiv. — Ses confrères les merciers, bijoutiers, orfévres, joailliers, marchands de tableaux & d'eftampes, experts, p. lxxxiv à cvi. — Enfeignes & adreffes des marchands, p. cvi, cvii. — Développement dans la fociété du goût des arts & de la curiofité, p. cix à cxv. — Fondeurs, modeleurs, cifeleurs, émailleurs, p. cxv à cxvii. — Horlogers, p. cxvii à cxix. — Relieurs, p. cxix à cxx. — Tapiffiers & papiers de tenture, p. cxx, cxxi, cxxii, cxxiii, cxxvi, cxxvii. — Ébéniftes & menuifiers, p. cxxiv, cxxv. — Verniffeurs, p. cxxviii, cxxix. — Manufactures de porcelaines, p. cxxxi. — Ventes publiques, leur mécanifme & leur inftallation, p. cxxxi à cxlv.

CHAPITRE III.

ARTISTES, p. CXLV à CCXXI.

Adminiſtration des Bâtimens du Roi, p. CXLV à CLXXV. — Peintres, p. CLXXV à CCI. — Sculpteurs, p. CCI à CCIX. — Graveurs ſur pierres fines, p. CCIX. — Graveurs en taille-douce, p. CCIX à CCXII. — Architectes, p. CCXII à CCXIX.

APPENDICE, p. CCXXV.

Notes ſur les cabinets des curieux de Paris au milieu du dix-huitième ſiècle. Ces notes ſont diſpoſées dans l'ordre alphabétique des noms de ces curieux, p. CCXXV à CCCXXVIII.

Table générale des matières contenues dans les deux volumes du *Livre-Journal de Duvaux*, p. 329 à 424.

PARIS. — TYPOGRAPHIE LAHURE
Rue de Fleurus, 9

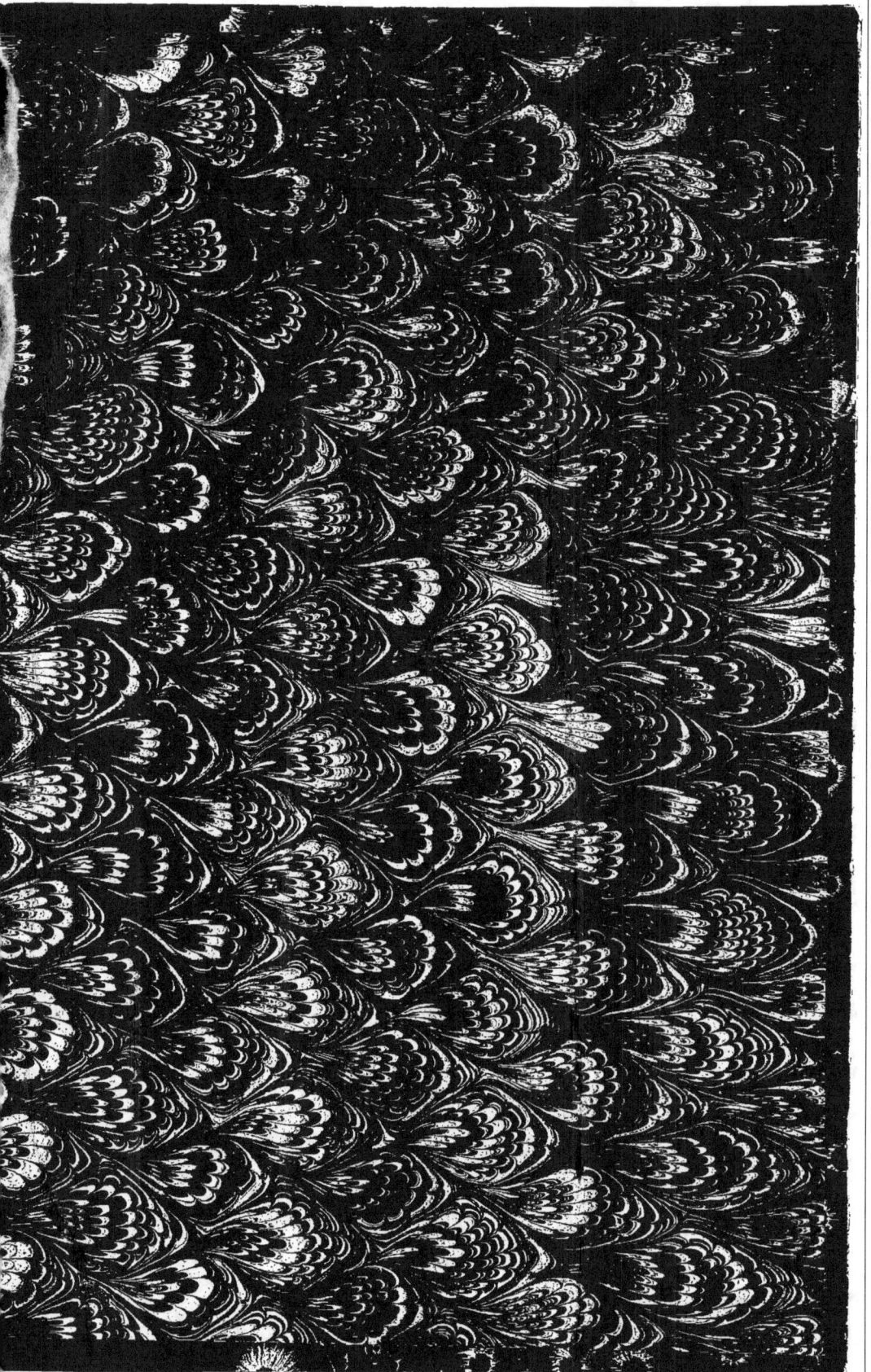

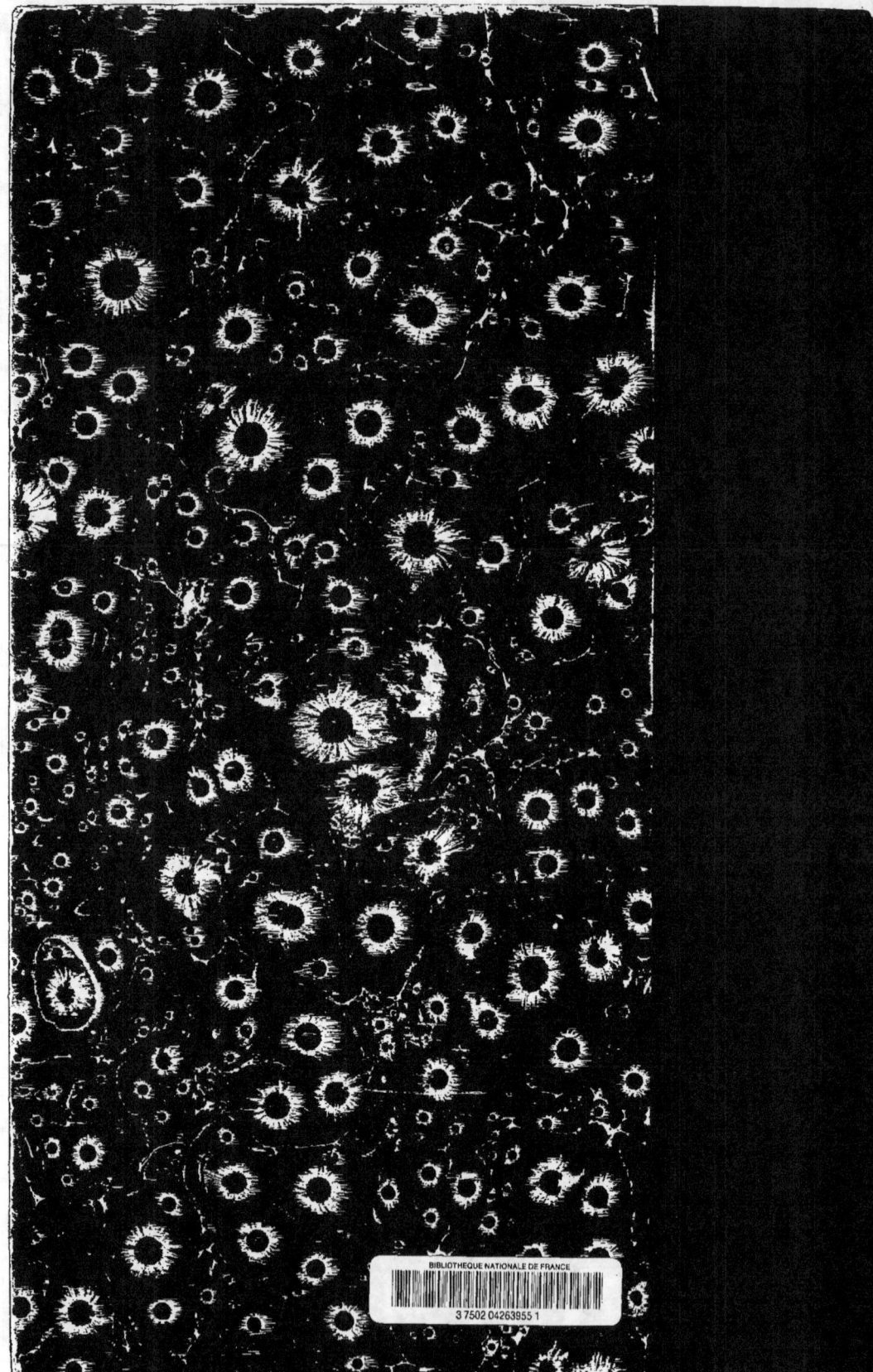

www.ingramcontent.com/pod-product-compliance
Lightning Source LLC
Chambersburg PA
CBHW060929230426
43665CB00015B/1891